Heinz-Werner Stuiber

Medien in Deutschland
Band 2

Rundfunk

1. Teil

Zum Rundfunkbegriff
Rundfunktechnik
Geschichte des Rundfunks
Rundfunkrecht

UVK
Medien

Die Deutsche Bibliothek – CIP-Einheitsaufnahme
Medien in Deutschland. - Konstanz : UVK Medien 1998

Bd. 2. Rundfunk / Heinz-Werner Stuiber ...
Teil 1. - 1. Aufl. - 1998
ISBN 3-89669-032-9

ISBN 3-89669-032-9

Satz: Klaus Christian Forster, München
Umschlag: Zembsch' Werkstatt, München
Druck: Legoprint, Lavis

© 1998 UVK Medien
Verlagsgesellschaft mbH

Schützenstr. 24
D-78462 Konstanz
Tel.: (07531) 90 53-0
Fax: (07531) 90 53-98

Für Bessie, George und Terry
und für alle, die sie gern haben

Inhaltsübersicht

1. Teil

2. Teil

Inhaltsverzeichnis

1. Teil

Vorwort

Ob der Zeitpunkt günstig gewählt ist, jetzt eine umfassende medienkundliche Darstellung über den Rundfunk vorzulegen? In den 70er Jahren wäre dies sicher weniger problematisch gewesen. Damals war das Rundfunksystem durch Volksbegehren und wegweisende höchstrichterliche Urteile wiederholt bestätigt, in seinen öffentlich-rechtlichen Strukturen gefestigt und zur sozialkulturellen Institution ausgereift. Die Parteien und Interessen hatten sich in den Gremien des Rundfunks behaglich eingerichtet, ihre Vertrauensleute in den Schlüsselpositionen der Anstalten plaziert und im Proporz das probate Mittel der Binnenorganisation gefunden. Den Rundfunkversorgungsauftrag und das Ausgewogenheitsgebot hatten die Programmacher internalisiert. Das Fernsehen entwickelte sich zum zentralen Medium, Sprecher und Moderatoren reiften zu Stars. Die Ausstattung der Rundfunkanstalten war üppig, die Technik hochgerüstet, lean production noch unbekannt. Der Auftritt des Fernsehens allein war schon das Ereignis.

Eine ausgewogene Kommunikationsordnung schien so auf Dauer festgeschrieben, hier der öffentlich-rechtliche Rundfunk, der in Koordinierungsabkommen fürsorgliche Programmabsprachen im Sinne des »Rundfunkauftrags« traf, dort die privatwirtschaftlich organisierte Presse, die insbesondere in Gestalt der Tagespresse auch damals schon zumeist in regionalen Monopolen und austarierten Wettbewerbspositionen gesichert war. Alles schien wohlgeordnet. Über die zukünftige Entwicklung der Medien ließ sich trefflich spekulieren, ohne Gefahr zu laufen, die Prognosen und Konzepte wären überholt, noch ehe sie eine Chance hatten, auszureifen.

Heute kann man sich des Forschungsgegenstandes »Rundfunk« kaum mehr gewiß sein, ist dieser doch fortlaufenden auch sprunghaften Wandlungs- und Differenzierungsprozessen unterworfen, die sich trotz eifrigen Bemühens der Entscheidungsträger in den Staatskanzleien und Medienbürokratien (der 4. Staatsvertrag zur Änderung rundfunkrechtlicher Staatsverträge läßt nicht mehr lange auf sich warten) gleichwohl kaum steuern lassen.

Und so bitte ich jetzt schon um Nachsicht, falls sich herausstellt, daß meine Darstellung des Rundfunks doch nicht umfassend und differenziert genug ist und die Schwerpunktbildungen und Urteile angreifbar. Insoweit kann diese Publikation nur als ein Versuch gewertet werden, einen Überblick über die bisherige Entwicklung und die gegenwärtigen Strukturen des Rundfunks zu geben.

Die einzelnen Kapitel sind so angelegt, daß sie jeweils für sich genommen gelesen und verstanden werden können. Sie bauen also nicht fortschreitend aufeinander auf. Eigenständige Literaturverzeichnisse am Ende der Kapitel tragen dem Rechnung. Zwar werden Querverweise aufgezeigt, gleichwohl sind einzelne Ausführungen in den Kapiteln dennoch redundant. Dafür aber ist der Leser nicht an die Chronologie der Darstellung gebunden. Er kann zum Beispiel zuerst das Kapitel über die Geschichte das Rundfunks oder über die Rundfunktechnik lesen ehe er vielleicht die Darlegungen zum Rundfunkbegriff studiert.

Der Rundfunkbegriff ist in einem eigenen Kapitel dargestellt und nicht dem Rundfunkrecht zugeordnet, wiewohl die Diskussion hierüber im wesentlichen insbesondere von verfassungsrechtlichen Überlegungen im Blick auf gesetzliche und staatsvertragliche Festlegungen getragen ist. Doch erst in der Konfrontation mit kommunikationswissenschaflichen Perspektiven und technologischen Entwicklungen ist diese Begriffsdogmatik aufzubrechen und auf gesamtgesellschaftliche Kommunikationsprozesse hin zu orientieren.

Bei der Darstellung der Rundfunktechnik wurden die Entwicklungslinien in groben Zügen nachgezeichnet, dann aber der Schwerpunkt auf neuere Entwicklungen gelegt. Die Geschichte des Rundfunks, soweit sie sich auf die Darstellung des Rundfunks nach 1945 bezieht, beschreibt vorrangig die Entwicklung in Westdeutschland und nimmt nur kurz bezug auf Entwicklung und Struktur des Rundfunks im Osten. Die rundfunkgeschichtlichen Darlegungen münden in eine Beschreibung des öffentlich-rechtlichen Rundfunks nach der Wiedervereinigung und skizzieren insoweit dessen gegenwärtige Struktur. Entwicklung und Struktur des privaten Rundfunks werden in einem gesonderten Kapitel aufgezeigt, wobei darin auch die besondere Problematik von Konzentration und Kontrolle im Wettbewerb thematisiert wird.

Einen breiten Raum nimmt die Darstellung des Rundfunkrechts ein. Dies scheint unausweichlich, denn die Verrechtlichung aller Rundfunkfragen ist typisch für das Rundfunksystem in Deutschland. So bleibt es nicht aus, daß sich auch in den Kapiteln über die Organisation und über die Finanzierung des Rundfunks immer wieder Rechtsfragen in den Vordergrund drängen. Und selbst die Beschreibung der Programmstrukturen und der Programmentwicklung im abschließenden Kapitel führt nicht an der Programmspartenlogik der Gesetzgeber vorbei.

Am Ende gilt es zu danken, insbesondere Christian Schneiderbauer und Andrea Wich, die wichtige Vorarbeiten geleistet haben, sowie Gabriele Mehling und Bettina Trapp, die mir bei der Darstellung der Programmentwicklung und der Entwicklung des privaten Rundfunks weitergeholfen haben. Klaus Christian Forster optimierte Tabellen und Grafiken und besorgte den Satz, Frau Haus-Seuffert erstellte den Text. Beide

haben durch ihren besonderen Einsatz das Projekt zum guten
Ende gebracht. Besonderen Dank schulde ich jedoch meinem
Kollegen Heinz Pürer, der zusammen mit Johannes Raabe den
ersten Band in dieser Reihe über die Presse geschrieben hat. Er
ist mir mit seiner Erfahrung und mit vielen guten Ratschlägen
zur Seite gestanden.

München, im Juni 1998   Heinz-Werner Stuiber

1. Kapitel: Zum Rundfunkbegriff

In den verschiedenen Darlegungen zum Rundfunkbegriff wird eines überdeutlich: Es besteht in der Literatur keine Übereinstimmung darüber, was konkret unter Rundfunk zu verstehen ist, obwohl im vorwissenschaftlichen, alltagssprachlichen Verständnis Rundfunk durchaus umrißhaft identifiziert werden kann, nämlich als Radio. Und so sprechen wir (übrigens zum Teil auch die Kommentare zur Rundfunkfreiheit in Art. 5 Abs. 1 Satz 2 Grundgesetz) von Rundfunk oder Radio, wenn wir Hörfunk meinen, von dem wir im allgemeinen das Fernsehen unterscheiden.[1]

Daneben ist Rundfunk als Fachausdruck gebräuchlich um die herkömmlichen elektronischen Medien (eben Hörfunk und Fernsehen) zu klassifizieren, so daß von diesen wiederum die gedruckten »papierenen« Medien, das Buch und die Presse zu unterscheiden sind, wobei die Presse insbesondere in ihrer Ausprägung als Zeitung oder Zeitschrift gesehen wird.

Die Uneinheitlichkeit der Rundfunkbegriffe wird aber dann offenkundig, wenn Grenzen definiert werden müssen, damit eindeutige Zuordnungen möglich und damit verbindlich werden können. Dann zeigt sich, daß sich Rundfunk vor dem Hintergrund der differenzierenden technischen Parameter und den sich daraus ableitenden Programmstrukturen anders abbildet als im Lichte von interessengeleiteten kommunikationspolitischen Erwartungen oder aus überkommenen oder gar fortschrittlichen rechtsdogmatischen Perspektiven.

---

[1] In der DDR ist auch im amtlichen Sprachgebrauch Rundfunk nur im Sinne von Hörfunk verwendet worden.

Und wollten wir als Kommunikationswissenschaftler hierzu
einen Beitrag leisten, müßten wir fragen: Läßt sich im Funkti-
onszusammenhang von Publizistik und Gesellschaft ein typi-
scher Leistungsbeitrag identifizieren, der aus den Besonderheiten eines Handlungszusammenhangs erwächst, der sinnvoll als
Rundfunk zu beschreiben wäre?

1. In der Entwicklung

Betrachtet man die Entwicklung des Rundfunkbegriffes,
dann ergeben sich auch hier einige Unklarheiten:

>»Leider enttäuschen hier, wie bei vielen anderen mit der Technik
> verbundenen Ausdrücken, die üblichen Nachschlagewerke wie z.B.
> die etymologischen Wörterbücher. Weder finden sich dort genaue
> Angaben von Belegstellen für das erste Auftreten, für den dem
> Wort zunächst unterlegten Bedeutungsinhalt, die weitere Entwick-
> lung des Begriffes u.ä.« (Drubba 1978, S.240)

So viel scheint jedoch belegt, daß die ersten Wortschöpfun-
gen von den technischen Vorgängen ausgingen und für die Be-
griffsbildung entscheidend waren. So ist der Wortbestandteil
»Funk« auf die ursprüngliche Erzeugungsmethode der Äther-
schwingungen durch elektrische Funken zurückzuführen. Hieraus resultierten in Deutschland zunächst Bezeichnungen wie
»Funkentelegraphie« bzw.»Funktelegraphie«. In den Vereinigten Staaten ging man von einem anderen Sachverhalt aus, nämlich von der Radialwirkung der elektrischen Wellen. Auf dem
Wege der internationalen Verkehrstätigkeit, insbesondere im
Schiffsfunk, gelangte das Wort »radio telegraphy« in Form des
Begriffs »Radiotelegraphie« in den deutschen Sprachgebrauch.

>»Das technische Merkmal der Rundwirkung elektrischer Wellen (...)
> wurde während der Entstehung der funktelegraphischen Dienste
> für Presse und Wirtschaft unmittelbar nach dem Ersten Weltkrieg
> bei der Bildung der deutschen Wortschöpfungen 'Rundfunk' und

'Rundspruch' bestimmend. Beide Begriffe fanden zunächst nacheinander als Namen für funktelephonische Durchsagen (Sprechfunk) an räumlich verstreute Einzelteilnehmer im Wirkungsradius
des Senders Eingang in den Sprachgebrauch.« (Lerg 1980, S.24)

Mit dem »Gesetz über Fernmeldeanlagen (F.A.G.)« vom 14.
Januar 1928 wurden alle elektrischen Kommunikationsmittel,
also Telegraphenanlagen, Fernsprechanlagen und Funkanlagen
insgesamt als Fernmeldeanlagen definiert. Funkanlagen wurden
beschrieben als,

»(...) elektrische Sendeeinrichtungen sowie elektrische Empfangs-
einrichtungen, bei denen die Übermittlung oder der Empfang von
Nachrichten, Zeichen, Bildern oder Tönen ohne Verbindungsleitun-
gen oder unter Verwendung elektrischer, an einem Leiter entlang
geführter Schwingungen stattfinden kann.« (§ 1 Abs. 1 Satz 2
F.A.G., RGBl. 1928, I, S.8)[2]

Ein ähnlicher Oberbegriff der Fernmeldeanlagen wurde 1932
in Madrid geprägt, als sich der »Welttelegraphenverein« und
die sogenannte »Weltfunkkonferenz« zum »Weltnachrichten-
verein« vereinigten.

Wie bereits erwähnt, fällt es auch schwer, den »Erfinder« des
Wortes »Rundfunk« auszumachen. Eugen Nesper, ein Ingenieur
in der Frühzeit der Funktechnik und u.a. Herausgeber des
»Jahrbuch(s) der drahtlosen Telegraphie und Telephonie, Zeitschrift für Hochfrequenztechnik«, ordnet dieses Verdienst Hermann Thurn zu, einem engen Mitarbeiter von Hans Bredow[3]
(vgl. Nesper 1950, S.101). Hans Bredow dagegen schreibt:

---

2 Dieser Passus findet sich wörtlich auch im derzeit gültigen »Gesetz über
   Fernmeldeanlagen; I.d.F. der Bekanntmachung vom 3.7.1989«. Abgedruckt in: Bauer/Ory 1992, Teil 14.3.
3 Hans Bredow war zu der Zeit (1919) Ministerialdirektor und Leiter der
   Abteilung für Funktelegraphie im Reichspostministerium. Er kann als
   »zentrale personale Instanz« im Kontext der Einführung des Mediums
   Rundfunk in Deutschland bezeichnet werden.

»Aus dem traditionellen 'Funk' bildete ich im Hinblick auf die Rundwirkung der Wellen, auf der das neue Anwendungsgebiet der Verbreitung gleichlautender Nachrichten an Viele beruht, das Wort 'Rundfunk'.« (Bredow 1956, S.166)

Wir wollen der Frage, wer nun eigentlich den Begriff »Rundfunk« als erster geprägt hat, an dieser Stelle nicht weiter nachgehen. Nachweislich steht aber fest, daß Hans Bredow das Wort »Rundfunk« bereits im Jahre 1919 bei einer Besprechung über die »Verwendung der Funktelegraphie für Zwecke der Presse« mit Journalisten und Verlegern im Reichspostministerium benutzte (vgl. Drubba 1978, S.241f.). Tatsache ist aber auch, daß zu Beginn der zwanziger Jahre mit »Rundfunk« Unterschiedliches, nämlich sowohl die drahtlose Telegraphie als auch die drahtlose Telephonie, bezeichnet wurde. Die Post unternahm auf der 21. Sitzung der Reichsfunkkommission am 9. Juni 1922 den Versuch einer definitorischen Klärung und bestimmte:

- Rundfunk = drahtlose Telegraphie = Zeichenfunk
- Rundspruch = drahtlose Telephonie = Sprechfunk

Aufgrund der Tatsache aber, daß in den Programmangeboten des »Rundspruchs« nicht nur Sprache, sondern auch Musik und Gesang zu hören waren, griff man in der Folgezeit wieder auf den Begriff »Rundfunk« zurück. Aus »Vergnügungsrundspruch« wurde im offiziellen Sprachgebrauch der Post »Unterhaltungs-Rundfunk«, bis sie diese Bezeichnung 1926 durch eine Verfügung wiederum durch den Begriff »Rundfunk« ersetzte (vgl. Lerg 1980, S.25ff.).

Der Begriff »Rundfunk« mußte auch mit der weit verbreiteten Bezeichnung »Radio« konkurrieren. Insbesondere Hans Bredow setzte sich aber für die Bekämpfung von »Fremdwörtern im Funkdienst«, v.a. der Begriffe »Radio« und »Broadcasting« ein. So sollte statt »Radio« »Rundfunk«, statt »Radioamateur« »Funkfreund« und statt »Radioclub« »Verein für Funkfreunde« gesagt werden. Allerdings erwies sich dieser Kampf als Kampf gegen Windmühlen, denn der Begriff »Radio« hatte sich bereits fest im Sprachgebrauch etabliert und dies ist bis heute so geblieben (vgl. Lerg 1965, S.21ff. sowie Bredow 1956, S.166).

2. In der Verfassung

Nach der Rechtsprechung des Bundesverfassungsgerichts läßt sich der in Art. 5 Abs. 1 Satz 2 Grundgesetz (GG) verwendete Begriff Rundfunk nicht ein für allemal definieren:

> »Inhalt und Tragweite verfassungsrechtlicher Begriffe und Bestimmungen hängen (auch) von ihrem Normbereich ab; ihre Bedeutung kann sich bei Veränderungen in diesem Bereich wandeln (vgl. BVerfGE 73, 118 [154]). Das gilt auch für den Rundfunkbegriff. Soll die Rundfunkfreiheit in einer sich wandelnden Zukunft ihre normierende Wirkung bewahren, dann kann es nicht angehen, nur an eine ältere Technik anzuknüpfen, den Schutz des Grundrechts auf diejenigen Sachverhalte zu beschränken, auf welche diese Technik bezogen ist, und auf diese Weise die Gewährleistung in Bereichen obsolet zu machen, in denen sie ihre Funktion auch angesichts der neuen technischen Möglichkeiten durchaus erfüllen könnte.« (BVerfGE 74, 297 [350])

Aus dieser Interpretation wird deutlich, daß es darum geht, eine verfassungsrechtliche Einordnung neuer Kommunikationssysteme und neuer Programmangebote vorzunehmen und sie in ihrer Bedeutung und Relevanz im Blick auf die Rundfunkfreiheit (Art. 5 Abs. 1 Satz 2 GG) und die Gewährleistung freier individueller und öffentlicher Meinungsbildung zu würdigen. Die besondere Schwierigkeit der Interpretation des Rundfunkbegriffs in der Verfassung ergibt sich aus der Tatsache, daß Art. 5 Abs. 1 Satz 2 GG den Begriff lediglich nennt, ihn aber nicht näher umschreibt oder von anderen Begriffen abgrenzt:

»Jeder hat das Recht, seine Meinung in Wort, Schrift und Bild frei
zu äußern und zu verbreiten und sich aus allgemein zugänglichen
Quellen ungehindert zu unterrichten. Die Pressefreiheit und die
Freiheit der Berichterstattung durch Rundfunk und Film werden
gewährleistet. Eine Zensur findet nicht statt.« (Art. 5 Abs. 1 GG.
Abgedruckt in: Bayerische Landeszentrale für Politische Bildungsarbeit 1995, S.113)

Der vormalige Präsident des Bundesverfassungsgerichts,
Roman Herzog, kommentiert den Rundfunkbegriff des Grundgesetzes folgendermaßen:

»(...) der Begriff des Rundfunks im Sinne des Art. 5 I Satz 2 umfaßt
auch das Fernsehen.« (Herzog 1994, S.69a)

»Rundfunk im Sinne des Art. 5 I Satz 2 ist jede Übermittlung von
Gedankeninhalten - sei es Berichterstattung sei es Meinungsäußerung - durch physikalische, insbesondere elektromagnetische *Wellen*. Unerheblich ist, ob die Übermittlung an Leitungen gebunden ist
(...) oder ob sie ohne Leitung, d.h. drahtlos, vor sich geht; auf die
physikalisch-technischen Modalitäten kann es bei der Zielrichtung
des Art. 5 I Satz 2 nicht ankommen.« (Herzog 1994, S.69)

Auf welche Kriterien kommt es an? Nicht von primärer Bedeutung sind im verfassungsrechtlichen Sinn jedenfalls die physikalisch-technischen Modalitäten. Wichtiger dagegen ist die
Zielrichtung des Art. 5 Abs. 1 Satz 2 GG. Dieser Passus sieht
Rundfunk als Massenkommunikationsmittel, deren Freiheit er
insgesamt sichert. Dementsprechend kann es im Rundfunk nur
um Sendungen gehen, die an die Öffentlichkeit gerichtet sind
und von möglichst vielen Personen empfangen werden können.
Sendungen dagegen, die lediglich an Einzelpersonen adressiert
sind, fallen nicht unter den Rundfunkbegriff, d.h. nicht in den
Schutzbereich der Bestimmung. Immer wieder wird in diesem
Kontext auf die publizistische Wirkung des Rundfunks und seine eminente Bedeutung als Faktor der öffentlichen Meinungs-
und Willensbildung hingewiesen (vgl. ebd., S.68f. oder Hesse
1990, S.87).

Nachdem das Bundesverfassungsgericht im Streit zwischen Bund und Ländern um die Frage der Gesetzgebungskompetenz im Bereich des Rundfunks bereits 1961 in seinem ersten Fernsehurteil[4] dahingehend entschieden hatte, daß den Ländern die Gesetzgebungszuständigkeit obliegt, rückten erst einmal die Bestimmungen der Länder in den Vordergrund.

3. In den Rundfunkstaatsverträgen

Im Staatsvertrag der Länder über die Regelung des Rundfunkgebührenwesens (»Rundfunkgebührenstaatsvertrag«) vom 5. Dezember 1974 wurde Rundfunk in Übereinstimmung aller Länder wie folgt definiert:

> »Rundfunk ist die für die Allgemeinheit bestimmte Veranstaltung und Verbreitung von Darbietungen aller Art in Wort, in Ton und in Bild unter Benutzung elektrischer Schwingungen ohne Verbindungsleitung oder längs oder mittels eines Leiters.« (Art. 1 Rundfunkgebührenstaatsvertrag vom 5. Dezember 1974. Abgedruckt in: ARD-Jahrbuch 75, S.340)

Diese Festlegung geht wiederum auf das Jahr 1968 zurück. Denn schon im Rundfunkgebührenstaatsvertrag vom 31. Oktober 1968 wollten die Bundesländer den Rundfunkbegriff allgemeingültig, d.h. über das Gebührenwesen hinausgehend und unabhängig bzw. ergänzend zu den bis dahin bestehenden landesrechtlichen Regelungen definieren.[5] Die Länder beriefen sich hierbei auf ihre Aufgabe, den durch die Verfassung lediglich in abstrakter Form vorgegebenen Rundfunkbegriff aufgrund ihrer Kompetenz im Bereich von Rundfunkfragen im einzelnen fest-

---

[4] Urteil des Bundesverfassungsgerichts vom 22.Februar 1961 (»Erstes Fernseh-Urteil« BVerfGE 12, 205).

[5] Diese Rundfunkdefinition aus dem Jahre 1968 wurde 1974 bei der Neufassung des Staatsvertrages unverändert beibehalten (vgl. Staatsvertrag der Länder über die Regelung des Rundfunkgebührenwesens vom 31. Oktober 1968. Abgedruckt in: ARD-Jahrbuch 70, S.299).

zulegen. Das Aufkommen von neuen Möglichkeiten zur Nutzung von elektromagnetischen Wellen durch die Verbreitung
im Kabel und über Satellit und die Entwicklung von Videotext,
Kabeltext und Bildschirmtext, führte in der Folgezeit dazu, daß
sich die Länder erneut Gedanken über den Rundfunkbegriff
machen mußten. Es war zu untersuchen,

> »(...) ob der Rundfunkbegriff nicht funktionsgerecht fortentwickelt
> und der technischen Entwicklung angepaßt werden muß.« (Bericht
> der Rundfunkreferenten der Länder zur Frage der Veranstaltung
> privater Rundfunksendungen und des Rundfunkbegriffs. Teil A:
> Allgemeines. Zitiert nach: Ring 1997,Teil D-I, S.1)

Dies geschah in zwei Berichten: im »Schliersee-Papier« vom
29. April 1975[6] (ergänzt am 10. September 1981)[7] und im
»Würzburger Papier« vom 25. Mai 1979[8]. Diese Berichte wurden
zu Grundlagen der Verwaltungshandhabung und der weiteren
Gesetzgebung (vgl. hierzu und für das folgende auch: Hart-
stein/Ring/Kreile 1989, S.199ff.).

Im »Schliersee-Papier« wurde insgesamt Wert darauf gelegt,
den Rundfunkbegriff im Blick auf neue technische Entwicklungen möglichst flexibel und offen zu definieren. Nur Sachver-
halte, die offensichtlich nicht dem Rundfunkbegriff zuzuordnen
waren, wurden ausgeschlossen. Konkret heißt es hierzu:

> »Die bisher in der Literatur unternommenen Versuche einer ande-
> ren oder konkreteren Definition des Rundfunkbegriffs führten zu

---

6 Bericht der Rundfunkreferenten der Länder zur Frage der Veranstaltung
   privater Rundfunksendungen und des Rundfunkbegriffs. Abgedruckt in:
   Ring 1997, Teil D-I.
7 1. Ergänzung des Berichts der Rundfunkreferenten vom 29. April 1975 -
   »Schliersee-Papier« - hinsichtlich Sendungen in Einrichtungen. Abgedruckt in: Ring 1997, Teil D-II.
8 Zweiter Bericht der Rundfunkreferenten der Länder zur Frage des Rundfunkbegriffs, insbesondere der medienrechtlichen Einordnung von »Videotext«, »Kabeltext« und »Bildschirmtext« (Teleschriftformen) - »Würzburger Papier« -. Abgedruckt in: Ring 1997, Teil D-III.

keinem überzeugenden und für eine gesetzliche Neuregelung des Begriffs geeigneten Ergebnis. Es wird daher davon Abstand genommen, über die Definition des Rundfunkbegriffs in § 1 des Staatsvertrages (gemeint ist Art. 1 des Rundfunkgebührenstaatsvertrages vom 5. Dezember 1974, d. Verf.) hinaus zu einer neuen Umschreibung des Rundfunkbegriffs zu gelangen. Angesichts des gegenwärtigen Standes der Entwicklung erscheint eine Änderung der vom Staatsvertrag gegebenen Definition auch nicht erforderlich, für die Praxis dürfte es genügen, mit Hilfe der in Art. 1 des Staatsvertrages enthaltenen Kriterien der 'Verbreitung', 'Allgemeinheit' und 'Darbietung' zu einer Abgrenzung des Rundfunkbegriffs bei der Beurteilung der Einzelfälle zu gelangen.« (Bericht der Rundfunkreferenten der Länder zur Frage der Veranstaltung privater Rundfunksendungen und des Rundfunkbegriffs. Teil C: Erläuterungen zu den Beschlußvorschlägen. Zitiert nach: Ring 1997, Teil D-I, S.6)

Diese drei in Art. 1 des Rundfunkgebührenstaatsvertrages vom 5. Dezember 1974 angesprochenen Rechtsbegriffe: »**Allgemeinheit**«, »**Verbreitung**« und »**Darbietung**« sollen also jeweils dafür herangezogen werden, wenn es gilt, konkrete Erscheinungsformen medialer Vermittlungs- und Darstellungsweisen daraufhin zu prüfen, ob diese dem Rundfunkbegriff untergeordnet werden können. Vor dem Hintergrund der Bestimmungen des Rundfunkstaatsvertrages (RStV) von 1991 haben Hartstein/Ring/Kreile/Dörr und Stettner in Bezugnahme auch auf die Darlegungen in den Referentenberichten (»Schliersee-Papier und Würzburger Papier«) diese Merkmale präzisiert und dargelegt:

Allgemeinheit

»Eine Sendung ist nur dann nicht im rundfunkrechtlichen Sinn an die Allgemeinheit gerichtet, wenn sich der Adressatenkreis vorher in der Weise bestimmen läßt, daß es sich hierbei ausschließlich um Personen handelt, die durch gegenseitige Beziehungen oder durch Beziehungen zum Veranstalter persönlich untereinander verbunden sind. Die Darbietungen im Familienkreis, in kleineren Vereinen und

Telefongespräche werden damit vom Rundfunkbegriff ausgeschlossen.« (Hartstein/Ring/Kreile/Dörr/ Stettner 1995, S.478)

Die erste Ergänzung des Berichts der Rundfunkreferenten vom 10. September 1981 hatte dieser Liste noch die Sendungen in Einrichtungen (z.b. in Hotels und Krankenhäusern) hinzugefügt. Doch ist nun in § 20 Abs. 2 (vormals § 19 Abs. 2) RStV von 1996 festgelegt, daß auch Sendungen in diesen Einrichtungen unter den Rundfunkbegriff fallen.

Verbreitung

Es handelt sich um keine Verbreitung im rundfunkrechtlichen Sinn:

- wenn sich diese Darbietungen »lediglich innerhalb einer überblickbaren räumlichen Einheit vollziehen, z.b. Handmegaphon, Lautsprecherwagen, Verwendung eines Videorecorders mit einem öffentlichen Monitor, die Übertragung von Darbietungen auf Kinoleinwänden z.B. auf öffentlichen Plätzen« (ebd.),

- wenn es sich dabei um »Fernsehdienste und Faksimilezeitungen (Telefax, Teletext)« (ebd.) oder

- um »den Abruf von Informationen von einer Datenbank durch einen einzelnen Abrufer« (ebd.) handelt.

Allerdings: Pay-TV und die Telefonansagedienste der Bundespost sind dem Rundfunkbegriff zuzuordnen (vgl. ebd.).

Darbietung

Eine Darbietung im rundfunkrechtlichen Sinn liegt nicht vor,

- »wenn (diese) zur öffentlichen Meinungsbildung weder bestimmt noch geeignet ist (z.B. bei der Überwachung eines Kinderspielplatzes, bei der Diebstahlsüberwachung und bei betriebstechnischen Mitteilungen)« (ebd.).

• Sie ist weiterhin zweifelhaft: »wenn zwar eine Eignung für die
öffentliche Meinungsbildung zu bejahen ist, aber im Sinne der
vom Bundesverfassungsgericht entwickelten Grundsätze zu
Art. 5 Abs. 1 Satz 2 GG[9] keine Relevanz für die öffentliche
Meinung ersichtlich ist. Eine Relevanz in diesem Sinne liegt
grundsätzlich vor, wenn die Darbietungen nicht in einem un-
mittelbaren räumlichen und sachlichen Zusammenhang mit
der Ausübung eines Berufs oder dem Betrieb eines Unternehmens stehen oder eigentlicher Gegenstand der Berufsaus-
übung oder des Unternehmenszweckes sind.« (ebd., S.479)

Also ist die Mitteilung aktueller Börsenkurse durch Fernseh-
apparate der Banken, sind Hinweise auf Verkehrsstauungen
durch die Polizei oder Automobilclubs vom Rundfunkbegriff
ausgenommen (vgl. ebd.). Folgt man den dargelegten Grundsätzen der Allgemeinheit, Verbreitung und Darbietung, die
wohl die »Wesensmerkmale« des Rundfunks darstellen sollen,
so ist nach Ansicht der Kommentatoren vorläufig davon auszugehen, daß u. a. Musik- und Werbeprogramme in Kaufhäusern,
»Krankenhausfunk«, Programme auf Passagierschiffen etc. als
Veranstaltungen von Rundfunk anzusehen sind. Dennoch können derlei Festlegungen nur beispielhaften Charakter haben, da
in jedem Einzelfall eigens geprüft werden muß, ob das jeweilige
mediale Angebot entsprechend den dargelegten Grundsätzen
dem Rundfunk zuzuordnen ist oder nicht.

Hartstein/Ring/Kreile/Dörr/Stettner haben diese grundsätzliche Diskussion weitergeführt und dargelegt, unter welchen Voraussetzungen verschiedene Darbietungen in elektronischen Medien Rundfunk oder rundfunkähnlichen Diensten zuzuordnen sind oder nicht.[10] Sie haben dabei insbesondere Bezug
genommen auf die Problembereiche: Pay-TV-Programme, Fernsehtext (Videotext), Kabeltext, Bildschirmtext, Sendungen in

---

[9] Vgl. Urteil vom 28. Februar 1961 (BVerfGE 12, 205) und Urteil vom 27.
Juli 1971 (BVerfGE 31, 314).
[10] Vgl. Hartstein/Ring/Kreile/Dörr/Stettner 1995, S.479-490.

Einrichtungen, Sendungen in Wohnanlagen, Teleshopping, Satellitenübertragungen für Rundfunkzwecke, Verkehrsleitsysteme und Fahrgastinformationssysteme in öffentlichen Verkehrsmitteln. Dabei wird deutlich, daß es tatsächlich jeweils auf den Einzelfall ankommt, denn die dargelegten Varianten, die sich aus den sich steigernden Möglichkeiten der technischen Entwicklung und den marktgerechten Ausformungen von »Darbietungen« ergeben, sind unter dieser Perspektive - hier Rundfunk, da rundfunkähnliche Dienste - kaum schlüssig einzuordnen. Und so stellen die Kommentatoren z.B. im Bezug auf Teleshopping fest:

> »Je mehr es um kommerzielle Abwicklung von Einkaufsvorgängen mittels interaktiver Computertechnologie geht und die Individualisierung durch den Nutzer in den Vordergrund rückt, desto problematischer wird die Zuordnung zum Rundfunkbegriff.« (Ebd., S.488)

So bleibt festzuhalten: Die medienrechtliche Einordnung der verschiedenen Erscheinungsformen des Rundfunks, insbesondere der rundfunkähnlichen Kommunikationsdienste ist strittig geblieben. Also verwundert es nicht, wenn dies in den Landesmedien- bzw. -rundfunkgesetzen und einschlägigen Staatsverträgen durchaus unterschiedlich gesehen wird, obwohl sich die Länder im Rundfunkstaatsvertrag von 1991 auf einen Rundfunkbegriff geeinigt haben, der dem aus dem Jahre 1974 entspricht, ergänzt um den zweiten Satz.

> »Rundfunk ist die für die Allgemeinheit bestimmte Veranstaltung und Verbreitung von Darbietungen aller Art in Wort, in Ton und Bild unter Benutzung elektrischer Schwingungen ohne Verbindungsleitungen oder längs oder mittels eines Leiters. Der Begriff schließt Darbietungen ein, die verschlüsselt verbreitet werden oder gegen besonderes Entgelt empfangbar sind, sowie Fernsehtext.« (§ 2 Abs. 1 RStV. Abgedruckt in: Media Perspektiven. Dokumentation IIIa/1991, S.6)

In diesem zweiten Satz soll sich wohl niederschlagen, was die Referenten aus den Staatskanzleien in ihren Papieren vorbereitet hatten (Schliersee-Papier, Würzburger Papier). In § 2 des Rundfunkstaatsvertrages von 1991 ist dann noch festgelegt, was als Voll-, Sparten- oder Fensterprogramm im Sinne dieses Staatsvertrages zu sehen ist:

»Im Sinne dieses Staatsvertrages ist

1. Vollprogramm ein Rundfunkprogramm mit vielfältigen Inhalten, in welchem Information, Bildung, Beratung und Unterhaltung einen wesentlichen Teil des Gesamtprogrammes bilden,

2. Spartenprogramm ein Rundfunkprogramm mit im wesentlichen gleichartigen Inhalten,

3. Fensterprogramm ein zeitlich begrenztes Rundfunkprogramm, das für ein regionales Verbreitungsgebiet im Rahmen eines weiterreichenden Rundfunkprogramms verbreitet wird«. (§ 2 Abs. 2 RStV)

Im Dritten Staatsvertrag zur Änderung rundfunkrechtlicher Staatsverträge (»Dritter Rundfunkänderungsstaatsvertrag«) von 1996 sind diese Bestimmungen dann noch einmal korrigiert und ergänzt worden.[11] In § 2 Abs. 1 Satz 1 RStV ist jetzt statt von »elektrischen« von »elektromagnetischen« Schwingungen die Rede. In § 2 Abs. 2 RStV werden Fensterprogramme differenziert (im Abs. 2 wird jetzt die frühere Nr. 3 durch die neuen Nr. 3 und Nr. 4 ersetzt) und präzisiert:

»3. Satellitenfensterprogramm (ist) ein zeitlich begrenztes Rundfunkprogramm mit bundesweiter Verbreitung im Rahmen eines weitreichenden Programms (Hauptprogramm)«. (§ 2 Abs. 2 Nr. 3 RStV)

»4. Regionalfensterprogramm (ist) ein zeitlich und räumlich begrenztes Rundfunkprogramm mit im wesentlichen regionalen Inhalten im Rahmen eines Hauptprogramms«. (§ 2 Abs. 2 Nr. 4 RStV)

---

[11] Vgl. Dritter Staatsvertrag zur Änderung rundfunkrechtlicher Staatsverträge vom 26. August/ 20. September 1996 (»Dritter Rundfunkänderungsstaatsvertrag«). Abgedruckt in: Media Perspektiven. Dokumentation I/1996, S.1-37.

Hierzu ist anzumerken: Viele Auseinandersetzungen um den Rundfunkbegriff im Felde der Kommunikationspolitik, die auch in der Ausgestaltung der Rundfunkstaatsverträge zum Ausdruck kommen, erklären sich daraus, daß die Beteiligten (auch potentielle Veranstalter) durch die Begriffsbestimmung Einfluß auf die gesetzlichen Normierungen etwa im Blick auf die Regelung der Zulassungsverfahren nehmen wollen. Naheliegend sind daher unterschiedliche Positionen von Bund und Ländern (bezogen auf die Kompetenz), der Telekom (die sich Marktpositionen dauerhaft sichern will), oder des Innen-, Wirtschafts- oder Forschungsministeriums (welches die Zuständigkeit für alle Bereiche der Telekommunikation beansprucht, die nicht Rundfunk sind), der Rundfunkanstalten (Bestandssicherung und Entwicklungsgarantie) oder der Zeitungsverleger usw.

In diesem Kontext ist auch die Kritik zu sehen, die schon auf die Interpretation des Rundfunkbegriffs durch die Länder im Staatsvertrag über die Regelung des Rundfunkgebührenwesens vom 5. Dezember 1974, im »Schliersee-Papier« und im »Würzburger Papier« folgte. Damals schon wurde der Rundfunkbegriff sehr breit ausgelegt. Kritiker sahen in diesen extensiven, jede Neuerung »schwammhaft aufsaugenden« (Kull 1980, S.71) Definitionen die Absicht der Länder, möglichst alle neuen Technologien, wie Videotext, Kabeltext, Bildschirmtext, Kabelfernsehen usw., dem Monopol der (damals noch ausschließlich öffentlich-rechtlichen) Rundfunkanstalten zur Veranstaltung von Rundfunk zuzuweisen und sich selbst möglichst weitreichende Kompetenzen zuzuordnen. Zumindest im Blick auf die Ausweitung des Begriffs und die Allkompetenz der Länder scheint sich diese Vermutung bestätigt zu haben.

4.　Problematik einer begrifflichen Fixierung

In Anbetracht des bisher Dargestellten kann man sagen, daß eine einseitig technisch, politisch oder rechtsdogmatisch motivierte Definition von Rundfunk dem Gesamtphänomen wohl kaum gerecht wird. Denn natürlich kann Rundfunk verschiedenen politischen, wirtschaftlichen oder machtpolitischen Interessen dienen. Solange (anders als bei der Presse) der Gesetzgeber im Falle des Rundfunks einen Ordnungsauftrag hat und der Rundfunk deshalb im Vergleich zur Presse spezieller Regelungen bedarf, werden die Betroffenen Einfluß auf die inhaltliche Bestimmung von »Rundfunk« nehmen wollen. Sie werden »Rundfunk« im Sinne ihrer Interessen beschreiben. Die Hervorhebung der technikbezogenen Perspektive hat immer der Post (teils dem Bund) gedient, das verfassungsrechtliche Postulat der »Kulturhoheit« wiederum den Ländern. Aus kommunikationspolitischer Perspektive haben zum Beispiel die Verleger in Richtung »Freiheit«, die Gewerkschaften in Richtung »Ordnung« votiert und dann auch entsprechende verfassungsrechtliche Positionen für sich in Anspruch genommen. Entsprechend verfahren alle anderen Interessenten in der Rundfunkpolitik, insbesondere die Medien selbst. Eine kommunikationswissenschaftlich begründete publizistische Perspektive hat bislang keinen Eingang in diese Diskussion gefunden, die in weiten Teilen eine Auseinandersetzung von Juristen ist.

Kann es denn gelingen, eine Definition des Rundfunks zu entwickeln, die die technische Dimension erkennt, die juristischen, vor allem verfassungsrechtlichen Implikationen mitbedenkt und auch den interaktiven Zusammenhang der Kommunikationsbeziehung in die Betrachtung mit einbezieht? Dies scheint kaum möglich. Denn wie die voranstehenden Definitionsbemühungen der Rundfunkreferenten und Kommentatoren erkennen lassen, können diese mit ihrem »Begriffsapparat« allein schon die technische Entwicklung elektronischer Medien nicht einfangen.

Ein weiteres kommt hinzu. Im Zuge der Digitalisierung werden die medientypischen, unterschiedlichen Übertragungs- und Verteilsysteme in der Massenkommunikation in einem alle Aussage- und Darstellungsformen herkömmlicher Medien umfassenden einheitlichen Zeichen- und Übermittlungssystem gebündelt. Und damit kann die Übertragungs- und Verteiltechnik nicht mehr dazu herangezogen werden, unterschiedliche Medien zu kategorisieren. Wenn also die Kriterien der Verbreitungs- und Übertragungstechnik nicht mehr diskriminieren, macht es keinen Sinn, von daher die Unterschiedlichkeit des Rundfunks im Verhältnis zu den »anderen Medien« zu sehen, um daraus dann noch spezifische, gar weitreichende Konsequenzen abzuleiten. Zudem entwickeln sich in diesem digitalisierten, elektronischen Kommunikationssystem Aussage- und Darstellungsformen, die als Dienstangebote ihre Attraktivität gerade dadurch gewinnen, daß sie bei der Gestaltung der publizistischen Aussage die herkömmlichen unterschiedlichen Mittel der Aussagegestaltung, die für die unterschiedlichen Medien bislang typisch waren, geschickt verknüpfen, integrieren und verändern.

Ein grundsätzlicher Vorbehalt gegenüber derartigen ontologischen Begriffsdefinitionen ist zudem zu beachten. Es ist Rühl zuzustimmen, wenn er im Blick auf die Definition im Rundfunkstaatsvertrag mit Lerg urteilt:

> »Definitionen dieser Art sind ein begrifflicher Rückzug auf einen beinahe trivialen technischen Determinismus (...) unter eigensinnigem Verzicht auf kommunikationshistorische Erkenntnisse im allgemeinen und rundfunkgeschichtlichen Erfahrungen im besonderen« (Lerg, zitiert nach Rühl 1995, S.292).

Eine kommunikationswissenschaftliche Betrachtung fragt im Blick auf den Rundfunk nach seiner Funktion, seinen Leistungen und Aufgaben in und für eine differenzierte Gesellschaft. Rühl geht davon aus, daß Rundfunk durch programmpolitische Formen bestimmt ist, die sich in der Rundfunkpraxis ausgeprägt haben. Hier sieht er:

- einen obrigkeitsstaatlichen Rundfunk, dessen Programmpolitik durch Ideologien gelenkt ist,

- einen »privaten« (erwerbswirtschaftlichen) Rundfunk, der seine Programmpolitik unter den Primat des Gewinnstrebens stellt,

- einen »öffentlich-rechtlichen« Rundfunk, den er als »publizistischen« Rundfunk versteht, dessen Programmpolitik auf die Problematisierung einer Vielfaltsbreite gesamtgesellschaftlich relevanter Themen ausgerichtet ist (vgl. Rühl 1996, S.6).

Insoweit erweist sich Rundfunk (wählt man die publizistische Perspektive) eingebunden in den Kontext des publizistischen Systems einer Gesellschaft, welches sich überwiegend im Zusammenspiel mit der Presse konstituiert (vgl. ebd., S.7). Rühl umschreibt die gegenwärtige gesellschaftliche Funktion dieser Rundfunkpublizistik als

»ein in die Öffentlichkeit einer differenzierten Gesellschaft eingebettetes Kommunikationssystem, das programmierte Hörfunk- und Fernsehprogramme über durchsetzungsfähige Themen in Schemata reproduziert und re-rezipiert, in der Absicht, durch Anschlußkommunikationen öffentliche Resonanz auszulösen und somit beizutragen zur Stabilisierung und Steigerung des Kommunikationsniveaus der Gesellschaft.« (Rühl 1995, S.299)

Bei dieser Sicht sind Rundfunk und Gesellschaft wechselseitig von einander abhängig und mit gesellschaftlichen Funktionssystemen (Politik, Wirtschaft, Wissenschaft und Kunst etc.) vielfältig verwoben, ohne darin aufzugehen. Dies gilt für das Publizistiksystem insgesamt und somit auch für alle anderen publizistischen Teilsysteme, weil und insoweit diese funktional äquivalente Leistungen und Aufgaben im Gesamtsystem einer Gesellschaft übernehmen. So gesehen, macht aus funktionaler Perspektive die Unterscheidung von Presse und Rundfunk und

der anderen, auch neuartigen Darstellungs- und Gestaltungsformen der Massenkommunikation keinen Sinn. Rühl wertet die
Rundfunkdefinition im Staatsvertrag als den »vergebliche(n)
Versuch, in eine unabgegrenzte Mannigfaltigkeit wie den 'Medien' mehr als eine rein sprachliche Ordnung zu bringen« (Rühl
1996, S.9).

Literatur

Bauer, Helmut G./Detjen, Claus /Müller-Römer, Frank: Die Neuen Medien. Das aktuelle Praktiker-Handbuch. Technik, Anwendungen, Marketing. Loseblattsammlung. Ulm (Stand: 1991).

Bauer, Helmut G./Ory, Stephan: Recht in Hörfunk und Fernsehen. Das unentbehrliche Praktiker-Handbuch. Loseblattsammlung. Ulm (Stand: 1992).

Bayerische Landeszentrale für politische Bildungsarbeit (Hrsg.): Verfassung des Freistaates Bayern. Grundgesetz für die Bundesrepublik Deutschland. Der Bayerische Landtag. Der Bayerische Senat. Überblick Europäische Union. München 1995.

Begründung zum Staatsvertrag über den Rundfunk im vereinten Deutschland vom 31. August 1991. Abgedruckt in: Media Perspektiven. Dokumentation IIIb/1991, S.173-267.

Beschluß des Bundesverfassungsgerichts vom 28. Februar 1987 (»Baden-Württemberg-Beschluß«). Abgedruckt in: Media Perspektiven. Dokumentation III/1987, S.147-168 (=BVerfGE 74, 297).

Bredow, Hans: Der Daseinskampf des deutschen Funks. Stuttgart 1954 (= Im Banne der Ätherwellen Bd. I).

ders.: Funk im Ersten Weltkriege. Entstehung des Rundfunks. Stuttgart 1956 (= Im Banne der Ätherwellen Bd. II).

Bullinger, Martin: Der Rundfunkbegriff in der Differenzierung kommunikativer Dienste. In: Archiv für Presserecht (AfP) 1/1996, S.1-8.

Dritter Staatsvertrag zur Änderung rundfunkrechtlicher Staatsverträge vom 26. August/ 11. September 1996 (»Dritter Rundfunkänderungsstaatsvertrag«). Abgedruckt in: Media Perspektiven. Dokumentation I/1996, S.1-37.

Drubba, Helmut: Zur Etymologie des Wortes Rundfunk. In: Publizistik 3/1978, S.240-249.

Gersdorf, Hubertus: Der verfassungsrechtliche Rundfunkbegriff im Lichte der Digitalisierung der Telekommunikation. Ein Rechtsgutachten im Auftrag der Hamburgischen Anstalt für Neue Medien. Berlin 1995.

ders.: Multi-Media. Der Rundfunkbegriff im Umbruch? Insbesondere zur verfassungsrechtlichen Einordnung der Zugriffs- und Abrufdienste. In: Archiv für Presserecht (AfP) 3/1995, S.565-574.

Gesetz über die Entwicklung, Förderung und Veranstaltung privater Rundfunkangebote und anderer Mediendienste in Bayern (»Bayerisches Mediengesetz BayMG«). Abgedruckt in: Media Perspektiven. Dokumentation IV/1992, S.219-234.

Hartstein, Reinhard/Ring, Wolf-Dieter/Kreile, Johannes: Rundfunkstaatsvertrag. Kommentar zum Staatsvertrag der Länder zur Neuordnung des Rundfunkwesens (v. 03.04.1987); Sonderausgabe aus Ring, Wolf Dieter: (Hrsg.): Medienrecht. München 1989.

Hartstein, Reinhard/Ring, Wolf-Dieter/Kreile, Johannes/Dörr, Dieter/Stettner, Rupert: Rundfunkstaatsvertrag. Kommentar zum Staatsvertrag der Länder zur Neuordnung des Rundfunkwesens. München 1995.

Herrmann, Günter: Fernsehen und Hörfunk in der Verfassung der Bundesrepublik Deutschland. Zugleich ein Beitrag zu weiteren allgemeinen verfassungsrechtlichen und kommunikationsrechtlichen Fragen. Tübingen 1975.

ders.: Rundfunkrecht. Fernsehen und Hörfunk mit neuen Medien. München 1994.

Herzog, Roman: Kommentar zum Grundgesetz Art. 5 Abs. 1, 2. In: Maunz, Theodor/Dürig Günter u. a.: Grundgesetz. Kommentar (Loseblattsammlung). München (Stand 1994).

Hesse, Albrecht: Rundfunkrecht. München 1990.

Hoffmann-Riem, Wolfgang: Der Rundfunkbegriff in der Differenzierung kommunikativer Dienste. In: Archiv für Presserecht (AfP) 1/1996, S.9-15.

Hochstein, Reiner: Teledienste, Mediendienste und Rundfunkbegriff - Anmerkungen zur praktischen Abgrenzung multimedialer Erscheinungsformen. In: Neue Juristische Wochenschrift (NJW) 45/1997, S.2977-2981.

Kresse, Herrmann/Heinze, Matthias: Rundfunk-Dynamik am Morgen des digitalen Zeitalters. Ein Beitrag zur funktionalen Entwicklung des Rundfunkbegriffs. In: Archiv für Presserecht (AfP) 3/1995, S.574-580.

Kull, Edgar: Elektronische Textkommunikation - Sachstand und juristischer Disput. In: Archiv für Presserecht (AfP) 2/1980, S.70-75.

Lerche, Peter: Verfassungsrechtliche Aspekte neuer kommunikationstechnischer Entwicklungen. Bayerische Verwaltungsblätter (BayVBl) 1976, S.530-535 .

Lerg, Winfried B.: Die Entstehung des Rundfunks in Deutschland. Herkunft und Entwicklung eines publizistischen Mittels. Frankfurt/M. 1965.

ders.: Rundfunkpolitik in der Weimarer Republik. München 1980 (= Bausch, Hans (Hrsg.): Rundfunk in Deutschland Bd. 1).

Nesper, Eugen: Ein Leben für den Funk. Wie der Rundfunk entstand. München 1950.

Problempapier gemäß Auftrag der Landesmedienzentralen im Arbeitskreis (AK) Grundsatzfragen der Direktorenkonferenz der Landesmedienzentralen (DLM): Pay TV und Rundfunkbegriff. In: Zeitschrift für Urheber- und Medienrecht (ZUM) 11/1989, S.514-515.

Ratzke, Dietrich: Handbuch der Neuen Medien. Information und Kommunikation, Fernsehen und Hörfunk, Presse und Audiovision heute und morgen. Stuttgart 1984.

Ring, Wolf-Dieter: Pay-TV ist Rundfunk! In: Zeitschrift für Urheber- und Medienrecht (ZUM) 6/1990, S.279-280.

ders. (Hrsg.): Medienrecht. Rundfunk, Neue Medien, Presse, Technische Grundlagen, Internationales Recht. Bundesrepublik Deutschland, Österreich, Schweiz. Text, Rechtsprechung, Kommentierung (Loseblattsammlung). München (Stand: 1997).

Rühl, Manfred: Rundfunk publizistisch begreifen. Reflexionstheoretische Überlegungen zum Primat progammierter Programme. In: Publizistik 3/1995, S.279-304.

ders.: Probleme? Nein! Für eine Neubewertung des Rundfunkbegriffs. In: Kirche und Rundfunk. Evangelischer Pressedienst (epd) 34/1996, S.5-9.

Scharf, Albrecht: Aufgabe und Begriff des Rundfunks. Bayerische Verwaltungsblätter (BayVBl) 1968, S.337-342.

Scheuner, Ulrich: Das Grundrecht der Rundfunkfreiheit. Berlin 1982 (= Kewenig, Wilhelm A. (Hrsg.): Veröffentlichungen des Instituts für Internationales Recht an der Universität Kiel. Nr. 85. Berlin 1982).

Schwarz-Schilling, Christian: »Pay-TV« - und doch kein Rundfunk! In: Zeitschrift für Urheber- und Medienrecht (ZUM) 11/1989, S.487-492.

Staatsvertrag der Länder über die Regelung des Rundfunkgebürenwesens vom 5. Dezember 1974 (»Rundfunkgebührenstaatsvertrag«). Abgedruckt in: ARD-Jahrbuch 75. Hamburg 1975, S.340-344.

Staatsvertrag über den Rundfunk im vereinten Deutschland vom 31. August 1991. Abgedruckt in: Media Perspektiven. Dokumentation IIIa/1991, S.105-172.

Staatsvertrag der Länder über die Regelung des Rundfunkgebührenwesens vom 31. Oktober 1968. Abgedruckt in: ARD-Jahrbuch 70. Hamburg 1970, S.299-301.

Stock, Martin: Das Grundrecht der Rundfunkfreiheit. In: Rundfunk und Fernsehen 2/1983, S.195-198.

Urteil des Bundesverfassungsgerichts vom 28. Februar 1961 (»Erstes Fernseh-Urteil«). Abgedruckt in: Ring, Wolf-Dieter (Hrsg.): Medienrecht. Rundfunk, Neue Medien, Presse, Technische Grundlagen, Internationales Recht. Bundesrepublik Deutschland, Österreich, Schweiz. Text, Rechtsprechung, Kommentierung (Loseblattsammlung). München (Stand 1997) Teil A-III 1, S.1-37 (= BVerfGE 12, 205).

Urteil des Bundesverfassungsgerichts vom 27. Juli 1971 (»Mehrwertsteuer-Urteil«). Abgedruckt in: Ring, Wolf-Dieter

(Hrsg.): Medienrecht. Rundfunk, Neue Medien, Presse, Technische Grundlagen, Internationales Recht. Bundesrepublik Deutschland, Österreich, Schweiz. Text, Rechtsprechung, Kommentierung (Loseblattsammlung). München (Stand 1997), Teil A-III 2, S.1-26 (= BVerfGE 31, 314).

Urteil des Bundesverfassungsgerichts vom 4. November 1986 (»Niedersachsen-Urteil«). Abgedruckt in: Media Perspektiven. Dokumentation IV/1986, S.213-247 (= BVerfGE 73, 118).

2. Kapitel: Rundfunktechnik

Bei der Betrachtung der Rundfunkgeschichte fällt immer wieder auf, wie eng auch ihre publizistische Entwicklung mit der zugrundeliegenden Technik verknüpft ist. Man denke nur an verschiedene Programmformen, deren Entstehen unmittelbar mit technischen Errungenschaften in Zusammenhang gebracht werden kann, wie folgendes Beispiel belegen soll:

»Kleine leichte Geräte befreiten die Aufnahmetechnik aus den Zwängen des Studios. Kamera und Mikrofon können dank der für das Fernsehen entwickelten Pilotton-Technik direkt an den Ort des Geschehens heran. So entsteht in den fünfziger Jahren der moderne Fernseh-Dokumentarfilm mit einem Reservoir an Spontaneität und authentischer Kraft, wie es zuvor nicht vorstellbar war. Heute ist auch der Spielfilm undenkbar ohne diese Technik.« (Messerschmid 1985a, S.9)[1]

Noch einschneidendere Auswirkungen dürften sich im Zuge der Digitalisierung etwa durch Computeranimationen ergeben. Aus diesem Grund erscheint es notwendig, auf einige wesentliche Entwicklungen in der Rundfunktechnik einzugehen. Allerdings muß von vorneherein klar sein, daß es sich dabei nur um eine Auswahl handeln kann. Die nachfolgenden Ausführungen zeigen zunächst die Errungenschaften der Rundfunktechnik von ihren Anfängen bis etwa zum Ende des Zweiten Weltkrieges auf und beschäftigen sich dann mit der Zeit des Wiederaufbaus bis etwa 1960, um anschließend die Innovationen der sechziger, siebziger und frühen achtziger Jahre darzustellen. Bis zu diesem Punkt folgt das Kapitel im wesentlichen einer Einteilung, die die Arbeitsgruppe *Ge-*

---

[1] Vgl. zur Bedeutung der Rundfunktechnik im Kontext des Massenkommunikationsprozesses z.B. auch: Freyberger 1967 oder Loebe 1972.

schichte der Rundfunktechnik der Technischen Kommission von ARD und ZDF vorgeschlagen hat (vgl. für dieses Kapitel insbesondere: Arbeitsgruppe »Geschichte der Rundfunktechnik« der Technischen Kommission ARD/ZDF 1987, 1988, 1989, 1990 sowie 1992). Den Abschluß der Darstellung zur Rundfunktechnik bilden dann die neueren und derzeit aktuellen Entwicklungen.

1.   Von den Anfängen bis 1945

Die verschiedenartigen technischen Entwicklungen und auch die zeitliche Differenz bei der Entstehung von Hörfunk und Fernsehen erfordern eine getrennte Darstellung beider Medien. Denn nur so ist eine eingängige und übersichtliche Darstellung möglich.

1.1   Hörfunk

Ohne die bahnbrechenden Arbeiten von Heinrich Hertz, Professor für Physik in Karlsruhe und Bonn, wäre die Entwicklung von Hörfunk und Fernsehen nicht denkbar gewesen. Heinrich Hertz gelang 1887 der Nachweis von elektomagnetischen Schwingungen, die an einer Stelle erzeugt, unsichtbar ausgestrahlt und an einer anderen Stelle wieder empfangen werden können. Den Hintergrund für diese Bemühungen bildete der Wunsch, Nachrichten so schnell wie möglich von einem Ort zu einem anderen zu übermitteln.

> »Alle Erfindungen zur Verbesserung der 'drahtlosen Brücke von Mensch zu Mensch' bis zur heutigen weltweiten Kommunikation über Satellit bauten auf der wegweisenden Entdeckung (...) auf.« (Arbeitsgruppe »Geschichte der Rundfunktechnik« der Technischen Kommission ARD/ZDF 1987, S.2)

Bereits 1744 hatte der Leipziger Altphilologe Johann Heinrich Winkler vorgeschlagen, zu diesem Zweck die Elektrizität zu verwenden. Allerdings dachte er an einen Übertragungsweg mittels »greifbarer Materialien«, also Draht.

1.1.1 Die »drahtlose Telegraphie«

Von »unsichtbaren Übertragungswegen« sprach erst 1865 der schottische Physiker James Clark Maxwell, als er die Theorie des elektromagnetischen Feldes aufstellte. Er ging davon aus, daß sich unsichtbare elektromagnetische Wellen wie sichtbares Licht ausbreiten.

> »Hertz ging es dann um die experimentelle Bestätigung dieser Hypothese, die von fundamentaler Bedeutung für die Theorie der Elektrizität und des Magnetismus war.« (Rindfleisch 1985, S.35)

Er benutzte den sogenannten »Hertz'schen Oszillator«. Dieser bestand aus einem »Induktor«, der hohe Spannungen erzeugte und einem in der Mitte unterbrochenen Draht. Aufgrund der hohen Spannungen sprangen an der unterbrochenen Stelle Funken über. Dieser »Hertz'sche Oszillator« erzeugte also Wellen, die bei einem anderen, auch in der Mitte unterbrochenen Draht - auf der Empfängerseite - ebenfalls Funken überspringen ließen.

In der Folgezeit engagierte sich eine Reihe von Wissenschaftlern auf dem Gebiet der Erforschung der elektromagnetischen Wellen. So gelang es 1896 dem Russen Aleksander Stepanowitsch Popow, die Worte »Heinrich Hertz« über eine Entfernung von 250 Meter zu übertragen. Als eigentlicher Erfinder der »Radiotelegraphie« gilt aber der Italiener Guglielmo Marconi. Von den Experimenten Heinrich Hertz' stark beeindruckt, entwickelte er dessen Sender weiter und realisierte ebenfalls im Jahre 1896 Sendeweiten von rund drei

Kilometern.

»Nachdem die italienische Regierung für Marconis Versuche kein
Interesse zeigte, ging er nach England, wo er finanzielle Unterstützung fand und die Arbeit rasch fortschritt. 1897 wurde die erste
Funkstation in Alum Bay auf der Insel Wight errichtet (die 1898 die
erste bezahlte Nachricht übermittelte), 1899 überbrückte er drahtlos
den Ärmelkanal und am 12. Dezember 1901 folgte der große Tri-
umph: Marconi sandte den Buchstaben 'S' (drei Punkte) im Morse-
code von England über den Atlantik nach Neufundland.« (Geretschläger 1983, S.26)

Dem Deutschen Adolf Slaby, Professor an der Technischen
Hochschule in Berlin, und seinem Assistenten Graf Georg
Wilhelm von Arco gelang es 1897 mehrmals durch verschiedene technische Variationen, drahtlose Verbindungen herzustellen und auf diesem Wege eine Distanz von bis zu 21 Kilometern zu überbrücken. Anwendungsmöglichkeiten dieser neuen
Technik »Funkentelegraphie« sah Slaby beim Militär allgemein,
insbesondere aber bei der Marine und bescheinigte ihr dort
eine ausgezeichnete Zukunft.

Der Physiker Ferdinand Braun, Professor an der Universität
Straßburg, entwickelte 1898 unter anderem den sogenannten
»gekoppelten Schwingungskreis« und ermöglichte dadurch,
den Empfänger auf bestimmte Wellenlängen einzustellen. Eine
größere Empfindlichkeit des Empfängers ermöglichte eine
größere Reichweite. Schon um die Jahrhundertwende machten
sich zwei Unternehmen daran, diese Erfindungen umzusetzen.
Sie führten die drahtlose Telegraphie aus dem Versuchsstadi-
um heraus und boten diese interessierten Kunden an. Es
handelte sich um die englische »Wireless Telegraph and Signal
Company (Marconi Company)« und um die deutsche »Allgemeine Elektrizitätsgesellschaft (AEG)«, für die Adolf Slaby und
Graf Arco tätig waren. Wenig später kam die »Gesellschaft für
Telegraphie ohne Draht - System Prof. Braun und Siemens &
Halske GmbH« hinzu. »AEG« und »Siemens« schlossen sich

dann 1903 in der »Gesellschaft für drahtlose Telegraphie (Telefunken)« zusammen. Die »Marconi Company« und »Telefunken« machten sich lange Jahre stärkste Konkurrenz[2].

1.1.2 Die Übertragung von Sprache und Musik

Wenngleich es sich bis dahin nur um drahtlose Telegraphie (Übermittlung von Nachrichten mittels Morsezeichen) handelte, zielten die Bestrebungen bald in Richtung drahtloser Telephonie, also der Übermittlung von Gesprochenem. Entscheidend hierfür war, daß 1906 die ersten deutschen Versuchsanlagen für den Funkverkehr in Norddeich an der Nordsee sowie in Nauen bei Berlin eingerichtet wurden.

Der Däne Valdemar Poulsen brachte diese Entwicklung voran, indem er den sogenannten »Lichtbogensender« entwikkelte. Hiermit konnte man ungedämpfte Schwingungen erzeugen und somit Wellen auf einer bestimmten Frequenz ununterbrochen ausstrahlen. Und was entscheidend war, er arbeitete im Vergleich zum bisherigen Funkensender fast lautlos und übermittelte einen konstanten Ton. Dies galt als Voraussetzung für die Übermittlung von Sprache und Musik.

Eine weitere wesentliche Erfindung für die Entwicklung der Rundfunktechnik ist die Elektronenröhre. Erste relevante Überlegungen wurden von Thomas Edison im Jahre 1893 angestellt, wichtige Weiterentwicklungen sind vor allem John Ambrose Fleming (1904) sowie Robert von Lieben und Lee de Forest (1905) zu verdanken. Besondere Bedeutung für die drahtlose Übertragung von Sprache und Musik erlangte die Elektronenröhre deshalb, weil sie nicht nur in der Lage war, elektromagnetische Wellen zu verstärken, sondern auch ungedämpfte

---

[2] Die ersten Kapitel der lebensgeschichtlichen Schilderungen Hans Bredows sind insbesondere von diesem Konflikt zwischen der Marconi-Gruppe und Telefunken geprägt (vgl. Bredow 1954).

Schwingungen zu erzeugen. Diese Röhrentechnik wurde erst ab Ende der vierziger Jahre des 20. Jahrhunderts durch die Transistortechnik ersetzt (vgl. hierzu z.B. Geretschläger 1983, S.28 und ausführlicher Goebel 1950, S.357f.).

In der Folgezeit arbeitete man insbesondere an der Verfeinerung und Vervollkommnung der Technik der drahtlosen Übertragung der menschlichen Stimme und der Musik. So gab es 1910 zum ersten Mal eine Übertragung aus der Metropolitan Opera in New York, wo der italienische Tenor Enrico Caruso sang.

Wenngleich sich die funktechnischen Aktivitäten während des Ersten Weltkrieges ab 1914 insbesondere in die Vereinigten Staaten verlagerten, kam es zum Ende des Krieges in Deutschland wieder zu Versuchen mit der neuen drahtlosen Telephonie. 1917 gelang es Hans Bredow, dem damaligen Direktor von »Telefunken«, und den Fernmeldeingenieuren Alexander Meißner und Egbert v. Lepel, an der Westfront den ersten Röhrensender erfolgreich einzusetzen:

> »Als Versuchstext wurden zunächst Tagesmeldungen und der Heeresbericht durchgegeben. Als Anreiz für die Aufmerksamkeit der abhörenden Funker ließ Bredow vor dem Mikrophon zwischendurch Handharmonika- und Geigensoli spielen und las selbst Heines Gedichte. (...) Sehr bald wurde dieser 'Soldatenrundfunk' von der Obersten Heeresleitung verboten. Die erzielten Reichweiten betrugen 50 bis 60 km bei 10 W Oberstrichleistung, eine beachtliche Entfernung, wenn man berücksichtigt, daß als Empfänger anfangs nur Detektorgeräte mit zwei Niederfrequenz-Verstärkerstufen dienten.« (Goebel 1950, S.357f.)

In der Folgezeit engagierten sich insbesondere Posttechniker der Hauptfunkstelle Königs Wusterhausen bei Berlin bei einer Reihe von Übertragungen. 1920 sendeten sie Schallplattenmusik, verlasen Zeitungstexte und arrangierten sogar ein »drahtloses Weihnachtskonzert«, an Ostern 1921 ein Osterkonzert. Im

Juni 1921 gelang ihnen die Übertragung von Puccinis »Madame Butterfly« aus der Berliner Staatsoper und am 13. Mai 1922 wurde das erste einer Reihe von Sonntagskonzerten aus Königs Wusterhausen ausgestrahlt. Aber all diese Sendungen waren mehr oder weniger Einzelereignisse, eher Versuche. Von einem regelmäßigen Rundfunkprogrammdienst mit täglichen Sendungen konnte noch nicht die Rede sein. Diese Entwicklung trat erst ein, nachdem die Reichstelegraphenverwaltung einen Sender und ein kleines Studio errichtet hatte.

Als der Hörfunk am 29. Oktober 1923 seinen Sendebetrieb aufnahm, sendete man aus einem Raum im Gebäude der Schallplattenfirma »Vox« an der Potsdamer Straße 4 in Berlin. Dieser Raum war rund 14 Quadratmeter groß und mit einem einzigen Mikrofon bestückt. Es traten Instrumental- und Gesangsinterpreten auf und verschiedene Musikstücke wurden per Schallplatte abgespielt.

1.1.3 Der Ausbau der Sendernetze

Der Plan der Deutschen Reichspost namentlich des Leiters ihrer Funkabteilung, Staatssekretär Hans Bredow, sah zunächst die Errichtung eines einzigen Senders vor. Das Programm sollte in Berlin von einer privaten Gesellschaft produziert werden. Wesentlich für diese Überlegungen waren Überwachungsgesichtspunkte, die auch in der Absicht zum Ausdruck kamen, den Rezipienten das Hörfunkprogramm über Vorführungen in größeren Sälen zugänglich zu machen. Jedoch erkannte die Reichspost sehr früh, daß dieses Vorhaben allein aufgrund unzureichender technischer Reichweiten nicht zu realisieren war. In der Folgezeit entstand ein System aus Mittelwellensendern, regional differenziert in Haupt- und Nebensender an verschiedenen Standorten sowie einem weitreichenden Langwellensender in Königs Wusterhausen, so daß die Versorgung des gesamten Reichsgebiets möglich war.

Terrestrische Verbreitung. Das Reichsgebiet wurde zunächst in neun nahezu gleich große Sendebezirke eingeteilt. In jedem Sendebezirk sollte jeweils ein MW-Sender aufgestellt und mit dem Programm von örtlichen privaten Sendegesellschaften versorgt werden. Dementsprechend wurden insgesamt neun 0,25 kW-Sender in Berlin, Breslau, Frankfurt am Main, Hamburg, Königsberg, Leipzig, Münster, München und Stuttgart gebaut. Aber auch diese neun (Haupt-) Sender konnten keine Gesamtversorgung gewährleisten. Deshalb wurden mehrere Nebensender eingerichtet. 1924 gab es bereits Nebensender in Bremen, Hannover, Kassel sowie in Nürnberg. Wenngleich diese Sender eine eigene Welle erhielten und prinzipiell selbständig Sendungen verbreiten konnten, übernahmen viele aus Kostengründen das per Kabel angelieferte Programm des Senders am Standort der Programmgesellschaft. Für das Programm des Langwellensenders in Königs Wusterhausen sorgte ab 1926 eine zentrale Rundfunkgesellschaft. Abb. 1 soll die Verteilung der Standorte verdeutlichen.

Auch für eine Saalbeschallung war die Technik - insbesondere die Lautsprechertechnik - noch nicht ausgereift genug. Schließlich wurde es Hörern erlaubt, zuhause ein Hörfunkgerät aufzustellen und zu betreiben. Allerdings mußten sie zuerst beim zuständigen Postamt eine Erlaubnis eingeholt und eine monatliche Gebühr von zwei Mark bezahlt haben. In der Folgezeit wurde zwar ständig an einer Verbesserung der technischen Empfangbarkeit gearbeitet, aber noch lange gab es massive Beschwerden über den unzulänglichen Empfang der Programme.

Abb. 1: Rundfunksendernetz der Deutschen Reichspost 1924

Quelle: Arbeitsgruppe »Geschichte der Rundfunktechnik« der Technischen Kommission ARD/ZDF 1988, S.2.

Verbreitung in Kabelnetzen. Bald nachdem der Rundfunk in Form einer terrestrischen Verbreitung begonnen hatte, wurde auch eine Verkabelung vorangetrieben. Die drahtgebundene Ausstrahlung gewann

> »(...) als Zusatzversorgung in Sonderfällen Bedeutung, insbesondere dann, wenn der Empfang stärkeren Störungen ausgesetzt war wie z.B. durch Funkenbildung bei Straßenbahnen und elektrischen Maschinen.« (Rindfleisch 1985, S.49)

Darüber hinaus erkannte man aber auch die Möglichkeit, auf lokaler Ebene weitere Programme anzubieten. Die Deutsche Reichspost errichtete dementsprechend in einigen Orten Kabelsysteme. In München begann beispielsweise die Oberpostdirektion 1924 mit der Übertragung von Veranstaltungen aus der Bayerischen Staatsoper in sogenannte Opern-Hörräume und in die Wohnungen von Fernsprechteilnehmern. Am 19. März 1939 wurde eine Drahtfunkverordnung als gesetzliche Grundlage für eine weitreichende Einführung des Drahtfunks erlassen. Bis 1945 entschlossen sich immerhin 176.000 Bürger, am Drahtfunk teilzunehmen.

Internationalisierung. Sowohl die Tatsache, daß (terrestrische) Funkwellen nicht an nationalen Grenzen enden als auch das wachsende Interesse an Sendefrequenzen führte zu der Notwendigkeit, die Frequenznutzung in Europa auf internationaler Ebene zu regeln. Bereits 1925 schlossen sich die europäischen Rundfunkorganisationen in Genf zum »Weltrundfunkverein (WRV)« zusammen. Um einen störungsfreien Rundfunkverkehr zu realisieren, verabschiedete der Verein den sogenannten »Genfer Wellenplan«,

> »(...) auf Grund dessen Deutschland von den 83 verfügbaren Hauptwellen (Einzelwellen) 12 und von den neu eingeführten Gemeinschaftswellen 11 erhielt. Damit lag Deutschland hinsichtlich der Zahl der Rundfunkwellen unter den europäischen Ländern an erster Stelle (...).« (Goebel 1950, S.440)

Deutschland wurde in diesem internationalen Weltrundfunkverein durch die 1925 gegründete »Reichs-Rundfunk-Gesellschaft (RRG)«, der Dachorganisation des deutschen Rundfunks, vertreten.[3] Unabhängig von den Frequenzregelungen auf internationaler Ebene gab es bereits sehr früh Ambitionen, weitreichende Sender einzurichten. Dies geschah zum einen aus Prestigegründen, zum anderen aber auch zu Propagandazwecken.

In Deutschland beabsichtigte man die Errichtung von acht »Großsendern«. Während die ersten Großsender im süddeutschen Mühlacker (als Gegengewicht zu Straßburg) und im ostpreußischen Heilsberg (in Ostpreußen waren Moskau und London besser zu empfangen als der Ortssender) zunächst

---

[3] Vgl. 3. Kapitel Abschnitt 2.3.

noch eine Sendeleistung von je 60 kW hatten, gab es bis Mitte der dreißiger Jahre insgesamt sieben Mittelwellensender mit 100 kW und einen Mittelwellensender mit 120 kW.

Bereits seit 1929 gab es Programme, die über Rundstrahler und ab 1933 auch über Richtstrahler in verschiedene Regionen der Welt gesendet wurden. Und 1936 wurde von den Olympischen Spielen in Garmisch-Partenkirchen und Berlin via Kurzwelle in die ganze Welt berichtet. Zur Funktion der Kurzwellensender in dieser Zeit schreibt Walter Steigner, ehemaliger Intendant der Deutschen Welle:

»Das nationalsozialistische Deutschland ging mit einem großen technischen Vorsprung in den Ätherkrieg. Schon 1933 hatten die Nationalsozialisten den jungen deutschen Auslandsrundfunk in ein politisches Instrument ersten Ranges umgewandelt. Im Kriege wurden die Kurzwellensender im militanten Sprachgebrauch zu Langrohrgeschützen des Äthers.« (Steigner 1971, S.9)

1943 waren in den deutschen Grenzen von 1937 insgesamt 27 Mittelwellensender mit einer Gesamtleistung von ca. 1.000 kW und ein Langwellensender plus Ersatzsender mit 500 kW in Betrieb[4].

---

[4] Für den Hörfunk sind in Europa folgende Frequenzbereiche definiert: Langwelle (LW) 150 bis 285 kHz; Mittelwelle (MW) 525 bis 1.605 kHz; Kurzwelle (KW) 6.100 bis 26.000 kHz; Ultrakurzwelle (UKW) 87.000 bis 104.000 kHz. Die mittlere Reichweite beträgt für LW (100 kW - 2.000 kW) ca. 1.000 - 2.000 km, für MW (3 kW) ca. 100 km, für MW (500 kW) ca. 800 km, für UKW (1 W - 100 kW) maximal 150 km. KW (100 W - 2 kW) ist weltweit empfangbar. Zusätzlich gilt: Je mehr Leistung desto besser ist die Qualität.

Tab. 1: Lang- und Mittelwellen-Rundfunksender innerhalb der Reichsgrenzen von 1937 (Stand: 1943)

Standort	Frequenz (kHz)	Trägerleistung (kW)
Zeesen (Ersatz)	191	60
Deutschlandsender Herzberg (Elster)	191	500
Berlin-Tegel	841	100
Bremen	1330	2
Breslau	950	100
Dresden	1465	0,25
Flensburg	1330	3
Frankfurt/Main	1195	25
Freiburg (Breisgau)	1294	5
Gleiwitz	1231	8
Hamburg	904	100
Hannover	1330	8
Heilsberg	1031	100
Kaiserslautern	1429	1,5
Kassel	1195	0,5
Koblenz	1195	3
Königsberg (Preußen)	1348	2
Langenberg	648	100
Leipzig	785	100
Magdeburg	1330	0,5
Mühlacker	574	100
München	740	100
Nürnberg	519	1
Osterloog	400-1030	100
Reichenbach (Oberlausitz)	1231	8
Saarbrücken	1249	17
Stettin	1330	2
Stolp (Pommern)	1303	8
Trier	1195	3

Quelle: Rindfleisch 1985, S.46.

Neben diesen stationären Lang- und Mittelwellensendern wurde ab 1932 eine Reihe von fahrbaren Sendern gebaut. Zunächst waren diese mobilen Sender zur Behebung akuter Senderausfälle gedacht, aber während des Krieges dienten sie als flexible »Kampfsender«, die direkt hinter der Front eingesetzt wurden:

>»Einige von ihnen sind als Soldatensender unter den Namen Ursula, Siegfried, Gustav, Martha, Otto und Paul weithin bekannt geworden. Nach dem Krieg wurden sieben von ihnen in der amerikanischen und britischen Besatzungszone für die Rundfunkversorgung der deutschen Bevölkerung eingesetzt.« (Rindfleisch 1985, S.47)

1.1.4 Die Aufnahme- und Studiotechnik

In den frühen Jahren des Hörfunks wurden zur Aufnahme die Mikrofonkapseln eines normalen Telefons, einfache Kohlekörnermikrofone; eingesetzt. Hörfunksendungen besaßen daher zunächst Telefonqualität. Hinzu kam, daß die Studios in aller Regel mit Vorhängen und Teppichen ausgekleidet waren, um Verzerrungen zu vermeiden. Die Musikstücke wirkten daher immer sehr dumpf. Erst in den dreißiger Jahren wurde diese Technik durch das Kondensatormikrofon verdrängt, das in weiterentwickelter Form auch heute noch Verwendung findet. Dieses Mikrofon hat den enormen Vorteil, den gesamten Bereich hörbarer Töne erfassen zu können und dabei kein Grundgeräusch, wie das Kohlemikrofon, auszusenden.

Jeder Aufnahmeraum war in der Pionierzeit zunächst mit einem Mikrofon bestückt, das in aller Regel in der Nähe des Verstärkerraumes plaziert war. Ab 1927 wurden dann mehrere Mikrofone eingesetzt, die von einem eigenen Reglerraum aus (»Regieraum«) bedient werden konnten. In der Folgezeit entstanden für bestimmte Programmsparten wie Hörspiele oder

Nachrichten weitere Aufnahmeräume. Der ursprüngliche Verstärkerraum mutierte damit immer mehr zum zentralen Schaltraum, in dem alle Leitungen sowohl zusammenliefen als auch geschaltet wurden. Sehr bald schon wurde aber nicht nur in speziellen Studios aufgenommen, sondern man übertrug aus Theatern, Opern, Sportveranstaltungen usw. Ab Ende der zwanziger Jahre kam hier immer häufiger der Übertragungswagen (»Ü-Wagen«) zum Einsatz.

Ein Meilenstein in der Entwicklung der Studiotechnik war die Erfindung des Magnettonverfahrens. Als es am 1. Januar 1938 im deutschen Rundfunk eingeführt wurde, löste es einen grundlegenden Wandel in der Produktions- und Sendetechnik aus.

»Die Magnetbänder waren einfach zu handhaben und unempfindlich gegen mechanische Beschädigungen. Sie konnten praktisch beliebig oft abgespielt oder auch gelöscht und neu verwendet werden und außerdem wie Filmstreifen leicht mit der Schere geschnitten und in abgeänderter Folge wieder zusammengeklebt werden. Als die bei der magnetischen Aufzeichnung in Deutschland erreichten Fortschritte nach dem Kriege im Ausland bekannt wurden, führte man das Verfahren bald überall im Rundfunk ein.« (Rindfleisch 1985, S.67)

Durch dieses neue Verfahren wurde die Klangqualität erheblich gesteigert, so daß auch hochwertige Musikproduktionen realisiert werden konnten. Für den Außendienst war die Entwicklung von tragbaren Magnettongeräten in den dreißiger Jahren bedeutsam. Die Mobilität der Journalisten kam der Kriegsberichterstattung zugute.

Zunächst wurde aus mehr oder weniger provisorisch eingerichteten Gebäuden gesendet. Aber der zunehmende Ausbau der Technik, die wachsende Mitarbeiterzahl und die Ausweitung des Programms führten dazu, daß eigens für den Rundfunk konzipierte Gebäude errichtet werden mußten.

»In der zweiten Hälfte der zwanziger Jahre gingen die Sendegesell-schaften dazu über, eigene Funkhäuser zu bauen, wobei man die speziellen akustischen Anforderungen an die Studios berücksichti-gen konnte. Für die Musikstudios lehnte man sich weitgehend an die Erfahrungen beim Bau von Konzertsälen an. Je nach Art der aufzunehmenden Musik baute man Studios unterschiedlicher Grö-ße: in der Regel 4000 bis 10 000 m³ für sinfonische Musik, 1000 bis 4000 m³ für Tanz- und Unterhaltungsmusik, 300 bis 1000 m³ für Kammermusik.« (Rindfleisch 1985, S.55)

1.1.5 Der »Volksempfänger«

In der Bevölkerung war die Reaktion auf das neue Medium Hörfunk zwar anfänglich eher zurückhaltend, das Interesse daran stieg jedoch rasch an:

»Radiobasteln hieß die Modeströmung der Zeit, von der sich alle Bevölkerungsschichten anstecken ließen. Gebastelt wurde zu Hau-se, im Freundeskreis, aber auch in den wie Pilze aus dem Boden schießenden Vereinen der Funk- bzw. Radio-Amateure. Der Selbst-bau von Radios bot sich den 'Funkfreunden' schon aus finanziellen Gründen an. Denn die sofort von der Industrie auf den Markt ge-brachten Empfangsgeräte, für die auf Ausstellungen und in Anzei-gen geworben wurde, waren nicht gerade billig. Ein hochwertiger Apparat mit vier Röhren kostete zwischen 400 und 500 Mark, ein Detektor dagegen wurde bereits für 70 Mark und später sogar für nur noch rund 35 Mark angeboten. Aber auch der Eigenbau von Empfangsgeräten forderte seinen Preis: Allerlei Zubehör war außer dem Detektor anzuschaffen, nämlich Kopfhörer, Antennendraht, Stecker und Kabel.« (Löber 1984, Nr.4, S.2)

Als die Nationalsozialisten 1933 an die Macht kamen, über-nahmen sie demnach nicht nur ein gut ausgebautes Sendernetz von zahlreichen Haupt- und Nebensendern, sondern auch eine ständig wachsende Zahl von interessierten Radiohörern. 1933 mußten sich die Funkfirmen zur Produktion des Einheitsgerä-tes »Volksempfänger« zusammenschließen, der - in hohen

Stückzahlen gebaut - sehr preisgünstig angeboten wurde.[5] Der
Volksempfänger VE 301 entsprach

> »(...) in technischer Hinsicht höchstens der 2. Entwicklungsstufe,
> bedeutete freilich in wirtschaftlicher Hinsicht einen beträchtlichen
> Fortschritt, da der Preis von 76,- RM etwa 50 % unter dem gleich-
> wertiger Markenempfänger lag und einen starken Anstieg der Hö-
> rerzahlen verursachte.« (Goebel 1950, S.413)

Abb. 2: »Volksempfänger« Plakat 1935

In der Zeit zwischen 1933 und 1938 stieg die Zahl der regi-
strierten Rundfunkteilnehmer von vier auf acht Millionen.

---

[5]   Vgl. 3. Kapitel Abschnitt 3.1.5.

Diese Entwicklung verstärkte sich abermals, als der noch billigere »Deutsche Kleinempfänger« für 35 Mark erhältlich war. Bis 1943 verdoppelte sich die Zahl der gemeldeten Rundfunkhörer wiederum und stieg bis auf 16 Millionen. Für die Hörer (das haben sie wohl erst später erkannt) hatte diese, eigentlich positive Entwicklung einen deutlichen Nachteil: Der Frequenzbereich dieser Radioempfänger war so ausgelegt, daß ausländische Sender nicht zu empfangen waren, also »Feindpropaganda« nicht gehört werden konnte.

1.2 Fernsehen

1.2.1 Experimentelle Grundlagen

Auch die Technik des Fernsehens ist auf den bahnbrechenden Nachweis der elektromagnetischen Wellen durch Heinrich Hertz 1887 gegründet. Denn diese sind nicht nur in der Lage, Töne drahtlos zu übertragen, sondern auch Bilder. Allerdings kommt hier noch ein wesentlicher Aspekt hinzu, den der deutsche Ingenieur Paul Nipkow erkannte: Bilder können nicht wie Töne als Ganzes übertragen werden. Es ist notwendig, sie beispielsweise in einzelne Punkte zu zerlegen, dann Zeile für Zeile abzutasten und in aufeinanderfolgende, je nach Helligkeit der Bildpunkte variierende Stromimpulse zu verwandeln.

Die »Nipkow - Scheiben«. Nipkow orientierte sich an diesen einzelnen Schritten und beschrieb damit bereits 1884 das Prinzip der Fernsehübertragung:

»Nipkow schlug vor, für die Zerlegung des Bildes auf der Geberseite und für den Wiederaufbau auf der Empfängerseite gleichartige kreisförmige Scheiben zu verwenden, in denen auf einer Spirallinie Löcher angeordnet sind. Diese Scheiben rotieren vor einem rechteckigen Bildfenster derart, daß jedesmal, wenn eines der Löcher am Bildfenster vorbeigelaufen ist, sofort das nächste, um eine Zeilenbreite versetzte Loch mit der folgenden Zeile beginnt. Nachdem das letzte der Löcher das Bildfenster passiert hat, kommt das erste wieder an die Reihe. Das Spiel beginnt von neuem und das nächste Bild wird übertragen, das gegenüber dem vorangehenden Veränderungen aufweisen kann, die durch Bewegungen des dargestellten Objekts verursacht sind. Folgen die Bilder genügend schnell aufeinander, dann entsteht im Auge der Eindruck kontinuierlicher Bewegungen.« (Rindfleisch 1985, S.75)

In den folgenden Jahrzehnten wurde zwar eine Reihe weiterführender Experimente durchgeführt, zu einer praktischen Anwendung kam es jedoch noch nicht. Erst Anfang des Zwanzigsten Jahrhunderts gab es wiederum Anstöße zur weiteren Entwicklung der Fernsehtechnik.

Arthur Korn und Edouard Belin führten 1910 erstmals die Übertragung von Bildern vor und nannten sie »Fototelegraphie«. Überbrückt wurde dabei die Distanz zwischen Berlin und Paris. Außerdem konstruierte der Ungar Dénes von Mihàly einen Apparat, den er »Telehor« nannte, und übertrug mit diesem 1919 ebenfalls Fernsehbilder. 1924 präsentierte der deutsche Physiker August Karolus Vertretern der Industrie und der Post den »Großen Fernseher«.

Nach anfänglicher Zurückhaltung der Reichspost interessierte man sich dann doch für die neue Technik und nach einer mehrjährigen Experimentierphase präsentierte die Reichspost auf der 5. Großen Deutschen Funkausstellung 1928 erstmals das Fernsehen der Öffentlichkeit. Dénes von Mihàly - inzwischen in Deutschland lebend - zeigte im Ausstellungspavillon der Deutschen Reichspost seinen neuesten »Fernseher«. Er übertrug ein 30-Zeilen-Bild mit einer Größe von 4 x 4 Zentimetern und 900 Bildpunkten. Am Firmenstand der Firma »Telefunken« wurden von August Karolus, unterstützt von Fritz Schröter, zwei weitere Fernsehkonstruktionen vorgeführt.[6]

Wenngleich bei diesen Experimenten Aufnahmegerät und Wiedergabeapparat jeweils noch mit einer Drahtleitung verbunden waren, intensivierte die Post ihre Bemühungen ab 1929 in Richtung einer drahtlosen Übertragung: Schon in der Nacht vom 8. zum 9. März 1929 realisierte Mihàly die erste drahtlose Fernsehsendung.

Im Sommer 1929 erfolgten Absprachen zwischen der Reichspost und der Industrie über eine erste Fernsehnorm. Festgelegt wurde: Seitenverhältnis der Bilder 3 : 4, 12,5 Bilder pro Sekunde und eine Zeilenzahl von 30. Die Firma »Telefunken« sprach sich zwar deutlich gegen diese Norm aus, weil sie bereits über ein höherzeiliges System verfügte, konnte sich jedoch nicht gegen die »Fernseh-AG« durchsetzen, einem Zusammenschluß aus »Robert Bosch AG«, »Loewe-Radio AG«, »Zeiss-Ikon AG« und »Baird Television Company«. »Telefunken« ließ es sich allerdings nicht nehmen, 1929 auf der Funkausstellung ein 48zeiliges Fernsehsystem zu präsentieren. 1930 wurden in Europa in aller Regel mechanische Methoden zur Bildzerlegung und -zusammensetzung entsprechend dem System Nipkow eingesetzt. Doch zeichnete sich in den Folgejahren ab, daß dem Fernsehen auf rein elektronischer Basis die Zukunft gehören würde.

Die Braun'sche Röhre. Wesentliche Voraussetzung für diese Entwicklung schufen die Vorarbeiten des Physikers Karl Ferdinand Braun, die in das Jahr 1897 zurückreichen. Braun entwickelte 1897 die nach ihm benannte Braun'sche Röhre, auch Kathodenstrahlröhre genannt. In den Vereinigten Staaten entwickelte der Russe Vladimir Zworykin die Braun'sche Erfindung weiter und ließ sich ein Patent für die elektronische Abtastung von Filmen und Standbildern eintragen. Manfred

---

[6] Vgl. die Dokumentation zur Entwicklung des Fernsehens bei: Karolus 1984, S.182ff.

von Ardenne stützte sich wiederum auf diese Arbeiten und realisierte Ende 1930 die erste vollelektronische Bildübertragung:[7]

>>Er benutzte sowohl auf der Geberseite als auch auf der Empfängerseite eine Braunsche Kathodenstrahlröhre. Auf der Geberseite tastete bei der Anordnung von Ardenne ein bewegter Lichtfleck auf dem Schirm einer Braunschen Röhre das zu sendende Bild zeilenweise ab und erzeugte so mit Hilfe einer Photozelle elektrische Impulse, die der jeweiligen Transparenz des Bildes entsprachen.<< (Rindfleisch 1985, S.81f.)

Die Industrie nahm die Entwicklungen von Manfred von Ardenne rasch auf und überdachte in den Folgejahren ihre rein mechanischen Methoden zur Abtastung und Wiedergabe. Schon auf der Berliner Funkausstellung im Jahre 1932 wurden Fernsehempfänger vorgestellt, die geräuschlos Bilder auf eine Kathodenstrahlröhre projizierten. Allerdings wurden als Bildgeber immer noch Nipkow-Scheiben verwendet. Sie zerlegten ein Bild in 90 beziehungsweise in 120 Zeilen. Im Folgejahr wurden auf der Funkausstellung keine Fernseher mehr vorgestellt, die auf Nipkows Überlegungen basierten, die Braun'sche Röhre hatte sich durchgesetzt. Und heute noch findet das Prinzip der Lichtpunktabtastung mittels Kathodenstrahlröhre bei der Übertragung von Filmen und Diapositiven Anwendung, wie auch die Braun'sche Röhre als Bildröhre in aller Regel das Kernstück eines Empfangsgerätes ist. Ein weiteres Verfahren, das ebenfalls noch heute in aller Welt verbreitet ist, wurde von Fritz Schröter 1930 zum Patent angemeldet: das Zeilensprungverfahren. Es zielt auf die Verringerung des Flimmereffekts bei der Übertragung von Fernsehbildern:

>>Nach diesem Prinzip werden bei jedem einzelnen Bild zunächst die Zeilen mit ungeraden Zeilennummern und anschließend die Zeilen mit geraden Zeilennummern übertragen. Durch die damit quasi verdoppelte Bildwechselzahl wird das störende Flimmern der

---

[7] Vgl. hierzu ausführlich: Ardenne 1933, S.351-384.

Fernsehbilder stark reduziert.« (Rindfleisch 1985, S.82)

1.2.2 Erste öffentliche Ausstrahlungen

Als in Deutschland die Nationalsozialisten 1933 an die Macht kamen, favorisierten sie zunächst das Medium »Hörfunk«. Es dauerte aber nicht lange, bis sie zumindest die propagandistischen Möglichkeiten erkannten, die das Fernsehen bot. Insbesondere die Ankündigung der britischen Rundfunkanstalt BBC, im Mai 1934 mit der regelmäßigen Ausstrahlung von Fernsehsendungen zu beginnen, beflügelte geradezu den Ehrgeiz, der Welt die technische Potenz Deutschlands vor Augen zu führen.

Um einen regelmäßigen Programmdienst in Deutschland vorzubereiten verfügte die Reichspost im April 1934 eine neue Fernsehnorm: 180 Zeilen und 25 Bildwechsel. Der einzige zu dieser Zeit in Deutschland zur Verfügung stehende Sender (ein UKW-Sender) stand in Berlin/Witzleben. Über die Empfangsmöglichkeiten schreibt Manfred von Ardenne:

> »Er genügt (...) jedenfalls für einen Versuchsbetrieb für Berlin und nähere Umgebung. Die praktische Reichweite beträgt für diesen Sender etwa 50 km, d.h. etwa 50 % mehr als die optische Sichtweite.« (Ardenne 1935, S.11f.)

Die Rundfunkverantwortlichen wünschten eine rasche Premiere. Am 22. März 1935 erfolgte - kurzfristig anberaumt - die Programmeröffnung, der Start des ersten regelmäßigen Fernsehprogrammdienstes der Welt mit dreimal je 90 Sendeminuten wöchentlich. Die BBC zog erst am 2. November 1936 nach, setzte aber von Anfang an auf die höhere Zeilenzahl von 405. Diese erste Sendung in Deutschland - eine Übertragung des Festaktes anläßlich der Programmeröffnung - konnte allerdings nur über fünf Fernsehgeräte im Berliner Haus des Rundfunks empfangen werden. Insgesamt gab es zu diesem Zeitpunkt nur ca. 50 Empfangsgeräte. Sie standen vor allem bei Post- und Rundfunkmitarbeitern in Berlin. Erst später wurden Geräte bei Behörden, Dienststellen von Partei und Staat und auch bei ausgesuchten Pressejournalisten aufgestellt. Der interessierte Bürger hatte die Möglichkeit, öffentliche »Fernsehstuben« aufzusuchen, die in aller Regel in Postämtern zu finden waren, oder posteigene »Fernsehtheater« zu besuchen. Hier waren Projektionswände mit einer Größe von bis zu 3 x 4 Metern aufgebaut.

Dennoch bestand eine deutliche Diskrepanz zwischen der geringen Nachfrage und der stetigen Weiterentwicklung der Technik. Die Technik mußte - vor allem was das Fernsehen als aktuelles Medium anbelangt - 1936 während der XI. Olympischen Spiele in Berlin eine enorme Bewährungsprobe bestehen. Es war das erste Mal, daß Olympische Spiele im Fernsehen übertragen werden sollten. Wesentliches Element war hierbei die speziell für dieses Ereignis von Walter Bruch gebaute elektronische Ikonoskop-Kamera. Bekannt wurde diese Kamera auch unter dem Namen »Fernseh-Kanone«.

> »Unsere Fernseh'kamera' war eine für den damaligen Stand der Technik fabelhafte Leistung, sowohl konstruktiv wie zeitlich. Sie stammte von dem bekannten Konstrukteur Emil Mechau. Ihr größtes Objektiv, von Leitz in Wetzlar gebaut, hatte eine Brennweite von 1,5 m und eine Öffnung von f:1,5; sein Durchmesser war 40 cm! Der Wechsel der Objektive mußte schnell vor sich gehen. Wir hatten noch keine Revolver-Optik, wie heutzutage. Es hieß daher, in Minutenschnelle drei Objektive (für Nah-, Mittel- und Fernaufnahmen) auszuwechseln. Um das 50 kg schwere Riesenobjektiv zu wechseln, waren zwei Mann notwendig, die es auf der Schulter in seinen Bajonettverschluß einzuhängen hatten. Mehr Hilfskräfte hatte das Olympische Komitee auch nicht zugelassen. Da wir unmittelbar unter den Augen des Publikums und der Ehrentribüne arbeiteten, mußte das 'ruckzuck' gehen, und es war nicht ganz einfach, dabei noch eine 'gute Figur' zu machen.« (Bruch o.J., S.61)

Der Auf- und Ausbau der Studiotechnik vollzog sich zentral

in Berlin. Dort wurde Ende 1938 ein Fernsehstudio der Reichs-
post im Deutschlandhaus in Betrieb genommen. Es war 300
Quadratmeter groß, ausgestattet mit vier Ikonoskop-Kameras,
einem Filmabtaster sowie einem Diaabtaster. Es diente insbe-
sondere zur Produktion von Fernsehspielen und Shows.
Außerdem gab es ein zweites - 100 Quadratmeter großes -
Studio, das mit zwei weiteren Kameras ausgerüstet war.
Darüber hinaus konnte man bei aktuellen Sendungen über fünf
Übertragungswagen verfügen. Sie arbeiteten nach dem soge-
nannten »Zwischenfilmverfahren«:

> »In einem Spezialgerät wurde eine 60 m lange endlose Blankfilm-
> schleife mit einer lichtempfindlichen Gelatineemulsion beschichtet.
> Nach einer Trockenzeit von 2 Minuten durchlief sie ein Bildfenster,
> wo sie mit dem zu projizierenden Fernsehbild im 'Umkehrverfah-
> ren' belichtet wurde. Nach einem anschließenden Durchlauf durch
> ein Entwicklungs-, Fixier- und Wässerungsbad konnte der Film 65
> Sekunden nach der Aufnahme als fotografisches Positiv projiziert
> werden. Anschließend wurde die Gelatineschicht wieder abgewa-
> schen und sodann der Blankfilm getrocknet und erneut beschichtet.
> Der dazugehörige Ton wurde magnetisch gespeichert und künstlich
> verzögert, so daß er mit dem Bildlauf synchronisiert war. Später
> benutzte man Fertigfilme anstelle der immer wieder beschichteten
> endlosen Filmschleife.« (Rindfleisch 1985, S.87)

Die Planungen für die Verbreitung von Fernsehsendungen
gingen aber weit über Berlin hinaus. Nach umfangreichen
Messungen wurden insgesamt 21 Standorte bestimmt, an
denen in der Folgezeit zwischen zwei und 20 kW starke Ultra-
kurzwellensender installiert werden sollten. Ausgesucht
wurden insbesondere Ballungsgebiete. Die Zulieferung der
Programme sollte mittels Breitbandkabel aus Berlin erfolgen.
Am 15. Juli 1937 wurde eine neue Fernsehnorm verfügt: 441
Zeilen und 25 Bildwechsel (50 Halbbildwechsel) pro Sekunde.
Entsprechende neue Empfangsgeräte wurden gebaut.

> »Da gab es 'Standempfänger' mit Spiegelbetrachtung, das heißt, der
> Bildschirm war horizontal bzw. waagrecht in die Standtruhe einge-

bettet, also deckenwärts gerichtet. Über dem Bildschirm befand sich ein Deckel, auf dessen Innenseite ein Spiegel angebracht war. Dieser Spiegeldeckel war nach dem Aufklappen in schräg stehender Position arretierbar. Das Fernsehbild wurde also erst aus zweiter Hand - über den Spiegel - sichtbar. Diese Anordnung war dafür gedacht, daß etwa dreißig Personen - 'ohne sich gegenseitig zu bedrängen' - das Bild mühelos sehen konnten. Die Bildmaße betrugen 20 x 30 cm.

Beim 'Tisch-Kleinempfänger' war die Bildgröße etwa 20 x 23 cm. Der Heim-Projektions-Empfänger verfügte bereits über eine Bildgröße von 37 x 45 cm - und mit einer speziellen Hochvoltröhre sogar schon über ein 40 x 50-cm-Bild.

Schließlich gab es noch den Laboratoriums-Empfänger mit abgeschmolzener Braunscher Röhre von 65 cm Durchmesser. Die Leistungsaufnahme dieser Geräte lag etwa zwischen 160 und 200 Watt.« (Keller 1983, S.80f.)

Dennoch war die Skepsis des Reichspostministers und des Propagandaministers der neuen Technik gegenüber derart groß, daß sie zunächst zögerten, das Fernsehen für die Allgemeinheit freizugeben und damit eine Serienproduktion sowie den Einzelverkauf von Empfangsgeräten einzuleiten. Selbst die Initiative zur Produktion eines »Fernseh-Einheitsempfängers« brachte keine entscheidenden Fortschritte:

»Mit der Geräte-Entwicklung wurde eine technische Arbeitsgemeinschaft beauftragt, die im Verbund mit den Firmen Fernseh-AG, Telefunken, Radio-AG D.S. Loewe, C. Lorenz AG und TEKADE diesen 'Volksfernseher' konzipieren sollte. Elf Monate später, am 28. Juli 1939, wurde der 'Deutsche Einheits-Fernseh-Empfänger E1' auf den Markt gebracht. Es war ein voller Mißerfolg. Trotz der vergleichsweise sehr guten Qualität und des günstigen Preises von 650 Reichsmark, wurden nur ganze 50 Stück von den geplanten 10 000 verkauft. Die Vorahnung des Krieges hatte das Geschäft total blokkiert.« (Keller 1983, S.83)

Und dies, obwohl der Postminister den gebührenfreien Fernsehempfang für die Öffentlichkeit verfügte. Der Zweite Weltkrieg bedingte andere Schwerpunktsetzungen und die

Konzentration der Kräfte. Und so wurde der Hörfunk als zentrales Propagandamittel weiter ausgebaut.

2. Von 1945 bis 1960

Nach dem Zweiten Weltkrieg hatten die Alliierten die Regierungsgewalt in Deutschland übernommen. Demgemäß oblag es ihnen auch, über den Rundfunk zu verfügen, so daß keine Rundfunksender oder Rundfunkstudios ohne ihre Erlaubnis errichtet oder betrieben werden durften.

2.1 Hörfunk

2.1.1 Der Wiederaufbau der Sendeanlagen

Nach dem Krieg zeigte sich, daß viele der deutschen Sendeanlagen durch die Alliierten oder auch durch deutsches Militär zerstört worden waren. Die Siegermächte standen demnach vielfach vor einem Trümmerhaufen. Gleichzeitig

»(...) gehörte die Wiederingangsetzung der deutschen Rundfunkversorgung zu den vordringlichsten Aufgaben im besetzten Deutschland. In den ersten Monaten nach dem Kriegsende, als es noch keine Zeitungen gab, bot nur der Rundfunk die Möglichkeit, der Bevölkerung die notwendigsten Informationen zu übermitteln.« (Rindfleisch 1985, S.100f.)

Diese Lage erforderte Improvisationsgeschick. Die Amerikaner behalfen sich beispielsweise in Frankfurt zunächst mit einem fahrbaren 1 kW-Sender aus ihren eigenen Beständen. Schon bald wurde dieser aber durch die 20 kW starke Sendeeinrichtung des erbeuteten Soldatensenders Gustav ersetzt. Diese war auf sechs Lastwagen montiert. Die Sendungen kamen bis Februar 1946 aus einem Studio, das im Kurhaus von Bad Nauheim eingerichtet wurde. Die Sender Osterloog und

Mühlacker wurden mit Einzelteilen aus dem zerstörten Sender Langenberg relativ schnell wiederhergestellt. In Stuttgart und in München mußten wiederum fahrbare Studios der amerikanischen Armee die ersten Monate nach Beendigung des Zweiten Weltkrieges überbrücken helfen. Dagegen waren die Funkhäuser in Hamburg und Berlin unversehrt geblieben und konnten nach dem Einbau zuvor ausgelagerter Geräte wieder in Betrieb genommen werden (vgl. hierzu auch: Rindfleisch 1985, S.100ff.).

Wie im Kapitel über die Rundfunkgeschichte beschrieben wird, entstanden in der Folgezeit in den vier Besatzungszonen sechs voneinander unabhängige Rundfunkorganisationen.[8] Die Kompetenzen der Post wurden von den Alliierten deutlich eingeschränkt, um einen staatsfreien Rundfunk zu etablieren. Die Post übereignete den Rundfunkorganisationen die Sendeanlagen und war nur noch zuständig für den Einzug der Empfangsgebühren, die Bereithaltung der notwendigen Leitungsverbindungen über Kabel und Richtfunk sowie für den Entstörungsdienst. Die Rundfunkorganisationen hatten demnach nicht mehr nur die Technik in den Studios sondern auch die Technik der Sender einzurichten und zu betreiben.

2.1.2   Die Kopenhagener Wellenkonferenz

1948 fand in Kopenhagen eine Konferenz statt, die einen neuen internationalen Wellenplan ausarbeiten sollte. Diese Neuordnung war dringend notwendig geworden, weil am Ende des Zweiten Weltkrieges immer noch ein Wellenplan Gültigkeit hatte, der in das Jahr 1933 zurückreichte. Eine für 1940 geplante Neuregelung kam aufgrund des Krieges nicht zustande. In der Zwischenzeit war die Zahl der Lang- und Mittelwellensender aber deutlich angestiegen, so daß eine

---

[8]   Vgl. 3. Kapitel Abschnitt 4.1.

Neuordnung unbedingt notwendig geworden war, um die gegenseitigen Störungen der Sender zu minimieren. Diese Kopenhagener Konferenz war für die weitere rundfunktechnische Entwicklung in der Bundesrepublik von entscheidender Bedeutung. Sie wurde ohne Beteiligung Deutschlands durchgeführt. Die Folge war eine Umverteilung der Wellen zu Lasten Deutschlands, die vielfach als Strafmaßnahme und »Wellendemontage« empfunden wurde (vgl. Goebel 1950, S.442).

Deutschland erhielt acht Mittelwellenfrequenzen, je Besatzungszone zwei. 1933 waren es noch 15 Frequenzen und 1940 sogar 18 gewesen, wobei jeweils eine Frequenz auf die Langwelle entfiel. 1948 bekam Deutschland jedoch keine einzige Langwellenfrequenz zugesprochen. Bei den zugewiesenen Frequenzen handelte es sich um Gemeinschaftswellen, die von anderen - allerdings entfernt gelegenen - Rundfunksendern mitbenutzt wurden. Sie lagen zudem in einem äußerst ungünstigen Teil des Mittelwellenbandes. Die Leistung der Sender war auf 70 kW limitiert. Die konsequente Umsetzung dieser Beschlüsse hätte zur Folge gehabt, daß große Teile Deutschlands nicht mit Rundfunk hätten versorgt werden können. Selbst die Alliierten waren unzufrieden mit dem Konferenzergebnis. Sie setzten sich schließlich darüber hinweg und erlaubten den westdeutschen Rundfunkanstalten die Nutzung von insgesamt 18 zusätzlichen - eigentlich anderen Staaten zugesprochenen - Frequenzen. Und dennoch war die Situation unbefriedigend:

> »Trotz dieser 18 zusätzlichen Sendefrequenzen brach die MW-Versorgung insbesondere abends, wenn die Wirkung der Raumwellen einsetzte und weit entfernte Gleichkanalsender den Empfang des eigenen Programms störten, zusammen. So erreichte der BR (...) 1951 nach Einbruch der Dunkelheit nicht einmal mehr 30 % seiner Hörer auf Mittelwelle.« (Schneider 1989, S.20)

Daher gab es intensive Bemühungen, die entstandenen Probleme auf technischem Wege zu lösen. Unter anderem wurde

auf Anregung der Post der Ausbau des Drahtfunknetzes
diskutiert.

2.1.3   Die Ultrakurzwelle

Bei der Diskussion, wie die Frequenzknappheit überwunden werden könnte, besann man sich auf die Ultrakurzwellen-
technik, die schon in den dreißiger Jahren erfolgreich erprobt
worden war. Vermittels der UKW-Technik hoffte man, die
durch den Kopenhagener Wellenplan aufgezwungenen Ver-
sorgungslücken schließen zu können. Doch mußte erst noch
die technische Qualität der Übertragung entscheidend verbessert werden. Dies gelang, und so konnten bald zusätzliche
Radioprogramme ausgestrahlt werden, so daß eine flächendek-
kende Versorgung möglich war (vgl. zur Entstehungsgeschichte des Ultrakurzwellen-Rundfunks: Schneider 1989).

Als erste Rundfunkanstalt nahm der Bayerische Rundfunk
am 28. Februar 1949 in München-Freimann einen UKW-Sender
in Betrieb. Er hatte eine Senderleistung von 250 Watt auf 90,1
MHz. Einen Tag darauf ging der NWDR mit einem 100 Watt-
Sender in Hannover auf Sendung.

Als der Kopenhagener Wellenplan am 15. März 1950 in
Kraft trat, sendeten in der Bundesrepublik bereits zwölf UKW-
Sender.

Auf der nachfolgenden Wellenkonferenz in Stockholm 1952
wurde ein Wellenplan verabschiedet, der den weiteren Ausbau
des UKW-Rundfunks in der Bundesrepublik sowie in ganz
Europa sicherte. Entsprechend rasch bot die Industrie auch die
geeignete Empfangstechnik an: Zum einen konnten UKW-Zu-
satzteile für die herkömmlichen Geräte erworben werden, zum
anderen Empfänger, die bereits über mehrere Frequenzbereiche verfügten. 1949 hatte lediglich ein Drittel der neu verkauf-

ten Radios ein UKW-Empfangsteil, 1952 waren es schon über 80 Prozent.

Tab. 2: **UKW-Sender bei Inkrafttreten des Kopenhagener Wellenplans am 15. März 1950**

Sender	Inbetriebnahme	Frequenz MHz	Senderleistung W
Bayerischer Rundfunk			
München-Freimann	28. Feb. 1949	90,1	250
Studio Nürnberg	4. Juli 1949	88,1	250
Wendelstein	3. Jan. 1950	88,5	1000
Würzburg	2. Feb. 1950	87,7	250
Hessischer Rundfunk			
Frankfurt-Heiligenstock	Juli 1949	93,1	250
Großer Feldberg/Ts.	17. Feb. 1950	95,7	10000
Kassel	9. Aug. 1949	89,3	50
Nordwestdeutscher Rundfunk			
Berlin-Siemensstadt	Juli 1949	88,4	100 (Versuchsbetrieb)
Hamburg Funkhaus	24. Mai 1949	89,6	100
Hannover	1. März 1949	88,9	100
Köln	9. März 1950	89,7	1000
Süddeutscher Rundfunk			
Stuttgart-Burgholzhof	29. Nov. 1949	89,1	250

Quelle: Schneider 1989, S.86.

2.2   Fernsehen

Den Deutschen war 1945 der Betrieb von Rundfunksendern von den Alliierten verboten worden. Dementsprechend war zunächst auch die Wiederaufnahme des Fernsehens inklusive der fernsehtechnischen Forschung und der Produktion von Studio- und Empfangsgeräten prinzipiell untersagt. Zu bedenken ist jedoch, daß das Fernsehen als Massenmedium zu

diesem Zeitpunkt noch keine besondere Bedeutung hatte.
Entsprechend wurde auch seine Wertigkeit beim Wiederaufbau der publizistischen Infrastruktur eingestuft.

2.2.1   Versuchsprogramme und regulärer Sendebetrieb

Wegen des Verbots der Alliierten betätigten sich die in
Westdeutschland verbliebenen Fernsehtechniker zunächst eher
auf privater Ebene:

> »So trafen sich auf Anregung von Rolf Möller, des Geschäftsführers
> der Fernseh GmbH, einer Tochtergesellschft der Bosch-Gruppe,
> Fachleute regelmäßig im sogenannten 'Ettlinger Kreis'. In dieser
> Runde wurde über technische Prinzipien eines möglichen Nach-
> kriegsfernsehens diskutiert.« (Pfeifer 1991, S.228)

Ein Resultat dieser Gespräche war beispielsweise der Vorschlag, die Bildauflösung durch die Erhöhung der Zeilenzahl
von 441 Zeilen auf 625 Zeilen pro Bild - bei einem Wechsel von
25 Bildern pro Sekunde - zu verbessern. Der NWDR griff 1948
diesen Vorschlag auf und experimentierte mit dieser Norm:

> »Einer der zentralen Gründe für diese Entscheidung war die enge
> technische Verwandtschaft der Norm mit der amerikanischen. Die
> US-Norm betrug 525 Zeilen bei einem Bildwechsel von 30 Bildern
> pro Sekunde. Und da die USA auf dem Gebiet des Fernsehens die
> führende Nation der Welt waren - 1948 gab es dort 867 000 Fern-
> sehteilnehmer - schuf der NWDR hier schon sehr früh die Möglich-
> keit, an technische Entwicklungen in den USA anzuknüpfen.« (Pfei-
> fer 1991, S.230f.)

Der NWDR konnte sich auf dem Gebiet des Fernsehens nur
deshalb betätigen, weil die britische Besatzungsmacht die Aufnahme von Fernsehversuchen ausdrücklich positiv beurteilte.
So hatte der NWDR als einzige Rundfunkanstalt Westdeutsch-
lands überhaupt eine Satzung erhalten, die das Fernsehen
mitbedachte.

»Eine gerettete Fernsehkamera des zerstörten Berliner Fernsehsenders 'Paul Nipkow', vom früheren 441- auf das 625-Zeilen-System umgestellt, war die erste Kamera, mit der man 1949 arbeitete. Die Beleuchtung besorgten zwei Scheinwerfer, den Ton vermittelte ein einziges Mikrophon. Das Bild, das die Kamera aufnahm, wurde ein Stockwerk tiefer auf einem Kontrollapparat verfolgt. Zur Verständigung zwischen beiden Stockwerken benutzte man ein altes Feldtelephon. Das war der Anfang.« (NWDR 1953, S.5)

Schließlich starteten die ersten regelmäßigen Nachkriegssendungen am 27. November 1950 als Versuchsprogramme mit der Bezeichnung »Nordwestdeutscher Fernsehdienst«. Gesendet wurde an drei Tagen in der Woche: Montag, Mittwoch und Freitag von 20 bis 22 Uhr. Viele Zuschauer erreichten diese Programme aber noch nicht:

»So kamen in Hamburg nur die Besucher zweier Fernsehempfangsräume, die das 'Hamburger Abendblatt' und die 'Hamburger Freie Presse' im November 1950 eingerichtet hatten, in den Genuß des neuen Mediums.« (Pfeifer 1991, S.235)

Bereits 1951 einigten sich die west- und nordeuropäischen Staaten (jedoch nicht Großbritannien und Frankreich) unter dem Vorsitz des Schweizers W. Gerber auf die internationale Norm 625 Zeilen bei 25 Bildern pro Sekunde. Auch in Osteuropa (einschließlich der DDR) sollte diese Norm - allerdings mit leichten Abweichungen - Gültigkeit erlangen.

Bis Anfang der fünfziger Jahre befaßte sich in Westdeutschland allein der NWDR mit dem Fernsehen. Doch dann wurde in der amerikanischen Zone das Rundfunktechnische Institut in Nürnberg eingerichtet. Der NWDR und das Rundfunktechnische Institut einigten sich schließlich auf eine Aufgabenteilung, die vorsah, daß sich der NWDR bevorzugt mit der Entwicklung von Kameras und Antennen beschäftigen sollte und das Institut in Nürnberg mit der Wellenausbreitung und mit Störungen in den Frequenzbändern. Am 25. Dezember 1952 um 20 Uhr startete das reguläre Fernsehprogramm. Ein Empfang war aber lediglich im Einzugsbereich des NWDR möglich. Gesendet wurde über die 10 kW starken Anlagen in Hamburg und Langenberg so wie über die 1 kW-Sender in Berlin, Hannover und Köln. Im Frühsommer 1953 nahmen der Hessische Rundfunk und der Südwestfunk Fernsehsender in Betrieb. Es dauerte aber noch eine gewisse Zeit, bis die Technik der Rundfunkanstalten ausreichte, ihre Programmbeiträge zum Gemeinschaftsprogramm »Deutsches Fernsehen« zusammenzuschalten. Dies gelang am 1. November 1954.

2.2.2   Die Aufnahme- und Sendetechnik

Beim NWDR in Hamburg wurde 1953 ein speziell auf das Fernsehen zugeschnittenes Gebäude, das Fernsehhaus Lokstedt in Betrieb genommen:

> »Der NWDR besaß nunmehr vier Studios mit einer Gesamtfläche von 927 Quadratmetern. Zum Vergleich: das größte Studio im alten Heiligengeistfeld-Bunker hatte 474 Quadratmeter. Mit der Einweihung der Lokstedter Studios hatte der NWDR die bisher weiteste Ausbaustufe seines Fernsehbetriebs erreicht.« (Pfeifer 1991, S.250)

Außerdem standen vier Übertragungswagen zur Verfügung, die jeweils mit bis zu drei elektronischen Super-Orthikon-Kameras ausgestattet waren. Nach und nach bauten auch die anderen Rundfunkanstalten Fernseh-Produktionsstudios, die mit mehreren Kameras, Ton- und Bildregie sowie Filmgeber ausgestattet wurden.

Darüber hinaus gab es seit Ende der fünfziger Jahre die Möglichkeit, Sendungen nicht mehr nur auf Film aufzuzeichnen, sondern auch auf Magnetband. Diese Technik wurde aus den Vereinigten Staaten importiert.

> »Die erste MAZ-Anlage (MAZ = magnetische Bildaufzeichnung, d. Verf.), zuvor auf die europäische Norm umgestellt, wurde im

Frühjahr 1958 beschafft. Nach internen technischen Betriebsversuchen und Testausstrahlungen (...) konnte der Südwestfunk am 9.
Dezember 1958 im Abendprogramm des Deutschen Fernsehens die
erste Fernsehsendung von Band fahren (zur Sicherheit lief übrigens
die gleiche Aufzeichnung auf 16 mm-Film synchron mit und hätte
im Fall einer Störung einspringen können).« (Haefner 1986, S.130)

Als Vorteile des Magnetbands gegenüber dem Film als Auf-
zeichungsträger werden unter anderem genannt:

- Qualitativ hochwertige Aufzeichnung von Produktionen und
  die Möglichkeit des Abspielens ohne einen zeitraubenden
  Entwicklungsvorgang;

- Kontrollmöglichkeit der Qualität der Aufzeichnung während
  des Produktionsprozesses (vgl. Rindfleisch 1985, S.214).

Zu Beginn der sechziger Jahre war für 90 Prozent der Haushalte in der Bundesrepublik der Empfang von Fernsehsendungen auf der Senderseite technisch sichergestellt. Nun lag es
beim einzelnen, diesen durch die Anschaffung eines Empfangsgerätes zu realisieren.

3.   Von 1960 bis in die 80er Jahre

Während dieser Zeitspanne wurde die Hörfunk- und Fernsehtechnik in der Übertragungskapazität und der Übertra-
gungsqualität zunehmend verbessert. Zentrale neue Errungenschaften waren beispielsweise die Einführung des stereopho-
nen Hörfunks, der Ausbau der UKW-Sendernetze und die
Ausweitung der Frequenzbereiche, beim Fernsehen insbesondere aber die Einführung des Farbfernsehens.

3.1   Hörfunk

Im Jahre 1960 wurden die Rundfunkanstalten des Bundesrechts »Deutsche Welle (DW)« und »Deutschlandfunk (DLF)«
gegründet. Für die Ausstrahlung des Programms der »Deutschen Welle« waren fünf Kurzwellensender in Jülich mit je
einer Leistung von 100 kW vorgesehen. Bis 1968 erweiterte sich
der Bestand auf zehn 100-kW-Sender sowie auf insgesamt 30
Richtantennen und drei Rundstrahler. Jedoch auch diese Ver-
größerung genügte den Ansprüchen der »Deutschen Welle«
nicht auf Dauer.

> »Es wurde die Station Wertachtal, Landkreis Mindelheim (Bayern)
> eingefügt, sie verfügt 1975 über neun Sender von je 500 kW Lei-
> stung. (...) Die Antennenanlage besteht aus 52 Weitverkehrs- und 11
> Nahverkehrsantennen. Die Anlage kann jedes Zielgebiet auf der
> Erde mehrfach erreichen«. (Rindfleisch 1985, S.132ff.)

Der »Deutschlandfunk« hingegen wurde sendetechnisch zunächst nicht so gut ausgestattet wie die »Deutsche Welle«. Erst
zu Beginn des Jahres 1979 deckte der »Deutschlandfunk« mit
seinen neun Lang- und Mittelwellensendern sein Hauptsende-
gebiet in Ostdeutschland vollständig ab. Im August 1963
wurde auf der Funkausstellung in Berlin der stereophone
Hörfunk in der Bundesrepublik eingeführt. Doch den Durch-
bruch schaffte die Stereophonie erst nach einer Reihe weiterer
Entwicklungen. Denn die Stereophonie erfordert ein flächen-
deckendes UKW-Sendernetz, und es muß möglich sein, ein
zweikanaliges Signal über einen einzigen Sender auszustrahlen
und über ein einziges Gerät zu empfangen. Tonbandgeräte
müssen die Mehrspuraufzeichnungen realisieren. Daneben
muß es möglich sein, eine Stereosendung nach wie vor auch
ohne weiteres mit einem ganz normalen Monoempfänger zu
empfangen.

> »Die ARD beurteilte zunächst das Interesse des Hörers für Stereo-
> phonie überwiegend skeptisch, begann jedoch ab Ende 1963 auf

Druck der Empfänger- und Schallplattenindustrie mit Versuchssendungen, die beim Zuhörer ein starkes Echo fanden.« (Haefner
1986, S.125)

Ab 1967/68 waren alle Landesrundfunkanstalten prinzipiell
in der Lage, Stereosendungen auszustrahlen. Der Anteil von
Stereosendungen wuchs indes erst allmählich. Musikproduktionen wurden sehr schnell in Stereophonie realisiert, während
die Umstellung bei Wortsendungen - vor allem beim Hörspiel -
noch einige Zeit in Anspruch nahm. Anfang der achtziger Jahre
waren schließlich alle ARD-Hörfunkprogramme über UKW auf
Stereophonie umgestellt. Der RIAS realisierte 1973 das erste
Hörspiel in »Kunstkopfstereophonie«, für dessen Empfang ein
Kopfhörer empfohlen wurde,

»(...) um das rechte und linke Ohr mit der jeweils entsprechenden
Modulation optimal zu versorgen.« (Arbeitsgruppe »Geschichte der
Rundfunktechnik« der Technischen Kommission ARD/ZDF 1992, S.8)

Sie hat sich nicht durchgesetzt.

In den siebziger Jahren machte eine weitere Entwicklung in
der Hörfunktechnik Furore. In den Vereinigten Staaten wurde
ein Vier-Kanal-System, die »Quadrophonie«, präsentiert. Auch
in Japan hatte man Interesse an dieser Technik und führte - wie
in den Vereinigten Staaten - einige Testsendungen über je zwei
Stereosender durch. Diese Technik wurde in Europa nicht
weiterverfolgt (vgl. Rindfleisch 1985, S.151).

3.2   Fernsehen

3.2.1   Die Erweiterung des Frequenzspektrums

Zunächst waren für das Fernsehen Anfang der fünfziger
Jahre in der Bundesrepublik - wie in anderen europäischen
Ländern - die Frequenzbereiche der Bänder I und III, d.h. 41 bis

68 MHz und 174 bis 223 MHz, vorgesehen (VHF-Bereich)[9]. Mitte der fünfziger Jahre standen zusätzlich die Frequenzspektren der Bänder IV und V, das heißt 470 bis 606 und 790 bis 960 MHz (UHF-Bereich)[10], zur Verfügung. 1959 wurde deren Nutzung auf der internationalen Funkverwaltungskonferenz in Genf Europa zugesprochen. In der Bundesrepublik ermöglichte dies

> »(...) über die Füllung der Versorgungslücken im Ersten Programm hinaus eine annähernd vollständige Versorgung mit zwei weiteren Fernsehprogrammen.« (Rindfleisch 1985, S.178)

Die Rundfunkindustrie entsprach dieser Entwicklung und bot Sender sowie entsprechende Antennen an. Zudem wurden 1960 auf der Deutschen Industriemesse in Hannover geeignete Empfangsgeräte vorgestellt. Politische Auseinandersetzungen um die Trägerschaft der zusätzlichen Fernsehprogramme verzögerten allerdings eine rasche Umsetzung der technischen Möglichkeiten. Wie im Kapitel über die Geschichte des Rundfunks beschrieben, kämpften Länder, Rundfunkanstalten und Bund um die Kompetenz, bis das Bundesverfassungsgericht 1961 die Verantwortung für den Rundfunk den Ländern zuwies und diese dann den Staatsvertrag über das öffentlich-rechtliche »Zweite Deutsche Fernsehen (ZDF)« unterzeichneten.[11] Zunächst jedoch strahlten die ARD-Rundfunkanstalten ab 1. Juni 1961 ein zweites Fernsehprogramm über UHF aus. Ab 1. April 1963 ging dann auf dieser Frequenz das ZDF-Programm auf Sendung. Das ZDF bezog zunächst provisorisch eingerichtete Baracken (»Telesibirsk« genannt) in Eschborn bei Frankfurt. Nach rund einem Jahr wurde dieses Provisorium

---

[9] VHF (= Very High Frequency) ist die Abkürzung für den Frequenzbereich der Ultrakurzwellen von 30 bis 300 MHz. Zwischen Band I und Band III liegt Band II, das dem UKW-Hörfunk zugewiesen ist.

[10] UHF (= Ultra High Frequency) ist die Abkürzung für den Frequenzbereich der Dezimeterwellen von 300 bis 3000 MHz.

[11] Vgl. 3. Kapitel Abschnitt 4.7.

durch ein anderes in Wiesbaden ersetzt. Das ZDF verfügte hier über drei Studios in einer Größe zwischen 175 und 380 Quadratmeter und über spezielle Einrichtungen für Nachrichtensendungen und Technik. In Mainz - dem juristischen Sitz des ZDF - residierten die Programmredaktionen und die Verwaltung. Mitte 1963 entschloß man sich, in Mainz auf dem Lerchenberg das »ZDF-Sendezentrum der Zukunft« zu errichten. Anfang der achtziger Jahre nahm es seinen Sendebetrieb auf.[12] Ende 1979 verfügte das ZDF über 91 Grundnetzsender sowie 1.791 Füllsender, so daß Schneider von einer nahezu hundertprozentigen Gesamtversorgung der Fernsehteilnehmer in der Bundesrepublik sprechen kann (vgl. Schneider 1982b, S.128 sowie S.133).

Seit dem Frühjahr 1962 wurden nur noch Fernsehgeräte verkauft, die auch ein UHF-Empfangsteil enthielten. Die alten Geräte konnte man nachträglich auf diesen Frequenzbereich erweitern. Auch den Landesrundfunkanstalten brachten die technischen Neuerungen im UHF-Bereich Vorteile. Es war ihnen zwar nicht gelungen, die Verantwortung für ein zweites nationales Fernsehprogramm zu erlangen, ihnen wurde aber die Möglichkeit eingeräumt, regionale Dritte Fernsehprogramme zu entwickeln.[13] Die Sender durften die Bänder IV und V im Frequenzspektrum nutzen. Anfang 1980 hatten alle drei Fernsehprogramme eine nahezu vollständige Haushaltsabdeckung in den alten Bundesländern erreicht.

---

[12] Weitere Informationen über den (fernsehtechnischen) Ausbau des neuen Sendezentrums in Mainz-Lerchenberg findet man z.B. bei Dröscher 1984, Meyer 1983 und 1984 und Pons 1985.
[13] Vgl. 3. Kapitel Abschnitt 4.7.5.

3.2.2 Das Farbfernsehen

Der Startschuß für das Farbfernsehen in der Bundesrepublik
fiel 1967:

> »Am 25. August 1967 - dem Eröffnungstag der Großen Deutschen
> Funkausstellung in Berlin - gab der ehemalige Regierende Bürger-
> meister von Berlin, Vizekanzler Willy Brandt, den 'Start frei' für
> eine 'farbige Fernsehzukunft'. ARD und ZDF setzten insgesamt 17
> Plumbicon-Farbkameras für die Übertragung ein.
>
> Als Eröffnungssendung präsentierte das ZDF in Farbe den 'Golde-
> nen Schuß' mit Vico Torriani. Die ARD würdigte diesen Anlaß am
> darauffolgenden Tag mit der Übertragung vom 'Gala-Abend der
> Schallplatte'.« (Keller 1983, S.94)

Umstritten war aber lange Zeit, welches Sendesystem in der
Bundesrepublik verwendet werden sollte. Zur Debatte standen
drei: das amerikanische NTSC-System, das französische SECAM-
System sowie das deutsche PAL-System. Bei NTSC handelt es
sich um das älteste System, benannt nach dem Komitee, das
dieses Verfahren in den Vereinigten Staaten vorschlug: »National Television System Committee«. Der NTSC-Standard wurde
von der amerikanischen Fernmeldebehörde (Federal Commu-
nications Commission = FCC) am 23. Dezember 1953 als
verbindlich für die Vereinigten Staaten erklärt. Das NTSC-
Verfahren hat einen entscheidenden Nachteil: Bei ungünstigen
Übertragungsbedingungen kommt es relativ rasch zu Farbver-
fälschungen, die Farbgebung bleibt nicht stabil.

Das von dem Franzosen Henry de France entwickelte
SECAM-Verfahren sucht diesen Mangel auszugleichen, erreicht aber nicht die technische Qualität des von Walter Bruch
entwickelten PAL-Systems. Das PAL-System vermeidet den
entscheidenden Nachteil des NTSC-Verfahrens, nämlich die
mangelnde Farbstabilität durch automatische Kompensation.
Die Farbwiedergabe ist selbst bei Übertragungsfehlern natur-
getreuer als bei seinem amerikanischen Pendant. Zudem ist

Farbfernsehsystemen: Deutsches Rundfunk-Museum 1987; Geretschläger 1983, S.112ff. sowie Saur 1978, S.60).

Zwar setzte sich die 1962 gegründete Farbfernsehkommission der Europäischen Rundfunkunion für eine einheitliche international anerkannte Norm ein, dennoch fielen in den Ländern unterschiedliche Entscheidungen: Die Bundesrepublik, Großbritannien und Italien entschieden sich für das PAL-System, Frankreich blieb beim SECAM-Verfahren und konnte die Sowjetunion und weitere Ostblockstaaten - auch die DDR - von ihrem System überzeugen. 1978 ergab sich folgende farbfernsehtechnische Dreiteilung der Welt: 48 Staaten verwendeten PAL, 33 NTSC und 27 SECAM. Im Europa Ende der achtziger Jahre zeigte sich die anschließende Verteilung:

Tab. 3:   Die Fernsehsysteme in den europäischen Ländern

Land	Farbsystem	Land	Farbsystem
Albanien	PAL	Luxemburg	PAL/Secam
Belgien	PAL	Malta	PAL
Bulgarien	Secam	Monaco	Secam
Bundesrepublik Deutschland	PAL	Niederlande	PAL
Dänemark	PAL	Norwegen	PAL
DDR	Secam	Österreich	PAL
Finnland	PAL	Portugal	PAL
Frankreich	Secam	Rumänien	PAL
Griechenland	Secam	Schweden	PAL
Grönland	NTSC	Schweiz	PAL
Großbritannien	PAL	Sowjetunion	Secam
Irland	PAL	Spanien	PAL
Island	PAL	Tschechoslowakei	Secam
Italien	PAL	Ungarn	Secam
Jugoslawien	PAL	Zypern	PAL

Quelle: Werle 1989, S.92

Die Verwendung von drei verschiedenen Techniken führte aber nicht - wie vielfach befürchtet - zu gesteigertem Separa-

Die Verwendung von drei verschiedenen Techniken führte aber nicht - wie vielfach befürchtet - zu gesteigertem Separatismus. Internationaler Programmaustausch ist durch die Technik der Transcodierung von Bildsignalen möglich.

Ein Jahr nach der Einführung des Farbfernsehens in der Bundesrepublik bestand sowohl das Erste als auch das Zweite Fernsehprogramm zu etwa 17 Prozent aus Farbsendungen. Doch bald schon lag - beim Ersten Programm 1973 und beim Zweiten Programm 1975 - der Anteil bei 90 Prozent.

Durch die Einführung des Farbfernsehens gewann auch die elektronische Tricktechnik, zum Beispiel das »Bluebox«-Verfahren, an Bedeutung. Durch dieses Verfahren können in guter Qualität verschiedene Bildvorlagen zu einem einheitlich erscheinenden Bild verschmolzen werden. Die Vordergrundhandlung wird dabei im »Blauwand-Studio« aufgenommen, während der Hintergrund über Film- oder Magnetaufzeichnung in das Endprodukt eingespielt wird. Saur führt hierzu aus:

> »Mit Hilfe eines Blaufilters können aus einem Fernsehbild sämtliche Blautöne ausgesondert werden, so daß nur noch die Bildteile auf dem Fernsehschirm erscheinen, die nicht blau sind. Da man ohne weiteres zwei Fernsehbilder miteinander mischen kann, läßt sich also eine solche Aufnahme (ohne Blauwerte) in eine andere hineintransportieren, was reizvolle Bildobjekte zuläßt. Es ist so nicht nur möglich, (...) Personen vor beliebigen Hintergründen auftreten zu lassen, sondern es können auch Gruseleffekte erzeugt werden: Kleidet man einen Schauspieler nur mit blauen Kleidern, wird bei Anwendung des Blue-box-Verfahrens später nur ein schwebender Kopf auf dem Bildschirm zu sehen sein.« (Saur 1978, S.73)

Und eine weitere Technik setzte sich durch: Internationalen Normen entsprechend besteht das Fernsehsignal aus einem Bildsignal sowie einem Tonsignal. In der Bundesrepublik beschäftigt man sich seit den sechziger Jahren mit der Möglichkeit, innerhalb des Fernsehsignals mehrere Tonsignale zu übermitteln. Anwendungsgebiete für diese Mehrkanalton-Technik sind z.B. die parallele Übertragung mehrerer Sprach-kanäle oder auch die stereophone Übermittlung des Tons bei Fernsehsendungen. Das Institut für Rundfunktechnik hat 1967 dieses »Zwei-Träger-Verfahren« entwickelt,

> »(...) bei dem innerhalb der Lücke zwischen den Bildsignalen fre-
> quenzbenachbarter Fernsehkanäle anstelle eines Tonträgers zwei
> Tonträger ausgestrahlt werden.« (Rindfleisch 1985, S.243)

4. Neuere Entwicklungen

Die derzeit rasante Entwicklung der Rundfunktechnik hat eine Vielzahl von Verfahren und Techniken hervorgebracht. Sie können alle im Detail nicht vorgestellt werden. Wir werden uns stattdessen auf die allgemeinen Entwicklungslinien kon-zentrieren. Auch ist es nicht sinnvoll, wie bisher zwischen Hörfunk und Fernsehen zu unterscheiden, da der wesentliche Teil der Entwicklung beide Medien betrifft. Der Akzent ist allerdings auf die Fernsehtechnik gesetzt.

4.1 Die Satellitentechnik

Schmitt-Beck und Dietz bezeichnen die Satellitentechnik all-gemein, und seit Ende der achtziger Jahre den Satellitendirek-tempfang sowie das Breitbandkabel, als die wichtigsten techni-schen Innovationen auf dem Gebiet der Verbreitung und Zu-führung von Hörfunk- und Fernsehprogrammen in den letzten zehn Jahren:

> »Diese neuen Verbreitungswege haben die Restriktionen überwunden,
> die aus der terrestrischen Frequenzknappheit resultierten, und die Vor-
> aussetzungen für eine beispiellose Ausweitung und Differenzierung
> des Programmangebots geschaffen.« (Schmitt-Beck/Dietz 1993, S.366)

Überlegungen im Blick auf eine weltweite Übertragung von Nachrichten über Satellit datieren bereits auf das Jahr 1957 zurück, als hierüber auf dem 10. Internationalen Astronautenkongreß in Barcelona anläßlich des Starts des ersten künstlichen Erdsatelliten »Sputnik« in der Sowjetunion diskutiert wurde. Zur ersten Fernsehübertragung über einen Satelliten kam es aber erst am 10. Juli 1962. Hier wurde die Strecke zwischen Andover (USA) und Pleumeur-Boudou (Frankreich) mittels des Satelliten »Telstar« überbrückt. Schon Anfang der 90er Jahre gab es über 90 aktive Telekommunikationssatelliten, betrieben von über 30 Organisationen (vgl. Rindfleisch 1985, S.228ff. und Schmitt-Beck 1992, S.470).

Satellitensysteme bestehen aus drei Komponenten:[14]

• Aus der Erdfunkstelle: Von hier aus werden die Programme mittels eines großen Parabolspiegels (mit einem Durchmesser bis zu 30 Meter) als Radiowellen zum jeweiligen Satelliten geschickt. Zu diesen Erdfunkstellen gelangen die Programme wiederum über verschiedene Leitungsverbindungen oder über terrestrische Richtfunksysteme.

• Aus dem Satelliten: Dieser empfängt Signale von der Erdfunkstelle, verstärkt diese und sendet sie - umgesetzt in einen bestimmten Sendefrequenzbereich - zurück zur Erde. Man spricht hier von »geostationären« Satelliten. Unter »geostationär« versteht man:

    »Auf eine Höhe von 35 800 Kilometer senkrecht über dem Äquator gebracht, umkreist ein Satellit die Erde im 'Orbit' in genau 24 Stunden und bleibt daher relativ zu der sich in der gleichen Zeit um ihre eigene Achse drehenden Erde in einer festen Position, er ist 'geostationär'.« (Rindfleisch 1985, S.230)

• Satellitenantennen auf der Erde: Hiermit werden die Signale der Satelliten aufgefangen, wiederum verstärkt und so umgesetzt, daß die Programme mit einem Fernsehgerät empfangen werden können.

---

[14] Vgl. hierzu insbesondere Müller-Römer 1992, S. A 128.

Anfangs mußte grundsätzlich zwischen zwei Arten von Satelliten unterschieden werden, zwischen Fernmeldesatelliten (auch Nachrichten- oder Verteilsatelliten genannt) und Rundfunksatelliten (mitunter als direkt empfangbare Satelliten bezeichnet). Später kamen die sogenannten Hybridsatelliten hinzu.

4.1.1 Fernmeldesatelliten

Fernmeldesatelliten dienen - in ihrer ursprünglichen Form - der

> »(...) Übertragung von Informationen über weite Strecken von einem Punkt zu einer oder zu mehreren Empfangsstellen.« (Bauer et.al. 1992, 3.7.1, S.1)

Ihre »klassische« Funktion haben sie damit im Bereich der Zuführung von Programmen zu Relaisstationen auf der Erdoberfläche (z.B. Kabelkopfstationen) und übernehmen dementsprechend eine ähnliche Funktion wie terrestrische Leitungsverbindungen und Richtfunksysteme. Da Fernmeldesatelliten mit einer geringen Sendeleistung von ca. 6 bis 20 Watt pro Sendekanal arbeiten (= Low-Power-Satelliten), waren bis vor wenigen Jahren relativ große Parabolspiegelantennen mit bis zu 15 Meter Durchmesser zum Empfang der Programme erforderlich. Allerdings konnte die Technik der Satelliten sowie der Empfangsanlagen soweit verbessert werden, daß heute auch ein direkter Individualempfang von Programmen möglich ist. Für die Signale des deutschen DFS Kopernikus der Telekom etwa ist eine Parabolantenne von maximal einem Meter Durchmesser ausreichend. Der Frequenzbereich von Fernmeldesatelliten liegt zwischen 11 und 19 GHz (vgl. Bauer et. al. 1992, 5.7 und Schmitt-Beck 1992, S.472f.).

4.1.2   Rundfunksatelliten

Rundfunksatelliten senden mit einer relativ großen Leistung
pro Kanal (ca. 230-260 Watt) und werden daher High-Power-
Satelliten genannt. Die Programme sind von jedermann mit
kleinen und dementsprechend kostengünstigen Parabolspie-
geln (mit einem Durchmesser von ca. 35 bis 40 Zentimeter im
fokussierten Land) zu empfangen. Aufgrund der hohen Sendeleistung haben jedoch »Direct Broadcasting Satellites (DBS)«,
die für den direkten Empfang durch den Rundfunkteilnehmer
gedacht sind, eine wesentlich geringere Transponder (= Über-
tragungskanal) -Kapazität als Fernmeldesatelliten. Maximal
fünf Kanäle können hier belegt werden. Im Vergleich dazu
verfügen Fernmeldesatelliten über bis zu 30 Kanäle. Die sogenannten »Footprints« oder Ausleuchtzonen der verschiedenen
direktstrahlenden Satelliten sind auf bestimmte Länder ausgerichtet. Zum Teil ist ein Empfang der jeweiligen Programme
durch den technisch nicht begrenzbaren »Overspill« auch in
benachbarten Ländern möglich (vgl. Schmitt-Beck 1992, S.470).

1977 wurde die Nutzung des Rundfunksatelliten-Frequenz-
bereichs (11,7-12,5 GHz) auf internationaler Ebene, auf der
»World Administrative Radio Conference (WARC)«, verbindlich geregelt:

> »Dabei wurden für Europa, Asien, Afrika und Australien im allge-
> meinen jedem Land fünf Satellitenfrequenzen zugewiesen. Der Fre-
> quenzbereich wurde in 40 Kanäle mit je 20 MHz Bandbreite aufge-
> teilt. Jede Satelliten-Orbitposition (Abstand voneinander 6°) ist also
> mit 40 Kanälen nutzbar. Maximal 8 Länder (mit je fünf Kanälen)
> können daher gemeinsam eine Position belegen.« (Müller-Römer
> 1992, S. A 128f.)

Benutzen mehrere Länder eine Orbitposition, dann können
ihre gesamten Programme durch eine einzige Parabolantenne
empfangen werden. So die der Bundesrepublik, Belgiens,
Frankreichs, Hollands, Italiens, Luxemburgs, Österreichs und

der Schweiz, da sie gemeinsam die Orbitposition 190 West
beanspruchen können.

Am Ende haben diese Rundfunksatelliten die ihnen zuge-
dachte Rolle bei der Verbreitung von Rundfunkprogrammen
über Satellit nicht erfüllt. Für das Scheitern des TV-SAT-
Konzeptes der Deutschen Bundespost (Telekom) war nicht nur
technisches Versagen ursächlich (TV-SAT 1 ist nie auf Sendung
gegangen). Die Absprache innerhalb der EG, eine neue Fern-
sehübertragungsnorm »D2 MAC« für den Individualempfang
von Programmen der direkt strahlenden Rundfunksatelliten
verbindlich zu machen, um sich im europäischen Markt Wett-
bewerbsvorteile zu sichern, ist gescheitert. Als dann Mitte 1989
der zweite Rundfunksatellit der Bundespost (TV-SAT 2) im
Orbit stationiert war, stellte sich heraus, daß die Rundfunkteilnehmer nicht bereit waren, für den Empfang des »mageren«
Programmangebots von TV-SAT 2 (RTL, SAT.1, ARD, EINS
PLUS und 16 digitale Hörfunkprogramme) auch noch zusätzliche Empfangs- oder Vorsatzgeräte zu kaufen. Sie entschieden
sich für das ASTRA-Satellitensystem, das in der herkömmlichen PAL-Norm ausstrahlt, da deren Hybridsatelliten nicht
unter EG-Richtlinien fallen, die die europäische Fernsehsatelli-
tennorm D2 MAC vorschreiben.

4.1.3   Hybridsatelliten

Hybridsatelliten gleichen die Nachteile der Fernmeldesatelliten (große Antennenspiegel) und der Rundfunksatelliten
(geringe Übertragungskapazität) aus. Diese Hybridsatelliten
(= Medium-Power-Satelliten) senden mit einer mittleren Leistung von rund 45 Watt je Kanal. Es genügt eine relativ kosten-
günstige Empfangsanlage mit einer Parabolantenne von rund
60 Zentimeter Durchmesser für den Individualempfang (vgl.
Bueckling 1988, S.166; Lenhardt 1988, S.6; Schmitt-Beck 1992, S.473).

4.1.3.1 ASTRA

Das kommerzielle luxemburgische Konsortium »Société Eu-
ropéenne des Satellites (SES)« fungiert als Betreiber des ersten
und bisher marktführenden europäischen Hybrid-Systems, die
ASTRA-Satelliten. Das ASTRA-Satellitensystem besteht gegenwärtig aus sieben auf 19,2° Ost kopositionierten Satelliten
(ASTRA 1A-1G). ASTRA 1A, 1B, 1C und 1D verfügen über 64
Transponder für analoge Übertragungen im niedrigen Bandbereich (10,70 - 11,70 GHz). ASTRA 1E und 1F benutzen 40
Transponder für die Übertragung von digitalen Programmen.
Am 3. Dezember 1997 wurde ASTRA 1G gestartet und damit
die Zahl der Transponder für digitale Übertragungen im
höheren Bandbereich (11,70 - 12,75 GHz) auf 56 erhöht.

Abb. 3: Das ASTRA-Satellitensystem (Stand 1997)

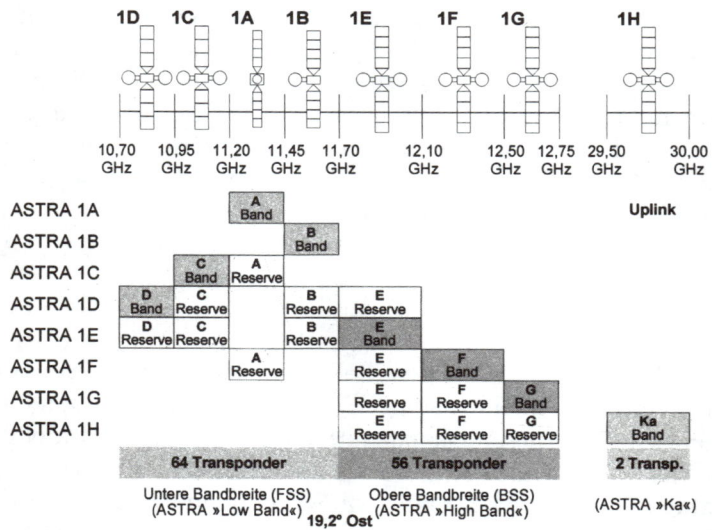

Quelle: Angaben des Betreibers.

Durch digitale Kompressionstechniken können auf einem Transponder vier bis zehn Fernsehprogramme plaziert werden, was zur Folge hat, daß via ASTRA mehrere hundert Fernsehprogramme und noch zahlreichere Hörfunk- und Datendienste verbreitet werden können. 1998 soll ein achter Satellit, ASTRA 1H, in den Orbit gebracht werden und das ASTRA-Satellitensystem vervollständigen. Die ASTRA-Satelliten decken mit ihrer Ausleuchtzone ganz Westeuropa ab. Ihre Kopositionierung auf 19,20 Ost ermöglicht dabei einen direkten Empfang aller Satelliten-Signale mit nur einer einzigen stationären Antenne. Heute kann ein ASTRA-Antennenbesitzer in Deutschland 39 analoge Fernsehprogramme frei (ohne Decoder) empfangen. Insgesamt werden über 100 TV- und über 70 Radioprogramme von ASTRA-Satelliten analog ausgestrahlt. Digital sendet das ASTRA-Satellitensystem derzeit 361 Radio- und Fernsehprogramme. Entsprechend den Ergebnissen von Studien im Auftrag der SES rechnet die Betreibergesellschaft mit einem Gesamtempfangspotential für ASTRA-Satelliten im Jahr 2000 von 72,6 Millionen Haushalten in Westeuropa, wobei 25,4 Millionen auf Individual- und Gemeinschaftssatellitenanlagen und 47,2 Millionen auf Kabelhaushalte entfallen. Zu Beginn der 90er Jahre waren in Deutschland schon 90 Prozent der Parabolantennen auf die ASTRA-Systeme ausgerichtet (vgl. Meyrat 1989, S.166f.; Schmitt-Beck 1992, S.473 und Zimmer 1993, S.359).

Die SES entschied sich aus ökonomischen Überlegungen für den traditionellen PAL-Standard als Garant für das größte Zuschauerpotential in Europa, da eine kostenintensive Empfangsumrüstung auf eine neue Übertragungsnorm für den Verbraucher hier nicht erforderlich ist (vgl. Müller-Römer 1992, S.A 130f. und Schmitt-Beck 1992, S.473). Diese Strategie hat sich als erfolgreich erwiesen. Mit fast allen deutschsprachigen Fernsehprogrammen der öffentlich-rechtlichen und privaten Veranstalter bedient das ASTRA-System den größten und damit lukrativsten Sprachraum in Mitteleuropa. Damit ist praktisch eine Monopolstellung im Bereich des Satellitendirektempfangs innerhalb Europas begründet, die kaum gefährdet erscheint.

Tab. 4: Über ASTRA in Deutschland frei empfangbare Fernsehprogramme

Sendername	Programminhalt	Sprache	Sendezeit
3sat	Vollprogramm	deutsch	7 - 2 Uhr
ARD Das Erste	Vollprogramm	deutsch	24 Stunden
arte	Kultur und Bildung	deutsch/französisch	19 - 3 Uhr
Bayerisches Fernsehen	Vollprogramm	deutsch	24 Stunden
Bloomberg Information TV	Information	englisch	24 Stunden
Bloomberg Wirtschafts TV	Information (Wirtschaft)	deutsch	24 Stunden
Cartoon Network	Kinder	versch. Sprachen	8 - 22 Uhr
Christian Church Europe	Religion	englisch	5 - 8 Uhr
CNBC Europe	Information (Wirtschaft)	versch. Sprachen	24 Stunden
CNN International (Europe)	Nachrichten	versch. Sprachen	24 Stunden
Der Kinderkanal	Kinder	deutsch	Mo-Fr 8 - 19 Uhr Sa/So 6 - 19 Uhr
DSF (Deutsches Sport-Fernsehen GmbH)	Sport	deutsch	24 Stunden
Eurosport	Sport	versch. Sprachen	8.30 - 1.30 Uhr
hessen fernsehen	Vollprogramm	deutsch	24 Stunden
H.O.T. (Home Order Television GmbH & Co. KG)	Einkaufskanal	deutsch	24 Stunden
HSN Direct	Einkaufskanal	englisch	3 - 9 Uhr
Kabel 1	Vollprogramm	deutsch	24 Stunden
Mdr	Vollprogramm	deutsch	24 Stunden
Nickelodeon Deutschland	Kinder	deutsch	6 - 20 Uhr
N3 NORDDEUTSCHES FERNSEHEN	Vollprogramm	deutsch	24 Stunden
n-tv	Nachrichten	deutsch	24 Stunden
ORB 3	Vollprogramm	deutsch	24 Stunden
PHOENIX	Information	deutsch	8.30 - 0 Uhr

Sendername	Programminhalt	Sprache	Sendezeit
ProSieben	Vollprogramm	deutsch	24 Stunden
QVC Germany	Einkaufskanal	deutsch	24 Stunden
RTL 2	Vollprogramm	deutsch	24 Stunden
RTL	Vollprogramm	deutsch	24 Stunden
SAT.1	Vollprogramm	deutsch	24 Stunden
Sell-A-Vision	Einkaufskanal	versch. Sprachen	6 - 11 Uhr
Sky News	Nachrichten	englisch	24 Stunden
SÜDWEST 3	Vollprogramm	deutsch	24 Stunden
Super RTL	Unterhaltung	deutsch	24 Stunden
The Quantum Channel	Einkaufskanal	versch. Sprachen	1 - 8 Uhr
tm3	Unterhaltung (Frauen)	deutsch	24 Stunden
TNT	Filmklassiker	versch. Sprachen	22 - 6 Uhr
VH-1	Musik	deutsch	20 - 0 Uhr
VOX	Vollprogramm	deutsch	11 - 6 Uhr
WDR Fernsehen	Vollprogramm	deutsch	24 Stunden
ZDF	Vollprogramm	deutsch	24 Stunden

Quelle: ALM 1997, S.127f. und Angaben der Betreiber.

Tab. 5: **Über ASTRA in Deutschland nur verschlüsselt empfangbare Fernsehprogramme**

Sendername	Programminhalt	Sprache	Sendezeit
Adult channel	Sex	englisch	1 - 5 Uhr
ISTV	Unterhaltung	versch. Sprachen	11 - 1 Uhr
MTV Europe	Musik	englisch	24 Stunden
Premiere	Film und Sport	deutsch	24 Stunden
Teleclub	Film	deutsch	24 Stunden
Television-X	Sex	englisch	1 - 5 Uhr
Zee TV	Unterhaltung	versch. Sprachen	8 - 1 Uhr

Quelle: Angaben der Betreiber.

4.1.3.2 EUTELSAT

EUTELSAT wurde im Jahr 1977 von der Europäischen Konferenz der Post - und Fernmeldeverwaltungen gegründet. Aufgabe der Organisation ist der Betrieb von Satelliten für stationäre und mobile Kommunikation in Europa. Als Eigentümer fungieren staatliche und private Telekommunikationsunternehmen. Gesellschafter sind Regierungsrepräsentanten der jeweiligen Mitgliedsstaaten.

Derzeit betreibt EUTELSAT acht Satelliten im Orbit (EUTELSAT I-F4 und I-F5, EUTELSAT II-F1 - II-F4, Hot Bird 1 und 2). Hot Bird 1 und 2 sowie EUTELSAT II-F1 sind auf 130 Ost kopositioniert und sind entsprechend ihrer technischen Ausstattung den Hybridsatelliten zuzuordnen. Sie senden digitale und analoge Fernseh- und Hörfunkprogramme. Der aus drei Satelliten bestehende Hot Bird Cluster verfügt über 52 Transponder und soll von den Satelliten Hot Bird 3 und 4 mit insgesamt 20 zusätzlichen Transpondern verstärkt werden.

In Deutschland sind über EUTELSAT derzeit 30 Fernsehprogramme frei empfangbar. Insgesamt überträgt das EUTELSAT-Satellitensystem über 100 analoge und mehrere hundert digitale Radio- und Fernsehprogramme. Allerdings ist der größere Teil deutscher Fernsehprogramme über das EUTELSAT-Satelliten-System nicht zu empfangen. Und so empfiehlt sich dieses System als Ergänzung zum Empfang über ASTRA, was etwa durch die Nachrüstung bestehender Antennenanlagen mit einem doppelten Empfangskopf möglich ist.

Tab. 6: **Über EUTELSAT (Hot Bird- Position 130 Ost) in Deutschland frei empfangbare Fernsehprogramme**

Sendername	Programminhalt	Sprache	Sendezeit
»5« La Cinquième	Kultur und Bildung	französisch	6 - 19 Uhr
Animal Planet	Natur & Tiere	englisch	7 - 23 Uhr
arte	Kultur und Bildung	deutsch, französisch	19 - 3 Uhr
BBC World	Information	englisch	24 Stunden
Deutsche Welle tv	Information und Kultur	deutsch, englisch, spanisch	24 Stunden
Emirates Dubai TV	Vollprogramm	arabisch, englisch	24 Stunden
Euronews	Nachrichten	versch. Sprachen	6 - 2 Uhr
European Business News	Information Wirtschaft	englisch, deutsch	24 Stunden
Eurosport	Sport	versch. Sprachen	8.30-1.30 Uhr
MCM, La Chaine Musicale	Europäische Musik- und Popkultur	französisch	24 Stunden
Middle East	Vollprogramm	arabisch	24 Stunden
NBC Europe	Information	versch. Sprachen	24 Stunden
Onyx-TV	Musik	deutsch	18 Stunden
Polonia 1	Vollprogramm	polnisch	24 Stunden
PolSat	Vollprogramm	polnisch	9 - 1 Uhr
PolSat 2	Vollprogramm	polnisch	24 Stunden
RAI Uno	Vollprogramm	italienisch	24 Stunden
RAI Due	Vollprogramm	italienisch	24 Stunden
RAI Tre	Sport und Information (Regionales)	italienisch	24 Stunden
RTL2	Vollprogramm	deutsch	24 Stunden
RTL7	Unterhaltung	polnisch	24 Stunden
RTP Internacional	Auslandsfernsehen, Information und Kultur	portugiesisch	24 Stunden
The Quantum Chanel	Einkaufskanal	deutsch, englisch	1 - 8 Uhr
TRT-Int. Avrasya	Vollprogramm	türkisch	24 Stunden
TV5 Europe	Vollprogramm	französisch	24 Stunden
TVE Internacional	Auslandsfernsehen	spanisch	24 Stunden
TV Polonia	Auslandsfernsehen	polnisch	24 Stunden
VIVA	Musik	deutsch	24 Stunden
VIVA ZWEI	Musik	deutsch	24 Stunden
VOX	Vollprogramm	deutsch	24 Stunden

Quelle: ALM 1997, S.128f. und Angaben der Betreiber.

4.1.3.3 Digitaler Satelliten-Hörfunk

Nachzutragen bleibt, daß die Deutsche Bundespost über ihren Rundfunksatelliten TV SAT 2 auch 16 digitale Stereo-Hörfunkprogramme (den »Digitalen Satellitenrundfunk - DSR« der ARD) verbreitete. Heute senden die ARD-Anstalten ihre Hörfunkprogramme auch über Satellit, einen Teil davon im Digitalen Satellitenrundfunk (DSR)[15] über Kopernikus (vgl. Pohle 1997, S.428), den größten Teil auch oder aussschließlich über »ASTRA Digital Radio (ADR)« (vgl. ARD-Jahrbuch 97, S.144). Über ADR werden derzeit 40 öffentlich-rechtliche Hörfunkprogramme der ARD, 10 private Hörfunkprogramme und 12 ausländische Hörfunkangebote übertragen (vgl. Pohle 1997, S.429f.). Die Technik dieser digitalen Programme entspricht den Qualitätsstandards der neuen Speichermedien: »Compact Disc (CD)«, »digitaler Kassettenrecorder (DAT)« und »digitale Compact Kassette (DCC)«. Ein Vorteil dieses Verfahrens ist die einfache Handhabung der digitalen Hörfunkempfänger, denn die Programme können mit einzelnen Nummern angewählt werden. Die umständliche Frequenzsuche entfällt. Außerdem können weitere Daten für Zusatzinformationen zu den Programmen aber auch andere Dienste übertragen werden.[16] Dieser digitale Hörfunk hat sich in Deutschland bisher nicht durchgesetzt, vielleicht auch deshalb nicht, weil hierfür eigene Empfangsgeräte notwendig sind und weil diese Programme nur an einem festen Standort zu empfangen sind und eben nicht im Auto. Deshalb werden weit größere Erwartungen in die Entwicklung des »Digital-Audio-Broadcasting (DAB)« gesetzt, dessen Technologie durch die terrestrische Verbreitung insbesondere auf den Empfang im Auto ausgerichtet ist (vgl. Abschnitt 4.3.2).

---

[15] Die digitalen Satellitenrundfunkprogramme werden bislang auch in die Kabelanlagen der Telekom eingespeist. Sie sind dort nur von marginaler Bedeutung, da allenfalls von ca. 80.000 Klassikliebhabern genutzt (vgl. Pohle 1997, S.427).

[16] Zur Einführung des »Satellitenradios« vgl. Lepper 1993.

4.2 Die Kabeltechnik

Seit Anfang der siebziger Jahre verfolgt die Bundespost das Ziel, neben den Netzen für die Individualkommunikation auch ein bundesweites »Breitbandkabelnetz (BK-Netz)« für den Rundfunk zu errichten und zu betreiben. Betrachtet man den Verkabelungsstand in den alten Bundesländern, so muß man feststellen, daß sie dieses Ziel recht konsequent in die Tat umgesetzt hat. Insgesamt läßt sich sagen, daß Deutschland in den letzten Jahren nicht nur zum wichtigsten Markt des Satellitendirektempfangs, sondern auch des Kabelempfangs innerhalb Europas geworden ist:

> »Aufgrund massiver staatlicher Investitionen der Telekom konnte die Zahl verkabelter Haushalte binnen zehn Jahren in den alten Bundesländern von ca. 1,8 Millionen Haushalten (Ende 1983, davon ein Drittel tatsächlich angeschlossen) auf 19,2 Millionen Haushalte im Juni 1993 wachsen und erreicht damit einen technischen Versorgungsgrad von 71,2 Prozent aller Haushalte.« (Zimmer 1993, S.361)

Bis Ende 1995 waren etwa 24 Millionen Haushalte verkabelt (vgl. ALM-Jahrbuch 1995/96, S.294).[17] Davon waren knapp 15,8 Millionen auch angeschlossen. In den neuen Bundesländern stellt sich die Situation allerdings etwas anders dar, denn dort gab es Ende 1991 insgesamt 183.000 Kabelkunden, das heißt es waren nur 2,9 Prozent der Haushalte angeschlossen. Immerhin stieg der technische Versorgungsgrad bis Juni 1993 auf 1.094.000, das heißt es wären dann 17,1 Prozent der 6,4 Millionen Haushalte anschließbar gewesen. De facto haben sich bis Mitte 1993 in den alten Bundesländern 44,9 Prozent der Gesamthaushalte anschließen lassen, in den neuen Bundesländern 10,2 Prozent der Gesamthaushalte.[18] Um Engpässe in den

---

[17] Hier wird mit dem »technischen Versorgungsgrad« argumentiert. Dabei handelt es sich um die technisch anschließbaren Haushalte im Gegensatz zu den de facto angeschlossenen Haushalten!

[18] Für 1996 sind die »Kabeldaten« im ALM-Jahrbuch nicht nach alten und neuen Bundesländern getrennt dargestellt.

Kabelnetzen zu überwinden, wird die Telekom in Zukunft
digitale Datenkompressionsverfahren bei der Übertragung im
Kabel zur Anwendung bringen müssen. Nur so können die BK-
Netze gegenüber den ASTRA-Satelliten konkurrenzfähig
bleiben. Ohnehin werden der Satellitenübertragung größere
Chancen eingeräumt.[19]

In der »alten Bundesrepublik« strebt die Telekom die »Ar-
rondierung« ihrer bisherigen Netze an. Die Verkabelung
konzentriert sich auf die dicht besiedelten Gebiete (insbesondere Ballungsräume). In den neuen Bundesländern soll die
Verkabelung primär dort erfolgen, wo Fernsprech- und Breit-
bandnetz zugleich errichtet werden. Eine flächendeckende
Verkabelung des gesamten Bundesgebiets wird indes nicht
mehr angestrebt. Im Vordergrund steht die wirtschaftliche
Rentabilität der Kabelnetze, die sich nur in den Wohnanlagen
der Ballungsräume und Stadtregionen wirklich rechnet (vgl.
Müller-Römer 1992, S. A 139 und Zimmer 1993, S.361f.). Dort
aber hat das Kabel dem Satelliten gegenüber einen entscheidenden Vorteil. In diese Netze können lokale und regionale Rundfunkprogramme sowie Medien- und Datendienste eingespeist
werden, deren Verbreitung über Satellit nicht finanziert werden
kann.

---

[19] Ende 1992 verfügten in West-Deutschland 7,4 Prozent der Haushalte
über eine individuelle Satellitenempfangsanlage, in Ost-Deutschland
immerhin 11,1 Prozent. Bis Ende 1995 hat Zimmer mit einem Bestand in
Gesamt-Deutschland von über 5 Millionen gerechnet (vgl. Zimmer 1993,
S.362). Das ALM-Jahrbuch 1995/96 weist für 1996 allerdings 8,72 Millionen nach (vgl. S.296).

Tab. 7: **Kabelanschlüsse in Deutschland**

Stand Ende des Jahres	Wohneinheiten in Mio.			Versorgungsgrad	Anschlußdichte	Versorgungsdichte
	Vorhanden	anschließbar	angeschlossen			
	Spalte 1	Spalte 2	Spalte 3	Sp.2/Sp.1	Sp.3/Sp.2	Sp.3/Sp.1
1982	28,1	0,8	0,4	2,9%	50,0%	1,5%
1983	26,4	1,8	0,8	6,8%	44,4%	3,0%
1984	26,8	2,9	1,0	10,8%	34,5%	3,7%
1985	27,1	4,7	1,5	17,3%	31,9%	5,5%
1986	26,0	6,8	2,3	26,2%	33,8%	8,9%
1987	26,2	8,9	3,2	34,0%	36,0%	12,2%
1988	28,4	11,7	4,6	41,2%	39,3%	16,2%
1989	33,6	14,1	6,3	42,0%	44,7%	18,8%
1990	33,9	15,9	8,1	46,9%	50,9%	23,9%
1991	34,1	17,7	9,9	51,9%	55,9%	29,0%
1992	34,5	19,6	11,5	56,8%	58,7%	33,3%
1993	34,9	21,6	13,5	61,9%	62,5%	38,7%
1994	35,5	23,2	14,6	65,4%	62,9%	41,1%
1995	37,4	24,2	15,8	64,7%	65,3%	42,3%
1996	ca. 37,4	24,6	16,2	65,7%	65,9%	43,3%

Quellen: Statistisches Bundesamt, ZW Berlin; Telekom, Stand 30. Juni 1996.
Anmerkungen:
1986: neue Zählung vom 25. Juli 1987
bis 1988 früheres Bundesgebiet, ab 1989 einschließlich neue Bundesländer

Tab. 8:   Kabelanschlüsse in den Ländern (Bestandsdaten der Bundesländer zum 30. Juni 1996) (ALM 1996, S.295)

| Bundesland | Wohnungen (in Tausend) | | | Versorgungsgrad | Anschlußdichte | Versorgungsdichte |
| | insgesamt* | anschließbar | angeschlossen | | | |
				Sp.2/Sp.1	Sp.3/Sp.2	Sp.3/Sp.1
Baden-Württemberg	4.433	3.021	2.069	68,1%	68,5%	46,6%
Bayern	5.273	3.535	2.378	67,0%	67,3%	45,1%
Berlin	1.932	1.703	1.199	88,1%	70,4%	62,0%
Brandenburg	1.247	516	376	41,4%	72,9%	30,1%
Bremen	351	345	219	98,3%	63,5%	62,4%
Hamburg	864	862	545	99,8%	63,2%	63,0%
Hessen	2.671	1.734	1.209	64,9%	69,7%	45,2%
Mecklenburg-Vorpommern	912	381	279	41,8%	73,2%	30,5%
Niedersachsen	3.379	2.450	1.528	72,5%	62,4%	45,2%
Nordrhein-Westfalen	7.960	5.973	3.818	75,0%	63,9%	48,0%
Rheinland-Pfalz	1.727	1.085	720	62,8%	66,4%	41,6%
Saarland	487	306	208	62,8%	68,0%	42,7%
Sachsen	2.276	842	525	37,0%	62,4%	23,1%
Sachsen-Anhalt	1.372	393	220	28,6%	56,0%	16,0%
Schleswig-Holstein	1.262	962	600	76,2%	62,4%	47,5%
Thüringen	1.249	464	292	37,1%	62,9%	23,3%
Summe	ca.37,4 Mio.	24.572	16.185	**65,7%**	**65,9%**	**43,2%**

Quelle: Deutsche Telekom Zentrale.

* Grundlage für die insgesamt vorhandenen Wohnungen sind Veröffentlichungen der Statistischen Landesämter. Neben den tatsächlichen Wohnungen in Wohngebäuden und Nichtwohngebäuden (Stand 31. Dezember 1992) wurden zusätzlich die Ergebnisse der Arbeitsstättenzählung (Stand 1987) und der Zählung der Beherbergungsbetriebe (Stand 31. Dezember 1992) berücksichtigt.

Umstritten war ursprünglich, ob beim Bau der BK-Netze die Kupfer-Koaxialkabeltechnik oder die Glasfasertechnik zur Anwendung kommen sollte. Die Glasfasertechnik gilt als die wesentlich leistungsfähigere und daher zukunftsweisende Technik. Allerdings sind Netze in Glasfasertechnik unter ökonomischen Gesichtspunkten vorerst nicht rentabel. Das Fernziel heißt hier »Integriertes Breitbandiges Fernmeldenetz (IBFN)«, die letzte Ausbaustufe des transnationalen »Integrated Services Digital Network (ISDN)«. Auf Basis der Glasfasertechnik sollen in einiger Zukunft sowohl die Individualkommunikation (z.B. Bildfernsprechen, Videokonferenz, Telex, Telefax, Fernsprechen, Bildschirmtext usw.) als auch die Verteilkommunikation der Breitbandkommunikationsnetze (Hörfunk und Fernsehen) zu einem einzigen breitbandigen Universalnetz zusammengefaßt werden. Damit soll eine neue Entwicklungsstufe der Kommunikationstechnik erreicht werden. Auch hieraus wird die zukünftige Bedeutung der Glasfasertechnik ersichtlich (vgl. Rosenbrock et al. 1993).

Daneben hat sich aber auch die Kupferkoaxial-Technik stark verbessert. Während man in den siebziger Jahren die Übertragung von 12 Fernsehprogrammen sowie 24 Stereo-Hörfunkprogrammen anvisierte, bestehen heute wesentlich erweiterte Möglichkeiten. Bei der Nutzung des Frequenzbereiches bis zu einer Obergrenze von 446 MHz, die die Deutsche Bundespost seit Mitte der achtziger Jahre anstrebt[20], sollte die Übertragungskapazität des Telekomnetzes auf 35 Fernsehprogramme, 30 UKW-Stereoprogramme für den Hörfunk und weitere 16 digitale Hörfunkprogramme (Satellitenradio) ausgebaut werden (vgl. Bauer et al. 1992, S.8). Nun wurden von den 17 verfügbaren Kanälen des Hyperbandes (300 bis 446 MHz), das bislang nicht weiter genutzt wurde, 13 Kanäle für die Verbreitung digitaler Programmangebote reserviert. Somit werden lediglich vier zusätzliche Kanäle für die Verbreitung analoger

---

[20] Vgl. Zimmer 1993, S.362.

TV-Programme frei, von welchen zudem zwei Kanäle nur
vorübergehend für analoge TV-Programme genutzt werden
können. Somit sind derzeit in den Kabelanlagen der Telekom
für die Verbreitung analoger TV-Programme nach dem PAL-
Standard 34 Kanäle verfügbar und daneben weitere 13 DVB-
Kanäle für digitale Programmangebote.

Tab. 9: Entwicklung der TV-Empfangsbedingungen in Deutschland
(ALM 1996, S.296)

	1993		1996		2000		2005	
	An-zahl in Mio.	HH-Sätti-gung in %	Anzahl in Mio.	HH-Sätti-gung in %	Anzahl in Mio.	HH-Sätti-gung in %	Anzahl in Mio.	HH-Sätti-gung in %
Fern-seh-HH	31,93	-	32,74	-	33,0	-	33,0	-
Kabel-empf.*	16,09	50	17,59	54	18,5	56	19,1	58
Sat.-empf.**	4,25	13	8,72	27	10,2	31	10,9	33
Terrestr. Empf.	11,59	36	6,42	20	4,6	14	3,3	10

Quelle: 1993 - 1996 GfK; 2000 - 2005 BLM (Schätzung).

* Telekom-Netze und private Kabelnetze
** Individualempfang ab 1996

4.3   Digitale Rundfunksysteme

4.3.1   Das Grundmuster der Digitalisierung

Wer digitalen Rundfunk darstellen und beschreiben will,
muß von Grundsätzlichem ausgehen. Ein Bit beschreibt einen
Zustand: Ein oder aus, richtig oder falsch. Der Einfachheit
halber läßt sich der Zustand als 1 oder 0 beschreiben. Und dies
ist das Grundmuster, mit Hilfe dessen es gelingt, die verschiedenen Arten von Informationen zu digitalisieren, auch Audio-

und Videosignale. Auch diese können in Ketten von 1 und 0 umgesetzt und dann wieder zusammengesetzt werden. Ein Signal wird digitalisiert, in dem man es an verschiedenen Punkten abtastet.

> »Für eine Audio-CD beispielsweise tastet man die Klänge eines Musikstücks 44.100 mal pro Sekunde ab und zeichnet dessen Audiowellenformen (der Schalldruckpegel wird als Spannungswert gemessen) als Kette einzelner Zahlen auf (die ihrerseits in Bits umgewandelt werden). Wenn man diese Bit-Ketten nun 44.100 mal pro Sekunde abspielt erhält man eine ununterbrochene Wiedergabe der Originalmusik.« (Negroponte 1995, S.23)

Im Prinzip wird bei der digitalen Videodarstellung genauso verfahren. Die das Fernsehbild aufbauenden Bildpunkte können ebenso mit Hilfe von Bits beschrieben werden. Allerdings benötigt die weitaus komplexere Videodarstellung eine sehr viel höhere Datenrate. Dabei gilt: Die Wiedergabequalität von Musik oder Bildern hängt von der Anzahl der Bits ab, die pro Sekunde oder pro Quadratzentimeter zur Verfügung gestellt werden.

> »64.000 Bits pro Sekunde sind mehr als ausreichend für die erstklassige Wiedergabe einer Stimme, 1,2 Millionen Bits pro Sekunde genügen für einen Hi-Fi-Musikempfang und mit 45 Millionen Bits pro Sekunde erzielt man eine hervorragende Videoqualität.« (Ebd.)

Die Leistungsfähigkeit von Übertragungssystemen erweist sich demnach darin, wie viele Bits pro Sekunde durch einen bestimmten Kanal übertragen werden können, sei dies Kupferdraht oder Glasfaser im Kabelsystem oder seien dies Radiowellen wie bei der terrestrischen Verbreitung und der Verbreitung über Satellit.

Aus der Digitalisierung ergeben sich zumindest zwei Vorteile:

- Zum einen ist es möglich, Signale zu übertragen, die durch Informationen ergänzt werden, die Übertragungsfehler korrigieren, also Streugeräusche vermeiden. Die Folge: Der Rezipient genießt Bild und Ton in konstanter Studioqualität.

- Zum anderen ist es möglich, die zu übertragenden Daten durch Datenkompression zu komprimieren, also den für die Darstellung notwendigen Datensatz zu korrigieren und so zu gestalten, daß die Kapazität der Übertragungssysteme effizienter genutzt werden kann. In einem herkömmlichen Fernsehkanal sind dann - abhängig von der gewünschten Qualität der Videos (VHS Qualität oder High Definition) - nicht nur ein Programm, sondern vier bis 18 Programme zu übertragen.

  »Die Verringerung der Daten wird durch die Verwendung spezieller Verfahren und Algorithmen möglich, die psychoakustische und psychooptische Phänomene der Wahrnehmung berücksichtigen. Informationen, die der Mensch nicht wahrnehmen kann, müssen auch im Datenstrom nicht übertragen werden.« (Müller-Römer 1992, S. A153)

Entscheidend ist jedoch, daß durch die Digitalisierung, durch die Verwendung eines einheitlichen Zeichensystems eine Mischung von Audio, Bild, Bewegt-Bild (Video) und Daten möglich wird, woraus wiederum eigenständige und besondere mediale Angebote (eben Multimediadienste) generiert werden können. Dabei ist es ohne jeden Belang, durch welches Übertragungssystem die Botschaft zum Rezipienten gelangt. Die Aussage ist nicht mehr an ein bestimmtes Medium gebunden. Negroponte sieht gar darüber hinaus und prognostiziert:

  »Es wird eine neue Art von Bit entstehen - ein Bit, das Ihnen etwas über andere Bits erzählt.« (Negroponte 1995, S.28)

Er nennt diese Bits »Nachrichtenköpfe«, die Steuerungsfunktionen übernehmen und vermittels eines einzelnen digitalen Befehls

  »(...) beim Empfang wahlweise ein Programm als Audio-, Video- oder in textlicher Form generieren (können)« (ebd.).

Es läge dann beim Rezipienten, in welcher Darstellung er Informationen wann immer abruft. Doch das ist Zukunft.

4.3.2 Digital Audio Broadcasting (DAB)

Dieses digitale Verteilsystem geht von Hörfunkprogrammen aus und verknüpft mit diesen weitere Datenrundfunkdienste, die Zusatzinformationen zum eigentlichen Hörfunkprogramm liefern. Das sind z.B. Verteiler-, Informations- und Leitsysteme oder Datenübertragungen für geschlossene Benutzergruppen. Es sind meist über Display abrufbare, menügesteuerte, grafische Informationsdienste, die Stauberichte geben oder Verkehrsrouten nachweisen. Daneben ist an Wetterdienste, an Hotel- Restaurant- oder Veranstaltungsführer gedacht. Zielgruppe für derartige Angebote sind fürs erste die Autofahrer (vgl. Kabel & Satellit 1995b, S.26).

Baden-Württemberg, Bayern und Berlin-Brandenburg haben 1995 mit Pilotprojekten begonnen.[21] Bei den meisten Pilotprojekten sind neben landesweit ausgestrahlten Programmen auch lokale Programme für Ballungsräume geplant oder werden bereits ausgestrahlt. Zu den ortsüblichen Programmangeboten kommen dann noch eigens für das digitale System konzipierte Hörfunkprogramme hinzu und es werden Datendienste zusätzlich angeboten (vgl. Eckstein 1995, S.50f.). Bislang stehen technische Fragen im Vordergrund der Projekte. Dies ist auch nicht verwunderlich, denn in den meisten Projektgebieten sind bislang kaum mehr als hundert Geräte installiert. Doch Bayern hat es immerhin auf 1.643 Geräte (Stand: August 1997) gebracht.

---

[21] Mitte bis Ende 1996 starteten die Projekte in Sachsen, Thüringen und im Saarland, 1997 kamen Nordrhein-Westfalen, Hessen und Sachsen-Anhalt hinzu. In Rheinland-Pfalz konnte das Projekt auch bis zur Funkausstellung 1997 noch nicht realisiert werden.

Tab. 10: DAB-Pilotprojekte: Technik

Pilot-Projekt	Projektstart	Angestrebte Teilnehmerzahl*
Baden-Württemberg	25.08.95	2.200 - 3.000: 50% der Empfänger vom Typ I, 50% der Empfänger vom Typ III
Bayern	17.10.95	1.000 Geräte vom Typ I (Grundig), 500 audio+Routefinder, 500 audio+ Farbdisplay, PC-Einsteckkarten geplant und ca. 230 Geräte vom Typ III (Bosch)
Berlin/ Brandenburg	26.08.95	500 Empfänger vom Typ I und 500 Empfänger vom Typ III
Hessen	17.04.97	1000 Empfänger, davon 500 mit Display
Nordrhein-Westfalen	30.01.97	500 Autoradios; voraussichtl. 100 Heim empfänger und 150 PC-Einsteckkarten
Rheinland-Pfalz	kein Projekt-start bis zur IFA 97	800
Saarland	17.12.96	ca. 500
Sachsen	05.09.96	1.000
Sachsen-Anhalt	04.07.97	1.000
Thüringen	13.09.96	1.000

Quelle: Auskunft der DAB-Plattform e.V. Stand: Juli 1997.

Bislang erreichte Teilnehmer	Verkaufspreis in DM*	Endgeräte-Hersteller
Lieferung von ca. 400 Geräten, davon: 144 audio only; 123 V2 (datendienstfähig mit Farbdisplay); 113 PC-Karten	Typ I: 690,- Typ III:989,- PC-Karte 920,-	Bosch
Lieferung von 1.643 Geräten, davon: 817 audio only; 326 mit sw-Display 500 mit Farbdisplay	audio only: 600,- audio und Route-finder: 750,- Audio mit Farbdisplay: 900,-	Grundig, Bosch
Lieferung von 150 Geräten, davon: 100 audio only 50 datendienstfähige	Typ I: 599,- Typ III: 999,-	Bosch, Telekom
Lieferung von 80 Geräten, davon: alle mit Farbdisplay	920,-/1120,-	Panasonic
Lieferung von 350 Geräten, davon: alle mit Farbdisplay	Typ III: 890,-	Bosch
Lieferung von 82 Geräten, davon: alle mit Farbdisplay	Typ III: 890,-	Bosch
Lieferung von 88 Geräten, davon: 44 audio only; 23 Kontron PCs 21 grafikfähige Endgeräte	Typ I: 740,- Typ III: 890,-	Bosch, Technotrend
k.A.		
Lieferung von 100 Geräten, davon: 50 audio only 50 Kontron PCs		Bosch

* Klassifizierung der Empfänger:
  Typ I: Empfänger ohne »Programmbegleitende Datendienste (PAD)«- und Datenrundfunkempfang.
  Typ II: Empfänger mit einfachem PAD- und Datenrundfunkempfang (Monochromdisplay).
  Typ III: Empfänger mit PAD- und Datenrundfunkempfang (Farbdisplay).

Tab. 11: DAB-Pilotprojekte: Programme

Pilot-Projekt	Projekt-start	Ortsübliche Programme
Baden-Württemberg	25.08.95	Landesweit: SDR 1/SWF1, S 2 Kultur, SDR 3, SWF3; Stuttgart: S4 Baden-Württemberg, Antenne 1, Stadtradio 107,1, Rems-Murr-Radio, Radio 7 ES, Radio Böblingen; Karlsruhe: S4 Badenradio, Radio Regenbogen, Welle Fidelitas; Mannheim: S4, Kurpfalz-Radio, Radio Regenbogen, Radio Sunshine, Radio Ton; Ulm: S4 Schwaben-radio, Radio 7, Radio 7 melody, Radio Komma1 und Radio Free FM; Freiburg: S4, Radio Breisgau, Radio FR1, Radio Regenbogen, Radio Ohr, Radio Sunshine
Bayern	17.10.95	Bayernweit: Bayern 2, Bayern 3, Bayern 4, B 5 aktuell und Antenne Bayern; München: Radio Arabella, Charivari, Radio Energy; Nürnberg: Charivari, Radio F, Radio Energy, Gong 97,1
Berlin/ Brandenburg	26.08.95	SFB 88,8, SFB Radio 2, SFB 3, Inforadio, Deutschlandradio Berlin, Deutschlandfunk, Antenne Brandenburg, Radio Fritz, Berliner Rundfunk, HUNDERT,6, r.s. 2, RTL Radio, Radio Energy und NEWSTALK
Hessen	17.04.97	vrsl.: hr 1-3, FFH2, MCE und News Box
Nordrhein-Westfalen	30.01.97	EinsLive, WDR2, WDR3, DLR, DLF u. regional verschiedene Programme von Privathörfunkanbietern

DAB-spezifische Programme	Angestrebte Datendienste
DASDING und Radio XS; Karlsruhe: K-01 und Radio L-Fun	Interessierte Anbieter: SDR/SWF, Radio Melodie, Bisenius teleconsult, Radio 7 u. ZDF, Kramer TV und DSC, Antenne 1, Telezeitung, und City Direct Dienstangebote sind noch nicht definiert
Bayernweit: Bayern Digital u. Rock Antenne; München: VIVA 2, Radio E, Radio Fantasy, Radio Melody u. Magic* Blue; Nürnberg: Radio Fantasy, Vil Radio und Magic* Blue; Ingolstadt: Radio Fantasy, Magic*Blue, Broadcast Future Radio IQ	Kfz-Angebote, DGPS-Daten (Selbstortungssystem), Infos für die Landwirtschaft, Staumeldungen, Falschfahrer, Wartezeiten an den Grenzen, Radarkontrollen, Parkhausbelegung, Personenruf, Neues aus Forschung und Technik, Hinweise auf technisch-wissenschaftliche Sendungen im Rundfunk, Deutschland-, Bayern-, Bio- und Wanderwetter, Immobilienservice, Informationen aus der Süddeutschen Zeitung, Bayerische Tourismusinformation Infos zu Hotels, Restaurants, Sehenswürdigkeiten, Museen, Kino, Theater, Veranstaltungshinweise, Programmvorschau, Lokalnachrichten, Tourneepläne, Starportraits und Ausgehtips
Radio E, Radio Melodie Berlin, RadioRopa und Jazz Radio und Datendienste	Branchen-Fernsprechbuch, Verkehrsinformationen, Tourismusinformationen und Navigationsdaten, Bürgerinformationen, Wetterdienste, Kinoprogramme, Radarkontrollen, Berliner Zeitung, Messeinformationen, Süddeutsche Zeitung, Bildungsprogramme
	Datendiensteauswahl nicht bekannt
WDR2-Klassik, Verkehrskanal	Packetmode-Datendienste: Flughäfen D, K und Münster/Osnabrück, Wetter, Verkehr und Nachrichten

Tab. 11 (Fortsetzung): DAB-Pilotprojekte: Programme

Pilot-Projekt	Projekt-start	Ortsübliche Programme
Rheinland-Pfalz	kein Projektstart bis IFA 97	
Saarland	17.12.96	SR1, SR2, Radio Salü, Europe 1, Antenne Saar
Sachsen	05.09.96	MDR: nur im Raum Leipzig
Sachsen-Anhalt	04.07.97	
Thüringen	13.09.96	MDR 1 Radio Thüringen, Landeswelle Thüringen und Antenne Thüringen

Quelle: Auskunft der DAB-Plattform e.V. Stand: Juli 1997 vgl. auch DAB-Plattform

DAB-spezifische Programme	Angestrebte Datendienste
Radio Melodie	Hotelinformationen aus Saarbrücken, Infoservice ETS, Unternehmensinfo, Kinoprogramme, Filmkritik, Weltnachrichten dt./frz. Verkehrsinfo, ADAC-Verkehrs-informationen
HIT-Antenne/-Radio Chemnitz/- Radio Leipzig, Radio Top 40-M	Priv. Kleinanzeigen, aktuelle Wetterdaten, Kurzvorhersage, Süddeutsche Zeitung, Senderpromotion von: Radio Melodie, PSR, Antenne Thüringen, Landeswelle Thüringen und MDR, Le point de l'actualité, Weltnachrichten DSC: diverse Inhalte Aktivmedia: DAB-Infos
	ADAC: Verkehrsmeldungen DVZ-Halle: Tourismusinfos Coda: Tourismusinfos I&P Systeme: Straße der Romantik Vermessungsamt: DGPS MDR: Informationen Regiokomm: öffentl. Veranst. Radio SRW: Regionale Verkehrsinfo Deutscher Wetterdienst: Wetter für S-A
Radio TOP 40-M und Star*Sat Radio	Priv. Kleinanzeigen, aktuelle Wetterdaten, Kurzvorhersage, Süddeutsche Zeitung, Senderpromotion von: Radio Melodie, PSR, Antenne Thüringen, Landeswelle Thüringen und MDR Le point de l'actualité, Weltnachrichten DSC: diverse Inhalte, Digitaler Bildservice, Aktivmedia: DAB-Infos

e.V. (Hrsg.) 1997 und Breuning 1997.

Einen Überblick über den Stand der einzelnen Projekte geben die oben dargestellten Übersichten (vgl. Tab. 10 und Tab.
11). Die DAB-Pilotprojekte nutzen zur terrestrischen Übertragung den Fernsehkanal 12 und einen Teil des L-Bandes. Die
Telekom plant zudem, die DAB-Programme zu einem späteren
Zeitpunkt in ihr Breitbandkabelnetz einzuspeisen (vgl. Fischer
1995, S.1ff.).

4.3.3   Digital Video Broadcasting (DVB)

Hier knüpft das Konzept an das Fernsehen an und bedient
sich vorerst der Verbreitung einerseits über Kabel, andererseits
über Satellit. Für die Verbreitung im Kabel soll das Hyperband
genutzt werden. Dort stehen derzeit 13 Kanäle zur Verfügung,
die je nach Dienstekonfiguration, im Falle eines Videoangebots
zum Beispiel acht Programme über einen Kanal verteilen
können. Die DVB-Angebote, die über Satellit verbreitet werden, gehen über ASTRA 1E, 1F und 1G.

Anfang 1995 startete das erste deutsche DVB Pilotprojekt in
Berlin. Angeboten werden unter anderem Video-on-demand,
Homeshopping, Home- oder Telelearning und verschiedene
Datendienste. Da aber nur 50 Testanschlüsse bestehen, können
von diesem Versuch nur technische Erkenntnisse und keine
Aufschlüsse über die Akzeptanz beim Zuschauer erwartet
werden (vgl. Bünger 1995, S.26f.). Die Dienste werden im BK-
Netz und im Glasfasernetz verteilt, als Rückkanal dient das
Telefonnetz. In gleichen Netzen sollte mit jeweils hundert
Teilnehmern die Verbreitung ähnlicher Dienstangebote auch in
Hamburg, Köln, Bonn und Leipzig durch die Telekom erprobt
werden. Diese Projekte wurden jedoch aufgegeben.

Durchgeführt wird aber ein Projekt mit hundert Teilnehmern in Nürnberg. Dort wird allerdings das Telefonnetz
(ADSL-Netz) genutzt, das interaktiv aufgebaut und somit

rückkanalfähig ist. Hier werden vergleichbare Dienstangebote seit Mitte 1996 in hundert Haushalten empfangen. Die Qualität der Bewegtbildübertragungen übertrifft immerhin VHS-Standard. Es ist dies ebenfalls ein technischer Betriebsversuch der Telekom, bei dem sich aber erweist, daß für die Realisierung beträchtliche Serverkapazitäten verfügbar sein müssen, so daß ein bundesweiter Ausbau dieses Systems Investitionen in mindestens zweistelliger Milliardenhöhe erfordern würde.

Wesentlich breiter angelegt war ein Pilotprojekt in Stuttgart. Die Erprobungsphase sollte ab Mitte 1996 beginnen mit den inhaltlichen Schwerpunkten: Video-on-Demand, Homeshopping, Home- oder Telelearning, News-on-Demand und weiteren Diensten. Teleteaching, Informationsangebote von großen Verlagshäusern oder Telespiele sollten das Gesamtangebot für den Rezipienten attraktiv gestalten. Das Besondere an diesem Projekt bestand darin, daß durch die Verknüpfung des BK-Netzes mit dem Glasfasernetz das so entstehende Hybridnetz rückkanaltauglich ist und somit in einem breitbandigen Netz echte Interaktivität gegeben wäre. Schon zum Start sollten 2.500 Teilnehmer angeschlossen sein. Dies wäre eine ausreichende Zahl von Teilnehmern gewesen, die auch eine wissenschaftliche Begleitforschung mit Anspruch auf Repräsentanz ermöglicht hätte.[22] Leider ist dieses Projekt nicht zum Tragen gekommen.

Bei allen bisher angesprochenen Projekten ist oder sollte die Deutsche Telekom Netzträger sein. Anders beim Projekt »Multimedia Gelsenkirchen«, dort wollten die Konzerne RWE und Veba eigene Übertragungsnetze für die Verbreitung der Inhalte nutzen. Auch hier wurde 1996 als Startzeitpunkt genannt, wobei für die erste Phase ein PC-gestützter Online-

---

[22] Die Betriebsversuche der Telekom mit 50 oder 100 Teilnehmern erlauben zwar die Exploration im Blick auf Akzeptanz und Folgen dieser neuen Dienstangebote. Die so gewonnenen Erkenntnisse lassen sich jedoch nicht verallgemeinern.

Dienst geplant war. Erst mit weiterem Projektfortschritt sollten interaktive Fernsehformen in das Angebot aufgenommen werden.

Ein ebenfalls von der Telekom unabhängiger Netzbetreiber, die Vebacom, plante eine Erprobung in Nordrhein-Westfalen. In diesem Projekt sollte neben den üblichen Angeboten, wie Homeshopping oder Video-on-Demand, auch die Möglichkeit der Telearbeit erprobt werden (vgl. Schnurpfeil 1995, S.32f.). Abgesehen von den beiden technikorientierten Betriebsversuchen der Telekom in Berlin und Nürnberg mit interaktiven Diensten und geringen Teilnehmerzahlen (maximal 100 Teilnehmern), ist also bisher keines der angestrebten Pilotprojekte realisiert worden.

Nachdem Ende 1996 auch das mit viel Engagement vorangetriebene Pilotprojekt in Stuttgart aufgegeben wurde, wird allein das bayerische Pilotprojekt in Nürnberg und München weiterverfolgt. Es startet voraussichtlich im Frühjahr/Sommer 1998 mit lokalen und regionalen Dienstangeboten im digitalisierten Hyperband des BK-Netzes und es wird zudem digitale Dienstangebote, insbesondere des Bayerischen Rundfunks, auch terrestrisch verbreiten. Sowohl in Nürnberg als auch in München werden sich neben den ca. 2.000 Testhaushalten alle übrigen Kabelteilnehmer (226.000 Kabelhaushalte in Nürnberg und 487.000 in München) beteiligen können. Die wissenschaftliche Begleitforschung wird in das Projekt integriert.

Das DVB-Programmangebot über Satellit (ASTRA) startete am 28. Mai 1996 mit einer Übertragung des Formel 1-Rennens in Hockenheim. Das von der Kirch-Gruppe entwickelte digitale Programmpaket firmiert unter DF-1. Das Programmangebot umfaßt fünf Spielfilmkanäle, vier Serienkanäle, zwei Kinderprogramme, die Musiksender MTV und VH-1, den Discovery Channel sowie NBC und CNBC. Daneben können 30 DMX-Hörfunkprogramme und der DF-1-Infokanal empfangen werden. Das Programmpaket kostete beim Start 20 Mark monatlich. Zusätzlich gibt es acht Pay-per-View-Kanäle (»Cinedom«) und für 10 Mark monatlich zwei Sportkanäle (DSF-Plus und DSF-Golf) extra. Das Programm soll zügig ausgeweitet werden. DF-1 wurde von der »Bayerischen Landeszentrale für neue Medien (BLM)« als Versuchsprogramm bis zum 31. Juli 1998 lizenziert, steht aber zur bundesweiten Lizenzierung an. Inzwischen ist von der BLM ein weiterer Anbieter digitaler Fernsehprogramme über Satellit (ASTRA) bundesweit lizenziert worden. Das Angebot von »multi-Thématiques« umfaßt drei Spartenprogramme. »SEASONS« ist ein Fernsehprogramm für Angler und Jäger, »CINE CLASSICS« bietet ein Spielfilmprogramm, »PLANET« präsentiert ein Dokumentarfilmangebot. Wie DF-1 und Premiere ist auch dies ein »Pay-TV-Angebot« (vgl. ALM 1997, S.46-51).

Auch die öffentlich-rechtlichen Rundfunkanstalten werden in naher Zukunft digitale Angebote entwickeln und zusammen mit bestehenden Programmen digital über Satellit verbreiten. Das Konzept der ARD zielt darauf, ein digitales Programm-Bouquet anzubieten, das zum einen all jene Angebote umfaßt, die heute schon von der ARD und den Landesrundfunkanstalten analog ausgestrahlt werden. Zum anderen werden diese Programme um drei digitale Programme erweitert. Es ist dies »1-Muxx«, eine zeitversetzte Ausstrahlung des ARD-Gemeinschaftsprogramms (zum Teil in umgekehrter Reihenfolge), »1-Extra«, eine zweieinviertelstündige »Programmschleife« zwischen »Tagesschau« und »Tagesthemen« mit zusätzlichen vertiefenden Informationsangeboten und »1-Festival«, eine vier- bis fünfstündige Programmschleife mit jeweils drei ausgewählten Fernsehfilmen (vgl. Albrecht 1997a, S.52 und ders. 1997b). Das digitale ZDF-Bouquet soll als Fernsehangebot das ZDF-Hauptprogramm, 3sat, arte, die Spartenprogramme Der Kinderkanal sowie PHOENIX, eventuell ORF2 sowie ein speziell entwickeltes digitales Programmangebot »ZDF info

Box« umfassen. Dieses digitale Programm soll sich auf Ratge-
ber- und Servicesendungen konzentrieren (vgl. Emmelius 1997,
S.192f.).

Für den Empfang des digitalen Programmangebots benötigt
man einen Decoder, der die digitalen Signale in analoge Signale umwandelt, damit das Programm mit herkömmlichen,
analogen Fernsehgeräten zu empfangen ist. Die Kirch-Gruppe
hat zusammen mit dem Elektronik-Unternehmen NOKIA
einen solchen Decoder (= »set-top-box«) entwickelt und als
erste auf den Markt gebracht. Dieser »d-box« genannte Decoder kostete anfangs ca. 890 Mark. Die zwischendurch von
der Konkurrenz, der »Multimedia-Betriebsgesellschaft MMBG«
(daran waren beteiligt: Telekom, ARD, ZDF, CLT, debis, RTL,
Canal plus und Ufa/Bertelsmann) favorisierte »Mediabox«
kam nicht auf den Markt. Inzwischen haben sich die Kirch-
Gruppe, die Telekom und Ufa/Bertelsmann auf das System der
»d-box« geeinigt und wollen gemeinsam den Markt mit digitalen Programmen erschließen. Falls dennoch unterschiedliche
Decoder auf den Markt kämen, wäre es durch das sogenannte
»Simulscrypt-Verfahren« möglich, verschieden codierte Programme kompatibel zu machen.

4.4   Fernsehnormen

Daneben gab und gibt es nach wie vor in Europa, USA und
Japan Diskussionen, Initiativen und Konzepte zur Einführung
und Entwicklung eines hochauflösenden Fernsehens (HDTV
= High Definition Television). Die Diskussion ist allerdings in
den Hintergrund getreten. Dieser Technologie zufolge ist eine
besondere Qualität des Fernsehbildes durch eine Verdoppe-
lung der Zeilenzahl auf 1.250 und durch die Erhöhung der
Bildwechselfrequenz auf 100 Hz zu erreichen. Zudem soll das
Format des Fernsehbildes dem Gesichtsfeld des Menschen

angepaßt und ähnlich dem Cinemaformat auf ein Seitenverhältnis von 16:9 (statt bisher 4:3) umgestellt werden.

In Europa hatte man dagegen schon Mitte 1985 auf das Betreiben Frankreichs hin die Einführung einer einheitlichen
europäischen Satelliten-Farbfernsehübertragungsnorm »D2-
MAC« beschlossen. Entsprechend einer Richtlinie der Europäischen Gemeinschaft (EG) von 1988 sollten alle europäischen
Rundfunksatelliten ausschließlich in dieser Norm übertragen.
ASTRA hat diese Richtlinie durch die Ausstrahlung der Programme über Hybridsatelliten unterlaufen. Die Norm hat sich
nicht durchgesetzt. Ähnlich erging es dem neu entwickelten
Übertragungsmodus »Pal plus«, welcher die Bildqualität
gegenüber dem heutigen Fernsehen merklich verbessert,
jedoch keine HDTV-Qualität erreicht (vgl. Bischoff 1993a, S.3f.;
Bücken 1992a, S.11 sowie 1992b, S.50ff.; Büschemann 1993,
S.22.; Kleinsteuber 1991, S.516ff und 1994, S.11ff.; Müller-Römer
1989d, S.3ff.; Münster 1993, S.27.; Ostergaard/Kleinsteuber
1992, S.66ff.; Pichler 1993, S.28ff.; Reimers 1990, S.64ff. und
Reuber 1989, S.63ff.). Hintergrund dieser Auseinandersetzung
war der Versuch der beteiligten Länder (besser: Wirtschaftszo-
nen), technische Normen durchzusetzen, die die eigene Industrie begünstigen soll. Doch diese Anstrengungen führten nicht
zum Erfolg. Die Aktivitäten konzentrieren sich jetzt auf die
Digitalisierung der Systeme. Und die Bestrebungen, technische
Entwicklungen zu monopolisieren, zielen auf die »set-top-box«
und die Definition von Schnittstellen und »Navigatoren«. Es ist
aber zu hoffen, daß Negroponte recht behält und sich erweist,
daß

>»(...) der größte Vorteil der digitalen Welt darin (liegt), daß sie keine
festgelegten Werte benötigt.« (Negroponte 1995, S.55)[23]

---

[23] Gemeint sind die oft willkürlich festgelegten technischen Standards, die
nach seiner Überzeugung die Entwicklung nicht befördern, sondern
stören.

Und somit müßten derlei protektionistische Bestrebungen ins Leere laufen. Zudem: Die Globalisierung der Rundfunkmärkte widersetzt sich jedem Protektionismus. Und wie sich zeigt, werden diejenigen den Nachteil haben, die vor dem Hintergrund bürokratischer Bedenklichkeiten ihre Ressourcen durch das Verfolgen von Sonderwegen nicht effektiv und konsequent nutzen.

Literatur

Albrecht, Michael: Vernetzte Angebote. Das digitale Programm-bouquet der ARD. In: ARD-Jahrbuch 97. Hamburg 1997a, S.49-56.

ders.: ARD-digital: Vernetzen statt Versparten. Das digitale Programmbouquet der ARD. In: Media Perspektiven 8/1997b, S.415-417.

ALM - Jahrbuch der Landesmedienanstalten 1995/96. Privater Rundfunk in Deutschland. München 1996.

ALM-Programmbericht. Zur Lage und Entwicklung des Fernsehens in Deutschland 1996/97. Berlin 1997.

Appeldorn, Werner van: Die unsichtbare Hirnsonde. Unglaubliche Prognosen über die Zukunft der visuellen Medien. Bergisch Gladbach 1970.

ders.: Handbuch der Film- und Fernsehproduktion. München 1988.

Arbeitsgruppe »Geschichte der Rundfunktechnik« der Technischen Kommission ARD/ZDF (Hrsg.): Der Weg zum Rundfunk (1887-1923). Baden-Baden 1987.

dies.: Die goldene Zeit des Radios. Rundfunktechnik in Deutschland (1923-1945). München 1988.

dies.: Pionierjahre des Fernsehens. Rundfunktechnik in Deutschland. München 1989.

dies.: Hörfunk und Fernsehen im Wiederaufbau. Rundfunktechnik in Deutschland (1945-1960). München 1990.

dies.: Die Technik im Wandel der Zeit. Rundfunktechnik in Deutschland (1960-1980). München 1992.

ARD-Forschungsdienst: Entwicklung und Veränderung der Medientechniken. In: Media Perspektiven 8/1993, S.394-397.

ARD-Jahrbuch 97. Hamburg 1997.

Ardenne, Manfred von: Die Kathodenstrahlröhre und ihre Anwendung in der Schwachstromtechnik. Unter Mitarbeit von Henning Knoblauch. Berlin 1933.

ders.: Fernsehempfang. Bau und Betrieb einer Anlage zur Aufnahme des Ultrakurzwellen-Fernsehrundfunks mit Braunscher Röhre. Berlin 1935.

ders.: Ein glückliches Leben für Technik und Forschung. Auto-
biographie. Zürich und München 1972.

Bauer, Helmut G./Detjen, Claus/Müller-Römer, Frank/Pose-
wang, Wolfgang: Die Neuen Medien. Das aktuelle Praktiker-
Handbuch. Technik, Anwendungen, Marketing. (Loseblattsammlung). Ulm (Stand: 1992).

Bauplanungen (o. V.). In: ZDF-Jahrbuch 66. Mainz 1967,
S.113-116.

Bayerische Landeszentrale für neue Medien (BLM) (Hrsg.): Radio
2000 - Neue Übertragungs-, Programm- und Marketingformen. München 1993.

Beschluß des Rates vom 22. Juli 1993 über einen Aktionsplan zur
Einführung fortgeschrittener Fernsehdienste in Europa.
(o.J.).

Bischoff, Jürgen: HDTV-Aktionsplan der EG vorläufig gescheitert.
In: Kirche und Rundfunk. Evangelischer Pressedienst (epd)
100-101/1992, S.24.

ders.: Am Ende, am Anfang. Zum Scheitern des EG-TV-Techno-
logieplans. In: Kirche und Rundfunk. Evangelischer Pressedienst (epd) 5/1993a, S.3-5.

ders.: Die politische Ökonomie von HDTV. Internationale Förder-
strategien zur Durchsetzung einer neuen Fernsehtechnologie. Frankfurt/M. 1993b.

ders.: HDTV im Koma - Das 18. Internationale Fernseh-
Symposium in Montreux. In: Kirche und Rundfunk. Evangelischer Pressedienst (epd) 49/1993c, S.5-6.

Bock, Gerd/Tillmann, Herbert: Computer auf dem Vormarsch.
Digitalisierung in Hörfunk und Fernsehen. In: ARD-Jahrbuch 96. Hamburg 1996, S.23-27.

Braun, Alfred: Achtung, Achtung, Hier ist Berlin! Aus der
Geschichte des Deutschen Rundfunks in Berlin 1923-1932.
Berlin (o.J.) .

Bredow, Hans: Der Daseinskampf des deutschen Funks. Stuttgart

1954 (= Im Banne der Ätherwellen Bd. I).

ders.: Funk im Ersten Weltkriege. Entstehung des Rundfunks. Stuttgart 1956 (= Im Banne der Ätherwellen Bd. II).

Breunig, Christian: Digitales Radio: Industriepolitik gibt den Ton an. Neue Übertragungswege im Hörfunk und ihre Perspektiven. In: Media Perspektiven 10/1995, S.462-475.

ders.: Datendienste im Digital Radio. DAB bietet programmbegleitende und programmunabhängige Zusatzinformationen. In: Media Perspektiven 10/1997, S.558-573.

Bruch, Walter: Vom Farbensehen zum Farbfernsehen. In: Bild der Wissenschaft 7/1966, S.524-535.

ders.: Die Fernseh-Story. Stuttgart 1969.

ders.: Technikgeschichte des Farbfernsehens von seinen Uranfängen bis zum amerikanischen NTSC. In: Bruch, Walter/ Riedel, Heide (Hrsg.): PAL - Das Farbfernsehen. Berlin 1987a, S.9-58.

ders.: PAL - Die Erfindung und weltweite Durchsetzung eines Farbfernsehsystems. In: Bruch, Walter/Riedel, Heide (Hrsg.): PAL - Das Farbfernsehen. Berlin 1987b, S.59-144.

ders.: Kleine Geschichte des deutschen Fernsehens. Berlin (o.J.).

Bruch, Walter/Riedel, Heide: (Hrsg.): PAL - Das Farbfernsehen. Berlin 1987.

Brunswig, Heinrich: Fernsehen - 100 Jahre Technik. 50 Jahre Programm. Koblenz 1985.

Bücken, Rainer: Der Traum vom großen Bild. Berlin 1989.

ders.: PALplus: Weg in die HDTV-Zukunft. In: Medien Bulletin 17/1991, S.70-72.

ders.: Digital contra analog. In: Kirche und Rundfunk. Evangelischer Pressedienst (epd) 49/1992a, S.10-12.

ders.: Paukenschlag in Amsterdam. In: Medien Bulletin 17/1992b, S.50-53.

Bueckling, Adrian: Im Begriffsdschungel des satellitischen Rundfunkrechts. In: Zeitschrift für Urheber- und Medienrecht (ZUM) 4/1988, S.164-171.

Bünger, Reinhard: Berlin - Öffnung eines Testmarkts. In: Tendenz III/1995, S.26-27.

Büschemann, Karl-Heinz: Nicht im Bilde. In: Die Zeit 7/1993, S.22.

Büttner, Fritz Lothar: Das Haus des Rundfunks in Berlin. Berlin (o.J.) .

Bullinger, Martin/Mestmäcker, Ernst-Joachim: Multimediadienste. Baden-Baden 1997.

DAB-Plattform e.V. (Hrsg.): DIGTAL RADIO ATLAS. Empfangsgebiete in Deutschland. München 1997.

DAB-Zeitalter hat begonnen (o. V.). In: Kabel & Satellit 35/1995b, S.26.

Dahl, Peter: Radio. Sozialgeschichte des Rundfunks für Sender und Empfänger. Reinbek bei Hamburg 1983.

Deutsche Stunde in Bayern (Hrsg.): Das neue Funkhaus der Deutschen Stunde in Bayern. München 1929.

Deutsche Welle (Hrsg.): Mit 8 Kilowatt rund um die Welt. Deutscher Weltrundfunk in der Weimarer Zeit. Geschichte des Kurzwellenrundfunks in Deutschland 1929-1932. Berlin 1969.

dies.: Morgen die ganze Welt. Deutscher Kurzwellensender im Dienste der NS-Propaganda. Geschichte des Kurzwellenrundfunks in Deutschland 1933-1939. Berlin 1970.

dies.: Wortschlacht im Äther. Der deutsche Auslandsrundfunk im Zweiten Weltkrieg. Geschichte des Kurzwellenrundfunks in Deutschland 1939-1945. Berlin 1971.

Deutschlandfunk (Hrsg.): Deutschlandfunk Jahrbuch 1964-65. Köln 1965.

Dillenburger, Wolfgang: Einführung in die neue deutsche Fernsehtechnik. Berlin 1950.

DLM-Jahrbuch 1992. Privater Rundfunk in Deutschland. München 1993.

Dörr, Dieter: Der deutsche Föderalismus und die entstehende Medienordnung. In: Europäisches Wirtschafts- & Steuerrecht 9/1991, S.259-269.

Dröscher, Gerhard: Das Fernwirksystem - Eine neue Fernsehtechnologie. In: ZDF-Jahrbuch 83. Mainz 1984, S.122-124.

Eckstein, Eckhard: DAB: Start einer neuen Hörfunkära. In:

Tendenz III/1995, S.50-51.

ders.: Bayern - »Milde Interaktivität«. In: Tendenz III/1995, S.27.

ders.: Neue Perspektiven. In: Media Bulletin 4/1996, S.31.

Emmelius, Simone: ZDF digital. In: ZDF-Jahrbuch 96. Mainz 1997, S.192-194.

Eutelsat Hot Bird im All (o. V.). In: Kabel & Satellit 14/1995a, S.8.

Feldhaus, Franz Maria/Fitze, Walther: Geschichtszahlen der drahtlosen Telegraphie und Telephonie. Berlin 1924.

Fielding, Raymond: A technological History of Motion Pictures and Television. Los Angeles 1983.

Fischer, Andreas: Die DAB-Pilotprojekte: Der digitale Rundfunk geht an den Start. Unveröffentlichtes Manuskript 1995.

Fischer, Kurt Eugen: Der Rundfunk. Wesen und Wirkung. Stuttgart 1949.

ders.: Dokumente zur Geschichte des deutschen Rundfunks und Fernsehens. Göttingen 1957.

Freyberger, Roland: Fernsehtechnik und Programmgestaltung. In: Rundfunk und Fernsehen 1/1967, S.21-31.

Geretschläger, Erich: Medientechnik I. Nonprint-Medien. München 1983.

Goebel, Gerhart: Der Deutsche Rundfunk bis zum Inkrafttreten des Kopenhagener Wellenplans. In: Archiv für das Post- und Fernmeldewesen 6/1950, S.353-454.

ders.: Das Fernsehen in Deutschland bis zum Jahre 1945. In: Archiv für das Post- und Fernmeldewesen 5/1953, S.259-393.

Haefner, Albrecht: Technische Entwicklung. In: Heyen, Franz-Josef/Kahlenberg, Friedrich P. (Hrsg.): Südwestfunk. Vier Jahrzehnte Rundfunk im Südwesten. Düsseldorf 1986, S.118-133.

Härpfer, Susanne: Breites Bild - flacher Inhalt? Oder: Analyse der Veränderungen der TV-Produktionen durch HDTV. Bedeutung für die Rundfunkanstalten und die europäische HDTV-Politik. In: Medienpsychologie 1/1992, S.62-77.

Hahn, Werner/Binder, Reinhart: Wettkampf um Übertragungs-
    wege. Wie kommen ARD-Programme zum Publikum? In:
    ARD-Jahrbuch 97. Hamburg 1997, S.26-41.
Halefeldt, Elke: Auf der Fährte der Rundfunk-Zukunft. Rund-
    funkökonomische Tagung zu neuen Programmen, neuen
    Techniken und deren Finanzierbarkeit. In: Media Per-
    spektiven 5/1990, S.305-310.
Heber, Hans/Krüger, Bruno: Digital bis zum Teilnehmer. In:
    ZDF-Jahrbuch 96. Mainz 1997, S.230-233.
Henkel, Thomas: Europa '93 - auch ein Binnenmarkt für das Fern-
    sehen? Grundlagen und Strukturen audiovisueller Europäi-
    sierung. München 1993 (= Unveröffentlichte Magisterarbeit).
Hennings, Ralf-Dirk, u.a.: Informations- und Kommunikations-
    strukturen der Zukunft. München 1983.
Heyen, Franz-Josef/Kahlenberg, Friedrich P. (Hrsg.): Südwest-
    funk. Vier Jahrzehnte Rundfunk im Südwesten. Düsseldorf
    1986.
Hoff, Dieter: Multimedia - mehr als ein Schlagwort. Neue Ent-
    wicklungen im Rundfunk. In: ARD-Jahrbuch 95. Hamburg
    1995, S.16-22.
Hofmann, Rainer: Rundfunktechnisches Lexikon. Stuttgart 1986.
Hürst, Daniel: Marktchancen und Finanzierung von Digital
    Audio Broadcasting (DAB). Eine Untersuchung der Prognos
    AG im Auftrag der Bayerischen Landeszentrale für neue
    Medien. München 1997.
infosat 11/1993.
Jansen, Michael (Hrsg.): Booking '98. Daten und Portraits
    deutscher Hörfunk- und Fernsehsender. Bonn o. J. (Stand:
    15. August 1997).
Johnson, Candace (Hrsg.): Satellitenkommunikation. Das Hand-
    buch der satellitengestützten Kommunikationsnetze. Ulm
    1993.
Kaiser, Wolfgang: Zum Stand des Kabelrundfunks. In: Kiefer,
    Heinz J./Rühl, Manfred (Hrsg.): Neue Technik, neue Pro-
    gramme, ökonomische Utopien? Sind die in der Zukunft
    technisch möglichen Rundfunkprogramme finanzierbar?

Stuttgart 1991, S.31-43.

Karepin, Rolf: Stuttgart - »Spätzle TV« soll Appetit auf Multimedia wecken. In: Tendenz III/1995, S.29.

Karolus, August: Die Anfänge des Fernsehens in Deutschland in Briefen, Dokumenten und Veröffentlichungen aus seiner Zusammenarbeit mit der Telefunken GmbH, Berlin 1923-1930. Kommentiert von Hildegard Karolus. Berlin 1984.

Keller, Wilhelm: Hundert Jahre Fernsehen: 1883-1983. Berlin 1983.

Kiefer, Heinz J./Rühl, Manfred (Hrsg.): Neue Technik, neue Programme, ökonomische Utopien? Sind die in der Zukunft technisch möglichen Rundfunkprogramme finanzierbar? Stuttgart 1991.

Kleinsteuber, Hans J.: Kabel und Satellit in der westeuropäischen Technologie- und Medienpolitik. Chancen, Grenzen und Folgen der Neuen Medien. In: Rundfunk und Fernsehen 4/1991, S.506-526.

ders.: HDTV-Politik. Die Entstehung der hochauflösenden Fernsehtechnik im High Tech-Dreieck Japan, Europa, USA. In: Rundfunk und Fernsehen 1/1994, S.5-23.

Kliment, Tibor: Akzeptanz und Marktpotentiale von Digital Radio. Ergebnisse der DAB-Begleitforschung in Nordrhein-Westfalen. In: Media Perspektiven 10/1997, S.574-586.

Kommission der Europäischen Gemeinschaften (Hrsg.): Die EG-Politik auf dem Gebiet der audiovisuellen Medien (Stichwort Europa 6/1992). Brüssel/Luxemburg 1992.

Kommission für den Ausbau des technischen Kommunikationssystems (KtK). Telekommunikationsbericht. Bonn 1976.

Koop, Wolfgang/Metzel, Eckhard/Gummelt, Heinz: PAL plus und die 16:9 - Breitbildproduktion. In: ZDF-Jahrbuch 94. Mainz 1995, S.228-232.

Kriebel, Henning: Satelliten-Empfang Jahrbuch 93/94. Radio-/ TV-Technik - Programme - Systeme. München 1993.

Lanninger, Waldemar: Training - Anpassung - Realisierung. In: ZDF-Jahrbuch 84. Mainz 1985, S.138-141.

Lenhardt, Helmut: Die nächsten Satelliten - Perspektiven der Programmversorgung. Bonn 1988.

Lepper, Peter: Stand und Entwicklung des digitalen Satelliten-rundfunks DSR. In: Bayerische Landeszentrale für neue Medien (BLM) (Hrsg.): Radio 2000 - Neue Übertragungs-, Programm- und Marketingformen. München 1993 (= Dokumentation BLM-Rundfunkkongreß 1992; Band 3), S.65-73.

Lepper, Peter/Heyer, Peter (Hrsg.): SATTECH - Satellitenempfang und -kommunikation. Daun 1991.

Loebe, Horst: Die technisch-administrative Abhängigkeit der publizistischen Aktion im Medium Rundfunk. In: Rundfunk und Fernsehen 1/1972, S.31-40.

Löber, Ulrich (Hrsg.): Geliebtes Dampfradio. Technik- und Kulturgeschichte. Eine Ausstellung des Landesmuseums Koblenz. Mit Texten von Heinrich Brunswig, Ansgar Diller, Albrecht Häfner, Walter Klingler. Koblenz 1984.

Lob, Susanne: Hamburg - Pilotprojekt auf neuem Kurs. In: Tendenz III/1995, S.28.

Lüscher, Kurt/Paech, Joachim/Ziemer, Albrecht: HDTV - ein neues Medium? Mainz 1991.

Luyken, Georg-Michael: Direktempfangbare Satelliten in Europa. Gegenwärtiger Stand und Faktoren der zukünftigen Entwicklung. In: Media Perspektiven 10/1987, S.615-629.

Mayer, Norbert: Die neue Fernsehtechnik. Die zukünftige TV-Perfektion: 3D - MAC - High-Definition - Satelliten-TV. München 1987.

Mehrkanalton im Fernsehen (o.V.). In: ARD-Jahrbuch 81. Hamburg 1981, S.99-101 .

Mehrkanalton im Fernsehen (o.V.). In: ARD-Jahrbuch 84. Hamburg 1984, S.133.

Messerschmid, Ulrich: Vorwort zu: Rindfleisch, Hans: Technik im Rundfunk. Ein Stück deutscher Rundfunkgeschichte von den Anfängen bis zum Beginn der achtziger Jahre. Norderstedt 1985a, S.9-10.

ders.: Produktions- und Sendenormen für hochauflösendes Fernsehen (HDTV). In: Media Perspektiven 7/1985b, S.558-560.

Mettler-Meibom, Barbara: Breitbandtechnologie. Über die Chancen sozialer Vernunft in technologiepolitischen Entscheidungsprozessen. Opladen 1986.

dies.: Postpolitik am Scheideweg? Über die Notwendigkeit, die ordnungspolitische Debatte auch als eine infrastruktur- und technologiepolitische Debatte zu begreifen. In: Media Perspektiven 7/1988, S.409-420.

Meyer, Friedrich-Wilhelm: Fernsehtechnischer Ausbau im neuen Sendebetriebsgebäude. In: ZDF-Jahrbuch 82. Mainz 1983, S.115-120.

ders.: Fernsehtechnischer Aufbau im neuen Sendebetriebsgebäude. In: ZDF-Jahrbuch 83, Mainz 1984, S. 111-112.

Meyrat, Pierre: ASTRA - Europas »hot bird«. In: Weirich, Dieter (Hrsg.): Europas Medienmarkt von Morgen. Berlin 1989, S.163-177.

ders.: Satelliten: Offene Informationsnetze am Himmel - Mittel zur zukunftssichernden Markterschließung. In: Kiefer, Heinz J./Rühl, Manfred (Hrsg.): Neue Technik, neue Programme, ökonomische Utopien? Sind die in der Zukunft technisch möglichen Rundfunkprogramme finanzierbar? Stuttgart 1991, S.45-48.

Müller-Römer, Frank: Fernmeldesatelliten. Zuführung von Rundfunkprogrammen zu Kabelinseln mittels Fernmeldesatelliten. In: Media Perspektiven 7/1985, S.539-547.

ders.: Die technische Dimension der neuen Rundfunkpolitik. In: Glotz, Peter/Kopp, Reinhold (Hrsg.): Das Ringen um den Medienstaatsvertrag der Länder. Berlin 1987, S.90-109.

ders.: Die Entwicklung der Satellitentechnik. Konsequenzen für den Rundfunk. In: Media Perspektiven 7/1989, S.410-418.

ders.: Digitale terrestrische Sendernetze für Hörfunk und Fernsehen. In: Fernseh- und Kino-Technik 11/1991, S.575-583.

ders.: Rundfunkversorgung (Hörfunk und Fernsehen). Verbreitung von Rundfunkprogrammen und neue Rundfunkdienste. In: Hans-Bredow-Institut (Hrsg.): Internationales Handbuch für Hörfunk und Fernsehen 1992/93. Baden-Baden/ Hamburg 1992, S. A125-A156.

ders.: Digital Audio Broadcasting (DAB) - das Hörfunksystem der Zukunft. In: Bayerische Landeszentrale für neue Medien (BLM) (Hrsg.): Radio 2000 - Neue Übertragungs-, Programm- und Marketingformen. München 1993.

Münster, Winfried: Kippt die Europäische Gemeinschaft das hochauflösende Fernsehen? In: Süddeutsche Zeitung Nr. 22 vom 28. Januar 1993, S.27.

Negroponte, Nicholas: Total Digital. Die Welt zwischen 0 und 1 oder die Zukunft der Kommunikation. München 1995.

NWDR (Hrsg.): Kleine Fernsehfibel für Jedermann. Hamburg 1953.

Ostergaard, Bernt S./Kleinsteuber; Hans J.: The Technology Factor. In: Siune, Karen/Truetzschler, Wolfgang (Hrsg.): Dynamics of Media Politics - Broadcast and Electronic Media in Western Europe. London, Newbury Park, New Delhi 1992, S.57-74.

Pfeifer, Werner: Bild und Ton - Das Fernsehen. Aufbau und Pioniertätigkeit des NWDR 1945-1954. In: Köhler, Wolfram (Hrsg.): Der NDR - Zwischen Programm und Politik. Beiträge zu seiner Geschichte. Hannover 1991, S.227-255.

Pichler, Katja: Industriepolitik auf Irrwegen. In: Medien Bulletin 5/1993, S.28-31.

Pons, Erwin: Zukunftsgeprägte Fernsehtechnik im neuen Sendezentrum. In: ZDFJahrbuch 84. Mainz 1985, S.142-145.

Pohle, Gerd: Digitaler Satellitenempfang im Hörfunk. Bedeutung und Perspektiven von DSR, ADR und DVB Audio. In: Media Perspektiven 8/1997, S. 427-430.

Presse- und Informationsamt der Landesregierung Nordrhein-Westfalen (Hrsg.): Entwicklungsbedingungen für Hörfunk- und Fernsehprogramme. Düsseldorf 1989.

Ratzke, Dietrich: Handbuch der Neuen Medien. Information und Kommunikation, Fernsehen und Hörfunk, Presse und Audiovision heute und morgen. Stuttgart 1984.

Reimers, Ulrich: Verbesserte Fernsehsysteme - die Alternativen. In: Media Perspektiven 2/1990, S.61-76.

Reiter, Udo: Die Strategien der ARD im digitalen Zeitalter. Ziel der Integration aller in die neue Informationsgesellschaft. In: Media Perspektiven 8/1997, S. 410-414.

Reuber, Claus (Hrsg.): Kommunikationstechnik für morgen. Berlin 1989 (hrsg. im Auftrag der AMK Berlin, Ausstellungs-Messe- Kongress-GmbH).

Richtlinie des Rates vom 11. Mai 1992 über die Annahme von Normen für die Satellitenausstrahlung von Fernsehsignalen (92/83/EWG), Amtsblatt der Europäischen Gemeinschaften Nr. L 137/17 vom 12.5.1992.

Riedel, Heide: Die Einführung des Farbfernsehens in der Bundesrepublik. In: Bruch, Walter/Riedel, Heide (Hrsg.): PAL - Das Farbfernsehen. Berlin 1987, S.145-229.

Rindfleisch, Hans: Die Hörfunktechnik steht nicht still. Leistungen der ARD-Anstalten. In: ARD-Jahrbuch 69. Hamburg 1969, S.183-187.

ders.: Technik im Rundfunk. Ein Stück deutscher Rundfunkgeschichte von den Anfängen bis zum Beginn der achtziger Jahre. Norderstedt 1985.

Roessler, Günter: Rundfunksatellit. In: Media Perspektiven 7/1985, S.548-550.

Rosenbrock, Karl Heinz/Richter, Ellen/Zeller, Manfred: ISDN Praxis. Das Handbuch der neuen Sprach-, Text-, Bild-, Daten-Kommunikation. Ulm 1993.

Saur, Karl-Otto: Klipp und klar. 100x Fernsehen und Hörfunk. Mannheim 1978.

Scharf, Albert: Eine Revolution auf Raten. Wie die ARD die digitale Medienzukunft mitgestalten will. In: ARD-Jahrbuch 95. Hamburg 1995, S.13-15.

Scherer, Joachim: Fernmeldepolitik als Medienpolitik? Zur Präjudizierung medienpolitischer Entscheidungen durch die Deutsche Bundespost. In: Media Perspektiven 3/1985, S.165-174.

Schmitt-Beck, Rüdiger: Satellitenfernsehen in Deutschland. Eine Bestandsaufnahme von Angebot, Empfangswegen und Reichweiten der neuen Satellitenprogramme. In: Media Perspektiven 8/1992, S.470-497 .

Schmitt-Beck, Rüdiger/Dietz, Roman G.: Satellitendirektempfang in vier Ländern Westeuropas. Zur Diffusion einer neuen Kommunikationstechnik. In: Media Perspektiven 8/1993, S.366-373.

Schneider, Klaus: Einführung der Mehrkanaltontechnik. In: ZDF-Jahrbuch 81. Mainz 1982a, S.123-125.

ders.: Sender der Deutschen Bundespost für das ZDF. In: ZDF-Jahrbuch 81. Mainz 1982b, S.128-133.

Schneider, Reinhard: Die UKW-Story. Zur Entstehungsgeschichte des Ultrakurzwellen-Rundfunks. Berlin 1989.

Schnurpfeil, Markus: Ambitionierte Pläne - Multimedia-Tests in privaten Pilotprojekten. In: Tendenz III/1995, S.32-33.

Schwarz, Walter: Die technischen Investitionen und Planungen für das Farbfernsehen. In: ZDF-Jahrbuch 67. Mainz 1968, S.100-101.

Simmering, Klaus: Das hochaufgelöste Programm. Überlegungen zu einer HDTV-Ästhetik. In: Media Perspektiven 7/1989, S.400-409.

Sommer, Heinz-Dieter: Öffentlich-rechtliche Programmstrategien im digitalen Hörfunk. Einbindung aller Hörerkreise durch Aufbau einer Programmfamilie. In: Media Perspektiven 8/1997, S.418-426.

Steigner, Walter: Vorwort zu: Deutsche Welle (Hrsg.): Wortschlacht im Äther. Der deutsche Auslandsrundfunk im Zweiten Weltkrieg. Geschichte des Kurzwellenrundfunks in Deutschland 1939-1945. Berlin 1971, S.9-10.

Telekom beteiligt sich an Astra-Betreiber SES (o. V.). In: Kabel & Satellit 1/1994, S.2-5.

Tetzner, Karl: Rundfunk- und Fernsehgeräte für den Professional. In: Rundfunk und Fernsehen 4/1963, S.396-398.

ders.: Die Farbe im Fernsehen. Technik - Wirtschaft - Organisation. In: Rundfunk und Fernsehen 2/1967, S.113-122.

Theile, Richard: Die Technik des Fernsehens. Ergebnis genialer Erfindungen, wissenschaftlicher Forschung und Entwicklung. In: ARD-Jahrbuch 69. Hamburg 1969, S.188-208.

ders.: Hinter dem Bildschirm. Stuttgart 1970.

Tillmann, Herbert: An der Schwelle zu DAB. Digitaler terrestrischer Hörfunk und neue Datendienste. In: ARD-Jahrbuch 96. Hamburg 1996, S.38-48.

Titze, Hans/Hardt, Peter: Digitale Produktionssysteme. In: ZDF-Jahrbuch 96. Mainz 1997, S.234-236.

Vielmuth, Ulrich: Fachwort-Lexikon Film, Fernsehen, Video. Köln 1982.

Weder, Dietrich Jörn: Die Dehnungsfähigkeit des Kabels - wirtschaftlich gesehen. Oder: Medienpolitik mit Gutachten. In: Media Perspektiven 3/1985, S.175-180.

Weiher, Sigfrid von (Hrsg.): Männer der Funktechnik. Eine Sammlung von 70 Lebenswerken deutscher Pioniere der Funktechnik (drahtlose Telegrafie, Radar, Rundfunk und Fernsehen). Berlin 1983.

Weiher, Sigfrid von/Wagner, Bernhard: Tagebuch der Telekommunikation: Von 1600 bis zur Gegenwart. Berlin 1991.

Weinlein, Wolfgang: 30 Jahre magnetische Bildaufzeichnung in Deutschland. In: Rundfunktechnische Mitteilungen 5/1988, S.211-228.

Weißhuhn, Gerhard: Überblendung von Wiesbaden nach Mainz. In: ZDF-Jahrbuch 83. Mainz 1984, S.113-121.

ders.: Fernsehtechnik von Eschborn bis Mainz. 25 Jahre Entwicklung ZDF-Technik. In: ZDF-Jahrbuch 88, Mainz 1989, S.175-180.

Werle, Horst (Hrsg.): Technik des Rundfunks. Technik der Systeme, Rundfunkversorgung. Heidelberg 1989.

Wilkens, Henning: Digitaler Hörfunk. In: Media Perspektiven 7/1985, S.561-563.

ders.: Entwicklungen in der Rundfunktechnik für Hörfunk und Fernsehen. In: Kiefer, Heinz J./Rühl, Manfred (Hrsg.): Neue Technik, neue Programme, ökonomische Utopien? Sind die in der Zukunft technisch möglichen Rundfunkprogramme finanzierbar? Stuttgart 1991, S.23-29.

Winter, Erwin: Ein neues Bildformat im Sendebetrieb. In: ZDF-Jahrbuch 91. Mainz 1992, S.221-224.

Woldt, Runar: Mythos Kabel. Zwischenbilanz eines »neuen Mediums«. In: Media Perspektiven 10/1989, S.589-605.

Zehm, Karl-Hermann: Das »Haus des Rundfunks« in der Masurenallee. Baugeschichte und Schicksal eines Architekturdenkmals der zwanziger Jahre des 20. Jahrhunderts. In: Ribbe, Wolfgang (Hrsg.): Von der Residenz zur City. 275 Jahre Charlottenburg. Berlin 1980, S.459-495.

Zielinski, Siegfried: HiVision, HDTV, Advanced Television... Ein Orientierungsversuch in der Debatte um die Erweiterung televisueller Repräsentationstechnik. In: Media Perspektiven 7/1989, S.389-399.

Ziemer, Albrecht: HDTV-Produktion und Nutzungsaspekte. In: Media Perspektiven 7/1985, S.556-557.

ders.: Fernsehproduktion in anspruchsvoller Technik. Von PAL über D2-MAC zu HDTV. In: ZDF-Jahrbuch 85. Mainz 1986, S.169-172.

ders.: PAL plus - Die Verbesserung einer Fernsehnorm. In: ZDF-Jahrbuch 89. Mainz 1990, S.165-168.

ders.: Kommt ein neues Bildformat?. In: ZDF-Jahrbuch 90. Mainz 1991, S.195-199.

ders.: PAL plus: besseres Bild und mehr Format. In: ZDF-Jahrbuch 95. Mainz 1996, S.213-216.

Zimmer, Jochen: Satellitenfernsehen in Deutschland. ASTRA auf dem Weg zu einem Standardübertragungsmedium. In: Media Perspektiven 8/1993, S.358-365.

3. Kapitel: Geschichte des Rundfunks

In diesem Kapitel sollen die wesentlichen Entwicklungslinien des Rundfunks aufgezeigt werden bis hin zur Wiedervereinigung und der damit verbundenen Umstrukturierung des öffentlich-rechtlichen Rundfunksystems. Für die Zeit nach 1945 ist dies im wesentlichen eine Beschreibung der Rundfunkentwicklung in Westdeutschland, die zur Herausbildung der spezifischen Struktur und des besonderen Charakters des öffentlich-rechtlichen Rundfunks geführt hat. Die Entwicklung in Ostdeutschland wird im Vergleich dazu nur in den Grundzügen skizziert, denn sie bleibt für den Rundfunk in Deutschland heute weitgehend ohne Bedeutung. Die Entwicklung des privaten Rundfunks wird dabei nur angedeutet, da der private Rundfunk in einem gesonderten Kapitel dargestellt wird (vgl. 5. Kapitel).

1. Vorgeschichte

Ausgangspunkt für die Entwicklung des Rundfunks war die Entdeckung der drahtlosen Telegraphie mittels elektronischer Schwingungen - der Funktelegraphie - durch den deutschen Physiker Heinrich Hertz im Jahre 1887 (vgl. 2. Kapitel Abschnitt 1.1.1). Bis zu diesem Zeitpunkt kannte man nur die Telegraphie im herkömmlichen Sinne. Die Entdeckung der drahtlosen Telegraphie war aus technischer Perspektive geradezu eine Revolution, bedeutete dies doch die Möglichkeit, Nachrichten und andere Informationen insbesondere über weite und unwegsame Strecken zu verbreiten. Ein besonderer Vorteil der Funktechnik lag auch darin, mit beweglichen Empfängern (z.B. Flugzeuge, Schiffe) Kontakt halten zu können. Demgemäß lagen die ersten

Einsatzgebiete der Funktelegraphie im Bereich des Militärfunk-
verkehrs für Heer und Marine, des Welt- und Schiffsfunkver-
kehrs sowie des Kolonialfunkverkehrs (vgl. Lerg 1980, S.34 und
Bredow 1954, S.31). Bis die Funktelegraphie jedoch in größerem
Umfang sinnvoll eingesetzt werden konnte, vergingen mehrere
Jahre und mußten noch einige technische Entwicklungen vorangetrieben werden. Während die Entwicklung in Großbritannien
durch das Funksystem des Italieners Gugliemo Marconi relativ
zügig voranging, verlief sie im Deutschen Reich jedoch recht zö-
gerlich und schwierig. Dies resultierte nicht zuletzt daraus, daß
im Deutschen Reich - ohne hier weiter auf technische Detailpro-
bleme einzugehen[1] - nebeneinander parallel zwei Funksysteme
entwickelt wurden, nämlich das System »Slaby-Arco« von der
»Allgemeinen Elektricitäts-Gesellschaft (AEG)« sowie das Funksystem »Braun« von »Siemens & Halske« (vgl. Bredow 1954,
S.36ff.). Eine solche Konkurrenzsituation lag natürlich nicht im
Interesse der Führung des Deutschen Reiches. Denn vorerst sah
man die einzige vernünftige Verwendungsmöglichkeit dieses
neuen Funkmediums im militärischen Bereich, und gerade hier
wäre es nicht sinnvoll gewesen, zwei unterschiedliche, nicht
kompatible Systeme zu verwenden (vgl. Lerg 1965, S.31). Man
wollte die sich anbahnende Vorherrschaft des britischen Systems
Marconi überwinden und dies war mit vereinten Kräften sehr
viel leichter zu bewerkstelligen. Das war deshalb so wichtig,
weil Großbritannien schon vor der Entdeckung der drahtlosen
Telegraphie ein Weltkabelnetz und damit quasi ein »Kabelmo-
nopol«, insbesondere auf dem Gebiet der Seekabelkommunika-
tion, aufgebaut hatte. Die Briten konnten in Krisenzeiten darüber
bestimmen, wem sie welche Informationen weiterleiten oder
vorenthalten wollten, da alle Informationen über den Knoten-
punkt London liefen (vgl. hierzu auch Behrens 1986, S.126ff.).
Drahtlose Übermittlungssysteme konnten dieses Monopol unterlaufen. Deshalb drängte Wilhelm II. persönlich auf eine Einigung der deutschen Funkindustrie. Diese Einigung gelang am

---

[1] Vgl. hierzu das 2. Kapitel.

27. Mai 1903 in Berlin mit der Gründung eines gemeinsamen Tochterunternehmens von AEG und Siemens & Halske, der »Gesellschaft für drahtlose Telegraphie m.b.H.«. Für dieses Tochterunternehmen bürgerte sich sehr bald der Name der ursprünglichen Telegrammanschrift, »Telefunken«, ein (vgl. Lerg 1965, S.30f.).

Die Aufgaben dieser neuen Gesellschaft waren fortan die Forschung und Entwicklung, der Handel mit Produkten der beiden Muttergesellschaften sowie die Finanzierung, Gründung und Einrichtung betriebsfertiger Fernmeldeanlagen. Kunden von »Telefunken« waren vorest die Marine und das Heer. Als am 1. April 1906 die Regierung beschloß, auf zukünftigen europäischen Kriegsschauplätzen Funkstationen zu errichten, wurde damit der Wirtschaft quasi grünes Licht für eine gesicherte Weiterentwicklung und Produktion ihrer Funkanlagen gegeben (vgl. Lerg 1965, S.35). Als Konkurrenten von »Telefunken« drängten später zwei weitere Funkunternehmen in den Markt, die »C. Lorenz AG« sowie die »Erich F. Huth GmbH«. Um 1910 wurde im Reichstag die Finanzierung eines Kolonialfunknetzes beschlossen, 1911 begann der Ausbau von Großfunkanlagen in den afrikanischen Kolonien. Die Unabhängigkeit der Nachrichtenverbindungen zu den einzelnen Kolonien von fremden Kabelnetzen war insbesondere im Hinblick auf politische Konfliktfälle von Bedeutung, da

> »alle Nachrichten über politische und wirtschaftliche Ereignisse und über Verwaltungsangelegenheiten in den Kolonien (...) auch schon in den Friedenszeiten der Überwachung und einseitigen Färbung der fremden Kabelmacht unterworfen (waren).« (Max Roscher; zit. nach Lerg 1965, S.39)

Trotz des Interesses der Regierung an der Fortentwicklung des Funkverkehrs blieben die Leistungen der deutschen Funkindustrie in den angesprochenen Bereichen, also im Militärfunkverkehr, im Welt- und Schiffsfunkverkehr sowie im Kolonialfunkverkehr, auch weiterhin zum Teil deutlich unter dem

internationalen, vor allem britischen, Standard. Dies sollte sich
mit dem Kriegsausbruch 1914 ändern: Jetzt wurden die Ein-
satzmöglichkeiten der neuen Technologie offenkundig und in
großem Maßstab ausgebaut. Mit dem Tage der Mobilmachung
wurde jeder bis dahin mögliche private Funkverkehr eingestellt
und alle Funkanlagen militärischen, allenfalls noch wirtschaftlichen Zwecken zugeführt. Da die deutschen Kabelverbindungen
von Deutschlands Kriegsgegnern sofort nach Beginn des Krieges zerstört worden waren, blieb die Funktelegraphie von nun
an die einzige Möglichkeit, mit der überseeischen Außenwelt in
Kontakt zu treten (vgl. Die deutsche Telegraphie im Weltkrieg
1925, S.10; vgl. hierzu auch Behrens 1986, S.138).

Neben der großen Bedeutung im Bereich des originären Mi-
litärwesens erlangte die Funktelegraphie im Ersten Weltkrieg
jedoch auch schon vereinzelt publizistische Bedeutung, nämlich
als Mittel der amtlichen Nachrichtenpolitik. Hier wurden auf
dem Funkweg drei Pressedienste verbreitet:

- Der Pressedienst der Auslandsnachrichtenstelle des Auswärtigen Amtes. Dieser Dienst wurde von der Großfunkstelle
  Nauen an die deutsche Botschaft in Washington gesendet, von
  wo er an die süd- und nordamerikanische sowie an die ost-
  asiatische Presse weitergeleitet wurde.

- Ein Pressedienst des »Wolffschen Telegraphen-Bureaus«, der
  von der Nachrichtenabteilung des Reichsmarineamtes überarbeitet und zweimal täglich über die Funkstelle Norddeich
  ausgestrahlt wurde.

- Ein weiterer Pressedienst des »Wolffschen Telegraphen-
  Bureaus«, der zuerst vom Reichsmarineamt, später dann vom
  Auswärtigen Amt überarbeitet wurde. Dieser Dienst wurde
  wiederum über Nauen ausgestrahlt und richtete sich in erster
  Linie an Empfänger in neutralen Staaten.

(Vgl. Die deutsche Telegraphie im Weltkrieg 1925, S.11; vgl.
auch Behrens 1986, S.140)

Bei diesem letztgenannten Dienst des »Wolffschen Telegraphen-Bureaus« wurde zum erstenmal die Besonderheit des Funkens, nämlich die sich kugelförmig ausbreitenden Wellen, also das »rund-funken«, ausgenutzt. Dieser Dienst richtete sich bewußt an eine große Anzahl von Empfängern und nicht - wie bis dahin üblich - an einen genau vorherbestimmten Empfänger (vgl. Behrens 1986, S.141). Hier liegt die Quelle des Begriffs Rundfunk auch in seiner publizistischen Bedeutung im Sinne von Massenkommunikation.

Nachzutragen bleibt, daß die Verantwortung für den Rundfunk von Beginn an beim Deutschen Reich lag. Bereits 1871 wurde die Fernmeldehoheit durch Artikel 48 der Reichsverfassung, dem sogenannten »Telegraphenregal«, dem Deutschen Reich zugeschrieben und durch das »Gesetz betreffend das Telegraphenwesen des Deutschen Reiches« vom 6. April 1892 nochmals bestärkt.

> »Das Recht, Telegraphenanlagen für die Vermittlung von Nachrichten zu errichten und zu betreiben, steht ausschließlich dem Reiche zu.« (Zit. nach Pohle 1955, S.29)

In der Novelle zum Telegraphengesetz vom 7. März 1908 (»Funkgesetznovelle«) wurde dieses staatliche Hoheitsrecht - das sich ursprünglich nur auf die Telegraphie mittels Leiter erstreckte - auch explizit auf den drahtlosen Funkverkehr, den Rundfunk, ausgeweitet. Das Deutsche Reich besaß demnach ab 1908 das alleinige Verfügungsrecht über die Sendeanlagen des Rundfunks. Ausführendes Organ dieses Lizenzrechtes war die Reichspost (vgl. Pohle 1955, S.30). Allerdings ging während des Ersten Weltkrieges das Recht der Lizenzvergabe für Funkanlagen vom Reichspostamt auf das Kriegsministerium über; das Reichspostamt hatte während dieser Zeit nur noch Amtshilfe zu leisten (vgl. Lerg 1965, S.42).

2.   Weimarer Republik

2.1   Die Anfangsphase (1919 bis 1922)

Nach Beendigung des Ersten Weltkrieges wurde 1919 die ehemalige zentrale Funkstelle der Armee in Königs Wusterhausen bei Berlin wieder von der Reichspost übernommen. Die deutsche Reichspost richtete daraufhin einen Funkverkehr zwischen Deutschland und dem europäischen Ausland sowie zwischen einzelnen deutschen Wirtschaftszentren ein (vgl. Flottau 1978, S.12). Gleichzeitig bemühte sich die Reichspost, vor allem der Ministerialdirektor und Leiter der Abteilung Funktelegraphie, Hans Bredow, bei Telefunken die Funkentwicklung voranzutreiben und auch die Presse für das neue Medium zu interessieren. Doch diese hatte bis dato die publizistische Bedeutung des neuen Mediums nicht erkannt. So errichtete die Post aus eigener Initiative Versuchsdienste mit dem Funkmedium, in dem sie ihre Sendeanlagen - zunächst kostenlos - »Programmanbietern« zur Verfügung stellte.[2] Die wichtigsten Veranstalter in der Pionierzeit des Rundfunks waren das »Wolffsche Telegraphen-Bureau« und der »Eildienst«. Weitere Anbieter von Pressediensten waren das »Hollandsch Nieuwsbureau« und die »Telegraphen-Union« (vgl. Stohl 1931, S.6f.). Das halbamtliche[3] »Wolffsche Telegraphen-Bureau« verbreitete seit 1919 mittels Funktelegraphie Berichte über die Verhandlungen der Nationalversammlung. Diese Berichte wurden an rund 80 Postämter verbreitet und den örtlichen Zeitungen über Fernsprecher oder Boten zugestellt (vgl. Bausch 1956, S.12). Der »Eildienst« war ein Funkdienst für die Verbreitung von Wirtschaftsnachrichten an die Handelskammern und Interessenten der deutschen Wirt-

---

[2] Wenngleich das deutsche Reich bzw. die Reichspost die alleinige Verfügungsgewalt über die Sendeanlagen hatte, so bedeutete dies jedoch nicht, daß die Reichspost die Sender auch wirklich allein betrieb. Vielmehr wurden die Sendeanlagen zugleich auch von privaten Gesellschaften genutzt.

[3] »halbamtlich«, da Preußen seit Ende des 19. Jahrhunderts Anteile am »Wolffschen Telegraphen-Bureau« besaß.

schaft. Ursprünglich von der Außenhandelsstelle des Auswärtigen Amtes eingerichtet, wurde der Eildienst am 13. Juli 1920 in die »Eildienst für amtliche und private Handelsnachrichten GmbH« überführt. Trotz der privaten Gesellschaftsform blieb die Eildienst GmbH de facto aber weiterhin unter staatlichem Einfluß, da die Geschäftsanteile in Reichsbesitz waren (vgl. Schütte 1971, S.13 und Lerg 1980, S.55). Die Meldungen der Eildienst GmbH mit einem Umfang von rund 2.000 Worten wurden ab Juli 1920 täglich an die Telegraphenämter von 26 deutschen und fünf ausländischen Städten übermittelt und von dort an die Bezieher weitergeleitet. Inhalt dieser Meldungen waren allgemeine Wirtschaftsnachrichten, insbesondere aber die ausländischen Börsenkurse.

> »Die bei der Eildienst G.m.b.H. einlaufenden Nachrichten wurden von ihr zweckentsprechend zusammengestellt, sodann, in den ersten Jahren ihrer Tätigkeit, beim Haupttelegraphenamt in Berlin eingeliefert, drahtlos nach Königs Wusterhausen befördert und von dort aus gefunkt. Und zwar wurden verbreitet Meldungen über die Mark, das englische Pfund und den französischen Franken von der New Yorker Börse, Devisenmeldungen von der Amsterdamer Börse, Devisennotierungen von London, Paris, Brüssel, Genf, Madrid und Rom, ferner Notierungen der wichtigsten Waren der Weltmärkte, wie Baumwolle, Metalle, Häute, Felle, Öle, Fette, Kaffee und Zucker.« (Stohl 1931, S.9)

Für die Beförderung dieser Nachrichten erhob die deutsche Reichspost die gesetzlichen Telegraphengebühren und eine Gebühr für die Vervielfältigung zur Verteilung der Nachrichten an die Bezieher am selben Ort. Da dieser funktelegraphische Dienst der Eildienst GmbH erstaunlich gut florierte (im Juni 1922 hatte die Eildienst GmbH bereits rund 400 Kunden in cirka 100 Orten) und die Versuchssendungen mit dem telephonischen Rundspruch mittlerweile sehr erfolgreich waren, wurde der funktelegraphische Dienst der Eildienst GmbH am 31. August 1922 eingestellt. Die Eildienst GmbH stellte auf »Funktelephonie« um und führte am 1. September den »Wirtschaftsrundspruch« ein, der drahtlos gesprochenes Wort verbreitete und damit den bisherigen funktelegraphischen Wirtschaftsdienst in vollem Umfang ersetzte (vgl. Schütte 1971, S.13f. und Stohl 1931 S.18f.). Damit waren die Weichen für den sich abzeichnenden Unterhaltungsrundfunk gestellt, ein regelmäßiger funktelephonischer Dienst war begründet.

Der Rundfunk in der Zeit zwischen 1919 und 1922 läßt sich in etwa mit einer Nachrichtenagentur vergleichen, die Informationen zusammenträgt und an einzelne Abnehmer zur Weiterverbreitung verteilt. Diese Abnehmer waren keine privaten Haushalte, sondern staatliche oder wirtschaftliche Institutionen und Organisationen, vor allem aber Zeitungsverlage. Also war dieser Rundfunk noch kein Medium der Massenkommunikation, denn er war nicht öffentlich, also nicht für jedermann zugänglich, ja auch nicht für ein breites Publikum bestimmt. Es handelte sich immer noch um drahtlose Telegraphie, also Zeichenfunk. Der für den Rundfunk im späteren Sinne unentbehrliche Sprechfunk - die drahtlose Telephonie - befand sich erst im Entwicklungsstadium. Die technischen Sendeanlagen waren im Besitz der Reichspost. Für den Inhalt waren andere, selbständige Organisationen verantwortlich, die »zumindest institutionell von der Reichspost unabhängig waren« (Flottau 1978, S.13). Da die Reichspost jedoch die alleinige Entscheidungsmacht über die Verteilung von Frequenzen besaß, war von Anfang an eine Einflußnahme auf die einzelnen Veranstalter grundsätzlich möglich, jedoch ohne Bedeutung, da die Funkdienste ohnehin in staatlicher Hand waren.

2.2   Die Entwicklung zum Massenmedium

Ab 1920 und insbesondere im Jahre 1922 zeichneten sich im Funkverkehr in den USA und auch in Großbritannien neue Entwicklungen ab. Am 2. November 1920 erhielt in Amerika in

Pittsburgh, Pennsylvania ein Ingenieur der Firma Westinghouse die erste Lizenz, regelmäßige Rundfunksendungen auszustrahlen. Diese erste Lizenz zog eine rasche Entwicklung nach sich: Bis zum Mai 1922 waren in Amerika bereits mehr als 200 Lizenzen für Rundfunkveranstalter erteilt worden. Am 14. Januar 1922 nahm auch in England das schon immer als Konkurrenz gefürchtete Unternehmen »Marconi's Wireless Telegraph Company Ltd.« in seine wöchentlichen Versuchssendungen Wort- und Musikübertragungen auf, die sich an die Mitglieder der Funkamateurvereine[4] richteten, so daß am 4. Mai 1922 in England die ersten Lizenzen in Aussicht gestellt werden konnten (vgl. Lerg 1965, S.122f. und Stohl 1931, S.93f.).

2.2.1   Erste Konzessionen

Die Entwicklungen in England und Amerika wurden von der deutschen Funkindustrie mit Interesse verfolgt. Um im internationalen Wettbewerb nicht ins Hintertreffen zu geraten, reichten am 16. Mai 1922 die beiden renommierten Unternehmen »Telefunken« und die »C. Lorenz AG« bei der Reichstelegraphenverwaltung einen Konzessionsantrag zur Errichtung und zum Betrieb von Sende- und Empfangsanlagen in mehreren Gebieten des Reiches ein. Der Empfang der Rundfunksendungen sollte für die Käufer der dazu benötigten Empfangsanlagen kostenlos sein. Der Antrieb zur Entwicklung dieses »öffentlichen Rundfunks« kam also nicht aus publizistischen, sondern aus wirtschaftlichen Überlegungen. Die Funkindustrie wollte den Geräteverkauf steigern (vgl. Pohle 1955, S.34 und Behrens 1986, S.163). Es dauerte nun nicht einmal eine Woche, dann wurde am 22. Mai 1922 ein weiteres Unternehmen gegründet, das ebenfalls einen Konzessionsantrag stellte. Dieses

---

[4] Funkamateurvereine spielten auch in Deutschland eine wichtige Rolle. Sie bereiteten den Weg für die Akzeptanz dieses neuen Mediums in der Gesellschaft.

Unternehmen, eine Tochtergesellschaft der Eildienst GmbH, war die »Deutsche Stunde, Gesellschaft für drahtlose Belehrung und Unterhaltung mbH«. Aufgabe der »Deutschen Stunde« sollte die

> »gemeinnützige Veranstaltung von öffentlichen Konzerten und Vorträgen, belehrenden, unterhaltenen sowie alle weitere Kreise der Bevölkerung interessierenden Darbietungen auf drahtlosem Wege im Deutschen Reiche (sein).« (Zit. nach Lerg 1965, S.125)

Für diesen geplanten Rundfunkdienst setzte sich bald die Bezeichnung »Zentralfunk« oder auch »Saalfunk« durch, da die Darbietungen - ähnlich wie beim Film - dem Publikum über große Lautsprecher in Kinos, Theatern, etc. vorgeführt werden sollten.

Diese beiden Konzessionsanträge wurden am 9. Juni 1922 im Reichspostministerium zum ersten Mal behandelt. Während der Antrag der »Deutschen Stunde« positiv beurteilt wurde, wurde der Antrag der Funkindustrie hingegen skeptisch betrachtet. Einer der Gründe für die skeptische Beurteilung des Antrags der Funkindustrie war, daß in dieser Konstellation das dritte bedeutende Funkunternehmen, die »F. Huth AG« nicht beteiligt war. Diesem Vorbehalt konnte begegnet werden. Gemeinsam mit der »F. Huth AG« gründeten die Firmen »Telefunken« und die »C. Lorenz AG« im November 1922 die »Rundfunk G.m.b.H«[5] und stellten einen neuen Konzessionsantrag. Nachdem auch dieser Konzessionsantrag wenig Erfolg zu haben schien, kam man mit der »Deutschen Stunde« überein, sich fortan keine Konkurrenz mehr zu machen und stattdessen das ganze Geschäft zu teilen: Die Deutsche Stunde sollte für das Programm sorgen, die Rundfunk-Gesellschaft die Sendeanlagen bauen und betreiben sowie Empfangsgeräte entwickeln und vertreiben. Kurz vor dem geplanten Sendestart des neuen Funkmediums,

---

5   Die »Rundfunk G.m.b.H.« wurde später wieder aufgelöst, als klar wurde, daß die Reichspost jeden Gerätehersteller zulassen würde, der die Bedingungen der Reichstelegraphenverwaltung erfüllte und zudem bereit war, die notwendigen Sender zu bauen und zu betreiben.

als die Konzessionsverträge bereits vorbereitet waren, schien das Reichsministerium des Innern die publizistische Bedeutung des Rundfunks zu erkennen. Vielleicht auch deshalb, weil sich in den ersten Monaten des Jahres 1922 das politische und soziale Leben in Deutschland radikalisierte. Höhepunkt dieser Radikalisierung war der politische Mord an Reichsaußenminister Walther Rathenau (24. Juni 1922). Kurz darauf, am 21. Juli 1922, wurde das »Gesetz zum Schutze der Republik« verkündet. Am 10. Mai 1923 gründete eine Gruppe von Persönlichkeiten aus den Koalitionsparteien (Sozialdemokratische Partei Deutschland, Zentrum, Deutsche Demokratische Partei, Deutsche Volkspartei) ein Unternehmen, das den Namen »Aktiengesellschaft für Buch und Presse« trug. Diese Gesellschaft erhielt aus dem »Fonds zum Schutze der Republik« finanzielle Zuwendungen. Als Gegenleistung mußte sie sich verpflichten

> »bei ihrer Geschäftsführung in erster Linie den auf die Vertiefung des Reichs- und republikanischen Staatsgedankens gerichteten Wünschen des Ministeriums zu entsprechen (sowie) zu jeder Zeit auf Erfordern einen genauen Überblick über die Geschäftsführung zu geben.« (Zit. nach Pohle 1955, S.36)

Über die stille Beteiligung an der »Aktiengesellschaft für Buch und Presse« drängte das Reichsministerium des Innern nun darauf, sich am geplanten Rundfunk zu beteiligen. Dieses Vorgehen mußte Bredows Widerspruch auslösen, denn dieser war immer der festen Überzeugung gewesen, »daß politische Betätigung den Zusammenbruch des Rundfunks bedeutet« (zit. nach Lerg 1965, S.145), da der Rundfunk dann zwangsläufig zum Instrument der Politik und damit zum Zankapfel der Parteien würde. Nachdem aber das Reichsministerium des Innern mit seinem Veto in allen weiteren rundfunkpolitischen Fragen drohte, also die geplante Konzessionierung der »Deutschen Stunde« in Frage stellte, blieb dem Reichspostministerium und auch der »Deutschen Stunde« nichts anderes übrig, als auf die Bedingungen des Reichsministeriums des Innern (RMI) einzugehen. Diese Bedingungen lauteten:

> »1. Eine entsprechende Konzession soll auch an eine Gesellschaft erteilt werden, bei der dem RMI die Möglichkeit gegeben ist, die Interessen seines Ressorts sicherzustellen.
>
> 2. Die Reichspost soll die 'Deutsche Stunde' zwingen, sich mit der neuen Gesellschaft durch einen Vertrag zu verständigen.
>
> 3. Die vom RMI zu benennende Gesellschaft soll für die Verbreitung von politischen Nachrichten ein Monopol erhalten.« (Zit. nach Bausch 1956, S.23)

Am 12. Oktober 1923 schlossen die »Aktiengesellschaft für Buch und Presse« und die Deutsche Stunde einen Durchführungsvertrag ab, der die Aufgabenverteilung des ersten öffentlichen Rundfunkprogramms in Deutschland regelte. Die Aktiengesellschaft für Buch und Presse - ab dem 16. Oktober 1923 nannte sie sich »Drahtloser Dienst. Aktiengesellschaft für Buch und Presse«, später kurz: »DRADAG« - übernahm die Herstellung und Verbreitung der Tagesnachrichten und der Darbietungen politischen Inhalts. Die »Deutsche Stunde, Gesellschaft für drahtlose Belehrung und Unterhaltung«, hingegen übernahm den auf Unterhaltung und Bildung angelegten Programmteil mit Darbietungen belehrender, musikalischer sowie literarischer Art (vgl. Lerg 1965, S.154). Der Konzessionsvertrag verpflichtete die beiden Programmgesellschaften nicht dazu, das Programm auch selbst zu produzieren, vielmehr konnten diese die Ausführung des Vertrages auch einer anderen, der Post genehmen, Gesellschaft übertragen. Dies geschah dann später auch. Doch das erste offizielle Hörfunkprogramm, das am 29. Oktober 1923 in der Zeit von 20 Uhr bis 21 Uhr ausgestrahlt wurde, hatte die Deutsche Stunde bereitgestellt. Die eigentlich zuständige Programmgesellschaft, die Berliner Programmgesellschaft »Radiostunde AG«, gründeten die Initiatoren erst später. Die erste Nummer im regelmäßigen Programm des Rundfunks in Deutschland war das Cellosolo mit Klavierbegleitung »Andantino von Kreisler«, gespielt von Kapellmeister Otto Urack (vgl. Dahl 1983, S.28).

2.2.2 Regionale Rundfunkgesellschaften

In der Zwischenzeit hatten sich auch regionale Rundfunkge-sellschaften gegründet, die zu Anfang vor allem die Funktion hatten, als »Verstärker« für das vom Berliner Zentralsender Königs Wusterhausen gelieferte Programm zu dienen. Die Sendeleistung reichte nicht aus, um von einem zentralen Sender aus das ganze Reichsgebiet zu versorgen. Damit erweist sich die damals begründete »föderale« Rundfunkstruktur nicht als ein Produkt föderaler Tugend, sie ergab sich vielmehr aus technischen Notwendigkeiten (vgl. Bausch 1956, S.17 und Behrens 1986, S.164f.).

Die Gründer der regionalen Sendegesellschaften waren nach einer Bestimmung des Reichspostministeriums verpflichtet, 51 Prozent der Aktienanteile sowie drei Aufsichtsratssitze an das Reichspostministerium, vertreten durch Heinrich Gieseke, an das Reichsinnenministerium (bzw. die »DRADAG«), vertreten durch den Landtagsabgeordneten Ernst Heilmann als alleinigen Vorstand der DRADAG, und an die Deutsche Stunde, vertreten durch Ernst Ludwig Voss, abzugeben.

> »Das 'Triumvirat' Gieseke, Heilmann und Voss erhielt in den Bezirksgesellschaften selbstverständlich die gewünschten Aufsichtsratssitze, ausgenommen in Stuttgart und München.« (Lerg 1980, S.151)

Im Detail sahen die Beteiligungsverhältnisse bei den Regionalgesellschaften bis 1925 wie folgt aus:

- 17 Prozent gehen an die Deutsche Stunde, davon wiederum halten
  - ◆ 50 Prozent Ernst Ludwig Voss und
  - ◆ 50 Prozent Ludwig Roselius.

- 17 Prozent gehen an die »Drahtlose Dienst AG«, davon wiederum halten
  - ◆ 51 Prozent das Reichsministerium des Innern und
  - ◆ 49 Prozent der Reichsverband der Deutschen Presse.

- 17 Prozent gehen an die Reichspost.
- 49 Prozent, also der verbleibende Rest, bleibt bei den örtlichen Rundfunkgesellschaften.

(Vgl. Lerg 1965, S.240)

Dabei war der Anteil der Reichspost mit dreifachem Stimmrecht ausgestattet (vgl. Dahl 1983, S.35). Ferner ist anzumerken, daß die einzelnen Regionalgesellschaften insbesondere im Bereich der politischen Berichterstattung von der DRADAG abhängig waren, welche als offizielle Nachrichtenagentur fungierte. Ingo Fessmann beschreibt die Situation:

> »Die Programmunternehmen entstanden (...) als privatrechtlich organisierte, nach privatwirtschaftlichen Grundsätzen arbeitende Handelsgesellschaften. Tatsächlich indessen ist diese formale Separation des Rundfunkbetriebes aus der Staatsverwaltung gleichsam verkappt dadurch wieder aufgehoben gewesen, daß der Konzessionszwang bestand. Er gab der Reichspost die Möglichkeit, staatliche Einflußnahme und Überwachung sogar nachdrücklich und unmittelbar zu statuieren und zu verankern. So ist es der Post mit Hilfe dieser Konstruktion gelungen, daß ihr mehrere der Sendegesellschaften schon bei der Gründung kostenlos Kapitalanteils-Stimmrechte einräumten. Vor allem aber, die Post hat hierüber zu bewirken vermocht, daß der Kernbereich der Rundfunkveranstaltung, die Programmgestaltung, d.h. die inhaltliche Ausrichtung der Sendungen, von Anfang an direkter behördlicher Aufsicht unterstand. Die Rundfunkgesellschaften haben sich nämlich verpflichten müssen, sowohl den politischen Nachrichtenteil als auch die kulturellen Sendungen von Organisationen herstellen bzw. betreuen zu lassen, welche von der DRP (Deutsche Reichspost, d. Verf.) und vom RMI (Reichsministerium des Inneren, d. Verf.) beherrscht wurden.« (Fessmann 1973, S.25f.)

Die Regionalgesellschaften:[6]

- Die »Deutsche Stunde in Bayern GmbH«, gegründet am 18. September 1922. Programmstart am 30. März 1924. Besonder-

---

6   Vgl. insb. Lerg 1980; Schütte 1971 und Dahl 1983.

heit: In Bayern kam es nicht zur Zusammenarbeit mit der »Nachrichtenagentur« DRADAG. Die Programme mußten deshalb vor der Ausstrahlung dem bayerischen Innenministerium sowie der Reichspost vorgelegt werden. Zusätzlich zum Programmdienst verkaufte und vermietete die Gesellschaft Empfangsgeräte an Privatpersonen (vgl. Lerg 1980, S.167f.).

- Die »Südwestdeutsche Rundfunkdienst AG (SWR)«, gegründet am 7. Dezember 1923 u.a. von den Mitgliedern des »Deutschen Radio-Clubs«. Programmstart am 1. April 1924.

- Die »Funkstunde AG«, als »Radio-Stunde AG« am 10. Dezember 1923 in Berlin gegründet (unter maßgeblicher Beteiligung der »Vox-Schallplatten- und Sprechmaschinen AG«), wurde am 29. März 1924 in »Funkstunde AG« umbenannt. Progammstart am 29. Oktober 1923. (Erster regelmäßiger öffentlicher Sendedienst in Deutschland.)[7]

- Die »Ostmarken-Rundfunk AG (Orag)«, gegründet am 2. Januar 1924 in Königsberg (in Ostpreußen). Programmstart am 14. Juni 1924. Besonderheit: Sie konnte sich nur schwer im Markt durchsetzen und war deshalb auf Unterstützungsgelder angewiesen.

- Die »Norddeutsche Rundfunk AG (Norag)«, gegründet am 16. Januar 1924 von Kaufleuten in Hamburg. Programmstart am 2. Mai 1924.

- Die »Mitteldeutsche Rundfunk AG (Mirag)«, gegründet am 22. Januar 1924 unter Beteiligung eines Verlages und der Direktoren der Leipziger Messe. Programmstart am 2. März 1924 zu Beginn der Leipziger Frühjahrsmesse.

- Die »Süddeutsche Rundfunk AG (Sürag)«, gegründet am 3. März 1924 in Stuttgart. Programmstart am 11. Mai 1924. Besonderheit: Die Aktionäre verweigerten der Reichspost die Beteili-

---

[7] Ehe die »Radio-Stunde AG« gegründet wurde, hatten die Initiatoren bereits den regelmäßigen Programmdienst aufgenommen. Für sie trat einstweilen die »Deutsche Stunde« als Programmgesellschaft auf.

gung, um den Einfluß der Reichshauptstadt abzuwehren. Die Anteile übernahm schließlich die Oberpostdirektion Stuttgart.

- Die »Schlesische Funkstunde AG«, gegründet am 4. April 1924 in Breslau (unter den Gesellschaftern, meist Fabrikanten, waren auch der Breslauer Ordinarius für Physik und der örtliche Orchesterverein). Programmstart am 26. Mai 1924.

- Die »Westdeutsche Rundfunk AG (Werag)« als »Westdeutsche Funkstunde AG«, am 15. September 1924 in Münster unter Beteiligung der »Deutschen Bank AG« gegründet. Besonderheit: Wegen der Besetzung des Rheinlandes konnte diese Gesellschaft nicht in Köln gegründet und betrieben werden. Nach Abzug der Franzosen im Herbst 1926 wurde der Sitz nach Köln verlegt und die Gesellschaft umbenannt. Programmstart am 10. Oktober 1926.

Die Aufstellung zeigt: Bei der Gründung der Regionalgesellschaften deuten sich zwar länderspezifische Besonderheiten an, sie konnten sich jedoch auf Dauer nicht durchsetzen, denn der Einfluß der Reichspost und des Innenministeriums war zu groß. Sie zeigt aber auch, daß verschiedenste Gruppen, Organisationen und Unternehmen, ja sogar Einzelpersonen, eine Beteiligung am Rundfunk suchten und dies zumindest als Kapitalgeber realisierten.

2.2.3 Die »Deutsche Welle«

Kurz vor dem Sendestart der letzten Regionalgesellschaft, wurde am 29. August 1924, die »Deutsche Welle« gegründet. Die »Deutsche Welle GmbH« war von Ernst Ludwig Voss als Gemeinschaftseinrichtung aller Regionalgesellschaften konzipiert und mit einem Stammkapital von 100.000 Mark ausgestattet. Die Sendungen der Deutschen Welle wurden über den sogenannten Deutschlandsender in Königs Wusterhausen verbreitet. Ziel der Deutschen Welle war es, den

»Unterhaltungsrundfunk auszubauen und ihn als Volksbildungs-
mittel ersten Ranges der ganzen Nation zugänglich zu machen. (...)
Das Vorgehen der Deutschen Welle ist getragen von sozialem Geist.
Die Deutsche Welle will das Volk in Stadt und Land wirtschaftlich
fördern und will mit Hilfe der besten Kräfte, der tüchtigsten Köpfe,
edelste Volksbildungsarbeit leisten.« (Voss, Ernst Ludwig: Der Ge-
meinde-Rundfunk (Deutsche Welle). Berlin, im November 1924, S.1.
Privatarchiv Dr. Kurt Wagenführ, Gauting; zit. n. Lerg 1980, S.171ff.)

»Im Laufe der Zeit hat die Deutsche Welle ihr Programm wesentlich
erweitert. Sie knüpft dabei an die Berufstätigkeit ihrer Hörer an und
gibt ihnen von dieser Grundlage aus die Möglichkeit der Fortbildung
und Belehrung (Volkswirtschaftsfunk, Juristenfunk, Beamtenfunk,
Landwirtschaftsfunk, Arbeiterfunk, Technischer Funk, Kaufmänni-
scher Funk, Ärztefunk, Zahnärztefunk, Tierärztefunk). Sodann berücksichtigt sie das Alter ihrer Zuhörer (Unterhaltungsstunde für
Kinder) und schließlich auch das Geschlecht (Stunde der Hausfrau
und Mutter). Darüber hinaus aber behandelt sie auch in Anlehnung
an die Erfordernisse fachlicher Fortbildung Fragen aus den verschiedensten Wissensgebieten der Geistes- und Naturwissenschaften und
auch der sogenannten schönen Wissenschaften.« (Stohl 1931, S.110)

Am 21. Februar 1927 übernahm das Land Preußen 30 Prozent
der Stammanteile der Deutschen Welle, die übrigen 70 Prozent
waren schon 1925 auf die Reichs-Rundfunk-Gesellschaft übertragen worden (vgl. Lerg 1965, S.175f. und S.304ff.).

2.3   Die Erste Rundfunkreform von 1926

Sehr bald nach der Programmaufnahme durch die Regionalgesellschaften strebte die Reichspost eine grundlegende Neuregelung des Rundfunkwesens an. Ziel dieser Neuregelung war
eine stärkere politische Einflußnahme auf den Rundfunk; dies
auch deshalb, weil sich in einzelnen Sendegesellschaften durchaus eigenständige Bestrebungen abzeichneten. Diese Bestrebungen sowie die föderalistische Organisation allgemein brächten -
so Hans Bredow - die Gefahr mit sich,

»daß der ursprüngliche Gedanke, einen einheitlichen deutschen Rundfunk zu schaffen, allmählich verloren (gehe). Eine vernünftige 'zentralisierte Dezentralisation' durch Zusammenfassung der einzelnen Bezirkssender (...) würde daher den größten Nutzen bringen können.« (Bredow, zit. nach Lerg 1980, S.195)

Des weiteren sollte verhindert werden, daß die DRADAG und die Deutsche Stunde, die mittlerweile durch einen Konsortialvertrag (vom 24. September 1924) mit der DRADAG verbunden war, die wirtschaftliche Oberhand im Rundfunk erhielten (vgl. Lerg 1980, S.247).

Die Reichs-Rundfunk-Gesellschaft. Das Ziel der Deutschen Reichspost, sich stärkere wirtschaftliche und politische Einflußnahme auf Dauer zu sichern, sollte durch einen Ausführungsvertrag zwischen den Regionalgesellschaften in den Ländern und der Deutschen Reichspost sichergestellt werden. Darin verpflichteten sich die Regionalgesellschaften, eine gemeinnützige »Reichs-Rundfunk-Gesellschaft« zu gründen. Also wurde auf Betreiben der Post die Reichs-Rundfunk-Gesellschaft am 5. Mai 1925 von zunächst fünf Regionalgesellschaften gegründet, nämlich von der »Mitteldeutschen Rundfunk AG« (Leipzig), der »Nordischen Rundfunk AG« (Hamburg), der Schlesischen Funkstunde (Breslau), der »Südwestdeutschen Rundfunkdienst AG« (Frankfurt am Main) sowie der »Ostmarken-Rundfunk AG« (Königsberg). Auch die restlichen Rundfunkgesellschaften - mit Ausnahme Bayerns[8] - schlossen sich wenig später dieser

---

[8] Die Münchner Gesellschaft arbeitete mit der »Reichs-Rundfunk-Gesellschaft« zwar bei gemeinschaftlichen Aufgaben zusammen, verweigerte jedoch vorerst den Beitritt. Für die »Deutsche Stunde« in Bayern wurde daraufhin folgende Regelung getroffen: Ernst Ludwig Voss erhielt die Zustimmung der Post, »sein Stimmrecht in dieser Gesellschaft in der Weise auszuüben, daß seine 40 Prozent Geschäftsanteile der Münchner Postabteilung übertragen wurden. Die Privatgesellschafter der Münchner Rundfunkgesellschaft fügten freiwillig zusammen noch 11 Prozent hinzu; von diesem 51 prozentigen Anteil erhielt die bayerische Regierung eine Minderheitsbeteiligung von 25 Prozent übertragen.« (Lerg 1980, S.202)

»Reichs-Rundfunk-Gesellschaft (RRG)« an. Ihre wichtigsten Aufgaben waren:

»(a) zentrale Leitung und Überwachung der Rundfunkgesellschaften auf wirtschaftliche Betriebsführung;

(b) Verwaltung der von den Gesellschaften erzielten, an die RRG abzuführenden Überschüsse sowie Finanzausgleich zwischen den einzelnen Rundfunkgesellschaften;

(c) zentrale Regelung der Finanz-, Steuer-, Rechts- und Tarifangelegenheiten;

(d) Vertretung (der Rundfunkgesellschaften) gegenüber den Nachrichtenorganisationen und der Presse sowie den am Rundfunk beteiligten Reichs- und Länderbehörden, soweit dafür nicht unmittelbar das RPM (Reichspostministerium; d. Verf.) zuständig war;

(e) außerdem allgemeine Überwachung der Rundfunkgesellschaften auf Innehaltung des Grundsatzes der politischen Überparteilichkeit; und schließlich

(f) Verfolgung der grundsätzlichen Beschwerden über die Programmgestaltung, soweit nicht die politischen Überwachungsausschüsse oder die Kulturbeiräte zuständig waren.«

(Fessmann 1973, S.67; vgl. hierzu auch Pohle 1955, S.49f. und insbesondere Stohl 1931, S.115f.)

Zum Geschäftsführer der Reichs-Rundfunk-Gesellschaft wurde der Wirtschaftsjurist Kurt Magnus ernannt, zum zweiten Geschäftsführer der Ministerialrat aus dem Reichspostministerium, Heinrich Giesecke (vgl. Lerg 1980, S.252ff.).

Entsprechend dem Ausführungsvertrag mußten sich die Regionalgesellschaften verpflichten, 51 Prozent ihrer Aktien abzutreten, wovon 17 Prozent für die Deutsche Reichspost bestimmt waren und die übrigen Anteile für »etwaige Ansprüche sonstiger Stellen« bereitzuhalten waren. Die Reichspost räumte sich zugleich auch eine Option auf diese restlichen 34 Prozent ein und sicherte sich in diesem Vertrag von Anfang an 51 Prozent der Stimmrechtsanteile in den Regionalgesellschaften. Die Stimmrechte und die 51 Prozent Anteile wurden auf die Reichs-Rundfunk-Gesellschaft übertragen, die sich verpflichten mußte, dieses Stimmrecht nur »nach vorheriger Zustimmung der Deutschen Reichspost« auszuüben. Ferner verpflichteten sich die Regionalgesellschaften, den über zehn Prozent hinausgehenden Reingewinn an die von ihnen gegründete Reichs-Rundfunk-Gesellschaft abzuführen. Sie stellten außerdem sicher, daß im Aufsichtsrat jeder Regionalgesellschaft ein Vertreter der RRG als stellvertretender Vorsitzender bestellt wird, der mit dem Aufsichtsratvorsitzenden die laufende Geschäftsführung der Regionalgesellschaft zu überwachen hatte. Gleichzeitig mußten sich die Regionalgesellschaften verpflichten, 51 Prozent ihrer Anteile an der RRG an die Reichspost zu übertragen. Damit hatte die Deutsche Reichspost de facto das alleinige Sagen in rundfunkpolitischen Entscheidungen und dies sowohl innerhalb der Reichs-Rundfunk-Gesellschaft als auch in den regionalen Rundfunkgesellschaften, da dort die Treuhänderin, die RRG, nur mit Zustimmung der Reichspost entscheiden konnte.[9] Mit der Reichs-Rundfunk-Gesellschaft hatte sich die Deutsche Reichspost ein Zentralverwaltungsorgan für den deutschen Rundfunk geschaffen. Obgleich formal privatrechtlich organisiert, waren die Rundfunkgesellschaften durch die verschachtelten Kapital- und Stimmrechtsanteile letztlich in den staatlichen Verwaltungsbereich integriert worden.

---

[9] In Bayern hielten immer noch die Abteilung München des Reichspostministeriums und die Bayerische Regierung 51 Prozent - und damit die Mehrheit - der Anteile an der »Deutsche Stunde in Bayern GmbH«. Wenngleich diese Münchner Rundfunkgesellschaft der Reichs-Rundfunk-Gesellschaft noch nicht beigetreten war, so arbeitete sie dennoch mit ihr zusammen und beteiligte sich an der Durchführung gemeinsamer Aufgaben. Am 1. Januar 1931 wurde die »Deutsche Stunde in Bayern« umbenannt und führte fortan den Namen »Bayerischer Rundfunk GmbH«. Infolge des stetig wachsenden Kostendrucks sah sich die »Bayerischer Rundfunk GmbH« später dennoch genötigt, der Reichs-Rundfunk-Gesellschaft beizutreten. Dies geschah allerdings erst am 1. April 1931 (vgl. Lerg 1980, S.345f.).

Das Interesse der Landesregierungen. Doch auch die Landes-regierungen wollten in der Frage des Rundfunks mitsprechen. Das schien insofern berechtigt, als im Rundfunk von vornherein die kulturelle Seite in den Vordergrund gestellt worden war - wenngleich dies auch aus dem Zwang der Unparteilichkeit her-aus geschehen war (vgl. Hesse 1990, S.2). Allen voran verlang-ten die Länder Württemberg, Bayern und später auch Preußen ein Mitspracherecht, insbesondere im Bereich der Pro-grammüberwachung. Das Reichsinnenministerium (RMI) gab diesem Drängen insofern Raum, als der damalige Innenminister Martin Schiele am 14. Mai 1925 dem preußischen Ministerpräsi-denten Otto Braun eine Mitwirkung der Länder in Aussicht stellte. Er schrieb:

»Es lag von vornherein in der Absicht der Reichsregierung, die Länder bei der endgültigen Regelung der Verbreitung von politischen, kultu-rellen und wirtschaftlichen Nachrichten durch den Rundfunk zu be-teiligen und ihnen durch die zu treffende Regelung an der Kontrolle des Rundfunkdienstes ein weitgehendes Mitwirkungsrecht zu sichern. Die von der Reichsregierung bisher geleisteten Vorarbeiten bewegen sich durchaus in dieser Richtung.« (Zit. nach Lerg 1980, S.226)

Doch zu einer Regelung kam es vorerst nicht.

Der »Rundfunk-Kommissar«. Die Deutsche Reichspost trieb die Neuordnung weiter voran und ordnete der Reichs-Rundfunk-Gesellschaft am 1. Juni 1926 einen »Rundfunk-Kommissar des Reichspostministers« zu, der zugleich den Vorsitz im Verwal-tungsrat übernahm. Dieser Rundfunk-Kommissar war Hans Bre-dow, der gleichzeitig seine sonstigen Aufgaben im Reichspostmi-nisterium niederlegte. Aufgabe des Rundfunk-Kommissars war es,

»(...) die Belange der Deutschen Reichspost in der Reichs-Rundfunk-Gesellschaft nachdrücklich zu vertreten und dafür zu sorgen, daß der Einfluß der Reichs-Rundfunk-Gesellschaft in den angeschlosse-nen Rundfunkgesellschaften im Sinne der Deutschen Reichspost ausgeübt wird. Er hat darüber zu wachen, daß die Reichs-Rund-funk-Gesellschaft und die Rundfunkgesellschaften ihren Verpflichtungen gegenüber der Deutschen Reichspost nachkommen und die Belange der Rundfunkteilnehmer wahrnehmen.

Der Rundfunk-Kommissar führt den Vorsitz im Verwaltungsrat der Reichs-Rundfunk-Gesellschaft und überwacht die laufende Geschäftsführung der R.R.G. und der ihr angeschlossenen Rundfunkgesellschaften.« (Stohl 1931, S.115f.)

Die »DRADAG« als offizielle Nachrichtenstelle. Neben der Kontrolle des Rundfunks durch die Reichs-Rundfunk-Gesellschaft wurde die politische Einflußnahme durch eine Reihe weiterer Maßnahmen ausgeweitet. Bereits am 24. Juli 1926 fand die Umformung der DRADAG zur offiziellen Nachrichtenstelle des Reichsministeriums des Innern (RMI) statt, deren Arbeit durch genaue Richtlinien festgelegt war. Zu diesen Richtlinien gehörten fortan unter anderem:

»Die Tätigkeit der Nachrichtenstelle wird durch die Richtlinien bestimmt, die für den Nachrichten- und Vortragsdienst der Sendegesellschaften gelten und in Zukunft etwa noch erlassen werden. Oberster Grundsatz muß die Wahrung strenger Überparteilichkeit sein. Er ist in gleicher Weise bei der Auswahl des Personals der Nachrichtenstelle, bei der Heranziehung des Nachrichtenmaterials und bei der Zusammenstellung der Nachrichten für die Sendegesellschaften zu beachten.

Die Redaktion der Nachrichtenstelle hat sich bei Ausübung ihrer Tätigkeit in enger Fühlung mit der Presseabteilung der Reichsregierung zu halten.

Die Nachrichtenstelle hat Auflagen-Nachrichten, die ihr von amtlichen noch näher zu bezeichnenden Stellen als solche zugehen, unverzüglich, unverkürzt und unverändert an die Sendegesellschaften weiterzugeben.« (Zit. nach Lerg 1980, S.264f., vgl. auch Bredow 1956, S.77)

Die einzelnen Rundfunkgesellschaften wurden erneut verpflichtet, nur solche politischen Nachrichten zu verbreiten, welche ihnen von der DRADAG zugeleitet wurden. Wirtschaftsnachrichten hingegen lieferte die Eildienst GmbH. Lediglich nichtpolitische Nachrichten durften die Sendegesellschaften in eigener Verantwortung recherchieren und senden (vgl. Pohle 1955, S.56f.).

Überwachungsausschüsse und Kulturbeiräte. Zudem wurden in den einzelnen Rundfunkgesellschaften zur Überwachung der Programme Überwachungsausschüsse und Kulturbeiräte als Kontrollorgane geschaffen. Aufgabe der Überwachungsausschüsse war es, die Rundfunkgesellschaften im Hinblick auf die von ihnen verbreiteten politischen Inhalte zu kontrollieren. Die Kontrolle wurde sowohl in Form der Vor- als auch in Form der Nachzensur ausgeübt. Der Kontrolle der Überwachungsausschüsse waren alle Programme unterstellt, die nichts mit Kunst, Wissenschaft oder Volksbildung zu tun hatten. Da daraus kein trennscharfes Kriterium erwächst, kam es insbesondere im Bereich der Literatur immer wieder zu Überschneidungen. »Politikverdächtige« Beiträge aus diesen Sparten wurden im Lauf der Jahre immer häufiger in den Überwachungsausschüssen behandelt (vgl. Lerg 1980, S.376ff.). Was die Zusammensetzung der Überwachungsausschüsse betrifft, so bestanden diese in der Regel aus drei Mitgliedern, von welchen eines vom Reichsministerium des Inneren, die beiden anderen von den jeweiligen Landesregierungen benannt wurden.

Mitglieder der Kulturbeiräte waren zumeist Persönlichkeiten aus dem politischen Leben; sie wurden von den Landesregierungen im Einvernehmen mit dem Reichsinnenministerium ernannt. Sie setzten sich aus mindestens drei, höchstens sieben Mitgliedern zusammen. Daneben durften die Reichs- und die jeweilige Landesregierung zu den Sitzungen des Beirates je einen Vertreter entsenden, der die gleichen Rechte wie die übrigen Mitglieder besaß (vgl. Schütte 1970, S.98ff.). Aufgabe der Kulturbeiräte war die Beratung und Überwachung der Rundfunkgesellschaften auf dem kulturellen Gebiet, also auf den Gebieten der Kunst, der Wissenschaft und der Volksbildung. Die Zensurmaßnahmen des Kulturbeirats waren im Gegensatz zu jenen des Überwachungsausschusses in der Regel nicht so deutlich ausgeprägt, wie dies die formalen Regelungen vermuten lassen. Lerg bringt die Funktion der beiden Kontrollorgane sehr pointiert auf einen Nenner, wenn er sagt:

> »Der Überwachungsausschuß war der Wachhund, der Kulturbeirat (...) der Schoßhund der Rundfunkgesellschaften.« (Lerg 1980, S.404f.)

Das Ergebnis. Am 3. Dezember 1926 wurde das Ergebnis dieser Ersten Rundfunkreform in der Reichstagsdrucksache Nr. 2776 unter dem Titel »Richtlinien über die Regelung des Rundfunks« veröffentlicht. Betrachtet man alle diese Entwicklungen im Zusammenhang, so war der Rundfunk der Weimarer Republik nach der Ersten Rundfunkreform von 1926 zwar kein unmittelbar staatlich gelenktes, wohl aber ein mittelbar von der Regierung betreutes Organ. Trotz der neun verschiedenen Regionalgesellschaften, an welchen nach wie vor Privataktionäre beteiligt waren, gab es eine starke zentralistische Kontrolle, sowohl in den Bereichen der Technik und Wirtschaft als auch im Programmbereich.

Mit der Reichs-Rundfunk-Gesellschaft war eine Dachorganisation für den Rundfunk geschaffen, die der Exekutive ein vorzügliches Instrument der Lenkung und Kontrolle an die Hand gab. Auch die Länder haben von der Rundfunkneuordnung von 1926 durchaus profitiert. Obgleich ihnen die angestrebten wirtschaftlichen Beteiligungen an den Regionalgesellschaften zumeist verwehrt blieben, erhielten sie immerhin das Recht, Vertreter in die diversen Kontrollorgane zu entsenden (vgl. Lerg 1980, S.236ff.).

2.4   Die Zweite Rundfunkreform von 1932

Der politische Streit um die Organisation des Rundfunks konnte mit der Rundfunkordnung von 1926 nicht auf lange Zeit geschlichtet werden. Sehr bald entwickelten sich erneut Bestrebungen der Politiker und des Reichsinnenministeriums, mehr Einfluß auf den Rundfunk zu bekommen, die schließlich in der zweiten Rundfunkordnung von 1932 gipfelten (vgl. ausführlich: Pohle 1955, Kap. V-IX).

Wenn der Rundfunk in der Weimarer Republik bereits nach 1926 als in seiner Freiheit stark eingeschränkt betrachtet werden kann, so war dieser im Vergleich zur Situation nach der Rundfunkreform von 1932 nachgerade liberal. Maßgeblich beteiligt an den neuerlichen rundfunkpolitischen Veränderungen war der Rundfunkreferent im Reichsministerium des Innern, Ministerialrat Erich Scholz, der 1932 von der Deutschnationalen Volkspartei (DNVP) in die Nationalsozialistische Deutsche Arbeiterpartei (NSDAP) übertrat. Die Aufgaben des deutschen Rundfunks sah Scholz wie folgt:

»Für den Rundfunk (...) kann und darf es nur eine Losung geben: Nicht das Interesse dieser oder jener Partei, sondern das der Staatspolitik gibt in allen Fällen den Ausschlag.« (Rundfunkansprache des Ministerialrates Erich Scholz vom Reichsministerium des Inneren am 28. Juli 1932; auszugsweise abgedruckt in: Bausch 1956, S.210ff.)

Als erste Maßnahme wurde am 11. Juni 1932 allen Parteien - mit Ausnahme der Kommunistischen Partei Deutschlands (KPD) - die Rundfunkwerbung für die Reichstagswahl am 31. Juli 1932 gestattet. Am gleichen Tag wurde noch eine weitere Entscheidung getroffen, welche der Regierung mehr Präsenz im Rundfunk ermöglichte. Ein Erlaß für die »Stunde der Reichsregierung« ging an den Rundfunk-Kommissar und an die Reichsvertreter in den Überwachungsausschüssen. Zweck der »Stunde der Reichsregierung« sollte es sein,

»(...) der Reichsregierung Gelegenheit zu geben, ihre Auffassung und Tätigkeit frei von Parteipolitik jederzeit mittels Rundfunk der breiten Öffentlichkeit näherzubringen.« (Schreiben des Reichsministerium des Inneren an die Reichsvertreter in den Überwachungsausschüssen der Rundfunkgesellschaften vom 11.6.1932, zit. nach Schütte 1971, S.112)

Alle Regionalgesellschaften mußten dieses, von der DRADAG produzierte und vom »Deutschlandsender« verbreitete Programm übernehmen. Am 15. Juni 1932 war die »Stunde der Reichsregierung« zum ersten Mal zu hören, am Mikrophon

Reichsinnenminister Wilhelm von Gayl (vgl. Lerg 1980, S.449).

Am 27. Juli 1932 wurden die neuen Leitsätze zur Rundfunkordnung verabschiedet und am 29. Juli veröffentlicht. Hauptsächliches Anliegen war die weitere Zentralisierung des Rundfunks mit dem Ziel, den Rundfunk für die Interessen der Reichsregierung nutzbar zu machen. Im einzelnen wurden folgende Maßnahmen getroffen:

- Alle privaten Anteilseigner mußten aus den regionalen Rundfunkgesellschaften ausscheiden. Der Rundfunk sollte fortan ausschließlich dem Reich und den Ländern gemeinsam gehören, das heißt 51 Prozent der Anteile an den Regionalgesellschaften gehörten weiterhin der Reichs-Rundfunk-Gesellschaft, die verbleibenden 49 Prozent gingen an die jeweiligen Länder.

- Für das politische und kulturelle Programm wurden im Einvernehmen mit den zuständigen Reichsratsausschüssen neue Richtlinien aufgestellt.

- Die RRG wurde als Dachgesellschaft der örtlichen Rundfunkgesellschaften das zentrale Betriebsunternehmen; sie war als gemeinnützige GmbH organisiert. Ihre Geschäftsanteile gehörten zu 51 Prozent der Reichspost, und zu 49 Prozent den Ländern.

- Zusätzlich zum Rundfunk-Kommissar der Reichspost wurde ein zweiter Rundfunk-Kommissar des Innenministeriums berufen. Der Rundfunk-Kommissar des Reichspostministers war fortan nur mehr für Fragen der Organisation, der Wirtschaft und der Technik zuständig, während zum Aufgabengebiet des Rundfunk-Kommissars des Reichsinnenministeriums alle programmlichen Belange zählten (Rundfunk-Kommissar des Innenministeriums wurde Erich Scholz).

- Die staatliche Exekutive bei der Reichs-Rundfunk-Gesellschaft repräsentierten fortan zwei Gremien, ein Verwaltungsrat und ein Programmbeirat. Der Verwaltungsrat stand unter dem Vorsitz des Rundfunk-Kommissars des Reichspostministeriums.

Ihm gehörten zwei Reichskommissare an sowie je drei Mitglieder, die vom Reichsinnenminister und vom Reichspostminister
bestimmt wurden, ferner sieben Mitglieder, welche von den
Ländern gestellt wurden, und zwar zwei von Preußen und je
eines von Bayern, Sachsen, Württemberg, Baden und Hamburg.
Der Programmbeirat dagegen sta d unter dem Vorsitz des
Rundfunk-Kommissars des Reichsministerium des Inneren, der
alle 15 Mitglieder aus dem ganzen Reichsgebiet berief.

- Auch bei den einzelnen Rundfunkgesellschaften gab es eine
neue staatliche Exekutive, die durch drei Gremien bzw. Organe
vertreten wurde (die Kulturbeiräte und Überwachungsausschüsse wurden abberufen). Jeder Anstalt wurde ein Staats-
kommissar zugeordnet, der vom Reichsinnenminister und den
zuständigen Ländern ernannt wurde, des weiteren ein Ausschuß von Regierungsvertretern der zuständigen Länder. Hinzu kam ein Programmbeirat, dessen höchstens elf Mitglieder
wiederum vom Reichsinnenminister und den zuständigen
Ländern ernannt wurden. Die Programmbeiräte setzten sich im
wesentlichen aus drei Personengruppen zusammen, nämlich
aus Kultusbeamten, aus konfessionellen Vertretern und aus
Persönlichkeiten aus den Künsten und der Wissenschaft.

- Die RRG bekam ihren eigenen Reichssender, den »Deutschlandfunk«. Dieser war fortan also keine gemeinsame Einrichtung
der regionalen Rundfunkanstalten, sondern eine staatliche Institution.

- Die DRADAG wurde als eigenständige Rundfunkprogramm-
gesellschaft aufgelöst, stattdessen erhielt die Reichs-Rundfunk-
Gesellschaft eine zentrale Nachrichtenstelle, den »Drahtlosen
Dienst (DD)«.

(Vgl. Lerg 1980, S.465ff.).

Die Aufgaben des »Drahtlosen Dienstes« umfaßten seitdem
unter anderem:

»a) Die Beschaffung und Verbreitung von Tagesnachrichten im Rundfunk nach Maßgabe der dafür erlassenen Richtlinien,

b) die Vorbereitung und Verbreitung von Vorträgen und sonstigen Mitteilungen im Rundfunk, welche die Reichsregierung zur Darlegung ihrer Ziele und zur Unterrichtung der Öffentlichkeit über ihre Tätigkeit für angebracht und erforderlich hält.« (Zit. nach Lerg 1980, S.480)

Diese Leitlinien vom 27. Juli 1932 wurden bereits kurz danach mit genauen Satzungen, Geschäftsanweisungen und Richtlinien für die jeweiligen Institutionen unterfüttert. Ein Auszug aus den Richtlinien zur Programmgestaltung des Rundfunks vom 18. November 1932 läßt das Grundmuster des nahenden nationalsozialistischen Rundfunks erkennen:

»Die Rundfunkgesellschaften gestalten ihre Sendungen selbständig und unter eigener Verantwortung im Rahmen der folgenden Richtlinien:

1. Der deutsche Rundfunk dient dem deutschen Volke. Seine Sendungen dringen unablässig in das deutsche Haus und werden in der ganzen Welt gehört. Dieser Einfluß auf Volk und Familie und die Wirkung im Ausland verpflichten die Leiter und Mitarbeiter zu besonderer Verantwortung.

2. Der Rundfunk arbeitet mit an den Lebensaufgaben des deutschen Volkes. Die natürliche Einordnung der Menschen in Heimat und Familie, Beruf und Staat ist durch den deutschen Rundfunk zu erhalten und zu festigen. Der Rundfunk spricht darum die Hörer nicht nur als Einzelmenschen, sondern auch als Glieder dieser natürlichen Ordnungen des Volkes an. (...)

4. Der Rundfunk dient allen Deutschen innerhalb und außerhalb der Reichsgrenzen. Er verbindet die Auslandsdeutschen mit dem Reiche und läßt die innerdeutschen Hörer am Leben und Schicksal der Auslandsdeutschen teilnehmen. Die Pflege des Reichsgedankens ist Pflicht des Rundfunks.

5. Der Rundfunk nimmt an der großen Aufgabe teil, die Deutschen zum Staatsvolk zu bilden und das staatliche Denken und Wollen der Hörer zu formen und zu stärken.«

(Zit. nach: Bausch 1956, S.212f.)

Die Verstaatlichung des Rundfunks durch die Rundfunkreform von 1932 läßt sich in drei Begriffe fassen: Staatliche Aufsicht, Zentralverwaltung und Programmkontrolle. Um diese
zentralistischen Maßnahmen ohne Probleme und gegen den
Widerstand der einzelnen Rundfunkgesellschaften durchsetzen
zu können, kündigte der Reichspostminister Eltz von Rübenach
kurz nach Bekanntgabe dieser Leitlinien die Betriebskonzessio-
nen der einzelnen Sender mit Wirkung vom 30. September 1932.
Somit mußten die bis dahin verbliebenen privaten Aktionäre ihr
Engagement im Rundfunksektor zwangsläufig beenden (vgl.
Lerg 1980, S.466f.).

Anzumerken ist, daß mit der Ernennung von Erich Scholz
zum Rundfunk-Kommissar des Reichsinnenministeriums am
10. August 1932 die »personelle Säuberung« des Rundfunks begann. Das erste Opfer dieser Säuberungswelle war Hans Flesch,
der damalige Intendant der Berliner Funkstunde; dieser wurde
noch am 13. August 1932 zum Rücktritt aus seinem Amt gezwungen.[10] Diese »personelle Säuberungswelle«, die sowohl
politisch als auch rassistisch begründet war, dauerte fort, bis sie
schließlich unter der Herrschaft der Nationalsozialisten ihren
Höhepunkt erreichen sollte (vgl. ebd., S.473f.).

3. Nationalsozialismus

3.1 Der »Großdeutsche Rundfunk«

Nach der Rundfunkordnung von 1932, in der bereits wesentliche Weichen für die Zentralisierung des Rundfunks gestellt
worden sind, war es nur noch ein kleiner Schritt bis zur voll-
ständigen Vereinnahmung des Rundfunks durch die Nationalsozialisten. Deren Übergriff auf den Rundfunk begann mit der

---

[10] Scholz trat Mitte November 1932 - nach internen Querelen - bereits wieder von seinem Amt als Rundfunk-Kommissar zurück (vgl. Lerg 1980,
S.496).

Ernennung Adolf Hitlers zum Reichskanzler durch den Reichspräsidenten Paul von Hindenburg am 30. Januar 1933. Noch am selben Abend wurde von den Rundfunkanstalten der Fakkelzug zu Ehren Adolf Hitlers übertragen. Einzig die »Deutsche Stunde in Bayern« brach die Übertragung des Fackelzuges im Laufe des Abends ab, da sie zwar bereit war, die Ernennung der neuen Regierung bekanntzugeben, es aber ablehnte, eine Parteikundgebung zu übertragen (vgl. Behrens 1986, S.204 und Diller 1980, S.56ff.).

Auch in der Folgezeit, bis zur Reichstagswahl am 5. März 1933, nutzten die Nationalsozialisten den Rundfunk für ihren Wahlkampf. Die Möglichkeit der Rundfunkpropaganda stand jetzt aber nur noch den beiden Koalitionsparteien NSDAP und DNVP offen; von ihnen wurden in der Zeit vom 1. Februar (an diesem Tag hielt Hitler seine erste Rundfunkrede) bis zum 4. März, also dem Tag vor der Reichstagswahl, insgesamt 45 Wahlsendungen ausgestrahlt, wobei die Wahlpropaganda der NSDAP eindeutig dominierte. Explizite Wahlsendungen im Rundfunk waren nach der damals bestehenden Rundfunkordnung zwar nicht erlaubt, doch durften die Minister über den Rundfunk Reden halten. Daß in diesen Reden dann auch Parteiprogramme verbreitet und Propagandaziele verfolgt wurden, konnte niemand verhindern. Das Ergebnis der Reichstagswahlen war für die NSDAP allerdings enttäuschend. Obgleich sie 43,9 Prozent der Stimmen für sich verbuchen konnte, hatte sie mit diesem Ergebnis dennoch die absolute Mehrheit verfehlt. Sie war auf eine Koalition mit der DNVP angewiesen, die acht Prozent der Stimmen erhielt. Vorsitzender der DNVP war Alfred Hugenberg. Dieses Abschneiden war für die NSDAP der Anlaß die Propagandatätigkeit nun noch mehr auszuweiten, insbesondere natürlich im Hörfunk, mit dem man die Massen auf geradezu ideale Weise erreichen konnte (vgl. Behrens 1986, S.204f. und Diller 1980, S.63ff.).

3.1.1 Das Reichspropagandaministerium

Die Gründung des Reichsministeriums für Volksaufklärung und Propaganda durch Beschluß vom 11. März 1933, schon kurz nach der Reichstagswahl, macht deutlich, daß die Nationalsozialisten öffentliche Meinungsbildung auf keinen Fall sich selbst überlassen wollten. Am 14. März wurde der Reichspropagandaleiter der NSDAP und Berliner Gauleiter Joseph Goebbels, der schon vorher den Wahlkampf der NSDAP erfolgreich geleitet hatte, von Reichspräsident Hindenburg zum Reichsminister für Volksaufklärung und Propaganda ernannt. Laut Goebbels war das Propagandaministerium die »zentrale Vereinigung aller propagandistischen Unternehmungen und aller volksaufklärenden Institutionen des Reiches und der Länder« (zit. nach Lerg/Steininger 1975, S.157).

Die Entscheidung darüber, wie die Aufgaben des neuen Reichsministeriums im Detail aussehen sollten, behielt sich Hitler durch einen Erlaß selbst vor. In der »Verordnung über die Aufgaben des Reichsminsteriums für Volksaufklärung und Propaganda vom 30. Juni 1933« heißt es unter anderem:

> »(...) Das Reichsministerium für Volksaufklärung und Propaganda ist zuständig für alle Aufgaben der geistigen Einwirkung auf die Nation, der Werbung für Staat, Kultur und Wirtschaft, der Unterricht(..ung) der in- und ausländischen Öffentlichkeit über sie und der Verwaltung aller diesen Zwecken dienenden Einrichtungen.« (Zit. nach Diller 1980, S.89)

Zentrales Anliegen der nationalsozialistischen Rundfunkpolitik war es, den Rundfunk zum wichtigsten Propagandainstrument auszubauen. Auf der Anbieterseite sollte diese Gleichschaltung durch die Zentralisierung und die »Säuberung« der Rundfunkunternehmen, auf Seiten der Rezipienten durch die Ausweitung und Organisation des Rundfunkempfangs sichergestellt werden. Am 22. März 1933 übernahm das Propagandaministerium den Aufgabenbereich der Reichspost auf dem Ge-

biet des Rundfunks; am gleichen Tag verlor auch der Rundfunk-
Kommissar des Reichspostministeriums, August Kruckow[11],
sein Amt. Die ursprünglich starke Stellung der Post wurde aufgehoben; ihre Aufgaben, soweit diese über den Bereich der
Technik hinaus auch publizistischen Einfluß bedeuteten, wurden von da an beim Propagandaministerium zentralisiert.

3.1.2   Die Ausschaltung der Länder

Von der erstrebten klaren Führung des Rundfunks war Goebbels jedoch noch ein Stück entfernt. Denn rein rechtlich gesehen, hatten die Länder immer noch die Möglichkeit, auf eigene
rundfunkpolitische Kompetenzen zu pochen. Daran hatten auch
die Gleichschaltungsgesetze vom 31. März und 7. April 1933
nichts geändert. Noch gab es aus den Zeiten der Weimarer Republik die Kapitalbeteiligungen der Länder sowohl an der
Reichs-Rundfunk-Gesellschaft als auch an den Regionalgesellschaften sowie die Staatskommissare und Programmbeiräte. Die
Länder wollten nicht ohne weiteres auf diese Kompetenzen verzichten.

Hauptgegenspieler in dieser Auseinandersetzung war der
preußische Ministerpräsident Hermann Göring. Dieser ernannte
noch im Juni 1933 einen Rundfunk-Kommissar und Staatskommissare und forderte ein Mitspracherecht im Rundfunk. Ferner
erstellte die Regierung von Preußen eine Denkschrift, in der sie
ihre rundfunkpolitischen Forderungen darlegte. Nachdem diese
Denkschrift dem Propagandaministerium am 12. Juni zugegan-
gen war, verlangte Goebbels das persönliche Eingreifen des
Reichskanzlers in dieser Angelegenheit. Am 30. Juni 1933 erließ
Hitler die »Verordnung über die Aufgaben des Reichsministeriums für Volksaufklärung und Propaganda«. Darin war festgelegt, daß in Fragen der Runkfunkregelung die ausschließliche

---

[11] Hans Bredow hatte sein Amt mittlerweile niedergelegt.

Hoheit beim Propagandaministerium (mit Ausnahme der technischen Verwaltung, die weiterhin beim Postministerium blieb) lag. Die Kompetenzen der Länder im Rundfunkbereich wurden hiermit offiziell und vollständig aufgehoben. Programmbeiräte und -ausschüsse wurden aufgelöst, die Funktion der Staatskommissare wurde abgeschafft. Am 8. Juli 1933 mußten die Länder ihre Geschäftsanteile von 49 Prozent an der Reichs-Rundfunk-Gesellschaft an das Propagandaministerium abgeben. Ihre Beteiligung von ebenfalls 49 Prozent an den Regionalgesellschaften hatten die Länder an die RRG zu übergeben. Zur neuen Struktur im Rundfunk teilte Hitler in einem Rundschreiben am 15. Juli mit:

»Auf dem Gebiet des Rundfunks muß das Reich die unbeschränkte Verfügungsgewalt nicht nur über das öffentliche Rundfunknetz haben, sondern auch über die Reichs-Rundfunk-Gesellschaft und die Rundfunk-Gesellschaften. (...) Der Rundfunk ist ein Hauptmittel der Volksaufklärung und Propaganda. (...) Unter diesen Umständen ist kein Raum mehr für Staatskommissare, Programmbeiräte und Programmausschüsse; ebensowenig für Kapitalbeteiligungen der Länder in den Rundfunkgesellschaften.« (Zit. nach Lerg/Steininger 1975, S.160f. und Diller 1980, S.92)

3.1.3 Gleichschaltung und Zentralisierung

Ab dem 1. April 1934 wurden alle Bezirksgesellschaften offiziell nur noch als Filialen der Reichs-Rundfunk-Gesellschaft geführt. Unter der Bezeichnung »Reichssender« verloren sie endgültig ihre Selbständigkeit.

»Der deutsche Rundfunk müsse, so Hadamovsky (Reichssendeleiter) in seiner Rede, politisch und in der Verwaltung eine Einheit sein. Die nationale Revolution sei auch für den Rundfunk von erster Bedeutung und finde nun ihre Erfüllung in der Dreiheit 'ein Volk, ein Reich, ein Rundfunk.« (Lerg/Steininger 1975, S.161)

Abb. 4: Organisatorischer Aufbau des Rundfunks 1934

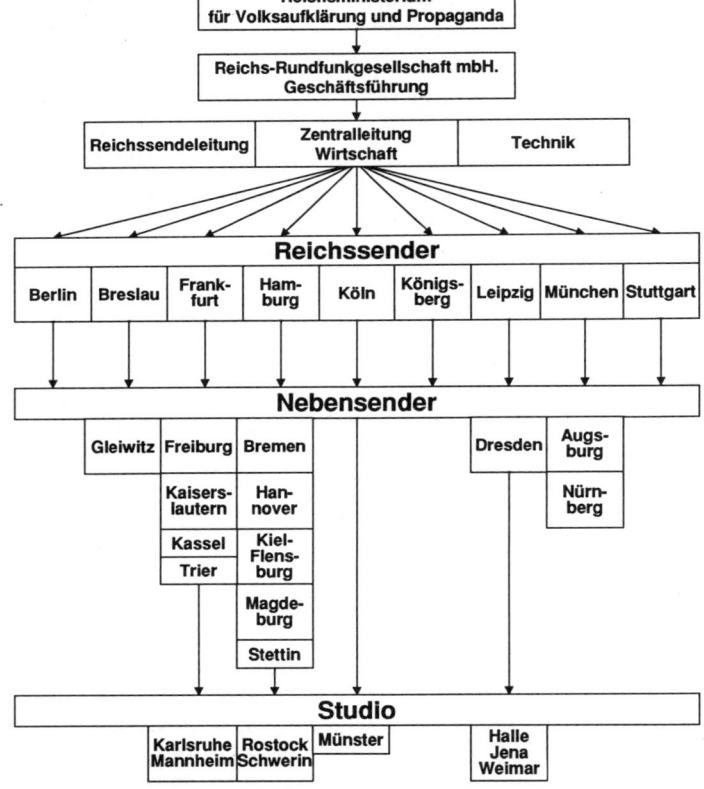

Quelle: Diller 1980, S.141.

Die organisatorische Gleichschaltung und Zentralisierung des Rundfunks wurde durch entsprechende Personalentscheidungen ergänzt. Gustav Krukenberg, der vom Reichsministerium des Inneren übernommene Reichsrundfunkkommissar, blieb dem neuen Rundfunk nicht lange erhalten. Er schied am 13. Juni 1933, also kurz nach seiner Einstellung, wieder aus dem

Dienst. Sein bisheriger Stellvertreter, Horst Dressler-Andreß, nahm seine Stelle ein. Gleichzeitig wurde Dressler-Andreß auch zum Abteilungsleiter der neu gegründeten Abteilung Rundfunk im Propagandaministerium ernannt (vgl. Diller 1980, S.98).

Eine weitere wichtige Stütze des Propagandaministers war der Reichssendeleiter Eugen Hadamovsky. Als Krukenberg am 6. Juli 1933 auch sein Amt als erster Geschäftsführer der RRG zur Verfügung stellte, übernahm Hadamovsky diesen Posten und trug von nun an die Verantwortung für alle künstlerischen, politischen und technischen Fragen der Gesellschaft (vgl. ebd., S.111). Diese Position wurde noch einmal gestärkt, als Hadamovsky zwei Tage später auch zum Direktor der RRG und zum Leiter der neugeschaffenen Programmabteilung ernannt wurde. Mit der Bestellung von Claus Hubmann zum technischen Direktor am 1. Dezember 1934 gab Hadamovsky diese Kompetenz ab. »Zusammen mit dem kaufmännischen Direktor Herrmann Voß bildeten diese drei Personen die kollektive Führung der RRG bis zum Jahre 1937«. (Ebd., S.138). Dann kam es zu einer bedeutenden strukturellen Veränderung. Am 19. März 1937 wurden die Direktoren der Reichs-Rundfunk-Gesellschaft ihres Amtes enthoben; Goebbels ersetzte die bisherige kollegiale Leitung durch ein monokratisches Organ, den sogenannten Generalintendanten, der auch gegenüber den Reichssendeintendanten in den Ländern die nötigen Kompetenzen erhielt. Generalintendant des Deutschen Rundfunks und zugleich Generaldirektor der RRG wurde der bisherige Intendant des Reichssenders Köln, Heinrich Glasmeier. Der Reichsintendant sollte wohl auch nach außen die Einheit des Deutschen Rundfunks repräsentieren und im Inneren dem »Führerprinzip« Geltung verschaffen.

3.1.4   Die »personellen Säuberungen«

Gleich nach der Reichstagswahl vom 5. März 1933 begann die »personelle Säuberung« des Rundfunks. Dieser Säuberungsaktion fielen die Direktoren der Reichs-Rundfunk-Gesellschaft zum Opfer, die meisten Intendanten der Rundfunkgesellschaften, daneben jüdische, sozialdemokratische und kommunistische Mitarbeiter sowie alle, die nicht ins Konzept der Nationalsozialisten paßten.

>»Verhöre, Denunziationen, Fragebogenaktionen, die Durchforstung und Beschlagnahme von Personal- und anderen Akten, Kündigungen, Versetzungen, fristlose Entlassungen oder auch die Wiedereinstellung mit vermindertem Einkommen entwickelten die Beauftragten von Goebbels zu einem subtileren Instrumentarium mit weit größerer Wirkung als sie der Gleichschaltungseffekt der Wochen vor der Reichstagswahl erzielt hatte.« (Diller 1980, S.108)

Am 25. März 1933 schließlich versammelte Goebbels im Berliner Funkhaus die Intendanten der Rundfunkanstalten und legte ihnen seine Linie mit all ihren personellen Konsequenzen dar:

>»Wenn Sie uns nicht verstehen wollen oder uns nicht verstehen können, dann hielte ich es für anständig, wenn Sie von uns gingen. (...) Der Rundfunk wird gereinigt, wie die ganze preußische Verwaltung gereinigt wird, und mir wäre es lieb und ich wäre Ihnen außerordentlich dankbar, wenn Sie diesen Reinigungsakt schon selbst vollziehen. Tuen Sie das aber nicht oder wollen Sie das nicht, dann wird's von uns aus gemacht. (...) Es ist nicht damit getan, daß Sie nun selbst mit Ach und Krach mittuen, sondern Sie sollen doch nun in Ihren Funkhäusern für alle Mitarbeiter ein Beispiel sein. (...) Sie haben doch nun die Aufgabe, (...) Ihre Funkhäuser zu säubern, aufzuräumen, alles, was nicht hineinpaßt, allmählich auszuscheiden, dafür zu sorgen, daß hundertprozentig die ganzen Funkhäuser nun der nationalen Regierung dienen und sich dem Volk verpflichtet fühlen.« (Zit. nach Diller 1980, S.108f.)

Die personelle Säuberungswelle beschränkte sich jedoch nicht nur auf die obere Hierarchieebene der Rundfunkmitarbeiter - dreieinhalb Monate nach der Ernennung Goebbels zum Propagandaminister waren mit einer Ausnahme (Alfred Bofinger in Stuttgart) alle Intendanten der Regionalgesellschaften gegen systemkonforme Männer ausgetauscht worden (vgl. hierzu

Diller 1980, S.113ff.) - sondern sie erstreckte sich auch auf die Mitarbeiter von Programm, Technik und Verwaltung.

Der nächste Schritt zur Gleichschaltung des Rundfunks wurde durch das Reichskulturkammergesetz vom 22. September 1933 ermöglicht. Das Gesetz ermächtigte den Propagandaminister (welcher gleichzeitig Präsident der Reichskulturkammer wurde), alle Angehörigen der kulturellen Berufe in öffentlich-rechtlichen Körperschaften zu organisieren, das heißt, sie wurden in Zwangsverbänden zusammengefaßt. Die Reichskulturkammer als Dachorganisation deckte durch ihre Untergliederung in Reichsschrifttumskammer, Reichspressekammer, Reichstheaterkammer, Reichskammer der Bildenden Künste und Reichsrundfunkkammer, alle Berufsfelder ab, die Öffentlichkeitsbezug und damit Einfluß auf die Meinungsbildung haben konnten. Nur derjenige, der Mitglied in der entsprechenden Kammer war, konnte in diesen Berufsfeldern arbeiten. Mitglied in diesen Kammern konnte aber nur der werden, der die von der Organisation definierten Aufnahmekriterien erfüllte. Über die Definition dieser Zugangsregelungen konnte das Reichspropagandaministerium das entsprechende Berufsfeld in seinem Sinne steuern, denn einen Anspruch auf Mitgliedschaft in diesen Kammern gab es nicht (vgl. Behrens 1986, S.207f.). Die für den Rundfunk zuständige Körperschaft war die Reichsrundfunkkammer.[12]

3.1.5   Der Ausbau der Sende- und Empfangs-möglichkeiten

Um die Rundfunkversorgung im Reich flächendeckend sicherzustellen, mußte eine optimale Sendestruktur aufgebaut werden, die den Rundfunkempfang an allen Orten ermöglichte.

---

[12] Am 28. Oktober 1939 löste Goebbels die Reichsrundfunkkammer wieder auf; die Vermögenswerte gingen in den Besitz der Reichs-Rundfunk-Gesellschaft über; die Mitglieder mußten sich je nach Beruf bei den Kammern für Musik, Theater oder Schrifttum melden (vgl. Diller 1980, S.159).

Da war es von Vorteil, daß am 15. März 1933 die europäische Wellenkonferenz in Luzern zusammentrat und den sogenannten »Luzerner Wellenplan« verabschiedete, in welchem dem Deutschen Reich unter anderem neun Exklusivwellen (acht Mittelwellen und eine Langwelle), eine internationale Gemeinschaftswelle (für Königsberg bestimmt) und fünf nationale Gemeinschaftswellen zugewiesen wurden. Damit konnte auf Senderseite die Rundfunkversorgung in allen Reichsteilen sichergestellt werden.

Damit der Rundfunk seinem Propagandaauftrag gerecht werden konnte, mußte auch die Empfangssituation verbessert werden. Die Bürger sollten sich nicht derart herausreden können, sie könnten sich den Rundfunkempfang nicht leisten. Also galt es, preiswerte Rundfunkempfangsgeräte auf den Markt zu bringen; die Rundfunkgerätehersteller wurden in die Pflicht genommen und der Volksempfänger »VE 301«, (benannt nach dem 30. Januar 1933, dem Tag der Ernennung Hitlers zum Reichskanzler), auf den Markt gebracht (vgl. 2. Kapitel Abschnitt 1.1.5). Mit der Einführung des Volksempfängers im Jahre 1933 stieg die Zahl der Rundfunkteilnehmer von 4.300.000 im Jahre 1932 auf 6.700.000 im Jahre 1935. Dieser Volksempfänger war vor allem für die privaten Haushalte gedacht. In technischer Hinsicht war er ein Rückschritt, aber gerade darin lag seine Besonderheit. Er verfügte nämlich ausschließlich über jenen Frequenzbereich, über den nur die deutschen Sender ihre Programme ausstrahlten. Der Empfang ausländischer Programme, die auf einem anderen Frequenzbereich sendeten, war damit nicht möglich, und dies war auch das erklärte Ziel bei der Entwicklung des VE 301. Um das Abhören ausländischer Sender zu unterbinden, wurde dies unter Strafe gestellt, in besonders schwerwiegenden Fällen drohte sogar die Todesstrafe.[13]

---

[13] Besondere Bedeutung erlangten diese Maßnahmen nach dem Ausbruch des Zweiten Weltkrieges. Um das Abhören feindlicher Auslandssender

3.1.6 Der »Gemeinschaftsempfang«

Zur Gleichschaltung und Motivation der Bevölkerung im Sinne nationalsozialistischer Ziele wurde der sogenannte »Gemeinschaftsempfang« angeordnet, der mit einer völligen Stillegung des Wirtschaftslebens und des Behördenbetriebes einherging. So haben gleichzeitig annähernd 90 Prozent der Bevölkerung zum Beispiel Hitler-Reden gemeinsam über den Rundfunk miterlebt. Derartigen Gemeinschaftserlebnissen konnte sich der einzelne, aufgrund der sozialen Kontrolle zumal in den Betrieben und Organisationen oder in der Hitler-Jugend, kaum entziehen. Für den Gemeinschaftsempfang wurde der »Deutsche Arbeitsfrontempfänger 1011« entwickelt, benannt nach dem 10. November 1933, an welchem eine Rede Hitlers aus den Berliner Siemenswerken übertragen wurde.

> »Die Zelebrierung dieser Rede war bezeichnend für jene Art von Programm, für das die 'Funkwalter' Gemeinschaftsempfang organisieren sollten. Vor der Rede, die aus der Maschinenhalle von Siemens übertragen wurde und die in allen deutschen Betrieben gemeinsam abgehört werden mußte, heulten alle Fabriksirenen im Reich. Dann war überall Arbeitsruhe. Dann hörte man aus dem Radio den langsam abklingenden Maschinenlärm bei Siemens, dann die Siemens-Sirenen, und dann sprach der 'Führer'.« (Dahl 1978, S.114)

Der Rundfunk diente von Anfang an der Propaganda. Neben Führerreden wurden auch Reportagen von Reichs- und Gauparteitagen, Staatsakte, Ausstellungseröffnungen etc. sowie Berichte über nationalsozialistische Gedenk- und Heldentage gesendet. Reichssendeleiter Hadamovsky berichtete über die ersten Monate der Rundfunkberichterstattung:

> »Wir begannen im Rundfunk mit einer phantastischen Welle politischer Beeinflussung, Agitation und Propaganda in jeder Form. Vom 10. Februar bis zum 14. März gingen fast Abend für Abend Reden

---

in den Griff zu bekommen, wurde 1939 die »Verordnung über außerordentliche Rundfunkmaßnahmen« erlassen.

des Reichskanzlers über einzelne oder alle deutschen Sender. (...) Es war schon ein solches massiertes Trommelfeuer notwendig, um das ganze Volk zum Aufhorchen zu bringen und seine Aufmerksamkeit auf die neue Regierung Hitler zu lenken.« (Zit. nach Dahl 1978, S.108)

Im ersten halben Jahr nach der Machtergreifung wurden also die Hörer mit Reden, Wortbeiträgen und Marschmusik überflutet. Dies blieb nicht ohne Kritik. Und so ging am 22. September 1933 ein Rundschreiben an sämtliche Reichssender und Landesregierungen, in dem eine Ausweitung der entspannenden und unterhaltenden Programmteile angeordnet wurde (vgl. Lerg/ Steininger 1975, S.167). Goebbels begründete dies damit, daß

»(...) besonderer Bedacht gerade auf die Entspannung und Unterhaltung gelegt werden (soll), weil die weitgehend überwiegende Mehrzahl aller Rundfunkteilnehmer meistens vom Leben sehr hart und unerbittlich angefaßt wird, in einem nerven- und kräfteverzehrenden Tageskampf steht und Anspruch darauf hat, in den wenigen Ruhe- und Mußestunden auch wirklich Entspannung und Erholung zu finden.« (Zit. nach Dahl 1978, S.116)

Doch dies bedeutete nicht, daß der Rundfunk seinen Propagandaauftrag verloren hätte, denn es galt, was Hadamovsky erklärte:

»Der Rundfunk wie er heute ist, enthält sich nur scheinbar der Propaganda, er bringt sie indirekt.« (Zit. nach Dahl 1978, S.115)

3.1.7   Die Programmvorgaben

Im Propagandaministerium hatte man ganz präzise Vorstellungen von der Struktur und der inhaltlichen Ausgestaltung des Rundfunkprogramms. Sie wurden als Anweisungen der Reichssendeleitung an die einzelnen Reichssender weitergeleitet. Den Aufbau und die Struktrur der dahinterliegenden Programmkonzeption macht die nachstehende Darstellung, eine Ausarbeitung der Reichssendeleitung, anschaulich:

Sonntagseingang

Zweck: In würdiger Form sollen die feierlichen Veranstaltungen des Sonntag-
vormittags eingeleitet werden und die Hörerschaft in die notwendige
Weihestimmung versetzen.

Ausführung: Entweder durch direkte oder Schallplattenübertragung soll das Geläute
besonders klangvoller, der im Bereich des Senders liegenden, Kirchen
übertragen werden. Ein für den Sonntag passender Choral soll abwechselnd gesungen oder geblasen werden. Ein kurzes feierliches Orgelspiel
soll den Sonntagseingang abschließen.

Kirchliche Morgenfeiern

Zweck: Die kirchlichen Morgenfeiern sollen denjenigen Hörern, die nicht in der
Lage sind, in die Kirche zu gehen, den Kirchgang ersetzen.

Ausführung: Die Feiern sind als Reichssendungen gedacht, um eine möglichst her-
vorragende Leistung sicherzustellen. Die einzelnen Sender sollen die
Feiern abwechselnd übernehmen. Die bekanntesten Kanzelredner müssen für die Ansprache gewonnen werden. Die besten Kirchenchöre und
Orchester hätten den musikalischen Teil zu bestreiten.

Vaterländische Weihestunde

Zweck: Sollte bei den vorangegangenen kirchlichen Morgenfeiern das religiöse
Gemüt zu seinem Recht kommen, so soll die »Vaterländische Weihestunde« allen deutschen Volksgenossen die deutsche Seele wecken. Sie
soll jedem Deutschen wieder die Überzeugung bringen, daß er stolz
darauf sein soll, ein Deutscher zu sein, und ihm Deutschland über alles
andere in der Welt zu gehen hat.

Ausführung: Die vaterländische Weihestunde ist eine Reichssendung. Es ist alle nur
erdenkliche Sorgfalt auf diese Übertragung zu legen. Eingeleitet soll die
Weihestunde werden mit einem Meisterwerk deutscher Tonkunst. Ein
Dichtwort oder ein Chor soll folgen. Im Mittelpunkt der Veranstaltung
hat die Ansprache zu stehen. Ein hervorragender Redner, beseelt von
einem Geiste Fichtes oder Schleiermachers, soll hierfür bestimmt werden. Von hohem Geist und Denkungsart getragen, sollen tiefste völki-
sche Gedanken in allgemein verständlicher Form gebracht werden. In
der Seele des deutschen Menschen soll diese Stunde noch lange in den
Alltag hinein nachklingen und nachwirken. Ein Orchesterstück soll die
Weihestunde beschließen.
Eine Funkstille hat der Stunde der Besinnung zu folgen.

Volkstümliche Musik

Zweck: Die Kulturpolitik der Nachkriegsjahre hat unser Volk der deutschen
Kultur entfremdet. Es gilt nun, es allmählich wieder zu seinem Urquell
zurückzuführen.

Ausführung: In der Stunde der volkstümlichen Musik darf nur leichte Kost geboten
werden. Leichte, nicht seichte, Musik muß gut, aber jedermann verständlich sein. Hierher gehören Teile von guten deutschen und fremden
Opern und Operetten (Ouvertüren, Zwischenspielen, Tanzweisen, Ari-
en, Duette u.a.m.), Militärmärsche, Volkslieder, Soldatenlieder.
Vollkommen auszuschalten ist jede Art von Jazz- und Negermusik.

Kinder- und Jugendstunde

Zweck: Die Kinder- und Jugendstunde ist der heranwachsenden Jugend gewidmet. Sie soll mithelfen, die Seele unserer Kinder und der reiferen Jugend in echtem deutschen Sinne zu formen und zu bilden.

Ausführung: a. Kinderstunde (6-12 Jahre)

Hier ist vor allem von Stuttgart aus schon viel geschehen. Aber noch mehr wie (recte: als) bisher soll durch deutsche Märchen, deutsche Erzählungen und Märchenspiele deutsche Erziehungsarbeit geleistet werden. Hörberichte von kindlichen Spielen im Freien sollen nicht vergessen werden. Anleitung zu Kinderarbeiten sollen Lust und Liebe zur Beschäftigung wachrufen. Wanderungen durch die Natur sollen übertragen werden, den Kindern die Liebe zur deutschen Heimat in die Seele zu pflanzen.

b. Jugendstunde (12-16 Jahre)

In diesen Jahren kann ungeheuer viel geschehen, um Jungens und Mädels zu echten deutschen Menschen zu erziehen. Dies muß Grund- und Leitsatz aller Jugendveranstaltungen sein. Deutsche Heldensagen, deutsche Geschichte, deutsche Kunst, deutsche Literatur, deutsche Technik, deutscher Wagemut, deutsche Kraft und Tüchtigkeit müssen im Vordergrund aller Darbietungen stehen.

Die ungeheuren Heldentaten in allen Kriegen, vor allem aber im Weltkrieg, zu Lande, in der Luft und unter Wasser müssen Allgemeingut der Jugend werden.

Hörberichte, Übertragungen aus dem Lande

Zweck: Die Hörberichte sollen alle deutschen Volksgenossen mit den Sitten und Gebräuchen, Volkslied und Sprache, Wirtschaft und Kultur der einzelnen deutschen Volksstämme vertraut machen. Stadt und Land, Berufe und Stände, alle Volksschichten sollen einander näher gebracht, die Gegensätze überbrückt, die wahre Volksgemeinschaft in die Tat umgesetzt werden.

Ausführung: Grundsatz: Das Volk hat das Wort. Die Hörberichte müssen von dem Leiter der Übertragung sorgfältig vorbereitet, durchgesprochen werden. Bei der Durchführung der Übertragung selbst hat er sich nur auf An- und Absage zu beschränken. Die Volksgenossen selbst haben das Wort. Es sollen übertragen werden:

Sitten und Gebräuche (Hochzeits-, Kirchweih-, Fastnacht-, Oster-, Ernte-, Sonnwend-, Weihnachtsbräuche pp.).

Aus dem Wirtschaftsleben (Landwirtschaft, Handwerk, Industrie, Handel). Volkslieder, Baudenkmäler.

Unterhaltungsmusik

Zweck: Wie bei ***Volkstümliche Musik,*** nur wird hier nur Orchestermusik gebraucht.

Ausführung: Neben dem Rundfunkorchester sollen hier auch gute Militärkapellen, SA-Kapellen, Stahlhelm-Kapellen, städtische und Kurochester die Programme bestreiten.

Gesangs- und Instrumental-Solovorträge sind einzuschalten.

Aktueller Kulturdienst

Zweck: Die Hörer sollen mit dem kulturellen Geschehen der letzten Woche bekanntgemacht werden.

Ausführung: Wie im Lichtspieltheater (Fox tönende Wochenschau) sollen auch im Rundfunk durch Wiedergabe auf Wachsplatten die Hörer von allem kulturellen Geschehen unterrichtet werden. Ausschnitte von Uraufführungen im Theater, bedeutende Konzerte, Feiern von besonderem kulturellen, vaterländischen und völkischen Wert. Einweihungen von Brücken, Stapelläufen u.a.m.

Sportbericht und Körperpflege

Zweck: Körperliche Ertüchtigung des einzelnen Volksgenossen soll Aufgabe der Körperpflege und des Sportberichtes sein.

Ausführung: Der gesamte Sportdienst hat der obengenannten Aufgabe zu dienen. Einzelne Spitzenleistungen haben mit der körperlichen Ertüchtigung des Volksganzen nichts zu tun. Vollkommen auszuschalten sind von der Übertragung Veranstaltungen, die mit Sport nichts zu tun haben, sondern nur Geschäftsinteressen dienen (6-Tage-Rennen u. ähnl.).

Unterhaltung

Zweck: Die Unterhaltung soll eine geistige, eine seelische Erholung des Volksgenossen sein. Nicht schwer verständliche Kost soll verabreicht werden. Gute Musik, leichte und ernste Musik, Oper und Operette, gesunder deutscher Humor sollen sich abwechseln.

Ausführung: Die Sender müssen miteinander wetteifern, hier das nur denkbar beste zu liefern. Jeder Volksgenosse muß sich auf diese Abendstunde freuen. Die Übertragung selbst hat aus Theatern, Konzertsälen und aus den Senderäumen zu erfolgen.
Es ist selbstverständlich, daß alle Stücke und Werke zersetzenden Inhalts im deutschen Rundfunk ausgemerzt werden.

Deutsche Tanzmusik

Zweck: Rückkehr des deutschen Volksgenossen zum deutschen Tanz.

Ausführung: Für Jazz, Jimmi, Slow Fox, Rumba und andere Negertänze ist im deutschen Rundfunk kein Platz. An dessen Stelle hat der deutsche Rund- und Reigentanz zu treten. Es kann hier der Gegenwart in Tempo und Schrittmaß ohne weiteres Rechnung getragen werden.

Arbeitslosenfunk

Zweck: Hier hat der Rundfunk eine große soziale Aufgabe zu erfüllen. Den Ärmsten der Armen, den Arbeitslosen soll in möglichst knapper Form alle Sparten des Rundfunks dargeboten werden.

Ausführung: Der Arbeitslosenfunk muß von den Arbeitslosen besucht werden. Das Empfangsgerät ist in einer Turnhalle oder im Gemeindesaal in der (Nähe, d. Verf.) des Arbeitsamtes aufzustellen. Neben Vorträgen allgemein-wissenschaftlicher Art soll die Arbeitslosenbeschaffung (sic), Arbeitsmöglichkeiten und die Arbeitsdienstpflicht behandelt werden. Körperpflege, Wehrsport und die Unterhaltung sollen nicht zu kurz kommen.

Deutsche Meister

Zweck: Diese Stunde soll den deutschen Hörern wertvolle deutsche Lieder, Klavier-, Violin- und Violincello-Stücke vermitteln.

Ausführung: Neben unseren klassischen Meistern sollen auch die Lebenden zu Wort kommen. Die Übertragung kann sowohl über Schallplatten wie aus dem Senderaum erfolgen.

Landwirtschaftsdienst

Zweck: Dem Landwirt soll in kurzer, gedrängter Form ein Überblick über die Wetteraussichten, den landwirtschaftlichen Produktenmarkt und die politischen Nachrichten gegeben werden.

Ausführung: Zu den Zeiten, an denen der Landwirt zu Hause und nicht auf dem Felde ist, hat die Übertragung zu erfolgen. Am besten in der Mittagszeit und abends zwischen 7 Uhr 30 und 8 Uhr.

Mittagskonzert

Zweck: Hier gilt das gleiche wie unter *Volkstümliche Musik* Gesagte.

Ausführung: Auf die Gestaltung der Programme der Mittagskonzerte und ihre Ausführung ist sehr großer Wert zu legen. Die Programme sollen unter einem bestimmten Grundgedanken stehen, aber immer volkstümlich und leicht verständlich bleiben. Auch ausländische Meister können hier zu Wort kommen.

Wehrsportstunde

Zweck: Die sportliche Ertüchtigung der Volksgenossen soll hier Hand in Hand gehen mit der Erziehung zum Wehrgedanken und zur Wehrhaftigkeit.

Ausführung: Mit dieser Stunde sind besonders hierzu geeignete Reichswehroffiziere zu betrauen. Wehrsportvorträge sollen sich abwechseln mit Hörberichten über Geländeübungen, Reit- und Fahrübungen u.a.m.

Stunde der Heimat

Zweck: Die Stunde der Heimat soll dem einzelnen Volksgenossen die Liebe zu seiner engeren Heimat und zu seinem großen deutschen Vaterlande vertiefen.

Ausführung: Durch Vorträge und Hörberichte sollen Sitten und Gebräuche bei allen Anlässen wieder Allgemeingut werden. Sage und Geschichte, Lied und Tanz, Natur und Baudenkmäler sollen besonders gepflegt werden.

Vortragsstunde

Zweck: Die Vortragsstunde dient der allgemeinen Volksbildung.

Ausführung: Die Ausführung der Vorträge muß so sein, daß sie auch der einfachste Volksgenosse in sich aufnehmen, davon Besitz ergreifen kann. Auf die Staatsbürgerkunde, Pflichten und Rechte der Staatsbürger ist besonderer Wert zu legen.

Kammermusik

Zweck: Musikalischen Menschen soll hier ein besonderer Genuß dargeboten werden. Kammermusik unserer Klassiker und lebender Meister sollen die gute Gewohnheit der schönen alten Hausmusik wieder aufleben lassen.

Ausführung:	Zweimal wöchentlich in den späten Abendstunden sollen kammermusikalische Werke zur Aufführung gelangen. Auch hier muß Wert auf hervorragende Besetzung gelegt werden. Die Programme sollen nicht gesucht schwer und unverständlich sein. Es ist Bedacht darauf zu nehmen, daß auch die heute der Kammermusik noch Fernstehenden gewonnen werden.
	Stimme des Auslandes
Zweck:	Wissenswertes über das Ausland den Hörern zu bringen, ist Zweck dieser Stunde.
Ausführung:	Direkte Übertragungen von fremden Sendern oder direkte Veranstaltungen wie: 'Worüber man in Amerika spricht', sollen den angegebenen Zweck erfüllen.
	Stimme der Auslandsdeutschen
Zweck:	Die Verbindung soll aufrechterhalten werden zwischen den deutschen Volksgenossen im Ausland und ihrem angestammten Vaterland.
Ausführung:	Die in Frage kommenden Grenzlandsender sollen besonders für diesen Zweck bearbeitete Programme für unsere Auslandsdeutschen übertragen. Politische Nachrichten über Deutschland sollen den Lügennachrichten der Feinde die Stirne bieten. Kulturelle, völkische Geschehnisse der letzten Woche gebracht werden.

(Reichssendeleitung: Zweck und Ausführung von Rundfunksendungen. Masch., o.O.,o.J., In: RF- Akten R 78/621/Bd. 2 zitiert nach: Schütte 1971, S.149-154)

3.1.8   Konfliktfelder: Fernsehen und Gebühren

Ohne jegliche Konflikte verlief auch die Rundfunkpolitik des Dritten Reiches nicht. Es gab zwei große Konfliktfelder. Zum einen ging es um die Einführung des Fernsehens, zum anderen um die Aufteilung der Gebühren zwischen dem Propagandaministerium und der Reichspost. Im Falle des Fernsehens beanspruchten sowohl Goebbels als auch Göring die ausschließliche Kompetenz für das neue Medium.

Am 22. März 1935 wurde vom Reichspostzentralamt und der Reichs-Rundfunk-Gesellschaft ein Fernsehversuchssender mit regelmäßigem Programmdienst in Betrieb genommen (vgl. hierzu 2. Kapitel Abschnitt 1.2.2). Das Programm dieses regelmäßigen Fernsehdienstes bestand aus Tonfilmen und der jeweils aktuellen Wochenschau, die im März und April 1935 zunächst dreimal, ab Mai schließlich fünfmal wöchentlich ausge-

strahlt wurden. Da zu dieser Zeit noch keine geeigneten Empfangsgeräte verfügbar waren, eröffnete das Reichspostzentralamt am 9. April 1935 die erste Fernsehstube für den Gemeinschaftsempfang (vgl. Diller 1980, S.184ff.).

Nun galt es, die Zuständigkeit zu regeln. Diese beanspruchte
Göring, der als Reichsluftfahrtminister für die Flugsicherung
verantwortlich war, denn die Braun'sche Röhre kam dort als
Vorläufer des Radar zum Einsatz. Goebbels auf der anderen
Seite sah in den Fernsehübertragungen die publizistische Di-
mension dieser Technologie und reklamierte die Zuständigkeit
für sein Ministerium. Und die Post wollte auch hier, wie beim
Hörfunk, eine Mitsprache haben. Der Streit endete mit einem
Erlaß über die Zuständigkeit auf dem Gebiet des Fernsehens
vom 13. Dezember 1935.

> »Die Bedeutung, die die Militärs dem Fernsehen beimaßen, manife-
> stierte sich deutlich im ersten Absatz, der das Fernsehen der 'Siche-
> rung der Luftfahrt, des Luftschutzes und der Landesverteidigung'
> unterordnete. Die Fernsehtechnik erhielt die Post zugesprochen, die
> die erforderlichen Geräte bereitzustellen, zu warten und nach einer
> gemeinsam zu erlassenden Vorschrift zu bedienen hatte. Dem Pro-
> pagandaminister, so legte der dritte Abschnitt fest, 'obliegt die dar-
> stellerische Gestaltung von Fernsehübertragungen für Zwecke der
> Volksaufklärung und Propaganda.« (Diller 1980, S.191; vgl. hierzu
> ausführlich Behrens 1986, S.241f.)

Das Fernsehen ist allerdings während des Dritten Reiches nie
so weit ausgereift, als daß es für die Öffentlichkeit auf Dauer
hätte freigegeben werden können. Eine gewisse Bedeutung erlangte es während der Olympiade in Berlin 1936. Während dieser Zeit konnte das tägliche Programm von zwei auf acht Stunden ausgedehnt werden, manche Wettkämpfe wurden sogar
live übertragen. Insgesamt kamen 162.228 Besucher zum Fern-
sehgemeinschaftsempfang in die mittlerweile 25 Berliner Fernsehstuben sowie in die zwei Empfangsstellen in Leipzig und eine in Potsdam (vgl. Diller 1980, S.193).

Die Auseinandersetzung um die Rundfunkgebühren war mit der Errichtung des Propagandaministeriums am 11. März 1933 programmiert, denn es stellte sich die Frage nach der Finanzierung. Eine Finanzierung aus den Rundfunkgebühren bot die Chance, sich aus der Abhängigkeit vom Reichsfinanzministerium, das wenig Neigung zeigte, den »Propagandaunsinn« (Diller 1980, S.161) zu finanzieren, zu befreien. So suchte Goebbels, die Verfügung über die Rundfunkgebühren in seine Hand zu bekommen, um daraus einen größeren Anteil für sein Ministerium abzuzweigen. Hierzu mußte zwangsläufig der Anteil der Reichspost, welcher am Ende der Weimarer Republik etwa bei 57 Prozent gelegen hatte, beträchtlich reduziert werden. Und dagegen wehrte sich der Reichspostminister Eltz von Rübenach (vgl. Diller 1980, S.161).

Am Ende setzte sich Goebbels mit seinen Forderungen durch. Ab dem Jahr 1934 wurden die Rundfunkgebühren dem Etat des Propagandaministeriums zugeschrieben. Die Reichspost und die Reichs-Rundfunk-Gesellschaft erhielten hiervon nur jeweils »Abfindungen«, welche die tatsächlichen technischen Aufwendungen erstatten sollten. Der Anteil der Reichspost am Gebührenaufkommen verringerte sich von Jahr zu Jahr und schrumpfte bis 1939/40 auf nur mehr 19,1 Prozent (vgl. Diller 1980, S.162ff.).

3.1.9 Die »Auszeichnung«

Im April 1938 wurde eine neue Phase des nationalsozialistischen Rundfunks eingeleitet, die der politischen Propaganda wieder den alles dominierenden Einfluß auf die Programmgestaltung einräumte. Damit verbunden waren eine Umstrukturierung der Geschäftsbereiche im Reichsministerium für Volksaufklärung und Propaganda und mehrere Personalveränderungen (vgl. Schütte 1971, S.170f). Am Beispiel der Rundfunkpropaganda beim »Anschluß« von Österreich 1938 erkannte der

Präsident der Reichsrundfunkkammer Hans Kriegler

> »daß der Rundfunk noch nie zuvor als Gestalter des Zeitgeschehens
> so unmittelbar Tag um Tag, Stunde um Stunde nicht nur im Bewußt-
> sein des deutschen Volkes, sondern der Weltöffentlichkeit gelebt ha-
> be wie in den letzten Wochen, da das deutsche Österreich seine
> Heimkehr ins Reich vollzogen habe.«(Zit. nach Schütte 1971, S.171)

So war es nur folgerichtig, daß Goebbels dem deutschen
Rundfunk in »Anerkennung seiner politischen Leistungen im
Jahre 1938« am 1. Juni 1939 die Bezeichnung »Der Großdeutsche
Rundfunk« verlieh (vgl. ebd.).

3.2.   Der NS - Rundfunk im Zweiten Weltkrieg

Der Ausbruch des Zweiten Weltkrieges ist insoweit auch mit
dem Rundfunk verbunden, als der vorgeblich polnische Überfall
auf den Rundfunksender Gleiwitz hierfür zum Anlaß genommen
wurde. Dieser Überfall war aber in Wahrheit vom Reichssicher-
heitshauptamt durch die SS inszeniert. Und so brachten am 1.
September 1939 alle deutschen Reichssender um 6 Uhr als Son-
dermeldung einen Aufruf Hitlers an die Wehrmacht. Tenor dieses Aufrufes war die Beschuldigung Polens, die deutsche Reichs-
grenze verletzt zu haben, wogegen es nur eine Antwort gebe:

> »Um diesem wahnwitzigen Treiben ein Ende zu bereiten, bleibt mir
> kein anderes Mittel, als von jetzt ab Gewalt gegen Gewalt zu set-
> zen.« (Sondermeldung des Großdeutschen Rundfunks vom 1. Sep-
> tember 1939, zit. nach Diller 1980, S.301)

Gleich am 1. September 1939, also am Tage des Kriegsaus-
bruches, wurde die »Verordnung über außerordentliche Rundfunkmaßnahmen« bekannt gegeben. Diese untersagte das Abhören ausländischer Sender und die Verbreitung deren Inhalte.
Zuwiderhandlungen wurden bestraft. Diese Strafen fielen alles
andere als milde aus, von Gefängnis über Zuchthaus bis hin zur

Todesstrafe in schweren Fällen war alles möglich (vgl. Schütte 1971, S.178f.).[14]

Der Ministerrat für Reichsverteidigung unterrichtete die Bevölkerung am 1. September 1939.

>»Im modernen Krieg kämpft der Gegner nicht nur mit militärischen Waffen, sondern auch mit Mitteln, die das Volk seelisch beeinflussen und zermürben sollen. Eines dieser Mittel ist der Rundfunk. Jedes Wort, das der Gegner herübersendet, ist selbstverständlich verlogen und dazu bestimmt, daß jeder Deutsche aus Verantwortungsbewußtsein es zur Anstandspflicht erhebt, grundsätzlich das Abhören ausländischer Sender zu unterlassen.« (Zit. nach Schütte 1971, S.178)

Das Empfangsverbot von ausländischen Sendern galt jedoch nicht nur für Privatpersonen, sondern ebenso für alle Dienststellen der Partei und ihre angeschlossenen Verbände (vgl. Diller 1980, S.115, 306).

3.2.1 Kriegsbedingte Veränderungen

Mit Kriegsbeginn präzisierte und intensivierte Goebbels seine Programmanweisungen. Beinahe jeden Tag rief er die Abteilungsleiter seines Ministeriums zusammen, um die propagandistische Marschroute festzulegen. Diese Anweisungen regelten alles bis ins Detail, angefangen von der zu spielenden Musik, über die Nachrichten bis hin zu konkreten Sprachregelungen (vgl. Diller 1978, S.120).

Das Informationsbedürfnis der Bevölkerung stieg deutlich. Für militärische Meldungen wurde das Rundfunkprogramm beliebig oft unterbrochen. Durch Einberufungen, Mitarbeiter-

---

[14] Sowjetische Sender zu hören, war allerdings bereits 1934 verboten worden. Juden oder in Deutschland lebende Russen, Polen und Tschechen durften keinen Radioapparat besitzen. Allein bis 1934 wurden 3.450 Menschen verurteilt, weil sie ihre Radiogeräte auf ausländische Sender eingestellt hatten; ob es auch Todesurteile gegeben hat, ist nicht bekannt (vgl. Dahl 1978, S.119).

verpflichtungen für die Rüstungsbetriebe oder Versetzungen zum jetzt besonders wichtigen Auslandsrundfunk war die Leistungsfähigkeit eingeschränkt. Aus luftschutztechnischen Gründen wurden immer wieder Sendepausen verordnet. Der Sendebetrieb mit zwölf Haupt- und 27 Nebensendern konnte nicht mehr aufrecht erhalten werden - über ein Dutzend Programme der jeweiligen Funkhäuser, davon mehr als die Hälfte Eigenproduktionen, waren in Kriegszeiten nicht mehr realisierbar (vgl. Diller 1980, S.372f.). Seit dem 10. Mai 1940 mußten die meisten Reichssender ab 22.15 Uhr ihren Programmbetrieb beenden. Am 9. Juni 1940 wurde schließlich ein einheitliches Reichsprogramm eingeführt (vgl. Schütte 1971, S.180f.).

In politisch-propagandistischen Sendungen änderte sich ab Ende 1941 die Grundlinie. Der »Endsieg« wurde nur noch zusammen mit einer »gigantischen Kraftanstrengung des gesamten Volkes« (Klingler 1983, S.143) in Verbindung gebracht. Die Aufgabe der Propaganda war es fortan, dafür zu sorgen, daß es überhaupt noch zu einem »positiven« Kriegsende komme. Das Volk sollte zum »Durchhalten« motiviert werden (ebd.).

Mit seiner Rundfunkpropaganda wollte Goebbels das »Wir-Gefühl« stärken, den Feind negativ darstellen, ein positives Stimmungsbild von der Front vermitteln und den technischen Fortschritt hervorheben. Durch das Musikprogramm sollte sich das Volk entspannen und abgelenkt werden, das politisch-propagandistische Programm sollte zu immer neuen Höchstleistungen für das Vaterland animieren (vgl. Klingler 1983, S.195).

3.2.2   Die Auslandssender

Während des Krieges sollte der Rundfunk nicht nur dazu dienen, die eigene Bevölkerung zu motivieren, er sollte auch Einfluß nehmen auf die Bevölkerung im Feindesgebiet. Er sollte diese von der Gerechtigkeit der deutschen Sache überzeugen,

Verbündete anwerben, neutrale Staaten besänftigen und auf die eigene Seite ziehen und die Kampfkraft des Gegners schwächen (vgl. Schwipps 1971, S.13).

Bei Kriegsausbruch sendeten täglich zehn deutsche Kurzwellensender 69 Stunden Programm auf insgesamt 20 verschiedenen Frequenzen. Schon 1939 waren sogenannte Zonenredaktionen gebildet worden, die jeweils auf bestimmte Sendegebiete hin ausgerichtet waren. So gab es deutschsprachige Auslandssendungen, die insbesondere auf die Auslandsdeutschen zielten (vgl. Schwipps 1971, S.52ff.). Andere hatten die Kolonien der Kriegsgegner im Blick und sendeten nach Südostasien, Australien und Neuseeland in Englisch sowie nach Niederländisch Indien und Afrika (vgl. ebd., S.56). Daneben gab es die deutschen Europasender. Sie sendeten auf Mittel-, später auch auf Langwelle für das fremdsprachige Europa in 27 Sprachen. Der wichtigste Zielort war England. Das Leitmotiv dieser Sendungen lautete nach Schwipps: »Die Neuordnung Europas geht von Deutschland aus« (ebd., S.75). Das Auslandsprogramm der Nationalsozialisten mußte sich an den Hörgewohnheiten und Vorlieben der ausländischen Hörer orientieren, damit diese die Sendungen überhaupt einschalteten. Zugleich mußte vorausgesetzt werden, daß die ausländischen Hörer über die aktuellen politischen und militärischen Weltereignisse besser und umfassender informiert waren als die deutschen Hörer. Somit waren die Auslandssendungen informativer und »ehrlicher« als die Inlandssendungen und mußten insoweit auch auf gegnerische Argumente eingehen (vgl. Hagemann 1948, S.299). Dies blieb auch in Deutschland nicht unbemerkt; viele nutzten die Gelegenheit, sich über die deutschen Auslandssendungen besser zu informieren, als es durch den Großdeutschen Rundfunk möglich war. Eine dritte Gruppe von Auslandssendern, die Geheimsender, verleugneten ihre wahre Identität und Herkunft und behaupteten, von oppositionellen Gruppen des jeweiligen Empfangslandes geführt zu werden. Die deutsche Dachorganisation

der Geheimsender war das »Büro Concordia«, das zur Aus-
landsdirektion der Reichs-Rundfunk-Gesellschaft gehörte.

Zum Ende des Krieges hin wurde auch das Personal im
Rundfunk knapp, da praktisch jeder wehrfähige Mann an die
Front gerufen wurde. Gravierender noch waren die Schäden, die
durch die Kampfhandlungen an den Sendern verursacht wurden. Ab Mitte des Jahres 1944 mehrten sich die Ausfälle und
Zerstörungen bei den Sendeanlagen im ganzen Reich, ab Frühjahr 1945 war der endgültige Zusammenbruch unausweichlich.
Der letzte deutsche Sender, der das Reichsprogramm ausstrahl-
te, war der Sender Flensburg. Am 8. Mai 1945 mußte auch dieser
sein Programm einstellen. Er beendete seinen Sendebetrieb mit
dem Abspielen des »Horst-Wessel-Liedes«. Damit war der
»Großdeutsche Rundfunk« in technischer, organisatorischer und
wirtschaftlicher Beziehung am Ende (vgl. Schütte 1971, S.194f.).

4.   Westdeutschland

4.1   Unter alliierter Kontrolle (1945 bis 1949)[15]

4.1.1   Die Sender der Militärregierungen

Mit der Niederlage der deutschen Wehrmacht und der be-
dingungslosen Kapitulation des Deutschen Reiches vom 8./9.
Mai 1945 kam auch der deutsche Rundfunk zum Erliegen. Die
Siegermächte übernahmen das, was von den Rundfunkanlagen
noch übrig geblieben war, und nutzten die verbliebenen Sendeanlagen zunächst als Militärsender.

---

[15] Mit dem Besatzungsstatut vom 21. Dezember 1949 und der Konstituierung der
Verfassungsorgane (Bund und Ländern wird die gesetzgebende, vollziehende
und rechtsprechende Gewalt übertragen) endet die Militärregierung. Die »Alliierte Hohe Kommission« tritt an die Stelle des »Alliierten Kontrollrats«.

»Außer einigen mehr oder weniger zerstörten Gebäuden und Sendern verbindet den Rundfunk der Nachkriegszeit nichts mit jenem gigantischen Propagandaapparat eines totalitären Regimes, das jedermann vor Ohren und manchem auch schon vor Augen geführt hatte, wie das relativ junge publizistische Instrument Rundfunk als 'Führungsmittel' eines allmächtigen Einparteienstaates zu mißbrauchen war.« (Bausch 1980, S.13)

Die Besatzungsmächte setzten jedoch alles daran, den Rundfunk möglichst schnell wieder einsatzfähig zu machen, und sei dies auch nur provisorisch. Die herausragende Bedeutung des Rundfunks - insbesondere in den ersten Wochen nach dem Zusammenbruch - lag darin begründet, daß der Rundfunk quasi das einzige intakte bzw. leicht wiederherzustellende Kommunikationsmittel war. Alle anderen Massenkommunikationsmittel waren durch die zerstörte Infrastruktur und die knappen Ressourcen (insbesondere den Papiermangel) nur sehr schwer einigermaßen flächendeckend bereitzustellen (vgl. Bausch 1980, S.10ff.).

»Das oberste Ziel der Besatzungsmächte, Kontrolle aller Lebensbereiche, war aber nur zu verwirklichen, wenn möglichst schnell alle Kreise der Bevölkerung von Anordnungen erreicht wurden. Als ein besonders schnelles und wirkungsvolles Mittel bot sich deshalb der Rundfunk an.« (Schütte 1975, S.217)

Der erste Sender der Alliierten war bereits am 4. Mai 1945, also schon vor der endgültigen Kapitulation des Deutschen Reiches, aus dem Funkhaus Hamburg zu hören. Der Sendebetrieb startete mit der Durchsage: »This is Radio Hamburg, a station of the Allied Military Government«.

In den folgenden Wochen arbeiteten amerikanische Spezialeinheiten in München, Stuttgart, zunächst Bad Nauheim und schließlich Frankfurt daran, die Sender für die Militärregierung wieder instand zu setzen. So entstanden schließlich »Radio München«, »Radio Stuttgart« und »Radio Frankfurt«. Am 23. Dezember 1945 strahlte »Radio Bremen« über einen fahrbaren

Sender ein Programm für die amerikanische Enklave Bremen aus.

In der französischen Besatzungszone wurde ab dem 14. Oktober 1945 zunächst über den ehemaligen Nebensender Koblenz und ab dem 20. Oktober 1945 über Baden-Baden ein regionales Programm gesendet, bevor (erst) am 31. März 1946 der für die gesamte französische Besatzungszone gegründete »Südwestfunk« seinen Betrieb aufnehmen konnte. Die vier Siegermächte waren sich darin einig, daß sie nach dem Mißbrauch des Rundfunks in der Zeit des Nationalsozialismus den Deutschen alle Rundfunkaktivitäten untersagen wollten. Die Rundfunkpolitik sollte vielmehr dazu dienen, die Deutschen zur Demokratie zu erziehen.

Bereits vor der endgültigen Kapitulation waren aus dem Hauptquartier der Alliierten Streitkräfte, den »Supreme Headquarters, Allied Expeditionary Force (SHAEF)« drei Gesetze erlassen worden, die nach der Kapitulation zumindest in den drei westlichen Besatzungszonen in Kraft blieben. Das Gesetz Nr. 191 untersagte den Deutschen »Die Tätigkeit oder den Betrieb (...) von Rundfunk- und Fernsehstationen und Rundfunkeinrichtungen«, Gesetz Nr. 76 enthielt die Bestimmungen für die Anmeldung bestimmter Arten von Rundfunkempfangsanlagen und Gesetz Nr. 52 schließlich verfügte die Beschlagnahmung des Reichsvermögens und damit der Rundfunkanlagen (vgl. Bausch 1980, S.17 und Bierbach 1984, S.97). Damit war die Funkhoheit des Reiches auf die alliierten Siegermächte übergegangen. Sie lag jetzt de facto in den Händen der Militärgouverneure der einzelnen Besatzungszonen.

Obgleich die Sender der Militärregierungen den Besatzungsmächten als Sprachrohr dienten, wurden dennoch deutsche Mitarbeiter - soweit sie nicht durch die nationalsozialistische Vergangenheit belastet waren - sehr früh zur Mitwirkung bei der Programmgestaltung herangezogen.

»Wenn deutsches Personal von den alliierten Offizieren (...) eingesetzt wurde, so geschah dies jedesmal auf vorherige, genaue Anweisung und unter strenger Kontrolle. Nach einiger Zeit zogen sich die alliierten Kontrolloffiziere jedoch schrittweise von der Planung und Ausführung der Programme zurück. Sie beschränkten sich auf die Kontrolle der Sendungen und des Sendebetriebes. Sie nahmen an wichtigen Programmsitzungen teil, überprüften die Musikprogramme, zensierten die Manuskripte der Wortsendungen und überwachten einschneidende Maßnahmen in Technik und Verwaltung.« (Schütte 1975, S.219)

Der große Verlierer bei der Neuordnung des Rundfunks nach dem Kriege war die Post.

»Es ist grundlegende Politik der US-Militärregierung, daß die Kontrolle über die Mittel der öffentlichen Meinung, wie Presse und Rundfunk, verteilt und von der Beherrschung durch die Regierung freigehalten werden müssen. Demgemäß ist der Deutschen Post die Beteiligung am Rundfunk in der US-Besatzungszone mit Ausnahme der folgenden Funktionen verboten worden:

a) Einziehung der Rundfunkempfangsgebühren im Auftrag der Landesregierung als zentraler Gebührenstelle;

b) Zurverfügungstellung der für den Rundfunkbetrieb notwendigen Kabel;

c) Unterhaltung eines Rundfunk-Entstörungsdienstes.«

(Befehl der US-Militärregierung vom 21. November 1947, gezeichnet von Military Governor Lucius D. Clay; zit. nach Bausch 1980, S.34)

In den anderen westlichen Besatzungszonen wurde das Aufgabengebiet der Post ähnlich eingegrenzt. Für die Leistung dieser Dienste wurde der Post ein bestimmter Anteil aus dem Gebührenaufkommen zugebilligt. Weitere Gemeinsamkeiten sind in der Rundfunkpolitik der Besatzungsmächte jedoch nicht zu erkennen. Sie entwickelten den Rundfunk in den Besatzungszonen zunächst einmal nach ihren eigenen Vorstellungen. Dennoch sind am Ende bei den westlichen Alliierten sehr ähnliche Rundfunkorganisationen entstanden.

4.1.2   Rundfunk in der britischen Besatzungszone

Das Hamburger Funkhaus war unmittelbar nach Kriegsende als einziges der britischen Besatzungszone intakt geblieben. So wurde

> »(...) Hamburg (...) unvermeidlicherweise das Zentrum eines Rundfunknetzes, das einige Monate später den Namen Nordwestdeutscher Rundfunk erhielt, zu dem (dann) auch Stationen in Köln, Hannover und Berlin gehörten.« (Greene 1990, S.116)

Die britische Militärregierung orientierte sich am vertrauten Modell der BBC und versuchte die Organisationsform der »Public Corporation«, also der Anstalt des öffentlichen Rechts, auf ihre Besatzungszone zu übertragen. Infolgedessen organisierte sie den Rundfunk in den von ihr besetzten Ländern Nordrhein-Westfalen, Schleswig-Holstein, Niedersachsen, Hamburg und dem britischen Sektor von Berlin, als eine zentrale Rundfunkanstalt mit Sitz in Hamburg, die mehr als die Hälfte der deutschen Bevölkerung zu versorgen hatte.

> »I am clear that we do not want to leave behind a government controlled machine, nor do we want commercial broadcasting. The alternative is a public corporation for which the BBC is the obvious model. (...) at present it is clear that the BBC is the chief source of our inspiration.« (Brief des britischen Generalleutnants Sir Alex Bishop, in dem er den BBC-Generaldirektor William Haley um Hilfe bat, für die Organisation des NWDR eine geeignete Person (= Hugh Carlton Greene) zu finden; zit. nach Bausch 1980, S.23)

Die Neuorganisation des Rundfunks in der britischen Besatzungszone wurde maßgeblich von Hugh Carlton Greene beeinflußt, der seit 1940 Leiter der deutschen Abteilung der BBC war. Er stand vom 1. Oktober 1946 bis 1948 an der Spitze des NWDR.

> »Ich sah meine Aufgabe darin, dem NWDR einen legalen Status zu geben, ihn mit dem politischen Leben im Nachkriegsdeutschland zu verflechten und die bereits geschaffene Tradition der Freiheit und Unabhängigkeit zu vertiefen und weiter zu fördern. Eines der Din-

ge, die ich tat, war die Abhaltung einer Versammlung des gesamten Personals in der großen Konzerthalle. Ich sagte damals: 'Ich bin hier, um mich überflüssig zu machen.' Ich sorgte dafür, daß viele der britischen Kontrolloffiziere - insbesondere die weniger tüchtigen - in der Tat sehr schnell überflüssig wurden. Und ich reduzierte das britische Personal auf eine kleine Gruppe von Männern, die bereit waren, mit Begeisterung für die gleichen Ziele zu arbeiten.« (Greene 1990, S.117)

Greene sah es also nicht als seine Aufgabe an, den Rundfunk streng unter der Hoheit der britischen Militärbehörde zu führen, sondern vielmehr, die Deutschen von Anfang an möglichst in die Rundfunkarbeit miteinzubeziehen. Am 1. Januar 1948 erhielt der NWDR durch die Verordnung Nr. 118 der Britischen Militärregierung sein offizielles Statut[16]. Damit war die erste deutsche Rundfunkorganisation nach dem Ende des Krieges legalisiert (vgl. Behrens 1986, S.288).

In der Satzung des NWDR, welche der Verordnung als Anhang beigefügt wurde, sind bereits die wesentlichen Grundzüge für den öffentlich-rechtlichen Rundfunk, wie wir ihn auch heute noch kennen, gelegt. Die Organe waren entsprechend der ersten Satzung des NWDR der Generaldirektor, welcher dem heutigen Intendanten entspricht, der Hauptausschuß (= Rundfunkrat) und der Verwaltungsrat (vgl. Flottau 1978, S.30ff.).

---

[16] Übergeben wurde das Statut am 30. Dezember 1947, in Kraft trat es am 1. Januar 1948 (vgl. Greene 1990, S.122).

Abb. 5:   Verordnung Nr. 118 der britischen Militärregierung

MILITÄRREGIERUNG-DEUTSCHLAND
BRITISCHES KONTROLLGEBIET
VERORDNUNG Nr. 118
NORDWESTDEUTSCHER RUNDFUNK

Um den Nordwestdeutschen Rundfunk als eine unabhängige Anstalt zur
Verbreitung von Nachrichten und Darbietungen unterhaltender, bildender und
belehrender Art zu errichten,

WIRD HIERMIT FOLGENDES ANGEORDNET:

Artikel I
Errichtung des Nordwestdeutschen Rundfunks

1. Der Nordwestdeutsche Rundfunk wird hiermit als eine Anstalt des öffentlichen
   Rechts errichtet. Sein Hauptsitz ist Hamburg.
2. Die Satzung des Nordwestdeutschen Rundfunks ist im Anhang zu dieser
   Verordnung niedergelegt.
3. Ungeachtet aller dazu im Widerspruch stehenden Bestimmungen der
   allgemeinen Gesetze und Rechtssätze, einschließlich der geltenden gesetzlichen
   Bestimmungen der Militärregierung, hat die Satzung Gesetzeskraft.

Artikel II
Bestätigung durch die Militärregierung

4. Die Wahl der sieben Mitglieder des Verwaltungsrates und die Ernennung des
   Generaldirektors (§§ 3,8 und 9 der Satzung) bedürfen der Bestätigung durch die
   Militärregierung.

Artikel III
Aufsicht

5. Die Aufsicht über die Organe des Nordwestdeutschen Rundfunks richtet sich
   nach der Satzung. Eine Beaufsichtigung ihrer Tätigkeit nach den Vorschriften
   betreffend die Aufsicht über juristische Personen öffentlichen Rechts durch die
   Organe der Behörden des Staates, der Länder oder anderer Körperschaften findet
   nicht statt.

Artikel IV
Einnahmen

6. (a) Die Deutsche Post wird nach wie vor von jedem angemeldeten
       Rundfunkhörer der britischen Zone eine monatliche Gebühr erheben.
       Ermäßigungen oder Erlaß der Gebühr kann in Fällen besonderer
       Bedürftigkeit gewährt werden.
   (b) Die Militärregierung bestimmt, welcher Anteil der Einnahmen aus Rund-
       funkgenehmigungen dem Nordwestdeutschen Rundfunk zugeteilt wird.

Artikel V
Amtlicher Text

7. Der deutsche Text der Satzung gilt als amtlicher Text. Die Bestimmung der Verordnung Nr. 3 und des Artikels II 5 des Gesetzes Nr. 4 der Militärregierung findet
   auf ihn keine Anwendung.

Artikel VI
Tag des Inkrafttretens

8. Diese Verordnung tritt in Kraft am 1. Januar 1948

IM AUFTRAGE DER MILITÄRREGIERUNG

Quelle: Bausch 1980, S.62.

Zum ersten deutschen Generaldirektor des NWDR wurde Adolf Grimme gewählt, dem Hugh Carlton Greene am 15. November 1948 offiziell die Geschäfte übergab (vgl. Behrens 1986, S.288).

Abb. 6: Aufbau des NWDR 1949

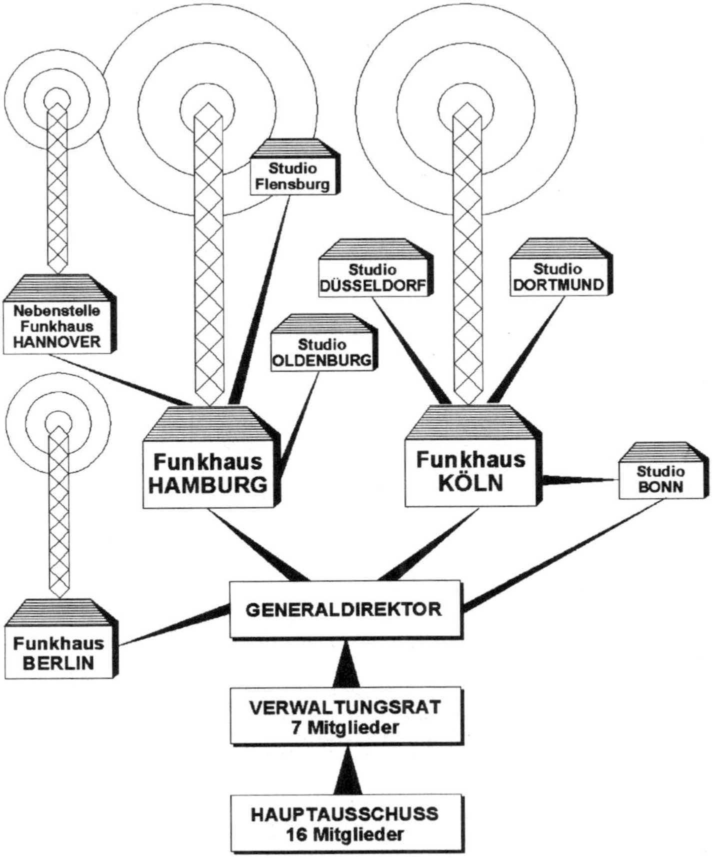

Quelle: Bausch 1980, S.64.

4.1.3   Rundfunk in der amerikanischen Besatzungszone

4.1.3.1   Die Grundsätze der Rundfunkpolitik

Anders als in den von den Briten besetzten Ländern verlief die Neugründung des Rundfunks in der amerikanischen Besatzungszone. Die Rundfunkpolitik der Amerikaner umfaßte im wesentlichen drei Punkte. Danach hatte der Rundfunk:

> »1. den Bedürfnissen und dem Schutz der alliierten Truppen zu dienen so vor allem unmittelbar nach dem Sieg;
>
> 2. Medium der Demokratisierung und, im engeren Sinne, der Re-education zu sein;
>
> 3. die Politik der Besatzungsmächte propagandistisch zu vertreten.« (Mettler 1975a, S.47)

Wenngleich die Rundfunkpolitik der amerikanischen Militärregierung im Grundsatz den britischen Vorstellungen entsprach, setzte sie jedoch in der konkreten Ausgestaltung andere Akzente. Während sich die Briten bei der Neugründung des Rundfunks in ihrer Besatzungszone für eine zentrale Anstalt entschieden, zogen die Amerikaner eine föderalistische Lösung vor, das heißt, sie gründeten für jedes von ihnen besetzte Land (Bayern, Württemberg-Baden, Hessen sowie für die amerikanische Enklave Bremen) eine eigene Rundfunkanstalt.

Die zentrale Aufsicht über den Rundfunk lag bei der amerikanischen Militärregierung, dem »Office of Military Government«. Diese verteilte jedoch ihre Kompetenzen auf Länderebene an die sogenannten »Radio Branches«, das heißt, in jeder Rundfunkanstalt wurde eine Abteilung unter der Bezeichnung »Radio Branch« eingerichtet, die mit amerikanischen Offizieren besetzt war. Diese »Radio Branches« unterstanden sowohl der Militärregierung auf Länderebene als auch der Zentrale in Berlin (vgl. Mettler 1990, S.138).

Die Amerikaner wußten zu Beginn nur, daß sie eine dezentrale Lösung wollten und daß der Rundfunk von jeglichem Regierungseinfluß freigehalten werden sollte. Wie dieser dezentrale Rundfunk aber im einzelnen ausgestaltet werden sollte, war noch unklar. Zunächst forderte die amerikanische Militärregierung die einzelnen Länderregierungen auf, Pläne für die Ausgestaltung des Rundfunks auszuarbeiten. Die Vorschläge der Länderregierungen waren unterschiedlich, zum Teil knüpften sie an Vorstellungen aus der Weimarer Zeit an. Als Beispiel sei hier der württemberg-badische Ministerpräsident Reinhold Maier zitiert:

> »Ich habe mir gedacht, daß sich die Sache ungefähr so regeln müßte: Der rein technische Betrieb des Radios ist Sache der Post. Die Sendestationen gehen in das Eigentum des Reiches zurück, die politische Verantwortung trägt das Staatsministerium, und es wird je eine Intendantur oder Direktion für die Programmgestaltung unter einer zentralen Überwachung eingerichtet (...), der Aufbau eines Propagandaministeriums soll aber vermieden werden.« (Zit. nach Bausch 1980, S.69f.)

Diese Vorstellungen, die sich an den Strukturen des Rundfunks in der Weimarer Republik orientierten, wurden von den Amerikanern abgelehnt. Dennoch wollte die amerikanische Militärregierung nicht einfach eine neue Rundfunkordnung per Verordnung erlassen, sondern bemühte sich ernsthaft, die Deutschen in die Gestaltung des Rundfunks mit einzubeziehen.

Von den drei idealtypisch möglichen Organisationsformen, nämlich kommerzieller privatrechtlicher Rundfunk, öffentlich-rechtlicher Rundfunk oder staatlicher Rundfunk, verbot sich der Staatsrundfunk aufgrund der negativen Erfahrungen von selbst. Das privatrechtliche Rundfunksystem amerikanischer Art lag zwar nahe, ließ sich jedoch aus technischen, organisatorischen und vor allem wirtschaftlich-finanziellen Gründen nicht auf das Deutschland der Nachkriegszeit übertragen. Somit blieb nur die Möglichkeit einer dezentralen öffentlich-rechtlichen Rundfunkorganisation,

»(...) in der Regierungs- und Parlamentsvertreter nur als eine und keineswegs die wichtigste Interessengruppe Sitz und Stimme erhalten sollten. Eine Kontrolle durch die Regierung schien damit ausgeschlossen.« (Mettler 1990, S.140; vgl. auch Mettler 1975b, S.243f.)

Für die konkrete Ausgestaltung des Programmbetriebes entwickelten die Amerikaner konkrete Zielvorstellungen, wie sie am 14. Mai 1946 im »Entwurf zu einer Erklärung über Rundfunkfreiheit in Deutschland« veröffentlicht wurden. Die dort entwickelten Grundsätze gelten als die »Zehn Gebote« der amerikanischen Rundfunkpolitik.

Amerikanischer Entwurf zu einer Erklärung über Rundfunkfreiheit in Deutschland, Mai 1946

Auf dem Weg zur Schaffung eines freien, demokratischen und friedliebenden Deutschlands, das wiederum seinen Platz in der Familie der Nationen als geachtetes und sich selbst achtendes Mitglied einnehmen wird, muß das deutsche Rundfunkwesen mit allen Kräften bemüht sein, ohne Kompromisse sich der Förderung der menschlichen Ideale von Wahrheit, Toleranz, Gerechtigkeit, Freiheit und Achtung vor den Rechten der individuellen Persönlichkeit zu widmen.

Zu diesem Zweck muß und wird das deutsche Rundfunkwesen seine nunmehr hergestellte Unabhängigkeit aufrechterhalten.

Es wird sich nicht den Wünschen oder dem Verlangen irgendeiner Partei, irgendeines Glaubens oder irgendeines Bekenntnisses unterordnen.

Es wird weder direkt noch indirekt eine Schachfigur der Regierung werden, noch wird es das Werkzeug einer besonderen Gruppe oder Persönlichkeit sein, sondern es wird in freier, gleicher, offener und furchtloser Weise dem ganzen Volke dienen.

Die einzige Sache, die der deutsche Rundfunk verfechten wird, wird die Sache der Gerechtigkeit und die gemeinsame Sache der Menschheit sein.

Bei gewissenhafter Einhaltung dieser allgemeinen Grundsätze verpflichtet sich die Leitung jedes einzelnen Senders und auch jeder zukünftigen Rundfunkanstalt:

1. Den Vertretern der hauptsächlichsten religiösen Bekenntnisse, die den Wunsch äußern, gehört zu werden, eine angemessene Sendezeit einzuräumen.
2. Den Vertretern der verschiedenen Richtungen bei strittigen Fragen von allgemein öffentlichem Interesse die gleiche Länge der Sendezeit zu gewähren.
3. Den Vertretern der gesetzlich zugelassenen Organisationen der Arbeitnehmer und der Arbeitgeber das Recht auf die gleiche Länge der Sendezeit zu garantieren.
4. Allen politischen Parteien, die auf regionaler oder breiterer Basis zugelassen sind, während ihrer Beteiligung an örtlichen sowie Landes- oder zukünftigen Reichswahlen die gleiche Länge der Sendezeit einzuräumen.

5. Den festgestellten Sprechern, Kommentatoren oder Programmverfassern nicht zu gestatten, bei Sendungen, an denen sie beteiligt sind, ihre Namen zur Werbung für irgendeine politische Partei herzugeben.

6. Die ganze Berichterstattung auf ein hohes Niveau wahrheitsgetreuer Objektivität an Inhalt, Stil und Wiedergabe einzustellen und bei Nachrichtensendungen jede offenbare oder versteckte Kommentierung zu unterlassen.

7. Bei Nachrichtenübermittlungen soweit wie möglich ausschließlich Material zu benützen, das von freien und unabhängigen Nachrichtenagenturen oder aus solchen Quellen stammt, von denen man annehmen kann, daß sie einen objektiven Standpunkt einnehmen, und es in unmißverständlicher Weise erkennen zu lassen, wenn Nachrichten übermittelt werden, deren Ursprung nicht als frei, unabhängig und unbeeinflußt festgestellt werden kann.

8. Demokratisch gesinnten Kommentatoren und Vortragenden das Recht zur Kritik an Ungerechtigkeiten, Mißständen oder Unzulänglichkeiten bei Persönlichkeiten oder Amtsstellen der öffentlichen Behörden und den Staats- oder der Reichsregierung mit allen verfügbaren Mitteln zu gewährleisten und zu sichern.

9. Keine Sendung zu gestatten, die irgendwie Vorurteile oder Diskriminierung gegen Einzelpersonen oder Gruppen wegen ihrer Rasse, Religion oder Farbe verursachen könnte.

10. Zu verhindern, daß der Sender Gedanken oder Begriffe verbreitet, die in grober Weise gegen die moralischen Gefühle großer Teile der Zuhörerschaft verstoßen würden.«

(Bausch 1980, S.72f.)

4.1.3.2 Die Rundfunkanstalten

Der Bayerische Rundfunk (BR). Als erste Rundfunkanstalt auf amerikanisch besetztem Territorium bekam der - bereits seit dem 12. Mai 1945 unter dem Namen »Radio München« sendende - »Bayerische Rundfunk« ein legales Statut. Durch das »Gesetz über die Errichtung und die Aufgaben einer Anstalt des öffentlichen Rechts 'Der Bayerische Rundfunk' vom 10. August 1948« wurde damit die zweite Rundfunkanstalt in den westlichen Besatzungszonen begründet. Erster Intendant des Bayerischen Rundfunks wurde Rudolf von Scholtz, der schon vor 1933 beim Rundfunk in München gearbeitet hatte. Im Statut des Bayerischen Rundfunks waren unter anderem folgende Pflichten und Grundsätze enthalten:

»Die Sendungen (...) dienen der Belehrung und Unterhaltung. Sie sollen von demokratischer Gesinnung, von kulturellem Verantwor-

tungsbewußtsein, von wahrhafter Menschlichkeit und von unbe-
stechlicher Objektivität getragen sein.« (Zit. nach Schütte 1975, S.227f.)

Der Hessische Rundfunk (HR). Das Statut des Hessischen
Rundfunks trat am 1. Oktober 1948 rückwirkend in Kraft, nachdem am 2. Oktober 1948 das Gesetz über den Hessischen Rundfunk verabschiedet worden war. In den Gremien dieser Anstalt
agierten Personen, die auch im Rundfunk der Weimarer Republik eine bedeutende Rolle gespielt hatten. Zum Vorsitzenden
des Verwaltungsrates wurde Hans Bredow, zum Vorsitzenden
des Rundfunkrates Kurt Magnus gewählt.

»Damit war unter völlig veränderten rundfunkpolitischen Umständen eine erstaunliche personelle Brücke zurück zum Rundfunk der
Weimarer Republik geschlagen. Die beiden 'Schöpfer des alten
Rundfunks' konnten auf diese Weise an der Gründung der Organisation der ARD mitwirken.« (Bausch 1980, S.90)

Radio Bremen (RB). Die amerikanischen Behörden entschlossen sich erst relativ spät, Radio Bremen als eigenständige Rundfunkanstalt weiterzuführen. Dies lag in der Unsicherheit der Finanzierung des Senders. Nur Bremen und Bremerhaven zählten
zur amerikanischen Besatzungszone, während das gesamte
Umland zur britischen Besatzungszone gehörte und damit Sendegebiet des NWDR war. Diese Insellage und das geringe Gebührenaufkommen sprachen nicht dafür, eine eigenständige
Rundfunkanstalt zu begründen. Indem aber ein Teil aus dem
Gebührenaufkommen des NWDR verfügbar wurde, war die Finanzierung gesichert. Am 15. März 1949 trat das Rundfunkgesetz
für Radio Bremen in Kraft. Erster Intendant wurde am 17. März
1949 Walter Geerdes, der bereits an der Ausarbeitung des Rundfunkgesetzes mitgewirkt hatte (vgl. Bausch 1980, S.119-126).

Der Süddeutsche Rundfunk (SDR). Als letzte Rundfunkanstalt wurde in der amerikanischen Besatzungszone am 12. Mai
1949 der Süddeutsche Rundfunk gegründet. Im Vorfeld des Gesetzes über den Süddeutschen Rundfunk war es zu heftigen

Auseinandersetzungen über die Organisation gekommen. Die Württemberg-Badische Landesregierung versuchte eine Rundfunkorganisation durchzusetzen, die dem Staat - ähnlich wie in Weimar - einen größeren Einfluß einräumte. Doch deren Entwürfe, die teilweise schon im Landtag als Gesetz beschlossen und bereits auch verkündet waren, fanden die Billigung der amerikanischen Militärregierung nicht.

Am Ende konnte man sich dann dennoch zu einem Kompromiß durchringen, so daß am 31. März 1949 im Landtag ein Entwurf verabschiedet wurde, der auch die Zustimmung der Amerikaner fand. Am 22. Juli 1949 wurde der Süddeutsche Rundfunk offiziell den Deutschen übergeben und Fritz Eberhard am 25. August 1949 zum ersten Intendanten gewählt, nachdem der zuvor zum Intendanten gewählte Präsident der Oberpostdirektion, Heinz Hohner, die Wahl nicht angenommen hatte (vgl. Bausch 1980, S.93ff.).

4.1.4 Rundfunk in der französischen Besatzungszone

Auch die französische Militärregierung wollte in ihrer Besatzungszone in den Ländern Rheinland-Pfalz, Baden und Württemberg-Hohenzollern eine zentrale Rundfunkanstalt errichten. Sitz dieser zentralen Anstalt sollte ursprünglich Mainz sein; am Ende blieb der Südwestfunk am Sitz des französischen Hauptquartiers in Baden-Baden. Im Gegensatz zu den Rundfunkanstalten der amerikanischen oder der britischen Besatzungszone stand der Südwestfunk (SWF) vergleichsweise lang unter der hoheitlichen Aufsicht der Franzosen. Aufgrund dieser hoheitsrechtlichen Vorbehalte der Franzosen gab es für den Südwestfunk auch lange Zeit keine rechtliche Grundlage. Erst am 30. Oktober 1948 unterzeichnete der französische Militärgouverneur General Pierre Koenig die Verordnung Nr. 187 über den Südwestfunk, an deren Ausarbeitung von deutscher Seite weder die Regierungen noch die Landtage der drei Länder, sondern lediglich ausgewählte Einzelpersönlichkeiten Anteil hatten.

Entsprechend dieser Verordnung bekam der Südwestfunk die Organisationsform einer Anstalt des öffentlichen Rechts mit dem Recht auf Selbstverwaltung. In Artikel 11 des Statuts waren die französischen Vorbehaltsrechte explizit festgeschrieben (vgl. Bausch 1980, S.139). Die Programme sollten

> »von vollendeter Objektivität und demokratischer Auffassung getragen sein und die internationale Zusammenarbeit fördern. Öffentliche Ordnung, gute Sitte und Grundrechte, die in den Verfassungen verankert waren, durften nicht verletzt werden.« (Zit. nach Bausch 1980, S.139)

Am 16. Juli 1949 wurde Friedrich Bischoff zum ersten Intendanten des Südwestfunks gewählt. Damit ging der Südwestfunk in deutsche Hände über (vgl. Schütte 1975, S.30f. und Bausch 1980, S.140ff.).

4.1.5   Rundfunk 1949

Bei der Gründung der Bundesrepublik Deutschland und der Verabschiedung des Grundgesetzes 1949 gab es insgesamt sechs deutsche Rundfunkanstalten, welche allesamt die Rechtsform einer Anstalt des öffentlichen Rechts besaßen, wodurch sie von Regierungs- und Gruppeneinflüssen weitgehend unabhängig sein sollten. In ihrer Organisationsstruktur entsprachen sie sich weitgehend, sie hatten als Organe Rundfunkrat, Verwaltungsrat und Intendanz ausgebildet.

In der Tabelle 12 wird diese »erste Generation« der Rundfunkanstalten in Westdeutschland im Überblick dargestellt und auf ihre rechtlichen Grundlagen verwiesen. Die Sendegebiete der einzelnen Rundfunkanstalten verdeutlicht Abb. 7.

**Abb. 7: Sendegebiete der »ersten Generation« deutscher Rundfunk-
anstalten**

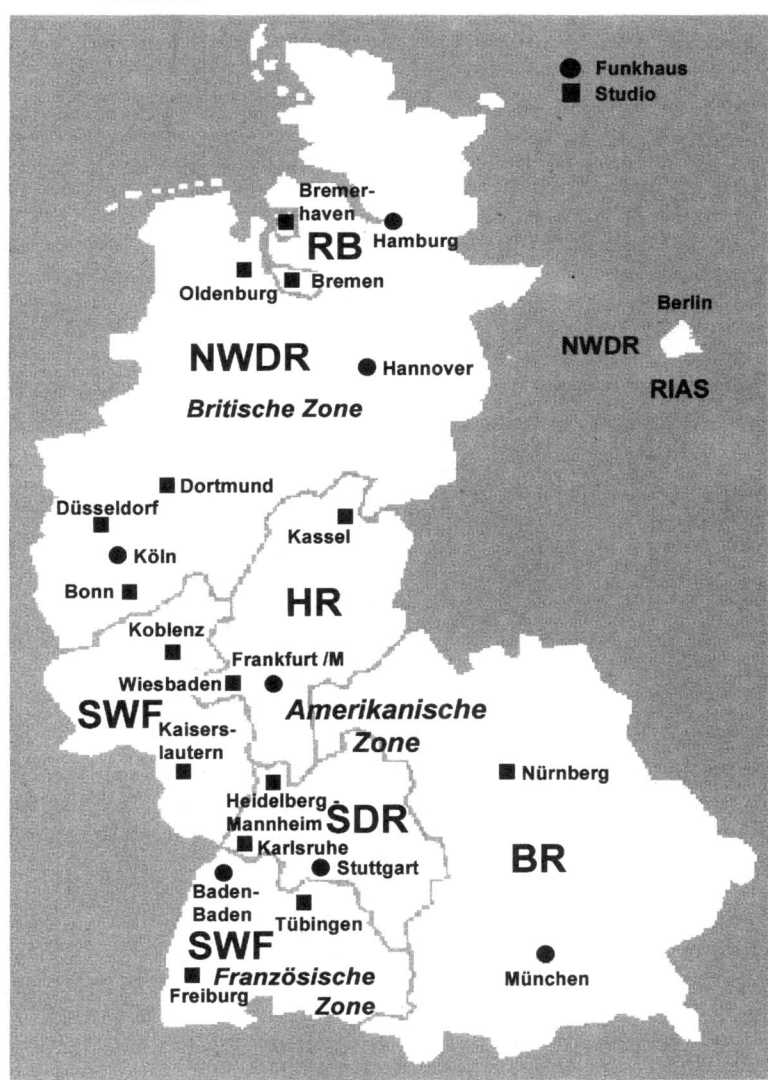

Quelle: Bausch 1980, S.243)

Tab. 12: Die »erste Generation« deutscher Rundfunkanstalten

	Britische Zone	*Amerikanische Zone*	
Name	Nordwestdeutscher Rundfunk (NWDR)	Hessischer Rundfunk (HR)	Süddeutscher Rundfunk (SDR)
Gesetzliche Grundlage	(britische) Ordinance No. 118/ Verordnung Nr. 118	Gesetz über den Hessischen Rundfunk vom 2. Oktober 1948	Gesetz Nr. 1039 Radiogesetz vom 6. April 1949
Inkrafttreten von Gesetz/ Statut	1. 1. 1948	1. 10. 1948	12. 5. 1949
Erster gewählter Intendant Wahltag	Adolf Grimme (Generaldirektor) 8. 9. 1948	Eberhard Beckmann 31. 12 . 1948	Heinz Hohn 8. 8. 1949 (nimmt Wahl nicht an) Fr. Eberhard 25. 8. 1949
Sendegebiet	Schleswig-Holstein, Hamburg, Niedersachsen, Nordrhein-Westfalen, Berlin	Hessen	Württemberg, Baden
Sitz der Anstalt	Hamburg	Frankfurt (Main)	Stuttgart
Übergabe in deutsche Hände	30. 12. 1947	28. 1. 1949	22. 7. 1949

Quelle: Bausch 1980, S.158f.

Amerikanische Zone		Französische Zone
Bayerischer Rundfunk (BR)	Radio Bremen (RB)	Südwestfunk (SWF)
Gesetz über die Errichtung und die Aufgaben einer Anstalt des öffentlichen Rechts »Der Bayerische Rundfunk« vom 10. August 1948	Gesetz über die Errichtung und die Aufgaben einer Anstalt des öffentlichen Rechts» Radio Bremen« vom 22. November 1948 in der Fassung vom 28. Februar 1949	(französische) Ordonnance No. 187/ Verordnung Nr. 187 über die Errichtung des »Südwestfunks« vom 30. Oktober 1948 in der Fassung der Verordnung Nr. 198 vom 19. Januar 1949
1. 10. 1948	15. 3. 1949	30. 10. 1948/ 19. 1. 1949
Rudolf von Scholz 10. 1. 1948	Walter Geerdes 17. 3. 1949	Friedrich Bischoff 16. 7. 1949
Bayern	Bremen	Rheinland-Pfalz, Baden, Württemberg-Hohenzollern, Stadt- und Landkreis Lindau
München	Bremen	Mainz (tatsächlich Baden-Baden)
26. 1.1949	5. 4. 1949	stufenlos mit der Wahl des deutschen Intendanten

Um die Grundeinstellung der Politiker der Nachkriegszeit und so auch der Bevölkerung zum Rundfunk zu verdeutlichen, sei hier aus der Rede des Ministerpräsidenten von Württemberg-Baden, Reinhold Maier, eines gewiß untadeligen Demokraten, zitiert, die er bei der feierlichen Übergabe des Südddeutschen Rundfunks am 22. Juli 1949 in Anwesenheit des amerikanischen Militärgouverneurs Mc Cloy hielt:

»Der deutsche Standpunkt konnte sich nur unter Bedenken der Auffassung anschließen, daß eine Radiostation im Grunde genommen niemand gehöre, daß niemand eine Verantwortung trage, und daß niemand einen Einfluß auszuüben habe. Wir waren der Ansicht, daß irgend jemand der Träger eines solchen Unternehmens sein müsse. Wir haben uns der höheren Einsicht gefügt und warten nunmehr das Ergebnis des Experiments ab. Die Bevölkerung hält die Regierung, wie wir immer wieder erfahren, für das verantwortlich, was beim Stuttgarter Rundfunk vorgeht. Die Bevölkerung möge davon Kenntnis nehmen, daß seit 1945 bis heute und wiederum von heute an die Regierung keine Mitwirkungsrechte auszuüben hat, daß sie in den Gremien des Rundfunks nicht aktives, nicht einmal passives Mitglied ist. Die Regierung ist einfacher Zuhörer wie das Volk und freut sich dieser demokratischen Rolle. Wir sind übrigens begierig, zu welchem zukünftigen 'Jemand' der heutige anscheinende 'Niemand' sich entwickeln wird. Das Rundfunkgesetz setzt die Landesregierung auf diesem Gebiet in den Ruhestand. So kommen wir als im Gewande unerschütterlicher Neutralität einherschreitende Gratulanten und hoffen nur das eine, daß unsere herzlichen Glückwünsche nicht als unerwünschte Einmischung in die Freiheit des Rundfunks aufgefaßt werden.« (Zit. nach Bausch, 1980, S.104)

Diese Einstellung verwundert nicht. Die Politiker der Nachkriegszeit hatten ihre »politische Prägung« in der Weimarer Republik erfahren und wie damals konnten sie sich nicht vorstellen, man könnte den Rundfunk sich selbst überlassen. Dieser gehöre in die Verantwortung des Staates, dem entsprechend ein Gestaltungs- und Kontrollauftrag übertragen sei.

4.2 Umstrukturierungen

4.2.1 Im Sendegebiet des NWDR

Veränderungen in der Rundfunklandschaft im Nachkriegs-Deutschland zeichneten sich sehr früh im Sendegebiet des Nordwestdeutschen Rundfunks (NWDR) ab. Schon bei der Gründung der zentralen Rundfunkgesellschaft hatte es Bestrebungen gegeben, den einzelnen Ländern stärkeren Einfluß zu sichern. Insbesondere das Land Nordrhein-Westfalen sah in dieser zentralistischen Lösung seine Interessen nicht ausreichend berücksichtigt.

Der Sender Freies Berlin (SFB). In Berlin mehrten sich mit Beginn der Blockade der Berliner Westsektoren durch die Sowjets im Sommer 1948 die Bestrebungen, eine eigene Rundfunkanstalt zu gründen, welche sich der Belange Berlins in besonderem Maße annehmen konnte. Berlin wurde anfangs von einer Außenstelle des NWDR und vom RIAS[17] rundfunkpublizistisch versorgt (vgl. Bausch 1980, S.87ff.). Nach Verhandlungen mit dem NWDR beschloß das Berliner Abgeordnetenhaus am 5. November 1953 das »Gesetz über die Errichtung einer Rundfunkanstalt 'Sender Freies Berlin'«, das am 21. November 1953 in Kraft trat. Die darin getroffenen Regelungen sahen im Gegensatz zu den Regelungen in den anderen Rundfunkanstalten eine dreiköpfige Geschäftsführung vor, welcher der Intendant, der zugleich Programmdirektor war, der Wirtschaftsdirektor und der Verwaltungsdirektor angehörten. Diese kollegiale Führungs- und Entscheidungsstruktur erwies sich jedoch im Hinblick auf die Erfordernisse der Leitung einer Rundfunkanstalt als wenig effektiv, so daß sie bereits am 13. Dezember 1956 wieder aufgehoben wurde. Von da an entsprach auch der SFB dem organisatorischen Aufbau der anderen Anstalten (vgl. Bausch 1980, S.197ff. und Hesse 1990, S.11).

---

[17] Vgl. die besondere Darstellung des RIAS unter Abschnitt 4.3.

Der NWDR als zentrale Sendeanstalt für die britische Besatzungszone hatte damit immer noch ein sehr großes Einzugsgebiet. Mehr als die Hälfte der westdeutschen Bevölkerung wurde mit seinem Rundfunkprogramm versorgt.

Der Westdeutsche Rundfunk (WDR). Die britische Militärregierung bemühte sich zwar, durch die Einrichtung von Funkhäusern in Köln und Hannover sowie durch mehrere low-power-Sender und auch durch regionale Sendereihen unterschiedlichen landsmannschaftlichen Interessen und Besonderheiten im Verbreitungsgebiet des NWDR gerecht zu werden, doch konnte dies den Erwartungen insbesondere der Regierung in Nordrhein-Westfalen nicht genügen. Diese arbeitete auf die Errichtung eines selbständigen Westdeutschen Runkfunks in Köln hin, was aus historischen und soziokulturellen, wie auch aus wirtschaftlichen Überlegungen nur sinnvoll erschien. Sie wollte, wie auch die anderen Landesregierungen, mehr Einfluß auf den Rundfunk gewinnen (vgl. Reich 1990, S.104 und Schütte 1975, S.220f.).

Die Vorstöße von Nordrhein-Westfalen konnten den Fortbestand des NWDR jedoch zunächst nicht gefährden, denn nach der Verordnung Nr. 118 waren Bestand und Auflösung des NWDR an die Zustimmung der britischen Militärregierung gebunden. Dies änderte sich auch nach Inkrafttreten des Grundgesetzes am 24. Mai 1949 nicht, denn im Besatzungsstatut von 1949 hatte sich die alliierte Hohe Kommission die »oberste Gewalt« in Deutschland vorbehalten. Sie räumte zwar der Bundesrepublik und ihren Ländern die gesetzgebende, vollziehende und rechtsprechende Gewalt ein, doch alle Gesetze waren dem Einspruchsrecht der Besatzungsmächte unterworfen (vgl. Bausch 1980, S.204ff. und Hesse 1990, S.11).

Erst mit den Pariser Verträgen vom 23. Oktober 1954, die am 5. Mai 1955 in Kraft traten, endete die alliierte Besetzung West-Deutschlands, die Bundesrepublik erlangte die volle Souveränität. Im Vorgriff darauf hatte die Britische Militärregierung am 31. Januar 1955 die Verordnung Nr. 118 aufgehoben und so konnte das Gesetz über den Westdeutschen Rundfunk, das bereits 1954 vom Landtag beschlossen und am 25. Mai 1954 verkündet worden war, und das bis dato nicht die Zustimmung der britischen Besatzungsmacht gefunden hatte, in Kraft treten. Zum Intendanten des WDR wurde Hanns Hartmann gewählt, der bereits vorher das Funkhaus Köln geleitet hatte (vgl. Bausch 1980, S.211ff.).

Im Gegensatz zu den anderen Rundfunk-Gesetzen wies das WDR-Gesetz einige Besonderheiten auf, welche dem Wunsch nach verstärkter Verantwortung des Landesparlaments Rechnung tragen sollten. So wurde nach dem WDR-Gesetz der Rundfunkrat nicht nach dem sogenannten »ständischen Modell« gebildet (dort entsenden die sogenannten »gesellschaftlich relevanten Gruppen« ihre Vertreter in die Gremien), sondern entsprechend dem sogenannten »parlamentarischen Modell« (hier bestimmt der Landtag die Rundfunkräte nach den Grundsätzen der Verhältniswahl). Deshalb kannte das WDR-Gesetz neben den drei üblichen Organen des Rundfunks: Intendant, Verwaltungsrat und Rundfunkrat, ein viertes Organ, den Programmbeirat, der »ständisch« zusammengesetzt war, jedoch nur beratende Funktion hatte.

Der Norddeutsche Rundfunk (NDR). Am 16. Februar 1955 wurde der Staatsvertrag über den Nordwestdeutschen Rundfunk aufgehoben, zugleich gründeten die Länder Schleswig-Holstein, Niedersachsen und Hamburg eine neue Anstalt mit Sitz weiterhin in Hamburg.

Die Ministerpräsidenten unterzeichneten den Staatsvertrag über die Errichtung des NDR[18], der am 16. Juni 1955, nach der

---

[18] Am gleichen Tag wurde von den Ministerpräsidenten der Länder Nordrhein-Westfalen, Schleswig-Holstein, Niedersachsen und Hamburg auch

letzten noch ausstehenden Ratifizierung durch Hamburg, in Kraft treten konnte. Dieser Staatsvertrag war eine beinahe perfekte Kopie des WDR-Gesetzes, das heißt, auch beim NDR wurden die Mitglieder des Rundfunkrates von den Parlamenten gewählt. Auch hier gab es vier Gremien, welche in ihrer Gesamtheit die parteipolitischen Kräfteverhältnisse widerspiegelten. Erster Intendant des NDR wurde 1955 Walter Hilpert (vgl. Bausch 1980, S.225-234).

4.2.2   Im Saarland

Die Situation im Saarland stellt sich grundsätzlich anders dar als in den übrigen Bundesländern. Das Saarland wurde erst am 1. Januar 1957 wieder in die Bundesrepublik eingegliedert. Das bedeutet zwar nicht, daß es im Saarland nach dem Ende des Krieges keinen deutschsprachigen Rundfunk gegeben hätte, doch unterstand dieser vollständig der Hoheit der französischen Besatzungsmacht. Am 17. März 1946 nahm »Radio Saarbrücken« als Sender der Militärregierung in deutscher Sprache seinen Sendebetrieb auf. Im Gegensatz zu den anderen Rundfunkanstalten der Alliierten wurde der Rundfunk des Saarlandes jedoch lange Zeit streng zensiert. Desweiteren stand von 1946 bis 1955 an der Spitze von Radio Saarbrücken immer ein Franzose. Anders als in den anderen Besatzungszonen wurde im Saarland das Recht, Rundfunk zu veranstalten, allein dem Staat zuerkannt, der sein Monopol auf eine GmbH übertrug, in der nur das Saarland und Frankreich Gesellschafter sein konnten. So wurde 1952 aus »Radio Saarbrücken« die Saarländische Rundfunk GmbH (vgl. Schütte 1975, S.234f. und Bausch 1980, S.143ff.).

---

der »Staatsvertrag über die Liquidation des NWDR und die Neuordnung des Rundfunks im bisherigen Sendegebiet des NWDR« unterzeichnet, welcher die Auflösung des NWDR offiziell besiegelte und gleichzeitig eine vorübergehende lockere Zusammenarbeit zwischen WDR und NDR vereinbarte (vgl. Bausch 1980, S.211ff.).

Diese Situation änderte sich erst mit der Wiedereingliederung des Saarlandes in die Bundesrepublik Deutschland am 1. Januar 1957. Die Wiedereingliederung basiert auf dem Ergebnis der Volksabstimmung vom 23. Oktober 1955. Im Blick auf die Wiedereingliederung wurde bereits am 27. November 1956 der Entwurf eines Rundfunkgesetzes im saarländischen Landtag eingebracht, der mit großer Mehrheit angenommen wurde. Und so konnte am 1. Januar 1957, dem Tag der Wiedereingliederung des Saarlandes, auch das saarländische Rundfunkgesetz in Kraft treten, welches in den Grundzügen jenen Rundfunkgesetzen entsprach, die in den anderen Ländern verabschiedet worden waren, mit einem Unterschied: Die Mitglieder des Rundfunkrates, die aus dem Bereich der gesellschaftlich relevanten Gruppen kamen, wurden - mit Ausnahme der Kirchenvertreter - vom Landtag, allerdings auf Vorschlag des Ausschusses für Kulturpolitik und Jugendfragen, gewählt. Zum ersten Intendanten des neuen Saarländischen Rundfunks wurde am 5. Juni 1957 Franz Mai gewählt, der zuvor persönlicher Referent von Bundeskanzler Konrad Adenauer war (vgl. Schütte 1975, S.234f. und Bausch 1980, S.234-238).

Mit der Gründung des Saarländischen Rundfunks als der letzten deutschen Landesrundfunkanstalt nach dem Zweiten Weltkrieg war ein Status geschaffen worden, der bis zur Wiedervereinigung die westdeutsche Rundfunklandschaft prägen sollte.[19]

---

[19] Die Entwicklung in Ostdeutschland wird gesondert unter Abschnitt 5 dargestellt.

4.3   Exkurs: Der RIAS

Die ehemalige Reichshauptstadt Berlin wurde nach dem
Krieg, wie das gesamte ehemalige Deutsche Reich, in vier Sekto-
ren unterteilt und unter eine Vier-Mächte-Kontrolle gestellt, die
eine gemeinsame Verwaltung Berlins vorsah.

> »Doch bevor die amerikanischen und britischen Truppen in Berlin
> eintrafen und die Alliierte Kommandantur eingerichtet werden
> konnte, schufen die Sowjets wie auf vielen anderen Gebieten auch
> auf dem des Rundfunks vollendete Tatsachen.« (Bausch 1980, S.128)

Die Sowjets hatten das »Haus des Rundfunks«, welches im
britischen Sektor von Berlin lag, besetzt und strahlten von dort
den »Berliner Rundfunk« aus. Dagegen war zunächst nichts
einzuwenden, da der Sender ursprünglich von allen alliierten
Siegermächten gemeinsam getragen werden sollte, und somit
natürlich auch die Sowjets ein Recht hatten, an der Kontrolle des
Funkhauses mitzuwirken. Da jedoch unter den Alliierten keine
Einigkeit darüber zu erzielen war, wie das Programm dieses
Senders sowie dessen rechtliche Grundlage auszugestalten waren, unterstand der Berliner Rundfunk zunächst weiterhin der
alleinigen Zensur der sowjetischen Militärregierung. Die Amerikaner glaubten nicht an einen Verhandlungserfolg zur Konstituierung des Berliner Rundfunks, deshalb strebten sie die Errichtung einer eigenen Rundfunkanstalt an. Und so wurde am
21. November 1945 per Befehl der »Drahtfunk im amerikanischen Sektor«, kurz: »DIAS« eingerichtet. Ursprünglich wurden
die Programme des DIAS nicht terrestrisch, sondern drahtge-
bunden verbreitet. So erreichte er nur einen geringen Teil (13
Prozent) der potentiellen Hörer im amerikanischen Sektor. Als
dann im August 1946 ein weiterer Antrag der Amerikaner
scheiterte, den Berliner Rundfunk unter Vier-Mächte-Status zu
führen, wurde der DIAS in einen »normalen« Rundfunksender
überführt, er bekam eine terrestrische Frequenz. Unter der neu-
en Bezeichnung »RIAS«, (»Rundfunk im amerikanischen Sek-

tor«) strahlte er als Sender der amerikanischen Militärregierung ab dem 5. September 1946 sein Programm aus. Er wurde als Dienststelle der amerikanischen Militärregierung geführt.

1948, in der Zeit der Blockade Berlins, erlangte der RIAS die Bedeutung, die er bis zur Wiedervereinigung haben sollte; RIAS Berlin verstand sich als Brücke zum sowjetisch besetzten Deutschland und zur späteren DDR und meldete sich noch bis in die 70er Jahre hinein mit: »Hier ist RIAS Berlin, eine freie Stimme der freien Welt«. (Zit. nach Jarren/Völkl 1984, S.215)

Um den Vier-Mächte-Status und einen Gegenpol zum sowjetischen Sektor von Berlin zu unterstreichen, blieb der RIAS bis kurz nach der Wiedervereinigung Deutschlands eine amerikanische Rundfunkanstalt auf deutschem Boden mit einem amerikanischen Aufsichtsgremium und einem von diesem ernannten deutschen Intendanten (vgl. Bausch 1980, S.127ff.).

4.4 Das Erbe der Besatzungsmächte: öffentlich-rechtlicher Rundfunk

Die Entwicklung des Rundfunks in Westdeutschland kam im Verlauf der 50er Jahre zum vorläufigen Abschluß. Die Besatzungsmächte hatten dafür die Grundlagen geschaffen. Der föderale Aufbau und die öffentlich-rechtliche Organisationsform, so wie sie in der amerikanischen Zone entwickelt wurden, hatten sich durchgesetzt. Alle neun nach dem 2. Weltkrieg geschaffenen westdeutschen Rundfunkanstalten folgen den gleichen Organisationsmustern :

- Alle Anstalten besitzen die Rechtsform von Anstalten des öffentlichen Rechts, wodurch sie von Staats- oder Regierungseinflüssen, aber auch von den Einflüssen wirtschaftlicher Gruppeninteressen weitgehend unabhängig sein sollen.

- Organe dieser Anstalten sind: der Rundfunkrat, der Verwaltungsrat und der Intendant.

- Zusätzlich zu diesen drei Organen besaßen der NDR und der WDR zunächst noch einen Programmbeirat. Da bei beiden Anstalten der Rundfunkrat ursprünglich nach dem parlamentarischen Modell zusammengesetzt war, also im wesentlichen den Parteienproporz der Landtage widerspiegelte, übernahm hier der Programmbeirat die Repräsentation der gesellschaftlich relevanten Gruppen.

- Der Intendant ist das zentrale Exekutivorgan einer Rundfunkanstalt. Er ist sowohl für das gesamte Programm als auch für den wirtschaftlichen und organisatorischen Betrieb einer Rundfunkanstalt allein verantwortlich und vertritt die Anstalt nach außen.

- Der Rundfunkrat ist das zahlenmäßig stärkste Gremium einer öffentlich-rechtlichen Anstalt. Die Rundfunkräte sind dazu berufen, die Allgemeinheit auf dem Gebiet des Rundfunks zu vertreten. Sie beraten den Intendanten in der Programmgestaltung und haben hierbei insbesondere darauf zu achten, daß die jeweils geltenden Grundsätze und Richtlinien eingehalten werden.[20] Desweiteren üben sie das Budgetrecht aus. Bei den meisten Anstalten wählt der Rundfunkrat außerdem den Intendanten und zumindest einen Teil des Verwaltungsrates.

- Der Verwaltungsrat, ein zahlenmäßig sehr viel kleineres Gremium als der Rundfunkrat, berät und unterstützt den Intendanten in der Geschäftsführung, insbesondere in Finanz- und Wirtschaftsfragen.

- Die öffentlich-rechtlichen Rundfunkanstalten finanzieren sich aus Gebühren, die ursprünglich von der Bundespost, heute

---

[20] Beim NDR und WDR wurde die Aufgabe der Beratung in Programmfragen ursprünglich vom Programmbeirat wahrgenommen.

von der Gebühreneinzugszentrale, kurz: GEZ, eingezogen werden; hinzu kommen Werbeeinnahmen.

Um den Rundfunk der 50er Jahre zu charakterisieren, sei der Eindruck von Clark Foreman wiedergegeben, der einen Erfahrungsbericht über die deutsche Rundfunksituation anfertigte. Bausch faßt dessen Urteil über die westdeutschen Sender im Vergleich zu den amerikanischen Stationen wie folgt zusammen:

> »(...) die Westdeutschen Sender hätten den meisten amerikanischen Stationen zwei Dinge voraus: bessere technische Qualität und mehr kulturelle Programme. Außerdem hatte er den Eindruck, 'einer ausgesprochenen Armut an Spontaneität, Witz und ganz allgemein an leichter Auffassung eines (...) Stoffes'. Die verschiedenen Intendanten sind zwar offenbar verschiedener Ansicht über das, was Unabhängigkeit ist, aber sie erklären sich übereinstimmend dafür (...). Die Fortschritte, die der unabhängige Rundfunk seit Kriegsende in Deutschland erzielen konnte (charakterist er) als 'echten Triumph der Demokratie'.« (Bausch 1980, S.247)

4.5 Die Gründung der ARD

Noch bevor alle neun öffentlich-rechtlichen Landesrundfunkanstalten des Nachkriegsdeutschland gegründet worden waren, bahnte sich zwischen den bis dahin bestehenden sechs Landesrundfunkanstalten, nämlich dem Nordwestdeutschen Rundfunk, dem Bayerischen Rundfunk, dem Hessischen Rundfunk, Radio Bremen, dem Süddeutschen Rundfunk und dem Südwestfunk eine Zusammenarbeit an. Als ersten Termin für eine Sitzung von Vertretern aller deutschen Stationen (auch der sowjetischen Besatzungszone) nennt Rainulf Schmücker den

25. November 1946 (vgl. Schmücker 1969, S.28).[21] Ab dem 9. Juni
1947 trafen sich die Intendanten zu regelmäßigen Sitzungen
(vgl. Bausch 1980, S.251). Eine institutionalisierte Form der Zusammenarbeit schien zweckmäßig, hatten doch alle Anstalten
die gleiche Rechtsform und in etwa die gleichen Aufgaben.
Auch aus der unterschiedlichen Größe und Finanzkraft der Anstalten ergab sich die Notwendigkeit einer Zusammenarbeit.
Der deutsche Rundfunk mußte auf nationaler und internationaler Ebene repräsentiert werden. Zudem bot sich die Zusammenarbeit in Programmfragen, in Forschung und Technik an.

Der erste Vorstoß in Richtung Gründung einer Arbeitsgemeinschaft »Deutscher Rundfunk« kam 1947 von Hans Bredow,
dem Verwaltungsratsvorsitzenden des Hessischen Rundfunks
und ehemaligem Rundfunk-Kommissar der Reichs-Rundfunk-
Gesellschaft. Der Plan Bredows stieß bei den Intendanten der
anderen Anstalten jedoch auf deutlichen Widerstand, da sein
anvisierter »Deutscher Rundfunk« zu viele Ähnlichkeiten mit
der ehemaligen Reichs-Rundfunk-Gesellschaft der Weimarer
Republik aufwies. Nach Rainulf Schmücker war einer der Kern-
punkte dieses Entwurfes die Absicht, die Arbeitsgemeinschaft
mit einer Art Gesamt-Rundfunkrat und Gesamt-Verwaltungsrat
für alle Anstalten auszustatten und gewissermaßen den einzelnen Rundfunkanstalten vorzuschalten; den Vorsitz dieser Arbeitsgemeinschaft sollte wiederum Hans Bredow innehaben.
Ziel dieses Entwurfes war es demnach offenbar, und so haben
es auch die damaligen Intendanten verstanden, die Intendanten
in ihrer Bedeutung auf eine Exekutivfunktion zurückzudrängen
(vgl. Schmücker 1969, S.43ff.).

Diese Ähnlichkeit mit der Reichs-Rundfunk-Gesellschaft und
auch die geringe Neigung der Intendanten, ihre Unabhängigkeit

---

[21] Nach dem Einsetzen der Berlin-Blockade 1948 nahmen die Vertreter aus
der sowjetischen Besatzungszone an diesen Konferenzen natürlich nicht
mehr teil.

und die damit verbundenen weitreichenden Befugnisse an eine zentrale Organisation abzutreten, ließen zwar Bredows Pläne scheitern, dennoch war die Notwendigkeit der Zusammenarbeit einsichtig und so konstituierten die (zum Zeitpunkt der Gründung der Bundesrepublik bestehenden) sechs Rundfunkanstalten am 5. Juni 1950 die »Arbeitsgemeinschaft der öffentlich-rechtlichen Rundfunkanstalten Deutschlands (ARD)«, welche am 9. Juni 1950 eine Satzung erhielt. Die ARD war ein lockerer Zusammenschluß ohne eigene Rechtspersönlichkeit (vgl. Hesse 1990, S.12 und Schmücker 1969, S.28). Nach und nach traten auch die anderen neugegründeten Landesrundfunkanstalten diesem Zusammenschluß bei. Bis zur deutschen Wiedervereinigung im Jahre 1990 gehörten der ARD alle neun Landesrundfunkanstalten an, ferner die 1960 gegründeten Bundesrundfunkanstalten Deutsche Welle und Deutschlandfunk sowie - mit beratender Stimme - der RIAS.[22]

Hans Bausch schreibt zur Gründung der ARD im ersten ARD-Jahrbuch:

>»Die ARD ist als relativ lockerer Zusammenschluß mit Vereinscharakter ins Leben getreten. Ihre Mitglieder waren in den ersten Jahren sorgsam darauf bedacht, keinerlei Souveränität abzugeben, schon gar nicht auf dem Gebiet des Programms. Nur einstimmige Beschlüsse der Mitglieder konnten für alle Rundfunkanstalten verbindlich sein.
>
>Wahrscheinlich hätte sich diese lockere Zusammenarbeit nicht verstärkt, hätte nicht das Fernsehen fast alle Landesrundfunkanstalten vor unlösbare Probleme gestellt. Die für den Hörfunk praktizierte Zusammenarbeit mit Absprachen, Programmaustausch und Koproduktion von Programmen erwies sich bei einem Blick in die Zukunft als nicht eng genug.« (Bausch 1969, S.14)

---

[22] Zur Situation im wiedervereinigten Deutschland siehe Abschnitt 6.

4.6   Die Einführung des Fernsehens

Beim NWDR arbeitete man bereits seit 1948 an der Weiterentwicklung der Fernsehtechnik, die in Deutschland durch den
2. Weltkrieg vorläufig zum Erliegen gekommen war. Der
NWDR bot sich hierfür an, da er die größte und folglich auch
finanzkräftigste Anstalt war, und der Fernsehversuchsbetrieb
eine große Summe an Entwicklungsgeldern verschlang. Bis zur
offiziellen Aufnahme des Versuchsbetriebes veranschlagte man
damals eine Entwicklungsphase von zwei Jahren, welche dann
auch eingehalten werden konnte. Am 27. November 1950, also
kurz nach der Gründung der ARD, wurde dann der erste Fernsehversuchsbetrieb gestartet, welcher mit einer Rede des
NWDR-Verwaltungsratsvorsitzenden Emil Dovifat begann (vgl.
Behrens 1986, S.294ff.). Wenngleich der NWDR den ersten
Schritt zur Entwicklung des Fernsehprogramms in Deutschland
machte, so waren sich die Intendanten der einzelnen Rundfunkanstalten von Beginn an darüber einig, daß das Fernsehen nicht
dem NWDR vorbehalten sein solle, sondern von allen Anstalten
zu veranstalten sei. Dennoch war nicht daran zu denken, daß
jede Anstalt ein eigenes Fernsehprogramm gestalten könnte, da
eine Minute Fernsehprogramm - wie der Generaldirektor des
NWDR Adolf Grimme auf einer Intendantentagung im Juni
1950 vorrechnete - 500 Mark kosten würde. Im Vergleich zu einer Hörfunkminute, welche damals mit 25 Mark veranschlagt
wurde, war dies eine immense Summe. Man einigte sich zunächst darauf, daß der NWDR die Forschungsarbeiten weiter-
betreiben sollte, gründete aber gleichzeitig am 10. November
1950 eine »Fernsehkommission der Rundfunkanstalten«, welche
in der Folgezeit die weiteren Fragen des Fernsehbetriebes zu
klären hatte. Man einigte sich auf die Veranstaltung eines gemeinsamen Fernsehprogramms, welches die kulturellen Besonderheiten der einzelnen Länder zu berücksichtigen hatte. Dieter
Sattler, der Vorsitzende des Bayerischen Rundfunkrates, faßte
das Ergebnis der Beratungen der Fernsehkommission am 28.

April 1952 folgendermaßen zusammen:

»Da jede einzelne der sechs deutschen Rundfunkanstalten [in dieser Hinsicht sogar auch der NWDR] für die Produktion eines ausreichenden Fernsehprogramms zu klein ist, ist man einmütig zu der Meinung gekommen, für das gesamte Gebiet der Bundesrepublik ein in der Hauptsache gemeinsames Fernsehprogramm anzustreben. Außer dem gemeinsamen Programm wird jede Anstalt natürlich auch zu einem gewissen Prozentsatz (10-25 Prozent) ein lokales Programm senden. Das gemeinsame Programm soll sich aus Beiträgen aller sechs Rundfunkanstalten (gemäß deren finanziellen Möglichkeiten, d. Verf.) zusammensetzen. Dabei werden sich selbstverständlich Schwerpunkte bilden und gewisse Anstalten werden sich auf das eine oder andere Gebiet spezialisieren.« (Zit. nach Bausch 1980, S.272)

Ab dem 25. Dezember 1952 strahlte der NWDR für sein Sendegebiet einen regelmäßigen täglichen Programmdienst aus, am 27. März 1953 einigten sich die Intendanten auf Grundlage der Vorschläge der Fernsehkommission auf den Fernsehvertrag, welcher am 12. Juni 1953, nach der Ratifizierung durch die Gremien aller Rundfunkanstalten in Baden-Baden unterzeichnet wurde. Darin heißt es:

»Das Deutsche Fernsehprogramm setzt sich aus Programmbeiträgen der vertragschließenden Rundfunkanstalten zusammen. (...) Es soll höchstens zwei Stunden täglich dauern. Das Deutsche Fernsehprogramm kann durch regionale Programme der Rundfunkanstalten ergänzt werden. Der Programmausschuß, in dem jede Rundfunkanstalt eine Stimme hat, beschließt mit einfacher Mehrheit die Zusammensetzung des Programms aufgrund der Vorschläge der einzelnen Rundfunkanstalten. Als >Pflichtbeitrag< liefern der NWDR 50, der BR 20 sowie HR, SDR und SWF je 10 v.H. Der Pflichtbeitrag von Radio Bremen bleibt einer besonderen Regelung vorbehalten. Jede Anstalt ist berechtigt, auf die Ausstrahlung von Teilen des Deutschen Fernsehprogramms zu verzichten und es insoweit durch einen eigenen Beitrag zu ersetzen. Jede Rundfunkanstalt trägt ihre Kosten selbst.« (Zit. nach Bausch 1980, S.273)

Am 1. November 1954 startete schließlich offiziell das Gemeinschaftsprogramm »Deutsches Fernsehen«. Der Fernsehvertrag der Landesrundfunkanstalten wurde in der Folgezeit mehrfach überarbeitet, die neugegründeten Rundfunkanstalten NDR und WDR sowie SFB und SR traten bei. Auch die ursprüngliche Sendezeitbegrenzung von zwei Stunden täglich wurde bald aufgehoben. Der Fernsehvertrag wurde durch ein Abkommen der Länder abgesichert. Dieses »Abkommen über die Koordinierung des Ersten Fernsehprogramms« wurde am 17. April 1959 von den Ministerpräsidenten der Länder unterzeichnet (vgl. Bausch, 1980, S.277ff.). Am gleichen Tag unterzeichneten sie auch das »Abkommen über den Finanzausgleich zwischen den Rundfunkanstalten«. In Zukunft sollten nun nicht mehr die Rundfunkanstalten, sondern die Landesregierungen für die Regelung des Finanzausgleichs zuständig sein. Aufgabe des Finanzausgleichs war und ist es, zu gewährleisten,

> »(...) daß die übergeordneten Aufgaben des deutschen Rundfunks und solche Aufgaben einzelner Rundfunkanstalten, die wegen ihrer Bedeutung für den gesamten Rundfunk als Gemeinschaftsaufgaben wahrgenommen werden müssen, erfüllt werden können (und) daß jede Rundfunkanstalt in der Lage ist, ein ausreichendes Programm zu gestalten und zu senden.« (Paragraph 1 des Abkommens über den Finanzausgleich zwischen den Rundfunkanstalten, zit. nach Bausch 1980, S.296)

Beide Vertragswerke haben im Laufe der Jahre die ein oder andere Abwandlung erfahren, dem Kern nach bestehen sie jedoch noch heute.

4.7 Der Bund-Länder-Streit

4.7.1 Divergierende Interessen

Die Alliierten hatten schon vor der Gründung der Bundesrepublik Deutschland die Strukturen des Rundfunks festgeschrieben. Sie gründeten bzw. ließen in ihren Besatzungsgebieten vom Staat unabhängige, nur der Allgemeinheit verpflichtete Rundfunkanstalten des öffentlichen Rechts gründen.

Nach der Gründung der Bundesrepublik Deutschland war deshalb nicht grundsätzlich geklärt, was schon in der Weimarer Republik umstritten war, nämlich die Frage, ob der Bund oder die Länder für die Regelung der Rundfunkordnung verantwortlich seien. Artikel 73 Grundgesetz Ziffer 7 bestimmt, daß die ausschließliche Gesetzgebungskompetenz über das Post- und Fernmeldewesen beim Bund liegt. War nun der Rundfunk dem Fernmeldewesen zuzuordnen, so lag die Verantwortung beim Bund. Dem steht auf der anderen Seite die Kulturhoheit der Länder (Art. 30, 70 ff. und 83 ff. GG) entgegen, unter welche nach unserem heutigen Verständnis der Rundfunk zu subsummieren ist.

So lange die alliierten Vorbehaltsrechte Bestand hatten, führten diese unterschiedlichen Auffassungen nicht zum Konflikt. Zwar wurden mit dem Inkrafttreten der Deutschlandverträge am 5. Mai 1955 das Besatzungsstatut und die Hohe Kommission als Kontrollinstanz aufgehoben, doch galt das Gesetz Nr. 5 weiter; der Betrieb von Rundfunk und Fernsehen und von Drahtfunksendern blieb genehmigungspflichtig, bis das Gesetz am 19. Dezember 1960 durch das Vierte Gesetz zur Aufhebung des Besatzungsrechts endgültig außer Kraft gesetzt wurde (vgl. Bausch 1980, S.312). Bis dahin hatten die Alliierten ein Vetorecht und somit das letzte Wort in Fragen der Rundfunkordnung.

Unter Politikern aber blieb die Frage umstritten. Insbesonde-

re jene, die ihre ordnungspolitischen Vorstellungen im Blick auf
die Weimarer Republik entwickelten, konnten sich nicht vorstellen, daß Rundfunk etwas sein sollte, das außerhalb staatlicher Verantwortung läge. Dies sahen Reinhold Maier, der sich
in Stuttgart den rundfunkpolitischen Vorstellungen der Amerikaner gegenüber halsstarrig erwies, und Karl Arnold in Düsseldorf, der sich den Vorstellungen der Briten widersetzte, in gleicher Weise. Auch Adenauer war sicher ähnlicher Auffassung,
sah aber diese Verantwortung beim Bund und nicht bei den
Ländern.

Nach der Gründung der Bundesrepublik und dem Inkrafttreten des Deutschlandvertrages meldeten sich bald von vielen
Seiten Interessenten für die Veranstaltung eines Rundfunkprogramms, wobei das primäre Interesse auf das junge Medium
Fernsehen gerichtet war, da dessen Erfolg beim Publikum sich
immer deutlicher abzuzeichnen begann.

Inzwischen war 1954 neben der BBC in England ein zweites
privates Fernsehprogramm eingeführt worden und die technische Entwicklung deutete die Möglichkeit an, auch in Deutschland sehr bald ein weiteres Fernsehprogramm auszustrahlen.
Debattiert wurde in diesem Zusammenhang auch die Frage des
Werbefernsehens. Der Bayerische Rundfunk hatte am 4. Mai
1956 als erster beschlossen, in seinem Programm Werbefernsehen einzuführen.[23] Um den Ängsten der Verleger und den Interessen der Wirtschaft entgegenzukommen, war ursprünglich
geplant, diese an der Bayerischen Werbefernseh GmbH zu beteiligen. Die Verhandlungen verliefen jedoch ergebnislos, so daß
die Werbefernseh GmbH schließlich eine 100-prozentige Toch-
ter des Bayerischen Rundfunks wurde. Die Positionen der Zeitungsverleger in der Frage des Werbefernsehens waren dabei
durchaus gespalten. Die Verleger, die im »Verband Deutscher

---

[23] Offiziell eingeführt wurden die (werktäglichen) Werbesendungen in Bayern dann schließlich am 3. November 1956.

Zeitungsverleger (VDZ)« organisiert waren, lehnten das Werbefernsehen und in diesem Sinne jedes Privatfernsehen grundsätzlich ab, weil sie eine Abwanderung ihrer Anzeigenkunden befürchteten. Die Verleger hingegen, welche im »Bundesverband Deutscher Zeitungsverleger (BDZV)« zusammengeschlossen waren, waren gegen eine Beteiligung, da sie einen eigenen Sender beanspruchten. Eine Klage der beiden gegen den Bayerischen Rundfunk, mit der sie ihm die Ausstrahlung von Werbesendungen untersagen lassen wollten, blieb jedoch erfolglos (vgl. Behrens 1986, S.314).

In der Wirtschaft hingegen war man einmütig für die Einführung des Werbefernsehens. Differenzen bestanden lediglich darüber, ob ein solches Werbefernsehen von privat-rechtlich oder öffentlich-rechtlich organisierten Rundfunkanstalten betrieben werden sollte (vgl. Behrens 1986, S.315). Die Vorstellungen der Verleger und der Wirtschaft rüttelten ebenso an der bestehenden Rundfunkordnung wie die Vorstellungen der Politiker. Die ARD war selbst an der Ausstrahlung eines zweiten Fernsehprogramms interessiert und so wurde auf der Intendantentagung am 17./18. Mai 1957 beschlossen, ein zweites Fernsehprogramm, gedacht als Kontrastprogramm zum bestehenden ersten Programm, vorzubereiten. Als die ARD daraufhin bei der Post die Zuteilung der zur Verfügung stehenden Frequenzen beantragte, erhielt sie eine abschlägige Antwort; die Post

> »hätte selbst schon 'bestimmte Vorstellungen' über die zukünftige Nutzung dieser Frequenzen.« (Behrens 1986, S.316; vgl. auch Montag 1978, S.93)

Diese »bestimmten Vorstellungen« hatte die Bundesregierung unter der Führung des Bundeskanzlers Konrad Adenauer. Bei den Bundestagswahlen im Herbst 1957 konnte Adenauer zum ersten Mal die absolute Mehrheit der Wählerstimmen für die CDU/CSU verbuchen. Nun konnte er mit der absoluten

Mehrheit für seine rundfunkpolitischen Pläne im Parlament rechnen (vgl. Bausch 1980, S.385).

4.7.2   Rundfunkanstalten des Bundes

Als die Bundespost signalisierte, daß es aus technischer Sicht möglich sei, eine Senderkette für einen zweiten Fernsehsender in Betrieb zu nehmen, wurde am 30. September 1959 von der Bundesregierung der »Entwurf eines Gesetzes über den Rundfunk«, genauer über die Errichtung von drei Rundfunkanstalten des Bundesrechts, im Bundestag vorgelegt, ohne daß vorher der Konsens mit den Ländern gesucht wurde. Es sollten zwei Hörfunkprogramme, die »Deutsche Welle« und der »Deutschlandfunk« gegründet werden. Die Deutsche Welle war als deutscher Auslandsrundfunk geplant und sollte die bisherige Deutsche Welle des NWDR, welche auf Kurzwelle sendete, ablösen. Der Deutschlandfunk hingegen war als Langwellensender für ganz Deutschland (insbesondere für die DDR) und für das europäische Ausland geplant. Zudem war in diesem Gesetzesentwurf die Gründung eines zweiten Fernsehprogramms, »Deutschland-Fernsehen«, vorgesehen. Dieses Deutschland-Fernsehen sollte eine öffentlich-rechtliche Anstalt sein, welche einen gewissen Teil des Programms selbst gestalten, den Großteil des Programms jedoch von einer privaten Fernsehgesellschaft übernehmen sollte. Als Organe des Deutschland-Fernsehens waren ein Verwaltungsrat, ein Beirat und der Intendant vorgesehen. Die Gremien sollten zum großen Teil aus Vertretern der Regierungen zusammengesetzt sein.[24] Diese drei Anstalten sollten unter dem Dach des ebenfalls zu gründenden »Deutschen Rundfunkverbandes« errichtet werden (vgl. Behrens 1986, S.317;

---

[24] Von den 15 Mitgliedern des Beirats sollten je fünf Mitglieder von der Bundesregierung und den Landesregierungen entsandt werden (vgl. Montag 1978, S.96).

Flottau 1978, S.55f. und Bausch 1980, S.397).

Die »Freies Fernsehen GmbH (FFG)«. Bereits im Vorfeld dieses Gesetzesentwurfes gab es Verhandlungen mit einem privatwirtschaftlichen Unternehmen, das die Produktion von Fernsehsendungen plante, die »Freies Fernsehen GmbH (FFG)«. Diese war am 5. Dezember 1958 auf Initiative der »Studiengesellschaft für Funk- und Fernsehwerbung e.V.« gegründet worden. Treuhänder der GmbH waren der Vorsitzende dieser Studiengesellschaft, Reinhold Krause vom Markenverband, sowie deren stellvertretender Vorsitzende, Heinrich G. Merkel (Verleger der Nürnberger Nachrichten), als Vertreter der Presse. Später traten noch John Jahr als Vertreter der Publikumszeitschriften und ein Vertreter des Bundesverbands der Industrie hinzu. Das angestrebte Stammkapital der Freies Fernsehen GmbH (zuerst 10, später 40 Millionen Mark) sollte, nach Erteilung einer Lizenz, von cirka 100 bis 200 Gesellschaftern aus Presse und Wirtschaft aufgebracht werden (vgl. Montag 1978, S.109).

Das Programm der FFG war als ein magazinartiges Programm gedacht, in dem kürzere Sendungen von cirka einer halben Stunde Länge dominieren. Zwischen den einzelnen Magazinteilen war die Ausstrahlung von Werbeblöcken vorgesehen.

> »Die Zielsetzung der Programmgestaltung umfasse Information, Belehrung, Erbauung und Unterhaltung; vergleichbar sei diese Aufgabenstellung 'mit einer guten, gehaltvollen und doch attraktiven Familienzeitschrift'. An die Werbung seien 'prinzipiell die gleichen moralischen und niveaumäßigen Forderungen wie an das Programm zu stellen'.« (Montag 1978, S.111)

Am 30. Dezember 1959 wurde die FFG vom Presse- und Informationsamt der Bundesregierung beauftragt, ein zweites Fernsehprogramm zu produzieren, verbunden mit der Zusage, daß das von ihr vorproduzierte Programm vom endgültigen Träger des Zweiten Fernsehprogramms übernommen werde. Das Programm sollte ab dem 1. Januar 1961 auf Sendung gehen.

Zugleich erklärte sich die Bundesregierung gegenüber den Banken bereit, für alle von der FFG aufgenommenen Kredite die Bürgschaft zu übernehmen. Sowohl die Garantieerklärung für die Programmübernahme als auch die Bundesbürgschaft gegenüber der FFG wurden von der Bundesregierung in die Wege geleitet, ohne die Öffentlichkeit darüber zu informieren, offiziell wurde dies sogar bestritten (vgl. Montag 1978, S.112).

Die »Deutschland Fernsehen GmbH (DFG)«. Nachdem der Bundesrundfunkgesetzentwurf vom 30. September 1959 wegen des geplanten zweiten Fernsehens vom Bundesrat aus »verfassungsrechtlichen und staatspolitischen Gründen« (Montag 1978, S.95) abgelehnt worden war, beschloß Adenauer, einen anderen Weg zu gehen. Am 25. Juli 1960 gründete er zusammen mit dem Finanzminister Fritz Schäffer, welcher als Treuhänder für die geplante Länderbeteiligung fungierte, die »Deutschland Fernsehen GmbH (DFG)«. Diese hatte ein Stammkapital von 23.000 Mark, von welchem der Bund 12.000 Mark hielt. Von den anderen 11.000 Mark wurde für jedes Bundesland zunächst ein Anteil von 1.000 Mark reserviert. Die Anteilsmehrheit lag somit beim Bund. Da die Länder ihren Beitritt zur GmbH verweigerten, übernahm der Bund schließlich alle Anteile selbst.

> »Die schärfste Reaktion der Länder kam vom hessischen Ministerpräsidenten Georg August Zinn, der Adenauer vorwarf, seine Kompetenzen zu überschreiten, wenn er Fragen von staatsrechtlicher Bedeutung privatrechtlich regeln wollte. Der Vertrag sei ungültig, weil der Justizminister die Länder nicht gegen ihren Willen vertreten könne.« (Zit. nach Flottau 1978, S.58)

Um die Einführung eines vom Bund dominierten Fernsehens zu verhindern, blieb den Ländern nur der Weg der Klage beim Bundesverfassungsgericht. Hamburg legte gegen die Gründung der »Deutschland Fernsehen GmbH« als erstes Bundesland am 19. August 1960 beim Bundesverfassungsgericht Beschwerde ein; die übrigen SPD-regierten Länder Hessen, Bremen und

Niedersachsen schlossen sich dieser Klage an. Per einstweiliger Verfügung untersagte das Bundesverfassungsgericht am 17. Dezember 1960, noch rechtzeitig vor dem geplanten Programmbeginn, den Sendestart der DFG. Das Bundesverfassungsgericht stellte in seinem Urteil vom 28. Februar 1961 fest: Der Bund hat durch die Gründung der DFG gegen Art. 5 GG sowie gegen Art. 30 GG in Verbindung mit Art. 87 Abs. 3 GG verstoßen (vgl. z.B. Montag 1978, S.95 oder Flottau 1978, S.59f.).

»Deutsche Welle« und »Deutschlandfunk«. Bereits bei der ersten Lesung des Entwurfes des Bundesrundfunkgesetzes vom 30. September 1959 im Bundestag war zu erkennen, daß die Teile des Gesetzes, welche sich mit der »Deutschen Welle« und dem »Deutschlandfunk« beschäftigten, auf sehr viel breitere Akzeptanz stießen als die Teile, die das Fernsehen betrafen. Begründet wurde dies mit der Zuständigkeit des Bundes zur Pflege auswärtiger Beziehungen gemäß Artikel 32 GG, da Deutschlandfunk und Deutsche Welle ja nicht in erster Linie für die bundesdeutsche Bevölkerung, sondern für das (europäische) Ausland und in besonderem Maße auch für die Bevölkerung der DDR konzipiert waren (vgl. Hesse, 1990, S.18). Daraufhin wurde auf der Bundestagssitzung vom 29. Juni 1960 ein modifizierter Teilgesetzentwurf vorgelegt, der sich nur mit den zu errichtenden Hörfunkanstalten des Bundesrechts auseinandersetzte. Dieser Entwurf wurde am 15. Juli im Bundesrat behandelt und angenommen. So konnte am 2. Dezember 1960 das »Gesetz über die Errichtung von Rundfunkanstalten des Bundesrechts« verkündet werden. Beide Anstalten nahmen am 1. Januar 1962 ihren Programmdienst auf. Die bisher im Auftrag der ARD produzierten Kurz- und Langwellenprogramme wurden damit abgelöst.

Die beiden Rundfunkanstalten des Bundesrechts wurden ebenfalls als Anstalten des öffentlichen Rechts konzipiert, unterschieden sich jedoch in der konkreten Zusammensetzung der

Gremien von den Landesrundfunkanstalten. Beim Deutschlandfunk und bei der Deutschen Welle setzten sich die Gremien
weitgehend aus Vertretern des Bundes und der Länder zusammen. Ein weiterer Unterschied zu den Landesrundfunkanstalten
bestand in der Finanzierung. Während die Landesrundfunkanstalten fast ausschließlich über Gebühren finanziert wurden, finanzierte sich der Deutschlandfunk zum Teil aus Gebühren,
zum Teil aus Bundesmitteln; die Deutsche Welle wurde vollständig aus Bundesmitteln finanziert (vgl. Bausch 1980, S.405-
411). Beide Anstalten traten später der ARD bei.

4.7.3   Das »Erste Fernseh-Urteil«

Mit dem Fernsehurteil des Bundesverfassungsgerichtes vom
28. Februar 1961 wurde die Zuständigkeit für den Rundfunk in
der Bundesrepublik verfassungsrechtlich festgeschrieben (vgl.
Bausch 1980, S.429). Das Bundesverfassungsgericht stellte fest,
daß die Organisation des Rundfunks eine Angelegenheit sei,
welche ausschließlich die Länder zu regeln hätten. Das Gericht
erkannte, die Kompetenz des Bundes, also der Bundespost auf
dem Gebiet des Rundfunks, erstrecke sich lediglich auf die
technische Seite und die Post sei gehalten,

> »bei diesen 'Verleihungen' (von Frequenzen, d. Verf.) und beim Ab-
> schluß von Verträgen über die Benutzung solcher Anlagen aus-
> schließlich sendetechnische Gesichtspunkte zu berücksichtigen.
> 'Auflagen', die diesen Bereich verlassen, wären unzulässig.«
> (BVerfGE 12, 205 [238f]; vgl. hierzu auch Bausch 1980, S.435)

Das Bundesverfassungsgericht betonte - trotz der inhaltlichen Gleichsetzung - einen wesentlichen Unterschied im Hinblick auf die Presse- und die Rundfunkfreiheit. Dieser läge darin, daß es im Pressebereich eine Vielzahl von Anbietern gäbe,
während im Bereich des Rundfunks aufgrund der technischen
Sondersituation (knappe Frequenzzahl) und infolge des hohen

finanziellen Aufwandes in absehbarer Zeit wohl nicht an eine
Vielzahl von Anbietern zu denken sei. Aufgrund dieser technischen und finanziellen Sondersituation bekräftigte das Bundesverfassungsgericht die bestehende öffentlich-rechtliche Rundfunkorganisation als die derzeit (1961) geeignete, welche die
Rundfunkfreiheit garantieren könne. Gleichzeitig betonte es jedoch auch, daß die öffentlich-rechtliche Organisationsform des
Rundfunks, wie sie 1961 bestand, nicht die einzig mögliche Organisationsform sei, die die Rundfunkfreiheit garantieren könne
(vgl. BVerfGE 12, 205 [261]). Es stellte ferner fest, daß der Rundfunk in keinem Falle dem Staate oder einer einzelnen gesellschaftlichen Gruppe ausgeliefert sein dürfe.

4.7.4 »Zweites Deutsches Fernsehen (ZDF)«

Durch das Urteil des Bundesverfassungsgerichts ermuntert,
unternahmen die ARD-Anstalten einen neuerlichen Anlauf, die
Ausstrahlung eines zweiten Fernsehprogramms vorzubereiten.
Ein entsprechender Beschluß wurde auf der Intendantensitzung
am 14. März 1961 gefaßt. Doch auch die Ministerpräsidenten
fühlten sich durch das Urteil des Bundesverfassungsgerichts bestätigt und planten nun ihrerseits die Gründung eines zweiten,
zentralen, von der ARD unabhängigen Fernsehprogramms.
Diese zentrale »Länderanstalt« sollte ebenfalls öffentlich-
rechtlich organisiert sein und durch einen Staatsvertrag der
Länder begründet werden. Bereits drei Tage nach dem ARD-
Beschluß folgte am 17. März 1961 von den Ministerpräsidenten
ein entsprechender Gründungsbeschluß. Für die Vorbereitung
des zweiten Programms kalkulierte man einen Zeitraum von
cirka einem Jahr. Bis dahin, also bis zum eigentlichen Programmstart des zweiten Fernsehens, so einigte man sich, sollten
die ARD-Landesrundfunkanstalten übergangsweise ein zweites
Programm produzieren. Dieses Programm, welches einen Kon-
trast zum bisherigen Programm bieten sollte, wurde am 1. Juni

1961 offiziell in Betrieb genommen und war zunächst bis zum 30. Juni 1962 befristet (vgl. Bausch 1980, S.461 und Flottau 1978, S.65).

Kurz danach, am 6. Juni 1961, unterzeichneten die Ministerpräsidenten der Länder den Staatsvertrag zur Gründung des »Zweiten Deutschen Fernsehens (ZDF)«. Während die Ausarbeitung des Staatsvertrages nicht einmal ganze drei Monate in Anspruch nahm[25], zog sich die weitere Entwicklung wesentlich länger hin. Bis der Staatsvertrag über die Errichtung des Zweiten Deutschen Fernsehens alle Landesparlamente passiert hatte, verging gut ein Jahr. Als am 9. Juli 1962 endlich alle Ratifizierungsurkunden vorlagen, konnte der ZDF-Staatsvertrag in Kraft treten. Der Sendestart mit der Aufnahme des regelmäßigen Programmbetriebs erfolgte am 1. April 1963. Bis zu diesem Zeitpunkt wurde das provisorische zweite Programm der ARD fortgeführt (vgl. Behrens 1986, S.325ff.).

Die Organisation des ZDF unterschied sich nicht allzusehr von der der ARD-Landesrundfunkanstalten: Auch das ZDF verfügte über drei Hauptorgane, den Intendanten, den Fernsehrat (vergleichbar dem Rundfunkrat) und den Verwaltungsrat. Unterschiede zu den ARD-Anstalten zeigten sich jedoch in der Zu-

---

[25] Ein ganz wesentlicher Konfliktpunkt bei der Ausarbeitung des Staatsvertrages war die geplante Fernsehgebührenaufteilung zwischen ARD und ZDF. Diese sollte ursprünglich, nach Auffassung der Ministerpräsidenten, im Verhältnis von 50:50 zwischen ARD und ZDF durchgeführt werden. Auf die Intervention der ARD-Anstalten hin wurde der Verteilerschlüssel jedoch im letztendlichen Staatsvertrag auf das Verhältnis von 70:30 zugunsten der ARD abgeändert. Als Grund für den benötigten höheren Gebührenanteil führten die ARD-Anstalten »die zusätzliche Belastung durch Regionalprogramme und die Entwicklung der Dritten Fernsehprogramme nach dem Auslaufen der zweiten provisorischen Fernsehprogramme, die allen Rundfunkanstalten dienenden Gemeinschaftsaufgaben sowie das eigene Fernsehsendernetz« (Bausch 1980, S.466) an. Diese Argumente fanden schließlich auch bei den Ministerpräsidenten Unterstützung (vgl. ebd.).

sammensetzung des Fernsehrates. Dieser war beim ZDF - in etwa vergleichbar den Bundesrundfunkanstalten - viel stärker vom Parteien-Proporz dominiert als die Rundfunkräte der Landesrundfunkanstalten.

> »Die Zusammensetzung des 66köpfigen (heute 77, d. Verf.) Fernsehrats ist das Musterbeispiel eines Kompromisses zwischen staatlichem Kontrolleinfluß, parteipolitischem Ausgleichsbemühen und Beachtung des verfassungsrechtlichen Gebots, alle relevanten gesellschaftlichen Gruppen zu berücksichtigen.« (Bausch 1980, S.477)

Zum ersten Intendanten des ZDF wurde am 12. März 1963 der Mainzer Professor Karl Holzamer gewählt. Ebenso wie das vormalige zweite Fernsehprogramm der ARD sollte auch das ZDF-Programm als Kontrastprogramm zum bestehenden Fernsehprogramm der ARD-Anstalten fungieren. Der ZDF-Staatsvertrag legte in § 22 Absatz 4 fest:

> »Der Intendant hat durch Zusammenarbeit mit den für das Erste Fernsehprogramm Verantwortlichen darauf hinzuwirken, daß die Fernsehteilnehmer der Bundesrepublik zwischen zwei inhaltlich verschiedenen Programmen wählen können.« (Ebd.)

In der Folge schlossen ARD und ZDF Koordinierungsabkommen, in welchen die Grundsätze der Programmplanung auf ein Kontrastprogramm hin festgelegt wurden. Darin war zum Beispiel auch bestimmt, daß feste Umschaltzeiten, zum Beispiel der Beginn des Hauptabendprogramms um 20.15 Uhr, einzuhalten sind. Andererseits wurden bei der Absprache des Programmschemas für politische Sendungen sogenannte »Schutzzonen« eingerichtet, die es dem Zuschauer nicht erlaubten, bei der Ausstrahlung von politischen Magazinen etwa auf die andere Frequenz zu wechseln, um sich dort von einem Spielfilm oder einer Show unterhalten zu lassen (vgl. Flottau 1978, S.66ff.).

4.7.5   »Dritte Fernsehprogramme«

Die Gründung des ZDF war begleitet von Konflikten zwischen den Ländern und den Landesrundfunkanstalten, die fest damit gerechnet hatten, daß ihnen die Ausstrahlung eines zweiten Fernsehprogramms auf Dauer übertragen würde. Im Ergebnis dieser Auseinandersetzung wurde den Landesrundfunkanstalten quasi als Entschädigung erlaubt, jeweils in ihrem Sendegebiet sogenannte »Dritte Fernsehprogramme« einzurichten (vgl. Bausch 1980, S.466f.).

Im Gegensatz zum Ersten Programm der ARD und dem ZDF, die vom Grundsatz her bundesweit ausgerichtet waren - mit Ausnahme der regionalen Schiene im ARD-Vorabendprogramm - sollten die Dritten Programme unter anderem dazu dienen, die regionalen, also die landesweiten Aspekte der Sendegebiete der einzelnen Landesrundfunkanstalten, stärker in den Mittelpunkt zu rücken. Weitere Programm-schwerpunkte sollten Information, Aus-, Fort- und Allgemeinbildung sein.

Als erste Landesrundfunkanstalt begann der Bayerische Rundfunk am 22. September 1964, sein Drittes Programm auszustrahlen. Dieses war als »Studienprogramm« konzipiert und trug zunächst auch diesen Namen. Mittelpunkt des Studienprogramms war das »Telekolleg«, eine damals neue Form der Weiterbildung mittels Fernsehsendungen. Grundlage des Telekollegs war ein Vertrag zwischen dem Bayerischen Rundfunk und der Bayerischen Staatsregierung, wonach der BR zuständig war für die Konzeption und Produktion der Bildungsserien sowie des Begleitmaterials[26] des Telekollegs. Der bayerische Staat war im Gegenzug verantwortlich für die Organisation der studienbegleitenden Kollegtage und die Abnahme der Prüfungen. Nach sechs Trimestern konnten die Teilnehmer des Telekollegs

---

[26] Die Produktion und der Vertrieb des Begleitmaterials wurden später an einen Verlag weitergegeben.

durch die Abnahme einer staatlichen Prüfung die Fachschulreife erwerben. Nach dem Erfolg des Telekollegs I wurde ab Herbst 1972 noch das Telekolleg II angeboten, welches nach erfolgreich abgelegter Prüfung mit der Fachhochschulreife endete. Nachdem sich der Erfolg des Telekollegs abzuzeichnen begann, wurde es von mehreren anderen Dritten Programmen ganz oder zumindest in Teilen übernommen (vgl. Flottau 1978, S.70 und Oeller 1969).

Der Hessische Rundfunk begann am 5. Oktober 1964 sein Drittes Programm »Hessen 3«; diesem folgte am 4. Januar 1965 ein gemeinsames Drittes Fernsehprogramm vom Norddeutschen Rundfunk, dem Sender Freies Berlin und Radio Bremen, »N3«. Am 17. Dezember 1965, also fast ein Jahr später, stellte sich der Westdeutsche Rundfunk mit dem Programm »West 3« vor und - über drei Jahre später - am 5. April 1969 wurde das vorerst letzte Dritte Fernsehprogramm »Südwest 3« eingerichtet. »Südwest 3« ist ein gemeinsames Programm des Südwestfunks, des Süddeutschen Rundfunks und des Saarländischen Rundfunks (vgl. Roß 1969, S.169).

Warum nicht jede Landesrundfunkanstalt ein eigenes Drittes Fernsehprogramm produziert, erklärt sich aus der unterschiedlichen Finanzkraft der Sender (insbesondere bei RB, SFB und SR). Daneben bietet sich ein gemeinsames Programm auch aus Gründen kultureller Identität und übergreifender politischer Strukturen (beispielsweise beim SWF und SDR) an.

Alle Dritten Fernsehprogramme stellten in ihrer Anfangszeit Bildung, Regionales und Information in den Vordergrund. Hierzu Dieter Roß im ARD-Jahrbuch 69:

> »Ein weiteres Kennzeichen der Programmplanung zeigt sich in der stärkeren Hinwendung der III. Fernsehprogramme an verschiedene speziell interessierte Minderheiten. Wenn man davon ausgeht, daß das Deutsche Fernsehen und das II. Fernsehprogramm aus Mainz 'möglichst für jeden etwas' bringen müssen, so versuchen die III.

Programme, 'einigen möglichst viel' zu bieten. (...) Diese Tatsache
bewirkt zugleich eine Tendenz zum Anspruchsvollen, eine verstärkte Hinwendung zur Bildung.« (Ebd., S.170)

Die weitere Entwicklung der Dritten Programme hat in den
letzten Jahren auch zu »massenattraktiven« Programmangeboten geführt, wiewohl die regionale Perspektive ausgeprägt
bleibt. Von reinen Bildungsprogrammen kann man jedoch heute
kaum mehr sprechen. Die Dritten Programme haben sich zu
Vollprogrammen entwickelt.

Nach der deutschen Wiedervereinigung sind weitere regionale Dritte Fernsehprogramme hinzugekommen: »B eins«, das
Dritte Fernsehprogramm des Senders Freies Berlin, »MDR 3«
vom Mitteldeutschen Rundfunk und das »ORB Fernsehen« des
Ostdeutschen Rundfunks Brandenburg.

4.8   Anstöße zum dualen System

Mit der Aufnahme des Sendebetriebs durch das ZDF und
dem Sendebeginn der Dritten Programme kam der Prozeß der
Umorganisation und Erweiterung des von den Alliierten geschaffenen Rundfunksystems zum vorläufigen Abschluß. Politische Parteien und Regierungen hatten ihren Gestaltungsspiel-
raum ausgelotet. Die Grenzen markierte die Entscheidung des
Bundesverfassungsgerichts.

Nicht zum Ende gekommen war aber die Auseinandersetzung um die Rundfunkwerbung, die noch dadurch verschärft
wurde, daß sich das Zweite Deutsche Fernsehen (ZDF) zu einem nicht unerheblichen Teil aus Werbeeinnahmen finanzieren
sollte. Die Zeitungsverleger sahen in der Zulässigkeit der Werbung eine Wettbewerbsverzerrung zwischen Rundfunk und
Presse. Insbesondere die Fernsehwerbung, mutmaßten sie, ent-
zöge den Zeitungen die Finanzgrundlage, was mittelfristig zum

wirtschaftlichen Ruin der Presse führen müßte.

Am 29. April 1964 berief der Bundestag eine »Kommission zur Untersuchung der Wettbewerbsgleichheit von Presse, Funk/Fernsehen und Film«, die sogenannte Michel-Kommission (benannt nach ihrem Vorsitzenden). Die Kommission erkannte keine Wettbewerbsverzerrungen zwischen dem öffentlich-rechtlichen Rundfunk und der Presse. Dem Zuwachs an Werbeeinnahmen bei den Rundfunkanstalten stand kein Rückgang der Anzeigenerlöse bei der Presse gegenüber.[27]

4.8.1 Die »Freie Rundfunk-Aktiengesellschaft (FRAG)«

Einer der ersten erfolgversprechenden Vorstöße in Richtung Privatfunk kam aus dem Saarland. Dort bestand eine Sondersituation, denn es gab noch aus der Zeit der französischen Besatzung einen französisch-sprachigen, privatrechtlich organisierten und werbefinanzierten Hörfunksender, »Europe 1«. Deshalb erlaubte das saarländische Rundfunkgesetz von 1956 privaten fremdsprachigen Rundfunk. Deutschsprachige Sender waren explizit ausgeschlossen. Dieses Gesetz sollte dem Fernsehurteil von 1961 angepaßt und entsprechend geändert werden. Im Ergebnis lief dies aber auf das Gegenteil hinaus, denn im 1964 geänderten Rundfunkgesetz heißt es:

> »Wer als Veranstalter privaten Rechts Rundfunksendungen veranstalten will, bedarf hierzu einer Konzession. (...) Die Konzession wird von der Landesregierung erteilt. Der Vollzug der Konzessionsurkunde obliegt dem Ministerpräsidenten. Private Veranstalter müssen die Rechtsform einer Aktiengesellschaft mit dem Sitz im Saarland besitzen. Sie unterliegen der Staatsaufsicht.« (Bausch 1980, S.618)

---

[27] Vgl. hierzu ausführlich: Deutscher Bundestag (Hrsg.): Bericht der Kommission zur Untersuchung der Wettbewerbsgleichheit von Presse, Funk/Fernsehen und Film (BT-Drucksache V/2120), Bonn/Bad Godesberg 1967.

Damit war privater Rundfunk im Saarland nun auch für deutsche Rundfunkanbieter grundsätzlich möglich geworden. Hintergrund dieser Regelung war die Absicht der saarländischen Parteien, sich selbst an einer Fernsehgesellschaft zu beteiligen, um sich so eine Einnahmequelle für die Parteienfinanzierung zu erschließen (vgl. Bausch 1980, S.619 und Hesse, 1990, S.23). Dazu kam es jedoch nicht. Dennoch hat die saarländische Landesregierung das neue Rundfunkgesetz nicht aufgehoben, sie hat sich aber geweigert, eine Konzession für die Veranstaltung von privatem kommerziellem Fernsehen zu erteilen. Dies hatte Folgen: Ein Antragsteller, die »Freie Rundfunk Aktiengesellschaft in Gründung (FRAG)«, klagte auf Erteilung der Konzession. Der Klageweg führte in mehreren Anläufen über Verwaltungsgericht und Oberverwaltungsgericht bis zur Entscheidung des Bundesverfassungsgerichts vom 16. Juni 1981. Dabei waren seit Klageerhebung zehn Jahre vergangen. Das Gericht urteilte, daß die in diesem Gesetz festgelegten Bestimmungen für die Zulassung privaten Rundfunks in wesentlichen Teilen nicht den verfassungsrechtlichen Anforderungen genügen. Der Gesetzgeber habe eine

> »(...) positive Ordnung (zu schaffen), welche sicherstellt, daß die Vielfalt der bestehenden Meinungen im Rundfunk in möglichster Breite und Vollständigkeit Ausdruck findet und daß auf diese Weise umfassende Information geboten wird.« (BVerfGE 57, 295 [320])

Er kann sich dabei an zwei grundsätzlich verschiedenen Gestaltungsformen orientieren, nämlich dem sogenannten »binnenpluralistischen« Modell, für das die öffentlich-rechtlichen Anstalten stehen, und dem sogenannten »außenpluralistischen« Modell, das dem Organisationsmuster der Presse entspricht (vgl. BVerfGE 57, 295 [325f]). Während das Erste Rundfunkurteil also zunächst einmal grundsätzlich feststellte, daß privatwirtschaftlicher Rundfunk prinzipiell denkbar sei, beschäftigt sich das FRAG-Urteil erstmals mit den konkreten Voraussetzungen und Anforderungen für die Zulassung von privatem

Rundfunk.

4.8.2 Die »Kommission für den Ausbau des technischen Kommunikationssystems (KtK)«

Die Entwicklung hin zum privaten Rundfunk erhielt weiteren Anschub durch die Entwicklung neuer technischer Verbreitungsmöglichkeiten, dem Breitbandkabel und der Satellitentechnik. Damit deutete sich an, daß die technische Sondersituation im Rundfunkbereich, die Frequenzknappheit, überwunden werden könnte.

Am 2. November 1973 beschloß die Bundesregierung die Einrichtung der Kommission für den Ausbau des technischen Kommunikationssystems (KtK). Aufgabe dieser Kommission sollte es sein, Empfehlungen zur Lösung folgender Fragen zu geben:

»1. Für welche Kommunikationsformen besteht ein gesellschaftliches, politisches und volkswirtschaftliches Bedürfnis?

2. Welche Möglichkeiten für neue Kommunikationsformen werden durch die sich abzeichnende technische Entwicklung - insbesondere Breitbandtechnik - eröffnet?

3. Welche finanziellen Aufwendungen sind mit der Realisierung neuer Kommunikationsformen verbunden?

4. In welchem Zeitraum soll der Ausbau des technischen Kommunikationssystems realisiert und wie soll er finanziert werden?

5. Durch wen und unter welchen Rahmenbedingungen sollen die verschiedenen technischen Einrichtungen für ein künftiges Kommunikationssystem jeweils geplant, errichtet und betrieben werden?« (KtK-Bericht 1976, S.14)

Die KtK legte am 27. Januar 1976 ihren »Telekommunikationsbericht« mit insgesamt acht Anlagebänden vor, der sich mit den zukünftigen technischen Entwicklungen im Rundfunk und deren Auswirkungen befaßte. Hinsichtlich des Bedarfs an neuen Telekommunikationstechniken stellte die Kommission unter anderem fest:

> »Das Bedürfnis nach lokalen Hörfunk- und Fernsehprogrammen ist wenig ausgeprägt und wird für die Zukunft nicht mit hinreichender Sicherheit prognostiziert.
>
> Es besteht z.Z. kein drängender Bedarf nach einer größeren Anzahl anzubietender Fernsehprogramme.« (Ebd., S.9)

Aufgrund der vorstehend zitierten Vermutung empfahl die KtK, sogenannte Pilot-projekte einzurichten (vgl. ebd., E9, S.10). Darin sollten

> »(...) primär alternative Telekommunikationsformen und deren technische Varianten sowie außerdem alternative Organisationsformen der Trägerschaft von Breitbandverteilnetzen getestet werden.« (Ebd., E12, S.11)

Die technischen Möglichkeiten der neuen Breitbandkommunikation sah die KtK nicht allein im vermehrten Programmangebot, sondern auch in innovativen Formen der Telekommunikation, z.B. im Breitbanddialog oder im Bildungsfernsehen (vgl. ebd., F54 und E16, S.12). Zur technischen Entwicklung selbst stellte die KtK fest, daß Rundfunksatelliten kein Ersatz, sondern lediglich eine Ergänzung des Breitbandkabels sein könnten (vgl. ebd., F44, S.9). Obwohl die KtK in ihrem Bericht zunächst die Einrichtung von »Kabelpilotprojekten«, als kleinere, lokal begrenzte Modellversuche vorschlug, empfahl sie gleichzeitig, in absehbarer Zeit eine bundesweite Vollversorgung mit Breitbandkabel anzustreben (vgl ebd., S.1).

4.8.3   Die Kabelpilotprojekte

Am 11. Mai 1978, also gut zwei Jahre nach Veröffentlichung des KtK-Berichtes, beschlossen die Ministerpräsidenten der

Länder die Errichtung von vier lokalen Kabelpilotprojekten. Im Rahmen dieser Pilotprojekte sollten

> »Modelle einer künftigen Medienlandschaft erprobt, wissenschaftlich begleitet und schließlich hinsichtlich der Nutzungsmöglichkeiten und Wirkungen der neuen Techniken und Organisationsformen beurteilt werden. Die Ergebnisse der begleitenden Forschung sollten bei Entscheidungen über Veränderungen der Medienlandschaft berücksichtigt werden.« (Hasebrink 1988, S. B 167)

Die (Anschub-)Finanzierung dieser Pilotprojekte wurde durch einen Beschluß der Ministerpräsidenten sichergestellt. Am 14. November 1980 einigten sie sich darauf, zur Finanzierung der Projekte den »Kabelgroschen«, d.h. die Erhöhung der monatlichen Rundfunkgebühren um 20 Pfennig zugunsten der vier Kabelpilotprojekte einzuführen. In der Standortfrage einigte man sich auf die Städte bzw. Gebiete Berlin, Dortmund, Ludwigshafen/Vorderpfalz und München. Das Projekt Ludwigshafen/Vorderpfalz startete am 1. Januar 1984, das Münchner Projekt am 1. April 1984. Im nächsten Jahr folgten Dortmund (1. Juni 1985) sowie Berlin (28. August 1985).

Das Kabelpilotprojekt Ludwigshafen/ Vorderpfalz. Mit der Durchführung des Projektes in Ludwigshafen/Vorderpfalz wurde die »Anstalt für Kabelkommunikation (AKK)« beauftragt. Die AKK war eine Anstalt des öffentlichen Rechts und unterlag der Rechtsaufsicht des Landes Rheinland-Pfalz, dem Träger des Pilotprojektes. Nachdem das Pilotprojekt ursprünglich nur für ein lokal eng umgrenztes Gebiet geplant war, wurde der »Versuch« gegen Ende des Jahres 1984 auf ganz Rheinland-Pfalz ausgedehnt, d.h. jeder, der über einen Kabelanschluß verfügte, konnte sich an das Projekt anschließen lassen. Waren am 1. Januar 1984 erst 1.200 Haushalte angeschlossen, so zählte man am Ende der Projektphase am 31. Dezember 1986 72.000 angeschlossene Haushalte. Das Programmangebot konzentrierte sich in erster Linie auf das Kabelfernsehen. Neben den ortsüblich

empfangbaren Programmen wurden sowohl weitere öffentlich-
rechtliche als auch privat-rechtliche Programme eingespeist,
wobei neben deutschen auch ausländische Anbieter zugelassen
wurden. Dies waren unter anderem der »Musikkanal« des ZDF,
»Der Schlaue Kanal«, ein Bildungsprogramm vom SWF, das
Programm der »Programmgesellschaft für Kabel- und Satellitenrundfunk (PKS)«, welches später im Programm von »SAT.1«
aufging, das regionale Fernsehprogramm des »Ersten Privaten
Fernsehens (EPF)«, eine Tochtergesellschaft der Regionalzeitung
»Rhein-Pfalz«, Ludwigshafen, welches zunächst im Rahmen
von »3sat«, später ebenfalls von »SAT.1« angeboten wurde, sowie ein Offener Kanal (vgl. z.B. Hasebrink 1988, S. B 167ff. und
Detjen 1986, S. B 142ff.).

Das Münchner Kabelpilotprojekt. Das Kabelpilotprojekt in
München, es startete am 1. April 1984, war auf sehr kurze Dauer
angelegt und bis zum 31. Dezember 1985 befristet. Verantwort-
lich für das Pilotprojekt München war die »Münchener Pilot-
Gesellschaft für Kabelkommunikation mbH (MPK)«, zu deren
Gesellschaftern neben dem BR und dem ZDF unter anderem der
Freistaat Bayern sowie die Interessengemeinschaft bayerischer
Zeitschriften- und Zeitungsverlage und Filmunternehmer ge-
hörten. Die öffentlich-rechtliche Verantwortung, welche nach
Art. 111a der Bayerischen Verfassung gefordert wird, trug bis
zum 1. Juni 1985 der Bayerische Rundfunk. Danach ging sie auf
die neu gegründete »Bayerische Landeszentrale für neue Medi-
en (BLM)« über. Das Kabelpilotprojekt München war für meh-
rere Stadtteile im Osten Münchens konzipiert, die cirka 56.000
Haushalte umfaßten. Die geplante Quote von 13.000 Projekt-
Teilnehmerhaushalten konnte jedoch nicht erreicht werden. Am
Ende des Modellversuchs waren annähernd 7.000 Haushalte
angeschlossen. Zu den ortsüblich empfangbaren Fernsehprogrammen kamen weitere öffentlich-rechtliche Programme aus
Deutschland und dem Ausland sowie die, auch in den anderen
Pilotprojekten vertretenen privaten Anbieter »SAT.1«, »RTL

plus«, »musicbox« und »Sky Channel«. Für München spezifisch waren die Anbieter »BayernKabel« vom Bayerischen Rundfunk, »Unser kleines Theater«, die »Tele-Zeitung« von der Mediengesellschaft Bayerischer Tageszeitungen (m.b.t.), »tv weiß-blau« und der »Schnupperkanal«, ein Informationskanal der MPK. In das Kabelnetz des Münchner Pilotprojekts wurden zudem elf Hörfunkprogramme privater Anbieter eingespeist (vgl. Mühlfenzl 1986, S. B 145ff. und Hasebrink 1988, S. B 170ff.).

Noch bevor die Pilot-Projektphase für den Modellversuch München abgeschlossen war, wurde in Bayern am 22. November 1984 das erste bayerische »Landesmediengesetz«, das »Medienentwicklungs- und -erprobungsgesetz (MEG)« verabschiedet.

Das Dortmunder Kabelpilotprojekt. Das Kabelpilotprojekt in Dortmund war auf eine längere Zeitspanne, nämlich auf den Zeitraum vom 1. Juni 1985 bis zum 31. Mai 1988, ausgerichtet. Träger des Pilotprojektes war die nordrhein-westfälische Landesregierung. Die Leitung des Pilotprojekts selbst lag jedoch - und darin unterschied sich das Kabelpilotprojekt Dortmund von den anderen Modellversuchen - in den Händen der Projektstelle des Westdeutschen Rundfunks in Dortmund, dem »Kabelfunk Dortmund«. Insofern war das Kabelpilotprojekt Dortmund sehr viel stärker an die öffentlich-rechtlichen Anstalten angebunden, was sich auch auf das Programmangebot auswirkte. Das Projektgebiet umfaßte vornehmlich die Innenstadtbezirke Dortmunds; die Zahl der am Pilotprojekt teilnehmenden Haushalte betrug im Jahr 1987 cirka 10.000 Haushalte (vgl. Pätzold 1987, S.5 und ARD-Jahrbuch 87, S.118).

Im Programmangebot hob sich das Pilotprojekt Dortmund vor allem dadurch von den anderen Modellversuchen ab, daß in erster Linie zusätzliche öffentlich-rechtliche Programme verbreitet wurden. Zu erwähnen sind insbesondere die zusätzlichen Programme des WDR, die teils direkt an alle Haushalte,

zum Teil aber auch über Abrufsysteme mit gesonderter Gebüh-
renregelung verbreitet wurden. Im Fernsehbereich strahlte der
WDR unter anderem einen Informationskanal aus, einen Bil-
dungskanal, einen Kulturkanal, Lokalfernsehen, Familienfern-
sehen sowie einen eigenen Kabeltext. Für den Hörfunk produzierte der WDR ein lokales Vollprogramm »Radio Dortmund«,
das gleichzeitig über einen schwachen terrestrischen Sender
verbreitet wurde. Daneben gab es sowohl im Fernseh- als auch
für den Hörfunkbereich einen Offenen Kanal, in dem die Bürger
der Stadt selbstproduzierte Beiträge ausstrahlen konnten (vgl.
ARD-Jahrbuch 86, S.148; Hasebrink 1988, S. B172 und Drescher
1986, S. B 149).

Das Berliner Kabelpilotprojekt. Das Kabelpilotprojekt Berlin
ging am 28. August 1985 als letzter der vier Modellversuche an
den Start und hatte mit fünf Jahren auch die längste Laufzeit.
Satzungsgemäß endete der Modellversuch am 28. August 1990.
Die Organisation des Berliner Pilotprojektes war vielschichtig;
drei Gremien, die »Anstalt für Kabelkommunikation (AKK)«,
die »Projektgesellschaft für Kabelkommunikation mbH (PK
Berlin)« sowie die »Projektkommission« waren zuständig.

Die Anstalt für Kabelkommunikation achtete auf die Einhaltung der im Kabelpilotprojektgesetz festgelegten Bestimmungen. Die Projektgesellschaft PK Berlin war für die technische
Organisation und Durchführung des Modellversuches zuständig und die Projektkommission hatte sich um die wissenschaftliche Begleituntersuchung und deren Schlußfolgerungen zu
kümmern. Prinzipiell konnten alle verkabelten Haushalte, das
waren im August 1985 - also zu Beginn des Modellversuchs -
bereits 218.000, Ende Juni 1989 sogar 439.750, am Projektversuch
teilnehmen (vgl. Bentele/Jarren/Kartzsch 1990, S.307).

Das Programmangebot umfaßte sowohl im Fernseh- als auch
im Hörfunksektor die ortsüblich empfangbaren Programme, ergänzt durch die Programme öffentlich-rechtlicher und privat-

rechtlicher Anbieter. Berliner Anbieter, wie die »Havelwelle«, die »Camera Filmproduktion« oder die »Berliner Kabelvision« mußten ihre Programme noch 1985 wieder einstellen. Auch im Hörfunk entwickelte sich kein stabiles Angebot. Im Frühjahr 1987 schließlich ging der erste wirklich erfolgreiche private Berliner Anbieter, Radio »Hundert,6« auf Sendung. Unter anderen Beteiligungsverhältnissen existiert dieser Sender bis heute. Die übrigen Programmanbieter unterschieden sich nicht sonderlich von denen der anderen Modellversuche. Sowohl im Fernsehen als auch im Hörfunk gab es einen Offenen Kanal und einen sogenannten »Mischkanal«, in dem viele kleinere Anbieter, darunter auch ein türkischsprachiges Programmm, sendeten (vgl. Hasebrink 1988, S. B 176ff. und Zurstraßen 1986, S. B 152).

Beurteilung. Die Pilotprojekte waren das Ergebnis eines rundfunkpolitischen Entscheidungsprozesses, in welchem die unterschiedlichen Interessen der beteiligten Länderregierungen zum Ausdruck kamen. Die CDU/CSU-regierten Länder wollten die Entwicklung im privaten Rundfunk fördern, die SPD-regierten Länder unterstützten diese Entwicklung nicht. Und so hofften die einen, die Pilotprojekte würden Tatsachen schaffen, die nicht mehr rückholbar waren, während die anderen zumindest auf Zeitgewinn aus waren, der ihnen Gelegenheit geben sollte, den Entwicklungsprozeß ohne Entscheidungsdruck zu steuern. Bedenkt man ferner, daß neue Institutionen geschaffen wurden und Anbieter erhebliche Investitionen tätigten, so wird klar, daß an eine Rückholbarkeit der Pilotprojekte und damit an eine Rückholbarkeit der Entwicklung zum privaten Rundfunk nicht zu denken war.

»Es ergibt sich also heute die Situation, daß relativ aufwendige und teure Pilotprojekte (...) mit Subventionen durch den 'Kabelgroschen' bzw. die Deutsche Bundespost durchgeführt werden sollen, während die Post gleichzeitig schon mit der großflächigen Verkabelung begonnen hat und die Entwicklung damit schon über die Pilotprojekte hinweggegangen ist. (...) Vor allem aber: Die Grundsatzent-

scheidung über die Einführung des Kabelfernsehens ist längst ge-
fallen (...). Ernsthaft hatten aber wohl auch nur noch wenige daran
geglaubt, daß mit (...) den Kabel-Pilotprojekten eine Entscheidung
über die Frage des 'ob' einer Einführung fundiert werden sollte und
daß somit überhaupt noch von 'Rückholbarkeit' der Projekte die
Rede sein konnte.« (Tonnemacher 1984, S. B 101)

Die Einigung der Ministerpräsidenten der Länder auf die
gemeinsame Veranstaltung von Kabelpilotprojekten bedeutete
nicht, daß hiermit erstmals alle anderen rundfunkpolitischen
Aktivitäten in Richtung Privatfunk auf Eis gelegt worden wären. Vielmehr war es den Ministerpräsidenten durchaus erlaubt,
auch außerhalb der Pilotversuche eigene rundfunkpolitische Beschlüsse zu fassen (vgl. Meyn 1984, S.30).

4.9   Landesmediengesetze in der verfassungsrechtli-
chen Prüfung

In der Folge haben die Länder nacheinander Landesmediengesetze beschlossen, die die Entwicklung des privaten Rundfunks steuern sollten. Bedenkt man die unterschiedlichen
Grundpositionen der Parteien und Interessenten, so verwundert
es nicht, daß beinahe alle, insbesondere aber die ersten Landesmediengesetze, einer verfassungsrechtlichen Überprüfung zugeleitet wurden.

Gegen   das   bayerische   »Medienentwicklungs-   und   -
erprobungsgesetz (MEG)« vom 22. November 1984 sind nach
Art. 98 Abs. 4 der Bayerischen Verfassung drei Popularklagen
erhoben worden. Es galt unter anderem zu prüfen, ob die durch
die Bayerische Verfassung vorgeschriebene öffentlich-rechtliche
Trägerschaft (vgl. Art. 111a der Bayerischen Verfassung) durch
das Gesetz gewahrt sei. Das Urteil vom 21. November 1986 erklärte, daß das MEG insgesamt, bedenkt man den Erprobung-
scharakter der Bestimmungen, nicht verfassungswidrig sei; je-

doch Teile dieses Gesetzes seien nicht verfassungskonform. Am 24. November 1992 wurde die gesetzliche Grundlage entsprechend geändert. Das MEG wurde durch das »Bayerische Mediengesetz (BayMG)« abgelöst.

In Niedersachsen war bereits am 23. Mai 1984 das »Niedersächsische Landesrundfunkgesetz (LRG)« verabschiedet worden. Gegen dieses Landesmediengesetz strengte die sozialdemokratische Bundestagsfraktion im November 1984 ein Normenkontrollverfahren an. Nach Meinung der Abgeordneten verstieß das Niedersächsische Landesmediengesetz in wesentlichen Bestimmungen gegen Art. 5 Abs. 1 des Grundgesetzes und sei demnach in seiner Gesamtheit verfassungswidrig. Entgegen den Erwartungen der SPD-Bundestagsfraktion erklärte das Gericht das Niedersächsische Landesmediengesetz in seinen Grundzügen für verfassungsgemäß (vgl. 4. Kapitel Abschnitt 5.4).

Das Bemerkenswerte am »Niedersachsen-Urteil« sind jedoch nicht die einzelnen Auslegungen des Gerichts zum Niedersächsischen Landesmediengesetz, sondern ist vielmehr die grundsätzliche Klärung des Verhältnisses zwischen privatem und öffentlich-rechtlichem Rundfunk, die sich aus den Begründungen des Gerichts ergibt. Denn es wurden die Grundstrukturen einer bis dato sinnvollen dualen Rundfunkordnung beschrieben, und dabei dem öffentlich-rechtlichen Rundfunk die Funktion der Grundversorgung zugewiesen. So lange diese durch den öffentlich-rechtlichen Rundfunk gewährleistet ist, sind an das private Rundfunkprogramm nicht gleich hohe Anforderungen zu stellen. Die öffentlich-rechtlichen Rundfunkanstalten haben daraus eine »Bestands- und Entwicklungsgarantie« abgeleitet. Die privaten Veranstalter wollten diesen Grundversorgungsauftrag als Mindestversorgung definieren, die insbesondere auf politische Informationsprogramme bezogen sei, so daß dann den privaten Veranstaltern der Unterhaltungssektor zugewiesen wäre. Nachdem durch das Niedersachsen-Urteil die Weichen für die endgültige Legitimierung des privaten Rundfunks in Deutschland gestellt waren, wurde im Staatsvertrag zur Neuordnung des Rundfunkwesens (auch: Rundfunkstaatsvertrag) vom 1./3. April 1987 die duale Rundfunkordnung festgeschrieben.

Fast zeitgleich mit dem Staatsvertrag zur Neuordnung des Rundfunkwesens folgte noch eine weitere wegweisende Entscheidung des Bundesverfassungsgerichts zur Grundlegung des dualen Rundfunksystems in Deutschland, das sogenannte »Baden-Württemberg-Urteil» vom 24. März 1987 (vgl. 4. Kapitel Abschnitt 5.5). Auslöser des Baden-Württemberg-Urteils war eine Verfassungsbeschwerde des Südwestfunks und des Süddeutschen Rundfunks gegen das Baden-Württembergische Landesmediengesetz vom 16. Dezember 1985, das unter anderem den Landesrundfunkanstalten untersagte, regionale und lokale Rundfunkprogramme auszustrahlen. In der Begründung des Urteils geht das Bundesverfassungsgericht auf den Bedeutungsgehalt des Begriffes der Grundversorgung ein und stellt fest, daß diese nicht auf bloße Berichterstattung oder die Vermittlung politischer Meinungen eingeengt werden kann, daß damit auch keine Mindestversorgung gemeint sein kann und daß es sich hierbei nicht um eine Grenzziehung oder Aufgabenteilung zwischen öffentlich-rechtlichem und privatem Rundfunk handelt (vgl. 4. Kapitel Abschnitt 5.5).

Auch das Gesetz über den Westdeutschen Rundfunk Köln von 1985 und das Rund-funkgesetz für das Land Nordrhein-Westfalen von 1987 waren politisch umstritten. Hier wurde angezweifelt, daß es zulässig sei, öffentlich-rechtlichen und privaten Rundfunk - so wie im sogenannten »Zwei-Säulen-Modell« der lokalen Rundfunkorganisationen in Nordrhein-Westfalen - zu vermischen. Das Bundesverfassunggericht erklärte dies in seinem Urteil vom 5. Februar 1991 für zulässig und machte deutlich, daß das Grundgesetz nicht zur Modellkonsistenz verpflichtet (vgl. 4. Kapitel Abschnitt 5.6). Die nachfolgenden Urteile vom 6. Oktober 1992 und vom 22. Februar 1994 befassen sich mit der Finanzierung des Rundfunks. Das Bundesverfassungsgericht legt im Urteil von 1994 fest, daß für den öffentlichrechtlichen Rundfunk eine Finanzierung erforderlich ist, die ihn in die Lage versetzt, seine Funktion im dualen System zu erfüllen und ihn sogleich wirksam davor schützt, daß über die Entscheidung der Finanzausstattung politischer Einfluß genommen wird (vgl. 4. Kapitel Abschnitte 5.7 und 5.8).

Mit der Grundlegung der Finanzierungsgrundsätze scheint die duale Rundfunkordnung in den Grundstrukturen rechtlich gesichert und scheinen die Spielräume zur Ausgestaltung dieser Ordnung vorläufig ausgelotet. Doch neue Fragen drängen sich auf. Multimediaentwicklungen provozieren neue Rundfunkangebote. Und so könnten diese neuen Dienstleistungen der elektronischen Medien das ausbalancierte System einer dualen Ordnung wiederum kräftig durcheinanderwirbeln.

5. Ostdeutschland

5.1 Funktionen der Massenmedien im Sozialismus

Die DDR, gegründet am 7. Oktober 1949, war ein Staat der Gewaltenkonzentration. Der Staat selbst definierte sich als »Diktatur des Proletariats«, verstand sich - angelehnt an die Theorie von Marx und Engels - als Meilenstein auf dem Weg, den Sozialismus/Kommunismus in der Gesellschaft aufzubauen. Für das Funktionieren dieses »Arbeiter- und Bauernstaates« waren zwei Prinzipien wichtig:

• die führende Rolle der »Sozialistischen Einheitspartei Deutschlands (SED)« in Staat und Gesellschaft,

• das Prinzip des Demokratischen Zentralismus.

»Er (der demokratische Zentralismus, d. Verf.) ist darauf gerichtet, die führende Rolle der Arbeiterklasse in der sozialistischen Gesellschaft und im sozialistischen Staat zu verwirklichen und das einheitliche Wirken aller gesellschaftlichen Kräfte für die bewußte Durchsetzung der objektiven Gesetzmäßigkeiten der gesellschaftlichen Entwicklung zu gewährleisten. Er ist unerläßliche Bedingung für die wissenschaftlich begründete Leitung der sozialistischen Gesellschaftsentwicklung, für die volle Entfaltung ihrer Vorzüge und Triebkräfte. Der d. Z. ist wissenschaftlicher Ausdruck der Anschauung der Arbeiterklasse über Demokratie und Organisiertheit, über Freiheit und Disziplin. (...) Der d. Z. verbindet so den Zentralismus mit breiterer innerparteilicher Demokratie und ist entscheidend für die Einheit und Geschlossenheit (...) der Partei als Führerin der Klasse und aller Werktätigen.« (Berger et. al. 1978, S.131f.)

Vor diesem Hintergrund wird das besondere Verständnis von den Massenmedien deutlich. Im Kulturpolitischen Wörterbuch der DDR heißt es:

»Die M. (Massenkommunikationsmittel - dieser Begriff wurde synonym für Massenmedien verwandt, d. Verf.) haben als Instrumente der herrschenden Klasse große Bedeutung für die ideologische und kulturelle Beeinflussung der Volksmassen. Die marxistisch-leninistischen Parteien nutzen die M. als kollektive Agitatoren, kollektive Propagandisten und kollektive Organisatoren für die Orientierung und Organisierung des Handelns der Volksmassen sowie zur Befriedigung geistig-kultureller Bedürfnisse. (...) Die M. der Arbeiterklasse verbreiten auf der Grundlage der Prinzipien der Parteilichkeit, Wissenschaftlichkeit und Massenverbundenheit die marxistisch-leninistische Weltanschauung in vielfältigen Formen.« (Ebd., 1978, S.475)

Aufgabe der Massenmedien war es also, die politischen, philosophischen und ökonomischen Lehren der marxistisch-leninistischen Ideologie systematisch zu verbreiten und zu erläutern. Daneben sollten sie die Strategie und Taktik der Partei theoretisch begründen sowie die aktuelle politische Situation und die gesellschaftlichen Probleme analysieren. In der Agitationsfunktion sollten sie die Propaganda in die alltäglichen Bereiche hineintragen.

>»Die Methode der Agitation ist als Aufrütteln und Anspornen zu
charakterisieren. Agitation hat das Wesen gesellschaftlicher Verhältnisse und Prozesse im einzelnen Ereignis, das Große im Alltäglichen aufzudecken; sie hat politische Ideen und Ziele mit den Erfahrungen und Vorstellungen der Massen, die wissenschaftliche
Ideologie mit dem Alltagsbewußtsein zu verbinden. (...) Sie erzielt
ihre Wirkung nicht mit umfassender, systematischer Beweisfüh-
rung (wie die Propaganda, d. Verf.), sondern mit konzentrierter,
möglichst anschaulicher Darstellung und mit dem Herausarbeiten
des in der gegebenen Situation schlagenden Arguments.« (Sektion
Journalistik 1984, S.71)

In ihrer Funktion als kollektive Organisatoren sollten die
Massenmedien aktiv mobilisierend in den politischen, wirtschaftlichen und kulturellen Entwicklungsprozeß der Gesellschaft eingreifen, und dabei helfen, die Beschlüsse von SED und
Regierung durchzusetzen.

>»Die Tätigkeit von Presse, Rundfunk und Fernsehen ist ein wesent-
liches Element der politischen Massenarbeit. (...) Der sozialistische
Journalismus erläutert und begründet auf der Grundlage der Theorie des Marxismus-Leninismus die Politik der SED; er verbreitet Informationen, die es den Werktätigen ermöglichen, sich im gesellschaftlichen Geschehen der DDR und der ganzen Welt richtig politisch zu orientieren und sich in ihrem Handeln auf die Erfordernisse
der gesamtgesellschaftlichen Entwicklung zu beziehen; er bekämpft
offensiv dem Sozialismus fremde Denk- und Verhaltensweisen sowie alle Erscheinungsformen bürgerlicher Ideologie, mit denen der
Imperialismus und ihm verbündete Kräfte die sozialistische Gesellschaft zu zersetzen suchen.« (Ebd., S.110)

Vor dem Hintergrund dieses Funktionsverständnisses von
Massenmedien verwundert es, daß es in der Verfassung der
»Deutschen Demokratischen Republik (DDR)«[28] in Artikel 27

---

[28] Vgl. hierzu die Darstellung der Verfassungsentwicklung von Theo Stammen (ders., 1988).

heißt:

>> 1. Jeder Bürger der DDR hat das Recht, den Grundsätzen dieser Verfassung gemäß, seine Meinung frei und öffentlich zu äußern. Dieses Recht wird durch kein Dienst- oder Arbeitsverhältnis beschränkt. Niemand darf benachteiligt werden, wenn er von diesem Recht Gebrauch macht.

> 2. Die Freiheit der Presse, des Rundfunks und des Fernsehens ist gewährleistet.« (Sorgenicht et. al. Band 2 1969, S.103)

Die verbal garantierte Meinungsfreiheit war jedoch an die »Grundsätze dieser Verfassung« gebunden und zu den Grundsätzen der DDR-Verfassung gehörte es, die bestehenden politischen und sozioökonomischen Strukturen, den Führungsanspruch der SED und die Prinzipien des demokratischen Zentralismus, das Bündnis mit der UdSSR, die sozialistische Planwirtschaft, die Glaubens- und Gewissensfreiheit nach sozialistischem Muster etc. nicht in Frage zu stellen.

Artikel 27 kennt keine Informationsfreiheit. Mithin wurde die Freiheit der Presse, des Rundfunks und des Fernsehens der DDR nicht als Individualrecht verstanden, sondern als das Recht einer Klasse - soll heißen der Arbeiterklasse und der SED als führender Partei. Hierzu heißt es im Verfassungskommentar:

>>Die Freiheit der Presse, des Rundfunks und des Fernsehens zu sichern, heißt deshalb vor allem, keinerlei Mißbrauch der Massenmedien für die Verbreitung bürgerlicher Ideologien zu dulden und ihre Tätigkeit bei der Verbreitung der marxistisch/leninistischen Ideologie, als Foren des schöpferischen Meinungsaustausches der Werktätigen, (...) zu entfalten.« (Ebd., S.110f.)

Weitere Einschränkungen erfährt die Presse- und Meinungsfreiheit in § 106 des Strafgesetzbuches der DDR, der die »staatsfeindliche Hetze« regelt (vgl. Holzweißig 1989, S.12).

5.2 Die zentrale Steuerung

Der Begriff Rundfunk wurde im DDR-Sprachgebrauch nicht als Oberbegriff für Hörfunk und Fernsehen, sondern als Synonym für Hörfunk verwandt. Oberste Leitungs- und Lenkungsinstanz des DDR-Rundfunks war die Abteilung für Agitation und Propaganda beim ZK (Zentralkomitee) der SED. Regelmäßig donnerstags fanden dort Besprechungen statt, zu denen alle Chefredakteure der SED-Presse, Intendanten von Rundfunk- und Fernsehanstalten u.a. zitiert wurden. In diesen »Anleitungen« genannten Besprechungen wurden die Sprachregelungen zur politischen, wirtschaftlichen und kulturellen Berichterstattung in den Medien für die kommende Woche festgelegt. Die Anweisungen konnten sich teils nur auf grundsätzliche Aspekte bei der Behandlung der verschiedenen Themen beziehen, sie konnten aber auch ganz konkrete Wortvorgaben zur Interpretation einzelner Ereignisse machen (vgl. z.B. Mikos 1992, S.108).

Weitere Leitungs- und Steuerungsfunktionen für Rundfunk und Fernsehen wurden vom »Staatlichen Komitee für Rundfunk beim Ministerrat der DDR« und dem »Staatlichen Komitee für Fernsehen beim Ministerrat der DDR« wahrgenommen.

Neben diesen Gremien beherrschte ein streng kontrollierter und reglementierter Berufszugang die journalistische Arbeitswelt und sicherte »100 prozentigen kaderpolitischen Nachwuchs«. Journalist konnte in der DDR nur werden, wer (den kaderpolitischen Ausleseprozeß überstanden und) ein Fachschulstudium an der Fachschule für Journalistik oder ein Hochschulstudium an der Sektion Journalistik der Leipziger Karl-Marx-Universität (auch »Rotes Kloster« genannt) erfolgreich absolviert hatte. Die Ausbildung an der Karl-Marx-Universität Leipzig hielt sich strikt an Lenins Forderungen zur Funktion sozialistischer Medien und vermittelte in zuletzt vier Studienjahren folgende Inhalte:

1. Gesellschaftswissenschaften (Fragen des dialektischen und des historischen Materialismus; Politische Ökonomie; Geschichte der KPdSU; Geschichte der deutschen Arbeiterbewegung; demokratischer Staats- und Wirtschaftsaufbau).

2. Publizistik und Zeitungswissenschaft (Geschichte und internationale Bedeutung der sowjetischen Presse; Pressegeschichte Deutschlands, der volksdemokratischen und monopolkapitalistischen Länder).

3. Spezialfach (Politik, Wirtschaft, Kultur usw.).

4. Sprachkurse (drei Jahre russisch, deutsche Rechtschreibung, Grammatik, Stilistik).

(Vgl. Riedel 1984, S. B 79)

»Der sozialistische Journalist ist Funktionär der Partei der Arbeiterklasse, einer anderen Blockpartei (...) bzw. einer gesellschaftlichen Organisation und der sozialistischen Staatsmacht, der mit journalistischen Mitteln an der Leitung ideologischer Prozesse teilnimmt. Er hilft, das Vertrauensverhältnis des Volkes zu Partei und Staat zu festigen. Seine gesamte Tätigkeit wird grundlegend vom Programm und den Beschlüssen der marxistisch-leninistischen Partei der Arbeiterklasse sowie der Verfassung des sozialistischen Staates bestimmt.« (Sektion Journalistik 1984, S.111)

Instrument der Kontrolle der Arbeitsweise der Massenmedien war auch die Nachrichtenagentur ADN (Allgemeiner Deutscher Nachrichtendienst), die eine Monopolstellung innehatte. Sie war dem Presseamt beim Ministerpräsidenten der DDR unterstellt. ADN selbst nutzte alle großen Nachrichtenagenturen der Welt (z.B. Reuters, AP, AFP, UPI) und filterte dann nach Parteilichkeitsaspekten die Informationen zur Weitergabe an die DDR-Medien heraus (vgl. Holzweißig 1989, S.20).

Rundfunk und Fernsehen der DDR finanzierten sich aus Teilnehmerentgelten (Gebühren), staatlichen Zuschüssen sowie eigenerwirtschafteten Mitteln, z.B. Einnahmen aus öffentlichen

Veranstaltungen, kommerziellen Dienstleistungen für ausländische Partner, Programmverkauf, Verleih, Lizenzen (vgl. Gerber 1990, S. A 94).

5.3 Hörfunk

5.3.1 Unter sowjetischer Besatzung

Nach der Kapitulation des 3. Reiches und der damit einhergehenden Auflösung des »Großdeutschen Rundfunks« bemühte sich die sowjetische Besatzungsmacht, ähnlich den Westalliierten, um eine schnelle Wiederaufnahme eines flächendeckenden Rundfunkbetriebes. Bereits am 10. Mai 1945 verfügte der sowjetische Stadtkommandant von Berlin, Nikolei Bersarin, den Wiederaufbau des Rundfunkbetriebes in Berlin. Vorangegangen war ein Beschluß der »Sowjetischen Militäradministration (SMAD)« vom 8. Mai 1945 unter Leitung von Marshall Shukow, der den schnellen Wiederaufbau des Rundfunks auf dem Gebiet der »Sowjetischen Besatzungszone (SBZ)« forderte. Am Abend des 13. Mai 1945 ging im alten Funkhaus in der Masurenallee, welches im britischen Sektor von Berlin lag,[29] der »Berliner Rundfunk« mit den Worten auf Sendung: »Hier spricht Berlin«. Schnell nahm die SMAD - zunächst unterstand der Rundfunk sowjetischen Kulturoffizieren - Musiksendungen, politische und kulturelle Informationssendungen ins Programm. Erster Leiter des Berliner Rundfunks war der langjährige KPD-Funktionär Hans Mahle. In den Jahren 1945/46 konstituierten sich weitere (Landes-) Sender für die fünf Länder der SBZ, Mecklenburg,

---

[29] Die Sowjetunion übergab das Funkhaus in der Masurenallee, von wo am 1. Juni 1952 die letzten Sendungen ausgestrahlt wurden, erst am 5. Juli 1956 dem Westberliner Senat. Vorausgegangen war der Bau des neuen Funkhauses in der Nalepastraße in Ost-Berlin. Seit dem 4. Dezember 1957 ist das Funkhaus in der Masurenallee Sitz des Senders Freies Berlin (vgl. Geserick 1989, S.58).

Brandenburg, Sachsen-Anhalt, Sachsen und Thüringen. So entstanden Hörfunksender in Schwerin (1945), Potsdam (1946), Leipzig (1945), Halle (1946), Erfurt und Weimar (1945), Dresden (1945), Studios in Magdeburg und Rostock (1947) sowie in Cottbus (1949).

Am 21. Dezember 1945 unterstellte die SMAD das gesamte Rundfunkwesen der Sowjetischen Besatzungszone der »Deutschen Zentralverwaltung für Volksbildung (DZfV)«, behielt aber ihre Kontroll- und Zensurrechte bei; ihr oblag letztlich die Leitung der wirtschaftlichen, personalpolitischen und technischen Bereiche (vgl. z.B. Riedel 1984, S. B 76).

Im August 1946 wurde - wieder auf Initiative der SMAD - aus dem Rundfunkreferat der oben genannten Deutschen Zentralverwaltung für Volksbildung die »Generalintendanz des Deutschen Demokratischen Rundfunks« geschaffen. Diese gab im Dezember 1946 erste zentrale Richtlinien für die Rundfunkarbeit auf dem Gebiet der SBZ heraus.

> »Diese Maßnahmen bedeuteten erste Schritte zur Zentralisierung der Hörfunkverwaltung und zu ihrer Anbindung an staatliche Institutionen.« (Geserick 1989, S.57)

Am 1. Mai 1949, also noch vor der Gründung der DDR und kurz vor dem Ende der Berlin-Blockade (18. Juni 1948 bis 12. Mai 1949), nahm der Deutschlandsender seinen Sendebetrieb auf.[30] Seine Aufgabe bestand in erster Linie darin, West-Deutschland über die SBZ zu unterrichten und die SBZ in einem positiven Lichte erscheinen zu lassen (vgl. ebd., S.59f.).

---

[30] Bereits kurz nach dem Beginn der Berlin-Blockade wurde im Berliner Rundfunk eine Westabteilung eingerichtet. Diese Westabteilung war quasi der Vorläufer des Deutschlandsenders.

5.3.2 Die Neuordnung nach 1952

Einen wichtigen Einschnitt für die politische, wirtschaftliche und kulturelle Entwicklung in der DDR markiert das Jahr 1952. Am 23. Juli 1952 beschloß die Volkskammer das Gesetz »Über die weitere Demokratisierung des Aufbaus und der Arbeitsweise der staatlichen Organe«. Mit diesem Gesetz wurde eine Strukturveränderung der Verwaltung vorgenommen, in deren Verlauf die fünf Länder der DDR in 14 Bezirke zuzüglich Berlin umgewandelt wurden. Damit ging die Anpassung der Rundfunkstrukturen einher - die fünf Landessender wurden aufgelöst. Der Volksaufstand in der DDR vom 17. Juni 1953 zwang die Regierung auch zu einer Änderung ihrer Programmpolitik. Vorübergehend fanden sich in den Hörfunkprogrammen Lockerungen der stark agitatorisch durchsetzten Nachrichtensendungen und politischen Informationssendungen. Unterhaltungsprogrammen kam erstmals wirkliche Aufmerksamkeit zu. Hörerwünsche wurden für die Programmgestaltung berücksichtigt, regelmäßige Regionalprogramme der Bezirkssender strahlten zwischen 18 und 19.30 Uhr Heimatfunk, lokale Informations- und Servicesendungen aus (vgl. Geserick 1989, S.60). Nach vielfachen Modifizierungen und Umbenennungen waren Mitte/Ende der 50er Jahre auf dem Gebiet der DDR folgende Hörfunkprogramme auf Sendung:

- »Radio DDR I«, als repräsentativer Republiksender mit Informations- und Unterhaltungsprogrammen für die gesamte DDR-Bevölkerung.

- »Radio DDR II« mit eher bildungspolitischer Zielsetzung (ab 1958).

- Der »Berliner Rundfunk«, als Service-, Informations- und Unterhaltungsprogramm aus der Hauptstadt für die gesamte DDR.

- Der »Deutschlandsender«, als Nachrichten-, Informations-

und Unterhaltungsprogramm für bundesdeutsche Hörer und Hörer aus anderen angrenzenden Nachbarstaaten, wobei die Gestaltung der Sendungen und das Musikangebot an westliche Sendungen angelehnt waren.

- Am 15. April 1955 wurde der erste fremdsprachige Auslandsdienst eingerichtet. »Radio Berlin International« sendete anfangs in französischer, italienischer, dänischer, spanischer, chinesischer und arabischer Sprache.

In der Phase des Kalten Krieges richteten sich von der DDR aus getarnte Propagandasender auf das Territorium der BRD. Als solche fungierten der:

- »Freiheitssender 904« (er hatte sich 1956 nach dem Verbot der KPD in Westdeutschland etabliert,) sowie der

- »Soldatensender 935«, der sich vor allem an Bundeswehrsoldaten wandte.

Beide stellten infolge der Entspannungspolitik zu Beginn der 70er Jahre ihre Sendungen wieder ein (vgl. z.B. Geserick 1989, S.60ff.).

5.3.3   Entspannung und Anpassung

In den Jahren 1958 bis 1961 gelang es der SED-Führung, durch eine konsumfreundlichere Wirtschaftspolitik und mehr Rücksichtnahme auf die persönlichen Bedürfnisse und Wünsche der Menschen in der DDR, den Lebensstandard zu steigern, und eine allgemein entspanntere Atmosphäre zu schaffen. Das System der politischen Diktatur wurde von vielen Bürgern differenzierter beurteilt, sie entdeckten Vorzüge und Freiräume, kurz: eine Vielzahl der Bürger in der DDR begann, sich mit dem System »zu arrangieren«. Die Kulturpolitik wurde nach 1958/59 durch das Schlagwort des »Bitterfelder Weges«[31] geprägt, dessen Ziel es war, die Kluft zwischen Intelligenz und Arbeiterklasse zu überwinden.[32]

Desweiteren verstärkte sich die politische und ökonomische Abgrenzung von West-Deutschland nach dem Bau der Berliner Mauer im Jahre 1961. Diese Abgrenzung war verbunden mit einer immer stärkeren Integration in den Ostblock. All diese Entwicklungen hatten Einfluß auf die Medien, die nunmehr stärker denn je die Balance halten mußten zwischen Bedürfnisorientierung und Erziehungseffekt.

Wenngleich die Struktur des Hörfunks der DDR in den 60er Jahren weitestgehend unverändert blieb,[33] so gab es manche Veränderungen in den Programminhalten und auch im Sinne einer »Annäherung an Hörerwünsche«. Die Einrichtung des Jugendstudios DT 64 (ab 1986 »Jugendradio DT 64«) zielte auf die Bedürfnisse junger Leute. Dieses (anfangs zweistündige) Musik- und Informationsprogramm geht in seinem Ursprung auf das Deutschlandtreffen der Jugend von 1964 zurück (vgl. Geserick 1989, S.115).

Die Ablösung Walter Ulbrichts am 3. Mai 1971 durch Erich Honecker stellt eine strategische Neuorientierung der SED in

---

[31] Benannt nach der Bitterfelder Autorenkonferenz von 1959 (vgl. hierzu ausführlich z.B. Jäger 1982, S.83ff. und Gransow 1975, S.89ff.).

[32] In diesem Zusammenhang wurde auch der Hörfunk der DDR verstärkt in kollektive Arbeitsformen, in die Zusammenarbeit mit anderen Werktätigen und in den sozialistischen Wettbewerb eingebunden. So wurden auch Redakteure, Reporter u.a., ähnlich den Schriftstellern des Schriftstellerverbandes, Malern usw., in Betriebe zum »Kennenlernen der sozialistischen Produktion« geschickt (vgl. z.B. Geserick 1991, S.50).

[33] Veränderungen ergaben sich jedoch in technischer Hinsicht; zu den wesentlichsten technischen Neuerungen in diesem Zeitraum zählten der Übergang zur UKW-Nutzung und die Einführung der Stereophonie. Am 2. August 1963 wurde die erste offizielle Stereophoniesendung aus dem Funkhaus Berlin-Oberschöneweide gesendet (vgl. Geserick 1989, S.120f.).

allen Bereichen des gesellschaftlichen Lebens in der DDR dar.
Die sozialen Belange der Bevölkerung rückten stärker in den
Vordergrund. Honecker formulierte als neue Hauptaufgabe der
SED die

> »weitere Erhöhung des materiellen und kulturellen Lebensniveaus
> des Volkes auf der Grundlage eines hohen Entwicklungstempos der
> sozialistischen Produktion, der Erhöhung der Effektivität, des wis-
> senschaftlich-technischen Fortschritts und des Wachstums der Ar-
> beitsproduktivität.« (Protokoll der Verhandlungen des VIII. Partei-
> tages der SED vom 15.-19. Juni 1971, Bd.1, 1971, S.61; zit. nach We-
> ber 1985, S.405)

Diese Entwicklung wurde durch die Entspannungspolitik
begünstigt, die DDR wurde als souveräner Staat anerkannt.
Nun konnten auch im Hörfunkprogramm die Unterhaltungs-
und Dienstleistungsfunktion noch deutlicher hervortreten. In
diesem Sinne profilierten sich Magazine, Ratgeber- und Informationssendungen.

5.3.4   Die Reform von 1986 / 87

Nach einer letzten Hörfunkreform von 1986/87 gab es in der
DDR fünf landesweite Hörfunkprogramme (als Ganztagspro-
gramme) und 12 Regionalprogramme auf Bezirksebene. Die
landesweiten Hörfunksender lassen sich wie folgt charakterisieren:

- Radio DDR I war ein aktuelles Informations- und Unterhaltungsprogramm, das 24 Stunden am Tag sendete. Das Musikspektrum umfaßte Volksmusik, Schlager, Operette und Klassik. Am frühen Sonntagvormittag wurde jeweils ein evangelischer oder katholischer Gottesdienst übertragen. Neben Nachrichten wurden täglich drei aktuelle Informationssendungen,
  Wirtschaft, Sport sowie Hörspiele, Kinderfunk, Ratgebersen-

dungen, gesellschaftspolitische Sendungen gebracht.

- Radio DDR II sendete mit den Regionalprogrammen auf einer gemeinsamen Frequenz. Es war als Kultur- und Bildungsprogramm konzipiert. Radio DDR II sendete 15 Stunden von 13 bis 4 Uhr. In der verbleibenden Zeit wurden die Regionalprogramme ausgestrahlt. Das Musikprogramm von Radio DDR II umfaßte alle Bereiche der klassischen Musik. Das Wortprogramm war in erster Linie auf kulturelle Inhalte, Gesellschaftspolitik, Wissenschaft und Bildung ausgerichtet. In den Regionalprogrammen dominierten regionale Information, Kultur- und Heimatfunk sowie Ratgebersendungen.

  Der Sender Leipzig produzierte zur Frühjahrs- und Herbstmesse eine »Messewelle«, der Sender Rostock zur Sommerurlaubszeit von Mai bis September die »Ferienwelle Rostock«. Für die sorbischen Bürger in der Ober- und Niederlausitz wurde täglich ein mehrstündiges Programm in sorbischer Sprache verbreitet.

- Der Berliner Rundfunk präsentierte ein hauptstädtisches Unterhaltungsprogramm mit Lokalkolorit, das täglich 24 Stunden in der ganzen DDR zu empfangen war. Sein Musikspektrum umfaßte Popmusik, Schlager, Lieder, Folk, Jazz, Oper sowie Klassik. Neben Nachrichten und zwei täglichen aktuellen Sendungen wurden Sportinformation, Kinderfunk, Hörspiel, »Kultur aktuell«, Geschichte, Literatur, Wissenschaft und Ratgebersendungen sowie 14täglich samstags Musik zur Sabbatfeier ausgestrahlt.

- Jugendradio DT 64 war ein Jugendprogramm, das zuletzt 24 Stunden täglich sendete und seit 1987 DDR-weit zu empfangen war. Musikalisch war es auf Pop, Oldies, Rock, Funk, Lieder und Jazz ausgerichtet. Vom Programmkonzept her war es ein an westlichen »Radiomachern« orientiertes Magazinprogramm, das neben kurzen Nachrichtensendungen und Sportinformationen insbesondere auch Beiträge zum Thema Schule, Freizeit, Jugend, Beruf und Kultur brachte.

- Die »Stimme der DDR« war ein Informations- und Unterhaltungsprogramm für die DDR und ihre Nachbarstaaten, das täglich 24 Stunden ein buntes Musikprogramm sendete. Im Informationsteil dominierten vier aktuelle Nachrichtensendungen von je 30 Minuten Länge. Daneben gab es Beiträge zu Literatur, Wissenschaft, Jugend und Gesellschaftspolitik, aber auch Hörspiele.

(Vgl. hierzu im wesentlichen: SFB, o.J. [1991], S.8ff. oder auch ARD-Jahrbuch 91, S.56f.).

Der Auslandsdienst des DDR-Rundfunks, »Radio Berlin International« sendete am Ende in elf Sprachen (Arabisch, Dänisch, Deutsch, Englisch, Französisch, Hindi, Italienisch, Portugiesisch, Schwedisch, Spanisch, Suaheli) über KW und MW ein Informationsprogramm für Europa, Nahost, Asien, Afrika und Amerika.

5.4   Fernsehen

Die Entwicklung des DDR-Fernsehens basiert auf einem Beschluß der Deutschen Wirtschaftskommission über die Aufnahme eines Fernsehdienstes in der sowjetischen Besatzungszone von 1949. Schon im Oktober 1949 begannen die Arbeiten zum Aufbau eines Fernsehzentrums in Berlin Adlershof, welches dann fast 40 Jahre Sitz des »Deutschen Fernsehfunks (DFF)« - also des Fernsehens der DDR - war. Beim Aufbau des Fernsehdienstes stützte man sich sowohl auf sowjetische als auch auf westliche Erfahrungen, da in der DDR nur wenige technische Mitarbeiter Erfahrungen mit Fernsehen gemacht hatten (vgl. z.B. Hoff 1988, S. B 122 oder Geserick 1989, S.67ff.).

Die organisatorische Zuständigkeit für das neue Medium lag zunächst bei der Generalintendanz für Rundfunk, ab 1952 beim

»Staatlichen Kommitee für Rundfunk beim Ministerrat der DDR«.

Am 21. Dezember 1952, pünktlich zu Stalins Geburtstag und vier Tage vor der Fernsehpremiere der ARD, begann das erste offizielle Versuchsprogramm des DFF. Am 2. Januar 1956 endete die Versuchsphase, am Tag darauf nahm der DFF seinen regulären Sendebetrieb auf (vgl. Hoff 1988, S. B 122ff.).

5.4.1 Die 50er und 60er Jahre

Grundlage des neuen Mediums Fernsehen in der DDR war die »Verordnung über den Fernsehrundfunk« vom 1. Juni 1956.

Die ersten Jahre der Fernsehausstrahlung in der DDR sind durch eine intensive innerdeutsche Konkurrenz gekennzeichnet. Technische Einschränkungen der DDR- Fernsehgeräte des Typs »T 2-Leningrad« verhinderten zunächst den Empfang westdeutscher Programme. Mehrkanalgeräte überwanden später dieses Hindernis. Hinzu kam, daß der DFF zu Beginn in einer anderen Fernsehnorm (OIR) sendete als das westdeutsche Fernsehen, so daß sich benachbarte Frequenzen gegenseitig störten. Eine frequenztechnische Umstellung der OIR-Norm auf die auch in der BRD genutzte ICCR-Norm 1956 gestattete dann einen technisch guten Empfang der ARD-Programme in der DDR (vgl. ebd., S.73f., 81f.).

Trotz aller liberalen Bekundungen war auch das Fernsehprogramm ein wesentliches Mittel der politischen Agitation und Propaganda. Hierzu äußerte sich Hermann Ley, der Vorsitzende des Staatlichen Rundfunkkomitees, 1957 wie folgt:

> »Funk und Fernsehen haben in der DDR die eindeutige Aufgabe, den Aufbau unserer jungen sozialistischen Gesellschaft zu unterstützen (...). Wichtig ist, daß neben der aktuellen Politik der theoretische Inhalt unserer Weltanschauung gebührend Raum findet. (...)

Auch sonstige Übernahme von Agitprop-Methoden (Agitation und Propaganda, d. Verf.) eignet sich für Funk und Fernsehen.« (Hermann Ley 1957, S.4; zit. nach: Geserick 1989, S.79).

Ab 1966 liefen Vorbereitungen für ein 2. Fernsehprogramm in der DDR. Mit einer Ansprache von Walter Ulbricht, dem Vorsitzenden des Staatsrates der DDR und 1. Sekretärs des Zentral Kommitees (ZK) der SED, eröffnete am 3. Oktober 1969 das zweite DFF-Programm. Für kurze Zeit war DFF II die Ausstrahlung von Farbsendungen vorbehalten, 1970 wurden auch im Programm des DFF I Farbsendungen ausgestrahlt.

Die DDR führte das französische SECAM-Farbfernseh-System ein, mit dem Ziel, sich vom PAL-System der BRD abzugrenzen und den Farbempfang westdeutscher Programme zu verhindern. Da sich durch diese Maßnahme Farbfernsehgeräte in der DDR sehr schlecht verkauften, ging man schon nach wenigen Jahren dazu über, kompatible Geräte anzubieten (vgl. Geserick 1989, S.373).

Die enorme Ausweitung der Koordinations- und Leitungstätigkeiten, die das Fernsehen erforderte, hatte schließlich zur Folge, daß der Intendanzbereich für Fernsehen vom »Staatlichen Komitee für Rundfunk beim Ministerrat der DDR« abgespalten und in ein separates »Staatliches Komitee für Fernsehen beim Ministerrat der DDR« überführt wurde. Zu dessen Vorsitzendem wurde Heinz Adameck, der bereits seit 1954 Intendant des DFF war, bestimmt. Er behielt diese Funktion bis 1989 (vgl. z.B. Hoff 1988, S. B 124). Seine Auffassung von der Aufgabe des DDR-Fernsehens war folgende:

> »Das Fernsehen ist eines der bedeutendsten Mittel zur Verwirklichung der Politik von Partei und Regierung. Seine Grundaufgabe besteht darin, bei der geistigen Formung des Menschen der sozialistischen Gesellschaft mitzuhelfen.« (Adameck 1962, S.75)

5.4.2 Die »Ära Honecker«

Die Veränderungen in Kultur und Gesellschaft zu Beginn der »Ära Honecker« wirkten sich auch im »Fernsehen der DDR«[34] aus. Erich Honecker selbst übte auf dem VIII. Parteitag der SED Kritik an der Unattraktivität des DDR-Fernsehens.

> »Unser Fernsehen (...) sollte verstärkt bemüht sein, die Programmgestaltung zu verbessern, eine bestimmte Langeweile zu überwinden, den Bedürfnissen nach guter Unterhaltung Rechnung zu tragen.« (Honecker 1971, S.3)

Anstrengungen, die Attraktivität des DDR-Fernsehens zu erhöhen, sind denn auch Kennzeichen der Entwicklung in den 70er und 80er Jahren.

Insbesondere wurde eine Aufwertung des Unterhaltungsangebots angestrebt. Die Hauptsendezeit von 19 bis 21.30 Uhr wurde aufgewertet durch den Import von Spielfilmen aus den sozialistischen Nachbarländern, aber auch aus Frankreich, Italien, der BRD oder der Schweiz. Mit Unterhaltungsshows, wie »Ein Kessel Buntes«, orientierten sich DDR-Fernsehmacher in Stil und Machart an westlichen Vorbildern (vgl. Geserick 1989, S.370 bzw. 1991, S.54f.).

Im Umfeld der 1973 in Ost-Berlin stattfindenden X. Weltfestspiele der Jugend startete das Jugendmagazin »rund« im Fernsehen der DDR, direkt zugeschnitten auf die junge Generation. Mit »rund« wurde zum ersten Mal in der DDR-Fernsehgeschichte »Jugendfernsehen als Musikfernsehen« (Stiehler 1991, S.116) erkannt und entsprechend gestaltet.

Daneben kamen in den 70er Jahren vermehrt Ratgeberreihen, Fernsehspiele, Theaterinszenierungen und Sportberichte ins Programm. Unverändert blieb die seit Beginn des DDR-

---

[34] Seit 1972 wurde der DFF - im Zuge der Abgrenzung von der Bundesrepublik Deutschland - unter dem Namen »Fernsehen der DDR« geführt.

Fernsehens bestehende »Aktuelle Kamera« als Hauptinformationssendung des Tages sowie der seit 1960 von Karl-Eduard von Schnitzler moderierte »Schwarze Kanal«, ein aggressives, auf den Westen zielendes Politmagazin.[35]

5.4.3   »Westfernsehen«

Die DDR-Fernsehzuschauerforschung in den 80er Jahren dokumentierte ein Absinken der Zuschauerbeteiligung am DDR-Fernsehen zu den Hauptsendezeiten und ein Abwandern zu den Programmen von ARD und ZDF sowie später auch zu den privaten Programmanbietern.

An den Werktagen saßen zu Beginn der Hauptsendezeit um 20 Uhr annähernd 70 Prozent der Bevölkerung vor dem Fernsehschirm, an den Wochenenden sogar bis zu 90 Prozent. Allerdings sah davon mehr als die Hälfte der Zuschauer Westprogramme (vgl. Dohlus 1991, S.84).

Die öffentlich-rechtlichen Fernsehprogramme der Bundesrepublik Deutschland waren seit den späten 50er Jahren, spätestens in den 60er Jahren, beinahe flächendeckend in der DDR zu empfangen. Ausnahmen bildeten lediglich die Region um Dresden in Sachsen, das im Volksmund als »Tal der Ahnungslosen« bezeichnet wurde, und der Nordosten des Bezirkes Rostock (Insel Rügen, Darß und die Region um Stralsund). Dort war es nur mit größtem technischen Aufwand möglich, Westprogramme zu empfangen. Auch wenn die Partei offiziell erst ab 1973 vom Tabu des Westfernsehens abwich, unterlief die Mehrzahl der

---

[35] Eine der Besonderheiten des Schwarzen Kanals war es, unter Verwendung von (einseitig ausgewählten) Original-Ton- oder Bild-Dokumenten der Westmedien die Mär vom »krisengeschüttelten Westen (zu, d. Verf.) verkünden und die Vorzüge des eigenen Systems« (Holzweißig 1989, S.67) zu preisen.

Hörfunk- und Fernsehnutzer in der DDR dieses Verbot und besorgte sich Information und Unterhaltung aus dem Westen.

In der Zuschauergunst stand das Programm mit der angenehmsten Unterhaltung ganz oben. Hier machten Unterhaltungsshows wie »Wetten Daß« mit Frank Elstner oder die »Hitparade« mit Dieter-Thomas Heck u.a. das Rennen, ebenso Serien »für's Gemüt« wie die »Schwarzwaldklinik« oder auch die US-Importe wie »Dallas«. Die Kinder liebten »Alf«, die »Sesamstraße« und »Biene Maja«. Bei der Rezeption von Nachrichtensendungen lag eindeutig die »Tagesschau« an erster Stelle, dann folgten »heute«, »Tagesthemen« und »heute journal«; im Vergleich mit diesen belegte die Nachrichtsendung des DDR-Fernsehens, »Die aktuelle Kamera (AK)«, den letzten Platz in der Zuschauergunst. Täglich sahen nur etwa 9 bis 14 Prozent aller DDR-Fernsehzuschauer die »AK« (vgl. Mikos 1992, S.109f.).

> »Die eigentlich interessanten und interessierenden Ereignisse aus der DDR und die Berichte über sie waren vor allem im Westfernsehen zu sehen. ARD und ZDF, später dann auch - soweit sie zu empfangen waren - die privaten Sender, erfüllten somit für die DDR gewissermaßen die Funktion einer extraterritorialen 'vierten Gewalt' im Staate.« (Mikos 1992, S.110)

Mit dem Verfall des SED-Systems in den Jahren 1989/90 ergaben sich auch gravierende Veränderungen im Medienbereich.

5.4.4   Der Umbruch

Die größte Demonstration am 4. November 1989 auf dem Berliner Alexanderplatz vereinte fast eine halbe Million Menschen. Diese Demonstration wurde - was vorher unvorstellbar war - von Radio DDR I, dem Berliner Rundfunk und dem Fernsehen der DDR live übertragen. Unüberhörbar wurden Forde-

rungen nach Informationsfreiheit, Meinungsfreiheit und Reise-
freiheit artikuliert.

>>Ohne Offenheit und Wahrheit gibt es keine Demokratie, und ohne
Demokratie gibt es keine Offenheit und Wahrheit. Von diesem ge-
wandelten Selbstverständnis ausgehend, muß es verpflichtende
Aufgabe der Medien sein, als Tribüne demokratischer Willensbildung und Meinungsvielfalt, den Prozeß politischer Erneuerung in
unserem Land aktiv zu befördern. (...) Deshalb brauchen wir dringend und schnell (...) ein demokratisches Mediengesetz, das den
Verfassungsgrundsatz für Presse- und Medienfreiheit endlich juri-
stisch festschreibt und damit einklagbar macht, das Medienmiß-
brauch für immer ausschließt und das die Würde und Integrität der
Journalisten garantiert.<< (Barschleben 1991, S.195)

Als Beleg für die sich wandelnden Einstellungen sei die Ausstrahlung einer Erklärung der SED-Kreisleitung am 3. November 1989 in der >>AK zwo<< des Fernsehens der DDR angeführt.
Dort hieß es:

>>Wir haben es zugelassen, daß unser Medium durch dirigistische
Eingriffe mißbraucht wurde. Dadurch wurde das Vertrauen vieler
Zuschauer und nicht zuletzt zahlreicher Mitarbeiter im DDR-
Fernsehen erschüttert. Dafür bitten wir die Bürger der DDR um
Entschuldigung.<< (Zit. nach Nölte 1991, S.34)

Darüber hinaus nahm das Fernsehen der DDR neue live-
Sendungen wie beispielsweise >>Klartext<< und >>Donnerstagge-
spräch<< ins Programm, die Mißstände klar darstellten, Problem-
felder benannten und pluralistische Streitkultur auf den Bildschirm brachten.

Neue Sendeformen wie >>elf 99-Spezial<<[36] im DDR-
Jugendfernsehen dienten der Berichterstattung über Demon-
strationen, Diskussionsrunden mit Politikern, Künstlern usw. Es

---

[36] Der Name geht auf die damalige Postleitzahl von Berlin-Adlershof als
Senderstandort zurück.

gab Berichte zur Rehabilitation von im SED-Regime gemaßregelten Personen, eine Reportage über Wandlitz, später dann eine erste Talkshow im DDR-Fernsehen:»samstalk« (vgl. Stiehler 1991, S.115ff.).

Unter der Regierung Modrow wurden das Staatliche Komitee für Rundfunk und das Staatliche Komitee für Fernsehen aufgelöst. Als neue Generalintendanten für den Rundfunk und das Fernsehen der DDR wurden Michael Klein (Rundfunk) und Hans Bentzien (Fernsehen) berufen. Überlebte Sendeformen, wie »Der Schwarze Kanal« von und mit Karl-Eduard von Schnitzler wurden abgesetzt.

»Nach der Berufung der neuen Generalintendanten für Hörfunk und Fernsehen Ende November 1989 unterlag die Rechtsaufsicht der Medien zunächst dem Ministerpräsidenten, bis zur Einrichtung pluralistisch-demokratischer Kontrollgremien. Die Medien waren fortan nicht mehr an Weisungen von staatlichen und parteipolitischen Institutionen gebunden. (...) Die Forderung nach einem Mediengesetz wurde laut, das unter anderem vor allem endgültig die Zensur abschaffen und die in der Verfassung der DDR verankerte Informations-, Meinungs- und Pressefreiheit auf eine gesetzliche Grundlage stellen sollte.« (Mikos 1992, S.112)

Noch im Dezember desselben Jahres wurde der Justizminister vom Ministerrat der DDR damit beauftragt, ein neues Mediengesetz auszuarbeiten. Um dies voranzutreiben, konstituierte sich eine etwa 50köpfige »Mediengesetzgebungskommission«. Ihr gehörten sowohl Vertreter der Regierung als auch aller am Runden Tisch vertretenen Parteien und Gruppierungen, der Kirchen und Berufsverbände, der Medien sowie einige unabhängige Experten an (vgl. Mikos 1992, S.112).

Diese Kommission erarbeitete schließlich einen Entwurf zum »Beschluß der Volkskammer der DDR über die Gewährleistung der Meinungs-, Informations- und Medienfreiheit«, der am 5. Februar 1990 von der Volkskammer verabschiedet wurde.

Nach der Volkskammerwahl am 18. März 1990, in deren Folge Lothar de Maizière (CDU) Ministerpräsident wurde, beschleunigte sich der Einigungsprozeß mit der Bundesrepublik Deutschland. Dies hatte auch Auswirkungen auf die Medienpolitik.

Über die konkrete Ausgestaltung des zukünftigen Rundfunk- und Fernsehsystems auf dem Gebiet der früheren DDR waren sich selbst die beiden Generalintendanzen nicht einig.

Der bis Juni 1990 amtierende Generalintendant des Deutschen Fernsehfunks DFF (die Rückbenennung erfolgte am 14. März 1990) war bemüht, seinem Fernsehen auch in einem künftigen Gesamt-Deutschland eine eigene kulturelle Identität zu bewahren. Sein Wunsch war es, den DFF neben der ARD und dem ZDF als drittes öffentlich-rechtliches System in Deutschland zu etablieren.

Werner Maltusch, stellvertretender Generalintendant des Rundfunks, sprach sich dagegen für die Förderalisierung der Programme aus. Diese Anpassung an die westdeutsche Rundfunkstruktur sollte in den angestrebten fünf ostdeutschen Ländern zum Entstehen neuer Länderidentitäten beitragen. Am 27. April kündigte er an, er werde für den Rundfunk fünf neue Landesdirektorate schaffen. Diese sollten die zentralen DDR-Hörfunk-Programme mit Ausnahme von »DS-Kultur« (hervorgegangen aus Radio DDR II und Deutschlandsender) und »DT 64« ersetzen. Am 6. Mai 1990 begann »Antenne Brandenburg« als erstes Landesprogramm zu senden, am 1. Juli 1990 folgten die anderen Landesprogramme (vgl. Dohlus 1991, S.13).

Auch die verbleibenden anderen vier nationalen Rundfunkprogramme wurden inhaltlich verändert und umbenannt: Radio aktuell (ehemals Radio DDR I) verstand sich als Informations- und Servicekanal, der Berliner Rundfunk als Unterhaltungs- und Familienprogramm, DT 64 war als Jugendsender konzipiert und DS-Kultur eben als Kulturprogramm.

Diese Veränderungen sollten in einem »Rundfunk-Überleitungsgesetz« endgültig geregelt werden. Dieses »Rundfunk-Überleitungsgesetz« kam zwar noch zustande und wurde am 13. September 1990 von der Volkskammer verabschiedet (vgl. Mikos 1992, S.114). Doch mit dem Datum des 3. Oktober 1990 trat die DDR, laut Beschluß der Volkskammer der DDR vom 23. August 1990, der BRD nach Artikel 23 Grundgesetz bei. Die einzige rechtliche Grundlage für Rundfunk und Fernsehen in den neuen Bundesländern war zu diesem Zeitpunkt Artikel 36 des »Vertrag(es) zwischen der Bundesrepublik Deutschland und der Deutschen Demokratischen Republik über die Herstellung der Einheit Deutschlands vom 31.08.1990«. Artikel 36 lautet:

»Rundfunk

(1) Der »Rundfunk der DDR« und der »Deutsche Fernsehfunk« werden als gemeinschaftliche staatsunabhängige, rechtsfähige Einrichtung von den in Artikel 1 Abs. 1 genannten Ländern (den fünf neuen Bundesländern, d. Verf.) und dem Land Berlin für den Teil, in dem das Grundgesetz bisher nicht galt, bis spätestens 31. Dezember 1991 weitergeführt, soweit sie Aufgaben wahrnehmen, für die die Zuständigkeit der Länder gegeben ist. Die Einrichtung hat die Aufgabe, die Bevölkerung in dem in Artikel 3 genannten Gebiet nach allgemeinen Grundsätzen des öffentlich-rechtlichen Rundfunks mit Hörfunk und Fernsehen zu versorgen. Die bisher der Deutschen Post zugehörige Studiotechnik sowie die der Produktion und der Verwaltung des Rundfunks dienenden Liegenschaften werden der Einrichtung zugeordnet. Artikel 21 gilt entsprechend.

(2) Die Organe der Einrichtung sind

1. der Rundfunkbeauftragte,

2. der Rundfunkbeirat.

(3) Der Rundfunkbeauftragte wird auf Vorschlag des Ministerpräsidenten der Deutschen Demokratischen Republik von der Volkskammer gewählt. Kommt eine Wahl durch die Volks-

kammer nicht zustande, wird der Rundfunkbeauftragte von den Landessprechern der in Artikel 1 Abs. 1 genannten Länder und dem Oberbürgermeister von Berlin mit Mehrheit gewählt. Der Rundfunkbeauftragte leitet die Einrichtung und vertritt sie gerichtlich und außergerichtlich. Er ist für die Erfüllung des Auftrags der Einrichtung im Rahmen der hierfür verfügbaren Mittel verantwortlich und hat für das Jahr 1991 unverzüglich einen in Einnahmen und Ausgaben ausgeglichenen Haushaltsplan aufzustellen.

(4) Dem Rundfunkbeirat gehören 18 anerkannte Persönlichkeiten des öffentlichen Lebens als Vertreter gesellschaftlich relevanter Gruppen an. Je drei Mitglieder werden von den Landtagen der in Artikel 1 Abs. 1 genannten Länder und von der Stadtverordnetenversammlung von Berlin gewählt. Der Rundfunkbeirat hat in allen Programmfragen ein Beratungsrecht und bei wesentlichen Personal-, Wirtschafts- und Haushaltsfragen ein Mitwirkungsrecht. Der Rundfunkbeirat kann den Rundfunkbeauftragten mit der Mehrheit von zwei Dritteln seiner Mitglieder abberufen. Er kann mit der Mehrheit von zwei Dritteln seiner Mitglieder einen neuen Rundfunkbeauftragten wählen.

(5) Die Einrichtung finanziert sich vorrangig durch die Einnahmen aus dem Rundfunkgebührenaufkommen der Rundfunkteilnehmer, die in dem in Artikel 3 genannten Gebiet wohnen. Sie ist insoweit Gläubiger der Rundfunkgebühr. Im übrigen deckt sie ihre Ausgaben durch Einnahmen aus Werbesendungen und durch sonstige Einnahmen.

(6) Innerhalb des in Absatz 1 genannten Zeitraums ist die Einrichtung nach Maßgabe der förderalen Struktur des Rundfunks durch gemeinsamen Staatsvertrag der in Artikel 1 genannten Länder aufzulösen oder in Anstalten des öffentlichen Rechts einzelner oder mehrerer Länder überzuführen. Kommt ein Staatsvertrag nach Satz 1 bis zum 31. Dezember 1991 nicht zustande, so ist die Einrichtung mit Ablauf dieser Frist aufgelöst. Zu diesem Zeitraum bestehendes Aktiv- und Passivvermögen geht auf die in Artikel 1 genannten Länder in Anteilen über. Die Höhe der Anteile bemißt sich nach dem Verhältnis des Rundfunkgebührenaufkommens nach dem Stand vom 30. Juni 1991 in

dem in Artikel 3 genannten Gebiet. Die Pflicht der Länder zur Fortführung der Rundfunkversorgung in dem in Artikel 3 genannten Gebiet bleibt hiervon unberührt.

(7) Mit Inkraftsetzung des Staatsvertrags nach Absatz 6, spätestens am 31. Dezember 1991, treten die Absätze 1 bis 6 außer Kraft.« (Kresse 1992, S.276)

Abb. 8: Hörfunk und Fernsehen in der DDR

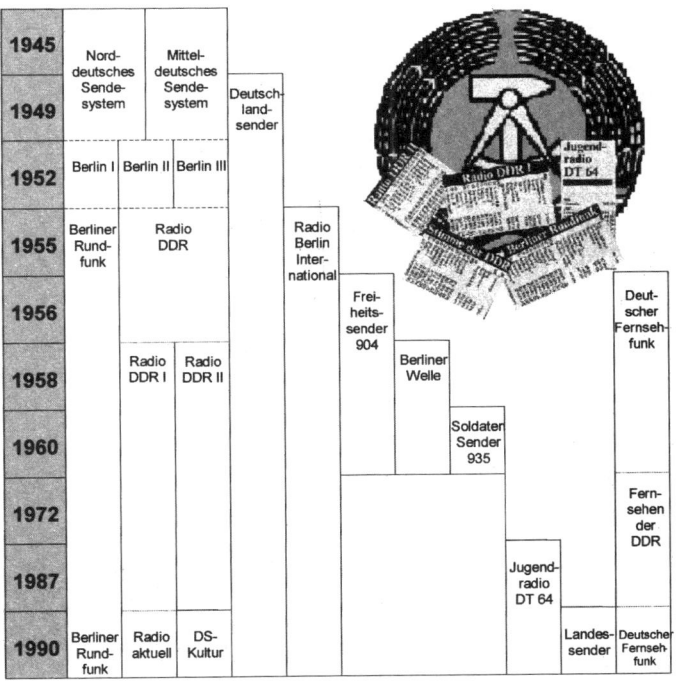

Quelle: Geserick, 40 Jahre Presse, Rundfunk und Kommunikationspolitik in der DDR, München 1989, S. 36.

6.   Der öffentlich-rechtliche Rundfunk nach der Wiedervereinigung

Nachdem bereits am 1. Juli 1990 die Wirtschafts-, Währungs- und Sozialunion zwischen der Bundesrepublik Deutschland und den neuen Bundesländern in Kraft getreten war und damit die Verantwortung für die Finanzierung des Staatshaushaltes der DDR auf die Regierung in Bonn überging, trat die DDR am 3. Oktober 1990 - auf den Beschluß der Volkskammer vom 23. August 1990 - der Bundesrepublik Deutschland bei. Damit erhöhte sich die Zahl der deutschen Bundesländer auf nunmehr sechzehn.

Das erste Jahr der Rundfunkentwicklung nach der deutschen Wiedervereinigung wird insbesondere durch die Gründung von zwei neuen öffentlich-rechtlichen Rundfunkanstalten in den neuen Bundesländern geprägt sowie durch die Ausweitung des Sendegebietes des NDR und - damit einhergehend - die Neuformulierung des betreffenden Staatsvertrages. Ein weiteres Kernproblem ist die Zukunft der Sender RIAS, DS-Kultur und Deutschlandfunk, welche durch die Wiedervereinigung im eigentlichen Sinne ihren Programmauftrag verloren haben.

6.1   Die »Gemeinsame Einrichtung«

Mit dem Beitritt der DDR zur Bundesrepublik Deutschland gingen auch der »Deutsche Fernsehfunk« und der »Rundfunk der DDR« in der »Gemeinsamen Einrichtung« auf. An der Spitze dieser Einrichtung stand der »Rundfunkbeauftragte«, Rudolf Mühlfenzl, sowie - beratend - der 18köpfige Rundfunkbeirat. Laut Artikel 36 Abs. 1 des Einigungsvertrages hatte die Einrichtung die Aufgabe, den Rundfunk der ehemaligen DDR bis zum 31. Dezember 1991 endgültig »abzuwickeln« und in Anstalten des öffentlichen Rechts einzelner oder mehrerer Länder zu überführen.

Am 3. Oktober 1990, dem Tag der Wiedervereinigung, übernahm die »Gemeinsame Einrichtung« vom ehemaligen DDR-Rundfunk folgende Programme: Zwei Fernsehvollprogramme, nämlich DFF I und DFF II; vier Hörfunkprogramme, nämlich Radio Aktuell, DT 64, DS-Kultur und den Berliner Rundfunk. Hinzu kamen diverse Regionalprogramme und Radio Berlin International. Der Auslandssender der DDR, war mit dem Einigungsvertrag aufgelöst worden. All diese Programme sollten letztendlich abgewickelt beziehungsweise überführt werden, wobei sichergestellt sein mußte, daß die Grundversorgung gewährleistet bleibt. Etwaige großflächige Programmlücken waren damit per definitionem ausgeschlossen.

Eine der ersten Maßnahmen des Rundfunkbeauftragten auf dem Weg der Abwicklung war die Zusammenlegung der beiden Fernsehprogramme DFF I und DFF II. Diese veranstalteten ab dem 15. Dezember 1990 unter dem Namen DFF-Länderkette ein gemeinsames Fernsehprogramm auf der Frequenz von DFF II. Die im Gefolge dieser Zusammenlegung nun verfügbare Frequenz von DFF I wurde vom Rundfunkbeauftragten an die ARD vergeben. In ähnlicher Weise nutzte auch das ZDF seit dem 2. Dezember 1990 im Rahmen eines Betriebsversuches bereits die bis dato nicht genutzte dritte Fernseh-Frequenzkette in den neuen Bundesländern.

Am 31. Dezember 1991, an dem Tag, an dem die »Gemeinsame Einrichtung« ihre Arbeit laut Einigungsvertrag spätestens beenden mußte, wurde die neu geschaffene DFF-Länderkette eingestellt. An diesem Tag nahmen die neu gegründeten öffentlich-rechtlichen Sendeanstalten den regulären Programmbetrieb auf. Das Jugendmagazin des ehemaligen DDR-Fernsehens »elf 99« überlebte; es wurde im Regionalfenster von RTL im Raum Berlin und Brandenburg fortgeführt.

Die Abwicklung im Hörfunkbereich war komplizierter, da
im zukünftigen gesamtdeutschen Rundfunksystem eigentlich
keine weiteren nationalen Hörfunkprogramme geplant waren.
Von den »nationalen« Programmen der ehemaligen DDR haben
letztendlich nur zwei als eigenständiges Programm überlebt.
Der Berliner Rundfunk wurde privatisiert; dieser fand nach der
Wiedervereinigung Partner unter den Zeitungsverlagen und
sendet seit dem 1. Januar 1992 in Berlin und Brandenburg. DT
64, der in den letzten Jahren vor der Wende zu einem der be-
liebtesten Jugendsender der DDR avancert war, wurde - nachdem eine Privatisierung gescheitert war - vom Mitteldeutschen
Rundfunk (MDR) weitergeführt. Seit Mitte 1993 ist DT 64 nun
unter dem Namen »MDR Sputnik« über Satellit zu empfangen
(vgl. ARD Jahrbuch 93, S.79, 89). »DS-Kultur« wurde gemäß einem Grundsatzbeschluß der Ministerpräsidenten bis zur endgültigen Entscheidung über den nationalen Hörfunk unter dem
Dach des ZDF - in Abstimmung mit der ARD - weitergeführt.
Am 1. Januar 1994 ging DS-Kultur - wie auch RIAS und der
Deutschlandfunk - in dem neuen nationalen Hörfunk
»DeutschlandRadio« auf.

Die Abwicklung des ehemaligen DDR-Rundfunks war mit
erheblichem personellen Abbau verbunden. Wie die meisten
Unternehmen und Organisationen der DDR war auch der
Rundfunk der DDR personell deutlich überbesetzt. Diesen
Überhang von Angestellten galt es abzubauen. Zudem: Die politisch belasteten Mitarbeiter sollten im neuen Rundfunksystem
nicht mehr repräsentiert sein (vgl. Kresse 1992, S.38).

6.2 Alternativen der Rundfunkorganisation im Osten

Die Vorstellungen von der neu zu schaffenden öffentlich-rechtlichen Rundfunklandschaft in den neuen Bundesländern waren höchst unterschiedlich. Der Vorschlag, eine »Fünf-Länder-Anstalt« für die neuen Bundesländer zu schaffen, welche den Namen »Ostdeutscher Rundfunk« tragen sollte, erwies sich als unrealistisch. Darin hätten die kulturellen Besonderheiten der einzelnen Länder keine ausreichende Berücksichtigung gefunden. Ebenso unrealistisch war es jedoch, für jedes Land eine eigene Rundfunkanstalt zu errichten, da dies zu finanzschwachen Anstalten geführt hätte, die durch den Finanzausgleich hätten »subventioniert« werden müssen. Daneben gab es noch den Vorschlag, daß jedes der neuen Bundesländer einer bereits existierenden Rundfunkanstalt in den alten Bundesländern beitreten sollte. Nach diesem Plan sollte Sachsen dem Bayerischen Rundfunk (BR) beitreten, Mecklenburg-Vorpommern dem Norddeutschen Rundfunk (NDR), Sachsen-Anhalt und Brandenburg dem Sender Freies Berlin (SFB) und Thüringen dem Hessischen Rundfunk (HR). Aber auch dies hätte den Bedürfnissen und Interessen sowie den Besonderheiten im Osten nicht entsprochen (vgl. Kresse 1992, S.52f.). Die am Ende geschaffene Ordnung erweist sich als ein Kompromiß aus allen drei beschriebenen Gestaltungsvorschlägen. Die ostdeutsche Rundfunklandschaft ist heute geprägt durch eine eigenständige Rundfunkanstalt (ORB), eine eigenständige Mehr-Länder-Anstalt (MDR) und eine »angeschlossene« Rundfunkanstalt (NDR).

Relativ problemlos gestaltete sich die Etablierung des öffentlich-rechtlichen Rundfunks in den drei südlichen, CDU-regierten neuen Bundesländern, Sachsen, Sachsen-Anhalt und Thüringen. Hier zeichnete sich schnell die Lösung einer Mehr-Länder-Anstalt ab, so daß bereits am 30. Mai 1991 der Staatsvertrag über die Bildung der Drei-Länder-Anstalt mit dem Namen »Mitteldeutscher Rundfunk (MDR)« unterzeichnet wurde. Sitz des Mitteldeutschen Rundfunks ist Leipzig, Sitz der dazugehörigen Landesfunkhäuser Dresden (Sachsen), Magdeburg (Sachsen-Anhalt) und Erfurt (Thüringen).[37]

Schwieriger hingegen verlief die Etablierung des öffentlich-rechtlichen Rundfunks in den beiden nördlichen neuen Bundesländern. Wäre es nach den Vorstellungen des Berliner Regierenden Bürgermeisters gegangen, so wäre eine Drei-Länder-Anstalt für die Länder Berlin, Brandenburg und Mecklenburg-Vorpommern mit dem Namen »Nordostdeutscher Rundfunk (NOR)«[38] gegründet worden. Dies hätte den Sender Freies Berlin aus seiner Insellage befreit und eine wirtschaftlich tragfähige öffentlich-rechtliche Anstalt geschaffen. Jedoch dieser eigentlich naheliegende Vorschlag scheiterte. Die Regierung Mecklenburg-Vorpommern war der Ansicht, daß ein Rundfunkprogramm aus Berlin nicht der norddeutschen Mentalität entspräche, und befürchtete zudem, vom bereits etablierten SFB erdrückt zu werden, sprich: Im Programm und auch in der personellen Besetzung zu kurz zu kommen (vgl. Kresse 1992, S.53). So trat Mecklenburg-Vorpommern dem Norddeutschen Rundfunk bei. Der Staatsvertrag wurde am 17./18. Dezember 1991 unterzeichnet. Das zuständige Landesfunkhaus Mecklenburg-Vorpommern hat seinen Sitz in Schwerin (vgl. hierzu auch Herres 1992). Nachdem der geplante Staatsvertrag über den Nordostdeutschen Rundfunk an der Verweigerung Mecklenburg-Vorpommerns gescheitert war, nahm nun auch Brandenburg Abstand von einer gemeinsamen Rundfunkanstalt mit Berlin. Am 6. November 1991 wurde das Gesetz über den »Ostdeut-

---

[37] Eine recht kritische Auseinandersetzung mit dem neu entstandenen MDR sowie den anderen neu zu gründenden öffentlich-rechtlichen Rundfunkanstalten findet sich bei Hoffmann-Riem (ders., 1991).

[38] Später kam für den NOR auch das Kürzel NORA (= Nordostdeutsche Rundfunkanstalt) ins Spiel.

schen Rundfunk Brandenburg« mit Sitz in Potsdam verabschiedet (vgl. Kresse 1992, S.53f. und Rosenbauer 1992). Beide neugegründeten Rundfunkanstalten, der »Ostdeutsche Rundfunk
Brandenburg (ORB)« und der »Mitteldeutsche Rundfunk
(MDR)« traten am 27. November 1991 der ARD bei, wodurch
sich die Mitgliederzahl auf elf Landesrundfunkanstalten erhöhte. Am 31. August 1991 wurde der gesamtdeutsche Staatsvertrag über den Rundfunk im vereinten Deutschland verabschiedet. Im Unterschied zu den vorherigen »Rundfunkstaatsverträ-
gen« ist dies ein umfassendes Regelwerk. Es dokumentiert die
Stunde Null der gesamtdeutschen Rundfunkentwicklung (vgl.
hierzu die detaillierte Darstellung im vierten Kapitel).

Die Länder Berlin und Brandenburg schlossen - nachdem die
Bildung einer gemeinsamen Landesrundfunkanstalt gescheitert
war - am 29. Februar 1992 (Tag der Unterzeichnung durch den
Regierenden Bürgermeister von Berlin und den Ministerpräsidenten von Brandenburg) einen Staatsvertrag über die Zusammenarbeit auf dem Gebiete des Rundfunks, der am 8. Mai desselben Jahres - nach geringfügigen Ergänzungen und anschlie-
ßender Ratifizierung durch den Berliner Senat bzw. das Lan-
desparlament von Brandenburg - in Kraft trat. Eine solche Regelung schien aufgrund der ungünstigen Finanzlage und der
vorhandenen räumlichen und kulturellen Nähe sinnvoll.

»Die Länder Berlin und Brandenburg wollen mit diesem Staatsvertrag die Grundlage für eine gemeinsame Medienordnung schaffen,
die den engen kulturellen, wirtschaftlichen und gesellschaftlichen
Verflechtungen innerhalb der Region Rechnung trägt. Ihr Ziel ist es,
ein leistungsfähiges öffentlich-rechtliches und privates Rundfunkwesen zu entwickeln, das den Bürgern der Region ein qualitativ
gutes, vielfältiges Programmangebot bietet.« (Staatsvertrag über die
Zusammenarbeit zwischen Berlin und Brandenburg im Bereich des
Rundfunks vom 29. Februar 1992, Präambel)

Kernpunkt dieses Staatsvertrages ist die Zusammenarbeit in
programmlicher und verwaltungstechnischer Hinsicht. Auf

dem Gebiet des Hörfunks veranstalten SFB und ORB, wie in § 4 (3) vorgesehen, jeweils zwei getrennte und zwei gemeinsame Programme. Im Fernsehbereich ist die Zusammenarbeit eher noch »unterentwickelt«, beide Anstalten produzieren jeweils eigene Dritte Programme,[39] nämlich »B1« (SFB) und das »ORB-Fernsehen«. Kooperation findet lediglich auf ausgewählten Sendeplätzen statt, wobei hier als dritter Kooperationspartner der MDR fungiert (vgl. ARD-Jahrbuch 93, S.170ff.).

6.3   Das »DeutschlandRadio«

Mit der deutschen Wiedervereinigung wurde der Programmauftrag des Deutschlandfunks und des RIAS hinfällig. Beide hatten vor allem die Aufgabe, ein Zeichen gegen die deutsche Teilung und die Teilung Berlins zu setzen und den Bewohnern Ost-Deutschlands ein unverfälschtes Bild von Deutschland und der westlichen Welt zu vermitteln.

> »Der 'Deutschlandfunk' ist eine gemeinnützige Anstalt des öffentlichen Rechts. Seine ausschließliche und unmittelbare Aufgabe ist die Veranstaltung von Rundfunksendungen für Deutschland und das europäische Ausland (wobei der Schwerpunkt eindeutig bei Ost-Deutschland lag - im Gegensatz zur Deutschen Welle -, d. Verf.), die ein umfassendes Bild Deutschlands vermitteln.« (Satzung des Deutschlandfunks, in der Fassung vom 1. April 1989, § 2 Aufgaben der Anstalt)

> und

> »RIAS Berlin wurde als freie Stimme der freien Welt gegründet. Der Sender ist und bleibt Ausdruck des festen Willens Amerikas, für Freiheit und Demokratie und für die Lebensfähigkeit Berlins einzustehen. In den vier Jahrzehnten seines Bestehens hat sich die

---

[39] Ursprünglich war der SFB an die Nordkette (N3), also an das gemeinsame »Dritte« der Länder Schleswig-Holstein, Niedersachsen, Bremen, Hamburg und Mecklenburg-Vorpommern angeschlossen.

deutsch-amerikanische Zusammenarbeit im Sender RIAS Berlin in beispielhafter Weise entwickelt und bewährt. RIAS Berlin hat sich stets den Grundsätzen der freien Information und der Verständigung unter den Völkern verpflichtet gefühlt. RIAS-TV (Radio im amerikanischen Sektor - Television) wird sich von den gleichen Zielen und Prinzipien leiten lassen.« (Statut RIAS-TV, in der Fassung vom 10. November 1986, Präambel)

Zum Zeitpunkt des Einigungsvertrages gestaltete RIAS zwei Hörfunkprogramme (RIAS 1 und RIAS 2) und ein Fernsehprogramm (RIAS-TV), diese waren jetzt abzuwickeln. RIAS 2 wurde privatisiert und sendet nun unter dem Namen »r.s.2« für den Raum Berlin und Brandenburg ein serviceorientiertes Informations- und Musikprogramm. RIAS-TV ging an die Deutsche Welle, die fortan allein für die Auslandsprogramme zuständig ist, und sendet nun unter dem Namen »Deutsche Welle TV«.

RIAS 1 hingegen wurde mit »DS-Kultur« fusioniert. DS-Kultur war ein Sender, der aus den beiden DDR-Hörfunkprogrammen »DDR II« und dem »Deutschlandsender« (ehemals »Stimme der DDR«) hervorgegangen war. Er wollte durch ausführliche Informationsbeiträge zur Annäherung von Ost und West beitragen. Gemeinsam bilden sie nun eine der beiden tragenden Programmsäulen des neuen »DeutschlandRadio«. Die zweite Programmsäule ist der Deutschlandfunk in Köln. In welcher organisatorischen Form und von welchem Standort aus dieses neue DeutschlandRadio wie viele Programme senden sollte, war zwischen den Beteiligten umstritten.

Am 17. Juni 1993 unterzeichneten die Ministerpräsidenten den »Staatsvertrag über die Körperschaft des öffentlichen Rechts 'DeutschlandRadio'«, der am 1. Januar 1994 in Kraft trat. Nach diesem Staatsvertrag gestaltet sich die nationale Rundfunkanstalt »DeutschlandRadio« wie folgt:

»§ 1 Rechtsform, Name, Sitz

(1) Die Länder errichten die gemeinnützige rechtsfähige Körperschaft des öffentlichen Rechts mit dem Namen 'Deutschlandradio'. Mitglieder der Körperschaft sind die in der Arbeitsgemeinschaft der öffentlich-rechtlichen Rundfunkanstalten der Bundesrepublik Deutschland (ARD) zusammengeschlossenen Landesrundfunkanstalten und das Zweite Deutsche Fernsehen (ZDF).
(...)

(2) Die finanziellen Grundlagen der Körperschaft sind durch die
Beiträge ihrer Mitglieder über die Rundfunkgebühr zu sichern.

(3) Die Körperschaft hat das Recht der Selbstverwaltung im Rahmen der nachfolgenden Bestimmungen.

(4) Die Körperschaft hat ihren Sitz in Köln und Berlin. Der Intendant, die dazugehörende Verwaltung und der für den Gerichts-
stand maßgebliche Sitz der Körperschaft befinden sich in Köln.
Die Körperschaft betreibt programm- und produktionsgerecht
gleichgewichtige Funkhäuser einschließlich der dazugehörigen
jeweiligen Programmdirektionen in Berlin und Köln.

§ 2 Programm

(1) Die Körperschaft veranstaltet zwei Hörfunkprogramme. Beide
Programme haben ihre Schwerpunkte in den Bereichen Information und Kultur.

(2) Die Programme dürfen keine Werbung enthalten.

(3) Sponsoring ist unzulässig. Davon ausgenommen sind gespon-
sorte Beiträge, die die Körperschaft von ihren Mitgliedern übernimmt.«

(Staatsvertrag über die Körperschaft des öffentlichen Rechts
»Deutschlandradio« vom 17. Juni 1993)

Damit waren die umstrittenen Fragen geklärt. Es wurde eine
öffentlich-rechtliche Körperschaft unter der Beteiligung von
ARD und ZDF gegründet, die zwei Hörfunkprogramme mit
den Schwerpunkten »Kultur und Information« ausstrahlt. Ein
Programm sendet aus Köln, das andere aus Berlin.

6.4 Internationale Kulturprogramme

6.4.1 EINS PLUS und 3sat

Im Zuge der Entwicklung von Satellitenprogrammen ent-
standen zwei kulturell ausgerichtete Fernsehprogramme, »EINS
PLUS« (Sendebeginn: 29. März 1986) und »3sat« (Sendestart: 1.
Dezember 1984).

EINS PLUS verstand sich als »Kulturprogramm mit europäischem Akzent« (Schwarzkopf 1986, S.19), das in »Einzelsendun-
gen und Sendereihen den deutschen Zuschauern Europa in seiner Vielfalt« (ebd.) vorstellt und andererseits »deutschsprachige
Kulturleistungen ausländischen Zuhörern« (ebd.) vermittelt.
Zudem erhielt das Programm einen weiteren europäischen Akzent durch die Beteiligung der »Schweizerischen Radio- und
Fernsehgesellschaft (SRG)«, die an 18 Sendetagen im Jahr Programme zulieferte, die als »Schweizer Tage« präsentiert wurden
(vgl. ebd.). Das Programm wurde über den Fernmeldesatelliten
Intelsat V verteilt und in die Kabelnetze der Bundespost eingespeist. Später sollte das Programm auf den Rundfunksatelliten
TV-Sat 1 der Bundespost wechseln und wäre dann direkt empfangbar gewesen. Doch der am 21. November 1987 gestartete
TV-Sat 1 konnte aufgrund eines technischen Versagens seine
Funktion nicht erfüllen[40], so daß der Satellitendirektempfang
erst durch den Nachfolge-Satelliten der Bundespost, TV-Sat 2,
der am 9. August 1989 erfolgreich gestartet wurde, sichergestellt
werden konnte.

Während EINS PLUS das exklusive Kulturprogramm der in
der ARD zusammengeschlossenen Landesrundfunkanstalten
sein sollte, war 3sat ein länderübergreifender Kultursender für

---

[40] Einer der beiden Sonnengeneratoren zur Stromversorgung des Satelliten
ließ sich nicht entfalten und blockierte so die Empfangsantenne. Der Defekt ließ sich nicht beheben.

die drei Länder Österreich, Schweiz und Deutschland. Träger
dieses Programms waren der ORF, die deutschsprachige SRG
sowie das ZDF.

Nachdem Ende Mai 1992 der europäische Kulturkanal »arte«
auf Sendung ging, begann in der ARD eine Diskussion darüber,
ob EINS PLUS als eigenständiges ARD-Kulturprogramm weitergeführt werden sollte oder ob - ähnlich wie bei arte - eine Kooperation mit dem ZDF anzustreben sei (vgl. ARD-Jahrbuch 93,
S.106f.). Die Reichweiten der Programme waren eher gering, die
Kosten vergleichsweise hoch. Im Ergebnis wurde EINS PLUS
als eigenständiges Kulturprogramm der ARD aufgegeben und
in das 3sat-Programm integriert. Im neuen 3sat-Vertrag wurde
am 8. Juli 1993 die ARD als vierter Partner in das supranationale
Kulturprogramm 3sat aufgenommen.

3sat ist somit heute der gemeinsame Sender der großen öffentlich-rechtlichen Rundfunkanstalten für den deutschsprachigen Kulturraum. Das Programm setzt sich aus Eigenprodukti-
nen aller Beteiligten zusammen, sowie aus Sendungen mit besonderem kulturellen Anspruch, die aus den Hauptprogram-
men der beteiligten Fernsehanbieter übernommen werden. Die
Programmbeiträge verteilen sich wie folgt: ZDF, ARD und ORF
liefern jeweils 30 Prozent des Programms, die SRG beteiligt sich
am Gesamtprogramm mit 10 Prozent. Das Fernsehangebot von
3sat versteht sich als Vollprogramm, das einen Informations-
und Kulturausstausch zwischen den beteiligten Ländern Österreich, Deutschland und der Schweiz eröffnet. Dabei werden
auch österreichische, schweizer und deutsche Nachrichten, Po-
litik- und Kulturmagazine in allen beteiligten Ländern und darüber hinaus im europäischen Ausland (über Satellit) verbreitet.
Das Programmangebot umfaßt daneben Sport, Musik, Klein-
kunst und Satire ebenso wie Kinderprogramme und Spiel- und
Fernsehfilme. 3sat sendet (inclusive Textvision) 24 Stunden täglich mit einem speziellen Programm am Vormittag. Es wird

nicht terrestrisch sondern über die Satelliten ASTRA 1A und Kopernikus sowie in Deutschland in den Kabelanlagen der Telekom verbreitet (vgl. ALM 1997, S.102f und ARD/ZDF 1997, S.127f).

6.4.2   arte

Eine Besonderheit in Struktur und Programm stellt der seit dem 30. Mai 1992 sendende europäische Kulturkanal »arte« dar. arte will ein supranationales Kulturprogramm sein. Bereits Ende Oktober 1986 hatten sich die Regierungschefs der Bundesrepublik Deutschlands und Frankreichs darauf verständigt, das Projekt eines gemeinsamen europäischen Fernsehprogramms zu prüfen. Mit der Ausarbeitung des Projektes wurde eine deutsch-französische Expertenkommission beauftragt, die sich Ende Januar 1989 in Paris konstituierte (vgl. ARD-Jahrbuch 89, S.159f.). Am 29. Juni 1989 sprachen sich auch die Ministerpräsidenten der Länder auf ihrer Konferenz für die Durchführung des Vorhabens aus. Rechtliche Grundlage des europäischen Kulturkanals ist ein am 2. Oktober 1990 unterzeichneter völkerrechtlicher Vertrag zwischen Frankreich und den (alten) Ländern der Bundesrepublik (vgl. arte-Pressemappe Stand 8/93, S.43). Partner des europäischen Kulturkanals sind auf deutscher Seite die Landesrundfunkanstalten der ARD sowie das ZDF, auf französischer Seite »La Sept-arte«. Um die Beteiligung der deutschen Rundfunkanstalten zu koordinieren, wurde am 13. März 1991 die »arte Deutschland TV GmbH« mit Sitz in Baden-Baden gegründet. Am 30. April 1991 folgte die Gründung der »arte G.E.I.E.«, der deutsch-französischen Programmgesellschaft mit Sitz in Straßburg. Der Name arte steht im übrigen für »Assoication Relative à la Télévision Européenne« (vgl. ARD-Jahrbuch 91, S.189ff., ARD-Jahrbuch 92, S.165f. sowie arte-Pressemappe Stand 8/93, S.8).

»artes erste Aufgabe besteht in der Vermittlung von Kultur, in der weitestmöglichen Definition dieses Begriffs. Gerade angesichts der gespannten Lage in Europa wollen wir dazu beitragen, Fremdenhaß und Intoleranz abzubauen, um vielmehr die Neugier darauf (auf fremde Blickwinkel und Kulturen, d. Verf.) zu wecken. Kultur, so unterschiedlich sie sein kann, ist, was uns alle eint.« (Jérôme Clement in arte-Pressemappe Stand 8/93, S.2)

arte sendet täglich zwischen 19 Uhr und 3 Uhr. Es versteht sich als Vollprogramm und wendet sich mit kulturellen Themen aus den Bereichen Musik, Theater, Kino- und Fernsehfilm an ein kulturell interessiertes Publikum. (vgl. ARD/ZDF 1997, S.128) Eine Besonderheit des Programms sind die dreimal wöchentlich (Dienstag, Donnerstag, Sonntag) stattfindenden »Themenabende«. An einem solchen Abend beschäftigt sich das Programm von arte ausschließlich mit einem Thema und bringt hierzu die unterschiedlichsten Beiträge, angefangen bei Reportagen, Features, Interviews bis hin zu Spiel-/Fernsehfilmen (vgl. hierzu ARD-Jahrbuch 93, S.163f.). Die Sendungen werden meist zweisprachig in Deutsch und Französisch oder mit Untertitel ausgestrahlt. Sie sind über Satellit (ASTRA 1D und Eutelsat II F1) in Frankreich zusätzlich terrestrisch und in Deutschland auch über Kabel zu empfangen.

6.5   Spartenprogramme

Im Sinne des Rundfunkstaatsvertrags sind Spartenprogramme Rundfunkprogramme mit »im wesentlichen gleichartigen Inhalten« (vgl. § 2 Abs. 2 Nr. 2 RStV). Derartige Programme haben sich recht schnell im Bereich des privaten Rundfunks entwickelt. Sie wurden insbesondere als Musik-, Nachrichten-, Sport- oder Spielfilmkanäle eingerichtet.[41] Und im Blick auf die

---

[41] Vgl. z.B.: atv, Bloomberg, CMT, Der Wetterkanal, DSF, Nickelodeon, n-tv, Onyx-TV, Super RTL, tm3, VH1, VIVA, VIVA Zwei.

digitale Zukunft werden mit Sicherheit weitere Differenzierungen der Programmsparten zu erwarten sein. Es ist deshalb nur konsequent, wenn sich die öffentlich-rechtlichen Rundfunkanstalten, die für sich eine, aus der Verfassung abgeleitete, Bestands- und Entwicklungsgarantie erkennen, von den modernen Programmentwicklungen nicht ausschließen lassen. Und so haben sie schon frühzeitig Pläne für die Etablierung eigener Spartenkanäle entwickelt. Allerdings hat es dann doch bis 1996 gedauert, ehe sich die Ministerpräsidenten entschlossen, im Dritten Staatsvertrag zur Änderung rundfunkrechtlicher Staatsverträge den öffentlich-rechtlichen Rundfunkanstalten der ARD und dem ZDF gemeinsam zwei Spartenfernsehkanäle zuzusprechen.[42]

6.5.1 »Der Kinderkanal«

Entsprechend einer Initiative der Bundesministerin für Frauen und Jugend hatte sich Ende 1993 eine gemeinsame Arbeitsgruppe von ARD und ZDF gegründet, die die Einrichtung eines öffentlich-rechtlichen Kinder- und Jugendkanals prüfen sollte (vgl. ARD-Jahrbuch 95, S.184). Diese legte im März 1995 ein Programmkonzept für einen gebührenpflichtigen Kinderkanal vor (vgl. ARD-Jahrbuch 96, S.151). Der hierfür notwendige Kapitalbedarf wurde bei der Kommission für die Ermittlung des Kapitalbedarfs (KEF) angemeldet; diese errechnete einen Finanzbedarf von 96 Mio. Mark. Am 18. November 1996 stellten ARD und ZDF das neue Programm vor. Am 4. Dezember 1996 unterzeichneten die Intendanten der ARD und des ZDF die »Vereinbarung über die Veranstaltung eines ARD/ZDF-Kinderkanals«.[43]

---

[42] Vgl. § 19 Abs. 2 RStV.

[43] Vgl. Vereinbarung über die Veranstaltung eines ARD/ZDF-Kinderkanals vom 4. Dezember 1996. In: ARD-Jahrbuch 97, S.454-459.

Am 1. Januar 1997 um 8 Uhr ging »Der Kinderkanal« auf Sendung. Die tägliche Sendezeit beträgt 13 Stunden, Montag bis Freitag von 8 Uhr bis 19 Uhr, samstags und sonntags beginnt das Programm bereits um 6 Uhr. Das Programm ist terrestrisch nicht zu empfangen. Es wird über Satellit (ASTRA 1D) ausgestrahlt und in die Kabelanlagen in allen Bundesländern eingespeist (vgl. ALM 1996/97, S.118). In beiden Fällen teilt sich »Der Kinderkanal« die Frequenz mit »arte«, dessen Sendungen um 19 Uhr beginnen. »Der Kinderkanal« finanziert sich aus Gebühren. Sein Motto lautet: »Gewaltfrei. Werbefrei. Frei ab drei.« (Schäfer 1997, S.57) Ziel des Kinderkanals ist es »durch qualitativ hochwertige Angebote Kindern ein Fernsehen zu bieten, das ein möglichst breites Spektrum von Informations- und Unterhaltungsmöglichkeiten hervorhebt und langfristig ein ästhetisches Urteilsvermögen entwickeln hilft« (ARD/ZDF 1997, S.131). Im Programm überwiegen Serien (80 Prozent) und dies sind meist Zeichentrickangebote (55 Prozent). Information kommt auf 12 Prozent, Spielfilme auf 6,5 Prozent und Gameshows auf 1,5 Prozent (vgl. ALM 1996/97, S.116).

Die Federführung für den ARD/ZDF-Kinderkanal liegt beim MDR (Mitteldeutscher Rundfunk). Der Sitz ist Erfurt. Die laufenden Geschäfte führt der Programmgeschäftsführer, er ist Leiter des Programmbereichs und unterliegt den einvernehmlichen fachlichen Weisungen des MDR- und des ZDF-Intendanten (vgl. §§ 3 und 4 der Vereinbarung über die Veranstaltung eines ARD/ZDF-Kinderkanals vom 4. Dezember 1996). Alle Intendanten gemeinsam bestimmen den Programmgeschäftsführer auf Vorschlag des MDR. Ihn wiederrum unterstützt eine Programmkommission. Diese entscheidet über grundsätzliche Programmfragen und über die Programmplanung. Ihr gehören jeweils vier Vertreter der ARD-Landesrundfunkanstalten und des ZDF an (vgl. ebd., § 5).

6.5.2 »PHOENIX. Ereignis- und Dokumentationskanal«

Eigentlich wollte sich die ARD an der Entwicklung eines Nachrichtenkanals »Euronews« beteiligen; zog sich jedoch Anfang 1992 aus den Vorbereitungen hierzu zurück (vgl. ARD-Jahrbuch 93, S.104) und nahm die Überlegungen für einen Nachrichtenkanal wieder auf, als 1995 Überlegungen ins Spiel kamen, im Einvernehmen mit dem Bundestag durch ARD und ZDF eine Art »Parlamentsfernsehen« einzurichten (vgl. ARD-Jahrbuch 96, S.151). Im September 1995 legte der WDR entsprechend ein Konzept für einen »Parlaments- und Ereigniskanal« vor.

Daraufhin meldeten ARD und ZDF die dafür notwendigen Mittel der KEF (Kommission für die Ermittlung des Kapitalbedarfs). Die KEF bezifferte den Finanzbedarf auf 52 Mio. Mark. Am 20. August 1996 einigten sich ARD und ZDF auf ein modifiziertes Konzept für einen »Ereignis- und Dokumentationskanal«. Die Intendanten von ARD und ZDF unterzeichneten die entsprechende Verwaltungsvereinbarung am 4. Februar 1997.[44] Danach firmiert das Programm als »PHOENIX. Ereignis- und Dokumentationskanal«. Sendestart war der 7. April 1997, morgens 8 Uhr (vgl. Radke 1997, S.70).

PHOENIX wird also gemeinsam von ARD und ZDF veranstaltet. Das Programmangebot konzentriert sich auf Live-Übertragungen, Dokumentationen und Gesprächssendungen. Grundkonzept ist es, von der Tendenz des Fernsehens, »Informationen nur noch verkürzt, in Häppchen und möglichst unterhaltsam zu präsentieren« (ebd., S.68) wegzukommen. »Die großen Streitfragen der Nation werden in Ruhe ausgeleuchtet«. (Ebd., S.67f.) Also werden Parlamentsdebatten, Vorträge, Diskussionen oder Hearings und Kongresse übertragen, feste Sen-

---

[44] Vgl. Verwaltungsvereinbarung für den Ereignis- und Dokumentationskanal vom 4. Februar 1997. In: ARD-Jahrbuch 97, S.459-464.

deplätze für Dokumentationen eingerichtet und Gesprächssendungen zum Beispiel vom Typ »Zeitzeugen« teils mit Zuschauerbeteiligung ausgebreitet. Zudem soll es sogar »mehrtägige Programmschwerpunkte aus Anlaß herausragender politischer Ereignisse« (ebd., S.73), etwa über einen EU-Gipfel geben. Dieser Spartenkanal finanziert sich ausschließlich aus Gebühren. Er hat seinen Sitz in Bonn. ARD und ZDF sind gleichberechtigte Träger und gemeinsame Veranstalter des Programms (vgl. § 1 Abs. 3 und 4 der Verwaltungsvereinbarung für den Ereignis- und Dokumentationskanal vom 4. Februar 1997). Das Programm wird täglich in der Zeit von 8 Uhr bis 24 Uhr ausgestrahlt. PHOENIX ist allerdings terrestrisch nicht zu empfangen. Das Programm wird über Satellit (ASTRA 1C und Kopernikus DSF 1) und Kabel ausgestrahlt.

Die Aufbauorganisation ordnet der Geschäftsführung zwei Programmgeschäftsführer zu und hat ferner eine Beauftragtenkonferenz eingerichtet. Die beiden Programmgeschäftsführer sind gleichberechtigt. Einen bestimmen die Intendanten der ARD, den anderen der Intendant des ZDF. Entsprechend untersteht der eine den Intendanten der ARD, der andere den Weisungen des Intendanten des ZDF (vgl. § 4 ebd.). Beide werden in ihren Aufgaben von der Beauftragtenkonferenz unterstützt, die wiederum beide zusammen mit jeweils vier Vertretern der ARD und des ZDF bilden (vgl. § 5 ebd.). Die Beauftragtenkonferenz berät in allen Programmfragen. Ihre Mitglieder kommen monatlich zu einer Schaltkonferenz zusammen (vgl. ebd.).

6.6 Die öffentlich-rechtlichen Rundfunkprogramme in den Ländern

Im Zuge der Entwicklung des Rundfunks zum dualen System war und ist der öffentlich-rechtliche Rundfunk herausgefordert, seine Programme den privaten Anbietern gegenüber deutlicher zu positionieren. Seinem Selbstverständnis nach muß die Programmentwicklung im Blick auf den ihm zugeschriebenen Programmauftrag erfolgen. Dabei zeigt sich, daß die Profilierung der Programme im Fernsehen vorerst insbesondere durch Schwerpunktbildung innerhalb der Vollprogramme erfolgt. Verspartungen zeichnen sich in den Bereichen Kultur, Information, Kinder und Jugend und vor allem im Feld der digitalen Programme ab.[45]

Im Hörfunk ist die Formatierung der Programme schon weiter entwickelt. Allerdings sind auch hier dem Gestaltungsdrang des öffentlich-rechtlichen Rundfunks Grenzen gesetzt. Während also die privaten Hörfunkveranstalter populäre Programme entlang zielgruppenorientierter Musikformate entwickeln können, bleibt der öffentlich-rechtliche Rundfunk an den Grundversorgungsauftrag gebunden. Dies heißt, daß neben populären Musikprogrammen Kultur- und Bildungsprogramme ebenso anzubieten sind wie Informations- und Serviceprogramme und Programme mit regionalem Versorgungsauftrag. Da Frequenzen nicht beliebig verfügbar sind, müssen bei der Definition und Strukturierung von Programmen vorerst noch Auswahlentscheidungen getroffen und Kompromisse gefunden werden. Deshalb verwundert es nicht, wenn im öffentlich-rechtlichen Rundfunk einige Hörfunkangebote durchaus heterogen erscheinen und im Blick auf Vermarktungsstrategien weniger schlüssig. Die Darstellung der Programmstrukturen im öffentlich-rechtlichen Rundfunk mag Tabelle 13 verdeutlichen.

---

[45] Vgl. 2. Kapitel Abschnitt 4.3.3.

Tab. 13: Die öffentlich-rechtlichen Rundfunkprogramme

Bundesländer (geordnet von Nord nach Süd)	Hörfunk	Fernsehfunk
Schleswig-Holstein	**NDR 1 Welle Nord** Landesweites melodiebetontes Programm im "Arabellaformat" mit regionalen Fenstern (80% der Hörer sind 50 Jahre und älter, 30% über 70 Jahre) **Regionales Splitting:** Flensburg, Heide, Neumünster, Kiel, Bungsberg Mo. - Sa. 13.40 Uhr (Tips für Sie - Regionaler Veranstaltungskalender)	**Das Erste** (NDR - regional) NDR vor 8 (Mo. - Fr. 17.43 - 17.57 Uhr) **N3** (NDR/RB Drittes Programm) **Ländersplitting:** Schleswig-Holstein heute (Mo. - Fr. 17.25 - 17.30 Uhr) Schleswig-Holstein - Unser Land (Mo. - Fr. 18.35 - 18.45 Uhr) Schleswig-Holstein-Magazin (Sa. 19.30 - 20.00 Uhr)
Mecklenburg-Vorpommern	**NDR 1 Radio MV** Landesweites, melodiebetontes Programm im "Arabellaformat" mit regionalen Fenstern (61 % der Hörer sind 50 Jahre und älter, nur 13% über 70 Jahre) **Regionales Splitting:** Greifswald, Rostock, Neubrandenburg, Schwerin Mo. - Fr. 6.40, 7.40, 13.40, 17.40 Uhr	**Das Erste** (NDR - regional) NDR vor 8 (Mo. - Fr. 17.43 - 17.57 Uhr) **N3** (NDR/RB Drittes Programm) **Ländersplitting:** Mecklenburg-Vorpommern heute (Mo. - Fr. 17.25 - 17.30 Uhr) Zwischen Elbe und Oder (Mo. - Fr. 18.35 - 18.45 Uhr) Nordmagazin (Mo. - Sa. 19.30 - 20.00 Uhr)
Hamburg	**NDR 1 Hamburg-Welle 90,3** Melodiebetontes Programm im "Arabellaformat" (74% der Hörer sind 50 Jahre und älter)	**Das Erste** (NDR - regional) NDR vor 8 (Mo. - Fr. 17.43 - 17.57 Uhr)

Bundesländer (geordnet von Nord nach Süd)	Hörfunk	Fernsehfunk
(Fortsetzung) Hamburg		N3 (NDR/RB Drittes Programm) **Ländersplitting:** Hamburg heute (Mo. - Fr. 17.25 - 17.30 Uhr) Zu Gast (Mo. - Fr. 18.35 - 18.45 Uhr) Hamburger Journal (Mo. - Sa. 19.30 - 20.00 Uhr)
Schleswig-Holstein/ Mecklenburg-Vorpommern/Hamburg/ Niedersachsen	Gemeinsame Programme: **NDR 2** Informations- und Servicekanal mit populärer Musik (66% der Hörer sind zwischen 30 und 59 Jahre) **NDR 3** E-Musik-Spartenprogramm (kaum Hörer unter 20 Jahre, größte Hörerdichte (29%) zwischen 50 und 59 Jahre) **NDR 4** anspruchsvolles Wortprogramm (keine Hörer unter 20 Jahre, größte Hörerdichte (33%) zwischen 50 und 59 Jahre) **(NDR) N-Joy Radio** Jugendradio (75% der Hörer sind jünger als 29 Jahre)	
Bremen	**Radio Bremen 1 Hansawelle** Informations- und Servicekanal mit populärer Musik (60% der Hörer sind 50 Jahre und älter) **Radio Bremen 2** Bildungs- und Kulturkanal mit hohem Wort- und E-Musikanteil (keine Hörer unter 20 Jahre, 73% der Hörer sind zw. 30 und 59 Jahre)	**Das Erste** (RB - regional) Buten un Binnen Nachrichten (Mo. - Fr. 17.15 - 17.20 und 18.15 - 18.20 Uhr) Buten un Binnen (Mo. - Fr. 19.20 - 19.49 Uhr)

Bundesländer (geordnet von Nord nach Süd)	Hörfunk	Fernsehfunk
(Fortsetzung) Bremen	**Radio Bremen 3 Melodie** Melodiebetontes Programm im "Arabellaformat" mit regionalen Informationen bis 20 Uhr ab 20 Uhr E-Musik-Spartenprogramm (Klassikwelle) (keine Hörer unter 30 Jahre, 91% der Hörer sind 50 Jahre und älter) **Radio Bremen 4** Jugendradio (51% der Hörer sind jünger als 29 Jahre, 30% zwischen 30 und 39 Jahre alt)	**N3** (NDR/RB Drittes Programm) **Ländersplitting:** Buten un Binnen Nachrichten (Mo. - Fr. 17.25 - 17.30 Uhr) Bremer Sportblitz (Mo. - Fr. 18.35 - 18.45 Uhr)
Berlin	**(SFB) Berlin 88 8 Das Stadtradio** Melodiebetontes Programm im "Arabellaformat" (79% der Hörer sind 50 Jahre und älter, 33% über 70 Jahre) **SFB MultiKulti** Deutsch- und fremdsprachiges Informations- und Musikprogramm mit Forumscharakter und Fremdsprachenangebot (mit Hören über alle Altersgruppen bis 59 Jahre)	**Das Erste** (SFB/ORB - regional) Berlin-Brandenburg aktuell (Mo. - Fr. 17.43 - 17.57 Uhr) **B1** (SFB - Drittes Programm, landesweit)
Brandenburg	**(ORB) Antenne Brandenburg** Landesweiter Informations- und Servicekanal mit populärer Musik und regionalen Fenstern (63% der Hörer sind zwischen 30 und 59 Jahre) **Regionales Splitting:** Potsdam, Cottbus[1], Frankfurt/Oder (Frühstücksantenne Mo. - Fr. 5.05 - 9.00 Uhr, Sa. 6.05 - 9.00 Uhr, So. 6.05 - 8.40 Uhr; Regional Journal Mo. - Fr. 16.05 - 18.00 Uhr) Perleberg (Regional-Journal Mo. - Fr. 16.05 - 18.00 Uhr)	**Das Erste** (SFB/ORB - regional) Berlin-Brandenburg aktuell (Mo. - Fr. 17.43 - 17.57 Uhr) **ORB - Fernsehen** (Drittes Programm, landesweit)

[1] Weitere sorbische Programme

Bundesländer (geordnet von Nord nach Süd)	Hörfunk	Fernsehfunk
Berlin/Brandenburg	**(SFB/ORB) InfoRadio[2]** Nachrichtenkanal im 20 Minuten-Rhythmus **(SFB/ORB) radiokultur[2]** Bildungs- und Kulturkanal mit hohem Wort- und E- Musik-Anteil **(SFB/ORB) RADIO EINS[2]** Informations- und Servicekanal mit populärer Musik **(ORB/SFB) Fritz** Jugendradio (72% der Hörer sind jünger als 29 Jahre) **(NDR/SFB/ORB) Radio 3** E-Musik-Spartenprogramm (keine Hörer unter 20 Jahre)	
Nordrhein-Westfalen	**(WDR) eins live** Jugendradio (50% der Hörer sind jünger als 29 Jahre, 27% zwischen 30 und 39 Jahre) **WDR 2** Informations- und Servicekanal mit populärer Musik und regionalen Fenstern (64% der Hörer sind zwischen 30 und 59 Jahre) **Regionales Splitting:** Aachen, Bielefeld, Dortmund, Düsseldorf, Essen, Köln, Münster, Siegen, Wuppertal (Mo. - Fr. 6.31, 7.31, 8.31 Uhr je zwei Minuten sowie 11.30 und 16.30 Uhr je 7 Minuten)	**Das Erste** (WDR - regional) Hier und heute Nachrichten (Mo. - Fr. 17.43 - 17.57 Uhr) **WDR - Fernsehen** (Drittes Programm, landesweit) **Regionales Splitting:** Lokalzeit im Revier Lokalzeit aus Düsseldorf Lokalzeit Studio Köln Lokalzeit Münsterland Lokalzeit Ostwestfalen Lokalzeit Südwestfalen

[2] In der MA 97 noch nicht erfaßt

Bundesländer (geordnet von Nord nach Süd)	Hörfunk	Fernsehfunk
(Fortsetzung Nordrhein-Westfalen)	**WDR 3** E-Musik-Spartenprogramm (keine Hörer unter 20 Jahren, größte Hörerdichte (52%) zwischen 50 und 69 Jahre) **WDR 4** Melodiebetontes Programm im "Arabellaformat" (75% der Hörer sind 50 Jahre und älter) **(WDR) Radio 5** Anspruchsvolles Wortprogramm (keine Hörer unter 20 Jahren, 91% sind 40 Jahre und älter)	Lokalzeit Bergisch Land (alle Mo. - Fr. 18.00 - 18.05 Uhr sowie 19.25 -19.45 Uhr, Lokalzeit aus Düsseldorf auch Sa. 18.00 - 18.05 Uhr sowie 19.25 - 19.45 Uhr)
Sachsen-Anhalt	**mdr 1 RADIO SACHSEN-ANHALT** Landesweites melodiebetontes Programm im "Arabellaformat" mit regionalen Fenstern (64% der Hörer sind 50 Jahre und älter) **Regionales Splitting:** Halle, Dessau, Magdeburg, Stendal (Mo. - Fr. 6.30 - 6.45 Uhr, 7.30 Uhr sowie 17.30 - 18.30 Uhr)	**Das Erste** (MDR - regional) Länderinfo (Mo. - Fr. 17.43 - 17.57 Uhr) **MDR - Fernsehen** (Drittes Programm) **Ländersplitting:** Sachsen-Anhalt heute (Mo. - Sa. 19.00 - 19.30 Uhr) Sachsen-Anhalt Spezial (Mi. 20.15 - 20.45 Uhr)
Sachsen	**mdr 1 RADIO SACHSEN** Landesweites melodiebetontes Programm im "Arabellaformat" mit regionalen Fenstern (69% der Hörer sind 50 Jahre und älter) **Regionales Splitting:** Dresden, Chemnitz, Leipzig, Bautzen (Regionalnachrichten Mo. - Fr. 5.30, 6.30, 7.30, 8.30, 15.30, 16.30, 17.30 Uhr, Sa. 6.30 und 7.30 Uhr)	**Das Erste** (MDR - regional) Länder info (Mo. - Fr. 17.43 - 17.57 Uhr) **MDR - Fernsehen** (Drittes Programm) **Ländersplitting:** Sachsenspiegel (Mo. - Sa. 19.00 - 19.30 Uhr) Sachsenspiegel - Reportage/Sachsen-Spiegel extra/Biwak/Biotop (alternativ) (Mi. 20.15 - 20.45 Uhr)

Bundesländer (geordnet von Nord nach Süd)	Hörfunk	Fernsehfunk
Thüringen	**mdr 1 RADIO THÜRINGEN** Landesweites melodiebetontes Programm in "Arabellaformat" mit regionalen Fenstern (66% der Hörer sind 50 Jahre und älter) **Regionales Splitting:** Ost-Thüringen, Süd-Thüringen, Mittelwest-Thüringen (Regionalnachrichten Mo. - Sa. 6.40 Uhr; Polizeibericht Mo. - Sa. 8.40 Uhr; Littaßwelle Mo. - Sa. 9.40 Uhr)	**Das Erste** (MDR - regional) Länder info (Mo. - Fr. 17.43 - 17.57 Uhr) **MDR - Fernsehen** (Drittes Programm) **Ländersplitting:** Thüringen - Journal (Mo. - Sa. 19.00 - 19.30 Uhr) Thüringen - Tour (Mi. 20.15 - 20.45 Uhr)
Sachsen/Sachsen-Anhalt/Thüringen	**mdr SPUTNIK**[3] Jugendradio **mdr KULTUR** Bildungs- und Kulturkanal mit hohem Wort- und E-Musikanteil (keine Hörer unter 20 Jahre, 6% der Hörer sind zwischen 20 und 29, 30% zwischen 50 und 59 Jahre) **mdr info** Nachrichtenkanal im 15-Minuten-Rhythmus (keine Hörer unter 20 Jahre, 69% der Hörer sind zwischen 40 und 69 Jahre) **mdr life**[4] Hit-Radio (mit Hörern aller Altersgruppen bis 59 Jahre Schwerpunkt (31%) bei den Hörern zwischen 30 und 39 Jahre)	
Hessen	**hr 1 radio aktuell**[5] Informations- und Servicekanal mit populärer Musik (71% der Hörer sind 50 Jahre und älter, 32 % über 70 Jahre)	**Das Erste** (hr - regional) Hessen heute (Mo. - Fr. 17.43 - 17.57 Uhr)

[3] in der MA 97 nicht erfaßt (Satellitenradio).

[4] mdr life versteht sich nach eigenen Aussagen als "Serviceradio". Der besondere Servicecharakter wird jedoch im Programm nicht deutlich.

[5] Gedacht als aktuelles Informations- und Serviceprogramm für Hörer zwischen 30 und 50 Jahren.

Bundesländer (geordnet von Nord nach Süd)	Hörfunk	Fernsehfunk
(Forsetzung Hessen)	**hr 2 radio Kultur** Bildungs- und Kulturkanal mit hohem Wort- und E-Musikanteil (Hörer aller Altersgruppen mit Schwerpunkt zwischen 30 und 59 Jahren) **hr 3 radio mobil** Radio für die jüngere Generation (64% der Hörer sind zwischen 20 und 49 Jahren) **hr 4 radio regional** Melodiebetontes Programm im "Arabellaformat" mit regionalen Fenstern (74% der Hörer sind 50 Jahre und älter, 21% über 70 Jahre) **Regionales Splitting:** Nordhessen, Osthessen, Mittelhessen, Rhein-Main, Südhessen, (Nordhessen-Journal, Mittelhessen-Journal, Rhein-Main-Journal und Südhessen-Journal Mo. - Fr. 12.05 - 12.30 Uhr sowie 16.05 - 17.00 Uhr)	**hessen 3** (Drittes Programm, landesweit)
Baden-Württemberg	**SDR 1** Informations- und Servicekanal mit populärer Musik (74% der Hörer sind 50 Jahre und älter, 29% über 70 Jahre) **SDR 3** Radio für die jüngere Generation (56% der Hörer sind zwischen 20 und 39 Jahre) **(SWF/SDR) S 4 - Baden-Württemberg** Melodiebetontes Prog. im "Arabellaformat" mit regionalen Fenstern (77% der Hörer sind 50 Jahre und älter) **Regionales Splitting:** Rhein-Neckar- und Kurpfalz-Radio (Guten Morgen Mo. - Sa. 6.05 - 8.00 Uhr; Aktuell Mo. - Sa. 10.05 - 11.00 Uhr, Nahaufnahme Mo. - Sa. 12.30 - 13.00 Uhr,	**Das Erste** (SDR - regional) Mo.: Reisen Di.: Mundart Mi.: Kochen Do.: Film-Tips Fr.: Portrait (Mo. - Fr. 17.43 - 17. 57 Uhr) **Das Erste** (SWF - regional) Baden-Württemberg Aktuell (Mo. - Fr. 17.43 - 17. 57 Uhr) **Südwest 3** (SDR/SWF/SR Drittes Programm)

Bundesländer (geordnet von Nord nach Süd)	Hörfunk	Fernsehfunk
(Fortsetzung Baden-Württemberg)	sowie 16.30 - 17.00 Uhr, Kurpfalz heute abend Mo. - Sa. 17.20 - 17.23 Uhr, Kurpfalz-Radio Sport So. 17.05 - 18.00 Uhr)	**Ländersplitting:** Landesschau
		(Mo. - Fr. 19.20 - 19.48 Uhr)
	Franken und Bodensee "Bodensee - Radio" (Guten Morgen Mo. - Sa. 6.05 - 8.00 Uhr; Themen um halb Eins Mo. - Sa. 12.30 - 13.00 Uhr; Themen um halb Fünf Mo. - Fr. 16.30 - 17.00 Uhr; Radiotreff Mo. - Fr. 17.05 - 18.00; Bodensee-Sport So. 17.05 - 18.00 Uhr)	Landesschau aktuell (Mo. - Fr. 18.30 - 18.35, 19.48 - 20.00 Uhr u. 21.00 - 21.15 Uhr)
		Landesschau unterwegs (Sa. 19.15 - 19.45 Uhr)
	Heilbronn "Frankenradio" (Frankenradio am Morgen Mo. - Sa. 6.05 - 8.00 Uhr; Mittwochsrunde Mi. 10.05 - 11.00 Uhr; Frankenradio am Mittag Mo. - Sa. 12.30 - 13.00 Uhr; Kurpfalz heute abend Mo. - Sa. 17.20 - 17.23 Uhr; Kurpfalz-Radio Sport So. 17.05 - 18.00 Uhr)	Landesschau aktuell mit Sport news und 3erlei (Sa. 19.45 - 20.00 Uhr)
		Sportshop (Sa. 21.45 - 22.00 Uhr)
	Mittelbaden und Nordschwarzwald "Badenradio" (Badenradio am Morgen Mo. - Sa. 6.05 - 8.00 Uhr; Nahaufnahme Mo. - Sa. 10.05 - 11.00 Uhr; Badenradio am Mittag Mo. - Sa. 12.30 - 13.00 Uhr; Badenradio am Nachmittag Mo. - Fr. 16.30 - 17.00 Uhr; Badenradio Sport So. 17.05 - 18.00 Uhr)	Landesschau aktuell (So. 21.45 - 21.48 Uhr)
		Sport im Dritten (So. 21.48 - 22.30 Uhr)
	Ostwürttemberg und Donau/Iller "Schwabenradio" (Schwabenradio am Morgen Mo. - Sa. 6.05 - 8.00 Uhr; Schwabenradio am Mittag Mo. - Fr. 12.30 - 13.00 Uhr; Schwabenradio am Nachmittag Mo. - Fr. 16.30 - 17.00 Uhr; Schwabenradio am Sonntag So. 11.05 - 12.00 Uhr; Württemberg-Sport So. 17.05 - 18.00 Uhr)	Lokaltermin: Politik in Baden-Württemberg (Do. 20.15 - 21.00 Uhr)
	Mittlerer Neckar und Neckar Alb "Württemberg-Radio" (Württemberg-Radio am Morgen Mo. - Sa. 6.05 - 8.00 Uhr; Themen um halb Eins Mo. - Sa. 12.30 - 13.00 Uhr; Themen um halb Fünf Mo. - Fr	

Bundesländer (geordnet von Nord nach Süd)	Hörfunk	Fernsehfunk
(Fortsetzung Baden-Württemberg)	16.30 - 17.00 Uhr; Württemberg-Sport So. 17.05 - 18.00 Uhr)	

Tübingen
(Guten Morgen Mo. - Sa. 6.05 - 8.00 Uhr; Magazin am Vormittag Mo. - Sa. 10.05 - 11.00 Uhr; Themen um halb Eins Mo. - Sa. 12.30 - 13.00 Uhr; Themen um halb Fünf Mo. - Sa. 16.30 - 17.00 Uhr; Tübingen-Sport So. 17.05 - 18.00 Uhr)

Freiburg und Breisgau "Radio Breisgau"
(Guten Morgen Mo. - Sa. 6.05 - 8.00 Uhr; Magazin am Vormittag Mo. - Sa. 10.05 - 11.00 Uhr; Themen um halb Eins Mo. - Sa. 12.30 - 13.00 Uhr; Themen um halb Fünf täglich 16.30 - 17.00 Uhr; Radiotreff Mo. - Fr. 17.05 - 18.00 Uhr; Sport in Südbaden Sa. u. So. 17.05 - 18.00 Uhr)

Ortenau Mittelbaden
(Guten Morgen Mo.- Sa. 6.05 - 8.00 Uhr; Themen um halb Eins Mo. - Sa. 12.30 - 13.00 Uhr; Themen um halb Fünf täglich 16.30 - 17.00 Uhr; Radiotreff Mo. - Fr. 17.05 - 18.05; Sport in Südbaden Sa. u. So. 17.05 - 18.00 Uhr)

Hochrhein
(Themen um halb Eins Mo. - Sa. 12.30 - 13. 00 Uhr; Themen um halb Fünf tägl. 16.30 - 17.00 Uhr; Radiotreff Mo. - Fr. 17.05 - 18.00 Uhr; Sport in Südbaden Sa. und So. 17.05 - 18.00 Uhr)

Bodensee "Bodensee Radio" (Guten Morgen Mo. - Sa. 6.05 - 8.00 Uhr, Themen um halb Eins Mo. - Sa. 12.30 - 13.00 Uhr, Themen um halb Fünf Mo. - Fr. 16.30 - 17.00, Radiotreff Mo. - Fr. 17.05 - 18.00 Uhr, Bodensee-Sport So. 17.05 - 18.00 Uhr)

Bundesländer (geordnet von Nord nach Süd)	Hörfunk	Fernsehfunk
Rheinland-Pfalz	**SWF 4** Melodiebetontes Programm im "Arabellaformat" mit regionalen Fenstern (86% der Hörer sind 50 Jahre und älter, 62% älter als 60 Jahre) **Regionales Splitting:** Region Pfalz ("Pfalz aktuell" Mo. - Fr. 12.45 - 16.45 Uhr) Region Trier ("Trier aktuell" Mo. - Fr. 7.45, 12.45, 16.45 Uhr) Region Hunsrück ("Hunsrück aktuell" Mo. - Fr. 12.52 Uhr) Region Rheinland ("Rheinland aktuell" Mo. - Fr. 7.45, 12.45, 16.45 Uhr) Region Rheinhessen ("Rheinhessen aktuell" Mo. - Fr. 7.45, 12.45, 16.45 Uhr)	**Das Erste** (SWF - regional) Rheinland-Pfalz aktuell (Mo. - Fr. 17.43 - 17.57 Uhr) **Südwest 3** (SDR/SWF/SR Drittes Programm) **Ländersplitting:** Landesschau (Mo. - Fr. 19.20 - 19.48 Uhr) Landesschau aktuell (Mo. - Fr. 19.48 - 20.00 Uhr) Neues um Neun (Mo. - Fr. 21.00 - 21.15 Uhr) Landesschau Kultur (Sa. 19.15 - 19.45 Uhr) Landesschau aktuell mit Wochenrückblick und Sport (Sa. 19.45 - 20.00 Uhr) Neues (Sa. 21.45 - 22.00 Uhr und So. 21.45 - 21.50 Uhr) Flutlicht (So. 21.50 - 22.30 Uhr) PS - Politik Südwest/ PS - Tandem (Do. 20.15 - 21.00 Uhr)
Baden-Württemberg/ Rheinland-Pfalz	**(SDR/SWF) S 2 Kultur** Bildungs- und Kulturkanal mit hohem Wort- und E-Musikanteil (76% der Hörer sind 50 Jahre und älter, 56% über 60 Jahre)	

Bundesländer (geordnet von Nord nach Süd)	Hörfunk	Fernsehfunk
(Fortsetzung Baden-Württemberg/ Rheinland-Pfalz)	**SWF 1** Informations- und Servicekanal mit populärer Musik und landesweiten Fenstern (68% der Hörer sind 50 Jahre und älter) **Ländersplitting:** Baden-Württemberg Baden-Württemberg aktuell (Nachrichten) Mo. - Fr. 6.30 - 11.30 Uhr, 13.30 - 16.30 Uhr, Sa. 6.30 - 10.30 Uhr (stündlich 5 Min.), Baden-Württemberg aktuell (Magazin) Mo. - Sa. 12.30 - 13.00 Uhr, Mo. u. Mi. - Fr. 17.30 - 18.00 Uhr, Di. 17.30 - 17.50 Uhr, Sa. u. So. 18.10 -18.15 Uhr, Radiothema Mo. 19.30 - 20.00 Uhr, ACHT PLUS - Montagsstudio Mo. 20.05 - 22.00 Uhr, Die Landesregierung informiert Di. 17.50 - 18.00 Uhr, Mittags bei uns So. 12.05 - 13.00 Uhr Rheinland-Pfalz Rheinland-Pfalz aktuell (Nachrichten) Mo.- Fr. 6.30 - 11.30 Uhr, 13.30 - 16.30 Uhr, Sa. 6.30 - 10.30 Uhr, Rheinland-Pfalz aktuell (Magazin) Mo. - Sa. 12.30 - 13.00 Uhr, Mo. u. Mi. - Fr. 17.30 - 18.00 Uhr, Di. 17.30 -17.50 Uhr, Sa. u. So. 18.10 -18.15 Uhr, Radiothema Mo. 19.30 - 20.00 Uhr, ACHT PLUS - Montagsstudio Mo. 20.05 - 22.00 Uhr, Die Landesregierung informiert Di. 17.50 - 18.00 Uhr, Mittags bei uns So. 12.05 - 13.00 Uhr **SWF 3** Radio für die jüngere Generation (54% der Hörer sind zwischen 20 und 39 Jahren)	

Bundesländer (geordnet von Nord nach Süd)	Hörfunk	Fernsehfunk
Saarland	**SR 1 Europawelle (Saar)** Informations- und Servicekanal mit populärer Musik und regionalen Fenstern (64% der Hörer sind zwischen 30 und 59 Jahren) **SR 2 KulturRadio** Bildungs- und Kulturkanal mit hohem Wort- und E-Musikanteil[6] **SR 3 Saarlandwelle** Landesweites melodiebetontes Programm im "Arabellaformat" (82% der Hörer sind 50 Jahre und älter) **SR 4**[6] bis 15 Uhr Übernahme SR 2 KulturRadio ab 15 Uhr Offener Kanal ab 19 Uhr Ausländerprogramm ab 22 Uhr Übernahme SR 2 KulturRadio	**Das Erste** (SR - regional) Saar direkt (Mo. - Fr. 17.43 - 17.57 Uhr) **Südwest 3** (SDR/SWF/SR Drittes Programm) **Ländersplitting:** Aktueller Bericht (Mo. - Fr. 19.20 - 20.00 Uhr) 3 direkt (Mo. - Fr. 21.00 - 21.15 Uhr) Saar direkt mit Sport (Sa. 19.15 - 19.30 Uhr) Kulturspiegel (Sa. 19.15 - 19.30 Uhr) Daten der Woche (Sa. 21.45 - 22.30 Uhr) Sport-Arena (So. 21.45 - 22.30) Mag´s Magazin Saar (Do. 20.15 - 21.00 Uhr)
Bayern	**Bayern 1** Landesweites melodiebetontes Programm im "Arabellaformat" mit regionalen Fenstern (78% der Hörer sind älter als 50 Jahre) **Regionales Splitting:** München, Oberbayern, Niederbayern, Oberpfalz, Main-Franken,	**Das Erste** (BR - regional) Bayernstudio (Mo. - Fr. 17.43 - 17.57 Uhr) **Bayerisches Fernsehen** (BR, Drittes Programm, landesweit)

[6] nach MA 97 wegen zu geringer Basisdaten nach Altersgruppen nicht zu differenzieren.

Bundesländer (geordnet von Nord nach Süd)	Hörfunk	Fernsehfunk
(Fortsetzung Bayern)	Mittel- und Oberfranken, Schwaben ("Bayern regional" Mo. - Fr. 12.05 - 12.58 Uhr) **Bayern 2 Radio** Anspruchsvolles Wortprogramm mit regionalen Fenstern (76% der Hörer sind älter als 50 Jahre) **Regionales Splitting:** München, Oberbayern, Niederbayern, Oberpfalz, Main-Franken, Mittel- und Oberfranken, Schwaben ("Bayern regional" So. 12.00 - 13.00 Uhr) Nordbayern und Südbayern ("Sport und Musik" So. 17.04 - 17.55 Uhr) Altbayern/Schwaben und Franken ("Heimatspiegel" Mo. - Fr. 18.30 - 18.43 Uhr) **Bayern 3** Radio für die jüngere Generation (65% der Hörer sind zwischen 20 und 49 Jahren) **Bayern 4 Klassik** E-Musik-Spartenprogramm (keine Hörer unter 20 Jahre, 68% der Hörer sind älter als 50 Jahre) **B5 aktuell** Nachrichtenkanal im 15-Minuten-Rhythmus (kaum Hörer unter 20 Jahren, Schwerpunkt zwischen 30 und 39 Jahren (21%), sowie 50 und 59 Jahren (36%)	**Regionales Splitting:** Bayern live - Der Norden (Mo. - Fr. 18.30 - 18.43 Uhr) Frankenschau (So. 18.05 - 18.43 Uhr)Bayern live - Der Süden (Mo. - Fr. 18.30 - 18.43 Uhr) Aus Schwaben und Altbayern (So. 18.05 - 18.43 Uhr)
Bundesweite Programme	**Deutschlandfunk** Anspruchsvoller aktueller Informations- und Kulturkanal mit hohem Wortanteil **DeutschlandRadio Berlin** Anspruchsvoller Bildungs- und Kulturkanal mit größerem Musikanteil	**ARD** Vollprogramm **Zweites Deutsches Fernsehen ZDF** Vollprogramm

Quelle: Groß 1996, S.73-80; Halefeld 1996, S.87-100; MA 97 und eigene Recherchen. Anmerkung: Spartenprogramme, internationale Kulturprogramme (vgl. Abschnitt 6.5) und digitale Programmangebote (vgl. 2. Kapitel Abschnitte 4.3.2 und 4.3.3) sind nicht erfaßt.

Somit zeigt sich: Die öffentlich-rechtlichen Programmacher erkennen im Hörfunk einen Kultur- und Bildungsauftrag sowie eine vorrangige Informationsverpflichtung, denn darauf hin haben sie klar definierte, in sich stimmige und durchgängige Programmangebote entwickelt.

Es sind dies im Bereich Kultur und Bildung:

• »Bildungs- und Kulturkanäle« mit hohem Wort- und E- Musikanteil:

Radio Bremen 2, (SFB/ORB) radiokultur, hr 2 radio Kultur, mdr KULTUR, (SDR/SWF) S2 Kultur, SR 2 KulturRadio.

• Anspruchsvolle »Wortprogramme«:

NDR 4, WDR Radio 5 und Bayern 2 Radio

• »E-Musik-Spartenprogramme«[46] (Klassikwellen):

NDR 3 zugleich (NDR/SFB/ORB) Radio 3, WDR 3 und Bayern 4 Klassik.

Es sind dies im Bereich der Information:

• »Nachrichtenkanäle« als 24-Stunden-Programme im 15 -oder 20- Minuten-Rhythmus:

(SFB/ORB) InfoRadio, mdr info und B 5 aktuell.

Für andere Kanäle gelingt eine vergleichsweise stringente Strukturierung der Programme nur in Ansätzen. Dies liegt wohl daran, daß Programme zu organisieren sind, die verschiedenen Erwartungen zugleich gerecht werden. Gängige Praxis ist es dabei, gleichartige Erwartungen über Altersgruppen und Musikpräferenzen zu erschließen. Im Hörfunk der Landesrundfunkanstalten markieren bezogen auf Musikformat und Altersgruppen zwei Programmtypen die Extrempositionen.

---

[46] Vgl. Gruber, Thomas: Klassik rund um die Uhr. Der Spartenkanal. Bayern 4 Klassik. In: ARD-Jahrbuch 97. Hamburg 1997, S.81-86.

Es sind dies:

- »Jugendradios«

  als durchhörbare Lifestyleprogramme mit Rock-, Pop- und Techno-Hits und Black Music

  ♦ für Hörer bis 29 Jahre:

    (NDR) N-joy-Radio und (ORB/SFB) Fritz

  ♦ für Hörer bis 39 Jahre:

    Radio Bremen 4, (WDR)1 Live und (mdr) SPUTNIK.

- Melodiebetonte Informations- und Unterhaltungsprogramme im »Arbellaformat« für Hörer über 50 Jahre mit deutschen Schlagern und Oldies, volkstümlicher Musik und populärer Klassik:

  Bayern 1, NDR 1, (SFB) Berlin 88 8, WDR 4, hr 4, SR 3, (SDR/SWF) S4 Baden- Württemberg, SWF 4 und mdr 1.

Folgt man der Annahme, die Musikprägung der jugendlichen Hörerkohorten würde den Musikgeschmack des Einzelnen auf Dauer definieren, so daß Programme quasi mit den Hörern zusammen älter werden, so wäre dies eine Erklärung für die Ausbildung einer weiteren Programmvariante:

- »Radios für die jüngere Generation« als durchhörbare Rock-, Pop- und Hitprogramme, insbesondere für Hörer zwischen 20 und 49 Jahren, nämlich ehemalige »Jugendradios«, die mit ihren Hörern »älter« geworden sind:

  SWF 3, SDR 3, Bayern 3 und hr 3 radio mobil

Daneben gibt es:

- »Informations- und Servicekanäle mit populärer Musik« (internationale Hits, Oldies)

  ♦ für Hörer mittleren Alters (30 - 59 Jahre):

NDR 2, WDR 2, SR1 Europawelle (Saar) (SFB/ORB) RADIO 1 und (ORB) Antenne Brandenburg

♦ für Hörer in den Altersgruppen über 50 Jahre:

SDR 1, SWF 1, hr 1 und Radio Bremen 1 Hansawelle.

Sowohl die melodiebetonten Informations- und Unterhaltungsprogramme für Hörer über 50 Jahre als auch die Informations- und Servicekanäle bieten meist auch spezielle regionale Informationen in Fensterprogrammen.

Die hier vorgestellten »Realtypen« bundesdeutscher Hörfunkprogramme des öffentlich-rechtlichen Rundfunks sind in weiten Teilen instabil und meist nur durch allgemeine Charakteristika zu beschreiben. Zudem erzwingen medienpolitische Vorgaben und die Herausforderungen der privaten Hörfunkveranstalter immer wieder Veränderungen in den Programmprofilen. Und vergleicht man die Ankündigungen und Beschreibungen der Programme in den ARD-Jahrbüchern mit den Ergebnissen der Mediaanalyse, so wird man immer wieder erkennen, daß Hörer vor den Radios sitzen, mit welchen die Programmplaner eigentlich nicht gerechnet haben.

Zudem zeigen sich Besonderheiten: »mdr life«, ein »Serviceradio für junge und junggebliebene Hörer« im Popformat, findet neben der Kernhörerschaft (31 Prozent der Hörer sind zwischen 30 und 39 Jahre alt), stabile Höreranteile von annähernd 15 Prozent in allen anderen Altersgruppen zwischen 14 und 59 Jahren. Einen weiteren Sonderfall stellt »SFB 4 Multi-Kulti« dar, ein deutsch- und fremdsprachiges Informations- und Musikprogramm. Dieses Programm verfügt über eine stabile Hörerschaft, gleich verteilt über alle Altersgruppen bis 59 Jahre.

Und in der Gestalt des »Deutschlandfunks« und des »DeutschlandRadio Berlin« entwickelt sich ein weiterer Programmtypus: Ein ambitioniertes, magaziniertes aktuelles Informations- und Kulturprogramm mit hohem Wortanteil und mit Musikbeiträgen aus allen Genres bis hin zur Klassik. Dieses Programmuster könnte auch für andere öffentlich-rechtliche Veranstalter wegweisend sein.

Im Programm des Deutschlandfunks soll nach Aussagen der Programmveranwortlichen[47] die aktuelle Information aus den Bereichen Politik, Wirtschaft und Kultur im Vordergrund stehen (entsprechend hoher Wortanteil von 75 Prozent). Im Programm des DeutschlandRadio Berlin soll kompetente hintergründige Information, sollen Kultur und Musik deutlicher hervortreten. Die Praxis zeigt jedoch, daß beide Programmformate auf gleichem Niveau sind und die Struktur ihrer Hörerschaft weiterhin nahe beieinander liegt. Sinnvoll könnte es demnach sein, im Deutschlandfunk den Servicecharakter deutlicher hervorzuheben und beim DeutschlandRadio Kultur und Bildung im Vordergrund zu lassen.

Im übrigen zeichnen sich nicht nur vor dem Hintergrund der Digitalisierung weitere Differenzierungen der Hörfunkprogramme und Musikformate ab. Der Hessische Rundfunk zum Beipiel hat parallel zu seinen bisherigen Programmformaten neue Hörfunkprogramme entwickelt, die in Teilverbreitungsgebieten am 5. Januar 1998 auf Sendung gingen, über Frequenzen, die durch Umstrukturierung und Koordination der dem Hessischen Rundfunk derzeit verfügbaren UKW-Kanäle erschlossen wurden.

Es sind dies hr 1plus als Informations- und Servicekanal, mit Wortprogrammeinschlag, hr 2plus als Klassikwelle, hr 4plus als Informations- und Serviceprogramm mit Schwerpunkt Wirtschaft und das Jugendradio XXL für die 10- bis 19jährigen mit Schwerpunkt Techno und HipHop. hr 1plus ist derzeit in Frankfurt und Umgebung zu hören, hr 2plus in Kassel und Wiesba-

---

[47] Vgl. die programmatischen Aussagen der Werbefolders.

den. Beide übernehmen den größeren Teil ihres Programms von hr 1 beziehungsweise hr 2. hr 4plus sendet circa 2 Stunden täglich und ist in Darmstadt, Frankfurt, Wiesbaden und Seeheim zu empfangen. Das restliche Programm kommt von hr 4. Die größte technische Reichweite und die meiste originäre Sendezeit hat das Jugendradio XXL. Es übernimmt lediglich die Sendung Clubnight von hr 3. Neben hr 3, das mit seinen Hörern »älter« geworden ist, wurde also ein Jugendradio plaziert, das als Reaktion des Hessischen Rundfunks auf den Erfolg des Planet Radio der 'Privaten' zu sehen ist (vgl. Horizont 44/1997, S.100; Amend 1998, S. 8-12; Kirche und Rundfunk 92/1997, S.13-14).

Ebenfalls für die 10- bis 19jährigen haben der Südwestfunk und der Süddeutsche Rundfunk ein Jugendradio DASDING für DAB und Internet entwickelt, denn auch deren Dritte Hörfunkprogramme sind den Jugendradios entwachsen. Seit Ende Februar 1998 ist dieses Jugendprogramm nun auch werktags von 6 bis 7.30 Uhr (also vor Schulbeginn) im Fernsehprogramm Südwest 3 zu hören (vgl. Kabel und Satellit 9/1998, S.15).

Im Bereich des Fernsehens zeigt sich: Die einstigen Fernsehregionalprogramme der Landesrundfunkanstalten, die werktags von 17.25 bis kurz vor 20 Uhr und samstags von 17.25 - 18 Uhr und von 19 bis kurz vor 20 Uhr über die Sender des Ersten Programms ausgestrahlt wurden, sind von 1992 auf 1993 zu Fernsehvorabendprogrammen mutiert. Die Sendezeit für regionale Information ist auf 14 Minuten (werktags von 17.43 - 17.57 Uhr) geschrumpft. Allein Radio Bremen hat sich weitere Sendezeit für Regionales vor 20 Uhr reserviert. Hier wurde der Konkurrenz der privaten Sender Tribut gezollt. Sendungen mit regionalem Bezug sind jetzt vor allem auf die Dritten Programme verwiesen.

Literatur

Abgefunden? Die »Einrichtung« und die Entlassungswelle (o.V.). In: Kirche und Rundfunk. Evangelischer Pressedienst (epd) 30/1991, S.7-9.

Adameck, Heinz: Die Rolle des Fernsehens bei der Bewußtseinsausbildung seiner Zuschauer. In: Einheit 11/1962 (17. Jg.), S.75-85.

ALM- Programmbericht. Zur Lage und Entwicklung des Fernsehens in Deutschland 1996/97. Berlin 1997.

Amend, Christoph: fertig los. In: Süddeutsche Zeitung vom 2. Februar 1998, S.8-12.

ARD-Jahrbuch. Hamburg 1987, 1989, 1991, 1992, 1993, 1995, 1996 und 1997.

ARD und ZDF (Hrsg.): Was Sie über Rundfunk wissen sollten. Materialien zum Verständnis eines Mediums. Berlin 1997.

arte-Pressemappe. Baden-Baden 1993.

Astheimer, Sabine: Rundfunkfreiheit - ein europäisches Grundrecht. Eine Untersuchung zu Art. 10 EMRK. Baden-Baden 1990.

Baerns, Barbara: Journalismus und Medien in der DDR. Ansätze, Perspektiven, Probleme und Konsequenzen des Wandels. Königswinter 1990.

Barschleben, Klaus: Ohne Offenheit und Wahrheit gibt es keine Demokratie. Statement auf der Demonstration auf dem Alexanderplatz am 4.11.1989. In: Claus, Werner (Hrsg.): Medien-Wende - Wende-Medien. Berlin 1991, S.194.

Bausch, Hans: Der Rundfunk im politischen Kräftespiel der Weimarer Republik 1923-1933. Tübingen 1956.

ders.: ARD - was ist das? Rundfunk in der Bundesrepublik Deutschland. In: ARD-Jahrbuch 69. Hamburg 1969, S.13-18.

ders.: Rundfunkpolitik nach 1945. München 1980 (= Bausch, Hans (Hrsg.): Rundfunk in Deutschland. Bd. 3&4).

ders: Zur Entwicklung des Rundfunks nach 1945. In: Glotz, Peter/Kopp, Reinhold (Hrsg.): Das Ringen um den Medienstaatsvertrag der Länder. Berlin 1987, S.12-32.

Begründung zum Staatsvertrag zur Neuordnung des Rundfunk-wesens (Rundfunkstaatsvertrag). Abgedruckt in: Media Perspektiven Dokumentation II/1987, S.89-103.

Begründung zum Staatsvertrag über den Rundfunk im vereinten Deutschland vom 31. August 1991. Abgedruckt in: Media Perspektiven Dokumentation IIIb/1991, S.173-267.

Behrens, Tobias: Die Entstehung der Massenmedien in Deutschland. Ein Vergleich von Film, Hörfunk und Fernsehen und ein Ausblick auf die Neuen Medien. Frankfurt/M. 1986.

Bentele, Günter/Jarren, Otfried/Kratzsch, Ulrich: Medienlandschaft im Umbruch. Medien- und Kommunikationsatlas Berlin. Berlin 1990.

Berger, Manfred et. al. (Hrsg.): Kulturpolitisches Wörterbuch der DDR. Berlin (DDR) 1978.

Beschluß des Bundesverfassungsgerichts vom 24. März 1987 (»Baden-Württemberg-Beschluß«). Abgedruckt in: Media Perspektiven. Dokumentation III/1987, S.145-168 (= BVerfGE 74, 297).

Beschluß des Bundesverfassungsgerichts vom 6. Oktober 1992 (»Hessen3-Beschluß«). Abgedruckt in: Media Perspektiven. Dokumentation IV/1992, S.201-218 (= BVerfGE 87, 181).

Betz, Jürgen: Spartenkanäle bei ARD und ZDF. Eine juristische Bewertung. In: Media Perspektiven 1/1997, S.2-16.

Bierbach, Wolf: Besatzungszonen und Länder. Föderale Probleme zentralistischer Rundfunkanstalten. In: Först, Walter (Hrsg.): Rundfunk in der Region. Probleme und Möglichkeiten der Regionalität. Köln 1984, S.87-122.

Blaum, Verena: Journalistikwissenschaft in der DDR. Erlangen-Nürnberg 1979.

dies.: Ideologie und Fachkompetenz. Das journalistische Berufsbild in der DDR. Köln 1985.

Brack, Hans/Herrmann, Günter/Hillig, Hans-Peter: Organisation des Rundfunks in der Bundes-republik Deutschland 1948-1962. Hamburg 1962.

Bredow, Hans (Hrsg.): Aus meinem Archiv. Probleme des Rundfunks. Heidelberg 1950.

ders.: Der Daseinskampf des deutschen Funks. Stuttgart 1954 (=
   Im Banne der Ätherwellen. Bd. I.).

ders.: Funk im Ersten Weltkrieg. Entstehung des Rundfunks.
   Stuttgart 1956 (= Im Banne der Ätherwellen Bd. II.).

Buchbender, Ortwin/Hausschild, Reinhard: Geheimsender gegen
   Frankreich. Die Täuschungsaktion »Radio Humanité« 1940.
   Herford 1984.

Claus, Werner (Hrsg.): Medien-Wende - Wende-Medien: Dokumentation des Wandels im DDR-Journalismus Oktober '89 -
   Oktober '90. Berlin 1991.

Dahl, Peter: Arbeitersender und Volksempfänger. Proletarische
   Radio-Bewegung und bürgerlicher Rundfunk bis 1945.
   Frankfurt/M. 1978.

ders.: Radio. Sozialgeschichte des Rundfunks für Sender und
   Empfänger. Reinbek bei Hamburg 1983.

Dampf-Radio. Einzige überregionale Hörfunkzeitschrift 42/1997.

Detjen, Claus: Das Kabelpilotprojekt Ludwigshafen. In: Hans-
   Bredow-Institut (Hrsg.): Internationales Handbuch für
   Rundfunk und Fernsehen 1986/87. Baden-Baden/Hamburg
   1986 (B), S.142-144.

Die deutsche Telegraphie im Weltkrieg. (Anhang zur Denkschrift
   des Reichspostministeriums »Das deutsche Telegraphen-,
   Fernsprech- und Funkwesen 1899-1924«.) Berlin 1925.

Deutsche Welle (Hrsg.): Wortschlacht im Äther. Der deutsche
   Auslandsrundfunk im Zweiten Weltkrieg. Berlin 1971.

Deutscher Bundestag (Hrsg.): Bericht der Kommission zur Unter-
   suchung der Wettbewerbsgleichheit von Presse, Funk/
   Fernsehen und Film. (BT-Drucksache V/2120) Bonn/Bad
   Godesberg 1967 (= Bericht der Michel-Kommission).

Diller, Ansgar: Rundfunkpolitik im Dritten Reich. München 1980
   (= Bausch, Hans (Hrsg.): Rundfunk in Deutschland. Bd. 2).

Dohlus, Ernst: Augen und Ohren nach Westen gerichtet? Zu-
   schauer- und Hörerverhalten in den neuen Bundesländern.
   In: ARD-Jahrbuch 91. Hamburg 1991, S.80-95.

ders.: Der schwierige Weg zu neuen Strukturen: Vom Rundfunk
   und Fernsehen der DDR zur Einrichtung. In: SFB (Hrsg.):

Rundfunk im Umbruch. Berlin o.J. [1991], S.13-15.

Drescher, Thomas: Kabelfunk Dortmund. In: Hans-Bredow-Institut (Hrsg.): Internationales Handbuch für Rundfunk und Fernsehen 1986/87. Baden-Baden/Hamburg 1986 (B), S.149-151.

Einführung in die journalistische Methodik. Leipzig 1985.

Faul, Erwin: Die Fernsehprogramme im dualen Rundfunksystem. Berlin 1988 (= Materialien der wissenschaftlichen Begleitkommission zum Versuch mit Breitbandkabel in der Region Ludwigshafen-Vorderpfalz. Bd. 10).

Fessmann, Ingo: Rundfunk und Rundfunkrecht in der Weimarer Republik. Frankfurt/M. 1973.

Fischer, Kurt: Dokumente zur Geschichte des deutschen Rundfunks und Fernsehens. Göttingen 1957.

Flottau, Heiko: Hörfunk und Fernsehen heute. München und Wien 1978.

Först, Walter (Hrsg.): Rundfunk in der Region. Probleme und Möglichkeiten der Regionalität. Köln 1984.

Frank, Bernward/Klingler, Walter: Die veränderte Fernsehlandschaft. Zwei Jahre ARD/ZDF-Begleitforschung zu den Kabelpilotprojekten. Frankfurt/M. 1987.

Friedrich-Ebert-Stiftung (Hrsg.): Die Massenmedien in der DDR: Presse, Rundfunk, Fernsehen und Literaturbetrieb im Dienste der SED. Bonn 1983.

Fuchs, Gerhard: Die geschichtliche Entwicklung des Rundfunks (Hörfunks) in der Deutschen Demokratischen Republik. In: Hans-Bredow-Institut (Hrsg.): Internationales Handbuch für Rundfunk und Fernsehen 1988/89. Baden-Baden/Hamburg 1988 (B), S.115-118.

Gerber, Volker: Das Rundfunksystem der Deutschen Demokratischen Republik. In: Hans-Bredow-Institut (Hrsg.): Internationales Handbuch für Rundfunk und Fernsehen 1990/91. Baden-Baden/Hamburg 1990 (A), S.92-107.

Geißler, Rainer: Thesen zu politischen Funktionen des DDR-Fernsehens vor der Wende - Agitation als Selbsttäuschung. In: Ludes, Peter (Hrsg.): DDR-Fernsehen intern. Berlin 1990, S.297-306.

Gesellschaftsvertrag über die ARTE Deutschland TV GmbH vom 13. März 1991 (»ARTE-Vertrag«). Auszugsweise abgedruckt in: ARD-Jahrbuch 91. Hamburg 1991, S.467-470.

Geserick, Rolf: 40 (vierzig) Jahre Presse, Rundfunk und Kommunikationspolitik in der DDR. München 1989.

ders.: Wettkampf der Systeme. Hörfunk und Fernsehen in der DDR von 1952 - 1989. In: ARD-Jahrbuch 91. Hamburg 1991, S.44-57.

Gesetz und Staatsvertrag über die Zusammenarbeit zwischen Berlin und Brandenburg im Bereich des Rundfunks vom 22. April 1992. Abgedruckt in: Media Perspektiven. Dokumentation III/1992, S.150-165.

Glotz, Peter/Kopp, Reinhold (Hrsg.): Das Ringen um den Medienstaatsvertrag der Länder. Berlin 1987.

Graf, Andreas/Graf, Heike: Der Medienkontrollrat - Insel der Stabilität im medienpolitischen Schlachtenlärm. In: Claus, Werner (Hrsg.): Medien-Wende - Wende-Medien. Berlin 1991, S.7-15.

Gransow, Volker: Kulturpolitik in der DDR. Berlin 1975.

Greene, Hugh Carlton: Rundfunkerfahrungen in Deutschland. In: Hans-Bredow-Institut (Hrsg.): Rundfunk und Fernsehen 1948-1989. Baden-Baden/Hamburg 1990, S.115-125 (= Vortrag des Generaldirektors der BBC, gehalten am Samstag, den 10. April 1965, zur Eröffnung der neuen Fernsehstudios des Süddeutschen Rundfunks im Park der Villa Berg in Stuttgart).

Groß, Gabriele: Heimat hat Konjunktur. Regionale Hörfunkarbeit des MDR in Sachsen-Anhalt. In: ARD-Jahrbuch 96. Hamburg 1996, S.73-80.

Gruber, Thomas: Klassik rund um die Uhr. Der Spartenkanal Bayern 4 Klassik. In: ARD-Jahrbuch 97. Hamburg 1997, S.81-86.

Hagemann, Walter: Publizistik im Dritten Reich. Ein Beitrag zur Methodik der Massenführung. Hamburg 1948.

Hahn, Oliver: ARTE. Der Europäische Kulturkanal. Eine Fernsehsprache in vielen Sprachen. München 1997.

Halefeldt, Horst O.: Immer näher ran. Regionalisierung im Wettbewerb 1983 bis 1996. In: ARD-Jahrbuch 96. Hamburg 1996, S.87-100.

Hans-Bredow-Institut (Hrsg.): Rundfunk und Fernsehen 1948-1989. Ausgewählte Beiträge der Medien- und Kommunikationswissenschaft aus 40 Jahrgängen der Zeitschrift »Rundfunk und Fernsehen«. Baden-Baden/Hamburg 1990.

Hartmann-Laugs, Petra S./Goss, John A.: Unterhaltung und Politik im Abendprogramm des DDR-Fernsehens. Köln 1982.

Hartung, Helmut: Die Rolle des DDR-Fernsehens bei der revolutionären Wende. In: Ludes, Peter (Hrsg.): DDR-Fernsehen intern. Berlin 1990, S.342-348.

Hasebrink, Uwe: Begleitforschung zu den Kabelpilotprojekten. In: Hans-Bredow-Insitut (Hrsg.): Internationales Handbuch für Rundfunk und Fernsehen 1988/89. Baden-Baden/Hamburg 1988 (B), S.167-187.

Herres, Volker: Vier Länder - ein Sender. In: ARD-Jahrbuch 92. Hamburg 1992, S.20-32.

Herrmann, Günter: 25 Jahre ARD. In: Rundfunk und Fernsehen 3-4/1975, S.211-239.

Hesse, Albrecht: Rundfunkrecht. München 1990.

Hoff, Peter: Das Fernsehsystem der Deutschen Demokratischen Republik. In: Hans-Bredow-Institut (Hrsg.): Internationales Handbuch für Rundfunk und Fernsehen 1988/89. Baden-Baden/Hamburg 1988 (B), S.119-127.

Hoff, Peter/Wiedemann, Dieter (Hrsg.): Medien der EX-DDR in der Wende. Berlin 1991.

Hoffmann, Rüdiger: Rundfunkorganisation und Rundfunkfreiheit. Berlin 1975.

Hoffmann-Riem, Wolfgang: Rundfunkverfassung als Richter-recht. Die Rundfunkentscheidungen des Bundesverfas-sungsgerichts. In: Glotz, Peter/Kopp, Reinhold (Hrsg.): Das Ringen um den Medienstaatsvertrag der Länder. Berlin 1987, S.32-51.

ders.: Rundfunkneuordnung in Ostdeutschland: Stellungnahme zu Vorschlägen über den Ausbau des öffentlich-rechtlichen Rundfunks in den neuen Bundesländern. Hamburg 1991.

Holzweißig, Gunther: Massenmedien in der DDR. Berlin 1989.

Honecker, Erich: Bericht des Zentralkomitees an den VIII. Partei-tag der Sozialistischen Einheitspartei Deutschlands. In: Neu-es Deutschland vom 16.6.1971 (Nr. 164), S.9.

Jäger, Manfred: Kultur und Politik in der DDR. Ein historischer Abriß. Köln 1982.

ders.: Kultur und Kulturpolitik in der DDR. In: Weidenfeld, Wer-ner/Zimmermann, Hartmut (Hrsg.): Deutschland-Handbuch: Eine doppelte Bilanz 1949-1989. Bonn 1989, S.431-447.

Jarren, Otfried/Völkel, Helmut: Kommunikationspolitik. In: Mo-dellversuch Journalistenweiterbildung (Hrsg.): Fernstudium Kommunikationswissenschaft, Teil 1. München 1984, S.135-268.

Jugendradio DASDING auch im Fernsehen (o.V.). In: Kabel und Satellit 9/1998, S.15.

Klingler, Walter: Nationalsozialistische Rundfunkpolitik 1942-1945. Organisation, Programm und die Hörer. Hamburg 1983.

Kommission für den Ausbau des technischen Kommunikations-systems (KtK). Telekommunikaionsbericht. Bonn 1976.

Konrad, Walter: 3sat: Quartett komplett. In: ZDF-Jahrbuch 93. Mainz 1994, S.170.

Kresse, Hermann: Die Rundfunkordnung in den neuen Bundes-ländern. Stuttgart 1992.

Kutsch, Arnulf (Hrsg.): Publizistischer und journalistischer Wan-del in der DDR. Vom Ende der Ära Honecker bis zu den Volkskammerwahlen im März 1990. Bochum 1990.

ders.: Meinungs-, Informations- und Medienfreiheit. Zum Volkskammer-Beschluß vom 5. Februar 1990. In: ders. (Hrsg.): Publizistischer und journalistischer Wandel in der DDR. Vom Ende der Ära Honnecker bis zu den Volkskammerwahlen im März 1990. Bochum 1990, S.107-156.

Lange, Helmut: Journalismus auf dem Bildschirm. Tendenzen - Resultate - Aufgaben der Fernsehjournalisten zwischen dem VIII. und IX. Parteitag der SED. In: Neue Deutsche Presse 9/1976, S.2-3.

Lenin, Wladimir Iljitsch: Womit beginnen? In: Lenin über die Presse. Prag 1970, S.73-79.

Lerg, Winfried B.: Die Entstehung des Rundfunks in Deutschland. Herkunft und Entwicklung eines publizistischen Mittels. Frankfurt/M. 1965.

ders.: Rundfunkpolitik in der Weimarer Republik. München 1980 (= Bausch, Hans (Hrsg.): Rundfunk in Deutschland. Bd. 1).

Lerg, Winfried B./Steininger, Rolf (Hrsg.): Rundfunk und Politik 1923 bis 1973. Beiträge zur Rundfunkforschung. Berlin 1975.

Ludes, Peter (Hrsg.): DDR-Fernsehen intern. Von der Honecker-Ära bis »Deutschland einig Fernsehland«. Berlin 1990.

Lüders, Carl-Heinz: Presse und Rundfunkrecht. Berlin und Frankfurt/M. 1952.

Mettler, Barbara: Demokratisierung und Kalter Krieg. Berlin 1975a.

dies.: Zur Auseinandersetzung zwischen der amerikanischen Besatzungsmacht und Bayern um das erste bayerische Rundfunkgesetz von 1948. In: Lerg, Winfried B./Steininger, Rolf (Hrsg.): Rundfunk und Politik 1923 bis 1973. Beiträge zur Rundfunkforschung. Berlin 1975b, S.243-260.

dies.: Der Nachkriegsrundfunk als Medium der amerikanischen Umerziehungspolitik. In: Hans-Bredow-Institut (Hrsg.): Rundfunk und Fernsehen 1948-1989. Baden-Baden/Hamburg 1990, S.137-153.

Meyn, Hermann: Die neuen Medien. Neue Chancen und Risiken. Berlin 1984.

Mikos, Lothar: Das Mediensystem in der ehemaligen DDR im Umbruch. In: Bundeszentrale für politische Bildung (Hrsg.): Privatkommerzieller Rundfunk in Deutschland. Entwicklungen, Forderungen, Regelungen, Folgen. Köln 1992, S.103-119.

Montag, Helga: Privater oder öffentlich-rechtlicher Rundfunk? Berlin 1978.

Mühlfenzl, Rudolf: Das Kabel-Pilotprojekt München. In: Hans-Bredow-Institut (Hrsg.): Internationales Handbuch für Rundfunk und Fernsehen 1986/87. Baden-Baden/Hamburg 1986 (B), S.145-148.

»Mühlfenzl entmündigt die Ostberliner Rundfunkanstalten«. Empörung über den Rundfunkbeauftragten - Ein Interview mit Jörg Hildebrand (o.V.). In: Kirche und Rundfunk. Evangelicher Pressedienst (epd) 97/1990, S.13-14.

Müller-Römer, Frank: Eine gesamtdeutsche Infrastruktur. Die technische Seite der Integration. In: ARD-Jahrbuch 91. Hamburg 1991, S.106-117.

Neues HR-Jugendprogramm XXL soll über UKW zu hören sein (o.V.). In: Kirche und Rundfunk. Evangelischer Pressedienst (epd) 92/1997, S.13-14.

Nölte, Joachim: Chronik medienpolitischer Ereignisse in der DDR. In: Claus, Werner (Hrsg.): Medien-Wende - Wende-Medien. Berlin 1991, S.17-116.

Norden, Albert: Ideologische Waffen für Frieden und Sozialismus. In: Journalistenkonferenz des ZK der SED, 11. und 12.12.1964 in Berlin: Die Aufgaben von Presse, Rundfunk und Fernsehen beim umfassenden Aufbau des Sozialismus in der DDR. Berlin (DDR) 1965.

Odermann, Heinz: Der Umbruch und die Mediengesetzgebung in der DDR. In: Rundfunk und Fernsehen 3/1990, S.377-384.

Oeller, Helmut: Weiterbildung für jedermann. Das Telekolleg. In: ARD-Jahrbuch 69. Hamburg 1969, S.172-174.

Ostdeutsche Länder bevorzugen zwei eigene Drei-Länder-Anstalten (o.V.). In: Kirche und Rundfunk. Evangelischer Pressedienst (epd) 12/1991, S.7-8.

Pätzold, Ulrich: Fernsehen im Kabelpilotprojekt Dortmund. Düsseldorf 1987.

Planet.Radio provoziert weiter (o.V.). In: HORIZONT 44/1997, S.100.

Pohle, Heinz: Der Rundfunk als Instrument der Politik. Zur Geschichte des deutschen Rundfunks von 1923/38. Hamburg 1955.

Preisigke, Klaus: Zur Spezifik des sozialistischen Fernsehjournalismus. Leipzig 1981.

Presse- und Informationsamt der Landesregierung Nordrhein-Westfalen (Hrsg.): Dritter Jahresbericht der wissenschaftlichen Kommission des Landes Nordrhein-Westfalen zur Begleitung des Modellversuchs mit Breitbandkabel (WKB-NRW). Düsseldorf 1988.

Programmkommission des ARD/ZDF-Kinderkanals: Der Kinderkanal - Ziel und Programmphilosophie. Zum Start des Kinderkanals von ARD und ZDF. In: Media Perspektiven 1/1997, S.23-30.

Radke, Klaus: Das ganze Bild. Der Ereignis- und Dokumentationskanal PHOENIX. In: ARD-Jahrbuch 97. Hamburg 1997, S.67-73.

Reich, Donald D.: Der Wiederaufbau des deutschen Rundfunks unter der Militärregierung. In: Hans-Bredow-Institut (Hrsg.): Rundfunk und Fernsehen 1948-1989. Baden-Baden/Hamburg 1990, S.102-114.

Reichardt, Ernst Hartmut: Grundzüge der Rundfunkpolitik in Deutschland: Ein deutsches Syndrom? Vergleichende Analyse der Entwicklung deutscher Rundfunkpolitik an Hand von Einführungssituationen neuer Medien (1920-1980). Frankfurt/M. 1984.

Rexin, Manfred: Massenmedien in der DDR. In: Weidenfeld, Werner/Zimmermann, Hartmut (Hrsg.): Deutschland-Handbuch: Eine doppelte Bilanz 1949 - 1989. Bonn 1989, S.403-412.

Riedel, Heide: Das Rundfunksystem der DDR. In: Hans-Bredow-Institut (Hrsg.): Internationales Handbuch für Rundfunk und Fernsehen 1984/85. Baden-Baden/Hamburg 1984 (B), S.76-82.

Ring, Wolf-Dieter (Hrsg.): Medienrecht. Rundfunk, Neue Medien, Presse, Technische Grundlagen, Internationales Recht. Bundesrepublik Deutschland, Österreich, Schweiz. Text, Rechtsprechung, Kommentierung (Loseblattsammlung). München (Stand: 1997).

Rosenbauer, Hansjürgen: Modell Brandenburg. Zur Entstehungsgeschichte des ORB. In: ARD-Jahrbuch 92. Hamburg 1992, S.33-41.

Roß, Dieter: Für interessierte Minderheiten. Die III. Fernsehprogramme. In: ARD-Jahrbuch 69. Hamburg 1969, S.169-171.

ders.: Der deutsche Rundfunk - ein »Rundfunk der Alliierten«? In: Hans-Bredow-Institut (Hrsg.): Rundfunk und Fernsehen 1948-1989. Baden-Baden/Hamburg 1990, S.125-136.

Rüden, Peter von: ARTE - Der Kulturkanal für Europa. In: ARD-Jahrbuch 93. Hamburg 1993, S.33-38.

Schäfer, Albert: Wenn. Dann. Den. Der Kinderkanal von ARD und ZDF: ein Zukunftsmodell. In: ARD-Jahrbuch 97. Hamburg 1997, S.57-66.

Schmidbauer, Michael/Löhr, Paul: Die Kabelpilotprojekte in der Bundesrepublik Deutschland. Ein Handbuch. München 1983.

Schmücker, Rainulf: Unabhängigkeit und Einheit. Wie die ARD entstanden ist. In: ARD-Jahrbuch 69. Hamburg 1969, S.19-49.

Schütte, Wolfgang: Regionalität und Föderalismus im Rundfunk. Die geschichtliche Entwicklung in Deutschland 1923-1945. Frankfurt/M. 1971.

ders.: Der deutsche Nachkriegsrundfunk und die Gründung der Rundfunkanstalten. Eine Chronik. In: Lerg, Winfried B./Steininger, Rolf (Hrsg.): Rundfunk und Politik 1923-1973. Beiträge zur Rundfunkforschung. Berlin 1975, S.217-241.

Schwipps, Werner: Wortschlacht im Äther. In: Deutsche Welle (Hrsg.): Wortschlacht im Äther. Berlin 1971, S.13-97.

Sektion Journalistik an der Karl-Marx-Universität Leipzig (Hrsg.): Das journalistische System der Deutschen Demokratischen Republik im Überblick. Lehrheft. Leipzig 1981.

dies. (Hrsg.): Wörterbuch der sozialistischen Journalistik. Leipzig 1984.

SFB (Hrsg.): Rundfunk im Umbruch. Materialien zur Entwicklung von Hörfunk und Fernsehen in der ehemaligen DDR im Jahre 1990. Berlin 1991.

Singelnstein, Christoph: Innenansichten eines Übergangs. Hörfunk zwischen Wende und Ende der »Einrichtung«. In: ARD-Jahrbuch 92. Hamburg 1992, S.51-60.

Sorgnicht, Klaus/Weichelt, Wolfgang/Reimann, Tord/Semler, Hans-Joachim (Hrsg.): Verfassung der Deutschen Demokratischen Republik. Dokumente - Kommentar. Bd. 1 und Bd. 2. Berlin (DDR) 1969.

Spielhagen, Edith: Zur Rolle von Öffentlichkeit. Der Übergang vom zentralistischen zum öffentlich-rechtlichen Rundfunksystem in den neuen Bundesländern. In: Gellner, Winand (Hrsg.): An der Schwelle zu einer neuen deutschen Rundfunkordnung. Berlin 1991, S.139-146.

Staatsvertrag zur Neuordnung des Rundfunkwesens vom 1./3. April 1987 (Rundfunkstaatsvertrag). Abgedruckt in: Media Perspektiven. Dokumentation II/1987, S.81-87.

Staatsvertrag über den Rundfunk im vereinten Deutschland vom 31. August 1991. Abgedruckt in: Media Perspektiven. Dokumentation IIIa/1991, S.105-172.

Staatsvertrag über die Körperschaft des öffentlichen Rechts »Deutschlandradio« vom 17. Juni 1993 (DeutschlandRadio-Staatsvertrag). Abgedruckt in: ARD-Jahrbuch 93. Hamburg 1993, S.354-363.

Staatsvertrag zwischen der Bundesrepublik Deutschland und den Ländern über die Überleitung von Rechten und Pflichten des Deutschlandfunks und des RIAS Berlin auf die Körperschaft des öffentlichen Rechts »Deutschlandradio« vom 17. Juni 1993 (Hörfunk-Überleitungsstaatsvertrag). Abgedruckt in: ARD-Jahrbuch 93. Hamburg 1993, S.348-351.

Stammen, Theo: Zur Verfassungsentwicklung. In: Rausch, Heinz (Hrsg.): DDR. Das politische, wirtschaftliche und soziale System. München 1988, S.254-266.

Steininger, Rolf: Rundfunkpolitik im ersten Kabinett Adenauer. In: Lerg, Winfried B./Steininger, Rolf (Hrsg.): Rundfunk und Politik 1923-1973. Beiträge zur Rundfunkforschung. Berlin 1975, S.341-383.

Stiehler, Hans-Jörg: »Elf 99« - vor der Wende für die Zukunft konzipiert? In: Hoff, Peter/Wiedemann, Dieter (Hrsg.): Medien der EX-DDR in der Wende. Berlin 1991, S.114-132.

Stohl, Herta: Der drahtlose Nachrichtendienst für deutsche Wirtschaft und Politik (Seine Entwicklung und Organisation in Deutschland). Berlin 1931.

Tonnemacher, Jan: Kabelfernsehen. In: Hans-Bredow-Institut (Hrsg.): Internationales Handbuch für Rundfunk und Fernsehen 1984/85. Baden-Baden/Hamburg 1984 (B), S.99-107.

Traumann, Gudrun: Journalistik in der DDR. Sozialistische Journalistik und Journalistenausbildung an der Karl-Marx-Universität Leipzig. München/Berlin 1971.

Urteil des Bundesverfassungsgerichts vom 28. Februar 1961 (»Erstes Fernseh-Urteil«). Abgedruckt in: Ring, Wolf Dieter (Hrsg.): Medienrecht. Rundfunk, Neue Medien, Presse, Technische Grundlagen, Internationales Recht. Bundesrepublik Deutschland, Österreich, Schweiz. Text, Rechtsprechung, Kommentierung (Loseblattsammlung). München (Stand 1997), Teil A-III-1, (= BVerfGE, 12, 205).

Urteil des Bundesverfassungsgerichts vom 27. Juli 1971 (»Mehrwertsteuer-Urteil«). Abgedruckt in: Ring, Wolf Dieter (Hrsg.): Medienrecht. Rundfunk, Neue Medien, Presse, Technische Grundlagen, Internationales Recht. Bundesrepublik Deutschland, Österreich, Schweiz. Text, Rechtsprechung, Kommentierung (Loseblattsammlung). München (Stand 1997), Teil A-III-2 (= BVerfGE 31, 314).

Urteil des Bundesverfassungsgerichts vom 16. Juni 1981 (»FRAG-Urteil«). Abgedruckt in: Media Perspektiven 6/1981, S.421-443 (= BVerfGE 57, 295).

Urteil des Bundesverfassungsgerichts vom 4. November 1986 (»Niedersachsen-Urteil«). Abgedruckt in: Media Perspektiven. Dokumentation IV/1986, S.213-247 (= BVerfGE 73, 118).

Urteil des Bundesverfassungsgerichts vom 5. Februar 1991 (»NRW-Urteil«). Abgedruckt in: Media Perspektiven. Dokumentation I/1991, S.1-48 (= BVerfGE 83, 238).

Urteil des Bundesverfassungsgerichts vom 22. Februar 1994 (»Rundfunkgebühren-Urteil«). Abgedruckt in: Media Perspektiven. Dokumentation I/1994, S.1-32 (= BVerfGE 90, 60).

Vereinbarung über das Satellitenfernsehen im deutschen Sprachraum 3sat vom 8. Juli 1993. Abgedruckt in: Media Perspektiven. Dokumentation I/1993, S.40-45.

Vereinbarung über die Regelung von Einzelfragen anläßlich der Überleitung von Rechten und Pflichten des Deutschlandfunks und des RIAS Berlin auf die Körperschaft des öffentlichen Rechts »Deutschlandradio« (Anlage zum Hörfunk-Überleitungsstaatsvertrag). Abgedruckt in: ARD-Jahrbuch 93. Hamburg 1993, S.352 -353.

Vertrag zwischen den Ländern Baden-Württemberg, Freistaat Bayern, Berlin, Freie Hansestadt Bremen, Freie und Hansestadt Hamburg, Hessen, Niedersachsen, Nordrhein-Westfalen, Rheinland-Pfalz, Saarland, Schleswig-Holstein und der Französischen Republik zum Europäischen Fernsehkulturkanal vom 2. Oktober 1990. Abgedruckt in: ARD-Jahrbuch 91. Hamburg 1991, S.470-471.

Weber, Hermann: Geschichte der DDR. München 1985.

Wehmeier, Klaus: Die Geschichte des ZDF. Teil I: Entstehung und Entwicklung 1961-1966. Mainz 1979.

Witte, Eberhard: Kabelpilotprojekt München. Bericht der Projektkommission. München 1987.

Wörterbuch der marxistisch-leninistischen Soziologie. Berlin (DDR) 1977.

Wulf, Joseph: Presse und Funk im Dritten Reich. Eine Dokumentation. Frankfurt/M. 1983.

ZDF-Jahrbuch 93. Mainz 1994.

Zurstraßen, Dieter: Das Kabelpilotprojekt Berlin. In: Hans-
    Bredow-Institut (Hrsg.): Internationales Handbuch für
    Rundfunk und Fernsehen 1986/87. Baden-Baden/Hamburg
    1986 (B), S.152-155.

Zwei Dreiländeranstalten in Ex-DDR wahrscheinlich (o.V.). In:
    Kirche und Rundfunk. Evangelischer Pressedienst (epd)
    8/1991, S.8-9.

4. Kapitel: Rundfunkrecht

Die Darlegungen zu den rechtlichen Grundlagen des Rundfunks in Deutschland verfolgen drei Ziele:

- Es soll ein Überblick über die rechtlichen Bestimmungen gegeben werden, die für den Rundfunk Relevanz besitzen, um zu zeigen, wie facettenreich, umfänglich und differenziert Rechtsfragen gerade im Bereich des Rundfunks sind. Dies ist im Grunde nicht verwunderlich, da die Massenkommunikation die Gesellschaft in all ihren Handlungsfeldern spiegelt und insoweit immer auch auf soziale, kulturelle, wirtschaftliche und politische Prozesse bezogen bleibt, woraus dann, insbesondere wenn man den Rundfunk den Selbstregulierungsmechanismen des Marktes nicht aussetzen will, der Regelungsbedarf erwächst.

- Es soll gezeigt und dokumentiert werden, wie in der Rechtsprechung des Bundesverfassungsgerichts die Rundfunkorganisation in der Bundesrepublik Struktur gewinnt.

- Es sollen die zentrale Norm des Rundfunkrechts, Artikel 5 GG, in seiner Bedeutung für die Rundfunkfreiheit und die Ordnung unseres Kommunikationssystems im Sinne des Normzieles dargestellt werden.

1.   Übergreifende Regelungen

1.1   Supranationale Normierungen

Der Rundfunk ist eingebunden in ein Netz supranationaler Normierungen unterschiedlichen Verpflichtungsgrades, die teils nur deklaratorischen oder appelativen Charakter haben.

Dies sind unter anderem:

- Die UNO-Menschenrechtsdeklaration von 1948, hier in ihren Aussagen zur Meinungsfreiheit in Art. 19.

- Die »Konvention zum Schutze der Menschenrechte und Grundfreiheiten« vom 4. November 1950 (darin hat sich die Bundesrepublik Deutschland verpflichtet, die dort beschriebenen Rechte und Freiheiten zu sichern).

- Das »Europäische Abkommen über das grenzüberschreitende Fernsehen« (Fernsehkonvention) vom 5. Mai 1989 (als Bestandteil des europäischen Kulturabkommens).

- Die »EG-Fernsehrichtlinie« vom 3. Oktober 1989.

Zudem verpflichten den Rundfunk die internationalen Fernmeldeabkommen und die Übereinkünfte und Abkommen zum internationalen Urheberrecht.

Die EG hat sich mehrfach mit Rundfunkfragen befaßt und dies in den sogenannten »Grünbüchern«:

- »Fernsehen ohne Grenzen« (1984),

- »Die Entwicklung des gemeinsamen Marktes für Telekommunikationsdienstleistungen und Telekommunikationsgeräte« (1987),

- »Urheberrecht und die technologische Herausforderung - Urheberrechtsfragen, die sofortiges Handeln fordern« (1988) und

- »Pluralismus und Medienkonzentration im Binnenmarkt« (1992)

dokumentiert. Daneben gibt es schon eine stattliche Zahl von Entscheidungen des »Europäischen Gerichtshofes (EUGH)« zu Rundfunkfragen.

Rundfunk als Dienstleistung. Heftig diskutiert wurde dabei die Frage, ob die Veranstaltung von Rundfunk nach Art. 59ff. des »Vertrag über die europäischen Gemeinschaften (EGV)« als Dienstleistung einzustufen ist, so wie dies in der Rechtsprechung des EUGH und in der »EG-Fernsehrichtlinie« vom 3. Oktober 1989 zum Ausdruck kommt. Für Herrmann kann es keine Unterordnung des Rundfunkrechts unter Art. 59 EGV geben, denn »Rundfunkfreiheit und Rundfunkordnung sind nicht pauschal gleichzusetzen mit 'Handel und Wandel'.« (Herrmann 1994, S.217; vgl. auch Ossenbühl 1986)

Präferenz für europäische Produktionen. Die Bestimmung in der Fernsehrichtlinie, wonach der »Hauptteil der Sendezeit« im Fernsehen europäischen Werken vorbehalten sein sollte, führte dazu, daß die Bayerische Staatsregierung wegen dieser Quotenregelung, worin sie die unzulässige Einführung einer staatlichen Fachaufsicht erkennt, das Bundesverfassungsgericht angerufen hat (vgl. Betz 1989, S.677ff.; BVerfGE 92, 203 und Abschnitt 5.9).

Festzuhalten bleibt: Zwar können die Bestimmungen des EGV einzelne Tatbestände des Rundfunks - bezogen auf insbesondere wirtschaftspolitische Zielsetzungen der EG - erfassen (zum Beispiel die Zulassung von EG-Ausländern als Beschäftigte im Rundfunk oder als Rundfunkunternehmer)[1], sie können jedoch nicht »in den Kernbereich der Rundfunkkompetenz der Mitgliedstaaten eingreifen« (Ossenbühl 1986, S.15).

Entsprechend ist im »Vertrag über die Europäische Union (EUV)« vom 7. Februar 1992 im neuen Art. 3 des EGV bestimmt:

> »Die Gemeinschaft leistet einen Beitrag zur Entfaltung der Kulturen der Mitgliedstaaten unter Wahrung ihrer nationalen und regionalen Vielfalt sowie gleichzeitiger Hervorhebung des gemeinsamen kulturellen Erbes«. (Zit. nach Herrmann 1994, S.210)

---

[1] Vgl. Herrmann 1994, S.223.

1.2   Grundlegungen der Verfassung

Als zentrale Norm gilt Art. 5 GG, die als Grundfreiheitsnorm
zu sehen ist. In enger Verbindung zu Art. 5 GG steht insbesondere Art. 20 GG, der bestimmt, daß sich die Bundesrepublik als
demokratischer und sozialer Rechtsstaat auszuweisen hat, was
für die Ordnung der Massenkommunikation im Blick auf deren
Bedeutung für die demokratische Meinungs- und Willensbildung von zentraler Bedeutung ist. Daneben, so Herzog, »kann
Art. 5 fast zu allen anderen Freiheitsrechten in Konkurrenz treten« (Herzog 1994, Rd.-Nr. 31). Das heißt, deren Verbürgungen
sind mitzubedenken, insbesondere Art. 1 und 2 GG, die die
Würde des Menschen und das Recht auf freie Entfaltung seiner
Persönlichkeit schützen. Dies gilt auch für die Bekenntnisfrei-
heit in Art. 4 Absatz 1 GG, für die Versammlungsfreiheit in Art.
8 GG (soweit diese als kollektive Meinungsfreiheit zu sehen ist),
für Art. 12 (freie Berufswahl) und Art. 14 (Gewährleistung von
Eigentum). In all diesen Fällen sind zumindest Grundrechte-
überschneidungen möglich, das heißt, es ist mit Situationen zu
rechnen, in denen auf ein und denselben gesellschaftlichen
Sachverhalt mehrere Grundrechtsvorschriften anwendbar sind.
Dies gilt für den Bereich der Massenkommunikation zum Beispiel dann, wenn etwa im journalistischen Handeln sowohl die
Berufs- wie auch die Rundfunkfreiheit tangiert ist (vgl. Herzog
1994 Rd.-Nr. 35). Des weiteren sind Art. 30 GG und Art. 70 ff
GG, die die Zuständigkeit von Bund und Ländern regeln
(Stichwort: Kulturhoheit), von Bedeutung. Zudem hat das Bundesverfassungsgericht in mehreren Entscheidungen Leitlinien
für die Rundfunkordnung entwickelt, welchen man entsprechend § 31 Abs. 2 BVerGG (Gesetz über das Bundesverfassungsgericht) unmittelbare Gesetzeskraft zubilligen kann (vgl.
Herrmann 1994, S.46).

Artikel 5 GG lautet:

(1) Jeder hat das Recht, seine Meinung in Wort, Schrift und Bild frei zu äußern und zu verbreiten und sich aus allgemein zugänglichen Quellen ungehindert zu unterrichten. Die Pressefreiheit und die Freiheit der Berichterstattung durch Rundfunk und Film werden gewährleistet. Eine Zensur findet nicht statt.

(2) Diese Rechte finden ihre Schranken in den Vorschriften der allgemeinen Gesetze, der gesetzlichen Bestimmungen zum Schutze der Jugend und dem Recht der persönlichen Ehre.

(3) Kunst und Wissenschaft, Forschung und Lehre sind frei. Die Freiheit der Lehre entbindet nicht von der Treue zur Verfassung.

(Bayerische Landeszentrale für politische Bildungsarbeit (Hrsg.) 1995, S.113)

1.3   Bundesrecht

Im Anschluß an die Pariser Verträge von 1955 und nach Aufhebung der Besatzungsgesetze im Dezember 1960 kam im Zuge der Auseinandersetzung um den Rundfunk im Bund-Länder-Streit (vgl. 3. Kapitel Abschnitt 4.7.2) Bundesfernsehen nicht zustande, wohl aber entstanden zwei Hörfunkanstalten nach Bundesrecht: Die Deutsche Welle und der Deutschlandfunk.

Durch die Entwicklung der Telekommunikation und mit der Ausbreitung von Online-Diensten und Multimediasystemen taucht jetzt wiederum die Frage auf, unter wessen Zuständigkeit diese neuen Kommunikationsformen fallen. Denn sind sie Rundfunk, wären die Länder zur Regelung verpflichtet, sind sie dies nicht, läge der Ordnungsauftrag beim Bund. Das Problem wurde bislang so geregelt: Für Teledienste ist der Bund, für Mediendienste sind die Länder zuständig. Also sind am 1. August 1997 das »Teledienstgesetz (TDG)« des Bundes und der »Mediendienste-Staatsvertrag« der Länder zugleich in Kraft getreten. Hält man sich den Regelungszusammenhang beider Normierungen vor Augen, könnte man leicht vermuten, daß beide auf die Regelung des gleichen Sachverhaltes zusteuern.

Entwicklung der »Bundesanstalten«. Der ehedem als Bundesanstalt gegründete Deutschlandfunk wurde im Zuge der Wiedervereinigung (vgl. Abschnitt 1.5.14) in eine länderübergreifende staatsvertragliche Regelung eingebunden; nicht so die »Deutsche Welle (DW)«. Das »Gesetz über die Errichtung von Rundfunkanstalten des Bundesrechts« vom 29. November 1960 galt in seiner Fassung vom 30. April 1990 fort, geändert jedoch durch das »Gesetz über die Neuordnung der Rundfunkanstalten des Bundesrechts und des RIAS Berlin« (Rundfunkneuordnungsgesetz) vom 20. Dezember 1993. In der Fassung von 1990 wurden durch dieses Rundfunkneuordnungsgesetz lediglich jene Bestimmungen gestrichen oder geändert, die sich auch auf den Deutschlandfunk bezogen. Inzwischen hat die Bundesregierung den Auslandsrundfunk insgesamt neu geregelt. Das neue »Deutsche-Welle-Gesetz-(DWG)« ist in all seinen Bestimmungen am 1. Januar 1998 in Kraft getreten.

Deutsche-Welle-Gesetz (DWG)[2]. Die rechtlichen Bestimmungen zur Deutschen Welle unterscheiden sich nicht grundsätzlich von den landesrechtlichen Regelungen zum öffentlich-rechtlichen Rundfunk. Es ist Aufgabe der Deutschen Welle, den Rundfunkteilnehmern im Ausland ein umfassendes Bild des politischen, kulturellen und wirtschaftlichen Lebens in

---

[2] Gesetz über die Rundfunkanstalt des Bundes »Deutsche Welle« (Deutsche-Welle-Gesetz-DWG) vom 9. Oktober 1997. Abgedruckt in: Media Perspektiven. Dokumentation I/1997, S.49-64. Vgl. ferner Deutscher Bundestag. 13. Wahlperiode: Entwurf eines Gesetzes über den deutschen Auslandsrundfunk. Drucksache 13/4708 vom 22. Mai 1996.

Deutschland zu vermitteln und ihnen die deutsche Auffassung zu wichtigen Fragen darzustellen und zu erläutern (vgl. § 4 DWG).

Als Organe sind Rundfunkrat, Verwaltungsrat und Intendant bestimmt (vgl. § 23 DWG). Aufgaben und Tätigkeiten der Organe entsprechen den üblichen Regelungen. In § 60 wird klargestellt, daß die Deutsche Welle keiner staatlichen Fachaufsicht unterliegt.

Das neue DWG will dem Bedeutungszuwachs gerecht werden, den die Deutsche Welle als nunmehr einzige Rundfunkanstalt des Bundes erfahren hat. Die neue Regelung soll die Freiheit von staatlicher Beeinflussung auch für die Deutsche Welle festschreiben, die Finanzierung erstmals umfassend regeln, den Handlungsspielraum erweitern (Werbung und Sponsoring werden zugelassen, die Beteiligung an Unternehmen ermöglicht und die Programmabgabe an Dritte erlaubt). Die Zahl der Mitglieder des Rundfunkrats sollte ursprünglich von 17 auf 30 Mitglieder erhöht werden. Nun bleibt es bei 17 Vertretern (vgl. § 31 DWG). Dennoch ist der Anteil der Vertreter des Parlaments, des Bundesrates und der Bundesregierung weiterhin (sieben von 17 Mitgliedern) hoch (vgl. §§ 30 und 35 DWG). Vormals wurde der Intendant vom Rundfunkrat auf Vorschlag des Verwaltungsrats gewählt und mußte dann erst noch durch den Bundespräsidenten ernannt werden. Der Verwaltungsrat hat dieses Recht verloren. Auch die Ernennung des Intendanten durch den Bundespräsidenten entfällt.

Die Deutsche Welle finanzierte sich nach dem Gesetz von 1960 alleine aus Mittelzuweisungen des Bundes. Jetzt erhält die Deutsche Welle einen Zuschuß des Bundes auf den eigene Einnahmen angerechnet werden (vgl. § 44 Abs. 1 und 2 DWG). Die Deutsche Welle veranstaltet Hörfunk- und Fernsehprogramme. Die Summe der Erträge betrug im Jahre 1996 663,8 Mio. Mark, davon waren 640,2 Mio. Mark Mittelzuweisungen des Bundes, die Aufwendungen beliefen sich auf 661 Mio. Mark (vgl. ARD-Jahrbuch 96, S.331).

»Informations- und Kommunikationsdienstegesetz (IuKDG)[3]«.
Dieses Gesetz will die Rahmenbedingungen für Informations- und Kommunikationsdienste regeln und ist hier am Rande insoweit interessant, als es sich von sogenannten Mediendiensten abgrenzen und dennoch alle Teledienste erfassen will, die nicht Rundfunk im Sinne des Rundfunkstaatsvertrages sind. Doch bislang ist weder klar, worin sich Teledienste und Mediendienste unterscheiden, noch wie sich letztere (oder beide) vom Rundfunk abgrenzen lassen. Das Gesetz gliedert sich in 11 Artikel, wovon die ersten drei als eigenständige Gesetze formuliert sind, nämlich in Art. 1 das »Teledienstegesetz (TDG)«, in Art. 2 das »Teledienstedatenschutzgesetz (TDDSG)« und in Art. 3 das »Signaturgesetz (SigG)«.

Die übrigen Artikel zielen auf Änderungen von Gesetzen in tangierten Rechtsbereichen. Diese Änderungen betreffen das Strafgesetzbuch (Art. 4), das Gesetz über Ordnungswidrigkeiten (Art. 5), das Gesetz über die Verbreitung jugendgefährdender Schriften (Art. 6), das Urheberrechtsgesetz (Art. 7) sowie das Preisabgabengesetz und die Preisabgabenverordnung (Art. 8 und 9). Die dort geltenden Regelungen werden nun auch den neuen Nutzungsmöglichkeiten der Telekommunikation entsprechend angepaßt. Art. 10 und 11 regeln Formalien.[4] Das TDG soll einheitliche wirtschaftliche Rahmenbedingungen für die verschiedenen Nutzungsmöglichkeiten der elektronischen In-

---

3 Vgl. Gesetz zur Regelung der Rahmenbedingungen für Informations- und Kommunikationsdienste (Informations- und Kommunikations-Dienste-Gesetz-IuKDG) vom 22. Juli 1997. Abgedruckt in: Media Perspektiven. Dokumentation I/97, S.38-48.

4 Mit Ausnahme des Artikels 7 (Änderungen des Urheberrechtsgesetzes) der am 1. Januar 1998 in Kraft trat, traten alle übrigen Artikel des IuKDG am 1. August 1997 in Kraft.

formations- und Kommunikationsdienste schaffen, indem es die Zugangsfreiheit, die Verantwortlichkeit und die Anbietertransparenz sichert. Die dort geregelten Zusammenhänge beziehen sich auf Telebanking, Telemedizin, Telearbeit oder Telelernen, aber auch auf abrufbare Datendienste, wie Verkehrs-, Wetter-, Umwelt- und Börsendaten sowie Waren- und Dienstleistungsangebote, Telespiele, Maklerdienste, Bestell- und Buchungskataloge.

1.4 Länderverfassungen

In den Verfassungen der »alten« Bundesländer finden sich kaum explizite Regelungen für den Rundfunk, allenfalls Bezugnahmen etwa zur Meinungsäußerungsfreiheit (vgl. Herrmann 1994, S.47f.). Ausgeprägtere verfassungsrechtliche Bestimmungen zum Rundfunk finden sich aber in Verfassungen der neuen Bundesländer, so in Brandenburg und Sachsen.

In Art. 19 der Brandenburgischen Verfassung vom 20. August 1992 ist bestimmt:

>»Jeder hat das Recht, Informationen und Meinungen in jeder Form frei zu verbreiten und sich aus allgemein zugänglichen oder anderen, rechtmäßig erschließbaren Quellen zu unterrichten. Die Geltung dieser Rechte in Dienst- und Arbeitsverhältnissen darf nur aufgrund eines Gesetzes eingeschränkt werden.

>Die Freiheit der Presse, des Rundfunks, des Films und anderer Massenmedien ist gewährleistet. Das Gesetz hat durch Verfahrensregelungen sicherzustellen, daß die Vielfalt der in der Gesellschaft vorhandenen Meinungen in Presse und Rundfunk zum Ausdruck kommt.

>Gesetzliche Einschränkungen zum Schutze der Kinder und Jugendlichen sowie der Ehre und anderer wichtiger Rechtsgüter sind zulässig. Kriegspropaganda und öffentliche, die Menschenwürde verletzende Diskriminierungen sind verboten.

Hörfunk und Fernsehen haben die Aufgabe, durch das Angebot einer Vielfalt von Programmen zur öffentlichen Meinungsbildung beizutragen. Neben den öffentlich-rechtlichen Anstalten sind private Sender aufgrund eines Gesetzes zuzulassen. Dabei ist ein Höchstmaß an Meinungsvielfalt zu gewährleisten.

Rechtmäßige journalistische Tätigkeit darf durch Zeugnispflicht, Beschlagnahme und Durchsuchung nicht behindert werden.

Eine Zensur findet nicht statt.«

(Verfassungen der deutschen Bundesländer 1995, S.234)

In der Sächsischen Verfassung vom 27. Mai 1992 steht in Art. 20:

»Jede Person hat das Recht, ihre Meinung in Wort, Schrift und Bild frei zu äußern und zu verbreiten und sich aus den allgemein zugänglichen Quellen ungehindert zu unterrichten. Die Pressefreiheit und die Freiheit der Berichterstattung durch Rundfunk und Film werden gewährleistet. Eine Zensur findet nicht statt.

Unbeschadet des Rechtes, Rundfunk in privater Trägerschaft zu betreiben, werden Bestand und Entwicklung des öffentlich-rechtlichen Rundfunks gewährleistet.

Diese Rechte finden ihre Schranken in den Vorschriften der allgemeinen Gesetze, den gesetzlichen Bestimmungen zum Schutze der Jugend und in dem Recht der persönlichen Ehre.«

(Verfassungen der deutschen Bundesländer 1995, S.599)

In die Bayerische Verfassung wurde nachträglich eine spezielle Bestimmung zum Rundfunk, der Art. 111a, auf Grund eines Volksbegehrens am 19. Juli 1973 eingefügt.

Artikel 111a der Bayerischen Verfassung lautet:

»(1) Die Freiheit des Rundfunks wird gewährleistet. Der Rundfunk dient der Information durch wahrheitsgemäße, umfassende und unparteiische Berichterstattung sowie durch die Verbreitung von Meinungen. Er trägt zur Bildung und Unterhaltung bei. Der Rundfunk hat die freiheitliche demokratische Grundordnung, die Menschenwürde, religiöse und weltanschauliche

Überzeugungen zu achten. Die Verherrlichung von Gewalt sowie Darbietungen, die das allgemeine Sittlichkeitsgefühl grob verletzen, sind unzulässig. Meinungsfreiheit, Sachlichkeit, gegenseitige Achtung, Schutz vor Verunglimpfung sowie die Ausgewogenheit des Gesamtprogramms sind zu gewährleisten.

(2) Rundfunk wird in öffentlicher Verantwortung und in öffentlich-rechtlicher Trägerschaft betrieben. An der Kontrolle des Rundfunks sind die in Betracht kommenden bedeutsamen politischen, weltanschaulichen und gesellschaftlichen Gruppen angemessen zu beteiligen. Der Anteil der von der Staatsregierung, dem Landtag und dem Senat in die Kontrollorgane entsandten Vertreter darf ein Drittel nicht übersteigen. Die weltanschaulichen und gesellschaftlichen Gruppen wählen oder berufen ihre Vertreter selbst.

(3) Das Nähere regelt ein Gesetz.«

(Bayerische Landeszentrale für politische Bildungsarbeit (Hrsg.) 1995, S.63f.)

1.5   Staatsverträge aller Bundesländer

1.5.1   Die Entwicklung

Die Kompetenz der Länder. Aus der im Grundgesetz festgeschriebenen Kulturhoheit der Länder erwächst den Landesregierungen die Kompetenz zur Ordnung und Regelung des Rundfunkwesens. Wenn also länderübergreifende Organisationen oder Regelungen angestrebt werden, müssen diese zwischen den Landesregierungen durch Staatsvertrag vereinbart werden. Sie werden aber erst dann verbindliches Landesrecht, wenn dies durch Zustimmungsgesetze oder verfassungsmäßige Zustimmungsbeschlüsse des jeweiligen Landesparlaments bestätigt wird. Soll also das Rundfunkwesen bundeseinheitlichen Regelungen unterworfen werden, so ist dies durch Staatsverträge zwischen allen Landesregierungen zu vereinbaren (das betrifft etwa die Koordinierung der Programme, den Finanzausgleich, das Gebührenwesen etc.). Daneben können sich aber auch einzelne Länder zusammentun und eine nur diese Länder übergreifende Rundfunkorganisation schaffen (vgl. Abschnitt 2.1.1).

Einzelstaatsverträge. Die ersten umfassenden Vereinbarungen dieser Art wurden am 17. April 1959 abgeschlossen, als es darum ging, ein von allen Landesrundfunkanstalten getragenes Fernsehprogramm zu »legitimieren«(»Abkommen über die Koordinierung des Ersten Fernsehprogramms«) und den Finanzausgleich rechtlich zu sichern (»Abkommen über einen Finanzausgleich zwischen den Rundfunkanstalten«)[5]. Mit der Einführung eines zweiten Fernsehprogramms im Anschluß an das 1. Fernsehurteil des BVerfG von 1961, welches von einer alle Länder übergreifenden zentralen Rundfunkanstalt getragen werden sollte, wurde am 6. Juni 1961 der »Staatsvertrag über die Errichtung der Anstalt des öffentlichen Rechts 'Zweites Deutsches Fernsehen'« abgeschlossen. Dem folgten am 31. Oktober 1968 der »Staatsvertrag über die Regelung des Rundfunkgebührenwesens«, der 1969 durch den »Staatsvertrag über die Höhe der Rundfunkgebühr« ergänzt wurde. Weitere Erhöhungen der Rundfunkgebühren 1973 und 1978 wurden wiederum in Staatsverträgen festgelegt. Dazwischen wurde das Abkommen über den Finanzausgleich von 1959 am 20. September 1973 in einem Staatsvertrag neu gefaßt und am 5. Dezember 1974 der »Staatsvertrag über das Gebührenwesen« entsprechend angepaßt. Im »Staatsvertrag über die Höhe der Rundfunkgebühren und zur Änderung des Staatsvertrages über einen Finanzausgleich zwischen den Rundfunkanstalten« vom 6. Juli und 21. Oktober 1982

---

[5] Die Landesrundfunkanstalten hatten zuvor schon den »Fernsehvertrag« (am 27. März 1953) abgeschlossen und sendeten bundesweit seit 1. November 1954 und schon am 16. Oktober 1953 hatten sie den Finanzausgleich als Gemeinschaftsaufgabe der ARD definiert (vgl. Bausch 1980, S.250).

wurde das Gebührenwesen wiederum neu geordnet und dann im Oktober 1988 bei der nächsten Erhöhung der Rundfunkgebühren durch die Regelungen des »Rundfunkfinanzierungsstaatsvertrages« ersetzt.

Inzwischen zeichnete sich der Einsatz neuer Rundfunktechnologien ab und so wurde im März 1983 erst einmal der »Staatsvertrag über Bildschirmtext (Bildschirmtext-Staatsvertrag)« abgeschlossen. Doch mit der Entwicklung des Rundfunks zum dualen System war eine grundsätzliche Neuordnung angezeigt. Der »Staatsvertrag zur Neuordnung des Rundfunkwesens (Rundfunkstaatsvertrag) vom 1./3. April 1987« suchte die Grundzüge einer dualen Rundfunkordnung zwischen den Ländern abzustimmen. Doch bald schon war auch dieses Regelwerk wiederum der Entwicklung anzupassen. Am 5. März 1990 vereinbarten die Ministerpräsidenten den »Ersten Staatsvertrag zur Änderung des Rundfunkstaatsvertrages (Staatsvertrag zur Fernsehkurzberichterstattung)«.

Der Gesamtstaatsvertrag. Die vorgenannten Einzelstaatsverträge wurden durch den »Staatsvertrag über den Rundfunk im vereinten Deutschland vom 31. August 1991« abgelöst. In diesem Staatsvertrag wurden alle bis dahin abgeschlossenen Verträge und Regelungen zusammengefaßt und es wurden alle Bundesländer, nun auch die neu hinzugekommenen aus dem Osten, einbezogen. Der Staatsvertrag über den Rundfunk im vereinten Deutschland umfaßt den »Rundfunkstaatsvertrag«, den »ARD-Staatsvertrag«, den »ZDF-Staatsvertrag«, den »Rundfunkgebührenstaatsvertrag«, den »Rundfunkfinanzierungsstaatsvertrag« und den »Bildschirmtext-Staatsvertrag«. Ziel dieses Gesamtstaatsvertrages war es nicht nur, nach der Vereinigung Deutschlands ein in den alten und neuen Ländern der Bundesrepublik Deutschland gleichermaßen geltendes Rundfunkrecht zu schaffen, insbesondere ging es auch darum, den Rundfunkstaatsvertrag an europäische Regelungen und an die neue Rechtsprechung des Bundesverfassungsgerichtes anzupassen. Schließlich sollte dem dualen Rundfunksystem in der Bundesrepublik Deutschland eine dauerhafte Rahmenordnung gegeben werden.

Inzwischen sind aber bereits drei Staatsverträge zur Änderung rundfunkrechtlicher Staatsverträge abgeschlossen worden. Der »Erste Staatsvertrag zur Änderung rundfunkrechtlicher Staatsverträge (Erster Rundfunkänderungsstaatsvertrag)« umfaßt Ergänzungen insbesondere zum Jugendschutz, zur Gewaltdarstellung und zum Sponsoring, der »Zweite (eher unbedeutende, d. Verf.) Staatsvertrag zur Änderung des Rundfunkstaatsvertrages (Zweiter Rundfunkänderungsstaatsvertrag)« bezieht sich auf die Ausweitung der Fördermöglichkeiten der Landesmedienanstalten. Der »Dritte Staatsvertrag zur Änderung rundfunkrechtlicher Staatsverträge (Dritter Rundfunkänderungsstaatsvertrag)«, der am 1. Januar 1997 in Kraft trat, bezieht sich insbesondere auf Neuregelungen zum Zulassungsverfahren und zur Sicherung der Meinungsvielfalt im privaten Rundfunk und auf Fragen der Finanzierung des öffentlich-rechtlichen Rundfunks, so daß der Rundfunkfinanzierungsstaatsvertrag insgesamt neu gefaßt wurde. Zum 1. August 1997 ist auch der »Mediendienste-Staatsvertrag« in Kraft getreten, der den Bildschirmtext-Staatsvertrag vom 31. August 1991 ablöst.

Wir wollen dennoch bei der Darstellung der rundfunkrechtlichen Staatsverträge so verfahren, daß wir zuerst den Staatsvertrag über den Rundfunk im vereinigten Deutschland in seinen Einzelstaatsverträgen (Artikel 1 bis 6) in der Fassung von 1991 darstellen, und danach die Spezialitäten der Änderungsstaatsverträge aufzeigen, weil dabei gezeigt werden kann, wie die dynamische Entwicklung im Rundfunkbereich immer wieder neue Regelungen provoziert. Dies wird auch in Zukunft nicht anders sein, so daß die Staatskanzleien der Landesregierungen Mühe haben werden, die ausgehandelten Regelungen jeweils entsprechend anzupassen.

1.5.2   Präambel[6]

Die Landesregierungen haben in einer Präambel zum Staatsvertrag über den Rundfunk im vereinten Deutschland die Grundlagen für die Struktur und Entwicklung des Rundfunks in Deutschland aufgezeigt.

Präambel

»Dieser Staatsvertrag enthält grundlegende Regelungen für den öffentlich-rechtlichen und den privaten Rundfunk in einem dualen Rundfunksystem der Länder des vereinten Deutschlands. Er trägt der europäischen Entwicklung des Rundfunks Rechnung. Öffentlich-rechtlicher Rundfunk und privater Rundfunk sind der freien individuellen und öffentlichen Meinungsbildung sowie der Meinungsvielfalt verpflichtet. Beide Rundfunksysteme müssen in der Lage sein, den Anforderungen des nationalen und des internationalen Wettbewerbs zu entsprechen. Im Zuge der Vermehrung der Rundfunkprogramme in Europa durch die neuen Techniken sollen Informationsvielfalt und kulturelles Angebot im deutschsprachigen Raum verstärkt werden. Durch diesen Staatsvertrag, vor allem aber durch weitere Regelungen und Förderungsvorhaben in der Bundesrepublik Deutschland, soll die Herstellung neuer europäischer Fernsehproduktionen nachhaltig unterstützt werden.

Für den öffentlich-rechtlichen Rundfunk sind Bestand und Entwicklung zu gewährleisten. Dazu gehört seine Teilhabe an allen neuen technischen Möglichkeiten in der Herstellung und zur Verbreitung sowie die Möglichkeit der Veranstaltung neuer Formen von Rundfunk. Seine finanziellen Grundlagen einschließlich des dazugehörigen Finanzausgleichs sind zu erhalten und zu sichern. Den privaten Veranstaltern werden Ausbau und Fortentwicklung eines privaten Rundfunksystems, vor allem in technischer und programmlicher Hinsicht, ermöglicht. Dazu sollen ihnen ausreichende Sendekapazitäten zur Verfügung gestellt und angemessene Einnahmequellen erschlossen werden. Sie sollen dabei ihre über Satelliten ausgestrahlten Fernsehprogramme unter Berücksichtigung lokaler und regionaler Beiträge nach Maßgabe des jeweiligen Landesrechts zusätzlich über verfügbare terrestrische Fernsehfrequenzen verbreiten können, die bundesweit, auch im Hinblick auf neue Fernsehveranstalter, möglichst gleichgewichtig aufgeteilt werden sollen.

Die Vereinigung Deutschlands und die fortschreitende Entwicklung des dualen Rundfunksystems machen es erforderlich, die bisherige Frequenzaufteilung und -nutzung umfassend zu überprüfen. Alle Länder erklären ihre Absicht, festgestellte Doppel- oder Mehrfachversorgungen abzubauen, um zusätzliche Übertragungsmöglichkeiten für private Veranstalter, auch für den Westschienenveranstalter, zu gewinnen.

Den Landesmedienanstalten obliegt es, unter dem Gesichtspunkt der Gleichbehandlung privater Veranstalter und der besseren Durchsetzbarkeit von Entscheidungen verstärkt zusammenzuarbeiten«.

1.5.3   Der Rundfunkstaatsvertrag[6]

Der Rundfunkstaatsvertrag (Artikel 1 des Staatsvertrages über den Rundfunk im vereinten Deutschland) teilt sich in fünf Abschnitte. Der I. Abschnitt enthält allgemeine Vorschriften. Der II. Abschnitt enthält die besonderen Vorschriften für den öffentlich-rechtlichen Rundfunk, der III. Abschnitt jene für den privaten Rundfunk. Abschnitt IV regelt die Zuordnung und Nutzung der Übertragungskapazitäten für die Verbreitung von Rundfunk, über die die Länder entscheiden und legt die Grundsätze und Kriterien fest, welchen bei der Zuordnung von Satellitenkanälen für Rundfunkzwecke zu folgen ist (vgl. die §§ 33, 34 und 35). Abschnitt V enthält Übergangs- und Schlußvorschriften (u.a. Vertragsdauer und Kündigung) und eine Sonderregelung für Bayern, die es der »Bayerischen Landeszentrale für Neue Medien (BLM)« erlaubt, im Rahmen ihrer öffentlich-rechtlichen Trägerschaft Mittel aus den Rundfunkgebühren für ihre landesgesetzlichen Aufgaben zu verwenden.

1.5.3.1 Allgemeine Vorschriften

Gegenstandsbereich und Begriff. Darin wird der Gegenstandsbereich des Rundfunkstaatsvertrages definiert, also die Veranstaltung und die Verbreitung von Rundfunk in Deutschland in einem dualen Rundfunksystem (vgl. § 1). Es wird der Rundfunkbegriff in Fortentwicklung der Bestimmungen in den vorausgegangenen Staatsverträgen festgelegt und es werden die Begriffe Voll-, Sparten- und Fensterprogramm definiert (vgl. § 2).

---

6   Vgl. Staatsvertrag über den Rundfunk im vereinten Deutschland vom 31. August 1991; vgl. auch: Begründung zum Staatsvertrag über den Rundfunk im vereinten Deutschland vom 31. August 1991.

Unzulässige Sendungen. In § 3 legt der Staatsvertrag fest, welches unzulässige Sendungen sind, nämlich solche, die zum Rassenhaß anstacheln, Gewalt verherrlichen oder verharmlosen, den Krieg verherrlichen, pornographisch sind oder geeignet, Kinder und Jugendliche sittlich schwer zu gefährden. Er nimmt dabei Bezug auf das Gesetz über die Verbreitung jugendgefährdender Schriften und bestimmt, daß mit diesen inhaltsgleiche Sendungen allenfalls zwischen 23 Uhr und 6 Uhr gesendet werden können.

Kurzberichterstattung. Die Fernsehberichterstattung regelt § 4. Darin wird bestimmt, daß das Recht auf Kurzberichterstattung jedem in Europa zugelassenen Fernsehveranstalter zusteht und daß dies die Berichterstattung über Veranstaltungen und Ereignisse betrifft, die öffentlich zugänglich und von allgemeinem Informationsinteresse sind. Die Gesamtlänge muß so bemessen sein, daß sie sich in die Struktur von Nachrichtenprogrammen über Tagesereignisse einfügt, so daß ein Beitrag in der Regel nicht länger als 90 Sekunden dauert.

Präferenz für europäische Produktionen. In § 5 spricht sich der Staatsvertrag für eine Präferenz zu Gunsten europäischer Film- und Fernsehproduktionen aus und fordert für Vollprogramme und Spartenprogramme einen wesentlichen Anteil an Eigenproduktionen sowie Auftrags- und Gemeinschaftsproduktionen aus dem deutschsprachigen und europäischen Raum, damit sich die kulturelle Vielfalt in Deutschland und Europa auch in den Programmen der Fernsehveranstalter widerspiegelt.

Werbung und Sponsoring. Werbesendungen müssen bestimmten inhaltlichen Anforderungen genügen (vgl. § 6). Werbung darf nicht irreführen, den Interessen der Verbraucher nicht schaden und nicht Verhaltensweisen fördern, die die Gesundheit oder Sicherheit der Verbraucher sowie den Schutz der Umwelt gefährden. Ist sie auf Kinder oder Jugendliche bezogen, oder werden dabei Kinder eingesetzt, darf sie ihren Interessen nicht schaden oder ihre Unerfahrenheit ausnutzen. Werbung und Werbetreibende dürfen das übrige Programm weder inhaltlich noch redaktionell beeinflussen. Damit ist auch verboten, Einfluß auf die Plazierung von Sendungen im Umfeld der Werbung zu nehmen. Werbung muß als solche klar erkennbar sein. Dauerwerbesendungen sind zulässig, Schleichwerbung unzulässig. Zudem sind Werbesendungen verboten, in denen Personen auftreten, die wegen ihrer Rolle bei der Präsentation von Nachrichtensendungen oder Sendungen zum politischen Zeitgeschehen persönlich ein besonderes Vertrauen in die Objektivität ihrer Aussagen genießen.

Sponsoring ist in § 7 definiert und geregelt (wobei für den öffentlich-rechtlichen und den privaten Rundfunk gleiche Regeln gelten). Sponsoring wird als eigenständige Finanzierungsform gesehen, so daß die Werbebeschränkungen für den öffentlich-rechtlichen Rundfunk auf das Sponsoring keine Anwendung finden. Gesponserte Sendungen dürfen keinen Werbezwecken dienen, in dem sie etwa zum Kauf von Erzeugnissen oder Dienstleistungen des Sponsors anregen.

Offenlegungspflichten. Entsprechend den Europäischen Übereinkommen über das grenzüberschreitende Fernsehen müssen die Rundfunkveranstalter Informationen etwa über die Kapitalzusammensetzung in den Veranstaltergesellschaften oder die Finanzierung der Programme verfügbar machen. Dies regelt im einzelnen § 8 für öffentlich-rechtliche und private Veranstalter. Nach § 9 wird verlangt, daß bei der Wiedergabe von Meinungsumfragen, die von den Rundfunkveranstaltern durchgeführt werden, angegeben wird, ob diese repräsentativ sind.

1.5.3.2 Öffentlich-rechtlicher Rundfunk

Die in den §§ 10 - 18 enthaltenen grundsätzlichen Regelungen bilden die Grundlage für die Landesrundfunkanstalten und das ZDF.

Finanzierung. Die funktionsgerechte Finanzausstattung, die Bestand und Entwicklung des öffentlich-rechtlichen Rundfunks zu gewährleisten hat, regelt § 10 und sichert im Grundsatz den Finanzausgleich. Der öffentlich-rechtliche Rundfunk ist vorrangig aus Gebühren zu finanzieren; die Gebührenpflicht wird durch das Bereithalten eines Rundfunkempfangsgerätes begründet (vgl. § 11). Nach § 12 ist der Finanzbedarf mindestens alle zwei Jahre zu prüfen und festzustellen, wobei bestimmte Kriterien - etwa die allgemeine Kostenentwicklung im Medienbereich, die Entwicklung der Werbeeinnahmen und die Rundfunktechnik - zu beachten sind.

Werbung im öffentlich-rechtlichen Rundfunk. Daß Fernsehwerbung in Blöcken und zwischen einzelnen Sendungen einzufügen ist, regelt § 13. Dort ist zudem festgelegt, daß Übertragungen von Gottesdiensten oder Sendungen für Kinder nicht durch Werbung unterbrochen werden dürfen. Unterbrechungen sind grundsätzlich nur möglich, wenn Fernsehsendungen länger als 45 Minuten dauern. Bei der Übertragung von Sportereignissen darf Werbung nur in den Pausen eingefügt werden. In § 14 wird auf den Auftrag an ARD und ZDF verwiesen, Richtlinien zur Durchführung der Vorschriften über Werbeinhalte, Sponsoring und das Einfügen von Werbung zu erlassen[7]. Die Gesamtdauer der Werbung beträgt im ersten Fernsehprogramm der ARD und im Programm »Zweites Deutsches Fernsehen« jeweils höchstens 20 Minuten werktäglich. Dies bestimmt § 15, in dem zugleich festgelegt ist, daß nach 20 Uhr sowie an Sonn- und Feiertagen Werbesendungen nicht ausgestrahlt werden dürfen. In weiteren bundesweit verbreiteten

---

[7] Entsprechend dem Dritten Rundfunkänderungsstaatsvertrag müssen sich nach § 16 die öffentlich-rechtlichen Rundfunkanstalten und die Landesmedienanstalten über die Richtlinien, die sie zu unzulässigen Sendungen und Jugendschutz, zu Werbeinhalten, zum Sponsoring, zum Einfügen der Werbung und zur Dauer der Werbung zu erlassen haben, absprechen und Erfahrungen austauschen.

Fernsehprogrammen (z.B. 3sat) sowie in den Dritten Fernsehprogrammen ist Werbung nicht zulässig.

Im Hörfunk kann den Landesrundfunkanstalten von den
Ländern bis zu 90 Minuten Werbung werktäglich eingeräumt
werden. Paragraph 16 eröffnet jedoch den Ländern die Möglichkeit, für den Hörfunk und das Fernsehen Änderungen, bezogen auf die Gesamtdauer der Werbung und ihre tageszeitli-
che Begrenzung, zu vereinbaren. Damit soll sichergestellt werden, daß der öffentlich-rechtliche Rundfunk in der Lage bleibt,
die Grundversorgung der Bevölkerung sicherzustellen. Teleshopping ist im öffentlich-rechtlichen Rundfunk ausgeschlossen
(vgl. § 17).

Zusätzliche Programme. Die Landesrundfunkanstalten werden in § 18 ermächtigt, über Satellit gemeinsam zusätzliche
Fernsehprogramme mit kulturellem Schwerpunkt auch zusammen mit dem ZDF und weiteren ausländischen Veranstaltern auszustrahlen (3sat und arte). Weitere bundesweit verbreitete gemeinsame Fernsehprogramme sind nur aufgrund einer
besonderen staatsvertraglichen Vereinbarung aller Länder zulässig[8]. Das schließt die Beteiligung an weiteren europäischen
Programmvorhaben nicht aus.

1.5.3.3   Privater Rundfunk[9]

Diese Vorschriften (vgl. §§ 19 - 32) gelten, wenn nichts anderes vereinbart ist, auch für den regionalen und lokalen Rund-

---

[8] Inzwischen wurden ARD und ZDF im Dritten Rundfunkänderungsstaatsvertrag gemeinsam zwei zusätzliche Spartenprogramme als Zusatzangebote grundsätzlich genehmigt (vgl. § 19 Abs. 2 RStV), die jetzt schon
auf Sendung sind: »Der Kinderkanal« und »PHOENIX«.

[9] Im Dritten Rundfunkänderungstaatsvertrag wurden die Bestimmungen
über die Zulassung von privaten Veranstaltern differenziert und präzisiert
und die Vorschriften über die Sicherung der Meinungsvielfalt auf eine
neue Basis gestellt (vgl. Abschnitt 1.5.12.3).

funk ohne Rücksicht auf die verwendete Übertragungstechnik. Das hindert die Länder jedoch nicht, schärfere Regelungen zu schaffen.

Allgemeine Zulassungsregeln. In § 19 ist festgelegt, daß private Veranstalter von Rundfunk einer Zulassung nach Landesrecht bedürfen. Soll das Programm bundesweit verbreitet werden, ist die Programmkategorie (Voll-, Sparten- oder Fensterprogramm) festzulegen. In den Vollprogrammen des privaten Rundfunks muß im Inhalt die Vielfalt der Meinungen im wesentlichen zum Ausdruck kommen. Spartenprogramme sind davon unberührt. Den Landesmedienanstalten obliegt die Verpflichtung, darauf zu achten, daß das Gesamtangebot dieser Programme den Anforderungen an die Meinungsvielfalt entspricht, denn eine Lockerung des Vielfaltsgebotes für private Anbieter darf nicht zu einer Verzerrung des Gleichgewichts im Gesamtprogrammangebot führen. So darf ein einzelnes Programm die Bildung der öffentlichen Meinung nicht in hohem Maße ungleichgewichtig beeinflussen. In bundesweite terrestrisch verbreitete Programme sollen regionale Fensterprogramme aufgenommen werden. Damit soll die föderale Komponente des bundesweiten privaten Rundfunks gefördert werden (vgl. § 20).

Sicherung der Meinungsvielfalt. Die erforderlichen Vorkehrungen zur Sicherung der Meinungsvielfalt bestimmt § 21 und legt fest, daß turnusgemäß Berichte über die Entwicklung der Meinungsvielfalt und der Konzentration im privaten Rundfunk von den Landesmedienanstalten vorzulegen sind. Dies soll der Entstehung vorherrschender Meinungsmacht im Rundfunk und der Gefahr der Medienkonzentration entgegenwirken. So darf ein Veranstalter bundesweit im Hörfunk und im Fernsehen jeweils nur bis zu zwei Programme verbreiten, darunter jeweils nur ein Vollprogramm oder ein Spartenprogramm mit Schwerpunkt Information (Verbot der mehrfachen Programmträgerschaft). Für diese Programme dürfen nur Veranstalter zugelassen werden, an welchen keiner der Beteiligten 50 vom Hundert oder mehr Kapital- oder Stimmrechtsanteile besitzt. Auch die Kumulation von Minderbeteiligungen an diesen Veranstaltern mit mehr als 25 vom Hundert ist beschränkt. Wer mit diesem Anteil an einem solchen Programm beteiligt ist, darf höchstens an zwei weiteren Veranstaltern entsprechender Programme beteiligt sein. Er kann dort aber nur weniger als 25 vom Hundert der Kapital- und Stimmrechtsanteile besitzen (er hat dann keine Sperrminorität). Änderungen der Beteiligungsverhältnisse sind bei der zuständigen Landesmedienanstalt vor ihrem Vollzug anzumelden. Die vorstehenden Regelungen gelten auch für verbundene Unternehmungen. Allerdings können (vgl. § 22) landesrechtliche Regelungen über die Mindestanforderungen der §§ 20 mit 30 hinausgehen[10].

Allgemeine Programmgrundsätze. In § 23 werden für private Vollprogramme Programmgrundsätze formuliert. Verfassungsmäßigkeit, Achtung der Würde des Menschen sowie der sittlichen, religiösen und weltanschaulichen Überzeugungen anderer, Schutz der persönlichen Ehre und die Einhaltung der Vorschriften der allgemeinen Gesetze wird gefordert. Das Programm soll mit einem angemessenen Anteil an Information, Kultur und Bildung zur Darstellung der Vielfalt im deutschsprachigen und europäischen Raum beitragen. Die Beiträge haben journalistischen Grundsätzen zu entsprechen: Sie müssen unabhängig und sachlich sein und sorgfältig auf Wahrheit und Herkunft geprüft. Kommentare sind von der Berichterstattung zu trennen und mit Namen zu kennzeichnen. Den wichtigen Bekenntnissen und den Parteien vor den Wahlen, ist Sendezeit einzuräumen (vgl. § 24).

Finanzierung und Werbung. Zur Finanzierung ihrer Pro-

---

[10] Dieses bislang geltende »Marktzugangsmodell« zur Sicherung der Meinungsvielfalt wurde im Dritten Rundfunkänderungsstaatsvertrag durch das »Zuschaueranteilsmodell« ersetzt (vgl. Abschnitt 1.5.12.3).

gramme verweist § 25 die privaten Veranstalter insbesondere auf Einnahmen aus Werbung und auf Entgelte der Teilnehmer (Abonnements- oder Einzelentgelte). Eine Finanzierung aus der Rundfunkgebühr ist demnach unzulässig.

Auch im privaten Rundfunk dürfen Übertragungen von Gottesdiensten sowie Sendungen für Kinder nicht durch Werbung unterbrochen werden, Fernsehwerbung ist in Blöcken zwischen einzelnen Sendungen einzufügen (vgl. § 26). Ebenso gilt auch hier, daß in Fernsehsendungen, die aus eigenständigen Teilen bestehen oder Pausen enthalten, Werbung nur zwischen den eigenständigen Teilen oder in den Pausen eingefügt werden darf. Bei anderen Sendungen müssen zwei aufeinanderfolgende Unterbrechungen 20 Minuten auseinanderliegen. Für Kinospielfilme und Fernsehfilme gilt: Sofern sie länger als 45 Minuten dauern, dürfen sie nur einmal je vollständigem 45-Minutenzeitraum unterbrochen werden. Eine weitere Unterbrechung ist zulässig, wenn die Sendungen mindestens 20 Minuten länger dauern, als zwei oder mehr vollständige 45-Minutenzeiträume. Nachrichtensendungen, Sendungen zum politischen Zeitgeschehen, Dokumentarsendungen und Sendungen religiösen Inhalts dürfen nicht durch Werbung unterbrochen werden, wenn sie kürzer als 30 Minuten sind. In § 27 wird die Werbedauer auf 20 vom Hundert, die der Spotwerbung auf 15 vom Hundert der täglichen Sendezeit fest gelegt. Innerhalb einer Stunde darf die Dauer der Spotwerbung 20 vom Hundert nicht überschreiten. Bei Werbeformen, die mit Verkauf u.ä. verbunden sind, darf der Rundfunkveranstalter nicht als Vertragspartner oder Vertreter tätig sein.

Ergänzende Regelungen. Paragraph 28 regelt den Datenschutz, § 29 die Finanzierung besonderer Aufgaben, so die Zulassungs- und Aufsichtsfunktion der Landesmedienanstalten und die Förderung offener Kanäle. Die Landesmedienanstalten sind nach § 30 verpflichtet, bei und nach der Zulassung die Bestimmungen dieses Staatsvertrages anzuwenden und ihre Entscheidungen nach den entsprechenden landesrechtlichen Regelungen zu treffen. Die Landesmedienanstalten stimmen sich in ihren Entscheidungen ab und arbeiten zusammen. Jede Landesmedienanstalt hat das Recht, gegenüber der Landesmedienanstalt, die die Zulassung für ein bundesweit verbreitetes Programm erteilt, zu beanstanden, daß dieses Programm gegen die Bestimmungen des Staatsvertrages verstößt. Diese ist verpflichtet, sich mit der Beanstandung zu befassen und die beanstandende Landesmedienanstalt von der Überprüfung und von eingeleiteten Schritten zu unterrichten. In § 32 sind die Ordnungswidrigkeiten entsprechend den Bestimmungen dieses Staatsvertrages aufgelistet und festgelegt, daß eine Ordnungswidrigkeit mit einer Geldbuße von bis zu 500.000,- Mark geahndet werden kann. Zuständig ist jeweils die Landesmedienanstalt des Landes, in dem die Zulassung erteilt wurde.

1.5.4   Der ARD - Staatsvertrag[11]

Dieser Vertrag regelt nicht die Organisation der ARD als Zusammenschluß der Landesrundfunkanstalten, die ja lediglich eine Arbeitsgemeinschaft bilden. Der ARD-Staatsvertrag (Artikel 2 des Staatsvertrages über den Rundfunk im vereinten Deutschland) beschränkt sich auf einige wesentliche Vorschriften und verpflichtet in § 1 die Landesrundfunkanstalten zur gemeinsamen Gestaltung des ersten Fernsehprogramms als Vollprogramm, wobei sie über die tägliche Dauer sowie über Art und Umfang des Programms eine Vereinbarung treffen (vgl. § 2). Das Programm soll in seiner Struktur mit dem Zweiten Deutschen Fernsehen abgestimmt werden (vgl. § 3). Die Landesrundfunkanstalten dürfen die Leerzeile des Fernsehsignals

---

[11] Vgl. Staatsvertrag über den Rundfunk im vereinten Deutschland vom 31. August 1991; vgl. auch: Begründung zum Staatsvertrag über den Rundfunk im vereinten Deutschland vom 31. August 1991.

für eigene Zwecke nutzen und programmbezogene Druckwerke veröffentlichen (vgl. § 4). Es wird die Berufung des ARD-Programmdirektors in § 5 und es werden seine Aufgaben in § 6 geregelt. Er hat zusammen mit den Intendanten der Landesrundfunkanstalten das ARD-Programm zu erarbeiten. Nach § 7 kann zur Beratung des Programmdirektors ein Programmbeirat gebildet werden. Der ARD-Staatsvertrag enthält also nur sehr allgemeine Rahmenvorschriften.

1.5.5   Der ZDF - Staatsvertrag[12]

Das ZDF wurde durch Staatsvertrag vom 6. Juni 1961 (Artikel 3 des Staatsvertrages über den Rundfunk im vereinten Deutschland) als Fernsehanstalt der Länder der damaligen Bundesrepublik gegründet. Die Vereinigung Deutschlands erforderte, sollten auch die »Neuen Länder« Träger des ZDF werden, eine Novellierung dieses Staatsvertrages. Der ZDF-Staatsvertrag teilt sich in fünf Abschnitte. Im I. Abschnitt sind Trägerschaft und Programm grundsätzlich bestimmt. In Abschnitt II sind die Vorschriften zum Fernsehvollprogramm des ZDF niedergelegt. Abschnitt III befaßt sich in den §§ 16 bis 18 mit dem Datenschutz. Die Bestimmungen des IV. Abschnitts regeln Organisation und Finanzierung des ZDF. Der V. Abschnitt enthält Übergangs- und Schlußbestimmungen.

1.5.5.1 Allgemeine Grundsätze

Die Länder werden als Träger des ZDF als einer gemeinnützigen Anstalt des öffentlichen Rechts bestimmt, die nach Maßgabe dieses Staatsvertrages und des Rundfunkstaatsvertrages (vgl. § 1) ein Fernsehvollprogramm (vgl. § 2) veranstaltet. Unter

---

[12] Vgl. Staatsvertrag über den Rundfunk im vereinten Deutschland vom 31. August 1991; vgl. auch: Begründung zum Staatsvertrag über den Rundfunk im vereinten Deutschland vom 31. August 1991.

§ 1 Abs. 2 werden Bestand und Entwicklung des ZDF gewähr-
leistet. Unter § 3 wird auch dem ZDF ermöglicht, sich zum
Zwecke der Herstellung und wirtschaftlichen Verwertung von
Fernsehproduktionen an Unternehmungen in privatwirtschaft-
licher Form zu beteiligen. Jedoch ist eine rein gewinnorientierte
Betätigung in diesem Bereich nicht zulässig. Entsprechend dem
ARD-Staatsvertrag ist auch dem ZDF unter § 4 gestattet, Fern-
sehtext für eigene Zwecke zu gestalten und Druckwerke mit
Programminformationen zu veröffentlichen.

1.5.5.2 Fernsehvollprogramm

Programmgrundsätze. Die grundlegenden Programmgrundsätze zur Gestaltung der Sendungen des ZDF sind in § 5 festgelegt. Die Sendungen sollen (vgl. § 5 Abs. 1) einen objektiven
Überblick über das Weltgeschehen und insbesondere ein umfassendes Bild der deutschen Wirklichkeit vermitteln sowie die
freie individuelle und öffentliche Meinungsbildung fördern.
Das ZDF soll (vgl. § 5 Abs. 2) als gemeinsame Rundfunkanstalt
aller Länder das Geschehen in den einzelnen Ländern und die
kulturelle Vielfalt Deutschlands angemessen darstellen. In § 5
Abs. 3 sind die Rechtsgüter genannt, die es zu schützen und zu
achten gilt: Die Würde des Menschen, Leben, Freiheit und körperliche Unversehrtheit, der Glaube und die Meinung anderer.
Es gilt, die sittlichen und religiösen Überzeugungen zu achten
und vor allem die Zusammengehörigkeit im vereinten Deutschland zu fördern sowie der gesamtgesellschaftlichen Integration
und der Völkerverständigung zu dienen. Nach § 6 soll die Berichterstattung umfassend, wahrheitsgetreu und sachlich sein.
Herkunft und Inhalt sind sorgfältig zu prüfen. Nachrichten und
Kommentare sind zu trennen, letztere als persönliche Stellungnahme zu kennzeichnen. Paragraph 7 zur Kurzberichterstattung
entspricht wortgleich der Bestimmung in § 4 Rundfunkstaatsvertrag. Und § 8 regelt wie § 3 des Rundfunkstaatsvertrages die
Unzulässigkeit von Sendungen und den Jugendschutz.

Gegendarstellung, Sendezeit für Dritte. Unter § 9 ist umfänglich geregelt, unter welchen Voraussetzungen das ZDF verpflichtet ist, eine Gegendarstellung zu verbreiten. Daß in Katastrophenfällen und bei erheblichen Gefahren für die öffentliche Sicherheit und Ordnung unverzüglich angemessene Sendezeit für amtliche Verlautbarungen unentgeltlich einzuräumen ist, bestimmt § 10. Dies entspricht den Regelungen in den Rundfunkgesetzen und den Staatsverträgen für die übrigen Rundfunkanstalten. Nach § 11 soll den Parteien angemessene Sendezeit eingeräumt werden, damit sich diese den Wählern vor der Wahl zum Bundestag und zum Europaparlament vorstellen können. Bei Zweckentfremdung und offenkundigen, schwerwiegenden Verstößen gegen die allgemeinen Gesetze lehnt der Intendant die Ausstrahlung von Wahlwerbesendungen ab. Auch den beiden großen Kirchen und den jüdischen Gemeinden ist Sendezeit einzuräumen.

Grundsatz der Neutralität und Ausgewogenheit. In § 11 Abs. 4 wird das Gebot der politischen Neutralität und Ausgewogenheit konkretisiert. Es gewährt zwar den Betroffenen keine Sendezeit, es fordert jedoch: wenn im Programm verschiedenen Organisationen, namentlich den Parteien und Kirchen und den Vertretern der Arbeitgeber und Arbeitnehmer Gelegenheit zur Aussprache gegeben wird, so ist ihnen die Möglichkeit der Rede und Gegenrede unter jeweils gleichen Bedingungen zu gewähren.

Programmverantwortung. Unabhängig von der Gesamtverantwortung des Intendanten bestimmt § 12, daß derjenige, der die Sendung eines Beitrags veranlaßt oder zugelassen hat, für dessen Inhalt und Gestaltung die Verantwortung trägt. Er haftet auch für pflichtwidriges Unterlassen. Dies gilt nicht, wenn Dritten (vgl. § 10) Sendezeit zugebilligt ist. Die Verantwortlichkeit anderer Personen, etwa des Verfassers bleibt davon unberührt. Nach § 13 hat der Intendant Name und Dienstanschrift des Verantwortlichen auf Verlangen mitzuteilen. Dieses Recht auf Auskunft steht jedermann zu. Eine Beweissicherung gewährleistet § 14, der bestimmt, daß und wie lange vollständige Ton- und Bildaufzeichnungen herzustellen sind und wer Einsicht in diese Aufzeichnungen verlangen kann, nämlich wer schriftlich glaubhaft machen kann, in seinen Rechten betroffen zu sein. Dies gilt auch für Fernsehtext.

In § 15 ist jedermann das Recht gewährt, sich mit Eingaben und Anregungen zum Programm an das ZDF zu wenden. Besonderes gilt für Programmbeschwerden, die die Verletzung von Programmgrundsätzen behaupten. Hier muß innerhalb angemessener Frist schriftlich beschieden werden. Eine Satzung regelt das Verfahren.

1.5.5.3 Organisation und Finanzierung

Die Organe des ZDF Fernsehrat, Verwaltungsrat und Intendant werden in § 19 benannt. Die beiden Räte werden in ihren Aufgaben (§§ 20 und 23) und in ihrer Zusammensetzung (§§ 21 und 24) bestimmt und in ihren Verfahren (§§ 22 und 25) beschrieben.

Der Fernsehrat. Der Fernsehrat hat für die Sendungen des ZDF Richtlinien aufzustellen und den Intendanten in Programmfragen zu beraten. Er beschließt über den Satzungsentwurf und über Satzungsänderungen, die der Verwaltungsrat vorlegt, und genehmigt den Haushaltsplan. Die Zusammensetzung des Fernsehrates (77 Mitglieder) und das Berufungsverfahren ist in § 3 umfänglich beschrieben. Es wird bestimmt, daß Mitglieder des Personalrates an den Sitzungen teilnehmen und dort auch zu Fragen gehört werden können, die nicht den Programmbereich betreffen. Es sollen nun auch Frauen im Fernsehrat angemessen berücksichtigt werden. Die Mitglieder des Fernsehrates sind an Weisungen nicht gebunden. Ihre Amtszeit beträgt vier Jahre.

Der Verwaltungsrat. Der Verwaltungsrat beschließt über den Dienstvertrag mit dem Intendanten, überwacht dessen Tätigkeit und beschließt über den vom Intendanten entworfenen Haushaltsplan, der dann dem Fernsehrat zur Genehmigung zuzuleiten ist. Der Verwaltungsrat besteht aus vierzehn Mitgliedern. Davon sind fünf Vertreter der Länder; ein Vertreter der Bundesregierung und acht weitere Mitglieder sind vom Fernsehrat gewählt.

Der Intendant. Paragraph 26 regelt Wahl und Amtszeit des Intendanten. Sein Vertretungsrecht und seine Gesamtverantwortung legt § 27 fest. Dort ist auch bestimmt, daß der Intendant bei der Berufung des Programmdirektors, des Chefredakteurs und des Verwaltungsdirektors das Einvernehmen mit dem Verwaltungsrat herstellen muß. In § 28 ist bestimmt, für welche Rechtsgeschäfte der Intendant der Zustimmung des Verwaltungsrates bedarf.

Finanzierung und Wirtschaftsführung. Nach § 29 erhält das ZDF 30 vom Hundert der in den Ländern anfallenden Fernsehgebühr und deckt im übrigen seine Ausgaben durch Einnahmen aus Werbung und sonstigen Einnahmen. So weit das ZDF Überschüsse erzielt, sind diese an die das ZDF tragenden Länder abzuführen und kulturellen Zwecken zuzuführen[13]. Paragraph 30 bestimmt, daß das ZDF in seiner Haushaltsführung selbständig ist, daß diese aber dem Grundsatz der Sparsamkeit und Wirtschaftlichkeit verpflichtet ist und der Prüfung durch den Rechnungshof unterliegt. Nach § 31 obliegt die Rundfunkaufsicht über das ZDF den Landesregierungen, die sich diese im zweijährigen Wechsel teilen.

---

[13] Durch den Dritten Rundfunkänderungsstaatsvertrag wurde § 29 neu gefaßt. Die Höhe der auf das ZDF entfallenden Anteile an den Fernsehgebühren wird jetzt durch den Rundfunkfinanzierungsstaatsvertrag bestimmt. Abs. 2 und 3 entfallen.

1.5.6   Der Rundfunkgebührenstaatsvertrag[14]

Gebührenpflicht. Der Rundfunkgebührenstaatsvertrag (Artikel 4 des Staatsvertrages über den Rundfunk im vereinten Deutschland) klärt in § 1, welches Rundfunkempfangsgeräte im Sinne dieses Staatsvertrages sind und wer als Rundfunkteilnehmer gilt. Die Grundstruktur der Rundfunkgebühr in ihrer Aufteilung auf Grundgebühr und Fernsehgebühr bestimmt § 2 und legt fest, daß für jedes bereitgehaltene Empfangsgerät die entsprechende Gebühr anfällt. Paragraph 3 regelt detailliert die Anzeige- und Nachweispflichten des Rundfunkteilnehmers. Beginn und Ende der Gebührenpflicht und die Zahlungsweise bestimmt § 4 und definiert Auskunftsrechte, die die zuständigen Landesrundfunkanstalten gegenüber den Teilnehmern besitzen. Wann Zweitgeräte gebührenpflichtig und welche Geräte gebührenfrei sind, regelt § 5. Die Landesregierungen können in bestimmten Fällen Ermäßigungen oder eine Befreiung von den Rundfunkgebühren nur auf Antrag und befristet gewähren (vgl. § 6).

Gebührengläubiger. Gebührengläubiger ist, gemäß § 7, die Landesrundfunkanstalt und entsprechend ihrem Anteil, die Landesmedienanstalt. Die Rundfunkgebühr ist eine Schickschuld, über die im Verwaltungszwangsverfahren vollstreckt werden kann. Nach § 8 können Dritte mit der Ermittlung von Gebührenpflichtigen und mit der Einziehung der Rundfunkgebühr beauftragt werden, wobei die Datenschutzbestimmungen zu beachten sind.

Ordnungswidrigkeiten. Paragraph 9 regelt die Ordnungswidrigkeiten, denn ordnungswidrig handelt, wer seine Anzeigepflicht verletzt oder die fällige Rundfunkgebühr länger als

---

[14] Vgl. Staatsvertrag über den Rundfunk im vereinten Deutschland vom 31. August 1991, S.137-153; vgl. auch: Begründung zum Staatsvertrag über den Rundfunk im vereinten Deutschland vom 31. August 1991.

sechs Monate ganz oder teilweise nicht bezahlt. Diese Ordnungswidrigkeit kann mit einer Geldbuße geahndet werden.

Übergangsvorschriften für die neuen Länder und die Vertragsdauer regeln § 10 und § 11.

1.5.7   Der Rundfunkfinanzierungsstaatsvertrag[15]

Höhe und Verwendung der Rundfunkgebühren. Der Rundfunkfinanzierungsstaatsvertrag (Artikel 5 des Staatsvertrages über den Rundfunk im vereinten Deutschland) regelte 1991 im I. Abschnitt die Höhe der Rundfunkgebühr. Sie betrug entsprechend den Festlegungen 1991 nach § 1 ab 1. Januar 1992 monatlich 8,25 Mark für die Grundgebühr und 15,55 Mark für die Fernsehgebühr. Für die neuen Länder galt ein Stufenplan, durch den die Gebühren bis zum 1. Januar 1995 an das Westniveau herangeführt wurden. Für die Anschubfinanzierung beim Aufbau des Rundfunks in den neuen Bundesländern wurde bis zum 31. Dezember 1994 von den öffentlich-rechtlichen Rundfunkanstalten eine Abgabe erhoben und es wurde vereinbart, daß sich alle öffentlich-rechtlichen Rundfunkanstalten an der Finanzierung des Europäischen Fernsehkulturkanals (arte) beteiligen (vgl. § 7). Außerdem werden, nach § 3, die Landesrundfunkanstalten der ARD und das ZDF für die Finanzierung des bundesweiten Hörfunks (DLF mit Sitz in Köln und RIAS 1 und DS-Kultur mit Sitz in Berlin) herangezogen. Der Anteil der Landesmedienanstalten an der Rundfunkgebühr wird im II. Abschnitt festgelegt. Sie erhielten nach § 4 zusammen zwei vom

---

[15] Vgl. Staatsvertrag über den Rundfunk im vereinten Deutschland vom 31. August 1991; vgl. auch: Begründung zum Staatsvertrag über den Rundfunk im vereinten Deutschland vom 31. August 1991. Inzwischen sind durch die Neufassung des Rundfunkfinanzierungsstaatsvertrages diese Bestimmungen über Höhe und Verwendung der Gebühren sowie der Finanzausgleich (jetzt im II. Abschnitt) neu geregelt.

Hundert des Gesamtaufkommens. Davon erhielt jede Landesmedienanstalt einen Sockelbetrag von 1 Mio. Mark. Der verbleibende Rest wurde - entsprechend dem Aufkommen aus der Rundfunkgebühr in ihren Ländern - auf die einzelnen Landesmedienanstalten verteilt. In § 5 ist der Zahlungsmodus festgelegt.

Der Finanzausgleich. Im III. Abschnitt werden die Rundfunkanstalten ermächtigt und verpflichtet, einen angemessenen Finanzierungsausgleich durchzuführen, denn dieser soll gewährleisten, daß jede öffentlich-rechtliche Rundfunkanstalt in der Lage ist, übergeordnete Aufgaben, die als Gemeinschaftsaufgaben wahrgenommmen werden müssen, zu erfüllen und ein ausreichendes Programm zu gestalten und zu senden (vgl. § 6). Die Finanzausgleichsmasse ist von den in der ARD zusammengeschlossenen Rundfunkanstalten aufzubringen (vgl. § 7). Sie betrug entsprechend der Regelungen von 1991 jährlich mindestens 155 Mio. Mark. Davon erhielt der Saarländische Rundfunk mindestens 84,149 Mio. Mark, Radio Bremen mindestens 17,338 Mio. Mark und der Sender Freies Berlin höchstens 45 Mio. Mark. Ändert sich die Rundfunkgebühr, sind die Zuwendungen entsprechend anzupassen (vgl. § 8). Die §§ 9 und 10 heben hervor, daß der Finanzausgleich ein aus der Selbstverwaltung der Landesrundfunkanstalten abgeleitetes Finanzierungsinstrument ist und der Grundsatz, gleiche Lebensverhältnisse zu gewährleisten, auch im Rundfunk zu verwirklichen ist. Die Regelungen des Finanzausgleichs beruhen insoweit auf Freiwilligkeit der in der ARD zusammengeschlossenen Landesrundfunkanstalten. Kommt eine einvernehmliche Regelung nicht zustande, beschließen subsidiär die Landesregierungen nach § 10.

Kündigung. Im IV. Abschnitt ist in § 11 festgelegt, daß dieser Vertrag erstmalig zum 31. Dezember 1995 gekündigt werden kann. Abweichend kann aber das Vertragsverhältnis bezogen auf den III. Abschnitt (Finanzausgleich) mit einer halbjährlichen Frist zum jeweiligen Jahresende gekündigt werden.

1.5.8 Der Bildschirmtext - Staatsvertrag[16]

Dienstangebote. Der Bildschirmtext-Staatsvertrag (Artikel 6 des Staatsvertrages über den Rundfunk im vereinten Deutschland) klärt in § 1, was unter Bildschirmtext zu verstehen ist und unterscheidet zwei Dienstangebote:

- Dienste, die allen Teilnehmern oder Teilnehmergruppen angeboten werden und

- Einzelmitteilungen, die für einen konkreten einzelnen Teilnehmer zum Abruf gespeichert sind. Nach § 2 kann sich grundsätzlich jeder als Teilnehmer oder Anbieter beteiligen.

Regelungen zum Inhalt und zur Gestaltung. In § 3 ist festgelegt, daß für individuelle Dienste und sonstige Einzelmitteilungen sowie für geschlossene Teilnehmergruppen die Vorschriften über Anbieterkennzeichnung (vgl. § 5), Sorgfaltspflicht (vgl. § 6), Gegendarstellung (vgl. § 7) und Werbeankündigungen (vgl. § 8) nicht anzuwenden sind. Anzuwenden sind aber in jedem Fall die Vorschriften über unzulässige Angebote und zum Jugendschutz (vgl. § 9) - diese entsprechen den Bestimmungen in § 3 des Rundfunkstaatsvertrages - sowie die speziellen Bestimmungen zum Datenschutz (vgl. § 10), die hier ebenso wie die Bestimmung über die Geheimhaltung (vgl. § 11) von besonderer Bedeutung sind. Paragraph 12 enthält Sonderbestimmungen über Meinungsumfragen mittels Bildschirmtext.

---

[16] Vgl. Staatsvertrag über den Rundfunk im vereinten Deutschland vom 31. August 1991; vgl. auch: Begründung zum Staatsvertrag über den Rundfunk im vereinten Deutschland vom 31. August 1991. Dieser Staatsvertrag wurde inzwischen durch den Mediendienste-Staatsvertrag zum 1. August 1997 ersetzt.

Zuständigkeiten. Die §§ 13, 14 und 15 regeln Zuständigkeit, Aufgaben und Befugnisse der zur Aufsicht bestimmten Verwaltungsbehörde in den beteiligten Ländern sowie die Verwaltungsverfahren und bestimmen Ordnungswidrigkeiten und Bußgelder.

Multimediadienste. Die Regelungen des Bildschirmtext-Staatsvertrages verweisen in den Zusammenhang interaktiver Multimedia-Dienste, die sich vermittels der Digitalisierung in vielfältigen Erscheinungsformen entwickeln werden und die unter anderem dem nahe kommen, was im Bildschirmtext-Staatsvertrag geregelt ist. In bezug auf diese Dienste wird es interessant, inwieweit sich die in § 1 andeutende Trennlinie zwischen »Angeboten« für alle Teilnehmer, die wohl der Massenkommunikation zugeordnet werden und »Einzelmitteilungen«, die für Individualkommunikation stehen, wird aufrecht erhalten lassen. Der »Staatsvertrag über Mediendienste« hat den »Bildschirmtext - Staatsvertrag« inzwischen abgelöst, die Abgrenzungsproblematik bestimmt nun die »Gesetzeskonkurrenz« zwischen dem Teledienstegesetz und dem Mediendienste-Staatsvertrag.

1.5.9   Protokollerklärungen zum Staatsvertrag über den Rundfunk im vereinten Deutschland[17]

Der Staatsvertrag über den Rundfunk im vereinten Deutschland ist in den Bestimmungen in seinen Einzelstaatsverträgen ein Kompromiß, der die unterschiedlichen Interessen und Sichtweisen der verschiedenen Landesregierungen zu integrieren hatte. Dabei sind natürlich von einzelnen Landesregierungen wichtige Positionen nur deshalb aufgegeben worden, um

---

[17] Vgl. Staatsvertrag über den Rundfunk im vereinten Deutschland vom 31. August 1991.

eine einvernehmliche Lösung für alle zu finden. Einige Länder haben dies zum Anlaß genommen, ihre grundsätzlich andere Sichtweise in Protokollerklärungen zu dokumentieren.

So erklärte die Freie und Hansestadt Hamburg, daß sie die Mitgliedschaft von Vertretern des Bundes im Fernsehrat und im Verwaltungsrat des ZDF nicht in Einklang mit der Verfassung sieht und behält sich deshalb ihre verfassungsmäßigen Rechte ausdrücklich vor. Das Land Hessen hatte damals noch die Hoffnung, das Bundesverfassungsgericht würde ihm erlauben, Werbung auch in seinem Dritten Fernsehprogramm auszustrahlen, dann wäre § 15 Abs. 2 des Rundfunkstaatsvertrages hinfällig geworden. Das Land Hessen gab außerdem zu Protokoll, daß es erwartet, daß der hessische Rundfunk ab 1993 im ARD-Finanzausgleich aus dem Kreis der gebenden Anstalten ausscheidet. Dazu gab sogleich das Land Baden-Württemberg zu Protokoll, daß dann auch der Süddeutsche Rundfunk nicht länger als gebende Anstalt im Finanzausgleich verbliebe.

Daneben gaben alle Länder gemeinsame Protokollerklärungen ab, die es im Hinblick auf die weitere Entwicklung des Rundfunk in Deutschland zu beachten gelte. Dies betrifft unter anderem die Struktur des nationalen Hörfunks, Integrationsmöglichkeiten im Bereich der Kulturprogramme (3sat, arte), die gebührende Berücksichtigung der neuen Länder im Programm, in den Gremien und bei der Personalauswahl des ZDF. Die Länder stellten in den gemeinsamen Protokollerklärungen in Aussicht, die Leistungs- und Wettbewerbsfähigkeit des öffentlich-rechtlichen Rundfunks zu prüfen und einheitliche Kriterien zur Prüfung der Wirtschaftlichkeit aller Rundfunkanstalten entwickeln zu lassen. Sie gehen weiter davon aus, daß ein erheblicher Teil der Gebührenerhöhung zusätzliche Aufträge für deutsche und europäische Produzenten bringt. Alle Länder behalten sich vor, den Finanzausgleich nach § 8 Abs. 2 des Rundfunkfinanzierungsstaatsvertrages zu überprüfen.

1.5.10 Der Erste Rundfunkänderungsstaatsvertrag[18]

Diese erste Änderung des Staatsvertrages über den Rundfunk im vereinten Deutschland (Erster Staatsvertrag zur Änderung rundfunkrechtlicher Staatsverträge vom 2. Februar/ 1. März 1994) betrifft sowohl den Rundfunkstaatsvertrag (vgl. §§ 3 u. 7) als auch den ZDF-Staatsvertrag (vgl. §§ 6 u. 8). Es geht im wesentlichen um den Bereich der Gewaltdarstellung und des Jugendschutzes im Fernsehen, die Einführung eines Jugendschutzbeauftragten und darum, die Bestimmungen zum Sponsoring den aktuellen europäischen Entwicklungen anzupassen.

Jugendschutz. Im Rundfunkstaatsvertrag wird den Ausstrahlungsverboten ein weiteres hinzugefügt, das insbesondere diejenigen schützt, die in einer die Menschenwürde verletzenden Weise in ihrem Leid dargestellt werden, ohne daß ein überwiegendes berechtigtes Interesse gerade an dieser Form der Berichterstattung vorliegt. Eine Einwilligung ist unbeachtlich (vgl. § 3 Abs. 1 Nr. 5). Es ist dies auch eine Reaktion auf die Art der Gestaltung des »Reality-TV«. Ferner wird klargestellt, daß bei der Wahl der Sendezeit das Wohl auch der jüngeren Kinder (unter 12 Jahren) zu berücksichtigen ist (vgl. § 3 Abs. 2 Satz 2). Dies trägt der Tatsache Rechnung, daß schon am Vormittag Filme ausgestrahlt werden, die für Kinder unter 12 Jahren nicht freigegeben sind. Durch die Anfügung von § 3 Abs. 3 Satz 2 wird die Bestimmung betreffend der Ausstrahlung indizierter Filme verschärft. Nach § 3 Abs. 4 wird jetzt die Werbung mit Bewegtbildern außerhalb der für die beworbenen Filme geltenden Zeitgrenzen verboten.[19] Der neue Abs. 6 zu § 3 legt fest, daß in die Entscheidung der Landesmedienanstalten über die Zulässigkeit von Sendungen, insbesondere in Fragen des Jugend-

---

[18] Vgl. Erster Staatsvertrag zur Änderung rundfunkrechtlicher Staatsverträge vom 2. Februar/1. März 1994.

[19] Filme die erst ab 18 Jahren freigegeben sind und deshalb erst nach 23 Uhr gesendet werden dürfen, dürfen auch vor 23 Uhr nicht beworben werden.

schutzes, die Gutachten der freiwilligen Selbstkontrolleinrichtungen mit einzubeziehen sind. Dem Rundfunkstaatsvertrag wird ein § 3a hinzugefügt. Dadurch wird die Institution eines Jugendschutzbeauftragten geschaffen, der jeweils bei der ARD, dem ZDF und bei allen bundesweit verbreitenden Fernsehprogrammveranstaltern einzurichten ist. Der Jugendschutzbeauftragte ist verpflichtet, die Programmverantwortlichen in allen Fragen des Jugendschutzes, insbesondere im Hinblick auf den Programmeinkauf, die Programmherstellung, die Programmplanung und Programmgestaltung zu beraten.

Sponsoring. Da die Bestimmungen in § 7 des Rundfunkstaatsvertrages zum Sponsoring den Entwicklungen im europäischen Bereich nicht mehr entsprechen können und um deutschen Programmen beim Sponsoring die gleichen Einnahmequellen zu erschließen, wie dies europäischen Veranstaltern möglich ist, waren die Bestimmungen des § 7 entsprechend anzupassen. So ist es jetzt möglich, die Hinweise auf den Sponsor am Anfang oder am Ende der Sendung auch im Bewegtbild zu gestalten und neben und an Stelle des Namens des Sponsors kann jetzt nicht nur das Firmenemblem, sondern auch eine Marke eingeblendet werden. Die vorherige Regelung, daß der Sponsor in der von ihm gesponserten Sendung bei der Werbeunterbrechung nicht werben darf, wurde aufgehoben (§ 7 Abs. 4 Satz 2 wurde gestrichen). In § 32 über die Ordnungswidrigkeiten wurden die Tatbestände ergänzt und präzisiert, Sanktionslücken geschlossen und damit verschärft. Durch die Einfügung des § 32 Abs. 4 wurde bestimmt, daß die Beanstandungen der Landesmedienanstalt nach deren Maßgabe vom betroffenen Veranstalter in seinem Programm verbreitet werden müssen. In den ZDF-Staatsvertrag wurden die oben beschriebenen Jugendschutzbestimmungen des Rundfunkstaatsvertrages ebenso übernommen. Sie betreffen § 8 des ZDF-Staatsvertrages. Ein neuer § 8a (Jugendschutzbeauftragter) wurde eingefügt.

1.5.11 Der Zweite Rundfunkänderungsstaatsvertrag[20]

Dieser Änderung des Rundfunkstaatsvertrages (Zweiter Staatsvertrag zur Änderung rundfunkrechtlicher Staatsverträge vom 22. Juni 1995) kommt keine weiterreichende Bedeutung zu, denn es wurden lediglich in § 29 Abs. 1 des Rundfunkstaatsvertrages der Satz 2 erweitert und ein Satz 3 hinzugefügt. Dabei wurde den Landesmedienanstalten über den 31. Dezember 1995 hinaus bis zum 31. Dezember 2000 erlaubt, aus ihrem Anteil aus der Rundfunkgebühr die Förderung der technischen Infrastruktur für die terrestrische Versorgung fortzuführen. Zusätzlich können nun auch Projekte für neuartige Rundfunkübertragungstechniken gefördert werden. Zudem kann die Förderung auch auf »Formen der nichtkommerziellen Veranstaltung von lokalem und regionalem Rundfunk« (vgl. § 29 Abs. 1 Satz 3) ausgedehnt werden.

1.5.12 Der Dritte Rundfunkänderungsstaatsvertrag [21]

Durch diesen Staatsvertrag (Dritter Staatsvertrag zur Änderung rundfunkrechtlicher Staatsverträge vom 26. August/11. September 1996) werden zum Teil weitreichende Änderungen im Rundfunkstaatsvertrag und im Rundfunkfinanzierungsstaatsvertrag vorgenommen. Sie betreffen die schwergewichtigen Fragen der Finanzierung, insbesondere die Ermittlung des Finanzbedarfs der öffentlich-rechtlichen Rundfunkanstalten. Zum anderen hatte sich gezeigt, daß die Konzentrationsregelungen zur Sicherung der Meinungsvielfalt im privaten Rundfunk unzureichend und kaum praktikabel sind. Mit der Einfüh-

---

[20] Vgl. Zweiter Staatsvertrag zur Änderung rundfunkrechtlicher Staatsverträge vom 22. Juni 1995.

[21] Vgl. Dritter Staatsvertrag zur Änderung rundfunkrechtlicher Staatsverträge vom 26. August/11. September 1996; vgl. auch: Begründung zum Dritten Staatsvertrag zur Änderung rundfunkrechtlicher Staatsverträge.

rung des »Zuschaueranteilmodells« wird jetzt eine neue Grundlage geschaffen. Und darüber hinaus schien es sinnvoll, Zulassungsregeln und Zulassungsverfahren im privaten Rundfunk abzustimmen und zu vereinheitlichen. Dabei wurde die Gelegenheit genutzt, einzelne Regelungen in den Staatsverträgen zu harmonisieren und anzupassen.

Vorgaben für die Gebührenfestsetzung. Das Bundesverfassungsgerichts hat in seinem Urteil vom 22. Februar 1994 feststellt: »Das bisherige Verfahren der Gebührenfestsetzung genügt den Anforderungen des prozeduralen Grundrechtsschutzes nicht im vollen Umfang« (BVerfGE 90, 60 [96f.]) und so »ist der Gesetzgeber (aber) gehalten, ein verfassungsrechtlich einwandfreies Verfahren einzuführen« (BVerfGE 90, 60 [101]). Entsprechend hat die Gebührenfestsetzung in einem dreistufigen Verfahren zu erfolgen:

• Autonome Finanzbedarfsmeldungen der Rundfunkanstalten,

• Überprüfung dieser Bedarfsmeldungen nach den Grundsätzen von Wirtschaftlichkeit und Sparsamkeit und Feststellung des Finanzbedarfs in Form eines Gebührenvorschlages durch die unabhängige Kommission zur Überprüfung und Ermittlung des Finanzbedarfs der Rundfunkanstalten (KEF.),

• Festsetzung der Rundfunkgebühr durch die Länderregierungen. Diese können vom Gebührenvorschlag der KEF nur aus Gründen des Informationszugangs und der angemessenen Belastung der Rundfunkteilnehmer (»Sozialverträglichkeit«) abweichen.

Anpassung an das geänderte Strafrecht. In § 3 Abs. 1 RStV, in § 8 Abs. 1 ZDF-StV und in § 8 Abs. 1 im DeutschlandRadio-Staatsvertrag sind die unzulässigen Sendungen aufgelistet. Aufgrund der Änderung der Bestimmungen der §§ 130 und 131 Strafgesetzbuch (StGB) wird jetzt hinzugefügt und präzisiert, daß Sendungen nicht zulässig sind, die

»zum Haß gegen Teile der Bevölkerung oder gegen eine nationale, rassische, religiöse oder durch ihr Volkstum bestimmte Gruppe aufstacheln, zu Gewalt und Willkürmaßnahmen gegen sie auffordern, oder die Menschenwürde anderer dadurch angreifen, daß Teile der Bevölkerung oder eine vorbezeichnete Gruppe beschimpft, böswillig verächtlich gemacht oder verleumdet wird«. (§ 130 StGB)

Es ist davon auszugehen, daß diese Änderung so auch in die Rundfunkgesetze und Landesmediengesetze sowie in die anderen Staatsverträge der Länder (betreffend den NDR, MDR und SWF) übernommen werden. Die vorstehenden Regelungen finden ihre Entsprechung in den Programmgrundsätzen des Rundfunkstaatsvertrages (vgl. § 41 Abs. 1 Satz 3), in den Grundsätzen für die Gestaltung der Sendungen des ZDF (vgl. § 5 Abs. 3 Satz 4 ZDF-StV) und des DeutschlandRadio (vgl. § 6 Absatz 3 DLR-StV). Dort wird ergänzt: In den Sendungen ist auch »auf ein diskriminierungsfreies Miteinander hinzuwirken«. Die Bestimmung geht über ein reines Diskriminierungsverbot hinaus und fordert ein aktives Hinwirken. In den DeutschlandRadio-Staatsvertrag ist zudem übernommen worden, was bereits bei der ersten Änderung im Rundfunkstaatsvertrag und im ZDF-Staatsvertrag als unzulässige Sendung festgelegt wurde, nämlich solche, die Menschen in einer die Menschenwürde verletzenden Weise darstellen (vgl. jetzt § 8 Abs. 1 Nr. 6).

Anpassungen an den neugefaßten Rundfunkfinanzierungsstaatsvertrag. Als Reflex dieser weitgehenden Änderungen im RFinStV erweist sich der neugefaßte § 29 des ZDF-StV. Dort heißt es jetzt: »Das ZDF deckt seine Ausgaben durch Erträge aus der Fernsehgebühr nach Maßgabe des Rundfunkfinanzierungsstaatsvertrages, durch Erträge aus Werbung und sonstige Erträge.« Die frühere Regelung, wonach das ZDF 30 vom Hundert der in den Ländern anfallenden Fernsehgebühr erhielt und erzielte Überschüsse den Ländern für kulturelle Zwecke verfügbar machen mußte, ist entfallen. Die entsprechenden Änderungen des Rundfunkgebührenstaatsvertrages sind vergleichsweise unbedeutend. Die Übergangsregelungen zugunsten der neuen Bundesländer (vgl. § 10) entfallen; nach § 5 Abs. 2 muß jetzt wieder für Zweitgeräte in Gästezimmern des Beherbergungsgewerbes nur mehr die Hälfte der Rundfunkgebühr bezahlt werden[22], und nach § 5 Abs. 5 sind zukünftig auch die Dienstgeräte der Telekom nicht mehr von der Gebührenpflicht befreit. Sowohl im ZDF-StV als auch im DLR-StV sind die Bestimmungen über die Konkursunfähigkeit an die neue Terminologie des Konkursrechts angepaßt worden (vgl. § 32 ZDF-StV und § 32 DLR-StV).

Kündigung. Die Kündigungsbestimmungen in allen Staatsverträgen wurden abgeglichen. Die Verträge können zukünftig jeweils zum Schluß des Kalenderjahres mit einer Frist von einem Jahr gekündigt werden, erstmals zum 31. Dezember 2000; danach jeweils zu einem zwei Jahre späteren Zeitpunkt. Bisher waren die Rundfunkstaatsverträge zum Teil erst nach weiteren vier (RStV und Bildschirmtext-Staatsvertrag) oder fünf Jahren (RGebStV) kündbar, teils mit einer Frist von zwei Jahren (ARD- und ZDF-Staatsvertrag). Ferner gilt: Von einer Kündigung eines Landes bleibt das Vertragsverhältnis der übrigen Länder unberührt. Jedoch hat jedes Land das Recht zur Anschlußkündigung innerhalb einer Frist von drei Monaten. Für die Kündigung des RFinStV nach dem IV. Abschnitt (Finanzausgleich) gilt jedoch eine kürzere Frist von einem halben Jahr (vgl. § 17 RFinStV).

Kurzbezeichnungen. Für alle Staatsverträge wurden die Bezeichnungen durch Kurzbezeichnungen ergänzt. Sie lauten jetzt:

- Rundfunkstaatsvertrag (RStV)

- ARD-Staatsvertrag (ARD-StV)

- ZDF-Staatsvertrag (ZDF-StV)

---

[22] Diese hälftige Ermäßigung war im Rundfunkstaatsvertrag von 1991 gestrichen worden. Jetzt wird sie wieder eingeführt.

- Rundfunkgebührenstaatsvertrag (RGebStV)

- Rundfunkfinanzierungsstaatsvertrag (RFinStV)

- Staatsvertrag über die Körperschaft des öffentlichen Rechts DeutschlandRadio' (DeutschlandRadio-Staatsvertrag-DLR-StV)

1.5.12.1 Allgemeine Vorschriften

Im I. Abschnitt des Rundfunkstaatsvertrages (RStV) sind nur geringfügige Änderungen vorgenommen worden. Bei der Begriffsbestimmung des Rundfunks in § 2 Abs. 1 ist jetzt nicht mehr von »elektrischen« Schwingungen, sondern von »elektromagnetischen« Schwingungen auszugehen. Damit hat sich de facto nichts geändert, da nun nach beinahe siebzig Jahren der unscharfe Begriff der »elektrischen Schwingungen«, wie er im Fernmeldeanlagengesetz vom 14. Januar 1928 verwendet wurde, durch den fachgerechteren Terminus »elektromagnetische Schwingungen« ersetzt wurde. In § 2 Abs. 2 werden jetzt Fensterprogramme präzise definiert und als »Satellitenfensterprogramme« und »Regionalfensterprogramme« unterschieden. Die ersteren sind zeitlich begrenzte, nationale Programme in einem Hauptprogramm, die zweiten zeitlich und räumlich begrenzte regionale Programmangebote in einem Hauptprogramm. Diese begriffliche Klärung wurde deshalb notwendig, weil in den Bestimmungen zur Sicherung der Meinungsvielfalt von den Veranstaltern Sendezeit für Dritte (vgl. §§ 30 und 31) eingerichtet werden kann. Und in § 3, wir haben es oben dargestellt, sind die unzulässigen Sendungen ergänzt worden.

1.5.12.2 Öffentlich-rechtlicher Rundfunk

In den II. Abschnitt fließen nun die Änderungen ein, die sich aus dem neu zu entwickelnden Verfahren der Gebührenfestsetzung ergeben. Entsprechend wird jetzt in § 13 Abs. 1 (vgl. bisher § 12) eingefügt, daß der Finanzbedarf des öffentlich-rechtlichen Rundfunks »durch die unabhängige Kommission zur Überprüfung und Ermittlung des Finanzbedarfs der Rundfunkanstalten (KEF) geprüft und ermittelt« wird, daß Grundlage hierfür die Bedarfsmeldungen der öffentlich-rechtlichen Rundfunkanstalten sind und daß auf Rationalisierungpotentiale zu achten ist. Weiter wird in Abs. 4 bestimmt: »Die Gebührenfestsetzung erfolgt durch Staatsvertrag«.

Zukünftig müssen sich ARD, ZDF und die Landesmedienanstalten über die zu erlassenden Richtlinien zu Fragen unzulässiger Sendungen, zur Werbung (Werbeinhalt, Einfügung der Werbung, Dauer der Werbung), zum Sponsoring und zum Jugendschutz nach § 16 abstimmen und ihre Erfahrungen hierbei austauschen. Damit soll eine einheitliche Handhabung im öffentlich-rechtlichen und im privaten Rundfunk sichergestellt werden. Nach § 19 (bisher § 18) wird erlaubt, daß ARD und ZDF »über Satellit gemeinsam (neben 3sat und ARD) zwei weitere Spartenfernsehprogramme als Zusatzangebote veranstalten dürfen«. Entsprechend der Protokollerklärung der Länder hierzu kann dies ein Kinder- und ein Parlaments- oder Ereigniskanal, nicht aber ein Nachrichtenkanal sein.[23]

1.5.12.3 Privater Rundfunk

Die wesentlichen Änderungen betreffen den III. Abschnitt des RStV, darin werden Vorschriften für den privaten Rundfunk ergänzt und differenziert. Entsprechend werden sechs Unterabschnitte gebildet. Darin lassen sich die Neuregelungen zum Zulassungsverfahren (1. Unterabschnitt), zur Sicherung der Meinungsvielfalt (2. Unterabschnitt) und zur Organisation der Medienaufsicht (3. Unterabschnitt) präzisieren.[24]

---

[23] Inzwischen sind der Ereignis- und Dokumentationskanal »PHOENIX« und »Der Kinderkanal« auf Sendung gegangen (vgl. 3. Kapitel Abschnitte 6.5.1 und 6.5.2).

[24] Vgl. hierzu 5. Kapitel Abschnitt 4.4.2 und 6. Kapitel Abschnitte 3.2.1 und 3.2.2.

Zulassungsvorschriften. Der 1. Unterabschnitt umfaßt die §§ 20 bis 24. In § 20 wird festgelegt, daß auch Mediendienste, die dem Rundfunk zuzuordnen sind, einer Zulassung bedürfen. Ob dieser Mediendienst Rundfunk ist, entscheidet die zuständige Landesmedienanstalt im Einvernehmen mit allen anderen Landesmedienanstalten. Sie kann Anbieter von Mediendiensten auf Antrag rundfunkrechtliche Unbedenklichkeit bescheinigen, damit sich potentielle Antragsteller vorsorglich Rechtssicherheit verschaffen können. Dies ist eine zentrale Bestimmung von grundsätzlicher Bedeutung. Denn damit wird festgelegt, daß alles, was sich materiell und inhaltlich als Rundfunk darstellt, auch unter die rundfunkrechtlichen Regelungen des Rundfunkstaatsvertrages fällt (vgl. Begründung zum Dritten Staatsvertrag zur Änderung rundfunkrechtlicher Staatsverträge 1996, S.9). Dies ist insbesondere für solche Dienste problematisch, die sich im Grenzbereich zwischen Rundfunk und Mediendiensten ansiedeln. Die Abgrenzung ist inhaltlich vorzunehmen (vgl. ebd.) und von den Landesmedienanstalten zu entscheiden. Doch welches sind die relevanten Entscheidungskriterien, die bestimmen, »daß dieser Mediendienst funktional als Rundfunk zu qualifizieren ist« (ebd.)?

Die Grundsätze für das Zulassungsverfahren regelt § 21. Diese begründen umfassende Verpflichtungen der Antragsteller, Auskünfte zu erteilen, Unterlagen beizubringen und Erklärungen abzugeben. Die Antragsteller haben zudem schriftlich zu erklären, daß die gemachten Angaben und vorgelegten Unterlagen vollständig sind und haben neben der Offenbarungspflicht auch eine Pflicht zur Herbeischaffung von Beweismitteln. Die Offenbarungspflicht erstreckt sich auch auf den Zeitraum nach der Erteilung der Zulassung. Soweit Änderungen der maßgeblichen Zustände eintreten, sind diese unverzüglich zu offenbaren. Nach § 22 hat die zuständige Landesmedienanstalt umfassende Auskunfts- und Ermittlungsbefugnisse. Sie kann u. a. Zeugen und Sachverständige, die zur Aussage verpflichtet werden können, beiziehen, Urkunden und Akten einsehen, den Augenschein einnehmen, eidesstattliche Versicherungen verlangen, Geschäftsräume und Grundstücke betreten und unter Umständen sogar erforderliche Durchsuchungen ohne richterliche Anordnung vornehmen. Das hier dargelegte Instrumentarium der Sachverhaltsermittlung greift auf Regelungen des Verwaltungsverfahrensgesetzes, des Gesetzes gegen Wettbewerbsbeschränkungen und auf die Abgabenordnung zurück. Der § 23 begründet Publizitätspflichten und verlangt u. a. auch den Nachweis von Programmbezugsquellen. Über die zur Kenntnis gelangten Zusammenhänge haben die Landesmedienanstalten, ihre Organe und Bediensteten Vertraulichkeit zu wahren (vgl. § 24).

Sicherung der Meinungsvielfalt. Der 2. Unterabschnitt (§§ 25 bis 34) präzisiert die Bestimmungen zur Sicherung der Meinungsvielfalt. Diesen liegt das sogenannte Zuschaueranteilmodell zugrunde, das die bisherige numerische Begrenzung von Beteiligungsmöglichkeiten ablöst, welches gleichsam zwangsweise zur Bildung von Anbietergemeinschaften geführt hatte. Diese neuen Bestimmungen gelten nur mehr für das Fernsehen. Grundsätzlich gilt weiterhin »im privaten Rundfunk ist inhaltlich die Vielfalt der Meinungen im wesentlichen zum Ausdruck zu bringen« (§ 25 Abs. 1). Dies gilt nur für Vollprogramme, nicht für die Spartenprogramme. In Zukunft darf aber ein Unternehmen »eine unbegrenzte Anzahl von Programmen veranstalten«, »es sei denn, es erlangt dadurch vorherrschende Meinungsmacht« (§ 26 Abs. 1).

Vorherrschende Meinungsmacht. Diese wird dann vermutet, wenn »die einem Unternehmen zurechenbaren Programme im Durchschnitt eines Jahres einen Zuschaueranteil von 30 vom Hundert« (§ 26 Abs. 2 Satz 1) erlangen. Hierin sind Vollprogramme und Spartenprogramme gleichermaßen einbezogen. Diese 30 vom Hundert-Grenze ist nicht starr. Vorherrschende Meinungsmacht kann auch bei geringfügiger Unterschreitung dieser Grenze vorliegen, wenn das Unternehmen auf anderen medienrelevanten Märkten, etwa Werbung, Hörfunk, Presse, Rechte, Produktion oder anderen verwandten Märkten eine marktbeherrschende Stellung innehat oder wenn eine Gesamtbeurteilung aller Aktivitäten im Fernsehen und in anderen medienrelevanten Märkten erkennen läßt, daß der dadurch erzielte Meinungseinfluß dem eines Unternehmens mit einem Zuschaueranteil von 30 vom Hundert im Fernsehen entspricht. So kann also die KEK vorherrschende Meinungsmacht unterhalb der 30 vom Hundert-Grenze feststellen und das Unternehmen kann andererseits nachweisen, daß trotz Erreichen der 30 vom Hundert-Grenze vorherrschende Meinungsmacht nicht gegeben ist. Ist vorherrschende Meinungsmacht festgestellt, darf für weitere, den Unternehmen zurechenbare Programme, keine Zulassung erteilt werden (vgl. § 26 Abs. 3). Nach § 26 Abs. 4 muß die zuständige Landesmedienanstalt durch die KEK dem Unternehmen Maßnahmen vorschlagen, die diese vorherrschende Meinungsmacht ausgleichen können. Das Unternehmen kann Beteiligungen aufgeben, sich aus medienrelevanten Märkten zurückziehen oder sogenannte »Vielfalt sichernde Maßnahmen« ergreifen und entsprechend § 31 »unabhängigen Dritten« Sendezeit einräumen oder entsprechend § 32 einen Programmbeirat einrichten. Das Unternehmen ist verpflichtet, entsprechende Maßnahmen durchzuführen, ansonsten verliert es die Zulassung. Besonderes gilt zudem für Veranstalter von Vollprogrammen oder von Spartenprogrammen mit Schwerpunkt Information (vgl. § 26 Abs. 5). Erreicht dieser, unabhängig von der Vermutungsgrenze, einen Zuschaueranteil von 10 vom Hundert, muß er in jedem Fall »unabhängigen Dritten« Sendezeit nach § 31 einräumen. Wird das nicht beachtet, führt dies zum Widerruf der Zulassung.

Berichte der KEK. Nach § 26 Abs. 6 haben die Landesmedienanstalten alle drei Jahre einen Bericht der KEK über die Entwicklung der Meinungsvielfalt und der Konzentration im privaten Rundfunk zu veröffentlichen. Darin sollen sowohl die intermediären als auch die horizontalen, intramediären und die internationalen Verflechtungen im Medienbereich dargestellt werden. Der Bericht soll zur Anwendung und zur eventuell notwendigen Änderung der Bestimmungen zur Sicherung der Meinungsvielfalt Stellung nehmen. Dabei ist festgelegt, daß die Landesmedienanstalt jährlich eine Programmliste durch die KEK erstellen läßt, in der »alle Programme, ihre Veranstalter und deren Beteiligte« veröffentlicht werden (vgl. § 26 Abs. 7). Der Zuschaueranteil (Zuschauer ab Vollendung des dritten Lebensjahres) ist nach § 27 durch die KEK jährlich zu ermitteln. Darin sind alle bundesweit ausgestrahlten deutschsprachigen Fernsehprogramme des öffentlich-rechtlichen Rundfunks, einschließlich der Dritten Fernsehprogramme, und die bundesweit empfangbaren Fernsehprogramme des privaten Rundfunks einzubeziehen, auch wenn sie im Ausland veranstaltet werden. Das sind alle bundesweit empfangbaren Fernsehprogramme in deutscher Sprache, einschließlich der mittels Mehrkanaltechnik mehrsprachig ausgestrahlten Programme. Der Zuschaueranteilsermittlung sollen die gleichen Zahlenwerte zugrunde liegen, die auch die Grundlage für die Errechnung der Werbepreise bilden. Der Veranstalter hat dabei eine Mitwirkungspflicht.

Zurechnung von Zuschaueranteilen. Nach § 28 werden die Zurechnungstatbestände bestimmt, nach welchen Programme und deren Zuschaueranteile einem Unternehmen zuzurechnen sind. Das sind erstmals alle Programme, die es selbst veranstaltet und jene, an welchen es 25 vom Hundert oder mehr an Kapital- oder Stimmrechtsanteilen besitzt. Geringere Beteiligungen sind unerheblich, denn nur mit Anteilen von 25 vom Hundert besitzt der Anteilseigner eine Sperrminorität, die es erlaubt, auf die Geschäftspolitik relevanten Einfluß zu nehmen. Einer Beteiligung steht gleich, wenn das Unternehmen auf einen Veranstalter vergleichbaren Einfluß ausüben kann, etwa wenn es diesem einen wesentlichen Teil des Programms zuliefert oder wenn es aufgrund vertraglicher oder ähnlicher Vereinbarungen wesentliche Entscheidungen des Veranstalters über die Programmgestaltung, den Programmeinkauf oder die Programmproduktion von seiner Zustimmung abhängig machen kann (vgl. § 28 Abs. 2). Das gilt auch für Unternehmen außerhalb des Geltungsbereiches des Staatsvertrages (vgl. § 28 Abs. 3) und auch für »bestehende Angehörigenverhältnisse« (vgl. § 28 Abs. 4). Wie bisher, sind nach § 29 Veränderungen der Beteiligungsverhältnisse vor Vollzug schriftlich anzumelden. Die Unbedenklichkeit kann nur dann bestätigt werden, wenn unter den veränderten Voraussetzungen eine Zulassung erteilt werden könnte. Kann dies nicht bestätigt werden und die Veränderung wurde dennoch vollzogen, ist die Zulassung zu widerrufen.

Vielfaltssichernde Maßnahmen. Die vielfaltssichernden Maßnahmen nach § 30 RStV, »Sendezeit für unabhängige Dritte« (§ 31) oder »Einrichtung eines Programmbeirates« (§ 32) kommen dann in Betracht, wenn ein Unternehmen mit den ihm zurechenbaren Programmen die Grenze vorherrschender Meinungsmacht erreicht. Sendezeit für unabhängige Dritte ist aber auch und in jedem Fall dann einzuräumen, wenn ein einzelnes Voll- oder Spartenprogramm mit Schwerpunkt Information einen Zuschaueranteil von 10 vom Hundert erreicht.

Sendezeit für Dritte. Unter »Sendezeit für unabhängige Dritte« nach § 31 sind redaktionell unabhängige Fensterprogramme zu verstehen, die zum Programm des Hauptveranstalters einen zusätzlichen Beitrag zur Vielfalt in diesem Programm, insbesondere in den Bereichen Kultur, Bildung und Information, leisten (vgl. § 31 Abs. 1). In § 31 Abs. 2 ist genau festgelegt, welchen Umfang (wöchentlich mindestens 260 Minuten, davon mindestens 75 Minuten zwischen 19 Uhr und 23.30 Uhr) dieses Fensterprogramm haben muß. Die Einbringung des Fensterprogramms in der Hauptsendezeit soll dem Fensteranbieter eine vergleichsweise hohe Sehbeteiligung sichern, die einerseits die publizistische Relevanz, andererseits die werbefinanzierte finanzielle Grundlage sichert. Auf diese wöchentliche Sendezeit sind unter bestimmten Bedingungen auch regionale Fensterprogramme anrechenbar, soweit sie außerhalb der Sendezeit zwischen 19 Uhr und 23.30 Uhr liegen. Nach § 31 Abs. 3 darf zwischen Hauptveranstalter und Fensterprogrammanbieter kein rechtliches Abhängigkeits-verhältnis bestehen. Nach § 31 Abs. 4 werden diese Fensterprogramme im Einvernehmen mit den Hauptprogrammveranstaltern von der Landesmedienanstalt ausgeschrieben und unter den zulassungsfähigen Anträgen ausgewählt. Dem Hauptprogrammveranstalter ist dabei ein Vorschlagsrecht eingeräumt. In die nach § 31 Abs. 5 zwischen Hauptveranstalter und Fensterprogrammanbieter zu schließende Vereinbarung ist die Verpflichtung des Hauptveranstalters aufzunehmen, dem Fensterprogrammanbieter eine ausreichende Finanzierung seines Programms zu ermöglichen. Auf der Grundlage dieser Vereinbarung wird dann dem Fensterprogrammanbieter die Zulassung auf die Dauer von drei Jahren erteilt (vgl. § 31 Abs. 6). Nach Ansicht der Vertragspartner kommt das Abtreten von Sendezeit an Dritte nicht einer Enteignung durch Auflegen eines Sonderopfers gleich. Die vom Gesetzgeber gesetzten Grenzen zur Sicherung der Meinungsvielfalt greifen vielmehr als Eigentumsschranken im Sinne des Art. 14 Abs. 1 Satz 2 GG (vgl. Begründung zum Dritten Staatsvertrag zur Änderung rundfunkrechtlicher Staatsverträge 1996, S.32).

Programmbeirat. Entscheidet sich ein Unternehmen, als vielfaltssichernde Maßnahme einen Programmbeirat einzurichten, so hat es § 32 zu beachten. Nach § 32 Abs. 1 hat der Programmbeirat die Verantwortlichen bei der Gestaltung des Programms zu beraten. Sein Einfluß auf das Programm ist »durch Vertrag oder Satzung zu gewährleisten«. Der Veranstalter beruft die Mitglieder des Programmbeirates, die aufgrund ihrer Zugehörigkeit zu gesellschaftlichen Gruppen die Gewähr dafür bieten, daß die wesentlichen Meinungen in der Gesellschaft vertreten sind. Des weiteren ist in § 32 festgelegt, welche Rechte dem Pro-

grammbeirat jeweils zustehen, der insbesondere immer dann
Entscheidungen der Geschäftsführung zustimmen muß, wenn
in der Struktur des Programms, im Inhalt oder im Programmschema Änderungen beabsichtigt sind oder über Programmbeschwerden zu entscheiden ist. Nach § 32 Abs. 4 besitzt der Programmbeirat ein umfassendes Auskunftsrecht gegenüber der
Geschäftsführung. Kommt diese den Anträgen des Programmbeirates nicht nach, kann darüber im Kontrollorgan des Ge-
schäftsführers, in der Regel im Aufsichtsrat der Gesellschaft, ein
Beschluß herbeigeführt werden. Eine Ablehnung des Antrages
bedarf aber einer Mehrheit von 75 vom Hundert der abgegebe-
nen Stimmen. Vom Ergebnis der Entscheidungen ist die »Medi-
enaufsichtsbehörde«, die Landesmedienanstalt, zu unterrichten.

In § 33 werden die Landesmedienanstalten beauftragt, gemeinsame Richtlinien für die nähere Ausgestaltung der §§ 31 und 32
zu erlassen. Darin soll dann auch geregelt werden, wie der Programmbeirat zusammengesetzt sein muß und wie das Berufungsverfahren ausgestaltet werden soll.

Organisation der Medienaufsicht. Im 3. Unterabschnitt wird
die Organisation der Medienaufsicht in den §§ 35 bis 40 geregelt. Damit soll die Sicherung der Meinungsvielfalt auch durch
organisatorische Maßnahmen sichergestellt werden. Insbesondere sollen zweckferne und sachwidrige Einflüsse auf die Entscheidungen der jeweils zuständigen Landesmedienzentrale
ausgeschlossen werden. Dies setzt auch eine gestärkte Kooperation zwischen den Landesmedienanstalten voraus. Es ist nach
§ 35 Abs. 1 Aufgabe der zuständigen Landesmedienanstalt, die
Einhaltung der Bestimmungen zur Sicherung der Meinungsvielfalt vor und nach der Zulassung zu überprüfen, um die entsprechenden Entscheidungen zu fällen. Dabei bedient sie sich zur
Erfüllung dieser Aufgabe der Kommission zur Ermittlung der
Konzentration im Medienwesen (KEK) und der Konferenz der
Direktoren der Landesmedienanstalten (KDLM) (vgl. § 35

Abs. 2). Die KEK besteht aus sechs Sachverständigen des Rundfunk- und Wirtschaftsrechts, von denen drei die Befähigung zum Richteramt haben müssen. Sie werden von den Ministerpräsidenten der Länder auf die Dauer von fünf Jahren einvernehmlich berufen. Wiederberufung ist zulässig (vgl. § 35 Abs. 3). Die KDLM bilden die gesetzlichen Vertreter der Landesmedienanstalten (vgl. § 35 Abs. 4). Die Mitglieder der KEK und KDLM sind in der Erfüllung ihrer Aufgaben an Weisungen nicht gebunden (vgl. § 35 Abs. 5). Durch das Gebot der einvernehmlichen Berufung unterliegen die Landesregierungen einem Konsenszwang, der den staatlichen Einfluß mäßigt (eine föderalistisch gebrochene Staatsgewalt). Die Unabhängigkeit der KEK soll durch eine staats- und politikferne Zusammensetzung und durch Inkompatibiltätsregelungen sichergestellt werden. Auch die KDLM-Mitglieder sind in diesen Aufgaben an Weisungen nicht gebunden. Sie sind nicht Interessenvertreter der Stelle, die sie jeweils zum gesetzlichen Vertreter der Landesmedienanstalt berufen hat (vgl. Begründung zum Dritten Staatsvertrag zur Änderung rundfunkrechtlicher Staatsverträge 1996, S.39). KEK und KDLM sind nach § 36 Abs. 1 für die abschließende Beurteilung von Fragestellungen der Sicherung von Meinungsvielfalt im Zusammenhang mit der bundesweiten Veranstaltung von Fernsehprogrammen zuständig. Diese Fragen sind insbesondere bei der Entscheidung über eine Zulassung oder Änderung einer Zulassung und bei Veränderungen von Beteiligungen zu prüfen.

Im Zulassungsverfahren ist es nach § 37 Abs. 1 Aufgabe der KEK, die Fragen der Sicherung der Meinungsvielfalt zu klären und die entsprechenden mit Mehrheit gefaßten Beschlüsse zu begründen. Die Organe der Landesmedienanstalt sind an die Beschlüsse der KEK gebunden. Damit soll eine standortunabhängige Entscheidungsfindung verfahrensmäßig abgesichert werden (vgl. Begründung zum Dritten Staatsvertrag zur Änderung rundfunkrechtlicher Staatsverträge 1996, S.43). Will eine

Landesmedienanstalt vom Beschluß der KEK abweichen, hat sie die KDLM anzurufen. Diese kann nur mit einer Mehrheit von drei Vierteln ihrer gesetzlichen Mitglieder (das sind 12 von 15 Mitgliedern) einen abweichenden Beschluß fassen (vgl. § 37 Abs. 2). Der von dieser Entscheidung betroffene bundesweite Fernsehveranstalter ist zur Anfechtung berechtigt (vgl. § 37 Abs. 4). Die gleichen Verfahrensregeln (vgl. § 37 Abs. 1 und 2) gelten für die Beurteilung von Fragestellungen der Sicherung von Meinungsvielfalt in den anderen Fällen (vgl. § 37 Abs. 3).

Ergänzende Regelungen. Die weiteren durch die Umstrukturierung des Rundfunkstaatsvertrages entstandenen Unterabschnitte entsprechen in der Neugruppierung den bisherigen Regelungen. Auf die Ergänzung der Programmgrundsätze in § 41 Abs. 1 des 4. Unterabschnittes haben wir schon oben verwiesen. Es ist jedoch darauf hinzuweisen, daß im 6. Unterabschnitt der Katalog von Ordnungswidrigkeiten in § 49 um sechs auf 25 Fälle erweitert wurde.

Chancengleicher Zugang für Veranstalter von Fernsehdiensten. Im IV. Abschnitt über die Übertragungskapazitäten wurde mit § 53 eine neue Bestimmung eingeführt, die auf die Mediendienste Bezug nimmt. Es geht um den diskriminierungsfreien, chancengleichen Zugang für alle Veranstalter von Fernsehdiensten. Diesen freien Zugang müssen zu angemessenen Bedingungen jene Anbieter garantieren, die den Zugangsdienst bereitstellen oder vermarkten. Dies schließt auch die Verpflichtung ein, die Technik bereitzustellen, die es den Zuschauern gestattet, mit Hilfe von Decodern die Angebote aller Veranstalter zu nutzen (vgl. § 51 Abs. 1). Zugleich müssen die Systeme, die die Auswahl der Fernsehprogramme steuern (Navigatoren), ebenso diskriminierungsfrei gestaltet sein (vgl. § 53 Abs. 2). Die Aufnahme derartiger Dienstangebote ist der zuständigen Landesmedienanstalt anzuzeigen, damit die Aufsicht über die Einhaltung dieser Bestimmung gewährleistet werden kann (vgl.

§ 53 Abs. 3). Dies ist eine Regelung im Vorgriff auf den Staatsvertrag über Mediendienste.

1.5.12.4 Die Neufassung des Rundfunkfinanzierungsstaatsvertrages[25]

Der Rundfunkfinanzierungsstaatsvertrag (RFinStV) wurde in Struktur und Inhalt insoweit verändert und neu gefaßt, als ein neuer I. Abschnitt (Verfahren zur Rundfunkgebühr) vorangestellt wurde.

Im übrigen entspricht der Aufbau der bisherigen Struktur des Rundfunkfinanzierungsstaatsvertrages (II. Abschnitt: Höhe der Rundfunkgebühr, III. Abschnitt: Anteil der Landesmedienanstalten, IV. Abschnitt: Finanzausgleich, V. Abschnitt: Übergangs- und Schlußvorschriften).

Ermittlung des Finanzbedarfs. Der neu entwickelte I. Abschnitt regelt in den §§ 1 bis 7 Struktur und Ablauf jenes Prozesses, durch den im Abstand von zwei Jahren der Finanzbedarf der öffentlich-rechtlichen Rundfunkanstalten ermittelt werden soll, so wie dies aufgrund des 8. Rundfunkurteils des Bundesverfassungsgerichts vom 22. Februar 1994 gefordert wurde. Auf der Grundlage dieses Ergebnisses entscheiden dann die Ministerpräsidenten über die Höhe der Rundfunkgebühr. Die einzelnen Rundfunkanstalten ermitteln ihren Finanzbedarf - aufgeteilt nach Hörfunk- und Fernsehbereich - unter Beachtung von Wirtschaftlichkeit und Sparsamkeit im Hinblick auf Bestand und Entwicklung der Anstalt. Dieses Zahlenwerk samt Erläuterungen, das auf Vergleichbarkeit - insbesondere im Blick auf die Kostenarten - abstellen muß, ist der unabhängigen »Kommission zur Überprüfung und Ermittlung des Finanzbedarfs der Rundfunkanstalten (KEF)« fristgerecht vorzulegen.

---

[25] Vgl. Dritter Staatsvertrag zur Änderung rundfunkrechtlicher Staatsverträge 1996; vgl. auch Begründung zum Dritten Staatsvertrag zur Änderung rundfunkrechtlicher Staatsverträge 1996.

Diese kann weitere Unterlagen und Auskünfte von den Rundfunkveranstaltern einfordern (vgl. § 1 Abs. 1 und 2). Die Mitglieder der unabhängigen Kommission sind in ihrer Aufgabenerfüllung an Aufträge und Weisungen nicht gebunden (vgl. § 2).

Die Aufgaben der KEF. Diese sind in § 3 näher beschrieben. Sie hat unter Beachtung der Programmautonomie der Rundfunkanstalten den angemeldeten Finanzbedarf fachlich zu überprüfen und zu ermitteln. Prüfkriterium ist »ob sich die Programmentscheidungen im Rahmen des rechtlich umgrenzten Rundfunkauftrages halten und ob der aus ihnen abgeleitete Finanzbedarf zutreffend und im Einklang mit den Grundsätzen von Wirtschaftlichkeit und Sparsamkeit ermittelt worden ist« und Rationalisierungs- und Kooperationsmöglichkeiten ausgeschöpft sind. Kostenansätze für technische oder programmliche Innovationen sind nur beachtlich, wenn diese Innovationen auf Beschlüssen der zuständigen Gremien basieren (vgl. § 3 Abs. 1). Die KEF ist berechtigt, von den Rundfunkanstalten Auskünfte über deren Unternehmen, Beteiligungen und Gemeinschaftseinrichtungen einzuholen (vgl. § 3 Abs. 2). Die Rundfunkanstalten haben bei der Fortentwicklung der Methoden und Verfahren zur Überprüfung und Ermittlung des Finanzbedarfs mitzuwirken, um so Vergleichbarkeit und Transparenz der Zahlenwerke zu sichern (vgl. § 3 Abs. 3). Die KEF kann von Dritten ergänzende, insoweit also begrenzt, gutachterliche Stellungnahmen einholen. Diesen müssen die Rundfunkanstalten die notwendigen Informationen hierzu verfügbar machen (vgl. § 3 Abs. 4). Nach § 3 Abs. 5 hat die KEF den Landesregierungen mindestens alle zwei Jahre einen Bericht vorzulegen, der zu veröffentlichen und dem Parlament zuzuleiten ist.

In diesem Bericht

- ist die Finanzlage der Rundfunkanstalten darzustellen,
- ist darzulegen, ob und in welcher Höhe und zu welchem

Zeitpunkt eine Änderung der Rundfunkgebühr notwendig ist,

- ist die Rundfunkgebühr beitragsmäßig zu beziffern (bei unterschiedlichen Entwicklungsmöglichkeiten kann eine Beitragsspanne angegeben werden),

- ist auf die Notwendigkeit und Möglichkeit einer Änderung des Finanzausgleichs hinzuweisen,

- ist die Aufteilung der Gebühren im Verhältnis von ARD, ZDF und Deutschlandradio prozentual und beitragsmäßig zu beziffern.

Die KEF kann nach § 3 Abs. 6 von den Ländern aufgefordert werden, Sonderberichte zu Teilfragen zu erstellen. Für diese gelten die vorgenannten Vorschriften nicht. Mitglieder der KEF können ihre abweichenden Meinungen in den Bericht aufnehmen lassen (vgl. § 3 Abs. 7).

Die Zusammensetzung der KEF. Die KEF besteht aus 16 unabhängigen Sachverständigen. Jedes Land benennt ein Mitglied (vgl. § 4 Abs. 4 Satz 1). Die Sachverständigen sind aus unterschiedlichen Bereichen zu berufen (vgl. § 4 Abs. 4 Satz 2 Nr. 1 bis 6).

Es sind im einzelnen zu berufen:

- drei Mitglieder aus dem Bereich Wirtschaftsprüfung und Unternehmensberatung,

- zwei Mitglieder aus dem Bereich Betriebswirtschaft (fachkundig in Personal- oder Investitions- und Rationalisierungsfragen),

- zwei Mitglieder mit besonderen Erfahrungen im Rundfunkrecht (mit Befähigung zum Richteramt),

- drei Mitglieder aus den Bereichen Medienwirtschaft und Medienwissenschaft,

- ein Mitglied aus dem Bereich Rundfunktechnik,
- fünf Mitglieder aus den Landesrechnungshöfen.

Mitglieder oder Bedienstete der Institutionen der Europäischen Union, der Verfassungsorgane des Bundes oder der Länder sowie Gremienmitglieder und Bedienstete der öffentlich-rechtlichen Rundfunkanstalten einschließlich arte, der Landesmedienanstalten und der privaten Rundfunkveranstalter sind von der Mitgliedschaft in der KEF ausgeschlossen (Inkompatibilitätsregelung). Die Sachverständigen wählen aus ihrer Mitte einen Vorsitzenden und einen oder zwei Stellvertreter (vgl. § 4 Abs. 1 Satz 2). Sie beschließen ihre Berichte mit einer Mehrheit von mindestens 10 Stimmen (vgl. § 4 Abs. 2) und werden von den Ministerpräsidenten auf die Dauer von fünf Jahren berufen. Wiederberufung ist zulässig. Abberufung nur aus wichtigem Grund (vgl. § 4 Abs. 5). Sie und Dritte, die sie beauftragen, sind zur Verschwiegenheit verpflichtet (vgl. § 4 Abs. 6).

Beteiligung der Rundfunkanstalten. Nach § 5 sind bei dieser Überprüfung und Ermittlung des Finanzbedarfs die Rundfunkanstalten angemessen zu beteiligen (vgl. § 5 Abs. 1). Ihnen ist insbesondere vor der abschließenden Meinungsbildung Gelegenheit zur Stellungnahme und Erörterung zu geben. Die Stellungnahmen zu dem ihnen zugeleiteten Berichtsentwurf der KEF sind in den endgültigen Bericht der KEF einzubeziehen. Die Kosten der KEF und ihrer Geschäftsstelle werden vorab aus der Rundfunkgebühr gedeckt. ARD und ZDF sind die Gebührengläubiger, da die KEF keine eigene Rechtsfähigkeit besitzt, und sie tragen die Kosten jeweils zur Hälfte (vgl. § 6 Abs. 1). Die KEF erstellt einen Wirtschaftsplan und richtet eine Geschäftsstelle ein (vgl. § 6 Abs. 2 und 3). Einzelheiten der Organisation und Finanzierung regeln die Ministerpräsidenten in einem Beschluß (vgl. § 6 Abs. 2 und 3).

Die Bedarfsmeldungen samt der ergänzenden und erläuternden Unterlagen, die die Rundfunkanstalten der KEF zuleiten, erhält zugleich die Rundfunkkommission (vgl. § 7 Abs. 1)[26]. Somit sind die Länder von Anfang an in das Verfahren mit eingebunden. Legt dann die KEF ihren Gebührenvorschlag vor, ist dieser Grundlage für die Entscheidungen der Landesregierungen und der Landesparlamente. Sind Abweichungen beabsichtigt, so erörtert diese die Rundfunkkommission der Länder mit den Rundfunkanstalten. In diese Erörterungen ist die KEF einzubeziehen. Entscheidungen, die von dem Gebührenvorschlag abweichen, sind zu begründen (vgl. § 7 Abs. 2). Nach der Rechtsprechung des Bundesverfassungsgerichts kommt ein Abweichen im wesentlichen nur aus Gründen des Informationszugangs und der angemessenen Belastung der Rundfunkteilnehmer (»Sozialverträglichkeit«) in Betracht (vgl. Begründung zum Dritten Staatsvertrag zur Änderung rundfunkrechtlicher Staatsverträge 1996, S.64f.).

Die Gebühren. Wir haben voranstehend schon darauf hingewiesen, daß der neue Rundfunkfinanzierungsstaatsvertrag in den nachfolgenden Abschnitten II bis V strukturell nicht verändert wurde. Allerdings hat er sich natürlich insoweit wesentlich verändert, als die Rundfunkgebühr mit Wirkung zum 1. Januar 1997 neu festgesetzt wurde. Nach § 8 beträgt die Grundgebühr 9,45 Mark und die Fernsehgebühr 18,90 Mark. Auch die Aufteilung der Mittel nach § 9 stellt sich nun anders dar. Das DeutschlandRadio erhält nur noch 0,698 Mark (bislang 0,75 Mark) aus der monatlichen Grundgebühr. Die Fernsehgebühr teilen sich ARD und ZDF im Verhältnis von 63,9878 vom Hundert und 36,0122 vom Hundert. Bislang hatte das ZDF auf der Grundlage von § 29 Abs. 1 des ZDF-Staatsvertrages 30 vom Hundert der Fernsehgebühr erhalten, diese Vorschrift im ZDF-Staatsvertrag ist entfallen. In Zukunft wird die Aufteilung der Mittel entsprechend dem im neuen Rundfunkstaatsvertrag ent-

---

[26] Die Rundfunkkommission rekrutiert sich aus den Ministerpräsidenten der Länder und den Bürgermeistern der Stadtstaaten.

wickelten Verfahren festgelegt. Geändert haben sich auch Umfang und Verteilung der Finanzausgleichsmasse. Sie beträgt nach § 14 Abs. 1 jährlich mindestens 186,17 Mio. Mark. Nach § 14 Abs. 2 erhält davon der Saarländische Rundfunk mindestens 94,71 Mio. Mark, Radio Bremen mindestens 81,46 Mio. Mark und der Sender Freies Berlin 10 Mio. Mark. Im § 14 Abs. 3 wird dieses Aufkommen und diese Verteilung der Mittel in ihrem Verhältnis zur zukünftig geänderten Rundfunkgebühr festgeschrieben. In allen übrigen Regelungen der Abschnitte II bis IV hat sich auch inhaltlich nichts geändert. Die Vorschriften zur Vertragsdauer und Kündigung des V. Abschnittes, wir haben vorstehend darauf verwiesen, wurden entsprechend angepaßt.

1.5.12.5 Protokollerklärungen

In Protokollerklärungen zum Dritten Rundfunkänderungs-staatsvertrag markieren die Länder ihre unterschiedlichen kommunikationspolitischen Positionen. Die SPD-dominierten Regierungen gehen davon aus, daß die betroffenen Anstalten einen Anspruch auf Finanzausgleich haben, denn dieser sei eine wesentliche finanzielle Grundlage der Gewährleistung von Bestand und Entwicklung des öffentlich-rechtlichen Rundfunks. Die CDU/CSU-regierten Länder sehen das nicht so, denn nach ihrer Ansicht ist das »Finanzausgleichssystem nicht notwendiger Bestandteil des öffentlich-rechtlichen Rundfunks«, da entsprechend dem Bundesverfassungsgericht eine Bestands- und Entwicklungsgarantie nur dem öffentlich-rechtlichen Rundfunk als solchem zukomme, nicht aber einer einzelnen öffentlich-rechtlichen Anstalt. Die Länder sind sich einig, indem sie das von ARD und ZDF vorgelegte Konzept eines Kinderkanals zur Kenntnis nehmen und alle davon ausgehen, daß aus dem von ARD und ZDF in Aussicht genommenen »Parlaments- und Ereigniskanal« kein Nachrichtenkanal entsteht. Sie wollen bis 31. Dezember 1998 prüfen, ob § 23 RStV, der die Publizitätspflicht von Rundfunkveranstaltern einführt, aufgrund der dann gewonnenen Erfahrungen praktikabel und notwendig ist. Sie sind sich ferner einig (Ausnahme Hessen), daß die regionalen Programme der ARD-Landesrundfunkanstalten (Dritte Programme) sowie die Verpflichtung zur Ausstrahlung des ARD-Gemeinschaftsprogramms und des ZDF-Hauptprogramms beibehalten werden. Sie nehmen jedoch eine Novellierung des ARD-Staatsvertrages hinsichtlich Art und Umfang der Beteiligung der einzelnen Rundfunkanstalten in Aussicht. Es wird auch eine Veränderung der ARD-Struktur von den betroffenen Ländern geprüft. Bis Mitte 1999 sind dann konkrete Entscheidungen der Ministerkonferenz zu erwarten. Bremen und das Saarland erklären hierzu, daß sie davon ausgehen, daß alle Beteiligten den Fortbestand von Radio Bremen und des Saarländischen Rundfunks, verbunden mit Einheitsgebühren und Finanzausgleich, über den 31. Dezember 2000 hinaus als gesichert sehen. In diesen Protokollerklärungen zum Rundfunkfinanzierungsstaatsvertrag erteilen die Länder der KEF zudem den Auftrag, zu prüfen, wie Lücken in den Deckungsstöcken der Altersversorgung bei den ARD-Rundfunkanstalten geschlossen werden können. Und sie erklären, daß auch die Landesmedienanstalten an der Erhöhung der Rundfunkgebühr in der nächsten Gebührenperiode teilhaben. Danach ist dies zu überprüfen.

1.5.13 Der Mediendienste - Staatsvertrag [27]

Der Mediendienste-Staatsvertrag (Staatsvertrag über Mediendienste vom 20. Januar/12. Februar 1997) ist am 1. August 1997 in Kraft getreten. Sein Ziel ist es, in allen Ländern einheitliche Rahmenbedingungen für die verschiedenen Nutzungsmöglichkeiten der elektronischen Informations- und Kommunikationsdienste zu schaffen (vgl. § 1), um so dem tiefgreifenden

---

[27] Vgl. Staatsvertrag über Mediendienste vom 20. Januar/12. Februar 1997; vgl. auch: Begründung zum Staatsvertrag über Mediendienste 1997.

Wandel der Informations- und Kommunikationstechnologie
Rechnung zu tragen (vgl. Begründung zum Staatsvertrag über
Mediendienste 1997, S.26). Mediendienste unterscheiden sich
von Telediensten, da sie an die Allgemeinheit - eine beliebige
Öffentlichkeit - gerichtet sind. Vom Rundfunk sind sie dadurch
zu unterscheiden, daß ihnen das Merkmal der »Darbietung«
fehlt, sie also nicht Medium und Faktor der öffentlichen Meinungsbildung sein können (vgl. ebd., S. 27). In § 2 sind die Mediendienste beispielhaft aufgeführt, so Verteildienste im Sinne
von Fernseheinkauf oder im Sinne der Übermittlung von Daten
oder in Form von Fernseh- oder Radiotext. Dazu gehören auch
Abrufdienste wie Text-, Ton- oder Bilddarbietungen, die auf
Anforderung aus elektrischen Speichern abgerufen werden
können, z.B. Telespiele. Wichtig ist, daß nach § 4 Zugangsfreiheit für jedermann besteht, so daß nun auch für den Bereich der
Mediendienste die Vorschriften der allgemeinen Handlungs-
und Gewerbefreiheit gelten, und somit eine medienrechtliche
Zulassung nicht erforderlich ist.

Interessant ist die Regelung der Verantwortlichkeit der Anbieter dieser Dienste. Als Anbieter eigener Inhalte sind sie nach
den allgemeinen Gesetzen verantwortlich, als Anbieter für
fremde Inhalte nur dann, wenn sie von diesem Inhalt Kenntnis
haben. Für fremde Inhalte, zu welchen sie nur den Zugang vermitteln, sind sie nicht verantwortlich (vgl. § 5). Unter § 8 werden
die Bestimmungen über unzulässige Mediendienste und zum
Jugendschutz festgelegt, die jenen Regelungen entsprechen, die
im Rundfunkstaatsvertrag festgeschrieben sind. Ebenso gelten
entsprechende Regelungen für den Bereich der Werbung und
des Sponsoring (vgl. § 9). Wichtige und umfängliche Regelungen gelten für den Datenschutz (vgl. §§ 12 bis 17) und für die
Aufsicht (vgl. §§ 18 bis 20). Die Aufsicht über die Einhaltung der
Jugendschutzvorschriften führt die entsprechende Landesbe-
hörde, über den Datenschutz die entsprechenden Kontrollbe-
hörden des Bundes und der Länder. Die Einhaltung aller übri-

gen Bestimmungen - insbesondere solche, bezogen auf Werbung und Sponsoring - überwacht eine Behörde, die die einzelnen Länder erst noch einrichten oder beauftragen werden. Bei der Umsetzung der Bestimmungen dieses Staatsvertrages wird es noch zu interessanten Diskussionen kommen. Denn einerseits ist eine klare Trennung von Telediensten (für diese gelten die bundesgesetzlichen Regelungen des Teledienste-Gesetzes) und Mediendiensten (für diese gilt dieser Staatsvertrag) - betrachtet man die Vielfalt der technischen und publizistischen Gestaltungsformen - kaum möglich, andererseits muß ein Anbieter von Mediendiensten immer gewärtigen, daß seine Angebote Rundfunk sein könnten, da diese vielleicht doch auch Medium und Faktor der öffentlichen Meinungsbildung sind. Holt er sich eine entsprechende »Unbedenklichkeitsbescheinigung« von der zuständigen Landesmedienzentrale, die darüber entscheidet, was Rundfunk- und was Mediendienste sind, so wird sein Angebot auf Dauer in Form und Inhalt festgeschrieben. Auf Veränderungen und Herausforderungen des Marktes, die die Anpassung oder Neuorientierung des Diensteangebots provozieren, kann er nicht reagieren, will er die Unbedenklichkeit nicht aufs Spiel setzen.

1.5.14 Der DeutschlandRadio - Staatsvertrag[28]

Dieser »Staatsvertrag über die Körperschaft des öffentlichen Rechts 'DeutschlandRadio'« wurde am 17. Juni 1993 abgeschlossen (jetzt gültig in der Fassung vom 11. September 1996)[29] und

---

[28] Vgl. Staatsvertrag über die Körperschaft des öffentlichen Rechts »DeutschlandRadio» vom 17. Juni 1993.

[29] Zugleich wurde ein entsprechender Staatsvertrag zwischen den Ländern und dem Bund abgeschlossen zur »Überleitung von Rechten und Pflichten des Deutschlandfunks und des RIAS Berlin auf die Körperschaft des öffentlichen Rechts DeutschlandRadio« (Hörfunk-Überleitungsvertrag vom 17. Juni 1993). Dabei ging es insbesondere um die Übernahme des

regelt Organisation, Aufbau und Struktur des neugeschaffenen nationalen Hörfunksenders »DeutschlandRadio«.[30] Träger dieser Körperschaft mit Sitz in Köln und Berlin sind die ARD-Landesrundfunkanstalten und das ZDF, die auch die Finanzierung aus den Rundfunkgebühren zu tragen haben, denn von den monatlichen Grundgebühren ist ein Teil (nach § 9 Abs. 1 RFinStv derzeit 0,698 Mark) an den nationalen Hörfunk abzutreten.

Aufbau und Struktur. Der Aufbau entspricht dem der anderen öffentlich-rechtlichen Rundfunkanstalten. Organe der Körperschaft sind der Hörfunkrat, der Verwaltungsrat und der Intendant. Im Hörfunkrat (40 Mitglieder) und im Verwaltungsrat (acht Mitglieder) ist den Landesregierungen und der Bundesregierung eine hohe Präsenz eingeräumt. Im Hörfunkrat sitzen elf, im Verwaltungrat vier Regierungsvertreter (vgl. §§ 21 und 24).

Besonderheiten. Das »DeutschlandRadio« weist auch insoweit eine Besonderheit auf, als es zugleich seinen Sitz in Köln und Berlin hat. Dies hat damit zu tun, daß das »DeutschlandRadio« aus dem »Deutschlandfunk«, einer Bundesrundfunkanstalt mit Sitz in Köln und dem »RIAS« mit Sitz in Berlin hervorgegangen ist und in diesen Zusammenschluß auch das frühere DDR-Hörfunkprogramm DS-Kultur einzubeziehen war. Deshalb mußte zugleich auch ein »Hörfunk-Überleitungsvertrag«

Personals, der Liegenschaften, der Einrichtungen (Klangkörper), der Sendetechnik und der Altersversorgung der Mitarbeiter der beiden vormaligen Sender (vgl. Staatsvertrag zwischen der Bundesrepublik Deutschland und den Ländern über die Überleitung von Rechten und Pflichten des Deutschlandfunks und des RIAS Berlin auf die Körperschaft des öffentlichen Rechts »DeutschlandRadio« - Hörfunk-Überleitungsvertrag - vom 17. Juni 1993).

[30] Aus dem Dritten Rundfunkänderungsstaatsvertrag wurden in den »DeutschlandRadio-Staatsvertrag (DLRStV)« u. a. die Bestimmungen des RStV zu den Programmgrundsätzen und über unzulässige Sendungen, Jugendschutz u. a. übernommen.

zwischen dem Bund und den Ländern geschlossen werden.

1.5.15 Die Teilmedienstaatsverträge

In der Darstellung der Rundfunkstaatsverträge sind die sogenannten Teilmedienstaatsverträge der verschiedenen Ländergruppen »Nordschienenstaatsvertrag«, »Südschienenstaatsver-
trag« und »Westschienenstaatsvertrag« im einzelnen nicht dargestellt. Diese Staatsverträge wurden teils im Vorgriff, teils im
Nachgang zum »Staatsvertrag zur Neuordnung des Rundfunkwesens (Rundfunkstaatsvertrag) vom 1./3. April 1987«[31]
abgeschlossen, der ein erster Versuch war, länderübergreifende
Regelungen für den öffentlich-rechtlichen und den privaten
Rundfunk in einem dualen Rundfunksystem zu finden. Und in
dem unter anderem auch die Nutzung der Satellitentechnik
(vgl. Art. 1) festgelegt wurde. Im übrigen befaßte sich der
Staatsvertrag mit den Fragen der Finanzierung des Rundfunks
allgemein, mit der Zulassung, der Aufsicht und der Sicherung
der Meinungsvielfalt im privaten Rundfunk und mit den für
den privaten Rundfunk geltenden Programmgrundsätzen. Es
wurden also die Grundlinien der Rundfunkordnung abgesteckt
und konkret festgelegt, nach welchem Muster Satellitenkanäle
zu besetzen wären. Und so wurde genau bestimmt, wie die fünf
verfügbaren Fernsehkanäle auf dem Rundfunksatelliten TV-Sat,
der von der Deutschen Bundespost zur Verfügung gestellt werden sollte, zu verteilen sind. Drei Fernsehkanäle sollten nach
Art. 1 Abs. 1 von privaten Veranstaltern genutzt werden, zwei
von ARD und ZDF. Die Zuteilung an private Veranstalter sollte
von einzelnen Ländergruppen auf der Grundlage von Staatsverträgen erfolgen.

Also schlossen die Länder Berlin, Niedersachsen und

---

[31] Vgl. Staatsvertrag zur Neuordnung des Rundfunkwesens vom 1./3. April
1987.

Schleswig-Holstein (»Nordschiene«) am 20. März 1986 einen »Staatsvertrag über die Veranstaltung von Fernsehen über Rundfunksatellit«, dem Hamburg am 18. Juni 1987 beitrat und vergaben die Lizenz an RTL plus[32]. Am 12. Mai 1986 wurde der »Staatsvertrag über die gemeinsame Nutzung eines Fernseh- und eines Hörfunkkanals auf Rundfunksatelliten« von den Ministerpräsidenten von Baden-Württemberg, Bayern und Rheinlandpfalz (»Südschiene«) unterzeichnet, die »ihren« Kanal SAT.1 zuwiesen[33]. Die Länder der »Westschiene« Bremen, Hessen, Nordrhein-Westfalen und das Saarland unterzeichneten erst Ende Juli 1989 den »Staatsvertrag über die Veranstaltung von Fernsehen über Satellit (Satelliten-Fernseh-Staatsvertrag)«, in dem sie übereinkamen, Vergabe und Nutzung des ihnen verfügbaren Kanals für einen privaten Veranstalter auf dem Rundfunksatelliten, gemeinsam zu regeln, jedoch nicht darüber entschieden, welchen Veranstaltern der Kanal zugewiesen werden soll[34].

Diese Teilmedienstaatsverträge markieren eine Zwischenstufe auf dem Wege der Entwicklung privaten Satellitenrundfunks, von der man damals noch glaubte, daß man sie national steuern könnte. Am Ende erlangten diese Staatsverträge keine weitere Bedeutung, denn der Satellit der Deutschen Bundespost (TV-Sat 1), der am 21. November 1987 startete, hatte einen technischen Defekt und konnte deshalb keine Sendeleistung bringen. Ohnehin sollte dieser direktstrahlende Satellit in der neuen Farbfernsehnorm D2-MAC senden, für die es noch keine Empfangsgeräte gab. Als dann der »Ersatzsatellit« TV-Sat 2 am 9. August 1989 gestartet war, war zwar die europäische Farbfern-

---

[32] Vgl. Staatsvertrag über die Veranstaltung von Fernsehen über Rundfunksatellit vom 20. März 1986.

[33] Vgl. Staatsvertrag über die gemeinsame Nutzung eines Fernseh- und eines Hörfunkkanals auf Rundfunksatelliten vom 12. Mai 1996.

[34] Vgl. Staatsvertrag über die Veranstaltung von Fernsehen über Satellit (Satellitenfernseh-Staatsvertrag) vom 29. Juni/20. Juli 1989.

sehnorm D2-MAC aufgegeben worden und der Empfang im PAL-System für jedermann grundsätzlich möglich, doch hatten sich inzwischen die Hybrid-Satelliten des Luxemburgischen ASTRA-Satellitensystems im Markt der direktempfangbaren Satelliten etabliert, über die in Mitteleuropa heute allein Satellitenprogramme erfolgreich vermarktet werden. Seither ist die Verbreitung von Satellitenprogrammen für Deutschland (Ausnahme: Deutsche Welle TV) über andere Satellitensysteme ohne Bedeutung.

Das gleiche Schicksal erlitten die beiden Satellitenprogramme »EINS PLUS« und »3sat« der öffentlich-rechtlichen Rundfunkanstalten. Diesen nämlich sprach der Rundfunkstaatsvertrag von 1987 die beiden anderen Kanäle auf dem Satelliten der Deutschen Bundespost zu. In Art. 2 des Rundfunkstaatsvertrages von 1987 waren ARD und ZDF verpflichtet worden, zwei zusätzliche Fernsehprogramme mit kulturellem Schwerpunkt zu veranstalten. Dies war als Zugeständnis zugunsten der Entwicklung privater Satellitenprogramme gedacht, deren Unterhaltungsprogramme von Konkurrenz freigehalten werden sollten.

2.   Spezielle Regelungen

2.1   Für den öffentlich-rechtlichen Rundfunk

2.1.1   Staatsverträge

Die Regelungskompetenz für den Rundfunk liegt bei den Ländern. Sollen also länderübergreifende Organisationen für den Rundfunk geschaffen werden, und dies ist zum Beispiel aus Finanzierungs- und Rationalisierungsgründen notwendig, auf Grund von raumstrukturellen Überlegungen sinnvoll oder in Folge historischer Entwicklungen (vgl. Südwestfunk) vorgegeben, so haben dies die betroffenen Länder in Staatsverträgen zu vereinbaren.

Die einzelnen Verträge. Der erste länderübergreifende Staatsvertrag wurde zwischen den Ländern Baden, Rheinland-Pfalz und Württemberg-Hohenzollern am 27. August 1951 über den Südwestfunk geschlossen, zuletzt geändert am 30. September 1995 durch einen Staatsvertrag zwischen den Ländern Baden-Württemberg und Rheinland-Pfalz. Inzwischen ist ein neuer Staatsvertrag (»Staatsvertrag über den Südwestrundfunk vom 31. Mai 1997«) zwischen Baden-Württemberg und Rheinland-Pfalz abgeschlossen, welcher die Struktur des Rundfunks in beiden Ländern neu ordnet. Die beiden bestehenden Rundfunkanstalten Süddeutscher Rundfunk und Südwestfunk gehen in einer neuen Rundfunkanstalt »Südwestrundfunk (SWR)« mit je einem Landessender für Baden-Württemberg und Rheinland-Pfalz auf. Diese Strukturreform ist zum 1. Januar 1998 in Kraft getreten.[35] Der NDR-Staatsvertrag von 1955 bezog sich ursprünglich auf die Länder Hamburg, Schleswig-Holstein und Niedersachsen. Nach der Wiedervereinigung kam Mecklenburg-Vorpommern hinzu. Der heute gültige »Staatsvertrag über den Norddeutschen Rundfunk« datiert vom 17./18. Dezember 1991 (vgl. ARD-Jahrbuch 92, S.449-462). Beim Aufbau des Rundfunks in den »Neuen Ländern« wurde der Mitteldeutsche Rundfunk als die Länder Sachsen, Sachsen-Anhalt und Thüringen umgreifende Rundfunkorganisation geschaffen[36].

Gemeinsamkeiten. Die Bestimmungen in den einzelnen Staatsverträgen zur Veranstaltung von Rundfunk in öffentlich-rechtlicher Trägerschaft unterscheiden sich in den Grundstrukturen kaum. In allen sind Sendegebiet, Programme, Programmauftrag und Programmgrundsätze, ihre Organe und deren Zusammensetzung (Rundfunkrat, Verwaltungsrat, Intendant) bestimmt, Aufgaben und Wahlmodus festgelegt. Allerdings geschieht dies umfassender und deutlich differenzierter in den

---

[35] Vgl. Staatsvertrag über den Südwestrundfunk vom 31. Mai 1997.
[36] Vgl. Staatsvertrag über den Mitteldeutschen Rundfunk vom 30. Mai 1991.

Staatsverträgen aus den 90er Jahren als im Staatsvertrag über den Südwestfunk, der in seiner Grundstruktur schon 1951 festgelegt wurde.

Besonderheiten. In den Staatsverträgen über den NDR und den MDR treten zudem Regelungsbereiche zum Daten- und Jugendschutz, zur Gleichstellung von Frauen und Männern und zur Werbung deutlicher in den Vordergrund. Anzumerken ist auch: Je nach Vertrag erweist sich die Binnenstruktur der Rundfunkorganisation insoweit unterschiedlich, als die Eigenständigkeit der Landesfunkhäuser mehr oder weniger ausgeprägt ist. So kennt der Staatsvertrag über den NDR als viertes Organ (vgl. § 16) die Landesrundfunkräte, deren Aufgabe es ist, die Landesprogramme auf die Einhaltung der Programmanforderungen zu überwachen (vgl. § 23).

Diese Landesprogramme sind getrennte Programme der Landesfunkhäuser (vgl. § 3 Abs. 1), die diese in eigener Verantwortung gestalten (vgl. § 3 Abs. 2). Die Landesfunkhäuser in Hamburg, Hannover, Kiel und Schwerin (§ 2) werden von Direktoren geleitet, die das Landesprogramm verantworten und auch die Personalentscheidungen eigenständig treffen (vgl. § 3 Abs. 2). Auch der Mitteldeutsche Rundfunk hat Landesfunkhäuser für Sachsen (Dresden), Sachsen-Anhalt (Magdeburg) und Thüringen (Erfurt) (vgl. § 2) eingerichtet, die eigenständige Landesprogramme ausstrahlen, die der jeweilige Direktor verantwortet (vgl. § 4). Allerdings ist hier kein viertes Organ als Landesrundfunkrat geschaffen, der für diese Programme die Kontrolle übernimmt. Derlei weitreichende Eigenständigkeit weist der Staatsvertrag über den Südwestfunk den Landesstudios und ihren Leitern in Tübingen, Freiburg und Mainz nicht zu.

Nun aber, im neuen Staatsvertrag über den Südwestrundfunk, sieht das ganz anders aus. Jetzt gibt es eigenständige, sogar nach unterschiedlichen Merkmalen zusammengesetzte Landesrundfunkräte in Baden-Württemberg und in Rheinland-Pfalz, deren Kontrollaufgaben auf die entsprechenden Programme der Landessender bezogen sind, die jeweils ein Direktor verantwortet (vgl. §§ 14 und 28). Diese Landesprogramme sind eigenständige Programme, die ausschließlich für das jeweilige Land bestimmt sind (vgl. § 4). Die beiden Landessender haben ihren Sitz in Mainz und Stuttgart. Die zentralen Aufgaben sind dem Sitz der Anstalt in Baden-Baden zugewiesen. Die beiden Landesrundfunkräte bilden zusammen den Rundfunkrat des Südwestrundfunks und kontrollieren insoweit das Gesamtprogramm (vgl. § 14).

2.1.2   Landesrundfunkgesetze

Landesrundfunkgesetze regeln den öffentlich-rechtlichen Rundfunk, soweit dessen Sendegebiet nur ein Land umfassen soll. In den alten Bundesländern reichen diese Regelungen zum Teil bis in die Nachkriegszeit zurück. Sie sind aber im Laufe der Jahre entsprechend angepaßt worden. Einige Länder entschlossen sich, die Regelungen aus der Nachkriegszeit durch neue Gesetze abzulösen. Im Osten hat sich nach der Wiedervereinigung nur ein Landessender etabliert, und so wurde nur in Brandenburg ein Landesrundfunkgesetz zur Regelung des öffentlich-rechtlichen Rundfunks verabschiedet.

Die Gesetze:

- In Bayern gilt das »Gesetz über die Errichtung und die Aufgaben einer Anstalt des öffentlichen Rechts 'Der Bayerische Rundfunk'« vom 10. August 1948 in seiner Fassung vom 25. Februar 1994.

- Das »Gesetz über den Hessischen Rundfunk«, datiert vom 2. Oktober 1948, gilt heute in seiner Fassung vom 30. November 1993.

- In Brandenburg ist das erst am 6. November 1991 beschlossene »Gesetz über den Ostdeutschen Rundfunk Brandenburg« schon zweimal geändert worden und gilt jetzt in der Fassung vom 30. Juni 1994. Zugleich gilt der »Staatsvertrag über die Zusammenarbeit zwischen Berlin und Brandenburg im Bereich des Rundfunks« vom 29. Februar 1992.

- Bremen hat am 18. Juni 1979 durch das »Gesetz über die Errichtung und die Aufgaben einer Anstalt des öffentlichen Rechts - Radio Bremen«, das Rundfunkgesetz neu gefaßt und damit die Regelung vom 22. November 1948 außer Kraft gesetzt. Diese neue Regelung gilt jetzt in der Fassung vom 22. Juni 1993.

- Das ursprüngliche »Gesetz Nr. 806 über die Veranstaltung von Rundfunksendungen im Saarland« vom 2. Dezember 1964 wurde durch das Gesetz Nr. 1174 »Rundfunkgesetz für das Saarland (Landesrundfunkgesetz)« vom 28. November 1984 ersetzt. Derzeit gilt dieses in der Fassung vom 3. Juli 1996[37].

- Das Berliner »Gesetz über die Errichtung einer Rundfunkanstalt 'Sender Freies Berlin'« wurde am 12. November 1953 errichtet, geändert zuletzt am 19. Oktober 1995.

- Auch die Regelung für den Süddeutschen Rundfunk reicht in die 50er Jahre zurück. Das »Gesetz Nr. 1096 Rundfunkgesetz« vom 21. November 1950 galt zuletzt, mehrfach geändert, zusammen mit der detaillierten Satzung in seiner Fassung vom 15. Dezember 1992.

- Nordrhein-Westfalen hat das Rundfunkgesetz von 1954 durch das »Gesetz über den Westdeutschen Rundfunk Köln (WDR-Gesetz)« am 31. März 1993 abgelöst, dieses gilt jetzt in seiner Fassung vom 24. April 1995.

---

[37] Dieses Gesetz regelt öffentlich-rechtlichen und privaten Rundfunk zugleich. Für den öffentlich-rechtlichen Rundfunk gelten die besonderen Bestimmungen des Abschnitt C.

Gemeinsamkeiten. Die heute noch auf den Regelungen der Nachkriegszeit aufbauenden Rundfunkgesetze erscheinen meist weniger umfänglich und zum Teil auch weniger differenziert als die neueren Gesetze. Sie sind jedoch in den wesentlichen Punkten an die Erfordernisse, die sich aus den Vereinbarungen der Rundfunkstaatsverträge ergeben, angepaßt worden. In allen Rundfunkgesetzen wird der Auftrag des Rundfunks in Information, Bildung und Unterhaltung gesehen. In einigen Gesetzen ist noch die Beratung hinzugefügt. Im wesentlichen gleich ist auch der im Gesetz beschriebene Aufbau der Rundfunkorganisation. Beim ORB (vgl. § 16 Abs. 9) und beim WDR (vgl. § 15 Abs. 12) sollen die Rundfunkräte wenigstens Kenntnisse auf dem Gebiet der Rundfunks besitzen. Die Programmgrundsätze sind durch Wertbegriffe ähnlich umschrieben. Unterschiede im Vergleich mit den anderen Landesrundfunkgesetzen ergeben sich insbesondere aus den Regelungen zum WDR und zu Radio Bremen.

Direktorium. Bei Radio Bremen wird der Intendant durch das Direktorium ersetzt, dem zwar auch ein Intendant neben bis zu vier Direktoren angehört, dies aber nur deshalb, weil nach außen weiterhin das Intendantenprinzip gelten soll (allein verantwortlich). Im Innenverhältnis aber sind die Mitglieder des Direktoriums gleichgestellt, sie entscheiden nach dem Kollegialprinzip mit Mehrheit (vgl. §§ 7, 15, 16). Zudem ist im Radio-Bremen-Gesetz ein Berufsgruppenvertretungsrecht verankert (vgl. § 18).

Nutzung neuer Techniken. Im WDR-Gesetz, das sich als besonders umfänglich und differenziert erweist, wird in § 3 das Tätigkeitsfeld des WDR auf die Zukunft hin ausgerichtet und abgesichert, so daß die neuen Übertragungstechniken voll genutzt werden können und »pay per view« und »pay per channel« möglich sind. Nach Art. 1 Abs. 2 BayRG kann auch der Bayerische Rundfunk alle neuen Verteiltechniken nutzen und die neuen Formen von Rundfunk veranstalten. Gleiches gilt für den NDR und für Radio Bremen (vgl. § 2 Abs. 3 und 4 Radio-Bremen-Gesetz). Nach § 6 Abs. 2 NDR-Staatsvertrag kann der NDR bei der Wahrnehmung seiner Aufgaben ebenso wie die privaten Rundfunkveranstalter alle verfügbaren Möglichkeiten nutzen. Der Bayerische Rundfunk kann sich nach Art. 3 Abs. 2 BayRG auch an privaten Anbietern von lokal, regional oder landesweit verbreiteten Rundfunkprogrammen beteiligen, allerdings mit weniger als 25 vom Hundert der Kapital- oder Stimmrechtsanteile.

Unterrichtsprogramme. Im WDR-Gesetz ist festgelegt, daß zukünftige Unterrichtsprogramme entwickelt und gesendet werden können. Dies wird auch organisatorisch verankert. Denn neben den drei Organen: Intendant, Rundfunkrat und Verwaltungsrat wird dort als viertes Organ der Schulrundfunkausschuß beschrieben (vgl. §§ 27, 28 und 29 des WDR-Gesetzes), der die Veranstaltung von Bildungssendungen mit Schulcharakter überwacht.

Eigene journalistische Verantwortung der Mitarbeiter. Auffällig ist, daß nur die Gesetze zum Saarländischen Rundfunk (vgl. § 19 Abs. 1 Landesrundfunkgesetz), zum Westdeutschen Rundfunk (vgl. § 32 WDR-Gesetz) und zum Ostdeutschen Rundfunk Brandenburg (vgl. § 27 Abs. 2 ORG-Gesetz) den Mitarbeitern eine eigene journalistische Verantwortung zuweisen. In allen drei Rundfunkanstalten sind zudem Redaktionsstatute ebenso wie beim NDR und bei Radio Bremen verankert.

Der Sonderfall: Rundfunk im Saarland. Das saarländische Landesrundfunkgesetz von 1993 zielt darauf ab, alle Rundfunkaktivitäten in einem Gesetz zu fassen. Es gilt also für privaten wie auch für öffentlich-rechtlichen Rundfunk, wobei die allgemeinen Vorschriften, etwa die Programmgrundsätze, die Anforderungen an die Programmgestaltung, die Verpflichtung zur Meinungsvielfalt oder die Vorschriften zur Werbung und zum

Sponsoring, grundsätzlich auf beide Ausformungen der Rundfunkorganisation anzuwenden sind. Die speziellen Regelungen
für den öffentlich-rechtlichen Rundfunk werden in Abschnitt C
zusammengefaßt. Sie entsprechen den üblichen, allerdings
weitgefaßten und detaillierten Regelungen zum Aufbau und
zur Struktur des öffentlich-rechtlichen Rundfunks und seiner
Organe und weisen eine Besonderheit auf. In § 47 behält sich
das Saarland vor, neben dem saarländischen Rundfunk auch
andere Rundfunkanstalten des öffentlichen Rechts einzurichten.
Es gilt auch für die Rundfunkgesetze, was für die neuen länderübergreifenden Staatsverträge gilt: Die neueren gesetzlichen
Regelungen legen besonderes Augenmerk jetzt auch auf Finanz-
und Haushaltsfragen, auf Bestimmungen zur Werbung und
zum Sponsoring, und auf den Daten- und Jugendschutz. Dies
liegt wohl auch darin begründet, daß in diese Bestimmungen
die Regelungen aus den alle länderübergreifenden Staatsverträgen übernommen wurden.

2.1.3   Regelungsmuster

Vergleicht man die Regelungen in den verschiedenen länderübergreifenden Staatsverträgen[38] über den öffentlich-rechtlichen Rundfunk sowie die verschiedenen Landesrundfunkgesetze zum öffentlich-rechtlichen Rundfunk, so weisen diese in
aller Regel folgende Grundmuster auf:

- Es wird die Rechtsform des Rundfunks als öffentlich-
  rechtliche Anstalt bestimmt.

- Es wird als grundsätzliche Aufgabe (Programmauftrag) die
  Veranstaltung und Verbreitung von Hörfunk- und/oder
  Fernsehprogrammen gesehen, die der Information, der Bil-

---

[38] Für das ZDF gilt der ZDF-Staatsvertrag (ZDF-StV) in seiner Fassung vom
11. September 1996 (vgl. Abschnitt 1.5.5).

dung, Beratung und Unterhaltung und dem kulturellen Auftrag des Rundfunks dienen. Insbesondere in den neueren Regelungen wird hierbei auch darauf verwiesen, daß der Rundfunk Medium und Faktor der öffentlichen und/oder individuellen Meinungsbildung ist, der die Sache der Allgemeinheit vertritt.

- Die Programmgrundsätze gebieten: Die Würde des Menschen, die Menschenrechte und die sittlichen und religiösen Überzeugungen zu achten, demokratische Gesinnung und kulturelle Verantwortung zu zeigen, für den Frieden, die Völkerverständigung und den Minderheitenschutz einzutreten. Die neueren gesetzlichen Regelungen zielen zudem darauf, die Gleichstellung von Frauen und Männern[39], die Zusammengehörigkeit im vereinten Deutschland und den Schutz der natürlichen Umwelt zu fördern. Sonderinteressen dürfen nicht verfolgt werden, vielmehr soll die Vielfalt der bestehenden Meinungen und der weltanschaulichen, politischen, wissenschaftlichen und künstlerischen Richtungen im Gesamtprogramm in möglichster Breite und Vollständigkeit zum Ausdruck kommen. In den neueren Regelungen sind zugleich die detaillierteren Bestimmungen über unzulässige Sendungen und den Kinder- und Jugendschutz aus dem Rundfunkstaatsvertrag (vgl. § 3) übernommen worden. In den länderübergreifenden Staatsverträgen gilt es, die Gliederung des Sendegebietes in Länder im Gesamtprogramm angemessen zu berücksichtigen. Zudem sind beim MDR (vgl. § 4 Staatsvertrag über den Mitteldeutschen Rundfunk), beim NDR (vgl. § 3 Staatsvertrag über den Norddeutschen Rundfunk) und ab 1. Januar 1998 beim SWR (vgl. § 4 Staatsvertrag über den Südwestrundfunk) je eigene Landesprogramme beschrieben. Der Bayerische Rundfunk hat der Eigenart Bayerns gerecht zu

---

[39] Laut § 38 des Staatsvertrages über den Norddeutschen Rundfunk (NDR) ist dies durch Dienstvereinbarung zu sichern. Der Intendant hat hierüber einen jährlichen Bericht vorzulegen.

werden.

- Die Programmgestaltung hat sich an den Kriterien der Wahrheit, Objektivität, Überparteilichkeit und Ausgewogenheit zu orientieren. Nachrichten und Berichte sind gewissenhaft und mit der nötigen Sorgfalt zu recherchieren. Wesentlich betroffene Personen, Gruppen oder Organisationen sind angemessen zu berücksichtigen. Ziel ist es, sachlich und umfassend zu berichten, Nachrichten und Kommentare sind zu trennen. Der Kommentar ist als persönliche Stellungnahme unter Nennung der Verfassers zu kennzeichnen. Wertende und analysierende Beiträge haben den Geboten der journalistischen Fairneß zu entsprechen. Sachliche Kritik ist zulässig oder ausdrücklich gefordert (vgl. § 2 Abs. 1 Radio-Bremen-Gesetz). Besondere Sendezeiten sind der Regierung (Verlautbarungsrecht) unter bestimmten Voraussetzungen, den Parteien zur Wahlvorbereitung, den Kirchen zur Übertragung von Feierlichkeiten, einzuräumen. In den älteren Regelungen aus der Nachkriegszeit (vgl. BR, SWF, HR) sind sogar darüber hinausgehende Sonderrechte auch für Arbeitnehmer- und Arbeitgeberorganisationen eingeräumt, die - wie die Kirchen und zum Teil auch die Parteien - zu gleichen Teilen angemessene Sendezeiten für sich beanspruchen können[40].

- Die Organisation stützt sich in der Regel auf die Organe: Rundfunkrat, Verwaltungsrat und Intendant.

- Die Gremien (Rundfunkrat und Verwaltungsrat) werden in ihrer Zusammensetzung, in ihren Aufgaben, in ihrer Struktur (Vorsitz, Ausschuß) und in ihrer Arbeitsweise (Beschlußverfahren) beschrieben. Die Mitglieder dieser Gremien sind in ihrer Kontrollaufgabe dem Gesamtinteresse verpflichtet, an Aufträge und Weisungen nicht gebunden. Sie vertreten die

---

[40] Vgl. § 3 Abs. 7 Gesetz über den Hessischen Rundfunk; Art. 3 Abs. 2 Bayerisches Rundfunkgesetz und § 6 Abs. 1 Staatsvertrag über den Südwestfunk.

Allgemeinheit im Rundfunk.

- Die Wahl des Intendanten, seine Amtsdauer und Aufgaben werden beschrieben. Er ist der alleinverantwortliche, selbständige Leiter der Anstalt, der sie nach außen gerichtlich vertritt. In bestimmten Angelegenheiten bedarf er der Zustimmung des Verwaltungsrates.

- Es werden zum Teil umfängliche Regelungen (insbesondere in den neueren Bestimmungen) zur Finanz- und Wirtschaftsführung, zur Feststellung und Prüfung des Jahresabschlusses festgelegt.

- Es werden Regelungen zum Datenschutz und zum Datenschutzbeauftragten getroffen.

- Und es wird die Rechtsaufsicht bestimmt.

2.2 Für den privaten Rundfunk

2.2.1 Landesmediengesetze

Wie in den Rundfunkurteilen des Bundesverfassungsgerichts mehrfach dargelegt, ist der Gesetzgeber gehalten, eine positive Ordnung für den Rundfunk zu schaffen, da dem Rundfunk unter den Medien »wegen seiner Breitenwirkung, Aktualität und Suggestivkraft besondere Bedeutung zukommt« (BVerfGE 90, 60, [87]). Und so sind auch für den privaten Rundfunk landesgesetzliche Regelungen zu treffen. Derartige Regelungen werden seit den 80er Jahren, zuletzt auch in den Neuen Ländern, vor allem in Landesmediengesetzen geschaffen, die auch den Aufbau und die Organisation und Arbeitsweise jener Institutionen festlegen, die die konkrete Umsetzung des Gesetzes bewirken: die Landesmedienanstalten. Im einzelnen sind dies:

- Die »Landesanstalt für Kommunikation Baden-Württemberg (LfK)«. Grundlage: Das »Landesmediengesetz Baden-Württemberg (LMedienG)« in der Fassung vom 14. Februar 1995.

- Die »Bayerische Landeszentrale für Neue Medien (BLM)«. Grundlage: Das »Gesetz über die Entwicklung, Förderung und Veranstaltung privater Rundfunkangebote und anderer Mediendienste in Bayern (Bayerisches Mediengesetz-BayMG)« vom 24. November 1992, zuletzt geändert am 17. Dezember 1997.

- Die »Medienanstalt Berlin-Brandenburg (MABB)«. Grundlage: Der »Staatsvertrag über die Zusammenarbeit zwischen Berlin und Brandenburg im Bereich des Rundfunks« vom 29. Februar 1992.

- Die »Bremische Landesmedienanstalt«. Grundlage: »Bremisches Landesmediengesetz (Bremen LMG)« vom 1. Juli 1993.

- Die »Hamburgische Anstalt für Neue Medien (HAM)«. Grundlage: »Hamburgisches Mediengesetz« in der Neufassung vom 20. April 1994, zuletzt geändert am 22. April 1996.

- Die »Landesanstalt für privaten Rundfunk Hessen (LPR)«. Grundlage: »Hessisches Privatrundfunkgesetz (HPRG)« in der Fassung vom 25. Januar 1995, zuletzt geändert am 5. März 1996.

- Die »Landesrundfunkzentrale Mecklenburg-Vorpommern (LRZ)«. Grundlage: Das »Rundfunkgesetz für das Land Mecklenburg-Vorpommern (RGMV)« vom 9. Juli 1991, zuletzt geändert am 19. Juli 1994.

- Die »Niedersächsische Landesmedienanstalt für privaten Rundfunk (NLM)«. Grundlage: »Niedersächsisches Landesrundfunkgesetz (LRG)« vom 9. November 1993 in der Fassung vom 19. Dezember 1995.

- Die »Landesanstalt für Rundfunk Nordrhein-Westfalen (LfR)«. Grundlage: Das »Rundfunkgesetz für das Land Nordrhein-Westfalen (LRGNW)« vom 31. März 1993 in der Fassung vom 30. Januar 1996.

- Die »Landeszentrale für private Rundfunkveranstalter Rheinland-Pfalz (LPR)«. Grundlage: Das »Landesrundfunkgesetz (LRG)« vom 28. Juli 1992 in der Fassung vom 12. Oktober 1995.

- Die »Landesanstalt für das Rundfunkwesen Saarland (LAR)«. Grundlage: Das »Rundfunkgesetz für das Saarland (Landesrundfunkgesetz - LRG)« in der Neufassung vom 5. August 1996.

- Die »Sächsische Landesanstalt für privaten Rundfunk und neue Medien (SLM)«. Grundlage: Das »Gesetz über den privaten Rundfunk und neue Medien in Sachsen (Sächsisches Privatrundfunkgesetz - SächsPRG)« vom 18. Januar 1996.

- Der »Landesrundfunkausschuß für Sachsen-Anhalt (LRA)«. Grundlage: Das »Gesetz über privaten Rundfunk in Sachsen-Anhalt« vom 22. Mai 1991 in der Fassung vom 16. Januar 1997.

- Die »Unabhängige Landesanstalt für das Rundfunkwesen (ULR)«. Grundlage: Das »Rundfunkgesetz für das Land Schleswig-Holstein (Landesrundfunkgesetz - LRG)« vom 7. Dezember 1995.

- Die »Thüringer Landesmedienanstalt (TLM)«. Grundlage: Das »Thüringer Rundfunkgesetz (TRG)« vom 4. Dezember 1996.

Der Regelungsbedarf. Die bei Einführung des dualen Rundfunksystems anfangs doch weniger differenzierten und auch deutlich unterschiedlichen landesrechtlichen Regelungen für den privaten Rundfunk haben sich beträchtlich ausgeweitet. Fast alle Regelwerke wurden bislang mehrfach geändert, aktuelle Gesetzesänderungen stehen an. Dies wird auch in Zukunft nicht anders sein, denn die Entwicklung der Technik, der Verteilsysteme und die Veränderungen der Programme und Programmstrukturen werden weiterhin Gesetzesänderungen provozieren. Zugleich ist mit dieser Entwicklung ein Anpassungsprozeß in den Regelungen der Länder zu erkennen, der sich daraus ergibt, daß in den Vereinbarungen der Rundfunkstaatsverträge Regelungen getroffen sind, die in die Landesgesetze übernommen werden, so daß in den neueren Regelwerken ganze Passagen aus dem Rundfunkstaatsvertrag beinahe wortgleich in landesrechtliche Bestimmungen eingehen.

Unterschiedlichkeiten. Einige Unterschiede sind deutlich und beachtlich: Um dem Art. 111a der Bayerischen Verfassung zu entsprechen, übernimmt die Bayerische Landeszentrale für Neue Medien (BLM) nach dem BayMG die öffentlich-rechtliche Verantwortung und Trägerschaft für die privaten Programmangebote, die von Medienbetriebsgesellschaften in den Regionen vor Ort organisiert und betreut werden. Die Medienbetriebsgesellschaften fungieren insoweit als der in die bayerischen Regionen hinaus »verlängerte Arm« der BLM[41]. Es gibt also in Bayern private Anbieter von Rundfunkprogrammen, nicht aber verantwortliche private Veranstalter von Rundfunk, denn die Programmverantwortung liegt bei der BLM, die als Veranstalter auftritt.

In Nordrhein-Westfalen bezieht sich die Besonderheit der gesetzlichen Regelung auf die Organisation und Struktur des lokalen Rundfunks. Eine Veranstaltergemeinschaft, die einen - dem Gemeinwohl verpflichteten - quasi öffentlich-rechtlichen Programmauftrag hat, verwirklicht diesen im Zusammenwirken mit einer Betriebsgesellschaft, die das wirtschaftliche Risiko trägt. Dabei ist es zulässig, das Rahmenprogramm von Dritten, an welchem auch der Westdeutsche Rundfunk (WDR) beteiligt ist, zu übernehmen. Insoweit sind hier öffentlich-rechtliche Rundfunkstrukturen mit privaten Organisationen verknüpft. Eine grundsätzliche, aber in der Regel begrenzte Beteiligung des öffentlich-rechtlichen Rundfunks an privaten Veranstaltern ist zum Beispiel auch im Landesmediengesetz des Saarlandes (vgl.

---

[41] Durch die Novellierung des BayMG vom 17. Dezember 1997 werden die Medienbetriebsgesellschaften ihrer Funktion zum 1. Januar 1999 enthoben. Ihre Aufgaben übernimmt die BLM.

§ 52) und Hamburgs (vgl. § 4) zulässig. (In Bayern ist dies im Rundfunkgesetz bestimmt vgl. Art. 4).

Sicherung der Meinungsvielfalt. In nahezu allen Landesregelungen wurden die Vorschriften des Staatsvertrages von 1991 zur Sicherung der Meinungsvielfalt (vgl. § 21 Rundfunkstaatsvertrag) übernommen[42] und teils auch auf die landesweiten, beziehungsweise regional/lokalen Veranstalter bezogen. Dabei wurden diese Bestimmungen, wie das § 22 Rundfunkstaatsvertrag ermöglichte, für die Veranstalter im Geltungsbereich des jeweiligen Landesrechts zudem noch verschärft. In den meisten Ländern wird zur Sicherung der Meinungsvielfalt ausdrücklich darauf verwiesen, daß dies zu bewirken, die Einrichtung von Programmbeiräten bei den Veranstaltern sinnvoll und notwendig macht. Bedeutsam ist dies deshalb, weil auch hier Elemente der öffentlich-rechtlichen Rundfunkorganisation in den Bereich der privaten Rundfunkorganisation einbezogen werden. Hessen, Sachsen-Anhalt und Thüringen sehen hierbei zwei Alternativen: Entweder wird ein Programmbeirat aus Vertretern der im Verbreitungsgebiet wesentlichen Meinungen gebildet oder es wird eine Anbietergemeinschaft organisiert, die durch ihre Zusammensetzung einen pluralistischen Einfluß auf die Programmgestaltung gewährleistet (vgl. § 16 Abs. 3 Hessisches Privatrundfunkgesetz vom 25. Januar 1995; vgl. auch § 16 TRG vom 4. Dezember 1996). In den Regelungen für Schleswig-Holstein, Mecklenburg-Vorpommern, Sachsen und Baden-Württemberg ist die Zusammensetzung und Funktion dieses Programmbeirates zum Teil detailliert beschrieben; in den Regelungen für Nordrhein-Westfalen, Rheinland-Pfalz und für das Saarland ist diese Lösung aber nur angedeutet. Der Staatsver-

---

[42] Wie dargelegt (vgl. Abschnitt 1.5.12.3), ist der in diesen Vorschriften festgelegte Zwang zur Bildung von Veranstaltergemeinschaften durch das sog. »Markt- oder Zuschaueranteilsmodell« im Zuge der Änderung des RStV abgelöst worden. Entsprechende Neuregelungen wären nun in die Landesmediengesetze zu übertragen.

trag über die Zusammenarbeit zwischen Berlin und Brandenburg im Bereich des Rundfunks und die Landesrundfunkgesetze in Niedersachsen, Hamburg und Bremen zeigen diese Lösung nicht auf. Aufgrund der besonderen Situation in Bayern ist
dieser Zusammenhang insoweit ohne Belang, da die öffentlich-
rechtliche Verantwortung im pluralistisch besetzten Medienrat
der BLM verankert ist.

Auffällig ist zudem, daß allein in Mecklenburg-Vorpommern
und in Nordrhein-Westfalen jene Regelung fehlt, die festlegt,
daß Tageszeitungen mit marktbeherrschender Stellung nicht als
Einzelanbieter im landesweiten und regional/lokalen Hörfunk
und Fernsehen zugelassen werden dürfen. In Nordrhein-Westfalen vielleicht deshalb nicht, weil für die Organisation des lokalen Rundfunks eine besondere Regelung getroffen ist.

Besonderheiten. In einigen landesrechtlichen Regelungen
wurde die gemeinsame Berichtspflicht der Landesmedienanstalten nach § 21 Abs. 6 Rundfunkstaatsvertrag (von 1991) auch
auf den privaten Rundfunk im eigenen Zuständigkeitsbereich
übertragen. Zum Teil wird auch die Notwendigkeit der Kom-
munikations- und Medienforschung und die Förderung der
technischen Infrastruktur festgeschrieben. In Niedersachsen und
Mecklenburg-Vorpommern sind regionaler beziehungsweise
lokaler Rundfunk sowie die Einrichtung eines offenen Kanals
als Rundfunkversuche konzipiert, wobei der Versuch in Niedersachsen auf einen nichtkommerziellen lokalen Hörfunk, der
Versuch in Mecklenburg-Vorpommern auf privaten Rundfunk
zielt.

Der Sonderfall: Sachsen. Die Änderung des Gesetzes über
den privaten Rundfunk und neue Medien in Sachsen vom 18.
Januar 1996 versucht, in dem neu eingefügten § 1a rundfunkähnliche Dienste und Rundfunkprogramme zu differenzieren
und begrifflich zu fassen, um damit den neuen technologischen
und programmlichen Entwicklungen gerecht zu werden. Zu-

dem wird in § 2 Abs. 3 der Landesanstalt die Förderung und Entwicklung des Medienstandortes Sachsen aufgetragen. Dies entspricht der generellen Tendenz in der Rundfunkpolitik der Länder, Standortpräferenzen zu schaffen. Eine weitere einschneidende Änderung ist in der Schaffung eines Medienrates zu sehen, der an die Stelle des Verwaltungsrates tritt, aber im Vergleich zu diesem umfassendere Rechte besitzt. Der Medienrat besteht aus fünf Sachverständigen (diese müssen Fachkompetenz nachweisen), wovon vier vom Landtag von zwei Dritteln seiner Mitglieder gewählt werden. Der Fünfte wird von der Versammlung gewählt. Dieser sachverständige Medienrat wählt den Direktor, der die laufenden Geschäfte führt. Die zentralen Entscheidungen werden vom Medienrat getroffen, dessen Präsident die Landesanstalt gerichtlich und außergerichtlich vertritt (vgl. §§ 31, 32, 33 u. 34). Die Versammlung, die pluralistisch besetzt ist, tritt in ihrer Bedeutung zurück.

Inzwischen ist ein Urteil des sächsischen Verfassungsgerichtshofes ergangen, in dem zwar die grundlegenden Bestimmungen des Gesetzes als verfassungskonform erkannt werden. Allerdings ist die Übergangsbestimmung vom früheren auf das heutige Gesetz nicht mit der Verfassung vereinbar, da darin nicht sichergestellt war, daß die Abgeordneten, Fraktionen oder Parteien keinen beherrschenden Einfluß auf die Vorauswahl unter mehreren geeigneten Kandidaten für den Medienrat gewinnen. Damit ist die Wahl des ersten Medienrates nichtig. Die Aufgabe des Medienrates, der nun weggefallen ist, übernimmt vorerst wieder die Versammlung nach altem Recht[43].

---

[43] Vgl. Urteil des Verfassungsgerichtshofes des Freistaates Sachsen vom 10. Juli 1997.

2.2.2   Regelungsmuster

Vergleicht man die Landesmediengesetze zur Regelung des privaten Rundfunks, eingeschlossen den Staatsvertrag über die Zusammenarbeit zwischen Berlin und Brandenburg im Bereich des Rundfunks vom 29. Februar 1992 und das saarländische Landesrundfunkgesetz, so erweist sich, daß diese, abgesehen von den beschriebenen Besonderheiten, im wesentlichen folgende Regelungsbereiche umfassen:

- Sie bestimmen den Geltungsbereich des Gesetzes.

- Sie klären, was sie unter Voll-, Sparten- oder Fensterprogrammen verstehen und legen Programmarten und Programmkategorien fest.

- Sie klären, wie die grundsätzliche Aufteilung von Übertragungskapazitäten (Frequenzen) zwischen öffentlich-rechtlichen Veranstaltern und privaten Veranstaltern erfolgen soll.

- Sie regeln die Zulassungen der Programme, indem sie Verfahrensregeln bestimmen, Zulassungsvoraussetzungen festlegen, Auswahlgrundsätze und Auswahlbeschränkungen definieren und Auswahlkriterien bestimmen.

- Sie kennen persönliche und sachliche Zulassungsvoraussetzungen. Im Zusammenhang der Zulassungsentscheidung hat der Antragsteller eine Mitwirkungspflicht. Für die Zulassung kann bedeutsam sein: der zu erwartende Beitrag des Programms zur Meinungsvielfalt, die erwartbare Nachhaltigkeit des Programmengagements, das Maß an tagesaktueller Berichterstattung in den Bereichen Politik, Wirtschaft, Soziales und Kultur, der Bezug zum Verbreitungsraum, die Frage, ob bereits die Zulassung zu Konzentration oder Marktbeherrschung führen könnte, das medienwirtschaftliche Engagement vor Ort (zum Beispiel durch die Einrichtung von Studiotechnik und Programmabwicklung oder durch Eigen- und Auftragsproduktion).

- Es werden Beteiligungsquoten für Veranstalter bundesweiter Vollprogramme und Spartenprogramme mit Schwerpunkt Information festgelegt und Zurechnungsmodi entwickelt, die sich allerdings, bezogen auf landesweite oder lokal/regionale Programme, wiederum anders darstellen können.

- Sie regeln die Rücknahme und den Widerruf von Zulassungen und die Aufsicht über die Programme.

- Für bestimmte Fälle werden vereinfachte Zulassungsverfahren eröffnet.

- Sie legen Anforderung an die Programme und die Programmgestaltung fest. Diese zielen auf Vielfalt und Ausgewogenheit. Die Programme sollen umfassende Information, Bildung, Beratung und Unterhaltung bieten und dem kulturellen Auftrag des Rundfunks entsprechen (Vollprogramme). Sie sollen den Grundsätzen von Wahrheit, Fairneß und Gerechtigkeit folgen, die Menschenwürde und die Weltanschauung anderer achten, zur Erhaltung der Umwelt, zur Gleichstellung der Geschlechter und zum Frieden beitragen. Sendungen, die zum Rassenkampf aufrufen, Krieg und Gewalt verherrlichen, pornographisch sind und geeignet, Kinder und Jugendliche schwer zu gefährden, sind verboten. Die Menschenwürde, die religiösen Überzeugungen etc. sind zu achten. Informationssendungen haben den anerkannten journalistischen Grundsätzen zu entsprechen. Deutsche und europäische Produktionen sind zu bevorzugen.

- Sie fordern die Einrichtung eines Jugendschutzbeauftragten bei den Veranstaltern von Fernsehprogrammen.

- Sie sichern das Recht auf Kurzberichterstattung.

- Sie bestimmen die Pflichten der Veranstalter. Die Veranstalter haben einen Programmverantwortlichen zu bestimmen. Sie haben eine Auskunftspflicht (gegenüber der Landesmedienanstalt) und eine Aufzeichnungspflicht und sind unter bestimmten Voraussetzungen zur Gegendarstellung verpflichtet. Die Veranstalter können zudem verpflichtet werden, Dritten oder der Regierung Sendezeit einzuräumen. Sie haben die landesweite Versorgung sicherzustellen. Zugleich sind ihnen aber Informationsrechte, etwa gegenüber Behörden, eingeräumt.

• Sie regeln die Grundsätze der Finanzierung privater Fernsehprogramme durch Werbung und Sponsoring, durch Teilnehmerentgelte in Form des Abonnements oder Einzelentgeltes und treffen Regelungen über den Inhalt, die Kennzeichnung, das Einfügen und die Dauer der Werbung.

• Sie berücksichtigen Fernsehtext (Videotext) und treffen Vorkehrungen für die Regelung zukünftiger Dienste und Programme, die sich auf Grund der technologischen Entwicklung der Übertragungs- und Gestaltungsmittel ergeben, und beziehen insoweit rundfunkähnliche Kommunikationsdienste in die Regelungen mit ein.

• Die meisten begründen »offene Kanäle« oder »Aus- und Fortbildungskanäle«, einige davon als Versuch mit beschränkter Laufzeit.

• Sie legen die Aufgaben und die Struktur jener Anstalt öffentlichen Rechts (meist Landesmedienanstalt genannt) fest, die die privaten Programme nach diesem Gesetz zu organisieren und zu beaufsichtigen hat.

• In der Regel werden als Organe der Landesmedienanstalten eine Versammlung (Medienrat, Landesrundfunkausschuß, Vorstand oder Rundfunkkommission) und ein Direktor (Präsident oder Vorstand[44]) bestimmt. Hamburg und Bayern haben zudem einen Verwaltungsrat (in Hamburg Vorstand ge-

---

[44] Anstelle eines Präsidenten oder Direktors fungiert im Saarland, in Baden-Württemberg und in Sachsen-Anhalt ein Kollegialorgan als Vorstand, dessen Vorsitzender verbeamtet ist. Ein Stellvertreter und die weiteren Mitglieder sind ehrenamtlich tätig.

nannt) eingerichtet. In Sachsen gibt es jetzt an Stelle des Verwaltungsrates den sachverständigen Medienrat. Der bestimmt zwar einen Direktor, doch nicht dieser, sondern der Präsident des Medienrates vertritt die Anstalt. Die Gesetze regeln die Zusammensetzung, die Aufgaben und Zuständigkeiten der Gremien, beschreiben Wahl, Berufungs- und Beschlußverfahren, bestimmen die Finanzierung und legen die Grundsätze der Wirtschaftsführung und des Haushalts- und Rechnungswesens fest. Der Direktor oder Präsident führt die Geschäfte (bei der Vorstandslösung der Vorstandsvorsitzende). Falls vorhanden, unterstützt der Verwaltungsrat den Direktor oder Präsidenten (bei der Vorstandslösung oder im Falle des Medienrates in Sachsen, erfüllen diese Funktion die übrigen Mitglieder des Vorstandes bzw. des Medienrates). Die Versammlung trifft die grundsätzlichen Entscheidungen, insbesondere entscheidet sie über die Zulassung und wahrt insoweit die Interessen der Allgemeinheit. Für besondere Aufgaben kann sie Ausschüsse bilden. Nicht so in Sachsen, dort trifft diese Entscheidungen der Medienrat. Die Versammlung dort hat lediglich allgemeine Aufsichts- und Beratungsfunktionen. Sie hat kein Budgetrecht und kein Entscheidungsrecht in Personalfragen (sie darf lediglich einen von fünf Medienräten bestimmen). Es ist festzuhalten: Im Vergleich zu diesen Regelungen sind die Rechte der Rundfunkräte im öffentlich-rechtlichen Rundfunk sehr viel weitreichender.

- Für die Weiterverbreitung von Rundfunkprogrammen in Kabelanlagen werden Grundsätze und Verfahren festgelegt.

- Sie enthalten differenzierte Bestimmungen zum Datenschutz.

- Sie definieren Ordnungswidrigkeiten und die damit verbundenen Bußgelder.

- Es wird eine Rechtsaufsicht über die Anstalt bestimmt.

3. Konkretisierungen

In den Staatsverträgen, Rundfunkgesetzen und Landesmediengesetzen sind die Grundmuster festgelegt, die die Rundfunkordnung, die Organisationstrukturen, den Programmauftrag, die Programmgrundsätze und die Arbeitsweisen im Rundfunk beschreiben. Um diesen Grundsätzen im einzelnen zu entsprechen, um also die verschiedenen Vorgaben zu konkretisieren, haben das ZDF, die öffentlich-rechtlichen Landesrundfunkanstalten und die für den privaten Rundfunk zuständigen Landesmedienanstalten präzisierende und ergänzende Regelungen u.a. in Verträgen, Vereinbarungen, Satzungen, Geschäftsordnungen und Richtlinien entwickelt, bei deren Umsetzung erst die dargelegten Ordnungsmuster konkrete Gestalt gewinnen können.

3.1. Anstaltsautonome Regelungen

3.1.1 Der Landesrundfunkanstalten

Der weit überwiegende Teil der anstaltsautonomen Regelungen der Landesrundfunkanstalten bezieht sich auf die Zusammenarbeit innerhalb der ARD und dabei geht es insbesondere um die Gestaltung des Ersten Fernsehprogramms. Im Grundsätzlichen beschreibt die Satzung der Arbeitsgemeinschaft der öffentlich-rechtlichen Rundfunkanstalten der Bundesrepublik Deutschland (ARD) vom 9./10. Juni 1950 in der Fassung vom 31. Januar 1995 zuerst einmal die Aufgaben der ARD, die ganz allgemein in der Vertretung der gemeinsamen Interessen der Landesrundfunkanstalten liegen, und regelt hierfür Beschlußfassung, Vertretung und Verfahren (vgl. ARD-Jahrbuch 95, S.428f.)

Fernsehvertrag. In der Verwaltungsvereinbarung der Landesrundfunkanstalten über die Zusammenarbeit auf dem Gebiet des Fernsehens (ARD-Fernsehvertrag) vom 26./27. November 1991, der die ursprüngliche Vereinbarung vom 27. März 1953 ablöste, wird nun unter Einbeziehung des Mitteldeutschen Rundfunks und des Ostdeutschen Rundfunks Brandenburg das Gemeinschaftsprogramm der ARD definiert, die von den einzelnen Anstalten zu übernehmenden Pflichtanteile am Gemeinschaftsprogramm festgelegt und insbesondere die ständige Programmkonferenz als zentrales Steuerungssystem beschrieben. Mit der Änderung dieser Verwaltungsvereinbarung am 25. Juni 1996 wurden die Pflichtanteile der Rundfunkanstalten am Fernsehgemeinschaftsprogramm der ARD neu festgelegt. Darin verpflichten sich die einzelnen Rundfunkanstalten am Gesamtfernsehprogramm folgende Sätze vom Hundert als Pflichtanteile zu übernehmen:

- Bayerischer Rundfunk   14,50%

- Hessischer Rundfunk   7,0%

- Mitteldeutscher Rundfunk   11,50%

- Norddeutscher Rundfunk   16,25%

- Ostdeutscher Rundfunk   2,75%

- Radio Bremen Rundfunk   2,50%

- Saarländischer Rundfunk   2,50%

- Sender Freies Berlin Rundfunk   4,25%

- Süddeutscher Rundfunk   7,50%

- Südwestfunk   9,25%

- Westdeutscher Rundfunk   22,00%

Diese Aufteilung gilt auch in den einzelnen Programmsparten: Politik, Gesellschaft und Kultur, Fernsehspiele, musikalische Sendungen, Unterhaltung, Familienprogramm, Spielfilm, Sport und kirchliche Sendungen (vgl. ARD-Jahrbuch 96, S.403).

Sondervereinbarungen. Werden einzelne Rundfunkanstalten mit der Gestaltung einer Sendung oder einer Sendereihe über ihren Pflichtteil hinaus beauftragt, werden darüber wiederum Verwaltungsvereinbarungen getroffen, so die Verwaltungsvereinbarung ARD-Aktuell vom 30. November 1983, neu gefaßt am 9. Mai 1995 (vgl. ARD-Jahrbuch 95, S.437f.), in der alle Landesrundfunkanstalten vereinbaren, die Sendungen »Tagesschau«, »Tagesthemen«, »Nachtmagazin« und »Wochenspiegel« gemeinsam zu veranstalten, wobei der NDR mit der Herstellung der Sendungen in einer integrierten Redaktion beauftragt wird und festgelegt ist, wie durch tägliche Schaltkonferenzen die Chefredaktionen der einzelnen Landesrundfunkanstalten in die Gestaltung mit einzubeziehen sind.

Entsprechende Verwaltungsvereinbarungen gibt es für das »ARD-Frühstücksfernsehen«, das im wöchentlichen Wechsel mit dem ZDF vom Westdeutschen Rundfunk zu gestalten ist (vgl. ARD-Jahrbuch 94, S.437f.). Das übrige Fernsehvormittagsprogramm wird von ZDF und ARD gemeinsam veranstaltet (vgl. ARD-Jahrbuch 91, S.475f.). Für dessen Abwicklung ist der Sender Freies Berlin zuständig. Er ist zugleich für den »Punkt 5« Länderreport im ARD-Programm am späten Nachmittag verantwortlich (vgl. ARD-Jahrbuch 91, S.474f.). Beim »ARD-Sonntagsmagazin« ist der Südwestfunk federführend (vgl. ARD-Jahrbuch 94, S.439f.). »Brisant«, ein Boulevard-Magazin am Nachmittag, verantwortet der Mitteldeutsche Rundfunk (vgl. ebd., S.441f.). Die »Sportschau« betreut von Anfang an der WDR. Die »Wetterkarte« liefert immer schon der Hessische Rundfunk und für das ARD-Mittagsmagazin ist der Bayerische Rundfunk verantwortlich (vgl. ARD-Jahrbuch 90, S.444f.). All diesen speziellen Programmaufträgen liegen jeweils Verwaltungsvereinbarungen aller Landesrundfunkanstalten zugrunde.

Des weiteren sind z.B. Vereinbarungen über die Zusammenarbeit der Dritten Programme oder über den Finanzausgleich getroffen worden. Die Verwaltungsvereinbarung über die Zusammenarbeit der Dritten Fernsehprogramme vom 15. März/ 16. Juli 1993 ist von besonderer Bedeutung, denn sie regelt den Austausch von Programmen und den gemeinsamen Erwerb von Rechten an Spielfilmen, Fernsehspielen, Fernsehserien, u.a. Programmen (vgl. ARD-Jahrbuch 93, S.388ff.).

Die Vereinbarungen über den Finanzausgleich zwischen den Landesrundfunkanstalten wurden bislang jeweils für zwei Jahre geschlossen. Die letzte Vereinbarung vom 25. Juni 1996 (vgl. ARD-Jahrbuch 96, S.402) gilt für die Jahre 1997 bis 2000.

Neben Verwaltungsvereinbarungen und Satzungen, die die Zusammenarbeit der Landesrundfunkanstalten näher regeln, haben die einzelnen Anstalten wiederum Satzungen entwickelt, die die Regelungen in den Rundfunkgesetzen oder Staatsverträgen präzisieren und ergänzen. Dies kann in einem umfassenden Sinn geschehen, etwa dann, wenn in den Rundfunkgesetzen oder Staatsverträgen differenzierte und detaillierte Regelungen nicht getroffen sind, wie das beim Südwestfunk der Fall war. Die Satzung kann sich aber auch nur auf einen Teilbereich, etwa auf das Finanzwesen der Rundfunkanstalt, beziehen. Entsprechend hat der WDR eine Finanzordnung erlassen.

Zudem sind Absprachen und Vereinbarungen getroffen und Richtlinien entwickelt worden, die unmittelbare, inhaltliche Bedeutung für die Hörfunk- und Fernsehprogramme haben und dabei inhaltliche Standards definieren.

Leitgrundsätze. Für die Landesrundfunkanstalten hat die ARD-Hauptversammlung am 1. Dezember 1982 Grundsätze für die Zusammenarbeit im ARD-Gemeinschaftsprogramm Deutsches Fernsehen verabschiedet, die Grundsätze der Programmgestaltung, der Programmkontrolle sowie für die Behandlung von Beschwerden und Gegendarstellungen festgelegt.

Richtlinien zur Gewalt in den Medien. Zu Fragen der Gewalt in den Medien haben die ARD-Intendanten und ARD-Gremienvorsitzenden im April 1993 die gemeinsame Position beschrieben und zugleich haben die Landesrundfunkanstalten die »ARD-Grundsätze gegen Verharmlosung und Verherrlichung von Gewalt im Fernsehen« aktualisiert. Dort ist festgehalten, daß im Fiction-Bereich der Umfang von Gewaltdarstellungen so gering wie möglich gehalten werden soll, wobei aber die künstlerischen Spielräume zu bewahren sind. Im Non-Fiction-Bereich gehört es zum Informationsauftrag der Medien, über Gewalttaten in der Realität zu berichten. Dies muß sachlich und auf Hintergründe gestützt geschehen (vgl. ARD-Grundsätze 1993, S.1ff.; vgl.auch ARD-Jahrbuch 93, S.372ff.).

Richtlinien zum Jugendschutz. Die ARD-Richtlinien zur Sicherung des Jugendschutzes in der Fassung vom 21. März 1995 (vgl. ARD-Jahrbuch 95, S.435f.) orientieren sich an den Bewertungen der »freiwilligen Selbstkontrolle der Filmwirtschaft (FSK)« und an den Indizierungen durch die »Bundesprüfstelle für jugendgefährdende Schriften (BPS)« und legen fest, welche zeitlichen Grenzen bei der Wahl der Sendezeit, entsprechend der Freigabe nach Altersklassen, einzuhalten sind. Sendebeiträge, die ganz oder im wesentlichen mit indizierten Schriften der BPS inhaltsgleich sind, sollen grundsätzlich nicht ausgestrahlt werden.

Werberichtlinien. Auch die ARD-Richtlinie für die Werbung, zur Durchführung der Werbung, der Trennung von Werbung und Programm und für das Sponsoring (vgl. ARD-Jahrbuch 95, S.432-436) wird fortlaufend der Entwicklung angepaßt (vgl. ARD-Jahrbuch 96, S.405). Sie legt Kriterien für die Kennzeichnung der Werbung und die Trennung der Werbung vom Programm, für das Einfügen, für Inhalt und Gestaltung, sowie für Dauerwerbesendungen fest. Sie verbietet Schleichwerbung und Product Placement, regelt Sponsoring und Merchandising.

3.1.2 Des ZDF

Für das ZDF gilt die Satzung der gemeinnützigen Anstalt des öffentlichen Rechts Zweites Deutsches Fernsehen vom 2. April 1962 in seiner Form vom 19. März 1993. Dort sind Aufgaben und Sitz der Anstalt, die Organe, deren Organisation und Arbeitsweise beschrieben und Beschwerdeverfahren festgelegt (vgl. Rechtsvorschriften für das ZDF 1995, S.69ff.).

Geschäftsordnungen der Gremien. Die Geschäftsordnung des Fernsehrates der gemeinnützigen Anstalt des öffentlichen Rechts Zweites Deutsches Fernsehen in der Fassung vom 21. Juni 1996 definiert Amtszeit und Führungsstruktur (Präsidium, bestehend aus dem Vorsitzenden, den Stellvertretern und dem Schriftführer) des Fernsehrates, regelt die Verfahrensweisen in ordentlichen und außerordentlichen Sitzungen, in Fragestunden und Aussprachen. Sie beschreibt Bildung, Zusammensetzung und Arbeitsweise der Ausschüsse und die entsprechenden Regularien. In der Anlage 2 der Geschäftsordnung des Fernsehrates sind die vier ständigen Ausschüsse und deren Arbeitsgebiete und Aufgaben im Detail festgelegt. Daneben kann der Fernsehrat auch nichtständige Ausschüsse »für unvorhergesehene Aufgaben« bilden (vgl. ebd., S.87ff.). Die Geschäftsordnung des Verwaltungsrates des Zweiten Deutschen Fernsehens Gemeinnützige Anstalt des öffentlichen Rechts vom 4. März 1994 definiert Wahl und Aufgaben des Vorsitzenden und seines Stellvertreters und regelt die Verfahren. Zur Wahrnehmung seiner Aufgaben kann auch der Verwaltungsrat Ausschüsse bilden (vgl. ebd., S.98ff.).

Finanzordnung. Die Finanzordnung der gemeinnützigen Anstalt des öffentlichen Rechts Zweites Deutsches Fernsehen vom 17. September 1993 legt Leitsätze für die Gestaltung des Finanzwesens fest, erläßt allgemeine Vorschriften zum Haushaltsplan, definiert Veranschlagungsgrundsätze, regelt den Vollzug des Haushaltes und die Wirtschaftsführung, fordert

Finanzvorschau und Aufgabenplanung, bestimmt die Re-
chungslegung und die Prüfung der Jahresabschlüsse. Der Intendant wird ermächtigt, zur Durchführung dieser Finanzordnung Verwaltungsvorschriften zu erlassen (vgl. ebd., S.101ff.).

Leitordnung. Für die Zusammenarbeit aller Mitarbeiter im
ZDF hat der Intendant eine Leitordnung aufgestellt (vgl. Grundregeln für die Zusammenarbeit im ZDF 1995). In der derzeit
gültigen Fassung vom 1. Mai 1996 sind darin Arbeitsziel, Ar-
beitsorganisation und Arbeitsgrundsätze (Information, Verantwortung, Persönlichkeitsrechte bei Programmangelegenheiten,
Aufsicht) festgelegt, ist das Beschwerderecht beschrieben, die
Bildung von Fachgruppen für Mitarbeiter eröffnet und sind die
Vertretungsbefugnisse definiert.

**Programmrichtlinien zu Gewalt, Jugendschutz und Wer-
bung.** Das ZDF hat schon im Juli 1963 Richtlinien für die Sendungen des Zweiten Deutschen Fernsehens erlassen, die derzeit
in ihrer Fassung vom 24. März 1995 gelten. Diese sind auf allgemeine Programmgrundsätze (Würde des Menschen, Schutz
der Intimsphäre, Sachlichkeit und Wahrhaftigkeit, Trennung
von Nachrichten und Kommentar, Schutz der Familie, sittliche
Wertordnung, Friede und Verständigung, Ausgewogenheit und
Überparteilichkeit) bezogen, legen aber zudem für den Jugendschutz detaillierte Regelungen fest, die sich wie in den speziellen Richtlinien der ARD auf die Beurteilungen der »freiwilligen
Selbstkontrolle der Filmwirtschaft (FSK)« und der »Bundesprüfstelle für jugendgefährdende Schriften (BPS)« stützen (vgl.
Rechtsvorschriften für das ZDF 1995, S.77ff.).

Die ZDF-Richtlinien für **Werbung und Sponsoring** vom 19.
März 1993 entsprechen in ihrer Fassung vom 7. Oktober 1994
wortgleich den Richtlinien der ARD, letztere haben jedoch den
Hörfunk entsprechend berücksichtigt (vgl. ebd., S.82ff.).

3.1.3   ARD und ZDF übergreifend

Eine Reihe von Vereinbarungen regeln die Zusammenarbeit zwischen den Landesrundfunkanstalten und dem ZDF. So die Regelungen betreffend die »Gebühreneinzugszentrale«, die »zentrale Fortbildung der Programmitarbeiter« (vgl. ARD-Jahrbuch 95, S.440ff.), die Durchführung von Gemeinschaftsproduktionen von ZDF und ARD (Umfang 11 Mio. Mark in 1998) im Rahmen der Filmförderungsanstalt (vgl. ARD-Jahrbuch 97, S.464f.).

Koordinierungsabkommen. Am 9./14. November 1989 ist die letzte Koordinierungsvereinbarung, gültig für 1990, zwischen dem ZDF und der ARD abgeschlossen worden, in welcher die öffentlich-rechtlichen Rundfunkanstalten die Hauptsendezeiten ab 19 Uhr des ersten und zweiten Fernsehprogramms in einem verpflichtenden Programmschema aufeinander abstimmten (vgl. ARD-Jahrbuch 90, S.448). Dies entsprach § 22 Abs. 4 des ZDF-Staatsvertrages in seiner ursprünglichen Fassung sowie dem Schlußprotokoll hierzu und war noch einmal in eine Empfehlung der Ministerpräsidenten vom 3./4. Mai 1992 aufgenommen worden. In der Neufassung des ZDF-Staatsvertrages wurde dies geändert. Nach § 2 Absatz 2 ZDF-Staatsvertrag, korrespondierend mit § 3 des ARD-Staatsvertrages, sind ARD und ZDF nicht mehr verpflichtet, ein wie vorstehend beschriebenes Koordinierungsabkommen zu schließen. Sie sind lediglich verpflichtet, sich jeweils über geplante Veränderungen des Programmschemas zu informieren und sich um ein Einvernehmen zu bemühen, wobei auf die Nachrichtensendungen besondere Rücksicht zu nehmen ist.

3sat. Für das Satellitenprogramm 3sat, das ein Programm für den deutschen Sprachraum insgesamt sein soll, ist eine Vereinbarung zwischen ARD, ZDF, dem Österreichischen Rundfunk und der Schweizerischen Radio- und Fernsehgesellschaft getroffen worden (vom 8. Juli 1993), die wiederum durch eine Verwaltungsvereinbarung der ARD-Landesrundfunkanstalten über die Beteiligung am Satellitenprogramm 3sat (vom 8. Februar 1994) ergänzt wird. Darin wird der »ARD-3Sat-Koordinator« bestimmt, die Programmzulieferung geregelt und dem Südwestfunk die Zuständigkeit und Federführung zugewiesen (vgl. ARD-Jahrbuch 94, S.435f.).

arte. Der europäische Kulturkanal arte ist in der Rechtsform einer europäischen wirtschaftlichen Interessenvereinigung gegründet worden. Gesellschaften dieser Vereinigung sind zu je 50 vom Hundert die französische Fernsehgesellschaft »La Sept« und die arte-Deutschland TV GmbH. Der Gesellschaftsvertrag dieser gemeinnützigen GmbH vom 14. März 1991 in der Fassung vom 11. Dezember 1994, an der alle Landesrundfunkanstalten und das ZDF beteiligt sind, verpflichtet die Gesellschafter zur Programmzulieferung und zur Zusammenarbeit in den Gremien. Grundlage hierfür ist wiederum der Vertrag zwischen den Ländern der Bundesrepublik und der Französischen Republik zum europäischen Fernsehkulturkanal vom 2. Oktober 1990 (vgl. ARD-Jahrbuch 91, S.467ff.).

1996 und 1997 sind zwei weitere Verwaltungsvereinbarungen zwischen ARD und ZDF abgeschlossen worden. Am 6. Dezember 1996 schlossen sie die »Vereinbarung über die Veranstaltung eines ARD/ZDF-Kinderkanals« der über ASTRA-Satelliten verbreitet und in die Kabelanlagen eingespeist wird (vgl. ARD-Jahrbuch 97, S.454ff.), am 4. Februar 1997 die »Vereinbarung für den Ereignis- und Dokumentationskanal PHOENIX«. Er wird gleichfalls über Satellit und Kabel verbreitet (vgl. ebd., S.459ff.).

Festzuhalten bleibt: Diese Vereinbarungen und Regelungen über die vielfältige Zusammenarbeit zwischen den Landesrundfunkanstalten und auch mit dem ZDF sowie mit anderen europäischen Partnern erweitern und begrenzen das Handlungsfeld der Rundfunkanstalten und strukturieren insoweit den öffentlich-rechtlichen Rundfunk in Deutschland.

3.2 Ausgestaltungsnormen der Landes- medienanstalten

Für den privaten Rundfunk sehen der Gesetzgeber und auch die Landesmedienanstalten einen über die Landesmediengeset- ze hinausgehenden Regelungsbedarf, da insbesondere die Zu- lassung bundesweiter Rundfunkveranstalter die Abstimmung zwischen den Landesmedienanstalten erfordert. Zulassungsver- fahren und Zulassungsregelungen sollten auch deshalb abge- stimmt sein, damit eine annähernd gleichgeordnete Entwick- lung des Rundfunks für die Bundesrepublik insgesamt sicher- gestellt werden kann. Zudem müssen die in den einzelnen Lan- desmediengesetzen definierten Grundsätze, Ordnungen und Verfahren in die konkrete Verwaltungspraxis umgesetzt wer- den. Hierzu haben die Landesmedienanstalten zum Teil detail- lierte Regelungen in Verordnungen und Satzungen getroffen (vgl. hierzu ALM-Jahrbuch 1995/96, S.61ff.).

Satzungen. Betrachtet man die einzelnen Landesmedienan- stalten, so haben einige den größeren Teil der notwendigen Re- gelungen in einer sogenannten Hauptsatzung oder Geschäfts- ordnung festgelegt. Andere haben aber darüber hinaus ein zu- sätzliches differenziertes Regelungssystem in Einzelsatzungen oder Verordnungen entwickelt.

Hamburg hat eigens ein Gesetz über die Zuweisung von technischen Übertragungskapazitäten im Rundfunk (Frequenz- vergabegesetz) erlassen. Andere Länder regeln dies wie in Ba- den-Württemberg in einer Verordnung über einen Nutzungs- plan für Breitbandverteilnetze und drahtlose Frequenzen. Nord- rhein-Westfalen hat bislang schon vier Satzungen zur Festle- gung von Verbreitungsgebieten für den lokalen Hörfunk er- stellt. Ein sehr detailliertes Satzungsrecht kennt auch die Bayerische Landeszentrale für Neue Medien. Dort bilden die Satzung über die Nutzung von Fernsehkanälen in Bayern nach dem Bayerischen Mediengesetz (Fernsehsatzung) und die entsprechende Hörfunksatzung die Grundlage für die Entscheidung über die Zulassung von Rundfunkanbietern (vgl. Bayerische Landeszentrale für Neue Medien 1996, Abschnitte 3.2.1 und 3.2.2). Die meisten Landesmedienanstalten haben eine Gebühren- und eine Kanalbelegungssatzung (bezogen auf die BK-Netze) erlassen. Es gibt Satzungen für die Zulassung, Nutzung und Förderung von offenen Kanälen oder von Aus- und Fortbildungskanälen (z.B. in Bayern), Satzungen über das Verfahren bei Programmbeschwerden, Beanstandungen oder Rechtsverstößen, über Reisekosten und/oder Aufwandsentschädigungen von Mitgliedern der Gremien (z.B. Medienrat oder Rundfunkkommission), über die Finanzordnung, über Textbildangebote (Mecklenburg-Vorpommern), über Teilnehmerentgelte (Bayern) und andere mehr.

Gemeinsame Richtlinien. Die »Richtlinien der Landesmedienanstalten zur Gewährleistung des Jugendschutzes (Jugendschutzrichtlinie)« vom 14. September 1992 definieren entsprechend § 3 RStV die Organisation (Einrichtung einer gemeinsamen Stelle) und die Grundsätze des Jugendschutzes, sie legen die zeitlichen Grenzen für die Austrahlung von Sendungen mit indiziertem Inhalt fest, bestimmen den Umfang und definieren unzulässige Sendungen gemäß § 3 Abs. 1 des RStV von 1991. Inzwischen sind diese Richtlinien überarbeitet und gelten nun in der Fassung vom 13. Dezember 1994 (vgl. Bayerische Landeszentrale für Neue Medien 1996, Abschnitt 3.2.7). Die gemeinsamen Richtlininen der Landesmedienanstalten für die Werbung, zur Durchführung der Trennung von Werbung und Programm und für das Sponsoring im Fernsehen vom 26. Januar 1993, jetzt gültig in der Fassung vom 8. November 1994, ergänzt durch die Verhaltensregeln über die Werbung für alkoholische Getränke vom 31. März 1995 (vgl. ebd., Abschnitt 3.2.8), erweisen sich als der Versuch, die Regelungen in den §§ 6, 7, 26 und 27 des RStV (von 1991) zu konkretisieren. Sie sind unter anderem bezogen auf den Inhalt der Werbung, insbesondere auf deren Verhältnis zu Kindern und Jugendlichen, auf die Trennung und Kennzeichnung der Werbung, auf Dauerwerbesendungen und Fernseheinkaufsendungen, auf Schleichwerbung und Sponsorsendungen sowie auf Begleitmaterial zu Sendungen und Preisauslosungen, auf die Dauer der Werbung und auf die Struktur der Werbeschaltungen. Sie sollen die Unabhängigkeit der Programmgestaltung von Werbung und Werbetreibenden sichern und legen fest, daß der Rundfunkveranstalter zur Einhaltung dieser Richtlinien organisatorische Maßnahmen treffen muß, was er der zuständigen Landesmedienanstalt nachzuweisen hat.

Die vergleichbaren Regelungen für den privaten Hörfunk entsprechen wortgleich den Bestimmungen für das Fernsehen (vgl. ebd., Abschnitt 3.2.9). Sie sind lediglich an die Erfordernisse des Hörfunks angepaßt, was zum Beispiel darin deutlich wird, daß die Trennung und Kennzeichnung der Werbung oder die Bestimmungen über Dauerwerbesendungen den jeweiligen medienspezifischen Voraussetzungen entsprechen. Die gemeinsamen Richtlinien der Landesmedienanstalten für das Textbildangebot vom 26. Januar 1993 ergänzen diese Werberichtlinien. Einige Länder haben diese inhaltlichen Regelungen noch spezifiziert. So haben Schleswig-Holstein und Mecklenburg-Vorpommern Werberichtlinien in einer eigenen Satzung festgelegt. Auch zur Gewährleistung des Jugendschutzes gilt in Mecklenburg-Vorpommern eine eigene Satzung (vgl. ALM-Jahrbuch 1995/96, S.165). Die entsprechende Satzung in Hessen bezieht sich auf den eigens bei der Landesanstalt eingerichteten Beirat für Jugendschutz.

Die Arbeitsgemeinschaft der Landesmedienanstalten. Zur Koordinierung, Abstimmung und Wahrnehmung gemeinsamer Interessen haben sich die Landesmedienanstalten im März 1994 in der »Arbeitsgemeinschaft der Landesmedienanstalten in der

Bundesrepublik Deutschland (ALM)« zusammengeschlossen. Dies entspricht der Forderung in der Präambel des Rundfunkstaatsvertrages: »unter dem Gesichtspunkt der Gleichbehandlung privater Veranstalter und der besseren Durchsetzbarkeit von Entscheidungen, verstärkt zusammenzuarbeiten« (Staatsvertrag über den Rundfunk im vereinten Deutschland vom 31. August 1991, S.108). Grundlage hierfür ist der Beschluß der Gesamtkonferenz der Landesmedienanstalten vom 25. April 1995 über die Grundsätze für die Zusammenarbeit der Arbeitsgemeinschaft der Landesmedienanstalten in der Bundesrepublik Deutschland (ALM) (vgl. Bayerische Landeszentrale für Neue Medien 1996, Abschnitt 3.5.1). In dieser sind Aufgaben, Strukturen und Verfahren der Zusammenarbeit festgeschrieben.

Die Zusammenarbeit erfolgt auf drei Ebenen:

- in der Gesamtkonferenz (Gremienvorsitzende und Direktoren)

- in der Gremienvorsitzenden-Konferenz (Vorstände der Beschlußgremien der Landesmedienanstalten) und

- in der Direktorenkonferenz (jetzt: Konferenz der Direktoren der Landesmedienanstalten-KDLM).

Die Direktorenkonferenz hat sich zur Klärung von Sachfragen drei gemeinsame Stellen geschaffen: für Jugendschutz und Programm, zur Vielfaltsicherung und für Werbung und Sponsoring (damit wird dem Auftrag der §§ 30 und 31 RStV von 1991 entsprochen). Darüber hinaus sind Arbeitskreise eingerichtet worden, die sich mit Rechtsfragen, mit der Technik, mit offenen Kanälen oder mit Europafragen befassen.

Die durch die Neufassung des Rundfunkstaatsvertrages von 1996 geänderten Bestimmungen zur Organisation der Medienaufsicht weist der »Konferenz der Direktoren der Landesmedienanstalten (KDLM)« die Aufgabe zu, zusammen mit der »Kommission zur Ermittlung der Konzentration im Medienbe-

reich (KEK)« Fragestellungen der Sicherung von Meinungsvielfalt im Zusammenhang mit der bundesweiten Veranstaltung
von Fernsehprogrammen abschließend zu beurteilen (vgl. § 36
RStV von 1996).[45] Entsprechend dem Dritten Rundfunkänderungsstaatsvertrag vom 26. August/11. September 1996 wurden
die Grundsätze der Zusammenarbeit der Arbeitsgemeinschaft
der Landesmedienanstalten in der Bundesrepublik Deutschland
am 22. April 1997 entsprechend angepaßt. Dabei wurde der Arbeitsgemeinschaft entsprechend § 20 Abs. 2 Satz 2 RStV von
1996 als zusätzliche besondere Aufgabe zugeschrieben, festzustellen, daß ein Mediendienst dem Rundfunk zuzuordnen ist,
gemeinsame Richtlinien zur näheren Ausgestaltung vielfaltsi-
chernder Maßnahmen nach den §§ 31 und 32 RStV von 1996 zu
erlassen und die Zugangsfreiheit für Anbieter von Diensten
(§ 53 RStV von 1996) zu sichern (vgl. § 2 Abs. 2 a, b und f der
Grundsätze der Zusammenarbeit von 1997).

4. Ergänzende Regelungen

Neben der Verfassung, den Rundfunk- und Mediengesetzen
und den Staatsverträgen sowie den daraus abgeleiteten Vereinbarungen, Richtlinien und Satzungen sind Rechtsvorschriften
für den Rundfunk von Bedeutung, die sich unter anderem auf
allgemeine Gesetze des bürgerlichen Rechts, auf allgemeine
Strafrechtsnormen oder auf das Urheberrecht beziehen.

4.1 »Sonderrechte« der Journalisten

Die sogenannten »Sonderrechte« der Journalisten sind zum
Teil in Landespressegesetzen festgeschrieben. Sie können auf
die Rundfunkmitarbeiter übertragen werden, so der Auskunfts-

---

[45] Vgl. Abschnitt 1.5.12.3 sowie 6. Kapitel Abschnitt 3.4.2.

anspruch der Journalisten gegenüber den Behörden (vgl. § 4 BayPrG) oder das journalistische Zeugnisverweigerungsrecht, geregelt in § 53 Abs. 1 Nr. 5 der Strafprozeßordnung (StPO) und das damit in Verbindung stehende Durchsuchungs- und Beschlagnahmeverbot (vgl. § 97 Abs. 5 Satz 1 StPO).

Auskünfte. Dem Auskunftsanspruch des Journalisten, der sich gegen den Behördenleiter und den von ihm Beauftragten nicht aber gegen den Sachbearbeiter richtet, kann sich die Behörde widersetzen, wenn auf Grund beamtenrechtlicher oder sonstiger gesetzlicher Vorschriften eine Verschwiegenheitspflicht besteht (vgl. § 4 Abs. 2 BayPrG).

Zeugnisverweigerung. Das Zeugnisverweigerungsrecht der Journalisten bezieht sich auf »die Person des Verfassers, Einsenders oder Gewährsmannes von Beiträgen und Unterlagen sowie die ihm im Hinblick auf seine Tätigkeit gemachten Mitteilungen« (§ 53 Abs. 1 Nr. 5 StPO). Bezogen auf ihre eigenen Recherchen, ihre Fotos und Tonbandaufnahmen haben die Journalisten kein Zeugnisverweigerungsrecht.

Beschlagnahme und Durchsuchung. Das Beschlagnahme- und Durchsuchungsverbot nach § 97 und § 103 StPO reicht nur soweit, wie ein Zeugnisverweigerungsrecht besteht. Also können in Redaktionen, aber auch in den Privatwohnungen der Journalisten recherchiertes Material, Fotos, Audio- und Videoaufzeichnungen beschlagnahmt werden. Ist der Journalist selbst der Beschuldigte, hat er kein Zeugnisverweigerungsrecht (vgl. hierzu Herrmann 1984, S.483ff.).

4.2   Abwehransprüche gegenüber dem Rundfunk

Gegendarstellung. Die Gegendarstellungsansprüche nach § 10 BayPrG können sich nur auf Tatsachenbehauptungen beziehen. Dies sind Behauptungen, die grundsätzlich beweisbar, also nicht Meinungsäußerungen sind. Die Gegendarstellung selbst darf wiederum nur Tatsachenbehauptungen beinhalten, für die jedoch der Wahrheitsbeweis nicht erbracht sein muß. Sie können also ebenfalls falsch sein und müssen dennoch gedruckt oder gesendet werden. Einen Anspruch auf Gegendarstellung haben auch juristische Personen. Des weiteren können Ansprüche dem Rundfunk gegenüber aus zivilrechtlichen Bestimmungen auf Widerruf, auf Unterlassung (§ 1004 BGB) oder auf Ersatz des materiellen und immateriellen Schadens (vgl. §§ 823 ff BGB und Art. 1 und 2 GG) erwachsen. Hier geht es insbesondere um die Wahrung der Persönlichkeitsrechte des einzelnen.

Widerruf. Der Widerruf kann sich anders als bei der Gegendarstellung nur gegen nachweislich unrichtige Tatsachenbehauptungen richten. Der Unterlassungsanspruch hingegen kann sich sogar auf Meinungsäußerungen beziehen, so diese als Schmähkritik im Sinne einer schweren, weit über das Ziel hinausgehenden Beleidigung zu werten sind. Schadensersatzansprüche erwachsen nur dann, wenn der Schaden rechtswidrig und schuldhaft, das heißt vorsätzlich oder fahrlässig verursacht worden ist.

Schadensersatz. Ein materieller Schadensersatzanspruch (vgl. § 847 BGB) im Sinne eines Anspruchs auf Schmerzensgeld ergibt sich wegen der Verletzung des allgemeinen Persönlichkeitsrechts nur dann, wenn die Verletzung einen schwerwiegenden Eingriff darstellt und auf Seiten des Verlages, der Rundfunkanstalt oder des Journalisten schweres Verschulden nachgewiesen wird.

Schutz der Persönlichkeit. Ein allgemeines Persönlichkeitsrecht ist zwar im § 823 Abs. 1 BGB nicht beschrieben, die Rechtsprechung geht jedoch davon aus, daß dieses ebenso wie das Recht auf Freiheit, Eigentum, Leben oder Gesundheit zu schützen ist, so daß, wenn dieses Recht widerrechtlich verletzt wird, daraus ein Anspruch auf Ersatz des Schadens entsteht. Dieses

Recht dient nach Herrmann dem Schutz der Identität, der Selbstbestimmung und der persönlichen Ehre (vgl. Herrmann 1994, S.558ff.).

• Schutz der Identität meint: Schutz vor unrichtigen Tatsachenbehauptungen und gefälschten Daten, schiefen Zitaten, falschen Bildern und Bildunterschriften, erdichteten Interviews.

• Schutz der Selbstbestimmung meint: Auch die Verbreitung wahrer Aussagen verbietet sich auf Grund der »Prangerwirkung« der Medien, je persönlicher, privater und intimer Aspekt und Inhalt der Aussage sind.

• Die persönliche Ehre ist dann verletzt, wenn Beleidigungen, Häme und Schmähkritik verbreitet werden.

Darüber hinaus ist nach § 12 BGB in den Schutz der Persönlichkeit insbesondere der Schutz des Namens im Sinne des Identitätsschutzes einbezogen und durch das Recht am eigenen Bild geregelt. In den §§ 23ff des Kunsturhebergesetzes (KUG) erhält dieses Recht auf Selbstbestimmung eine differenzierte Ausformung.

Strafrechtliche Folgen. Strafrechtliche Folgen zeigt journalistisches Handeln dann, wenn folgende Tatbestände gegeben sind:

• Beleidigung nach § 185 StGB (meist eine Formalbeschimpfung als »Schwein« oder »Mörder«),

• üble Nachrede nach § 186 StGB (eine Tatsachenbehauptung, die geeignet ist, jemanden verächtlich zu machen oder in der öffentlichen Meinung herabzuwürdigen), oder

• Verleumdung (eine unwahre Tatsachenbehauptung wird wider besseres Wissen aufgestellt).

Mitteilungen über Gerichtsverhandlungen, insbesondere bei Ausschluß der Öffentlichkeit, oder die Veröffentlichung von

Schriftsätzen aus Straf-, Bußgeld- oder Disziplinarverfahren verbietet § 353 StGB (vgl. hierzu Herrmann 1994, S.591ff.).

4.3 Urheberrechtliche Bestimmungen

Insbesondere für den Rundfunk ist das Urheberrecht von besonderer Bedeutung (vgl. ebd., S.611) und zwar deshalb, weil:

- Urheberrechte und Leistungsschutzrechte bei der Programmgestaltung zu beachten, im Zweifel solche erst noch zu erwerben sind,

- bei rechtswidriger Verletzung von Urheber- und Leistungsschutzrechten durch Rundfunksendungen Rechtsfolgen zu gewärtigen sind und

- bei der Rundfunkarbeit zugleich urheberrechtliche Positionen entstehen.

Das Urheberrecht ist im Gesetz über Urheberrechte und verwandte Schutzrechte (Urhebergesetz-UrhG) vom 9. Juni 1993 und im Gesetz über die Wahrnehmung von Urheberrechten und verwandten Schutzrechten (Urheberwahrnehmungsgesetz-UrhWG) vom 9. Juni 1993 geregelt. Dazu sind internationale Urheberrechtsverträge und das EG-Recht zu beachten. Im Kern geht es um die Frage: Wie kann einerseits das Interesse des Urhebers an der Publikation und der Nutzung dessen, was er geschaffen hat, mit dem allgemeinen Interesse in Einklang gebracht werden, welches auf Information durch Rundfunkprogramme im Sinne der Meinungs- und Willensbildung gerichtet ist (vgl. ebd., S.612)?

Urheberrechte. Nach § 1 UrhG genießen die Urheber von Werken der Literatur, Wissenschaft und Kunst für ihre Werke Schutz nach Maßgabe des Gesetzes, darin einbezogen sind auch Musik- und Filmwerke. Urheber ist nach § 7 UrhG der Schöpfer des Werkes. Wird ein Werk gemeinsam geschaffen, entsteht Miturheberschaft (vgl. § 8 UrhG). Grundsätzlich kann der Urheber über die Veröffentlichung oder Nichtveröffentlichung seines Werkes entscheiden und eine Entstellung oder Beeinträchtigung seines Werkes verbieten. Nach § 20 UrhG hat der Urheber das ausschließliche Recht, über die Rundfunkausstrahlung seines Werkes selbst zu entscheiden. Er kann Dritten Nutzungsrechte am Senderecht einräumen und dabei unter anderem die Wahl des Mediums, die Art der Verbreitung, die Anzahl der Ausstrahlungen, das Empfangsgebiet, den Kreis der potentiellen Rezipienten (etwa durch Übertragung der Nutzungsrechte auf ein bestimmtes Programm in einem bestimmten Sendegebiet) bestimmen. Das Urheberrecht erlischt siebzig Jahre nach dem Tod des Urhebers (vgl. § 64 UrhG), im Falle der Miturheberschaft siebzig Jahre nach dem Tod des »längstlebenden Miturhebers« (vgl. § 65 UrhG). Schranken des Urheberrechts finden sich dort, wo ein relevantes Interesse der Allgemeinheit an einer umfassenden und ungekürzten Berichterstattung durch den Rundfunk besteht. Das betrifft insbesondere öffentliche Reden (vgl. § 48 UrhG), Zeitungsartikel, Rundfunkkommentare und vermischte Nachrichten (vgl. § 49 UrhG) sowie die Ton- und Bildberichterstattung über Tagesereignisse (vgl. § 50 UrhG).

Leistungsschutzrechte. Neben diesen Urheberrechten kennt das Urhebergesetz sogenannte »Leistungsrechte« oder »Nachbarrechte« (vgl. die §§ 72-94 UrhG). Damit werden Leistungen geschützt, die »wesentliche, essentielle Teile der Rundfunkprogramme darstellen« (Herrmann 1994, S.629). Es sind dies die Leistungen der Photographen und Kameraleute, der ausübenden Künstler (das sind all jene, die ein Werk vortragen oder aufführen, oder bei Vortrag oder Aufführung des Werkes *künstlerisch* mitwirken) (vgl. § 73 UrhG), aber auch die Leistungen und Produkte von Unternehmern und ihren Mitarbeitern, seien dies Veranstalter, Film- und Fernsehproduzenten, Hersteller von Tonträgern oder Sendeunternehmen. Bei der Gestaltung ihrer

Programme haben die Rundfunkanstalten einerseits all diese Rechtspositionen zu beachten, zugleich wachsen diesen aber die gleichen Schutzrechte zu, da sie bei der Gestaltung eines Gesamtprogramms mit vielen Einzelbeiträgen eine eigene, oft kulturelle Leistung erbringen (vgl. Herrmann 1994, S.636).

Sicherung der Rechte. Rundfunkanstalten und Rundfunkunternehmen müssen für die verschiedenen Programmbeiträge von den Urhebern und den Leistungsschutzberechtigten die notwendigen Rechte einholen, also vertraglich vereinbaren, welche Nutzungsrechte ihnen nach Art und Umfang zustehen. Bezogen auf die angestellten Mitarbeiter im Rundfunk wird dies in den Arbeitsverträgen geregelt. Bei freien Mitarbeitern ist dies grundsätzlich in Einzelverträgen auszuhandeln. Für freie Mitarbeiter in arbeitnehmerähnlichen Positionen ist jedoch ein Tarifvertrag ausgehandelt, der die Honorarbedingungen grundsätzlich regelt (vgl. ebd., S.644).

Die Urheber- und Leistungsschutzberechtigten, insbesondere die ausübenden Künstler, übertragen ihre Rechte in der Regel einer Verwertungsgesellschaft, die ihre Ansprüche wahrt. Dies geschieht meist durch Pauschalabtretung, zum Beispiel an die »Gesellschaft für künstlerische Aufführungs- und mechanische Vervielfältigungsrechte (GEMA)«, die »Verwertungsgesellschaft Wort (VG Wort)« oder die »Verwertungsgesellschaft der Film- und Fernsehproduzenten (VFF)«. Diese wiederum haben oft ebenfalls Pauschalverträge mit dem Rundfunkveranstalter abgeschlossen, so daß sich für alle Beteiligten die Abrechnung vereinfacht.

Internationalisierung. Im Zuge der Internationalisierung des Rundfunkwesens und der Differenzierung des Rundfunksystems gewinnt die Urheberrechtsproblematik zunehmend an Bedeutung. Die Bundesrepublik Deutschland hat deshalb internationale Urheberrechtsverträge abgeschlossen, so zum Beispiel das »Welturheberrechtsabkommen (WUA)« vom 6. September

1952 oder das »Europäische Abkommen zum Schutz von Fernsehsendungen (Europäisches Fernsehabkommen)« vom 22. Juni 1960. Im Rahmen der EU gilt z.B. die »Richtlinie 93/83/EWG des Rates vom 27. September 1993 zur Koordinierung bestimmter urheber- und leistungsschutzrechtlicher Vorschriften betreffend Satellitenrundfunk und Kabelverbreitung«. Urheberrechtsverletzungen können nach bürgerlichem Recht Ansprüche auf Unterlassung, Beseitigung, Schadensersatz oder Bereicherung begründen. Straftatbestände sind in § 108 UrhG definiert (vgl. Herrmann 1994, S.611f.).

5. Die Rechtsprechung des Bundesverfassungsgerichts

Die Rechtsprechung des Bundesverfassungsgerichts hat zum Abschluß der Aufbauphase und dann weiterhin die Entwicklung des Rundfunks in der Bundesrepublik Deutschland maßgeblich bestimmt. In grundlegenden Entscheidungen hat es die ordnungspolitischen Initiativen der Bundes- und Landesgesetzgeber immer wieder zurechtgerückt und insoweit in die Regelungskompetenz des Gesetzgebers eingegriffen. Dies war deshalb möglich und auch notwendig, weil die Rundfunkpolitik in Deutschland von Beginn an heftig umstritten war und die Entscheidungsträger nicht fähig waren, einvernehmliche politische Lösungen zu finden. Dies scheint auch heute nicht anders. Allerdings läßt sich eine Phase relativer Ruhe in der Zeit zwischen dem ersten Urteil von 1961 bis zum Ende der 70er Jahre erkennen. Damals hatten sich auch die Verfechter eines privaten Rundfunks mit dem System des öffentlich-rechtlichen Rundfunks abgefunden. Das Mediensystem der Bundesrepublik schien im Dualismus der privaten Presse und dem öffentlich-rechtlichen Rundfunk auf Dauer ausgewogen. Die rundfunkpolitischen Akteure, voran die Parteien, etablierten sich in den

Rundfunkgremien, um sich von dort aus ihren Einfluß im Rundfunk zu sichern. Mit dem Urteil von 1981 ist dann allerdings eine Entwicklung eingetreten, in der anfangs jede landesrechtliche Regelung des privaten Rundfunks dem Urteil des Bundesverfassungsgerichts unterworfen wurde.

Mit dem Gebührenurteil von 1994 scheint nun wiederum ein vorläufiger Abschluß gefunden, da jetzt die Grenzen und Strukturen eines dualen Rundfunksystems aufeinander bezogen und ausgelotet scheinen. Doch dies dürfte trügerisch sein: Die Dynamik der Entwicklungen im Bereich der elektronischen Medien ist kaum mehr zu steuern.

5.1   Das »Erste Fernseh - Urteil«[46]

Das Gericht hatte zu klären, ob die Bundesregierung durch die Gründung der Deutschland-Fernsehen-GmbH am 25. Juli 1960 und durch sonstige Maßnahmen auf dem Gebiet des Fernsehens gegen Art. 5 und gegen Art. 30 in Verbindung mit Art. 87 Abs. 3 GG sowie gegen die Pflicht zu bundesfreundlichem Verhalten verstoßen hat. Das Gericht kam zu dem Ergebnis: Der Bund hat durch die Gründung der Deutschland-Fernsehen-GmbH gegen Art. 30 in Verbindung mit dem VIII. Abschnitt des Grundgesetzes sowie gegen den Grundsatz bundesfreundlichen Verhaltens und gegen Art. 5 des Grundgesetzes verstoßen.

Die Leitsätze des Urteils:

- Auch »Vertragsgesetze« zu Staatsverträgen zwischen den Ländern unterliegen der verfassungsgerichtlichen Prüfung im Normenkontrollverfahren.

- Ein Organ des Bundes hat Landesrecht auch dann im Sinne

---

[46] Vgl. Urteil des Bundesverfassungsgerichts vom 28. Februar 1961, (= BVerfGE 12, 205).

von § 76 Nr. 2 BVerfGG »nicht angewendet«, wenn es dieses Recht »nicht beachtet« hat.

- Das Post- und Fernmeldewesen im Sinne von Art. 73 Nr. 7 GG umfaßt - wenn man vom Empfang der Rundfunksendungen absieht - nur den sendetechnischen Bereich des Rundfunks unter Ausschluß der sogenannten Studiotechnik.

- Art. 73 Nr. 7 GG gibt dem Bund nicht die Befugnis, die Organisation der Veranstaltung und die der Veranstalter von Rundfunksendungen zu regeln.

- Die Gesetzgebungskompetenz des Bundes für das Fernmeldewesen (Art. 73 Nr. 7 GG) läßt auch Regelungen zu, die dem Bund das ausschließliche Recht vorbehalten, Funkanlagen für Zwecke des Rundfunks zu errichten und zu betreiben.

- Nach der Systematik des Grundgesetzes bezeichnet die Gesetzgebungskompetenz des Bundes die äußerste Grenze für seine Verwaltungsbefugnisse. »Bundespost« in Art. 87 Abs. 1 GG kann daher nicht mehr umfassen als »Post und Fernmeldewesen« in Art. 73 Nr. 7 GG.

- Die Bundespost ist gehalten, bei Verleihungen zur Errichtung oder zum Betrieb von Rundfunksendeanlagen (§ 2 FAG) und beim Abschluß von Verträgen über die Benutzung solcher Anlagen ausschließlich sendetechnische Gesichtspunkte zu berücksichtigen. »Auflagen«, die diesen Bereich verlassen, sind unzulässig.

- Die Veranstaltung von Rundfunksendungen ist nach der deutschen Rechtsentwicklung eine öffentliche Aufgabe. Wenn sich der Staat mit dieser Aufgabe in irgendeiner Form befaßt (auch dann, wenn er sich privatrechtlicher Formen bedient), wird sie zu einer »staatlichen Aufgabe« im Sinne von Art. 30 GG.

- Die Veranstaltung von Rundfunksendungen durch den Bund kann nach Art. 30 in Verbindung mit Art. 83 ff. GG nicht damit gerechtfertig werden, daß die Veranstaltung von Rundfunksendungen eine »überregionale« Aufgabe sei oder daß das Grundgesetz die Veranstaltung solcher Sendungen durch den Bund zugelassen habe, die der nationalen Repräsentation nach innen und der Pflege »kontinuitätsbewahrender Tradition« dienen sollen. Der Bund hat hierfür keine Kompetenz aus der Natur der Sache.

- Art. 30 GG gilt sowohl für die gesetzesakzessorische wie für die »gesetzesfreie« Erfüllung öffentlicher Aufgaben.

- Der VIII. Abschnitt des Grundgesetzes trifft sowohl für die gesetzesakzessorische wie für die »gesetzesfreie« Verwaltung »andere Regelungen« im Sinne von Art. 30 GG.

- Auch das Procedere und der Stil der Verhandlungen, die zwischen dem Bund und seinen Gliedern und zwischen den Ländern im Verfassungsleben erforderlich werden, stehen unter dem Gebot bundesfreundlichen Verhaltens.

- Art. 5 GG fordert Gesetze, durch die die Veranstalter von Rundfunkdarbietungen so organisiert werden, daß alle in Betracht kommenden Kräfte in ihren Organen Einfluß haben und im Gesamtprogramm zu Wort kommen können, und die für den Inhalt des Gesamtprogramms Leitgrundsätze verbindlich machen, die ein Mindestmaß von inhaltlicher Ausgewogenheit, Sachlichkeit und gegenseitiger Achtung gewährleisten.

Rundfunkpolitische Bedeutung:

Rundfunk ist Ländersache und binnenpluralistisch auszugestalten. Das Gericht stellt fest, daß die Zuständigkeit für die Organisation des Rundfunks den Gesetzgebungsorganen der Länder zugeschrieben ist. Dies ist Ausfluß der Kulturhoheit der Länder. Zugleich wird das Oligopol der öffentlich-rechtlichen Rundfunkanstalten verfassungsrechtlich abgesichert und die binnenpluralistische Ausgestaltung der Rundfunkanstalten, das heißt, die Beteiligung aller gesellschaftlich relevanten Gruppen an der Willensbildung in den Leitungsorganen vorläufig festgeschrieben. Denn es fordert die Verfassung nicht, daß nur Anstalten des öffentlichen Rechts Veranstalter von Rundfunksendungen sein dürfen, dies könnten auch rechtsfähige Gesellschaften des privaten Rechts sein. Diese müßten jedoch sicherstellen, daß in ihnen in ähnlicher Weise wie in der öffentlich-rechtlichen Anstalt alle gesellschaftlich relevanten Kräfte zu Wort kommen und die Freiheit der Berichterstattung unangetastet bleibt. Der Rundfunk darf weder dem Staat noch einer gesellschaftlichen Gruppe ausgeliefert sein.

Sondersituation des Rundfunks. Die bestehende oligopolistische Rundfunkordnung wird aus zwei grundsätzlich unterschiedlichen Überlegungen legitimiert:

- weil auf Grund der technischen Gegebenheiten (Frequenzknappheit) nur sehr wenig Hörfunk- und Fernsehunternehmen zugelassen werden könnten und

- weil die Errichtung einer Hörfunk- oder Fernsehunternehmung so erhebliche Mittel verlangt (außergewöhnlich hoher Finanzbedarf), daß sie privaten Personen überhaupt nicht möglich wäre oder doch nur unter Beschränkung auf einen besonders begüterten Personenkreis, was im Blick auf das demokratische Prinzip nicht wünschenswert sein kann.

Bewertung:

Mit diesem Urteil kommt die Rundfunkentwicklung der Nachkriegszeit zum Abschluß. Das im wesentlichen von den Alliierten geschaffene öffentlich-rechtliche Rundfunksystem wird bestätigt und gesichert. Nicht durchgesetzt hatten sich die dominierenden Politiker der Nachkriegszeit. Nach deren Überzeugung sollte Rundfunk in jedem Fall in die Verantwortung des Staates einbezogen bleiben, denn dies entsprach ihrem Staatsverständnis aus der Weimarer Zeit. Also war aus ihrer

Sicht die Rundfunkordnung zu modifizieren und umzubauen. Wie sich dann zeigte, schien diese Auffassung von Staat und Gesellschaft den Verfassungsrichtern wohl nicht mehr zeitgemäß zu sein.

5.2   Das »Mehrwertsteuer - Urteil«[47]

Das Bundesverfassungsgericht hatte auf Antrag der hessischen Landesregierung zu prüfen, ob § 2 Abs. 3 Satz 2 Umsatzsteuergesetz (Mehrwertsteuer) vom 29. Mai 1967 der Verfassung entspricht. Zugleich hatte es diesbezüglich über eine Beschwerde der ARD-Rundfunkanstalten zu entscheiden. Es kam zu dem Ergebnis: Diese Bestimmung ist mit dem Grundgesetz unvereinbar und nichtig. Die Verfassungsbeschwerde der Rundfunkanstalten ist zulässig.

Die Leitsätze des Urteils:

- Die Tätigkeit der Rundfunkanstalten vollzieht sich im öffentlichen Bereich. Die Rundfunkanstalten stehen in öffentlicher Verantwortung, nehmen Aufgaben der öffentlichen Verwaltung wahr und erfüllen eine integrierende Funktion für das Staatsganze. Ihre Tätigkeit ist nicht gewerblicher oder beruflicher Art.

- Der Bund kann nicht Kraft seiner konkurrierenden Gesetzgebungskompetenz für Verkehrs- und Verbrauchsteuer durch eine Fiktion die in der Veranstaltung von Rundfunksendungen bestehende Tätigkeit der Rundfunkanstalten für den Bereich des Umsatzsteuerrechts in eine Tätigkeit gewerblicher oder beruflicher Art umdeuten.

---

[47] Vgl. Urteil des Bundesverfassungsgerichts vom 27. Juli 1971, (= BVerfGE 31, 314).

Rundfunkpolitische Bedeutung:

Das Bundesverfassungsgericht stellt klar, daß die Rundfunkanstalten keine Unternehmungen sind. Sie erfüllen eine öffentliche Aufgabe. Und da sie eine »Aufgabe der öffentlichen Verwaltung« wahrnehmen, ist ihre Sendetätigkeit nicht gewerblicher Art.

Das Gericht bekräftigt, daß der Rundfunk in der Bundesrepublik Deutschland staatsfrei unter Beteiligung aller gesellschaftlich relevanten Gruppen zu betreiben ist.

Bezüglich der Rundfunkgebühren wird klargestellt: Nicht die einzelne Rundfunkanstalt erhält für ihre Leistungen Gebühren, sondern die »Gesamtveranstaltung Rundfunk« wird durch die Gebühren finanziert.

Zugleich wurde durch die Zulassung der Beschwerde erkannt, daß die öffentlich-rechtlichen Landesrundfunkanstalten als juristische Personen des öffentlichen Rechts dennoch den Schutz der Grundrechte (die eigentlich Menschen- und Bürgerrechte sind) beanspruchen können.[48]

Bewertung:

Diesem Urteil kommt keine besondere Bedeutung für die

---

[48] Nach Art. 19 Abs. 3 GG gelten die Grundrechte auch für inländische juristische Personen, so weit sie ihrem Wesen nach auf diese anwendbar sind. Für juristische Personen des öffentlichen Rechts gelten sie jedoch grundsätzlich nicht. Da aber die öffentlich-rechtlichen Rundfunkanstalten als vom Staat unabhängige, sich selbst verwaltende Anstalten des öffentlichen Rechts geschaffen sind, nehmen sie keine staatliche, wohl aber eine öffentliche Aufgabe wahr. Sie sind vom Einfluß des Staates frei und können sich deshalb auf die Grundrechte berufen (vgl. BVerfGE 31, 314 [321]). Dennoch sind sie Bestandteil der öffentlich-rechtlichen Organisation, erfüllen eine Aufgabe der öffentlichen Verwaltung und üben so auch hoheitliche Gewalt gegenüber Dritten aus (vgl. Hartstein/Ring/Kreile/Dörr/Stettner 1995, S.863ff.).

Rundfunkentwicklung zu. Wohl aber dokumentiert es, daß das bestehende öffentlich-rechtliche Rundfunksystem akzeptiert und gesichert erscheint.

5.3   Das »FRAG - Urteil«[49]

Das Bundesverfassungsgericht hatte auf Vorlage des Verwaltungsgerichts des Saarlandes zu prüfen, ob der Art. 1 Nr. 1 Abschnitt C, I. und II. Titel (§§ 38 bis 46a) des zweiten Gesetzes zur Änderung und Ergänzung des Gesetzes über die Veranstaltung von Rundfunksendungen im Saarland (GVRS) vom 7. Juni 1967 der Verfassung entspricht. Darin war bestimmt, daß Veranstalter privaten Rechts in der Form einer Aktiengesellschaft mit Sitz im Saarland von der Landesregierung eine Konzession zur Veranstaltung von Rundfunksendungen erhalten können. Das Gericht kam zu dem Ergebnis, daß dieser Artikel des saarländischen Gesetzes mit Artikel 5 Abs. 1 Satz 2 und Artikel 3 Abs. 1 des Grundgesetzes unvereinbar und daher nichtig ist, soweit darin die private Veranstaltung von Rundfunksendungen in deutscher Sprache geregelt ist.

Die Leitsätze des Urteils:

• Art. 5 Abs. 1 Satz 2 GG fordert für die Veranstaltung privater Rundfunksendungen eine gesetzliche Regelung, in der Vorkehrungen zur Gewährleistung der Freiheit des Rundfunks zu treffen sind. Diese Notwendigkeit besteht auch dann, wenn die durch Knappheit der Sendefrequenzen und den hohen finanziellen Aufwand für die Veranstaltung von Rundfunksendungen bedingte Sondersituation des Rundfunks im Zuge der modernen Entwicklung entfällt.

• Zu den Fragen, welche der Gesetzgeber zu regeln hat, gehört

---

[49] Vgl. Urteil des Bundesverfassungsgerichts vom 16. Juni 1981 (= BVerfGE 57, 295).

die Entscheidung über die Grundlinien der Rundfunkordnung. Im Rahmen des zugrunde gelegten Ordnungsmodells
hat der Gesetzgeber sicherzustellen, daß das Gesamtangebot
der inländischen Programme der bestehenden Meinungsvielfalt im wesentlichen entspricht. Ferner hat er Leitgrundsätze
verbindlich zu machen, die ein Mindestmaß an inhaltlicher
Ausgewogenheit, Sachlichkeit und gegenseitiger Achtung
gewährleisten. Er muß eine begrenzte Staatsaufsicht vorsehen,
den Zugang zur Veranstaltung privater Rundfunksendungen
regeln und, solange dieser nicht jedem Bewerber eröffnet
werden kann, Auswahlregelungen treffen. Ob auch die Finanzierung privaten Rundfunks gesetzlicher Regelung bedarf,
ist nicht zu entscheiden.

• Die Bestimmungen, die das Gesetz über die Veranstaltung
  von Rundfunksendungen im Saarland für private Rundfunksendungen in deutscher Sprache getroffen hat, genügen in
  wesentlichen Teilen nicht diesen verfassungsrechtlichen Anforderungen; sie sind daher nichtig.

Rundfunkpolitische Bedeutung:

Das Bundesverfassungsgericht bejaht grundsätzlich die gesetzliche Zulassung privater Rundfunkanstalten. In der Begründung der Entscheidung entwickelt das Gericht Grundmuster für
die Ordnung des Rundfunksystems in der Bundesrepublik
Deutschland und erkennt, daß die bis dahin bestehende öffentlich-rechtliche Rundfunkordnung als eine mögliche (und verfassungsrechtlich zulässige), nicht aber als die allein und vor allem
auf Dauer zulässige Ordnung zu sehen ist.

Nach seiner Ansicht sind grundsätzlich zwei Gestaltungs-
modelle für die Rundfunkordnung der Bundesrepublik
Deutschland verfassungsrechtlich zulässig:

• Das binnenpluralistische Modell, in dem die Ausgewogenheit der Berichterstattung von jedem Betreiber (also von der Rundfunkanstalt) organisatorisch sichergestellt werden muß und

- das außenpluralistische Modell der externen Vielfalt. Hier muß der einzelne Anbieter kein in sich ausgewogenes Programm anbieten, er kann sich insoweit als Tendenzbetrieb verstehen. Immer aber muß das Programm aller Anbieter zusammengenommen demokratische Ausgewogenheit gewährleisten.

Bewertung:

Mit diesem Urteil sind die Weichen für die Entwicklung des privaten Rundfunks in Deutschland gestellt worden. Das öffentlich-rechtliche Rundfunksystem war aufgebrochen. Von da an gewannen Verkabelung und Satellitentechnik eine realistische ökonomische Perspektive. Der Druck, der aus der Öffnung des Systems erwuchs, schuf Verbreitung für private Veranstalter auch in den terrestrischen Netzen der Bundespost, deren Leistungsfähigkeit bis dahin wohl nicht ausgeschöpft waren. Jedoch erst durch die terrestrische Verbreitung der privaten Rundfunkprogramme gelang es den privaten Veranstaltern, sich schnell und dauerhaft zu etablieren.

5.4   Das »Niedersachsen - Urteil«[50]

Das Gericht hatte auf Antrag von Dr. Vogel, Fraktionsvorsitzender der SPD, und weiteren 200 Mitgliedern des Bundestages zu prüfen, ob das Niedersächsische Landesrundfunkgesetz vom 23. Mai 1984 mit dem Grundgesetz vereinbar ist. Es kam zu dem Ergebnis, daß eine Reihe von Paragraphen des Niedersächsischen Landesrundfunkgesetzes, insbesondere jene, die die Zu-

---

[50] Vgl. Urteil des Bundesverfassungsgerichts vom 4. November 1986 (= BVerfGE 73, 118).

gangs- und Auswahlvorschriften und die Sicherstellung der inhaltlichen Vielfalt regeln sollten, unzureichend und somit nicht mit dem Grundgesetz vereinbar und nichtig seien, daß aber die übrigen Paragraphen nach verfassungsrechtlich gebotener Auslegung mit dem Grundgesetz vereinbar sind. Der Gesetzgeber habe jedoch zur Verhinderung der Entstehung vorherrschender Meinungsmacht im Rundfunk nach Maßgabe der Gründe (im Sinne des Urteils, d. Verf.) für ergänzende Regelungen zu sorgen.

Die Leitsätze des Urteils:

- In der dualen Ordnung des Rundfunks, wie sie sich gegenwärtig in der Mehrzahl der deutschen Länder auf der Grundlage der neuen Mediengesetze herausbildet, ist die unerläßliche »Grundversorgung« Sache der öffentlich-rechtlichen Anstalten, deren terrestrische Programme nahezu die gesamte Bevölkerung erreichen und die zu einem inhaltlich umfassenden Programmangebot in der Lage sind. Die damit gestellte Aufgabe umfaßt die essentiellen Funktionen des Rundfunks für die demokratische Ordnung ebenso wie für das kulturelle Leben in der Bundesrepublik. Darin finden der öffentlich-rechtliche Rundfunk und seine besondere Eigenart ihre Rechtfertigung. Die Aufgaben, welche ihm insoweit gestellt sind, machen es notwendig, die technischen, organisatorischen, personellen und finanziellen Vorbedingungen ihrer Erfüllung sicherzustellen.

- Solange und soweit die Wahrnehmung der genannten Aufgaben durch den öffentlich-rechtlichen Rundfunk wirksam gesichert ist, erscheint es gerechtfertigt, an die Breite des Programmangebots und die Sicherung gleichgewichtiger Vielfalt im privaten Rundfunk nicht gleich hohe Anforderungen zu stellen wie im öffentlich-rechtlichen Rundfunk. Die Vorkehrungen, welche der Gesetzgeber zu treffen hat, müssen aber bestimmt und geeignet sein, ein möglichst hohes Maß gleichgewichtiger Vielfalt im privaten Rundfunk zu erreichen und zu sichern. Für die Kontrolle durch die zur Sicherung der Vielfalt geschaffenen (externen) Gremien und die Gerichte maßgebend ist ein Grundstandard, der die wesentlichen Voraussetzungen von Meinungsvielfalt umfaßt: die Möglichkeit für alle Meinungsrichtungen - auch diejenigen von Minderheiten -, im privaten Rundfunk zum Ausdruck zu gelangen, und den Ausschluß einseitigen, in hohem Maße ungleichgewichtigen Einflusses einzelner Veranstalter oder Programme auf die Bildung der öffentlichen Meinung, namentlich die Verhinderung des Entstehens vorherrschender Meinungsmacht. Aufgabe des Gesetzgebers ist es, die strikte Durchsetzung dieses Grundstandards durch materielle, organisatorische Regelungen und Verfahrensregelungen sicherzustellen.

- Grundsätzlich genügt diesen und den übrigen Anforderungen der Rundfunkfreiheit eine Konzeption der Ordnung privaten - durch Werbeeinnahmen finanzierten - Rundfunks, welche neben allgemeinen Mindestanforderungen die Voraussetzungen der gebotenen Sicherung von Vielfalt und Ausgewogenheit der Programme klar bestimmt. Die Sorge für deren Einhaltung sowie alle für den Inhalt der Programme bedeutsamen Entscheidungen wird dabei einem externen, vom Staat unabhängigen, unter dem Einfluß der maßgeblichen gesellschaftlichen Kräfte und Richtungen stehenden Organ übertragen. Darüber hinaus werden wirksame gesetzliche Vorkehrungen gegen eine Konzentration von Meinungsmacht getroffen.

- Das Niedersächsische Landesrundfunkgesetz vom 23. Mai 1984 ist in seinen Grundlinien mit dem Grundgesetz vereinbar. Doch vermag eine Reihe von Vorschriften die Freiheit des Rundfunks nicht in der verfassungsrechtlich gebotenen Weise zu gewährleisten; diese Vorschriften sind mit dem Grundgesetz ganz oder zum Teil unvereinbar. Darüber hinaus bedarf es zur Sicherung der Rundfunkfreiheit ergänzender gesetzlicher Regelungen.

Rundfunkpolitische Bedeutung:

Begrenzter Leistungsbeitrag der »Privaten«. Das Gericht sieht die zentrale Aufgabe des Rundfunks in der Sicherung gleichgewichtiger Vielfalt. Es erkennt, daß private Rundfunkprogramme bislang nur partiell in der Lage sind, die Aufgabe eines Mediums und Faktors öffentlicher Meinungsbildung zu erfüllen. Zudem läßt nach seiner Ansicht die Finanzierung aus Einnahmen aus der Wirtschaftswerbung von den privaten Rundfunkveranstaltern kein breit angelegtes Programmangebot erwarten. Dabei ist zu beachten, daß ausländische Programme die Balance im Geltungsbereich eines Landesrundfunkgesetzes derart stören können, daß im Gesamtprogramm eine volle Gleichgewichtigkeit nicht mehr gegeben ist.

Unerläßliche Grundversorgung. Deshalb ist in einer dualen Rundfunkordnung die unerläßliche »Grundversorgung« Sache der öffentlich-rechtlichen Anstalten. Diese können die öffentlich-rechtlichen Rundfunkanstalten sicherstellen, da ihre Programme für die gesamte Bevölkerung erreichbar sind und sie nicht wie private Veranstalter auf hohe Einschaltquoten und damit auf massenattraktive Programme angewiesen sind. Sie können vielmehr ein umfassendes Programmangebot bieten. Das Bundesverfassungsgericht sieht bei den öffentlich-rechtlichen Rundfunkanstalten neben den Aufgaben der Unterhaltung und Information eine kulturelle Verantwortung, die über die zentrale Rolle für die Meinungs- und Willensbildung hinausweist. Dies und die Aufgabe der Grundversorgung rechtfertigten die Finanzierung des öffentlich-rechtlichen Rundfunks durch Gebühren. Diese müssen hinreichen, die technischen, organisatorischen und finanziellen Voraussetzungen zur Erfüllung dieser Aufgabe, der Grundversorgung, durch den öffentlich-rechtlichen Rundfunk sicherzustellen.

Wechselbeziehung zwischen privatem und öffentlich-rechtlichem Rundfunk. So lange und soweit die Aufgaben der

Grundversorgung durch den öffentlich-rechtlichen Rundfunk wirksam sichergestellt sind, erscheint es gerechtfertigt, an die Breite des Programmangebotes und die Sicherung gleichgewichtiger Vielfalt im privaten Rundfunk **nicht** gleich hohe Anforderungen zu stellen. Dennoch muß der Gesetzgeber Vorkehrungen treffen, die dazu bestimmt und geeignet sind, auch im privaten Rundfunk ein möglichst hohes Maß an gleichgewichtiger Vielfalt zu erreichen und zu sichern. Insbesondere obliegt es ihm, den Tendenzen zur Konzentration rechtzeitig und wirksam entgegen zu treten.

Bewertung:

Mit diesem Urteil entwirft das Bundesverfassungsgericht die Grundidee einer dualen Rundfunkordnung, in der öffentlich-rechtlicher Rundfunk und privater Rundfunk aufeinander bezogen sind. Doch kann man dabei den Eindruck gewinnen, daß wohl der private Rundfunk auf den öffentlich-rechtlichen Rundfunk angewiesen ist, nicht so aber der öffentlich-rechtliche Rundfunk, der mit der Grundversorgung das Nötige leistet. Aber nur wenn man unterstellt, private Rundfunkprogramme könnten - wenn sie für jedermann erreichbar und ähnlich wie die Presse in großer Zahl verbreitet sind - die Grundversorgung dennoch nicht leisten, dann wäre der öffentlich-rechtliche Rundfunk tatsächlich auch auf Dauer gesichert.

5.5 Der »Baden - Württemberg - Beschluß«[51]

In diesem Beschluß hatte das Bundesverfassungsgericht über die Verfassungsbeschwerde des Süddeutschen Rundfunks und des Südwestfunks gegen einzelne Bestimmungen (betreffend die §§ 5, 7, 10, 13, 44, 45 und 46 in Verbindung mit § 23) des

---

[51] Vgl. Beschluß des Bundesverfassungsgerichts vom 24. März 1987 (= BVerfGE 74, 297).

Landesmediengesetzes Baden-Württemberg vom 16. Dezember
1985 zu entscheiden. Die beiden Anstalten des öffentlichen
Rechts wollten insbesondere geklärt wissen, ob es mit dem
Grundgesetz vereinbar sei, wenn die öffentlich-rechtlichen
Rundfunkanstalten von der Veranstaltung bestimmter Rundfunkprogramme hier im lokalen und regionalen Bereich und
von rundfunkähnlichen Kommunikationsdiensten ausgeschlossen würden.

Das Bundesverfassungsgericht hat dann insoweit im Sinne
der Beschwerdeführer entschieden und festgestellt, daß die Beschwerdeführer durch das Landesmediengesetz in ihrem
Grundrecht aus Art. 5 Abs. 1 Satz 2 des Grundgesetzes verletzt
werden und erkannt, daß die Bestimmungen des § 13 Abs. 1
Satz 1 und 2 sowie § 45 Abs. 2 im Landesmediengesetz von Baden-Württemberg mit dem Grundgesetz unvereinbar seien.

Die Leitsätze des Beschlusses:

- Die verfassungsrechtliche Gewährleistung der Freiheit des
  Rundfunks verwehrt es dem Gesetzgeber prinzipiell, die Veranstaltung bestimmter Rundfunkprogramme und rundfunk-
  ähnlicher Kommunikationsdienste zu untersagen oder andere
  Maßnahmen zu treffen, welche die Möglichkeit verkürzen,
  durch Rundfunk verbreitete Beiträge zur Meinungsbildung
  zu leisten. Auch jenseits der Grundversorgung durch die öffentlich-rechtlichen Anstalten (BVerfGE 73, 118 (157f.)) ist es
  dem Gesetzgeber daher versagt, die Veranstaltung dieser
  Programme und Dienste ausschließlich privaten Anbietern
  vorzubehalten.

- Soweit das Landesmediengesetz Baden-Württemberg die
  Landesrundfunkanstalten von der Veranstaltung regionaler
  und lokaler Rundfunkprogramme ausschließt (§ 13 Abs. 2
  Satz 1 und 2) und die Veranstaltung von Ton- und Be-
  wegtbilddiensten auf Abruf durch die Landesrundfunkan-

stalten unter den Vorbehalt einer besonderen Zulassung durch Gesetz oder Staatsvertrag stellt (§ 45 Abs. 2), ist dies mit Art. 5 Abs. 1 Satz 2 GG nicht vereinbar.

Verfassungsrechtlich nicht zu beanstanden sind hingegen

- Das Werbeverbot im öffentlich-rechtlichen Regional- und Lokalrundfunk (§ 13 Abs. 2 Satz 4 LMedienG.),

- der Vorbehalt einer besonderen gesetzlichen oder staatsvertraglichen Zulassung für Rundfunkprogramme der Landesrundfunkanstalten, welche Abonnenten oder Einzelentgeltzahlern vorbehalten bleiben (§ 13 Abs. 3 LMedienG),

- die Beschränkungen einer Kooperation zwischen privaten Rundfunkveranstaltern und öffentlich-rechtlichen Rundfunkanstalten (§ 13 Abs. 4 LMedienG),

- die Verpflichtung der Landesrundfunkanstalten, freie Videotextkapazitäten ihrer Programme privaten Anbietern zur Verfügung zu stellen (§ 44 Abs. 3 LMedienG).

Rundfunkpolitische Bedeutung:

Grundversorgung. In diesem Urteil wird der Auftrag der Grundversorgung durch den öffentlich-rechtlichen Rundfunk näher bestimmt und dargelegt, daß Grundversorgung nicht »Mindestversorgung« meint. Daß diese vielmehr einen inhaltlichen Standard der Programme fordert, der in seinen Gegenständen und in der Art der Darbietung und Behandlung dem klassischen Auftrag des Rundfunks entspricht. Die Grundversorgung bezieht sich immer auf eine Mehrzahl von Programmen (alle öffentlich-rechtlichen Programme sichern zusammen die Grundversorgung) und setzt voraus, daß der Empfang für alle sichergestellt ist. Und es wird noch einmal bekräftigt: Werden die Forderungen an den öffentlich-rechtlichen Rundfunk reduziert, müssen an den privaten Rundfunk entsprechend höhere Anforderungen gestellt werden.

Lokale und regionale Programme. Das Gesetz geht davon aus, daß auch im lokalen und regionalen Bereich die bestehenden Meinungsrichtungen im Programm des Rundfunks zum Ausdruck kommen müßten, wie wohl für diesen Bereich ein öffentlich-rechtlicher Grundversorgungsauftrag nicht besteht. Aber selbst wenn in diesem Bereich durch die gesetzliche Ordnung des privaten Rundfunks gleichgewichtige Meinungsvielfalt gleich wirksam sichergestellt sei, müssen dennoch auch öffentlich-rechtliche Programme zugelassen werden. Dieses ergibt sich aus dem Gebot der Stärkung und Erweiterung des publizistischen Wettbewerbs und der Meinungsvielfalt.

Gestaltungsauftrag und Gestaltungsfreiheit. Der Gesetzgeber hat die Gewährleistung einer positiven Ordnung sicherzustellen, so daß die Vielfalt der bestehenden Meinungen im Rundfunk in möglichster Breite und Selbständigkeit Ausdruck findet und daß auf diese Weise umfassende Informationen geboten werden. Dies zu schaffen, sind unterschiedliche organisatorische Regeln und Verfahrensregelungen notwendig, die der Gesetzgeber festzulegen hat. Wie der Gesetzgeber diese Aufgabe erfüllen will, ist in den von der Garantie der Rundfunkfreiheit gezogenen Grenzen Sache seiner eigenen Entscheidung. Es kommt allein darauf an, daß freie, umfassende und wahrheitsgemäße Meinungsbildung gewährleistet ist. Dem kann auch eine duale Rundfunkordnung entsprechen.

Bewertung:

In diesem Urteil verweist das Verfassungsgericht auf den klassischen Auftrag des Rundfunks, der neben der Information auch Bildung und Unterhaltung umfaßt und Beiträge zur Kultur, Kunst und Beratung anbietet. Der Rundfunk muß also ein umfassendes Programmangebot bereitstellen, das alle Darstellungsformen und die gegenständliche Breite aller Programmsparten umfaßt.

Dies wurde wohl deshalb besonders hervorgehoben, weil im Anschluß an das Urteil von 1986 in der rundfunkpolitischen Diskussion die Auffassung vertreten wurde, daß Grundversorgung eine Art Mindestversorgung wäre, die sich insbesondere auf den engeren Bereich der politischen Information und Bildung im Blick auf die demokratische Meinungs- und Willensbildung bezieht und darin erschöpft. Die privaten Veranstalter nahmen folglich für sich in Anspruch, mit ihren Programmen vorrangig der Unterhaltung zu dienen.

Nun ist zwar klargestellt, daß dies so nicht zu sehen ist. Doch bleibt der zentrale Begriff »klassischer Rundfunkauftrag« auch in seinem Bezug auf die verschiedenen Programmsparten im Rundfunk inhaltlich nicht bestimmt, und zugleich bleibt ungeklärt, inwieweit dieser klassische Rundfunkauftrag, der sich, wie dies angedeutet wird, auf den herkömmlichen Rundfunk bezieht, auch für die Zukunft taugt, in der das Kommunikationsgefüge der Gesellschaft gravierenden Veränderungen unterworfen sein wird.

5.6   Das »NRW - Urteil«[52]

In diesem Verfahren sollte auf Antrag von Dr. Dregger, Fraktionsvorsitzender der CDU/CSU, und weiteren 235 Abgeordneten des Deutschen Bundestages festgestellt werden, daß verschiedene Bestimmungen des Gesetzes über den »Westdeutschen Rundfunk Köln« vom 19. März 1985 und des Rundfunkgesetzes für das Land Nordrhein-Westfalen vom 15. Januar 1987 in der damaligen Fassung des Gesetzes zur Änderung des Gesetzes über den »Westdeutschen Rundfunk Köln« und des Rundfunkgesetzes für das Land Nordrhein-Westfalen mit dem Grundgesetz unvereinbar und nichtig sind. Es ging dabei insbe-

---

[52] Vgl. Urteil des Bundesverfassungsgerichts vom 5. Februar 1991 (= BVerfGE 83, 238).

sondere darum, die Zulässigkeit des sogenannten »Zwei-Säulen-Modells« für die Organisation des lokalen Rundfunks in Nordrhein-Westfalen, die Beteiligung des Westdeutschen Rundfunks (WDR), eines öffentlich-rechtlichen Rundfunks also, an Veranstaltergemeinschaften des privaten Rundfunks, die Verbreitung von Programmzeitschriften durch öffentlich-rechtliche Anstalten und die Stellung und Zusammensetzung der Mitglieder der Kontrollgremien des WDR und der privaten Veranstaltergemeinschaften verfassungsrechtlich zu prüfen. Das Gericht kam zu dem Ergebnis, daß die angegriffenen Vorschriften in den genannten Gesetzen im wesentlichen (einige nur bei verfassungskonformer Auslegung) mit dem Grundgesetz vereinbar sind. Lediglich § 3 Abs. 1a LRG verstößt gegen Art. 5 Abs. 1 Satz 2 GG, da der Gesetzgeber dem Staat keinen Einfluß auf Auswahl, Inhalt und Gestaltung der Programme einräumen darf. Dies ist auch bei einer mittelbaren Einflußnahme im Falle der staatlichen Entscheidung über die Frequenzvergabe nicht zulässig.

Die Leitsätze des Urteils:

- Art. 5 Abs. 1 Satz 2 GG verpflichtet den Staat, die Grundversorgung, die dem öffentlich-rechtlichen Rundfunk in einer dualen Rundfunkordnung zufällt, zu gewährleisten.

- Die Grenzen der daraus folgenden Bestands- und Entwicklungsgarantie für den öffentlich-rechtlichen Rundfunk ergeben sich aus der Funktion, die dieser im Rahmen des von Art. 5 Abs. 1 GG geschützten Kommunikationsprozesses zu erfüllen hat.

- Die Bestands- und Entwicklungsgarantie für den öffentlich-rechtlichen Rundfunk erstreckt sich auch auf neue Dienste mittels neuer Techniken, die künftig Funktionen des herkömmlichen Rundfunks übernehmen können.

- In einer dualen Rundfunkordnung ist der Gesetzgeber verfassungsrechtlich nicht gehalten, öffentlich-rechtliche und private Rundfunkveranstalter strikt voneinander zu trennen. Aus dem Grundgesetz folgt keine Verpflichtung zur »Modellkonsistenz«.

- Soweit der Gesetzgeber die Möglichkeit einer Veranstalterkooperation oder einer sonstigen gemeinschaftlichen Programmträgerschaft eröffnet, muß er sicherstellen, daß der öffentlich-rechtliche Rundfunk imstande bleibt, seinen Grundversorgungsauftrag ungeschmälert zu erfüllen. Das setzt namentlich voraus, daß die Programmsegmente abgrenzbar und ihrem Träger zurechenbar sind.

- Die Entscheidung über das Rundfunkmodell muß der Gesetzgeber selbst treffen. Er darf sie nicht einer Vereinbarung der Rundfunkveranstalter überlassen. Daran finden gesetzlich eröffnete Kooperationsmöglichkeiten zwischen öffentlich-rechtlichen und privaten Rundfunkveranstaltern ihre Grenze.

- Die Veröffentlichung von Druckwerken mit vorwiegend programmbezogenem Inhalt ist von der Rundfunkfreiheit gedeckt, wenn sie dem Aufgabenkreis des Rundfunks als unterstützende Randbetätigung zugeordnet werden kann.

- In einer dualen Rundfunkordnung ist es von Verfassung wegen erlaubt, aber nicht gefordert, für den privaten Rundfunk an die Breite des Programmangebots und die Sicherung gleichgewichtiger Vielfalt geringere Anforderungen zu stellen als für den öffentlich-rechtlichen Rundfunk.

- Meinungsvielfalt ist ein sachgerechtes Auswahlkriterium für die Zulassung privater Rundfunkbewerber. In diesem Rahmen durfte der Gesetzgeber die Beteiligung der redaktionell Beschäftigten an der Programmgestaltung und -verantwortung (§ 7 Abs. 2 Satz 3 Rundfunkgesetz für das Land Nordrhein-Westfalen) berücksichtigen.

- Für die Aufteilung der Übertragungskapazitäten zwischen öffentlich-rechtlichem und privatem Rundfunk muß der Gesetzgeber hinreichende Kriterien vorgeben.

• Die dem nordrhein-westfälischen »Zwei-Säulen-Modell« des lokalen Rundfunks zugrundeliegenden Ziele sind verfassungsrechtlich nicht zu beanstanden. Das Modell ist grundsätzlich dazu geeignet, die Rundfunkfreiheit im lokalen Bereich zu sichern.

• Bei einer binnenpluralistischen Organisation des privaten Rundfunks muß der Gesetzgeber festlegen, welche gesellschaftlichen Kräfte und Gruppen sich an der Veranstaltung von Rundfunk beteiligen dürfen. Ein gesetzlicher Katalog gesellschaftlich relevanter Gruppen ist verfassungsrechtlich nicht zu beanstanden, solange die Auswahl sachgerecht im Sinne der Gewährleistung gleichgewichtiger Vielfalt ist.

• Die Beteiligung der Gemeinden an der Veranstaltergemeinschaft und der Betriebsgesellschaft des lokalen Rundfunks in Nordrhein-Westfalen verstößt nicht gegen das Gebot der Staatsfreiheit des Rundfunks.

• Die Kontrollgremien des Rundfunks sollen nicht der Repräsentation organisierter Interessen oder Meinungen, sondern der Sicherung der Meinungsvielfalt im Rundfunk dienen.

• Der Gesetzgeber hat bei der Bildung der Kontrollgremien weitgehende Gestaltungsfreiheit. Art. 5 Abs. 1 Satz 2 GG verlangt lediglich, daß die Zusammensetzung der Gremien geeignet ist, die Rundfunkfreiheit zu wahren.

Rundfunkpolitische Bedeutung:

Medium und Faktor. In diesem Urteil werden die Grundsätze einer verfassungsgerechten Rundfunkordnung noch einmal zusammengefaßt. Das Bundesverfassungsgericht bekräftigt: Der Rundfunk ist Medium und Faktor des verfassungsrechtlich geschützten Prozesses, in dem sich die Meinungsbildung vollzieht. Angesichts der herausragenden kommunikativen Be-

deutung des Rundfunks wird Meinungsbildung nur in dem
Maße gelingen, wie der Rundfunk seinerseits frei, umfassend
und wahrheitsgemäß informiert. Unter den Bedingungen der
modernen Massenkommunikation bildet der grundrechtliche
Schutz der Vermittlerfunktion des Rundfunks eine unerlässliche
Voraussetzung für das Erreichen des Normzieles von Art. 5
Abs. 1 Satz 2 GG.

Dienender Charakter. Dem dienenden Charakter der Rundfunkfreiheit würde ein Verständnis von Art. 5 Abs. 1 Satz 2 GG,
das sich in der Abwehr staatlicher Einflußnahme erschöpfte und
den Rundfunk im übrigen den gesellschaftlichen Kräften überließe, **nicht** gerecht. Der Gesetzgeber muß vielmehr eine positive
Ordnung schaffen, die sicherstellt, daß der Rundfunk ebensowenig wie dem Staat einzelnen gesellschaftlichen Kräften ausgeliefert wird. Der Rundfunk muß die Vielfalt der Themen und
Meinungen, die in der Gesellschaft insgesamt eine Rolle spielen,
aufnehmen und wiedergeben. Dies zu erreichen, sind materielle, organisatorische und prozedurale Regelungen notwendig,
die an der Aufgabe der Rundfunkfreiheit orientiert und geeignet sind, zu bewirken, was Art. 5 Abs. 1 GG in seiner Gesamtheit gewährleisten will.

Gestaltungsfreiheit. Wie die Rundfunkordnung im einzelnen
ausgestaltet wird, ist Sache der gesetzgeberischen Entscheidung.
Der Rundfunk muß seine Aufgabe, der freien individuellen und
öffentlichen Meinungsbildung zu dienen, erfüllen können. Diese Aufgabe ist modellunabhängig. Jede Organisationsform des
Rundfunks, die dem Rechnung trägt, ist mit dem Grundgesetz
vereinbar. Die Gestaltungsfreiheit des Gesetzgebers erschöpft
sich nicht in der Modellauswahl. Entscheidet sich der Gesetzgeber für eine duale Rundfunkordnung, muß er dafür sorgen, daß
die verfassungsrechtlichen Anforderungen gleichgewichtiger
Vielfalt in der Berichterstattung im Ergebnis durch das Gesamtangebot aller Veranstalter erfüllt werden. Es ist auch im dualen
System verfassungsrechtlich nicht zulässig, die privaten Veran-

stalter unter Hinweis auf die zur Ausgewogenheit verpflichteten öffentlich-rechtlichen Anstalten von diesem Erfordernis zu
entbinden. Der Gesetzgeber darf aber die Zulassung privaten
Rundfunks nicht von Voraussetzungen abhängig machen, die
eine Veranstaltung privater Rundfunkprogramme in hohem
Maße erschweren, wenn nicht ausschließen würden. Entsprechend den vom Bundesverfassungsgericht entwickelten Grundsätzen darf der Zugang zum privaten Rundfunk weder dem
Zufall oder dem freien Spiel der Kräfte anheimgegeben, noch
dem ungebundenen Ermessen der Exekutive überlassen werden.

Folgen der Werbefinanzierung. Die sich aus der Werbefinanzierung ergebenden Folgen für die Programmgestaltung erschweren es dem privaten Rundfunk, die Anforderungen von
Art. 5 Abs. 1 Satz 2 GG in demselben Umfang zu erfüllen, wie
die primär gebührenfinanzierten öffentlich-rechtlichen Rundfunkanstalten. Dieser Unterschied rechtfertigt es, an die Breite
des Angebots und die Sicherung gleichgewichtiger Vielfalt im
privaten Rundfunk nicht gleich hohe Anforderungen zu stellen
wie an den öffentlich-rechtlichen Rundfunk. Erleichterungen
dieser Art, ohne Gefährdung des Normzieles, sind jedoch nur so
lange hinzunehmen, solange und soweit wirksam sichergestellt
ist, daß die unerläßliche Grundversorgung der Bevölkerung
vom öffentlich-rechtlichen Rundfunk ohne Einbuße erfüllt wird.

Grundversorgung. Der Begriff Grundversorgung bezeichnet
weder eine Mindestversorgung noch nimmt er eine Grenzziehung oder Aufgabenteilung zwischen öffentlich-rechtlichen und
privaten Veranstaltern vor. Der Gesetzgeber ist angesichts der
noch immer beschränkten Reichweite, programmlichen Vielfalt
und Breite des privaten Rundfunks in einer dualen Rundfunkordnung verpflichtet, die Grundversorgung der Bevölkerung
durch die Gewährleistung der erforderlichen technischen, organisatorischen, personellen und finanziellen Voraussetzungen für

den öffentlich-rechtlichen Rundfunk zu sichern.

Bestands- und Entwicklungsgarantie. Mit der Gewährleistung der Grundversorgung wäre es unvereinbar, den öffentlich-rechtlichen Rundfunk auf dem gegenwärtigen Entwick-
lungsstand in programmlicher, finanzieller und technischer
Hinsicht zu beschränken. Er ist nicht nur in seinem gegenwärtigen Bestand, sondern auch in seiner zukünftigen Entwicklung
zu sichern. Die Bestands- und Entwicklungsgarantie für den
öffentlich-rechtlichen Rundfunk kann nicht auf die herkömmli-
che Technik der terrestrischen Übertragung beschränkt werden.
Auch das Programmangebot muß für neue Publikumsinteressen
oder neue Formen und Inhalte offen bleiben. Gegenständlich,
zeitlich offen und dynamisch ist der Begriff der Grundversorgung allein an die Funktion gebunden, die der Rundfunk im
Rahmen der von Art. 5 Abs. 1 Satz 1 GG geschützten Kommunikationsprozesse zu erfüllen hat. Die Grenzen der auf die
Grundversorgung bezogenen Bestands- und Entwicklungsgarantie für den öffentlich-rechtlichen Rundfunk ergeben sich allein aus der Funktion des Rundfunks. Soweit die gesetzliche Be-
stands- und Entwicklungsgarantie des öffentlich-rechtlichen
Rundfunks von seiner Aufgabe im dualen System getragen
wird, besitzt sie auch eine verfassungsrechtliche Grundlage.

Kontrollgremien. Das Gericht hat in diesem Urteil auch zur
Zusammensetzung von Kontrollgremien im Rundfunk Stellung
bezogen. Dies gilt sowohl für interne Kontrollgremien des öffentlich-rechtlichen Rundfunks, wie auch für die externen Kontrollgremien der privaten Rundfunkveranstalter. Die Mitglieder
dieser Kontrollgremien haben nicht die Aufgabe, die Interessen
der sie entsendenden Organisationen im Programm zu vertreten. Sie sollen vom Staat unabhängige Sachwalter der Allgemeinheit sein, die ihre Erfahrungen aus unterschiedlichen gesellschaftlichen Bereichen einbringen. Die Orientierung an den
verbandlich organisierten Interessen bei der Zusammensetzung
dieser Gremien dient insoweit als Anhaltspunkt dafür, zu ge-

währleisten, daß die Vielfalt der Anschauungen und Aktivitäten aus allen Lebensbereichen im Programm zum Ausdruck kommt. Da aber Verbandsrepräsentanten immer nur ein unvollkommenes Mittel zur Sicherung der Allgemeininteressen sind, sind Über- oder Unterrepräsentationen unterhalb der Schwelle grober Verzerrungen hinzunehmen.

Bewertung:

In diesem Urteil wird noch einmal klargestellt, daß das Bundesverfassungsgericht der Auffassung ist, daß der Gesetzgeber in jedem Fall einen Gestaltungsauftrag hat, die Zulassung privater Veranstalter in einem nachvollziehbaren, geregelten Verfahren zu ordnen. Zugleich entwickelt das Gericht die Vorstellung von einer Bestands- und Entwicklungsgarantie für den öffentlich-rechtlichen Rundfunk. Diese Bestands- und Entwicklungsgarantie begründet sich aus der Funktion des öffentlich-rechtlichen Rundfunks und ist an inhaltliche Standards gebunden. Nach Auffassung des Bundesverfassungsgerichts ist der geforderte inhaltliche Standard im Rundfunk dann gesichert, wenn das Programm in seinen Gegenständen (also in der gewählten Thematik), in der Art der Darbietung (also in den Programmformen) und in der Art der Behandlung (meint wohl die journalistische und/oder künstlerische Umsetzung) dem klassischen Rundfunkauftrag entspricht. Der klassische Rundfunkauftrag kommt also in der Spezifität der Themenwahl, in den typischen Programmformen und in der Art und Weise der journalistischen oder künstlerischen Umsetzung zum Ausdruck, ist also standardisiert, wobei unausgesprochen die gegenwärtigen, herkömmlichen Erscheinungsformen des öffentlich-rechtlichen Rundfunks das Maß sind, denn diese genügen offensichtlich den sonst nicht weiter definierten Standards. Wohin und inwiefern kann sich dann aber öffentlich-rechtlicher Rundfunk entwickeln? Welche der bislang nicht behandelten Themen, welche der noch unbekannten Darstellungsformen und Programme

und welche der veränderten, neuen journalistischen und künstlerischen Ausdrucksformen entsprechen den Standards, die im
einzelnen zu definieren bislang niemand gezwungen war? Wer
wird sie definieren und wer wird entscheiden?

Ein weiterer Aspekt ist wichtig: In diesem Urteil wurde erstmals präzise dargelegt, welche Vorstellungen das Gericht von
der Zusammensetzung und der Funktion von Kontrollgremien
hat. Danach ist die Funktion der Gruppenvertreter darauf gerichtet, ihre jeweils spezifische Sichtweise in die Diskussion der
Gremien einzubringen, so daß auch ihre Perspektive die Chance
hat, in der Entscheidungsfindung gewürdigt zu werden, mehr
aber auch nicht. Die Entscheidung selbst bleibt auf das Gemeinwohl gerichtet, denn das Gremienmitglied ist nur seinem
Gewissen und der Allgemeinheit verpflichtet. Also kann es im
Entscheidungsfall nicht auf die Zahl der Stimmen ankommen.
Diese Vorstellung entspricht nun nicht mehr den Grundmustern
politischer Entscheidungsfindung in pluralistischen Gesellschaften, wie sie bislang immer auf die Entscheidungsprozesse
in den Gremien der Rundfunkanstalten übertragen wurden. In
herkömmlicher Sicht handelt es sich hierbei um Bargainingpro-
zesse, in welchen gegensätzliche Interessen vor dem Hintergrund der Vertretungsmacht ausgehandelt werden, die bestenfalls zu Kompromissen führen, die von den meisten mitgetragen
werden können. Also kommt es auf die Zahl der Stimmen und
auf die Zahl der Vertreter gleichgerichteten Interesses an, denn
dann erst ist das Interesse gewichtet. Wie sonst wäre zu erklären, daß parteiorientierte Freundeskreise die Debatten der Gremien in der Definition von Alternativen strukturieren und das
Abstimmungsverhalten koordinieren (vgl. Ronneberger 1986,
S.274f.; vgl. auch 6. Kapitel Abschnitt 4.2).

5.7   Der »Hessen3 - Beschluß«[53]

In diesem Verfahren wendet sich der Hessische Rundfunk
mit einer Verfassungsbeschwerde gegen § 3a des Gesetzes über
den Hessischen Rundfunk (HR-Gesetz), in welchem die Bestimmungen des Staatsvertrages über den Rundfunk im vereinten Deutschland vom 31. August 1991 zur Finanzierung und
zum Finanzausgleich übernommen werden und stellt Antrag
auf Erlaß einer einstweiligen Verfügung. Er möchte das Verbot
der Werbung in seinem Dritten Fernsehprogramm durch den
Erlaß einer einstweiligen Anordnung aufheben lassen und damit erreichen, daß die entsprechenden Bestimmungen bis zur
Entscheidung in der Hauptsache nicht in Kraft treten.

Die Verfassungsbeschwerde wird durch das Verfassungsgericht für in Teilen unzulässig erklärt und im übrigen als unbegründet zurückgewiesen. Durch die Entscheidung in der
Hauptsache wurde der Antrag auf Erlaß einer einstweiligen
Anordnung gegenstandslos.

Die Leitsätze des Beschlusses:

- Überträgt der Gesetzgeber die Rundfunkveranstaltung ganz
  oder zum Teil öffentlich-rechtlichen Anstalten, so verlangt
  Art. 5 Abs. 1 Satz 2 GG, daß er die Erfüllung ihrer Aufgaben
  finanziell sicherstellt.

- Die Finanzierung der öffentlich-rechtlichen Rundfunkanstalten muß nach Art und Umfang ihrer Funktion entsprechen
  und darf ihre von Art. 5 Abs. 1 Satz 2 GG geschützte Programmautonomie nicht gefährden.

- Die dem öffentlich-rechtlichen Rundfunk gemäße Art der Finanzierung ist die Rundfunkgebühr. Mischfinanzierung ist

---

[53] Vgl. Beschluß des Bundesverfassungsgerichts vom 6. Oktober 1992
(= BVerfGE 87, 181).

zulässig, sofern dabei die Gebührenfinanzierung nicht in den Hintergrund tritt.

- Der Umfang der finanziellen Gewährleistungspflicht richtet sich nach den Programmen, die der Funktion des öffentlich-rechtlichen Rundfunks entsprechen und zu ihrer Wahrnehmung erforderlich sind.

- Bezugsgröße für die Bestimmung des zu Aufgabenerfüllung Erforderlichen ist nicht jedes einzelne Programm, sondern das gesamte Programmangebot einer öffentlich-rechtlichen Rundfunkanstalt.

- Eine Pflicht zum Ausgleich gesetzlich entzogener Einnahmen besteht nur dann, wenn das Programmangebot einer Rundfunkanstalt anders nicht in dem erforderlichen Umfang aufrechterhalten werden kann.

Rundfunkpolitische Bedeutung:

Der Gesetzgeber hat nach Maßgabe der Funktion des öffentlich-rechtlichen Rundfunks die Grundversorgung zu leisten und die funktionsgerechte Finanzierung hierfür sicherzustellen. Dabei ist auch eine nachrangige Finanzierung durch Werbung zulässig. Denn eine Mehrzahl von Einnahmequellen kann geeignet sein, einseitige Abhängigkeiten zu lockern und die Programmgestaltungsfreiheiten der Rundfunkanstalten zu stärken. Der Gesetzgeber ist aber von Verfassung wegen nicht verpflichtet, den öffentlich-rechtlichen Rundfunkanstalten Werbeeinnahmen zu gestatten. Entscheidet er sich für eine Mischfinanzierung, kann er der Werbung Grenzen setzen. Das zur Funktionserfüllung Erforderliche kann aber den Rundfunkanstalten schon wegen ihres Eigeninteresses nicht allein überlassen bleiben.

Bewertung:

Hier wird deutlich, daß der öffentlich-rechtliche Rundfunk im wesentlichen aus Gebühren zu finanzieren ist und die Einnahmen aus der Werbung, falls zugelassen, dabei nur von geringer Bedeutung sein können.

5.8   Das »Rundfunkgebühren - Urteil«[54]

Das Gericht hatte auf Vorlage des Bayerischen Verwaltungsgerichtshofes zu klären, ob der Zustimmungsbeschluß des Landtages des Freistaates Bayern vom 14. Juni 1983 zu dem zwischen dem 6. Juli und dem 26. Oktober 1982 unterzeichneten Staatsvertrag über die Höhe der Rundfunkgebühr und zur Änderung des Staatsvertrages über einen Finanzausgleich zwischen den Rundfunkanstalten, so weit es Art. 1 des Staatsvertrages betrifft, mit dem Grundgesetz vereinbar ist. Im Kern ging es darum, zu klären, ob die Festsetzung der Rundfunkgebühren durch die Landtage den Grundsatz der Staatsfreiheit des Rundfunks verletzt. Das Bundesverfassungsgericht erkennt, daß das bestehende Verfahren der Gebührenfestsetzung und damit der Zustimmungsbeschluß des Landtages des Freistaates Bayern zum Staatsvertrag von 1982, bezogen auf Art. 1 des Staatsvertrages, mit Artikel 5 Abs. 1 Satz 2 des Grundgesetzes unvereinbar ist. Die Regelung selbst ist aber nicht nichtig, da die Rechtsfolge der Verfassungswidrigkeit dann nicht eintritt, wenn der durch die Nichtigkeit der Norm herbeigeführte Zustand dem Grundgesetz noch ferner stünde als der bisherige. Und das wäre hier der Fall gewesen.

Die Leitsätze des Urteils:

• Die Rundfunkfreiheit erfordert nicht die Gebührenfestsetzung durch die Rundfunkanstalten selbst. Eine Festsetzung der Rundfunkgebühr durch Staatsvertrag der Länder und anschließende Umsetzung in Landesrecht ist mit dem Grundge-

---

[54] Vgl. Urteil des Bundesverfassungsgerichts vom 22. Februar 1994 (= BVerfGE 90, 60).

setz vereinbar.

- Art. 5 Abs. 1 Satz 2 GG verlangt für die Festsetzung der Rundfunkgebühr ein Verfahren, das dem öffentlich-rechtlichen Rundfunk die zur Erfüllung seiner Aufgabe im dualen System erforderlichen Mittel gewährleistet und ihn vor Einflußnahmen auf das Programm wirksam sichert.

- Für die Gebührenfinanzierung gilt der Grundsatz der Programmneutralität. Im Verfahren der Gebührenfestsetzung ist von den Programmentscheidungen der Rundfunkanstalten auszugehen. Die Gebühr darf nicht zu Zwecken der Programmlenkung oder der Medienpolitik eingesetzt werden.

- Die Überprüfung des Finanzbedarfs der Rundfunkanstalten darf sich nur darauf beziehen, ob sich ihre Programmentscheidungen im Rahmen des rechtlich umgrenzten Rundfunkauftrags halten und ob der aus ihnen abgeleitete Finanzbedarf zutreffend und in Einklang mit den Grundsätzen von Wirtschaftlichkeit und Sparsamkeit ermittelt worden ist.

- Der so überprüfte Bedarf der Rundfunkanstalten darf bei der Gebührenfestsetzung nur aus Gründen unterschritten werden, die vor der Rundfunkfreiheit Bestand haben. Dazu gehören namentlich die Interessen der Gebührenzahler. Abweichungen sind zu begründen.

Rundfunkpolitische Bedeutung:

Umfassende Rundfunkfreiheit. Das Gericht erkennt: Unter den Medien kommt dem Rundfunk wegen seiner Breitenwirkung, Attraktivität und Suggestivkraft besondere Bedeutung zu. Freie Meinungsbildung könne daher nur in dem Maß gelingen, wie der Rundfunk seinerseits frei, umfassend und wahrheitsgemäß informiert. Rundfunkfreiheit ist vor allem Programmfreiheit und dies gilt nicht nur bezogen auf politische und informierende Programmbeiträge. Der Staat ist Garant dieser umfassend zu verstehenden Rundfunkfreiheit.

Politische Instrumentalisierung. Da der Staat den Rundfunk organisiert, konzessioniert, mit Übertragungskapazitäten versieht, beaufsichtigt und zum Teil auch finanziert, erwachsen seinen Organen subtile Mittel indirekter Einwirkung auf Programm und Mitarbeiter. Da aber jede politische Instrumentalisierung des Rundfunks auszuschließen ist, bezieht sich der Schutz der Rundfunkfreiheit nicht nur auf die manifesten Gefahren unmittelbarer Lenkung oder Maßregelung, sondern auch auf diese mittelbare Einflußnahme und dies ist auch bei der Finanzierung des öffentlich-rechtlichen Rundfunks zu beachten, bildet doch der Staat selbst eine Gefahrenquelle für die Rundfunkfreiheit.

Erfüllung des klassischen Rundfunkauftrags. Der öffentlich-rechtliche Rundfunk hat zu gewährleisten, daß der klassische Auftrag des Rundfunks erfüllt wird. Nur wenn ihm dies gelingt und er im Wettbewerb mit den privaten Veranstaltern bestehen kann, ist das duale System in seiner gegenwärtigen Form, in der die werbefinanzierten privaten Programme weniger strengen Anforderungen unterliegen als die Öffentlich-Rechtlichen, mit Art. 5 Abs. 1 Satz 2 GG vereinbar. Es ist somit eine Finanzierung erforderlich, die den öffentlich-rechtlichen Rundfunk in den Stand setzt, die ihm zukommende Funktion im dualen System zu erfüllen und die ihn zugleich wirksam davor schützt, daß die Entscheidung über die Finanzausstattung zu politischen Einflußnahmen auf das Programm benutzt wird. Für die Gebührenfestsetzung gelten somit die Grundsätze der Programmneutralität und Programmakzessorietät.

Finanzgarantie. Die dem öffentlich-rechtlichen Rundfunk gemäße Finanzierung ist die durch Gebühren. Diese Gebühr ist ohne Rücksicht auf die Nutzungsgewohnheiten der Empfänger allein an dessen Teilnehmerstatus geknüpft. Da die verfassungsrechtliche Zulässigkeit des dualen Systems von der Funktionstüchtigkeit des öffentlich-rechtlichen Rundfunks abhängt, hat das Verfassungsgericht für die Dauer dieser medienpolitischen Grundentscheidung des Gesetzgebers zugunsten einer dualen Rundfunkordnung eine Bestands- und Entwicklungsgarantie für den öffentlich-rechtlichen Rundfunk abgeleitet. Diese Bestands- und Entwicklungsgarantie ist zugleich Finanzgarantie. Nun kann weder genau bestimmt werden, welchen Programmumfang die Erfüllung der Funktion des öffentlich-rechtlichen Rundfunks erfordert noch ist exakt festzustellen, welche Mittel zur Finanzierung der erforderlichen Programme wiederum erforderlich sind, da die Funktionserfüllung in den internen Freiheitsraum der Rundfunkanstalt fällt und gerade aus dem Gebrauch dieser Freiheit erwächst.

Objektivität durch Verfahren. Da es nicht möglich ist, die Gebührenfestsetzung an exakte Kriterien zu binden, also externe Kriterien zur Bestimmung der Gebühr ausfallen, ist der Grundrechtsschutz in den Prozeß der Entscheidungsfindung vorzuverlagern und nicht erst auf das Entscheidungsergebnis zu beziehen. Insoweit gilt für die Rundfunkfinanzierung nichts anderes als für die Konzession oder die Frequenzvergabe. Dieser prozedurale Grundrechtschutz läßt sich nur durch eine dem Gegenstand angemessene Verfahrensregelung bewirken, die Vorkehrungen zum Schutz der Rundfunkfreiheit enthält. Die Gebührenentscheidung ist auf der Grundlage der überprüften Bedarfsmeldungen der Rundfunkanstalten zu treffen. Die Übertragung dieser Prüfungsaufgabe auf ein sachverständig zusammengesetztes Gremium macht Sinn.

Bewertung:

Mit diesem Urteil hat das Bundesverfassungsgericht den Entscheidungsprozeß für die Festsetzung der Rundfunkgebühren neu definiert und in besonderer Weise darauf geachtet, daß dabei politische Einflußnahme ausgeschlossen wird. Klargelegt wurde auch, daß die Gebühr fällig ist, unabhängig davon, ob und in welchem Umfang der Rundfunkteilnehmer die Programme nutzt. Mithin müssen auch diejenigen weiterhin Gebühren bezahlen, die ausschließlich die Programme privater Veranstalter nutzen und alle auch dann noch, wenn der öffentlich-rechtliche Rundfunk nur mehr von Minderheiten genutzt würde.

Allerdings: Die Finanzgarantie, die auch den Bestand und die Entwicklung des öffentlich-rechtlichen Rundfunks garantiert, ist an die Dauer eines dualen Rundfunksystems gebunden. Hebt der Gesetzgeber die duale Rundfunkordnung auf und schafft er neue Strukturen, muß er dann auch die Frage der Finanzierung neu entscheiden und bewerten. Hier wird deutlich, daß grundsätzlich jede Rundfunkordnung nur eine vorläufige Ordnung sein kann, die in das Belieben des Gesetzgebers gestellt ist. Dieser bleibt aber in der Ausgestaltung der Ordnung an die Grundsätze der Verfassung gebunden. Doch was wird gelten, wenn die Rezipienten die Hörfunk- und Fernsehgeräte entsorgen und sich mit Rundfunkprogrammen aus dem Internet bedienen?

5.9   Das »EG - Fernsehrichtlinien - Urteil«[55]

In diesem Verfahren hat der Freistaat Bayern beantragt, festzustellen, daß der Freistaat Bayern durch die Zustimmung der Bundesregierung zu EWG-Richtlinien - bezogen auf die Rundfunktätigkeit und die Fernsehtätigkeit (EWG-Fernsehrichtlinie) - im März und Oktober 1989 in seinen Rechten aus Artikel 30 GG verletzt wurde, und daß der Bund die EWG-Fernsehrichtlinie in Bayern und im Bund als nicht anwendbares Recht zu behandeln hat oder hilfsweise den Bund zu verpflichten, gegenüber dem Freistaat Bayern anzuerkennen, daß die EWG-Fernsehrichtlinie

---

[55] Vgl. Urteil des Bundesverfassungsgerichts vom 22. März 1995 (= BVerfGE 92, 203).

im Bund und im Freistaat nicht anwendbar ist. Diesem Antrag sind die übrigen westdeutschen Länder beigetreten. Es ging dabei im Grunde um die Handlungspflichten der Bundesregierung, wenn die EWG (heute EU) eine Rechtsetzungskompetenz für einen Gegenstand (hier Rundfunk und Fernsehen) beansprucht, dessen innerstaatliche Regelung in die Gesetzgebungskompetenz der Länder fällt.

Das Gericht urteilte: Der Bund hat durch die Art, wie er beim Zustandekommen der Quotenregelung die Mitgliedschaftsrechte der Bundesrepublik Deutschland wahrgenommen hat, die Rechte des Freistaates Bayern und der beigetretenen Länder aus Art. 20 Abs. 1 in Verbindung mit Art. 24 Abs. 1 GG und dem Grundsatz des bundesfreundlichen Verhaltens verletzt. Die übrigen Anträge, soweit zulässig, sind unbegründet.

Die Leitsätze des Urteils:

- Beansprucht die Europäische Gemeinschaft eine Rechtsetzungskompetenz, so ist es Sache des Bundes, die Rechte der Bundesrepublik Deutschland gegenüber der Gemeinschaft und ihren Organen zu vertreten. Behält das Grundgesetz die Regelung des von der Gemeinschaft beanspruchten Gegenstandes innerstaatlich dem Landesgesetzgeber vor, so vertritt der Bund gegenüber der Gemeinschaft als Sachwalter der Länder auch deren verfassungsmäßige Rechte. Der Bundesregierung erwachsen aus dieser Verantwortlichkeit als Sachwalter der Länderrechte prozedurale Pflichten zu bundesstaatlicher Zusammenarbeit und Rücksichtnahme.

- Im Bund-Länder-Streit bedarf es für den Beitritt von Ländern dann nicht der Einhaltung der Frist des § 64 Abs. 3 BVerfGG, wenn die Beigetretenen sich dem - fristgemäßen - Antrag anschließen und lediglich zusätzlich die Verletzung auch ihrer eigenen Rechte festgestellt haben wollen.

Rundfunkpolitische Bedeutung:

Es wird klargestellt, daß die Bundesregierung in Fragen des Rundfunks, so hier die Europäische Gemeinschaft Kompetenzen beansprucht, in den gemeinschaftsbezogenen Entscheidungsprozessen die Länderinteressen zu beachten und zu vertreten hat.

5.10   Anmerkungen

Betrachtet man die Rechtsprechung des Bundesverfassungsgerichts seit 1981 in der Entwicklung, so wird deutlich, daß das Gericht - ausgehend von der grundsätzlichen Gestaltungsfreiheit des Gesetzgebers - im Blick auf die Rundfunkordnung von Urteil zu Urteil jeweils neue begrenzende und differenzierende Ordnungselemente in die Rundfunkorganisation einführte. Im Urteil von 1981 stehen sich beide Ausformungsalternativen, außenpluralistische und binnenpluralistische Ordnung gleichrangig gegenüber. Mit dem Urteil von 1986 bindet das Gericht die Ausgestaltung des privaten Rundfunks an Voraussetzungen, die der öffentlich-rechtliche Rundfunk zu erfüllen hat: Die Grundversorgung.

Dabei gewinnt man den Eindruck, daß aus der Sicht des Gerichts der private Rundfunk aufgrund seiner Abhängigkeit von Werbeeinnahmen eigentlich nie vollwertigen Ersatz für das Leistungsangebot des öffentlich-rechtlichen Rundfunks erbringen könne. Dies sei wohl in seiner Grundstruktur so angelegt und insoweit ein »Geburtsfehler«. Allerdings spielten bei der Begründung des Grundversorgungsauftrags damals noch die nicht für jedermann gesicherte technische Versorgung mit privaten Programmen eine Rolle, und die Überlegung, daß ausländische Programme die Balance im Gesamtprogramm empfindlich stören könnten. Beide Gesichtspunkte werden später nicht mehr hervorgehoben. Die Frage der technischen Versorgung entfällt zu Recht, denn diese ist durch die Satellitentechnik ge-löst. Allerdings hat sich die Einstrahlung ausländischer Programme vervielfacht und wird im Zuge der Digitalisierung weiter ausgebaut und differenziert. Wenn diese Programme für die Meinungs- und Willensbildung in der Bundesrepublik tatsächlich bedeutsam sind, ist nicht einzusehen, warum diese Perspektive im Blick auf die Rundfunkordnung in den Urteilen des Gerichts nicht mehr aufscheint.

Im darauf folgenden Urteil 1987 wird die Idee der Grundversorgung weiter ausgebaut und durch die Vorstellung vom klassischen Rundfunkauftrag näher beschrieben, der ein umfassendes Programmangebot bereitstellen soll, das alle (herkömmlichen!) Darstellungsformen und die Inhalte aller Programmsparten umfaßt. Aus dieser Überlegung wird dann im Urteil von 1991, das die Vorstellung der Verfassungsrichter von einer funktionsfähigen Rundfunkordnung noch einmal zusammenfaßt, die Bestands- und Entwicklungsgarantie abgeleitet, womit zugleich durch die Entwicklungsgarantie dafür Vorsorge getroffen wird, daß nicht etwa durch die Bestandsgarantie der Bewegungsspielraum des öffentlich-rechtlichen Rundfunks im klassischen Rundfunkauftrag eingemottet bleibt. Deshalb ist es nur konsequent, wenn im Rundfunkgebühren-Urteil von 1994 die Finanzierung des öffentlich-rechtlichen Rundfunks auf eine Basis gestellt wird, die diesem Bestand und Entwicklung zugleich sichert und ihn durch die Festlegung bestimmter Kriterien im Verfahren der Gebührenfestsetzung vom Einfluß des Staates unabhängig macht. All die Jahre zuvor ist die Festsetzung der Höhe der Rundfunkgebühr durch die Landesparlamente allerdings hingenommen worden.

6.   Rundfunkfreiheit und Rundfunkordnung

6.1   Artikel 5 Grundgesetz

Art. 5 GG bildet die Grundlage für alle Regelungen zur Rundfunkfreiheit und Rundfunkordnung in der Bundesrepublik Deutschland. Durch Art. 5 GG wird demnach der Rahmen abgesteckt, innerhalb dessen sich alle rundfunkrechtlichen, aber ebenso die presserechtlichen Bestimmungen einzuordnen haben. Insoweit ist Art. 5 GG als Grundnorm zu sehen, die mit ihren Verzahnungen und korrelativen Bezügen zu anderen Grundrechten Ausgangs-, Dreh- und Angelpunkt für die Ausgestaltung unserer Kommunikationsordnung ist.

Art. 5 GG steht in enger Beziehung zu anderen Grundrechtsnormen, insbesondere zu Art. 20 GG (Demokratiegebot), zu Art. 1 GG (Menschenwürde), zu Art. 2 GG (Freiheit der Person), zu Art. 4 GG (Glaubens- und Gewissensfreiheit) und zu Art. 8 GG (Versammlungsfreiheit). Nach Herzog haben die in Art. 5 GG garantierten Rechte eine erhebliche Breitenwirkung und eine so erhebliche Bedeutung für Staat und Gesellschaft, daß sich diese Verbürgungen nicht in der Sicht auf den einzelnen erschöpfen, sondern insoweit auch eine »institutionelle Komponente« (vgl. Herzog 1994, Rd.-Nr. 11ff.) enthalten. Jede, von wem auch immer betriebene Kommunikationspolitik und so auch jedwede konkrete Ausgestaltung der Rundfunkordnung wird an dieser Norm, sowohl in ihrem Bezug auf den einzelnen als auch in ihrer Bedeutung für Staat und Gesellschaft, zu messen sein.

Art. 5 GG sichert zunächst ganz allgemein die Freiheit der zwischenmenschlichen Kommunikation (vgl. Herzog 1994, Rd.-Nr. 1), denn er schützt die Freiheit der Meinungsäußerung und der Meinungsverbreitung, die in gewissem Sinne die Grundlage bieten für alle anderen Verbürgungen des Art. 5 Abs. 1 GG. Er garantiert die Informationsfreiheit, also die Freiheit, sich aus allgemein zugänglichen Quellen zu informieren, sowie die Freiheit der Berichterstattung durch Rundfunk und Film und er enthält ein generelles Zensurverbot. Nach Wendt stehen die in Art. 5 Abs. 1 GG gewährleisteten Grundrechte selbständig nebeneinander. Sie sind insoweit nicht lediglich ein Unterfall des Grundrechts auf freie Meinungsäußerung (vgl. Wendt 1992, Rd.-Nr. 1), denn wie die Pressefreiheit genießt »(...) auch die Freiheit der Berichterstattung durch Rundfunk, Film und Fernsehen (...) die volle 'Spezialität' gegenüber der Freiheit der Meinungsäußerung und Meinungsverbreitung im Sinne des Art. 5 Abs. 1 Satz 1 GG« (Herzog 1994, Rd.-Nr. 204). Die Rundfunkfreiheit ist also nicht aus diesem allgemeinen Grundrecht abgeleitet, vielmehr »verdrängt« es dieses »kraft Spezialität« (ebd., Rd.-Nr. 153).

Es sind dies Jedermannsrechte und zunächst einmal als klassische Abwehrrechte des einzelnen gegenüber dem Staat zu verstehen (vgl. Wendt 1992, Rd.-Nr. 28). Im Zentrum steht also die Freiheit der zwischenmenschlichen Kommunikation. Neben diese Freiheitsrechte werden Eingriffs- und Einschränkungsermächtigungen gestellt. So die in Art. 5 Abs. 2 GG aufgeführten Schranken der allgemeinen Gesetze und der Gesetze zum Schutz der Jugend und der persönlichen Ehre. Das in Art. 5 Abs. 1 Satz 3 GG angesprochene Zensurverbot ist so gesehen als ein Verbot bestimmter Einschränkungsmodalitäten aufzufassen. Daneben enthält Art. 5 GG Bestimmungen, die »(...) im Gefüge eines Kommunikationsrechtes eindeutig einen Fremdkörper darstellen« (Herzog 1994, Rd.-Nr. 1), nämlich die Garantie der Freiheit von Kunst, Wissenschaft, Forschung und Lehre, sowie die Verpflichtung der Lehrenden auf die Treue zur Verfassung.

6.2   Die Meinungs- und Informationsfreiheit

Art. 5 Abs. 1 Satz 1 GG garantiert jedermann das Recht, seine
Meinung in Wort, Schrift und Bild frei zu äußern und sich aus
allgemein zugänglichen Quellen frei zu informieren. Es handelt
sich hierbei um Menschenrechte, die jedermann zustehen und
nicht um Bürgerrechte, auf die sich nur Deutsche berufen
könnten. Also schützen sie jeden, der sich im Geltungsbereich
des Grundgesetzes aufhält, unabhängig von Dauer und Grund
des Aufenthaltes. Herrmann schließt daraus: »(...) daß 'Chancengleichheit' das oberste Gebot der Kommunikation einschließlich der Rundfunkkommunikation ist« (Herrmann 1994,
S.117).

6.2.1   Meinungsäußerung und Verbreitung

Meinungsfreiheit umfaßt »(...) sowohl die Äußerung als auch
die Verbreitung von Meinungen« (Herzog 1994, Rd.-Nr. 49).
Dabei ist zu beachten, daß Meinung nach Herzog nicht im Gegensatz zu »Nachricht« oder »Bericht« zu sehen ist (vgl. ebd.,
Rd.-Nr. 50). Diese Auffassung widerspricht der herrschenden
Lehre, die davon ausgeht, »(...) daß Nachricht bzw. Bericht sich
ausschließlich auf Tatsachenbehauptungen beziehen, während
die Meinung das Vorhandensein und die Äußerung eines Wert-
urteils, das heißt eine wertende Betrachtung von Tatsachen,
Verhaltensweisen und Verhältnissen voraussetzt« (ebd.; vgl.
auch Wendt 1992, Rd.-Nr. 44 und v. Mangoldt/Klein/Starck
1985, Rd.-Nr. 65). Diese Unterscheidung ist im Zusammenhang
des Rechts auf Gegendarstellung von Bedeutung. Denn Gegendarstellungen können nur als Erwiderung auf Tatsachenbehauptungen verlangt werden. Meinungsäußerungen oder Wert-
urteile begründen keinen Anspruch auf Gegendarstellung. Nach
Herzog ist es jedoch nicht sinnvoll, diese Unterscheidung auch
im Blick auf Art. 5 Abs. 1 GG aufrechtzuerhalten. Dem schließt

sich das Bundesverfassungsgericht in ständiger Rechtsprechung insofern an, als es Tatsachenmitteilungen nach Art. 5 Abs. 1 Satz 1 GG geschützt sieht, »(...) weil und soweit sie Voraussetzung der Bildung von Meinungen sind« (BVerfGE 61, 1 [8]; vgl. auch Herrmann 1994, S.117).

Somit umfaßt Art. 5 GG das Recht auf freie Rede, das heißt, die Meinungsäußerung umfaßt über die Mitteilung von Werturteilen hinaus auch die Mitteilung und Weitergabe von Nachrichten. Auch schützt Art. 5 GG nicht nur »wertvolle« Meinungen und auch nicht allein »politische« Meinungsäußerungen. »Auf den Inhalt, den Wert oder Unwert einer Äußerung sowie den Zweck ihrer Formung darf es (...) nicht ankommen«. (Wendt 1992, Rd.-Nr. 10) Geschützt wird somit selbst reine Neugierde und primitiver Klatsch. Die geäußerte Meinung muß auch nicht objektiv wahr sein, sie muß nicht einmal subjektiv »wahrhaftig« sein (vgl. Hoffmann-Riem 1989, Rd.-Nr. 20). Bewußte Entstellungen oder Verfälschungen, also objektiv unwahre Tatsachenbehauptungen, sind jedoch nicht geschützt (vgl. ebd., Rd.-Nr. 21). Man kann also davon ausgehen, daß jede wertende und berichtende Äußerung und auch die Darstellung fiktiver Inhalte vom Grundgesetz geschützt sind und damit deren Verbreitung.

Die Verbreitung in Wort, Bild und Schrift ist nur als beispielhafte Aufzählung von drei Äußerungsmitteln zu sehen, die weit auszulegen ist (vgl. Herrmann 1994, S.118). Sie bezieht sich auf jede Art der Äußerung, die auf jedwedem denkbaren Weg durch jedwedes Medium verbreitet wird (vgl. ebd.). Damit ist allerdings nicht zugleich das Recht verbunden, von jedermann oder auch von bestimmten Einzelpersonen gehört zu werden. Insbesondere ist der Staat nicht dazu verpflichtet, demjenigen, der sich hören lassen will, ein Auditorium zu schaffen (vgl. Herzog 1994, Rd.-Nr. 60f.).

»Weder in der Variante des Äußerns noch in der Variante des Ver-

breitens gewährt Art. 5 Abs. 1 Satz 1 GG einen Anspruch darauf,
daß der Einzelne jene Mittel in die Hand bekommt, die ihm zur
Verbreitung seiner Meinung notwendig erscheinen und dazu unter
Umständen sogar wirklich notwendig sind«. (Ebd., Rd.-Nr. 64; vgl.
auch v. Mangoldt/Klein/Starck 1985, Rd.-Nr. 24 und Wendt 1992,
Rd.-Nr. 19)

Der einzelne hat also kein Recht auf Zugang zu den Massen-
kommunikationsmitteln, um dort die Kommunikatorrolle zu
übernehmen. Als Rezipient stehen ihm die Medien selbstverständlich offen. Ebenso besteht keine verfassungsrechtliche
Pflicht, »offene Kanäle« einzurichten und staatlicherseits zu finanzieren (vgl. Herzog 1994, Rd.-Nr. 65a). Öffentlicher Diskurs
wird weitgehend von den Massenmedien geprägt, wobei nur
eine Gruppe von Einzelpersonen, Journalisten und Verlegern,
Redakteuren und Rundfunkunternehmern diese Massenmedien
in den Dienst ihrer Meinungsfreiheit stellen können, während
diese Möglichkeit allen anderen Rechtsgenossen verschlossen
bleibt.

»Die praktische Bedeutung des Art. 5 Abs. 1 Satz 1 GG sowohl für
die Persönlichkeitsverwirklichung des Einzelnen als auch für die
Genese der öffentlichen Meinung wird auf diese Weise in einem
empfindlichen Maße reduziert«. (Ebd., Rd.-Nr. 65; vgl. auch Bullinger 1989, Rd.-Nr. 149f.)

6.2.2   Informationsfreiheit

Neben dem Grundrecht auf freie Meinungsäußerung und
Meinungsverbreitung gewährleistet Art. 5 Abs. 1 Satz 1 GG in
seiner zweiten Variante jedermann das Recht, sich aus den allgemein zugänglichen Quellen ungekürzt zu unterrichten, was
als »Informationsfreiheit« bezeichnet wird. Informationsfreiheit
in diesem Sinne ist also nicht das Recht, einen anderen zu informieren, sondern das Recht, sich selbst zu informieren. Nach

Wendt umfaßt die Informationsfreiheit sowohl die schlichte, eben passive Aufnahme eines vorhandenen Informationsangebots als auch, im Rahmen der gesetzlichen Ordnung, die aktive Informationsbeschaffung (vgl. Wendt 1992, Rd.-Nr. 26). Die Informationsfreiheit ist »Voraussetzung für die Meinungsbildung, die wiederum Voraussetzung der Meinungsäußerung und Verbreitung ist« (v. Mangoldt/Klein/Starck 1985, Rd.-Nr. 4). Sie ist insoweit »Voraussetzung der Meinungsfreiheit selbst« (Herzog 1994, Rd.-Nr. 82). Denn verantwortliche Meinungsbildung ist ohne Information nicht möglich (vgl. ebd.).

>»Wenn man davon ausgeht, daß ein demokratischer Staat nicht ohne eine freie und möglichst gut informierte öffentliche Meinung funktionieren kann, und wenn man weiter davon ausgeht, daß diese unter anderem wieder von der Möglichkeit des einzelnen Staatsbürgers, aber auch von der Möglichkeit der Massenmedien abhängt, sich ihre Meinung auf Grund einer möglichst objektiven Kenntnis der Tatsachen zu bilden, so ist dieser Zusammenhang unmittelbar einsichtig«. (Ebd.; vgl. auch Lerche 1987, Sp. 1314 ff.)

Insoweit ist die Freiheit, sich aus allgemein zugänglichen Quellen zu informieren, für die Freiheit der öffentlichen Meinungsbildung konstituierend und damit grundlegend für das Existieren und Funktionieren eines demokratischen Staates (vgl. Herzog 1994, Rd.-Nr. 84). Hoffmann-Riem geht noch weiter, er sieht die Informationsfreiheit als Rezipientenfreiheit, »als objektives Prinzip der Rechtsordnung«, das »sich im Zusammenwirken des Freiheitsrechts mit Verfassungsprinzipien, wie denen der Rechts- und Sozialstaatlichkeit und der Demokratie«, erschließt (Hoffmann-Riem 1989, Rd.-Nr. 98). Eine Informationsquelle ist dann allgemein zugänglich, wenn sie entweder allgemein oder zumindest im konkreten Einzelfall dazu geeignet und bestimmt ist, daß ein individuell nicht bestimmbarer Personenkreis von ihrem Inhalt Kenntnis erhält, insoweit also »öffentlich« ist (vgl. Herzog 1994, Rd.-Nr. 90). Allgemein zugänglich sind demnach die Massenmedien, insbesondere Presse,

Hörfunk, Fernsehen und Film, aber darüber hinaus unter anderem auch Ausstellungen, Museen, Plakattafeln, Flugblätter, Handzettel etc. oder neuerdings CD-Rom oder schmalbandige Online-Dienste und natürlich die Angebote über Satellit oder in Kabelanlagen. Dabei ist es irrelevant, wer der Autor dieser Aussage ist und ohne Belang, von welchem Land oder aus welchem Herrschaftsgebiet die Aussagen stammen. Informationsfreiheit deckt die Meinung des »Mannes auf der Straße« ebenso wie die ziel- und planmäßig betriebene Meinungsbefragung, denn insbesondere auch die »öffentliche Meinung« gilt als allgemein zugängliche Quelle (vgl. ebd., Rd.-Nr. 93). »Nicht allgemein zugänglich sind alle schriftlichen und mündlichen Äußerungen, die nur an Einzelne adressiert sind«. (v. Mangoldt/Klein/Starck 1985, Rd.-Nr. 33) Das sind zum Beispiel Postsendungen, private Gespräche, Telefongespräche, private Aufzeichnungen, aber »auch alles, was die staatlichen Behörden zu Recht oder Unrecht geheim oder vertraulich behandeln« (ebd.).

6.2.3   Die negative Komponente

Art. 5 GG gibt zwar jedem Menschen das »Recht zu denken, zu reden und zu überzeugen«, außerdem muß er sich auch informieren können, doch kann er von diesen Rechten ebenso keinen Gebrauch machen. Art. 5 GG hat wie alle übrigen Grundrechte (Ausnahme Art. 6 Abs. 2) eine negative Komponente. Der einzelne hat das Recht, »keine Meinung zu äußern, sich nicht zu informieren, keine Presseunternehmen zu errichten, keine Berichterstattung im Rundfunk, Film und Fernsehen zu betreiben« (Herzog 1994, Rd.-Nr. 40). Dies deshalb, weil sonst die Grundrechte ihren Charakter als Freiheitsverbürgungen einbüßen würden und dann zu gesellschaftspolitischen Lenkungsvorschriften mutierten (vgl. ebd.). Ein Recht bedeutet immer »Freiheit«, also die Möglichkeit, zwischen Alternativen zu wählen. Man kann und darf, aber man muß diese Rechte nicht nutzen. Insoweit schützt Art. 5 GG die sogenannte »negative Meinungsfreiheit« und auch die sogenannte »negative Informationsfreiheit«, das heißt, auch das Recht, sich aufgedrängten Informationen zu verschließen (vgl. Wendt 1992, Rd.-Nr. 18).

6.3 Die Rundfunkfreiheit

6.3.1 »Besonderheiten« des Rundfunks

In Art. 5 Abs. 1 Satz 2 GG sind die Pressefreiheit und die Freiheit der Berichterstattung durch Rundfunk und Film in einem Atemzug genannt. Und so ist im Grundsatz erst einmal davon auszugehen, daß auch für den Rundfunk gilt, was bezüglich der Presse zu gelten hat. Denn, so Herzog, die »terminologische Unterschiedlichkeit« von »Pressefreiheit« und »Freiheit der Berichterstattung durch Rundfunk und Film« sei »letztlich wohl mehr auf sprachästhetische Erwägungen zurückzuführen als auf die Absicht, Unterschiede in den von den einzelnen Teilgrundrechten garantierten Tätigkeiten zu begründen« (Herzog 1994, Rd.-Nr. 202; vgl. auch Hoffmann-Riem 1989, Rd.-Nr. 127 und Jarass/Pieroth 1995, Rd.-Nr. 30).

Dennoch erfährt die verfassungsrechtliche Würdigung im Vergleich von Rundfunk und Presse eine deutlich unterschiedliche Gewichtung. Während im Falle der Presse die Freiheitsproblematik im Vordergrund steht, ist die verfassungsrechtliche Betrachtung des Rundfunks sehr viel deutlicher auf Fragen der Rundfunkordnung bezogen. Dies mag einerseits darauf zurückzuführen sein, daß sich hier bislang bei völlig gleicher rechtlicher Behandlung durch das Grundgesetz »grundlegend verschiedene rechtliche und tatsächliche Organisations- und Lebensformen gegenüberstanden« (Herzog 1994, Rd.-Nr. 193). So kam es in der Vorstellung der Beteiligten - bezogen auf den Bereich der Presse - wohl wesentlich darauf an, die Pressefreiheit und den Wettbewerb im Pressemarkt zu sichern, womit dann auch ein freies Pressewesen insgesamt gesichert sein sollte, wenngleich diese Annahme auf der Grundlage kommunikationswissenschaftlicher Erkenntnisse niemals nachvollziehbar begründet wurde. Dies ist aber auch daraus zu erklären, daß sich wesentliche Grundmuster der verfassungsrechtlichen Würdigung des Rundfunks aus der Rechtsprechung des Bundesverfassungsgerichtes entwickelt haben, das vorwiegend über Fragen der Rundfunkordnung zu urteilen hatte.

6.3.2 Der Rundfunkbegriff des Grundgesetzes

Nach Herzog ist Rundfunk im Sinne des Art. 5 Abs. 1 Satz 2 GG »jede Übertragung von Gedankeninhalten - sei es Berichterstattung oder Meinungsäußerung - durch physikalische, insbesondere elektromagnetische Wellen« (ebd., Rd.-Nr. 195). Dabei kommt es allerdings auf die physikalisch technischen Modalitäten eigentlich nicht an, denn Art. 5 Abs. 1 Satz 2 GG sichert die Freiheit der Massenkommunikationsmittel und setzt damit voraus, daß die geschützten Tätigkeiten »an die Öffentlichkeit gerichtet sein und dafür von möglichst vielen Personen empfangen werden müssen; Sendungen, die nur an einen individuell feststellbaren Einzelempfänger gerichtet sind, fallen nicht in den Schutzbereich der Bestimmungen« (ebd.). Damit wären Telefongespräche ausgeschlossen, Zugriff- und Abrufdienste oder »Pay-TV« aber eingeschlossen (vgl. Jarass/Pieroth 1995, Rd.-Nr. 29). Bei der Einordnung neuartiger Erscheinungsformen der Massenkommunikation muß darauf geachtet werden, »welchem der in Art. 5 Abs. 1 Satz 2 GG erwähnten Medien das zu Beurteilende in funktionaler Betrachtung am ehesten nahekommt« (Hoffmann-Riem 1989, Rd.-Nr. 123).

Die Entwicklungen im DVB- und Multimediabereich haben inzwischen die Diskussion über den Rundfunkbegriff wieder angestoßen. Das Bundesverfassungsgericht ist darauf vorbereitet, denn die Verfassungsrichter erklärten schon 1987, der Rundfunkbegriff »läßt sich nicht in einer ein für allemal gültigen Definition erfassen. Inhalte und Tragweite verfassungsrechtlicher Begriffe und Bestimmungen hängen (auch) von ihrem Normbereich ab; ihre Bedeutung kann sich bei Veränderungen in diesem Bereich wandeln« (BVerfGE 34, 297 [350]). Kresse und Heinze kommen bei ihren Überlegungen zum Rundfunkbegriff zu dem Schluß, daß »bei der Einordnung eines Mediums als 'Rundfunk' (...) eine funktionale Betrachtung entscheidend (ist): Nicht technische Details, sondern die Teilnahme am Prozeß massenkommunikativer Meinungsbildung bestimmt, was Rundfunk ist« (Kresse/Heinze 1995, S.580). Gersdorf erklärt, die Zuordnung zum Rundfunk müsse in der Sorge um die Vielfaltssicherung »an der tatsächlichen massenmedialen Gefahrenintensität der einzelnen Angebote (anknüpfen) und dies zum entscheidenden Differenzierungsgesichtspunkt (erheben)« (Gersdorf 1995, S.574). Selbst Bullinger, der einer »institutionellen Garantie« und der Vorstellung von einer Befugnis des Gesetzgebers zu »optimaler Gestaltung der öffentlichen Meinungsbildung« (Bullinger 1989, Rd.-Nr. 147) eher skeptisch gegenübersteht, landet mit seinen Überlegungen zur »kontrollbedürftigen Rundfunkmacht«, die sich aus der »spezifischen kommunikativen Wirkung« (Bullinger 1996, S.7) des Rundfunks ergeben soll, am Ende doch auch bei einer funktionalen Begriffsbestimmung des Rundfunks. Bei dieser Sichtweise wird Rundfunk im Blick auf seine Leistung für die öffentliche Meinungs- und Willensbildung in der Demokratie definiert. Wenn es also im Kern um die Sicherung der demokratischen Meinungs- und Willensbildung geht, die letztlich der Staat zu gewährleisten hat, ist dann allerdings nicht einzusehen, warum nicht auch die verfassungsrechtliche Einordnung der übrigen Massenkommunikationsmittel vor dem gleichen Hintergrund zu sehen ist. So wie dies Hoffmann-Riem erkennt, der davon ausgeht, »daß für den (gesamten) Bereich der Medienfreiheit ein Ausgestaltungsauftrag zur Gewährleistung dieser Medienfreiheit besteht« (Hoffmann-Riem 1989, Rd.-Nr. 15).

Die Alternative hierzu besteht darin, »die institutionelle Rundfunkgarantie jedes exklusiven Geltungsanspruchs für die überindividuelle Telekommunikation« (Bullinger 1996, S.5) zu entkleiden. Es wäre dann »von einer 'übergreifenden Kommunikationsfreiheit' auszugehen, in deren Rahmen alle Mittel zur Verbreitung von Meinungen und Informationen frei zur Verfügung stünden, die elektromagnetischen Wellen ebenso wie das Papier und andere Mittel verkörperter Übermittlung von Gedankeninhalten« (ebd.). Dann ginge »ebenso die 'Presse' des verfassungsrechtlichen Sonderstatus verlustig« (ebd.). Doch diese Konsequenz will Bullinger derzeit denn doch noch nicht ziehen. »Für eine solche allgemeine, die Rundfunkgarantie wie die Pressefreiheit einbindende Kommunikationsfreiheit ist die Zeit aber wohl noch nicht ganz reif«. (Ebd.)

6.3.3   Die Programmgestaltungsfreiheit

Nachdem es völlig unbestritten ist, »daß die Pressefreiheit sowohl die Meinungsäußerung als auch die Berichterstattung umfaßt, besteht nicht der geringste Anlaß, die zweite Variante des Art. 5 Abs. 1 Satz 2 GG ('die Freiheit der Berichterstattung durch Rundfunk und Film wird gewährleistet') restriktiv zu interpretieren« (Herzog 1994, Rd.-Nr. 201). Ohnehin sind in der journalistischen Praxis Nachrichtenübermittlung und Meinungsäußerung kaum wirklich zu trennen. Art. 5 GG garantiert also eine »umfassende Programmgestaltungsfreiheit« (ebd., Rd.-Nr. 202; vgl. auch v. Mangoldt/Klein/Starck 1985, Rd.-Nr. 65). Dabei ist, wie im Falle der Presse, jede Art und Form der Berichterstattung oder Meinungsäußerung geschützt und »darüber hinaus jede Tätigkeit, die eines von beiden oder beides erst ermöglicht oder vorbereitet« (Herzog 1994, Rd.-Nr. 136). Also auch die für die Beschaffung von Informationen notwendigen Recherchemaßnahmen durch Aufspüren von Nachrichten oder Tatsachenmaterial, durch Befragung von Personen und Kontaktaufnahme zu Organisationen und Institutionen, einschließlich aller Hilfstätigkeiten, eben

> »alle wesensmäßig mit der Veranstaltung von Rundfunk zusammenhängenden Tätigkeiten, von der Beschaffung der Informationen und der Produktion der Sendungen bis hin zu ihrer Verbreitung«. (Jarass/Pieroth 1995, Rd.-Nr. 32)

Allerdings läßt sich andererseits aus Art. 5 Abs. 1 Satz 2 GG keine Pflicht der öffentlichen Organe oder staatlicher Stellen ableiten, Presse und Rundfunk zu informieren, noch ist diesen gegenüber von verfassungswegen ein Anspruch auf Information zugesprochen (vgl. Herzog 1994, Rd.-Nr. 137 ff.). Auch bleibt die Qualität der Aussagen unerheblich und so sind neben Meinungsbeiträgen und Tatsachenmeldungen auch Unterhaltungsbeiträge, Skandal- und Sensationsberichte ebenso geschützt. Für die Abwägung nach »wertvoll« und »wertlos« ist hier kein Raum (vgl. Wendt 1992, Rd.-Nr. 31).

> »Art. 5 Abs.1 Satz 2 GG schützt nicht nur Äußerungen zu politischen Gegenständen und auch nicht nur 'wertvolle' Meinungen, d. h., solche von einer gewissen 'ethischen Qualität', sondern schlechthin jede wertende und (...) darüber hinaus jede berichtende Äußerung, jeden Bericht über (fremde) Meinungen und die Darstellung fiktiver Inhalte«. (Herzog 1994, Rd.-Nr. 55; vgl. auch Wendt 1992, Rd.-Nr. 8)

Die Seriosität der Berichterstattung bleibt im Prinzip unerheblich. Mit anderen Worten, es ist der Inhalt der im Rundfunk geäußerten Meinungen - vorbehaltlich des Art. 5 Abs. 2 GG - durch nichts reglementiert. Denn würde sich der »Grundrechtsschutz auf 'seriöse' Sendungen beschränken, müßten staatliche Stellen Bewertungen vornehmen, die dem Wesen der durch die Grundrechte geschützten Freiheit widersprächen« (v. Mangoldt/Klein/Starck 1985, Rd.-Nr. 66).

Dennoch wird man davon ausgehen können, »daß aus den Verbürgungen der einzelnen Verfassungstexte unmöglich ein verfassungsrechtlicher Schutz der Unwahrheit entnommen werden könnte« (Herzog 1994, S.52, Rd.-Nr. 145; vgl. auch v. Mangoldt/Klein/Starck 1985, Rd.-Nr. 66). Auch die Freiheit der Berichterstattung durch Rundfunk, Film und Fernsehen gilt nur vorbehaltlich einer bestimmten Wahrheitspflicht. Im Bezug auf die Presse wird in diesem Zusammenhang gerne auf die Zeitknappheit und die besonderen Arbeitsbedingungen verwiesen, die es geraten scheinen lassen, an den Wahrheitsgehalt ihrer Aussagen keine so hohen Anforderungen zu stellen, es sei denn, leichtfertiges Verhalten oder gar Vorsatz läge dem zu Grunde (vgl. Herzog 1994, Rd.-Nr. 146). Diese Toleranz den Aussagen der Presse gegenüber bedeutet jedoch nicht, daß die Falschnachricht als solche legitimiert wäre, sondern nur, daß Art. 5 Abs. 1 Satz 2 GG die Presse einerseits vor übertriebenen Nachforschungspflichten und andererseits vor präventiven Eingriffen staatlicher Organe (Polizei oder Gerichtsbarkeit) schützt. Nach Veröffentlichung einer Falschmeldung ist das Presseunternehmen selbstverständlich dazu verpflichtet, sämtliche Folgen einer solchen Falschmeldung zu beseitigen (Anspruch auf Schadensersatz und auf Gegendarstellung) (vgl. ebd., Rd.-Nr. 149). Dies gilt im Grundsatz auch für den Rundfunk, aber eben nur insoweit, als dort vergleichbare Arbeitsbedingungen gegeben sind.

6.3.4   Die Träger der Rundfunkfreiheit

Es ist in der Literatur keineswegs geklärt, nach welchen Kriterien der Personenkreis zu bestimmen ist, der sich auf das Grundrecht der Rundfunkfreiheit berufen kann. Man wird hier, ähnlich wie im Falle der Pressefreiheit, zunächst einmal davon ausgehen können, daß die Rundfunkfreiheit ein subjektives Grundrecht für die im Rundfunkwesen tätigen Personen und Unternehmen bezeichnet. Daraus ergibt sich dann für die Unternehmen der Massenkommunikation die Frage, ob sich auf die Presse- beziehungsweise Rundfunkfreiheit »der Verleger, der Chefredakteur, der einzelne Redakteur oder Autor oder alle miteinander berufen können« (ebd., Rd.-Nr. 18). Hinzu kommt dann noch die Frage, ob sich die öffentlich-rechtlichen Rundfunkanstalten auf Grund ihrer Stellung als rechtsfähige Anstalten des öffentlichen Rechts überhaupt auf die Rundfunkfreiheit berufen können, wären sie doch dann (auf Grund Art. 19 Abs. 3 GG) zugleich »Grundrechtsträger und Grundrechtsadressat« (Herrmann 1994, S.165). Hier argumentiert Herzog wie folgt:

> »Wenn der Verfassungsgeber des Jahres 1949 ein durchgehend öffentlich-rechtlich organisiertes Rundfunk- und Fernsehwesen vor Augen hatte und wenn er die Freiheit von Rundfunk und Fernsehen trotzdem in einem Atemzug mit der Pressefreiheit garantierte, so kann das nur im Sinne einer bewußten Durchbrechung des allgemeinen Grundsatzes der Grundrechtsunfähigkeit juristischer Personen des öffentlichen Rechts und ihrer Organwalter verstanden werden«. (Herzog 1994, Rd.-Nr. 210)

Dies sieht so auch das Bundesverfassungsgericht (BVerfGE 31, 314 [321f.]). Man kann also festhalten: Träger der Rundfunkfreiheit sind all jene natürlichen und juristischen Personen (auch die des öffentlichen Rechts), auf die die Rundfunkfreiheit gemäß ihres Charakters als Menschenrecht anwendbar ist. Also einmal die Rundfunkanstalten als Ganzes und zum anderen alle, die schöpferisch, kontrollierend oder gestalterisch an der Produktion von Rundfunkaussagen beteiligt sind, also nicht nur diejenigen Personen, die für den Rundfunk beruflich tätig sind, sondern darüber hinaus jedermann, der, und sei es auch nur als Amateur, für den Rundfunk arbeitet (vgl. Herzog 1994, Rd.-Nr. 162). Das ist solange unproblematisch, solange sich die im Medienbereich produktiv Tätigen gegenüber den öffentlichen Organen auf das Grundrecht der Presse- oder Rundfunkfreiheit berufen, also lediglich ein Abwehrrecht gegenüber staatlichen Eingriffen in Anspruch nehmen. Denn dies bedeutet, »daß es dem Staat nicht nur verboten ist, die Tätigkeit der Verleger, Herausgeber und Chefredakteure in einer über die Eingriffsmöglichkeiten des Art. 5 Abs. 2 GG hinausgreifenden Weise einzuschränken, sondern daß er dieselben Grenzen auch gegenüber dem einzelnen Journalisten, Autor usw. zu beachten hat« (Scholz 1978, S.137). Wie dies aber im Innenverhältnis zu sehen ist, ist damit nicht geklärt.

6.3.5   Die »innere Rundfunkfreiheit«[56]

Die Frage also, ob die Rundfunkfreiheit des Art. 5 Abs. 1 Satz 2 GG auch dem Arbeitnehmer eines Rundfunkunternehmens oder einer Rundfunkanstalt gegenüber seinem Arbeitgeber (Intendanten) beziehungsweise gegenüber dessen leitenden Angestellten zusteht, bleibt vorerst offen, würde dies doch auf die Weisungsunabhängigkeit des einzelnen Arbeitnehmers hinauslaufen, was auf Seiten des Arbeitgebers und der leitenden Angestellten eine Einschränkung des Eigentums (Art. 14 Abs. 1 GG) und/oder eine Einschränkung der Berufsfreiheit (Art. 12 Abs. 1 GG) bewirken würde (vgl. Herzog 1994, Rd.-Nr. 167). So stehen sich hier der Führungsanspruch des Rundfunkunternehmers oder Intendanten und der Autonomieanspruch des Journalisten gegenüber. Im Grunde geht es um die Frage, ob die Grundrechte, die sich prinzipiell gegen staatliche Eingriffe und staatlichen Zwang richten, auch Dritten, also nichtstaatlichen, sozialen oder wirtschaftlichen Mächten gegenüber geltend gemacht werden können, insoweit also »Drittwirkung« zeitigen.

Herzog kommt zu dem Ergebnis, daß eine »unmittelbare Drittwirkung« des Art. 5 Abs. 1 Satz 2 GG etwa auch aus der

---

[56] Der Begriff ist analog zur »inneren Pressefreiheit« entwickelt. Diese bezog sich ursprünglich allein auf den Schutz der Presse vor unzulässigem Eingriff und Druck durch politische und wirtschaftliche Gruppen.

Ratio der Pressefreiheit (und damit auch der Rundfunkfreiheit) im Sinne eines institutionellen Verständnisses nicht abgeleitet werden kann (vgl. ebd., Rd.-Nr. 168-171), sondern lediglich eine »mittelbare Drittwirkung«, die letztlich im Bereich einer Güterabwägung liegt, so daß der Verleger (oder Rundfunkunternehmer) »unter Geltung des demokratischen Prinzips nicht mehr der unbeschränkte Herr seines Unternehmens und dementsprechend der einzelne Journalist nicht mehr nur Verrichtungsgehilfe des Verlegers (oder Rundfunkunternehmers) sein kann« (ebd., Rd.-Nr. 173). So verbleibt der Unternehmensspitze die »Richtlinienkompetenz«, der sich der Journalist bei Eintritt in das Unternehmen unterwirft, während ihm selbst innerhalb dieser Richtlinie ein »Raum eigener Entscheidungs- und Gestaltungsfreiheit zusteht« (Scholz 1978, S.99f.).

Bezogen auf den öffentlich-rechtlichen Rundfunk ergibt sich jedoch nach Herzog eine Modifikation, die aus den Anforderungen erwächst, die das Bundesverfassungsgericht an die innere Verfassung der (öffentlich-rechtlichen) Rundfunk- und Fernsehanstalten stellt, aus der sich zugleich eine wesentliche Richtlinie für die Ausübung des Direktionsrechts der Vorgesetzten, aber auch eine wesentliche Einschränkung für die Ausübung der Rechte der nachgeordneten Dienstnehmer herleitet. Dies begründet sich wie folgt:

»Wenn man mit dem Bundesverfassungsgericht davon ausgeht, daß zumindest im öffentlich-rechtlichen Rundfunk- und Fernsehwesen die ausgewogene und einigermaßen objektive Information der Öffentlichkeit sich nicht aus der Vielzahl der einzelnen Unternehmen ergibt, sondern daß die Ausgewogenheit und annähernde Objektivität bei jeder einzelnen Rundfunk- und Fernsehanstalt gegeben sein muß, daß der Ausgleich der Tendenzen und Strömungen also unter anderem im 'Inneren' des einzelnen Unternehmens herbeigeführt werden muß, so kann es nicht ausbleiben, daß sich dieses Prinzip auch im Verhältnis zwischen den vorgesetzten und den nachgeordneten Organen der Rundfunk- und Fernsehanstalten niederschlägt. Der einzelne Redakteur muß sich also m. a. W. in sehr viel höherem Maße die Unausgewogenheit oder Einseitigkeit seiner Arbeiten entgegenhalten lassen, als das im Pressewesen (oder in einem 'außenpluralistisch' geordneten Rundfunk- und Fernsehwesen) der Fall ist«. (Herzog 1994, Rd.-Nr. 212)

Hinzuweisen bleibt: Nach v. Mangoldt/Klein/Starck

»ist der Ausdruck 'innere Rundfunkfreiheit' (...) kaum geeignet, die rechtlichen Verhältnisse innerhalb der Rundfunkanstalt zutreffend zu umschreiben, vielmehr erzeugt er eine Suggestion, die geradezu zwangsläufig zu der Fehlbeurteilung führt, daß der einzelne Redakteur inneranstaltlich ein subjektives Recht hat, das unmittelbar aus Art. 5 Abs. 1 Satz 2 GG hergeleitet wird. Gewissens- und Überzeugungsschutz von Redakteuren bei ihrer Arbeit in der Anstalt wirken immer nur negativ in dem Sinne, daß kein Redakteur gezwungen werden darf, etwas gegen seine Überzeugung zu sagen und im Rundfunk zu verbreiten«. (v. Mangoldt/Klein/Starck 1985, Rd.-Nr. 77)

Nach Hoffmann-Riem hingegen kann

»den Redakteuren ein subjektives Recht gegen die Rundfunkanstalt bzw. einzelne Organe eingeräumt (werden), das der Sicherung der Rundfunkfreiheit dienen soll, so etwa für den Fall, daß Anstaltsorgane sich anschicken, den gesetzlichen Auftrag zu verletzen (...) diese (Rechte) dienen aber niemals der individuellen Entfaltung der handelnden Personen, sondern nur der Wahrnehmung ihrer Rolle als Aufgabenträger bei der Erfüllung von Medienaufgaben und damit auch der Ausübung der Medienfreiheit«. (Hoffmann-Riem 1989, Rd.-Nr. 141)

Dies ergibt sich für Hoffmann-Riem aus der »Arbeitsteiligkeit der Pressefreiheit« und wohl auch der Medienfreiheit insgesamt (vgl. ebd.) und erklärt sich aus seinem Verständnis der Kommunikatorfreiheit als »objektives Prinzip der Rechtsordnung« (ebd., Rd.-Nr. 32 ff.).

6.3.6 Schranken und Beschränkungen

Art. 5 Abs. 2 GG legt fest, daß die in Art. 5 Abs. 1 GG normierten Rechte »ihre Schranken in den Vorschriften der allgemeinen Gesetze, den gesetzlichen Bestimmungen zum Schutze der Jugend und in dem Recht der persönlichen Ehre finden«. Dennoch »müssen gesetzliche Schranken zum Schutze der Jugend oder der persönlichen Ehre nicht 'allgemeine Gesetze' sein, was nicht ausschließt, daß sie allgemeine Gesetze sein können« (v. Mangoldt/Klein/Starck 1985, Rd.-Nr. 117, S.558f.). Alle drei Schranken können sich also überschneiden.

6.3.6.1 Die allgemeinen Gesetze

Allgemeine Gesetze im Sinne dieser Bestimmung waren bis zum Jahre 1958 nur solche Gesetze nicht, »die sich in ihrer Zielrichtung unmittelbar gegen das Grundrecht der Meinungsäußerungsfreiheit selbst richteten« (Herzog 1994, Rd.-Nr. 256), also Gesetze, die nach Löffler im Sinne von Sondergesetzen Sonderrechte in Bezug auf die Rechte aus Art. 5 Abs. 1 GG begründen (vgl. Löffler 1983, S.118, Rd.-Nr. 182ff.). Das bedeutet, daß »kein gezielter Eingriff in die Kommunikationsfreiheit stattfinden darf« (v. Mangoldt/Klein/Starck 1985, Rd.-Nr. 123). Seit dem Lüth-Urteil[57] vom 15. Januar 1985 gilt:

> »Die allgemeinen Gesetze müssen in ihrer das Grundrecht beschränkenden Wirkung ihrerseits im Lichte der Bedeutung dieses Grundrechts gesehen und so interpretiert werden, daß der besondere Wertgehalt dieses Rechts, der in der freiheitlichen Demokratie zu einer grundsätzlichen Vermutung für die Freiheit der Rede in allen Bereichen, namentlich aber im öffentlichen Leben, führen muß, auf jeden Fall gewahrt bleibt«. (BVerfGE 7, 198 [208])

---

[57] In der Sache ging es darum, ob das Grundrecht auf freie Meinungsäußerung einen öffentlichen Boykottaufruf erlaubt, den der Leiter der Hamburger Pressestelle Lüth zum Veit Harlan-Film »Unsterbliche Geliebte« veröffentlichte (Veit Harlan war der Regisseur des »Nazi-Films« »Jud Süß«).

Die allgemeinen Gesetze können zwar dem Grundrecht Schranken setzen, sie müssen aber ihrerseits aus der Erkenntnis der wertsetzenden Bedeutung dieses Grundrechts im freiheitlich demokratischen Staat ausgelegt werden.

Es muß also zu einer Güterabwägung kommen zwischen der Rundfunkfreiheit einerseits und dem Rechtsgut, welches jenes allgemeine Gesetz schützt, das diese Rundfunkfreiheit einschränkt (vgl. v. Mangoldt/Klein/Starck 1985, Rd.-Nr. 124). Dabei ist stets der Wesensgehalt des einzelnen Grundrechts zu respektieren. Diese Abwägung fällt dann leicht, wenn es sich dabei um Individualrechtsgüter wie den Jugendschutz und Ehrenschutz handelt, die in Art. 5 Abs. 2 GG aufgeführt sind und den in Art. 5 Abs. 1 GG garantierten Grundrechten in jedem Fall vorgehen. Dies gilt dann erst recht, wenn es sich um den Schutz von Individualrechtsgütern handelt, die dem Ehrenschutz gegenüber höherwertig rangieren und dann nicht, wenn sie nach diesem Maßstab geringere Bedeutung als die persönliche Ehre besitzen (vgl. Herzog 1994, Rd.-Nr. 269).

Schwieriger ist dies, wenn es darum geht, eine Güterabwägung dort zu treffen, wo die Rechte aus Art. 5 Abs. 1 GG im Interesse von Gemeinschaftsgütern, etwa der öffentlichen Sicherheit und Ordnung oder der Staatssicherheit, eingeschränkt werden. Hier wird die Wertigkeit der auf Abstrahierungen beruhenden Gemeinschaftsgüter einsichtig, wenn hinter diesen liegende Individualrechtsgüter (z.B. Leben oder Gesundheit) gar in größerer Zahl gefährdet sind.

Herzog hat jene Gesetze aufgelistet, die vom Bundesverfassungsgericht bislang als allgemeine Gesetze im Sinne des Art. 5 Abs. 2 GG anerkannt wurden (vgl. ebd., Rd.-Nr. 276). Das sind unter anderem im Bereich der Persönlichkeitsrechte die §§ 823 BGB (Schadensersatzpflicht bei vorsätzlicher oder fahrlässiger Verletzung von Leben, Körper, Freiheit, Eigentum oder sonstiger Rechte) und 826 BGB (sittenwidrige vorsätzliche Schädigung) oder die §§ 89 StGB (Verfassungsfeindliche Einwirkung auf die Bundeswehr und öffentliche Sicherheitsorgane) und 185 StGB (Beleidigung); im Bereich der Staatssicherheit die §§ 90a StGB (Verunglimpfung des Staates und seiner Symbole), 99 StGB (Geheimdienstliche Agententätigkeit), 100 StGB (Friedensgefährdende Beziehungen), 353b StGB (Verletzung von Dienstgeheimnissen), 353d Nr. 3 StGB (Schutz der Unbefangenheit der Beteiligten bei Gericht). Er weist aber ausdrücklich darauf hin, daß nach dieser Feststellung im Einzelfall immer erst noch eine Güterabwägung erfolgen muß (vgl. ebd.).

6.3.6.2 Der Schutz der Jugend

Eine weitere Schranke neben den »allgemeinen Gesetzen« errichtet Art. 5 Abs. 2 GG in den »gesetzlichen Bestimmungen zum Schutz der Jugend«. Der Jugendschutzvorbehalt des Art. 5 Abs. 2 GG will den sittlichen Gefährdungen Jugendlicher entgegenwirken und jenen Darbietungen Schranken setzen, die Gewalttätigkeit, Kriegslust, Verbrechen, Rassenhaß und ähnliches provozieren (vgl. BVerfGE 30, 336 [347]), so wie dies zum Beispiel in § 1 des Gesetzes über die Verbreitung jugendgefährdenden Schrifttums umschrieben und jetzt auch in den Staatsverträgen, den Rundfunk- und Mediengesetzen beschrieben ist. Das Bundesverwaltungsgericht hat klargelegt: Die Gefährlichkeit einer Publikation ist am Maßstab normaler Jugendlicher einschließlich der »gefährdungsgeneigten Jugendlichen« festzustellen (vgl. BVerwGE 39, 205). Der Vorbehalt des Jugendschutzes berechtigt den Gesetzgeber jedoch nicht, das in Art. 5 Abs. 1 Satz 3 GG ausgesprochene Verbot der Vorzensur zu durchbrechen. Es bleibt nur die Möglichkeit, daß die Verwaltung und die Gerichte die entsprechenden Aussagen nachträglich beurteilen und gegebenenfalls Schadensersatz- und Strafurteile herbeiführen.

6.3.6.3 Der Schutz der persönlichen Ehre

Eine weitere Schranke finden die Rechte aus Art. 5 Abs. 1 GG im »Recht der persönlichen Ehre«. Dieser besondere verfassungsrechtliche Ehrenschutz erklärt sich nach v. Mangoldt/Klein/Starck daraus, daß »erfahrungsgemäß damit zu rechnen ist, daß die Betätigung der Kommunikationsfreiheiten des Art. 5 Abs. 1 GG die persönliche Ehre anderer Menschen in besonderem Maße gefährdet« (v. Mangoldt/Klein/Starck 1985, Rd.-Nr. 131). Nach Herzog ist der Begriff der persönlichen Ehre im wesentlichen so auszulegen, wie das von Rechtsprechung und Lehre zu den entsprechenden Begriffen des § 823 BGB (Leben, Körper, Gesundheit, Freiheit, Eigentum) und den Ehrenschutzbestimmungen des StGB entwickelt worden ist (vgl. Herzog 1994, Rd.-Nr. 289). Dabei geht es immer nur um die Ehre des Menschen, nicht um die von Kollektiven oder Institutionen (vgl. v. Mangoldt/Klein/Starck 1985, Rd.-Nr. 132). »Persönliche Ehre bedeutet inneren Wert und äußere Geltung des Menschen, das heißt, seinen Ruf innerhalb der Gesellschaft und seiner Kommunikationspartner«. (Ebd.) Im konkreten Fall kann der Ehrenschutz aber auch aus Art. 1 GG abgeleitet werden, der die Würde des Menschen garantiert und insbesondere die Herabwürdigung und Erniedrigung der menschlichen Persönlichkeit verbietet (vgl. Herzog 1994, Rd.-Nr. 294 und Herrmann 1994, S.130).

Für Hoffmann-Riem ist es Art. 2 Abs. 1 GG, der den Ausgangspunkt eines sich konturierenden Persönlichkeitsrechts ergibt. Grundlegend ist der »Schutz subjektiver Entfaltung und damit Selbstbestimmung, der insbesondere in einem Recht auf Achtung der Privat-, Geheim- und Intimsphäre und einem Bestimmungsrecht über den Umfang und Inhalt der Darstellung der eigenen Person gegenüber Dritten und der Öffentlichkeit« (Hoffmann-Riem 1989, Rd.-Nr. 49) besteht.

In der öffentlichen Auseinandersetzung über die Tagespolitik ist allerdings eine Lockerung des Ehrenschutzes zu erkennen. Denn im sogenannten »Schmid-Beschluß«[58] des Bundesverfassungsgerichts vom 25. Januar 1961 (vgl. BVerfGE 7, 113) erkannten die Richter, daß die Erwiderung auf einen öffentlichen Angriff, also der Gegenschlag, so gewählt werden darf, daß er in der öffentlichen Wirkung die Wirkung des Angriffs zu egalisieren vermag. Allerdings darf der Gegenschlag keine neuerliche Ehrenverletzung enthalten, wenn der gleiche Öffentlichkeitseffekt auch ohne Ehrenverletzung zu erzielen ist (vgl. Herzog 1994, Rd.-Nr. 278).

6.3.6.4 Das Zensurverbot

Im Grunde gehört auch die Zensurproblematik in diesen Zusammenhang. Denn das Zensurverbot in Art. 5 Abs. 1 Satz 3 GG ist als ein Verbot bestimmter Modalitäten der Einschränkung der Rechte aus Art. 5 Abs. 1 Satz 1 und Satz 2 GG zu verstehen (vgl. Jarass/Pieroth 1995, Rd.-Nr. 52 und Herzog 1994, Rd.-Nr. 296). Das Zensurverbot kann durch einschränkende Gesetze des Art. 5 Abs. 2 GG nicht durchbrochen werden (= Schrankenschranke). Eine Legaldefinition des Zensurbegriffs liegt nicht vor. Deshalb sei auf die gängige und weit verbreitete Definition Löfflers verwiesen:

»Zensur ist die planmäßige Überwachung von beabsichtigten oder bereits erfolgten Betätigungen der Grundfreiheiten des Art. 5 Abs. 1 Satz 1 und 2 GG durch eine fremde Instanz, die in der Lage und gewillt ist, die kontrollierte Betätigung in ihrem Sinne zu beeinflussen bzw. zu behindern.« (Löffler 1983, S.103)

---

[58] In der Sache ging es um den von Schmid öffentlich erhobenen Vorwurf, etwa 95 Prozent der Presse seien wirtschaftlich von den Unternehmern abhängig und darum gewerkschaftsfeindlich. Dies führte zu einer Attacke des »Spiegel«, der Schmid in die Nähe des Kommunismus und der Sowjetunion rückte, was wiederum zum Gegenschlag Schmids führte, der nun seinerseits den Spiegel mit der Pornographie in Zusammenhang brachte. Spiegelredakteur und Herausgeber sahen darin eine Beleidigung und üble Nachrede.

Nach herrschender Lehre schließt Art. 5 Abs. 1 Satz 3 GG le-
diglich die sogenannte Vorzensur oder Präventivzensur aus.
Dies wäre »ein präventives Verfahren, vor dessen Abschluß ein
Werk nicht veröffentlicht werden darf« (BVerfGE 87, 209 [330]).
Dabei zielt Zensur immer auf den Inhalt einer geplanten Veröffentlichung, sie setzt also eine inhaltliche Prüfung voraus (vgl.
Wendt 1992, Rd.-Nr. 63). Das Zensurverbot erstreckt sich insoweit auf alle Formen der Meinungsäußerung. Das bedeutet, der
»Sich-Äußernde«, also auch der jeweils verantwortliche Veranstalter von Rundfunk, trägt das »Risiko seiner Freiheitsäuße-
rung« (v. Mangoldt/Klein/Starck 1985, Rd.-Nr. 103), denn er ist
für seine Äußerung strafrechtlich, zivilrechtlich und eventuell
verwaltungsrechtlich (z.B. disziplinarrechtlich) verantwortlich,
wenn er die Schranken des Art. 5 Abs. 2 GG überschritten hat.

> »Springender Punkt des Verbots der Vorzensur ist gerade, daß
> durch sie nicht präventiv verhindert werden darf, was später re-
> pressiv vor Gericht verfolgt werden darf.« (v. Mangoldt/Klein/
> Starck 1985, Rd.-Nr. 103)

Somit erweist sich die nachträgliche Überprüfung auf Grund
der in Art. 5 Abs. 2 GG beschriebenen Schranken, die im Rahmen eines gerichtlichen Verfahrens erfolgen und zu Schadens-
ersatz- oder Strafurteilen führen können, als zulässige Nachzensur.

Im Falle von Hörfunk und Fernsehen macht aber die Löffler'sche Unterscheidung von Vorzensur (betrifft das ungehinderte Erscheinen) und Nachzensur (betrifft die ungehinderte
Verbreitung) auch deshalb keinen Sinn, weil sie auf die elektronischen Medien nicht zu übertragen ist, denn hier fällt das Erscheinen und die Verbreitung einer Aussage mit der Ausstrahlung in eins. Nach Herrmann soll auch eine Zensurmaßnahme
gegenüber einer Wiederholung als Vorzensur gewertet werden
(vgl. Herrmann 1994, S.126). Doch hier gilt: Wenn die Rechts-
widrigkeit einer Aussage nachträglich in einem Gerichtsurteil

festgestellt worden ist, dann kann dies »ohne weiteres zu einem gerichtlichen Wiederholungsverbot führen«, welches »verfassungsrechtlich über jeden Zweifel erhaben ist«. Insoweit wäre unter diesen speziellen Bedingungen eine Vorzensur möglich (vgl. Herzog 1994, Rd.-Nr. 300). Zensur im Sinne von Art. 5 Abs. 1 Satz 3 GG meint also Vorzensur und schützt den Urheber (unter Umständen auch den Verbreiter) einer Aussage ausschließlich vor staatlichen Eingriffen, insbesondere der Exekutive. Es muß sich also immer um vom Staat abhängige Träger öffentlicher Gewalt handeln (vgl. v. Mangoldt/Klein/Starck 1985, Rd.-Nr. 106). Deshalb sind etwaige Eingriffe der Kirche, Kontrollmaßnahmen von Rundfunkräten, Aktivitäten von Selbstkontrolleinrichtungen, etwa des Presserates, präventiv wirkende einstweilige Verfügungen in Pressesachen ebensowenig Zensur wie die Kontrolle von Zeitungsartikeln oder Rundfunksendungen durch Vorgesetzte. Die Vorwegnahme solcher Eingriffe etwa durch angepaßtes Verhalten des Redakteurs sind nach v. Mangoldt/Klein/Starck »verfassungsrechtlich irrelevante innere Prozesse bei der Entstehung von Produkten der Massenmedien.« (Ebd.)

Es mag an der Definition Löfflers liegen, der unspezifisch von einer »fremden Instanz« spricht (vgl. Löffler 1983, S.104, Rd.-Nr. 146), daß diese Beeinträchtigungen der journalistischen Arbeit durch Dritte mit dem Zensurbegriff belegt werden. Die sogenannte Selbstzensur (»Schere im Kopf«) mag sich trefflich zum Schlagwort eignen, die Agitation in der Auseinandersetzung, etwa im Zusammenhang der »inneren Pressefreiheit«, mit Vorgesetzten, mit Verlagen oder Konzernen zu führen. Doch diese Inflationierung des Zensurbegriffs schärft keineswegs das Bewußtsein zur Abwehr von Beeinträchtigungen der öffentlichen Meinungsbildung durch die Träger öffentlicher Gewalt, die sich auf das Gewaltmonopol des Staates stützen können und relativiert insoweit die Leistung jener, die in der Auseinandersetzung mit staatlichen Zensurbehörden das Grundrecht der

Pressefreiheit errungen haben.[59]

Hinzuweisen bleibt: Der Rezipient, der etwa durch eine Zensurmaßnahme in seiner Informationsfreiheit betroffen ist (er kann jetzt die beabsichtigten Aussagen nicht weiterhin verfolgen), kann sich auf das Zensurverbot nicht berufen (vgl. Herzog 1994, Rd.-Nr. 297).

6.4   Die Rundfunkordnung

6.4.1   Die Rolle des Bundesverfassungsgerichts

Die in der Verfassung der Bundesrepublik Deutschland angelegte Rundfunkordnung ist im wesentlichen durch die Rechtsprechung des Bundesverfassungsgerichtes aufbereitet worden. Diese erschöpfte sich jedoch bis zum Beginn der 80er Jahre darin, die von Besatzungsmächten definierte Kommunikationsordnung für Deutschland verfassungsrechtlich festzuschreiben, deren Eckpfeiler, dem Vorbild der BBC entsprechend, ein öffentlich-rechtliches, aber föderatives Rundfunksystem und eine privatrechtlich strukturierte Presse bildeten. Dies wurde nach dem »Ersten Fernsehurteil« von 1961 sowohl im politischen Feld (vgl. v. Sell 1982, S.43ff. und Ehmke 1969, S.87ff.) als zum Teil auch in verfassungsrechtlicher Sicht (vgl. Lerche 1979, S.33ff. und Hoffmann-Riem 1983, S.430ff.) als die vom Grundgesetz gewollte »duale Kommunikationsordnung« im Sinne einer »publizistischen Gewaltenteilung« beschrieben und akzeptiert. Mit der

---

[59] So mußten die Gründer und Herausgeber der politischen Zeitungen und Zeitschriften des Vormärz, die nicht mehr forderten als nationale Freiheit und Einigung, in Nürnberg z.B. nicht nur das Verbot ihrer Zeitungen durch die Zensur hinnehmen. Sie alle wurde zudem der Stadt und zum Teil auch des Landes verwiesen. Und jener, der besonderen Erfolg und Anerkennung bei den Lesern erzielte, wurde am Ende gar steckbrieflich gesucht (vgl. Meier 1963, S.37ff.).

technologischen Entwicklung, die unter anderem neue Verteiltechniken schuf (Satellit und Breitband-Kabelnetze), wurden
neue verfassungsrechtliche Überlegungen angestoßen, die die
zentrale Frage nach dem grundlegenden Ordnungsmuster im
Rundfunksystem der Bundesrepublik wiederum in den Mittelpunkt rückten: öffentlich-rechtliche versus privatrechtliche
Ordnung. Dabei wurde die Zulässigkeit einer öffentlich-rechtlichen Ordnung für den Rundfunk nicht wirklich ernsthaft in
Zweifel gezogen. Und so geht es bis heute in der verfassungsrechtlichen Auseinandersetzung um die Rundfunkordnung in
Deutschland eigentlich immer nur um die Frage, unter welchen
Voraussetzungen und Bedingungen auch privater Rundfunk in
Deutschland verfassungsrechtlich zulässig ist, obwohl das Bun-
desverfassungsgericht die grundsätzliche Zulässigkeit privaten
Rundfunks nach Maßgabe des Grundgesetzes nie bestritten hat.

Ursprünglich waren für die vorläufige Unzulässigkeit des
privaten Rundfunks nachprüfbare, quantifizierbare Kriterien
(Frequenzmangel und hoher Finanzbedarf) ausschlaggebend.
Heute stehen funktionale Argumente im Vordergrund, die auf
den Leistungsbeitrag des Rundfunks im Blick auf die demokratische Meinungs- und Willensbildung abstellen. Dieser Leistungsbeitrag läßt sich jedoch nicht quantifizieren, er kann allenfalls nach Plausibilitätsgesichtspunkten bewertet werden, so
daß, je nach Bewertung, entsprechend unterschiedliche Folge-
rungen daraus abgeleitet werden können. In den verschiedenen
Urteilen zur Rundfunkverfassung hat das Bundesverfassungsgericht einen Ordnungsauftrag erkannt, Ordnungsgrundsätze
aufgestellt sowie Ordnungsmodelle aufgezeigt und bewertet.

6.4.2 Der Ordnungsauftrag

Nach der gefestigten Rechtsprechung des Bundesverfassungsgerichts ergibt sich aus Art. 5 GG und seiner Verbindung

zum Demokratiegebot des Art. 20 GG der Auftrag an den Gesetzgeber, im Rundfunkwesen eine »positive Ordnung« zu
schaffen,

> »welche sicherstellt, daß er (der Rundfunk) die Vielfalt der Themen
> und Meinungen aufnimmt und wiedergibt, die in der Gesellschaft
> eine Rolle spielen. Zu diesem Zweck sind materielle, organisatori-
> sche und prozedurale Regelungen notwendig, die an der Aufgabe
> des Rundfunks orientiert sind und erreichen können, was Art. 5
> Abs. 1 GG in seiner Gesamtheit bewirken will.« (BVerfGE 90, 60
> [88])

Der Staat ist somit »unverzichtbarer Garant einer umfassend
zu verstehenden Rundfunkfreiheit« (ebd.). Die Rundfunkfreiheit ist eine »dienende Freiheit«. Sie dient der freien, individuellen und öffentlichen Meinungsbildung und zwar in einem
umfassenden, nicht auf bloße Berichterstattung oder die Vermittlung politischer Meinungen beschränkten Sinn (vgl.
BVerfGE 83, 238 [295]). »Der Rundfunk ist 'Medium und Faktor'
(dieses) verfassungsrechtlich geschützten Prozesses«. (BVerfGE
83, 238 [269]) Dies hat das Gericht schon im 1. Fernsehurteil von
1961 so gesehen, in dem es darlegte:

> »Art. 5 GG verlangt jedenfalls, daß dieses moderne Instrument der
> Meinungsbildung weder dem Staat noch einer gesellschaftlichen
> Gruppe ausgeliefert wird. Die Veranstalter von Rundfunkdarbie-
> tungen müssen also so organisiert werden, daß alle in Betracht
> kommenden Kräfte in ihren Organen Einfluß haben und im Ge-
> samtprogramm zu Wort kommen können und daß für den Inhalt
> des Gesamtprogramms Leitgrundsätze verbindlich sind, die ein
> Mindestmaß an inhaltlicher Ausgewogenheit, Sachlichkeit und ge-
> genseitiger Achtung gewährleisten. Das läßt sich nur sicherstellen,
> wenn diese organisatorischen und sachlichen Grundsätze durch
> Gesetz allgemein verbindlich gemacht werden.« (BVerfGE 12, 205
> [262 f.])

Denn die Freiheitsrechte des Art. 5 Abs. 1 GG sind »nicht nur
als Schutzrechte für das Individuum, sondern auch als Schutz-

rechte für eine faire, demokratische Meinungs- und Willensbildung zu verstehen« (Herzog 1994, Rd.-Nr. 215c). Der Gesetzgeber bleibt insoweit immer dazu verpflichtet, die Grundlinien der Rundfunkordnung festzulegen und zwar auch dann, wenn die »Sondersituation des Rundfunks (Frequenzknappheit und hoher finanzieller Aufwand) im Zuge der modernen Entwicklung entfällt« (BVerfGE 57, 295 [322]). Auch dann muß der Gesetzgeber »eine begrenzte Staatsaufsicht vorsehen, den Zugang zur Veranstaltung privater Rundfunksendungen regeln und, solange dieser nicht jedem Bewerber eröffnet werden kann, Auswahlregelungen treffen, welche den Bewerbern eine gleiche Chance eröffnen« (BVerfGE 73, 118 [153f.]). Denn das Bundesverfassungsgericht geht davon aus, daß im Vergleich zur Presse im Rundfunk »bei einem Fortfall der bisherigen Beschränkungen nicht mit hinreichender Sicherheit erwartet werden kann, daß das Programmangebot in seiner Gesamtheit kraft der Eigengesetzlichkeit des Wettbewerbes den Anforderungen der Rundfunkfreiheit entsprechen werde« (ebd.).

Die verfassungsrechtlich unterschiedliche Bewertung von Presse und Rundfunk begründet das Bundesverfassungsgericht auch auf Grund der Annahme, daß dem Rundfunk unter den Medien »wegen seiner Breitenwirkung, Aktualität und Suggestivkraft« eine besondere Bedeutung zukomme (vgl. BVerfGE 90, 60 [87]). Denn im Unterschied zu anderen Freiheitsrechten des Grundgesetzes »handelt es sich bei der Rundfunkfreiheit allerdings nicht um ein Grundrecht, das seinem Träger zum Zwecke der Persönlichkeitsentfaltung oder Interessenverfolgung eingeräumt ist. Die Rundfunkfreiheit ist eine dienende Freiheit, sie dient der freien, individuellen und öffentlichen Meinungsbildung« (BVerfGE 87, 181 [197]). Diesem Charakter würde ein Verständnis von Art. 5 Abs. 1 Satz 2 GG, das sich in der Abwehr staatlicher Einflußnahme erschöpfte und den Rundfunk im übrigen den gesellschaftlichen Kräften überließe, nicht gerecht. Der Rundfunk bedarf einer gesetzlichen Ord-

nung, die sicherstellt, daß er den verfassungsrechtlich vorausge-
setzten Dienst leistet (vgl. ebd., [191]; BVerfGE 57, 295 [320] und
BVerfGE 83, 238 [296]). Aufgabe des Staates ist es demnach, im
Interesse des Normzieles von Art. 5 Abs. 1 GG Regelungen zu
schaffen, um den Rundfunk zu organisieren und zu konzessio-
nieren, mit Übertragungskapazitäten zu versehen, zu beaufsichtigen und seine Finanzierung sicherzustellen (vgl. BVerfGE
90, 60 [88]). Entsprechend der bundesstaatlichen Kompetenz-
verteilung ist die Ordnung des Rundfunks Aufgabe des Lan-
desgesetzgebers (vgl. BVerfGE 12, 205 [249]). Der Grundsatz der
Staatsfreiheit von Rundfunk und Fernsehen ist dabei nach Herzog dennoch gewahrt, wenn man auf die »tatsächlichen Len-
kungs- und Herrschaftsverhältnisse« abstellt und erkennt, daß
es hier nicht auf die »Staatsmittelbarkeit«, sondern auf die
Staatsunabhängigkeit ankommt (vgl. Herzog 1994, Rd.-Nr.
213a). Deshalb ist etwa die Beteiligung von Vertretern des Staates und der Parteien in den Rundfunkräten oder in pluralistisch
zusammengesetzten Rundfunkausschüssen hinnehmbar, gleichwohl aber problematisch.

6.4.3   Ordnungsgrundsätze

Nun ist es gewiß nicht Aufgabe des Bundesverfassungsgerichts, die Ausgestaltung der Rundfunkordnung im Detail vor-
zugeben und zu beschreiben. Dies ist die Aufgabe des Gesetzgebers, ist »Sache seiner eigenen Entscheidung« (BVerfGE 57,
295 [321]). Insbesondere hat der Gesetzgeber erst noch »Leitgrundsätze verbindlich zu machen, die ein Mindestmaß von
inhaltlicher Ausgewogenheit, Sachlichkeit und gegenseitiger
Achtung gewährleisten« (BVerfGE 12, 205 [263]; 57, 295 [325];
73, 118 [153]) und eine begrenzte Staatsaufsicht vorsehen (vgl.
BVerfGE 33, 118 [153]). Immerhin lassen sich aus den Begründungen des Bundesverfassungsgerichts allgemeine Grundregeln herausfiltern, die Orientierungsrichtlinien für den Gesetz-

geber markieren:

- **Es ist die Freiheit der Rundfunkordnung zu sichern:**

  ♦ vor staatlicher Beherrschung und Einflußnahme (vgl.
  BVerfGE 12, 205 [262]; 31, 314 [314]; 57, 295 [320]; 73, 118
  [152]; 74, 297 [326]; 83, 238 [296]; 90, 60 [88]),

  ♦ vor dem bestimmenden Einfluß einer oder einzelner gesellschaftlicher Gruppen (vgl. BVerfGE 12, 205 [262]; 83,
  238 [296]; 90, 60 [88]),

  ♦ vor dem Einfluß des Parlaments und seiner Unterorgane,
  so dieser über die funktionssichernden gesetzlichen Programmvorgaben hinaus auf Inhalt und Form der Programme zielt (vgl. BVerfGE 90, 60 [88]; 83, 238 [323f]),

  ♦ vor politischer Instrumentalisierung (vgl. BVerfGE 90, 60
  [88]),

  ♦ zur Bewahrung der Programmautonomie (vgl. BVerfGE
  87, 181 [201]).

- **Um seinen Grundfunktionen, die sich als eine öffentliche
  Aufgabe erweisen, zu entsprechen, soll der Rundfunk:**

  ♦ Medium und Faktor der öffentlichen Meinungsbildung
  sein (vgl. BVerfGE 12, 205 [260]; 73, 118 [152]),

  ♦ seiner Vermittlungsfunktion dienen (vgl. BVerfGE 57,
  295 [319]; 90, 60 [87]),

  ♦ der freien, individuellen und öffentlichen Meinungsbildung dienen und diese gewährleisten (vgl. BVerfGE 57,
  295 [319]; 73, 118 [152]; 74, 297 [223f]; 87, 181 [197]),

  ♦ dem einzelnen und den gesellschaftlichen Gruppen Gelegenheit zu meinungsbildendem Wirken geben (vgl.
  BVerfGE 73, 118 [152]),

  ♦ sich selbst am Prozeß der Meinungsbildung beteiligen
  (vgl. BVerfGE 73, 118 [152]),

♦ einen Meinungsmarkt schaffen (vgl. BVerfGE 57, 295 [323]),

♦ in möglichster Breite und Vollständigkeit umfassend, objektiv und fair informieren (vgl. BVerfGE 57, 295 [320]; 73, 118 [151]; 74, 297 [324]; 83, 238 [296]),

♦ den klassischen Rundfunkauftrag erfüllen und seiner kulturellen Verantwortung gerecht werden (vgl. BVerfGE 73, 118 [158]; 87, 181 [199]; 90, 60 [90]).

• **Die Erfüllung des Programmauftrags durch den Rundfunk erfordert:**

♦ ein umfassendes Programmangebot, das alle Darstellungsformen und die gegenständliche Breite aller Programmsparten umfaßt, bereitzustellen (vgl. BVerfGE 12, 205 [260]; 31, 314 [342]; 57, 295 [319]; 73, 118 [152]; 74, 297 [324]; 87, 181 [198f.]),

♦ das Programm nicht auf bloße Berichterstattung oder die Vermittlung politischer Meinungen zu beschränken (vgl. BVerfGE 31, 314 [327]; 57, 295 [319]; 73, 118 [152]; 74, 297 [323]),

♦ die Vielfalt der Themen und Meinungen, die in der Gesellschaft eine Rolle spielen, aufzunehmen und unverkürzt wiederzugeben (vgl. BVerfGE 31, 134 [327]; 57, 295 [320]; 73, 118 [152f.]; 83, 238 [296]),

♦ die Umsetzung des Rundfunkauftrags in publizistischer Hinsicht anhand professioneller Maßstäbe zu bewirken (vgl. BVerfGE 87, 181 [201]; 90, 60 [87]),

♦ eine von gegenseitiger Achtung getragene, der Wahrheit verpflichtete, sachliche und ausgewogene Berichterstattung zu bieten (vgl. BVerfGE 57, 295 [321]; 73, 118 [153]; 74, 297 [324]; 83, 238 [296]; 90, 60 [87]).

- **Für den öffentlich-rechtlichen Rundfunk gilt zudem:**

  ◆ er ist so zu organisieren, daß alle in Betracht kommenden maßgeblichen gesellschaftlichen Kräfte in seinen Organen Einfluß haben und

  ◆ daß der Einfluß dieser Organe wiederum sichergestellt ist, so

  ◆ daß diese Kräfte im Gesamtprogramm zu Wort kommen können

  (vgl. BVerfGE 12, 205 [263]; 31, 314 [326]; 57, 295 [322 und 325]; 73, 118 [153]),

  ◆ der Gesetzgeber muß die Finanzierung der jeweiligen Programme ermöglichen, die zur Wahrung der Funktionen des öffentlich-rechtlichen Rundfunks erforderlich sind (= funktionsgerechte Finanzierung) (vgl. BVerfGE 90, 60 [90 und 95]).

- **Beim privaten Rundfunk ist darauf zu achten:**

  ◆ daß der Zugang zur Veranstaltung privater Rundfunksendungen geregelt ist (vgl. BVerfGE 57, 285 [326]; 73, 118 [153f.]),

  ◆ daß, solange nicht jedem Bewerber der Zugang eröffnet werden kann, Auswahlregelungen getroffen sind, welche den Bewerbern eine gleiche Chance eröffnen (vgl. BVerfGE 73, 118 [154]),

  ◆ daß für diese Entscheidung ein rechtsstaatliches Verfahren vorgesehen ist (vgl. BVerfGE 57, 295 [326]),

  ◆ daß die Überprüfung der Antragsteller, abgesehen von allgemeinen Voraussetzungen, nur der Gewährleistung der Rundfunkfreiheit dient (vgl. BVerfGE 57, 295 [326]),

  ◆ daß Vorkehrungen getroffen werden, die dazu bestimmt und geeignet sind, ein möglichst hohes Maß an gleich-

gewichtiger Vielfalt zu erreichen und zu sichern (vgl.
BVerfGE 73, 118 [159]),

♦ daß die Entstehung vorherrschender Meinungsmacht
verhindert wird (vgl. BVerfGE 73, 118 [160]),

♦ daß das Gesamtangebot inländischer Programme der bestehenden Meinungsvielfalt tatsächlich und im wesentlichen entspricht (vgl. BVerfGE 57, 295 [325]; 73, 118
[153]).

Nun würde es erhebliche Schwierigkeiten machen, die vorstehend dargelegten allgemeinen Grundsätze verbindlich zu
operationalisieren. Dies ist wohl auch nicht der Sinn dieser Vorgaben. Sie bilden insoweit nur den Orientierungsrahmen, innerhalb dessen der Gesetzgeber sein Gestaltungsrecht zur Schaffung einer Rundfunkordnung konkretisieren kann.

Festzuhalten bleibt:

Bezogen auf seine Funktionsweise erkennt das Bundesver-
fassungsgericht den Rundfunk als »Medium und Faktor« im
Prozeß der demokratischen Meinungs- und Willensbildung.
Dies heißt, Hörfunk und Fernsehen fungieren nicht nur als
Mittler im Austausch der Meinungen und Informationen. Sie
sind zugleich Subjekt dieses Prozesses, indem sie ihre eigenen
Vorstellungen in den Prozeß der politischen Meinungs- und
Willensbildung mit einbringen, und indem sie diesen mitbe-
gründen, aufrechterhalten und steuern.

6.4.4   Ordnungsmodelle

In seinem Urteil vom 16. Juni 1981 hat das Bundesverfassungsgericht Grundmuster für die Ordnung des Rundfunksystems in der Bundesrepublik Deutschland entwickelt und für
grundsätzlich verfassungsrechtlich zulässig erklärt:

- **Das binnenpluralistische Modell**

  Hier muß jede einzelne Rundfunkanstalt ein in sich ausgewogenes Programm anbieten. Dies ist organisatorisch durch die plurale Besetzung der Entscheidungsorgane sicherzustellen. Der Ausgleich der Tendenzen und Strömungen muß quasi im Inneren der jeweiligen Rundfunk- oder Fernsehanstalt herbeigeführt werden. »Garant der Programmausgewogenheit ist also gewissermaßen der diesen Organen innewohnende Zwang zur Einigung und gegenseitigen Rücksichtnahme« (Herzog 1994, Rd.-Nr. 233). Die vom Gesetzgeber zu entwickelnden Leitgrundsätze sind für das Programm jedes einzelnen Veranstalters verbindlich. Zudem bedarf es der Bestimmung und Gewichtung der maßgeblichen Kräfte und der Sicherstellung des effektiven Einflusses jenes Organs, in dem diese vertreten sind. Vorbild für dieses Organisationsmuster ist die öffentlich-rechtliche Rundfunkorganisation.

- **Das außenpluralistische Modell**

  »Hier braucht der einzelne Betreiber kein in sich ausgewogenes Programm anzubieten, sondern er kann sich durchaus als 'Tendenzbetrieb' verstehen; obwohl natürlich auch er für eine sachgemäße, umfassende und wahrheitsgemäße Information und ein Mindestmaß an gegenseitiger Achtung geradezustehen hat«. (Ebd., Rd.-Nr. 234; vgl. auch BVerfGE 57, 295 [326]) Immer aber muß das Programm aller Anbieter zusammengenommen demokratische Ausgewogenheit gewährleisten (vgl. ebd.). Die große Zahl der Betreiber sichert dann den Ausgleich zwischen den verschiedenen Programmen. Vorbild für dieses Organisationsmuster ist die außenplurale Struktur des Pressewesens. Im Bereich der Presse soll sich durch den Wettbewerb dieser Ausgleichseffekt quasi automatisch einstellen. Bezogen auf Rundfunk und Fernsehen kann dies aber nach Auffassung des Bundesverfassungsgerichts nicht in gleicher Weise gelten, vielmehr sind hier dem Gesetzgeber Beobach-

tungs- und Korrekturpflichten auferlegt. Er hat darüber hinaus durch geeignete Maßnahmen diesen Ausgleichseffekt erst
noch sicherzustellen (vgl. BVerfGE 57, 295 [322 ff.]).

Das Ordnungsdilemma. Das Bundesverfassungsgericht läßt
demnach ausdrücklich die außenpluralistische, sich selbst re-
gelnde Rundfunkordnung zu, fordert aber vom Gesetzgeber,
gleichzeitig eine gewisse Kontrolle sicherzustellen. Daraus erwächst jedoch ein »Ordnungsdilemma«. Nach Herzog lassen
sich nämlich beide Forderungen niemals vollständig in Einklang
bringen.

»Baut die Rundfunk- und Fernsehorganisation auf dem reinen 'außenpluralistischen Modell' auf, so besteht zwar die Chance, nicht
aber die Gewähr hinreichender Vielfalt und Ausgewogenheit der
Programme. Soll die staatliche Kontrolle und Korrektur dagegen ein
Höchstmaß an Vielfalt und Ausgewogenheit mit hoher Sicherheit
herbeiführen, so wären so viele Eingriffe notwendig, daß von einer
freien Zulassung auch dem Grundsatz nach wohl kaum gesprochen
werden könnte.« (Herzog 1994, Rd.-Nr. 237)

Wenn das Bundesverfassungsgericht beide Forderungen bewußt gleichrangig nebeneinander gestellt hat, so ist dies ähnlich
wie im Falle anderer »Antinomien des Verfassungsrechts« (z.B.
betreffend Freiheit und Gleichheit) zu sehen. Es kommt dann
darauf an, diese Forderungen »so miteinander in Einklang zu
bringen, daß beide so weit wie möglich Wirksamkeit entfalten
können« (ebd.). Dies führt nach Herzog dazu, daß im Falle der
Verwirklichung des »außenpluralistischen Modells« hinsichtlich
des Gesamtangebots aller Rundfunk- und Fernsehbetreiber keine totale, sondern nur ein Mindestmaß an Vielfalt und Ausgewogenheit gefordert werden kann (vgl. ebd.).

Die Gestaltungsfreiheit. Grundsätzlich gilt aber: Welches
Ordnungsmodell der Landesgesetzgeber seiner Rundfunk- und
Fernsehordnung zu Grunde legt, ist Sache seiner eigenen Ent-
scheidung (vgl. BVerfGE 57, 295 [325]). Nach Auffassung des

Bundesverfassungsgerichts (vgl. BVerfGE 83, 238) gibt es keinen verfassungsrechtlichen Grundsatz der »Modellkonsistenz« (Herzog 1994, Rd.-Nr. 238g). Die Gestaltungsfreiheit des Gesetzgebers erschöpft sich nicht in der Modellauswahl. Eine Zusammenarbeit von öffentlich-rechtlichen und privatrechtlichen Programmveranstaltern ist nicht nur zulässig, sondern nach Ansicht des Verfassungsgerichts sogar insoweit wünschenswert, als eine Mischfinanzierung, etwa aus Gebühren und Haushaltsmitteln, »einseitige Abhängigkeiten zu lockern und die Programmgestaltungsfreiheit der Rundfunkanstalten zu stärken« (BVerfGE 83, 238 [310f.]) vermag.

6.4.5 Der Wegfall der »Sondersituation«

Nach Wendt und Herzog ist jedoch eine grundsätzliche Gestaltungsfreiheit dann nicht mehr gegeben, wenn auf Grund der technologischen Entwicklung eine fast unbegrenzte Menge von Übertragungsmöglichkeiten besteht (vgl. Herzog 1994, Rd.-Nr. 236), wenn also »die technisch und wirtschaftlich bedingte Sondersituation des Rundfunks im Zuge der modernen Entwicklung entfällt« (Wendt 1992, Rd.-Nr. 53). Dann ist es keine Notwendigkeit mehr, Sonderregelungen zu erlassen, »die über die herkömmlichen medienspezifischen Regelungen (z.B. Sorgfaltspflicht, Gegendarstellungsanspruch) hinausgehen« (ebd.). »Spätestens in diesem Augenblick hat jeder potentielle Betreiber selbstverständlich innerhalb gewisser, gesetzlich festzulegender Kautelen - auf Grund von Art. 5 I Satz 2 GG auch einen Anspruch auf Zulassung zu Rundfunk bzw. Fernsehen und zugleich einen Anspruch auf Zuteilung einer entsprechenden Übertragungskapazität. (...) In diesem Augenblick ist folgerichtig auch nur noch das 'außenpluralistische Modell' mit Art. 5 I Satz 2 GG vereinbar« (Herzog 1994, Rd.-Nr. 236).

Nach v. Mangoldt/Klein/Starck kann beim Übergang vom

binnenpluralistischen zum außenpluralistischen System »auf
Programmkontrolle zunächst nicht ganz verzichtet werden« (v.
Mangoldt/Klein/Starck 1985, Rd.-Nr. 90). Allerdings wechselt
dann die Kontrolle von einer »Einzelprogrammkontrolle« (die
für den binnenpluralistischen Rundfunk gilt) zu einer »Gesamt-
programmkontrolle« (alle privaten Programme zusammen sichern die Ausgewogenheit) (vgl. ebd.). Solange sich kein stabiler
Außenpluralismus eingestellt hat, »ist die Gesamtausgewogen-
heit aller privat veranstalteten Rundfunkprogramme durch eine
pluralistisch zusammengesetzte, vom Staat unabhängige, selbständige Anstalt zu überwachen« (ebd., Rd.-Nr. 92). Im Zustand
außenpluralistischen Rundfunks können sich am Ende staatliche Programmvorgaben nur noch »im Rahmen dessen bewegen,
was der Presse an Sorgfalts- und Wahrheitspflichten auferlegt
werden darf« (ebd., Rd.-Nr. 91).

Dies sieht Hoffmann-Riem ganz anders. Zwar steht auch für
ihn die jetzige Rundfunkstruktur unter dem »Vorbehalt ihrer
Funktionsfähigkeit« (Hoffmann-Riem 1989, Rd.-Nr. 169). Er
verweist aber darauf, daß die Einführung des Marktmodells
nach Ansicht des Bundesverfassungsgerichts (vgl. BVerfGE 57,
295 [320 ff.]) voraussetzt, daß es die publizistische Vielfalt real
ermöglicht.

> »Keineswegs reicht dafür die (nur) potentielle Pluralität der Ange-
> bote bzw. Anbieter: Das reale Informationsangebot muß plurali-
> stisch sein. Deshalb genügt es nicht, den Rundfunk dem freien Spiel
> der Kräfte zu überlassen. Das (reine) Marktmodell scheidet daher
> für den Rundfunk aus (Verbot der Deregulierung des Rundfunks).
> In Betracht kommt nur das duale Rundfunksystem und in ihm nur
> ein abgeschwächtes, insbesondere ein am Prinzip des Koordinati-
> onsrundfunks angelegtes Privatrundfunkmodell.« (Hoffmann-Riem
> 1989, Rd.-Nr. 169)

Dies gilt auch, wenn die »Sondersituation« entfällt. »Denn
der Gesetzesvorbehalt selbst ist dem Wandel der Verhältnisse
entzogen.« (Schuler-Harms 1995, S.110) Die Besonderheiten des

Rundfunks, seine besondere Wirkungsintensität, seine Gefahrenpotentiale, das besondere Schutzinteresse für Kinder und Jugendliche, die Unfähigkeit des Bürgers, beim Rundfunk »das Angebot zwecks 'mündiger' Wahl zu sortieren und ein dem eigenen Bedarf angepaßtes 'Kommunikationsmenü' zusammenzustellen« (Hoffmann-Riem 1989, Rd.-Nr. 170) sowie die Begrenzung der Zugänglichkeit von Informationsinhalten durch Exklusivrechte lassen verfassungsrechtliche Gegenvorkehrungen weiterhin geboten erscheinen (vgl. ebd., Rd.-Nr. 169 ff.).

6.4.6   Das duale Rundfunksystem

Die konkrete Ausformung des Rundfunks in der Bundesrepublik Deutschland hat jetzt ein duales Rundfunksystem geschaffen, in welchem öffentlich-rechtliche Rundfunkanstalten in binnenpluralistischer Ausgestaltung, vorwiegend aus Gebühren finanziert, neben privaten Rundfunkveranstaltern bestehen, die sich im wesentlichen aus Werbung finanzieren und insoweit dem Wettbewerb im Markt in höherem Maße ausgeliefert sind. In seinem Urteil vom 4. November 1986 und in den nachfolgenden Urteilen vom 24. März 1987, vom 5. Februar 1991 und vom 27. Februar 1994 hat das Bundesverfassungsgericht die Ausformung dieses dualen Rundfunksystems verfassungsrechtlich bewertet und fundiert.

Das Bundesverfassungsgericht kommt dabei zu folgendem Ordnungsmuster: In einer dualen Rundfunkordnung ist die unerläßliche »Grundversorgung« Sache der öffentlich-rechtlichen Anstalten, deren terrestrische Programme nahezu die gesamte Bevölkerung erreichen und die zu einem inhaltlich umfassenden Programmangebot in der Lage sind (vgl. BVerfGE 73, 118 [157]). Dagegen können die privaten Veranstalter nicht »jenen Grad thematischer Vollständigkeit und pluraler Ausgewogenheit erreichen (...), der bei den öffentlich-rechtlichen Veranstal-

tern zumindest idealtypisch diagnostiziert zu werden pflegt«
(Herzog 1994, Rd.-Nr. 237). Dies wird damit erklärt, daß die
notwendige Finanzierung privater Rundfunkprogramme aus
Werbeerlösen dazu führt, daß sich das Programmangebot an
Einschaltquoten orientiert und somit massenattraktive Programme geringen Niveaus bevorzugt (vgl. BVerfGE 73, 118
[155]). Solange also die öffentlich-rechtlichen Veranstalter von
Rundfunk diese Grundversorgung leisten, müssen an die Programme der Privaten nicht gleich hohe Anforderungen gestellt
werden. Das Gebot inhaltlicher Vollständigkeit und Ausgewogenheit richtet sich insoweit nicht an jeden einzelnen privaten
Veranstalter, sondern nur an das Gesamtangebot aller privaten
Rundfunkprogramme (vgl. BVerfGE 73, 118 [158f.]).

6.4.6.1 Die Grundversorgung

Der Grundversorgungsauftrag des öffentlich-rechtlichen
Rundfunks ist zum zentralen Begriff der »dualen Rundfunkordnung« geworden. Diesen Grundversorgungsauftrag hat das
Bundesverfassungsgericht in einer dualen Rundfunkordnung
dem öffentlich-rechtlichen Rundfunk zugewiesen (vgl. BVerfGE
73, 118 [157]; 74, 297 [324]). Durch den Verweis auf die Grundversorgung wird aber keine Grenzziehung oder Aufgabenverteilung zwischen öffentlich-rechtlichem und privatem Rundfunk vorgenommen. Grundversorgung meint auch nicht »Mindestversorgung« (vgl. BVerfGE 74, 297 [325f.]), etwa derart, daß
sich der öffentlich-rechtliche Rundfunk auf Informations- und
Minderheitenprogramme konzentriert und den privaten Veranstaltern die attraktiven Unterhaltungsprogramme überläßt.

Grundversorgung fordert:

- einen inhaltlichen Standard der Programme, der in seinen
  Gegenständen und in der Art der Darbietung und Behand-
  lung dem klassischen Auftrag des Rundfunks entspricht (vgl.
  BVerfGE 73, 118 [157f.]),

- organisatorische und verfassungsrechtliche Vorkehrungen für die wirksame Sicherung gleichgewichtiger Vielfalt in der Darstellung der bestehenden Meinungsrichtungen (vgl. BVerfGE 74, 297 [325]) und

- eine Übertragungstechnik, bei der der Empfang der Sendungen für alle sichergestellt ist (vgl. BVerfGE 73, 118 [123]).

In einer dualen Rundfunkordnung ist der Gesetzgeber verpflichtet, »die Grundversorgung der Bevölkerung durch die Gewährleistung der erforderlichen technischen, organisatorischen, personellen und finanziellen Voraussetzungen für den öffentlich-rechtlichen Rundfunk zu sichern« (BVerfGE 83, 238 [298]). Herzog weist aber darauf hin, daß es »keine abgeschlossene Rechtsprechung zum Inhalt des Grundversorgungsbegriffs (gibt), der wohl überdies primär vom Gesetzgeber auszufüllen und erst danach vom Bundesverfassungsgericht zu überprüfen wäre« (Herzog 1994, Rd.-Nr. 238b). Ohnehin sei der Begriff der Grundversorgung »ein dynamischer, künftigen Entwicklungen offener Begriff« (ebd.). Geklärt ist jedoch, daß der Grundversorgung lokale, regionale oder Spartenprogramme nicht zuzuordnen sind (vgl. BVerfGE 74, 297 [345]).

6.4.6.2 Die Bestands- und Entwicklungsgarantie

Aus dem Grundversorgungsauftrag an den öffentlich-rechtlichen Rundfunk wird eine Bestands- und Entwicklungsgarantie abgeleitet. Das heißt, auch der öffentlich-rechtliche Rundfunk muß in einer dualen Rundfunkordnung durch »neue Dienste mittels neuer Techniken, die künftig Funktionen des herkömmlichen Rundfunks übernehmen können« (BVerfGE 83, 238 [238]). Das Programmangebot muß für neue Publikumsinteressen, neue Formen und Inhalte offen bleiben. Diese Bestands- und Entwicklungsgarantie für den öffentlich-rechtlichen Rundfunk in der dualen Rundfunkordnung hat das »Rundfunkgebührenurteil« von 1994 noch einmal bekräftigt und dargelegt, daß diese Bestands- und Entwicklungsgarantie zugleich eine

»Finanzgarantie« (BVerfGE 90, 60 [91]) sei. Denn der öffentlich-rechtliche Rundfunk muß in der Lage sein, »ein dem klassischen Rundfunkauftrag entsprechendes Programm für die gesamte Bevölkerung (anzubieten), das dem Wettbewerb mit privaten Veranstaltern standhalten kann« (BVerfGE 90, 60 [92]).

Duale Rundfunkordnung meint also das Nebeneinander von öffentlich-rechtlichem und privatem Rundfunk, wobei die Bestandssicherung des einen jeweils davon abhängt, daß sich in der Grundstruktur des anderen, im Bezug auf die Erfüllung des Rundfunkauftrags des Grundgesetzes, möglichst nichts ändert. Dies sieht zumindest Herzog so, denn »verfassungsrechtlich gibt es zwei Wege, das Verhältnis zwischen den Öffentlich-Rechtlichen und den Privaten zu regeln: entweder das Verbleiben der Grundversorgung bei den ersteren oder strengere Anforderungen gegenüber den letzteren« (Herzog 1994, Rd.-Nr. 238a). Da aber, wie Herzog meint, »niemand daran denkt, die Privaten strengeren, als den bisher geltenden Regeln zu unterwerfen und eine solche Maßnahme wohl auch zum Untergang der Dienste führen würde« (ebd.), wirkt sich dies so aus, als sei »den öffentlich-rechtlichen Veranstaltern die Grundversorgung unter allen Umständen garantiert« (ebd.) und damit auch Bestand, Entwicklung und Finanzierung. Doch gilt dies auch, wenn die Sondersituation entfällt? Wenn sich entgegen den Erwartungen des Bundesverfassungsgerichts das duale System doch nicht als eine langdauernde Übergangserscheinung erweist (vgl. BVerfGE 73, 118 [158]; 74, 297 [323f.])?

Im Schrifttum wird einerseits die verfassungsrechtliche Zulässigkeit einer Bestands- und Entwicklungsgarantie für den öffentlich-rechtlichen Rundfunk grundsätzlich bestritten, da dies zu einer unzulässigen Beschränkung der Gestaltungsfreiheit und des gesetzgeberischen Ermessens führe (vgl. Ory 1987 S.467; Selmer 1988, S.69; Starck 1992, S.359 und Kull 1987b, S.571) oder gegen den Gleichheitssatz (die Privaten müssen die gleichen Wettbewerbschance besitzen) verstoße (vgl. Schmitt Glaeser 1987, S.104ff.; Ricker 1989, S.337 und Tettinger 1986, S.807). Andererseits argumentiert Bethge: ist der öffentlich-rechtliche Rundfunk der systemstabilisierende, weil den Privat-funk letztlich legitimierende Seniorpartner einer dualen Ord-nung (vgl. Bethge 1995, S.514), denn: »die Grundversorgung ist wesensmäßig öffentlich-rechtlich und erzwingt dadurch die Beibehaltung öffentlich-rechtlicher Strukturen auf dem Gebiet des elektronischen Mediums« (ebd.; vgl. auch Libertus 1992, S.224ff.). Für Bethge kann es nur privaten Rundfunk geben, weil und solange es öffentlich-rechtlichen Rundfunk gibt.

6.5   Rechtsdogmatische Perspektiven

In den voranstehenden Darlegungen zur Rundfunkfreiheit und Rundfunkordnung haben wir uns bemüht, die Zusammen-hänge entsprechend der herrschenden Lehre, insbesondere im Sinne der Rechtsprechung des Bundesverfassungsgerichts, dar-zustellen. Auf abweichende Meinungen haben wir verwiesen. Dissens deutete sich insbesondere dort an, wo es galt, den Rundfunkbegriff verfassungsrechtlich zu fassen, wo es um die »innere Rundfunkfreiheit« (Stichwort: »Drittwirkung«) oder um die Zulässigkeit verschiedener Ordnungsmodelle für den Rund-funk ging (was gilt, wenn die Sondersituation für den Rundfunk entfällt?). Dabei mag deutlich geworden sein, daß hinter diesen unterschiedlichen Positionen grundsätzlich unterschiedliche Verständnisse und Vorstellungen, aber auch Gewichtungen der Grundrechte aufscheinen. Im Grunde lautet die zentrale Frage:

• Sind die in Art. 5 Abs. 1 GG gewährten Grundrechte, also auch die Rundfunkfreiheit, als Freiheitsrechte des einzelnen zu sehen und in erster Linie als Individualrechte zu verstehen und zu interpretieren, also als subjektive Rechte zu deuten, die zu allererst als Abwehrrechte gegenüber staatlicher Bevormundung zu sehen sind und die dem Grundrechtsträger zum Zwecke der Persönlichkeitsentfaltung oder zur Interessenverfolgung eingeräumt sind? Die Rundfunkfreiheit des Art. 5 Abs. 1 Satz 2 GG wäre dabei als Unterfall von Art. 5 Abs. 1 Satz 1 zu begreifen[60] oder es wäre davon auszugehen, daß Satz 2 dem Satz 1 als der Basisgewährung unterzuordnen ist[61] (vgl. Hoffmann-Riem 1989, Rd.-Nr. 15).

• Oder sind dies objektiv-rechtliche Gewährleistungen, so daß die Rundfunkfreiheit als institutionelle Garantie zu begreifen ist, die dem Rundfunk eine öffentliche Aufgabe (primär der Allgemeinheit zu dienen) und dem Staat grundsätzlich einen Gestaltungsauftrag zuweist? Rundfunkfreiheit ist dann eine dienende Freiheit, sie ist nicht als Individualrecht, sondern als »Funktionsgrundrecht« zu sehen, das auf einer neuen Ebene zwischen Individuum und Staat angesiedelt ist und sich gegen alle richtet, die die per Gesetz zu gestaltende positive Ordnung stören (vgl. Stock 1985, S.206-211 und Grimm 1994, S.536). Die Sätze 1 und 2 des Art. 5 Abs. 1 GG verankern dann »jeweils getrennte, wenn auch aufeinander bezogene Grundrechte« (Hoffmann-Riem 1989, Rd.-Nr. 15).

Nun werden diese beiden Grundpositionen in der verfassungsrechtlichen Diskussion meist nicht in dieser Ausschließlichkeit und Strenge bezogen, was mit dem zusammenhängt, was Hesse den »Doppelcharakter der Grundrechte« nennt. Denn »einerseits sind dies subjektive Rechte, Rechte des Einzelnen (...), andererseits (und zugleich) sind sie Grundelemente objektiver Ordnung des Gemeinwesens« (Hesse 1993, S.118; vgl. auch Böckenförde 1991, S.53ff.).

»Als subjektive Rechte bestimmen und sichern sie den Rechtszustand des Einzelnen in seinen Fundamenten; als (objektive) Grund-

---

[60] Hoffmann-Riem verweist hier auf Klein 1978, S.32ff; Schmitt Glaeser 1979, S.152 und auf v. Mangoldt/Klein/Starck 1985, Rd.-Nr. 6 ff.

[61] So nach Hoffmann-Riem: Scholz 1980, S.356 und Bullinger 1983, S.183.

elemente der demokratischen und rechtsstaatlichen Ordnung fügen
sie ihn in diese Ordnung ein, die ihrerseits erst durch die Aktualisierung jener subjektiven Rechte Wirklichkeit gewinnen kann.«
(Hesse 1993, S.119)

Es kommt nun entscheidend darauf an, welcher der beiden
Charaktere in bezug auf den Rundfunk im Vordergrund zu sehen ist.

6.5.1 Der objektiv-rechtliche Charakter der Grundrechte

Neigt man wie Hoffmann-Riem zu einer Hervorhebung des
objektiv-rechtlichen Charakters der Rundfunkfreiheit, so ist diese eingebunden in das Demokratie-, Rechtsstaats- und Sozial-
staatsprinzip und in ihrer »kommunikativen Entfaltung an dem
normativen Grundsatz kommunikativer Chancengleichheit
(-gerechtigkeit) ausgerichtet« (Hoffmann-Riem 1989, Rd.-Nr.
34). Entsprechend »ist der funktionale Bezug der Kommunikationsfreiheit« (ebd., Rd.-Nr. 4) hervorzuheben. Denn »die Freiheitlichkeit der Kommunikationsverfassung« muß dementsprechend ein Leitmotiv der Ausgestaltung der Rechtsordnung und
der realen Lebensverhältnisse sein (vgl. ebd., Rd.-Nr. 33). Der
Gesetzgeber hat demgemäß die Verpflichtung zur Ausgestaltung des Medienwesens, deren Zielpunkt die Erfüllung der »öffentlichen Aufgabe« ist (vgl. ebd., Rd.-Nr. 139). Deshalb ist »die
massenkommunikative (Rundfunk-) Freiheit als treuhänderi-
sche Freiheit zu verstehen« (ebd., Rd.-Nr. 140). »Droht Markt-
versagen, so bildet der objektiv-rechtliche Gehalt des Grundrechts den Anknüpfungspunkt für Korrekturen.« (Ebd.) Insoweit steht die jeweilige Rundfunkstruktur »unter dem Vorbehalt
der Funktionsfähigkeit« (ebd., Rd.-Nr. 169).

»Massenkommunikative Herstellungs- und Verbreitungsmöglichkeiten und damit der Einsatz kommunikativer Macht durch Nutzung der Institutionen der Massenkommunikation unterliegen im
Interesse aller Kommunikatoren und Rezipienten der staatlichen

Gewährleistungstätigkeit. Subjektive Rechte auf Nutzung der Massenmedien (...) folgen nicht aus Art. 5 Abs. 1 Satz 1 GG. Sie gibt es gemäß Art. 5 Abs. 1 Satz 2 GG nur nach Maßgabe der ausgestaltenden Regeln, die der Staat im Rahmen seiner Ausgestaltungskompetenz trifft.« (Ebd., Rd.-Nr. 143)

Dies gilt nicht nur für den Rundfunk, sondern auch für Presse und Film und auch für untypische, neuartige Formen der Massenkommunikation (vgl. ebd., Rd.-Nr. 123ff.).[62] Bei dieser Sichtweise ist nach dem Grundgesetz Rundfunkfreiheit, ungeachtet einer bestehenden Sondersituation, nur in vergesellschaftlichter Erscheinungsform gewährleistet. Bei der Rundfunkorganisation ist nur darauf zu achten, »daß, objektiv gesehen, unabhängig von subjektiven Rechten auf Programmveranstaltung die Vielfalt der bestehenden Meinungen im Rundfunk in möglichster Breite und Vollständigkeit Ausdruck finden und daß auf diese Weise umfassende Information geboten wird« (v. Mangoldt/Klein/Starck 1989, Rd.-Nr. 74). So gesehen ist die Rundfunkfreiheit »eine bloße objektiv-rechtliche Garantie, aus der nur sekundär ein Grundrecht der gesetzlich zugelassenen Träger von Rundfunkprogrammen folgt« (Starck 1992, S.3261).

6.5.2   Der subjektiv-rechtliche Charakter der Grundrechte

Hebt man jedoch die subjektiven Rechte des Kommunikators als Bezugspunkt der Grundrechtsinterpretation hervor, erweist sich die Rundfunkfreiheit als ein Individualgrundrecht, das nach »Art. 5 Abs. 1 Satz 2 GG grundsätzlich jedermann das Recht zur Veranstaltung von Rundfunk und Fernsehen im Rahmen des technisch Möglichen« (Wendt 1992, Rd.-Nr. 50; vgl.

---

[62] Diesen Vorstellungen entsprechen im Grundsatz und in weiten Teilen u.a.: Stammler 1971 und 1974; Schmidt 1980; Ridder 1954; Rossen 1988; Stock 1985; Grimm 1994; Gersdorf 1995b; Schuler-Harms 1995; Krüger 1965; Häberle 1983 und Faller 1981.

auch Herzog 1994, Rd.-Nr. 236) gewährleistet. Und so ist nach von Mangoldt, Klein und Starck der subjektiv-rechtliche Charakter des Grundrechts der Rundfunkfreiheit entsprechend zu betonen (vgl. v. Mangoldt/Klein/Starck 1985, Rd.-Nr. 68). Sie verweisen auf Herrmann (1975, S.125ff.), Ossenbühl (1975, S.20) und Scheuner (1982, S.39ff.), die überzeugend dargelegt hätten, »daß Rundfunkfreiheit im Kern individuelle Freiheit ist und deshalb nicht Aufgabe staatlicher Verwaltung - auch nicht als Daseinsvorsorge - sein kann« (ebd., Rd.-Nr. 69). Denn schon

> »sprachliche Formulierung (Freiheit der ....) und systematischer Ort" der Gewährleistung im Rahmen der anderen Kommunikationsfreiheiten des Art. 5 Abs. 1 GG im Zusammenhang mit der Bindungsklausel des Art. 1 Abs. 3 GG sprechen deutlich für eine unmittelbar aus Art. 5 Abs. 1 Satz 2 GG folgende Rundfunkveranstalterfreiheit, die nur solange ruht und in vergesellschafteter Form ausgeübt wird, wie die Sendefrequenzen und -kanäle knapp sind.« (Ebd.)

Denn Knappheit der Sendemöglichkeiten bedeutet Knappheit der Grundrechtsvoraussetzungen.[63] Wenn also die bisherige Rundfunkordnung auch aus Verfassungsgründen allgemein akzeptiert ist, ergibt sich dies demnach nicht aus einer übereinstimmenden, von allen getragenen, verfassungsrechtlichen Beurteilung, sondern aus der vermeintlichen Sondersituation des Rundfunks, die bewirkt, daß »die vergesellschaftlichte Rundfunkfreiheit als verfassungsrechtliche Hilfskonstruktion« (v. Mangoldt/Klein/Starck 1989, Rd.-Nr. 73) hingenommen wird. Mit Wegfall der Sondersituation gewinnen nun die unterschiedlichen verfassungsrechtlichen Perspektiven tatsächliche Relevanz.

---

[63] Dieser Sichtweise folgen in weiten Teilen u. a.: Herzog 1994; Wendt in: v. Münch/Kunig 1992; Rudolf 1971; Schmitt-Glaeser 1979; Scheuner 1982; Klein 1978; Scholz 1980; Pestalozza 1981; Eberle 1989; Mestmäcker 1986 und Fiebig 1995.

6.5.3   Die Konsequenzen

Setzt sich die objektiv-rechtliche Sichtweise durch, bedeutet dies »Organisationsfreiheit für den Gesetzgeber, der auf subjektive Rechte von Veranstaltungswilligen, d. h. Rundfunkunternehmern, keine Rücksicht nehmen muß« (Starck 1992, S.3261). Es

> »bleibt jeder Landesgesetzgeber in der Lage, die Veranstaltung privaten Rundfunks auf seinem Gebiet überhaupt nicht zuzulassen oder, falls er privaten Rundfunk einführt, für diesen Frequenzen nur kontingentiert, nach Gesichtspunkten ökonomischer und politischer Zweckmäßigkeit und der Schonung etablierter Medieninteressen zur Verfügung zu stellen.« (Wendt 1992, Rd.-Nr. 51; vgl. auch Bullinger 1992, Rd.-Nr. 121)

Da der Gesetzgeber aus objektiv-rechtlicher Sicht »diejenige Organisations- und Wirtschaftsform wählen darf und soll, die dem Grundsatz der Freiheitlichkeit der Medienverfassung für alle an der kommunikativen Entfaltung Interessierten am besten Rechnung trägt« (Hoffmann-Riem 1983, S.389), »erhält - sieht man diese Vorgabe als 'Gestaltungsrichtlinie' - der Gesetzgeber 'eine grenzenlose Gestaltungsmacht' oder - sieht man diese als 'Kontrollnorm' - wird dem Bundesverfassungsgericht der 'Auftrag' zugespielt, den Gesetzgeber ständig zu Optimierungen anzuhalten« (v. Mangoldt/Klein/Starck 1985, Rd.-Nr. 6). Bei dieser Sicht ist der Schutz und die Sicherung des Prozesses der freien, individuellen und demokratischen Meinungs- und Willensbildung vorrangiges Anliegen. Entsprechend gilt die Organisationsform des öffentlich-rechtlichen Rundfunks als schlüssige und vorberechtigte Lösung. Doch da der Gesetzgeber die Gruppen bestimmt, die in den Gremien der öffentlich-rechtlichen Anstalten repräsentiert sind, »entscheidet der Staat selbst, welche Meinungsrichtungen auf die Medien Einfluß erhalten, die ihn kontrollieren« (Engel 1994, S.190). Und da in diesem System zudem bestenfalls »die bereits vorhandenen Meinungen im Gesamtprogramm zu Wort kommen können, ist darin für neue Ansichten kein Platz. Bleiben private Rundfunkveranstalter ausgeschlossen oder an den Rand gedrängt, werden »die Möglichkeiten des Wettbewerbs als Entdeckungsverfahren nicht genutzt« (ebd.). Denn »entgegen der landläufigen Sorge ist die Kommerzialisierung der Medien kein politischer Nachteil, sondern ein politischer Vorteil. Die Selbststeuerung über den Markt funktioniert am besten, wenn die Medienunternehmen auch ihre politischen Ansichten mit verkaufen müssen« (ebd., S.188).

Dominiert die subjektiv-rechtliche Sichtweise, tritt der funktionale, der Gemeinschaftsbezug der Kommunikationsfreiheit zurück. Dann hat jeder Bewerber einen Anspruch auf Zulassung zum Rundfunk und ebenso einen Anspruch auf Zuteilung entsprechender Übertragungskapazitäten (vgl. Herzog 1994, Rd.-Nr. 236). Die Rundfunkfreiheit ist dann nicht mehr primär auf den demokratischen Prozeß, auf die faktische Gleichheit der Kommunikationschancen, auf bestimmte Bürgertugenden, auf Kultur und Bildung bezogen. Dies wäre hinzunehmen, denn »nicht alles für den demokratischen Staat Gute und Wichtige kann über Verfassungsinterpretation zur Geltung gebracht und verpflichtend gemacht werden« (v. Mangoldt/Klein/Starck 1985, Rd.-Nr. 5). Aus dieser Perspektive »erscheint die gesetzliche Etablierung öffentlich-rechtlicher Rundfunkanstalten mit Grundversorgungsauftrag und Gebührenanspruch als Eingriff« (Starck 1992, S.3262). Diese Eingriffe wären »unter dem Gesichtspunkt der Erforderlichkeit zu prüfen und eng auszulegen« (ebd.). Grundversorgung kann dann nur noch Mindestversorgung sein (vgl. ebd.; Kull 1987a, S.463f.; Ricker 1989, S.334ff. und Schmitt Glaeser 1987, S.839). Dann könnte das Wirtschaftsrecht (besser: das Wettbewerbsrecht) Vorrang vor dem Medienrecht erhalten. Eine Mischfinanzierung kann es für den öffentlich-rechtlichen Rundfunk dann nicht mehr geben, denn das Gebührenprivileg der Öffentlich-Rechtlichen erwiese sich als den Wettbewerb verzerrende Subvention zum Nachteil der privaten

Veranstalter. In einer marktwirtschaftlichen Wettbewerbsord-
nung kann das nicht hingenommen werden. Greift die Kommerzialisierung, werden trotz wirksamen ökonomischen Wettbewerbs Informationssendungen für Randgruppen etwa oder
andere Minderheitenprogramme, in welchen der öffentlich-
rechtliche Rundfunk z.B. einen Bildungsauftrag sah, nicht zu
Wort kommen. Eben deswegen nicht, weil eine hinreichende
und wirksame Nachfrage nach diesen Beiträgen nicht zu ver-
zeichnen ist. Und hier nun, meint Engel, läge dann noch eine
Aufgabe für den öffentlich-rechtlichen Rundfunk, die allein es
rechtfertigt, ihn aus Zwangsbeiträgen aller Fernsehzuschauer zu
finanzieren (vgl. Engel 1994, S.190). Doch soweit muß es nicht
kommen.

6.5.4   Die Position des Bundesverfassungsgerichts

Das Bundesverfassungsgericht hat zum Grundrecht auf Veranstaltung von Rundfunk bislang explizit nicht Stellung bezogen. Wegen der »Sondersituation« im Rundfunk war dies auch
nicht geboten. Doch nach Engel läßt die bisherige Rechtsprechung dennoch erkennen, daß das Bundesverfassungsgericht
die Rundfunkfreiheit als institutionelle Garantie begreift, als eine - der Meinungsbildung in ihren subjektiv- und objektiv-
rechtlichen Elementen dienende - Freiheit, die der Allgemeinheit dient. So gesehen können die Rundfunkanstalten nicht Un-
ternehmer sein, die eine gewerbliche oder berufliche Tätigkeit
ausüben, denn sie erfüllen in Wahrheit eine öffentliche Aufgabe
(vgl. Engel 1994, S.185ff.). Auch Seelmann-Eggebert kommt bei
der Überprüfung der bisherigen Rechtsprechung des Bundesverfassungsgerichts zu der Erkenntnis, daß »den Ausführungen
des Bundesverfassungsgerichts eine grundrechtlich geschützte
Veranstalterfreiheit für den Rundfunk jedenfalls nicht zu ent-
nehmen ist« (Seelmann-Eggebert 1992, S.86).

6.5.5 Fortschreibung der »Sondersituation« im Rundfunk

Dennoch erkennt der frühere Vizepräsident des Bundesverfassungsgerichts, Mahrenholz, ein »Grundrecht auf Veranstaltung von Rundfunk«. Insoweit sei Art. 5 Abs. 1 GG im Blick auf den Rundfunk nicht anders zu interpretieren, als im Blick auf die Presse (vgl. Mahrenholz 1995, S.510). Doch dadurch ist nichts gewonnen, denn Mahrenholz geht davon aus, daß das »dienende Element dem Grundrecht auf Meinungsfreiheit inhärent sei« (ebd., S.509) und »das Erfordernis einer positiven Ordnung für den Rundfunk hiernach unausweichlich« (ebd., S.510). Die »Regulationen im Rundfunkwesen« seien »weiterhin von der Sicherung des dienenden Charakters der Meinungsfreiheit diktiert«, deshalb würde »das Grundrecht auf Rundfunkfreiheit nicht einmal schärfere Gesetze abwehren können, wenn sie aus aufweisbaren, plausiblen Gründen geboten sind« (ebd.).

Obwohl andererseits Bethge von einer »dienenden Funktion« des Grundrechts grundsätzlich nichts wissen will, kommt er bei seiner verfassungsrechtlichen Würdigung des Rundfunks zu dem Ergebnis, daß dem öffentlich-rechtlichen Rundfunk nicht nur eine Bestands- und Entwicklungsgarantie zukommt, sondern daß dieser auch einer unitarisch-kooperativen Vernetzung bedarf und zugleich eines öffentlich-rechtlichen Kontrastsystems. Nur insoweit dies gesichert ist, ist in einer dualen Rundfunkordnung auch privater Rundfunk zulässig. Dabei sei, was für den Rundfunk gilt, in keiner Weise auf die Presse zu übertragen (vgl. Bethge 1995, S.516ff.).[64]

Solange sich eine betont subjektiv-rechtliche Sichtweise nicht durchsetzt, laufen, wie es scheint, alle übrigen Überlegungen darauf hinaus, für den Rundfunk grundsätzlich und weiterhin

---

[64] Es verwundert, daß die nach Bethge als einzig und auf Dauer zulässige Kommunikationsordnung haargenau dem entspricht, was derzeit noch im dualen System des Rundfunks und im Pressewesen der Bundesrepublik verwirklicht ist.

eine »Sondersituation«, ja eine »Sondernatur« (Hain 1993, S.49), zu postulieren. Dies wird zwar bald nicht mehr an objektivierbaren Kriterien, wie »Frequenzmangel« und »hoher Finanzbedarf«, festzumachen sein, sie wird vielmehr aus dessen Einzigartigkeit und mit den mit seiner Wirkungsweise verbundenen Gefährdungspotentialen begründet werden. Dabei bleibt es erst einmal gleichgültig, ob sich daraus ein grundsätzlicher Ordnungsauftrag ergibt, der aus einem primär objektiv-rechtlichen Verständnis der Grundrechte und ihrer dienenden Funktion erwächst oder ob diese staatlichen Organisationsmaßnahmen aus der Schrankendogmatik des Art. 5 Abs. 2 GG (vgl. v. Mangoldt/Klein/Starck 1985, Rd.-Nr. 9) zu begründen sind, die sich auf vermeintliche, allgemeine Gefährdungspotentiale der Fernsehsendungen stützen. Gleichwohl macht es aber verfassungsrechtlich einen wesentlichen Unterschied, ob diese Regelung im Sinne eines objektiv-rechtlichen Verständnisses als grundgesetzlicher Auftrag zur Ausgestaltung des Grundrechts zu verstehen ist oder, wie aus subjektiv-rechtlicher Sicht, als Eingriffe in ein Grundrecht, an die strenge Rechtfertigungserfordernisse zu stellen sind, von welchen der Gesetzgeber im anderen Falle frei ist (vgl. Fiebig 1995, S.459f. und Hain 1993, S.180ff.).

Bedenklich bleibt in jedem Fall, daß es bislang keinem der Autoren gelungen ist, seine Annahmen über die Einzigartigkeit, über die Gefahren und Wirkungsweisen von Hörfunk- und Fernsehsendungen im Blick auf das Normziel und im Lichte der kommunikationswissenschaftlichen Erkenntnisse, gestützt auf empirische Befunde, nachvollziehbar darzulegen. Es ist nicht einmal erkennbar, daß sich die Autoren ernsthaft um eine Fundierung ihrer Vorurteile bemüht hätten (vgl. u. a. Hoffmann-Riem 1989, Rd.-Nr. 169 und 126; Bullinger 1992, Rd.-Nr. 133; Mahrenholz 1995, S.510ff.; Bethge 1995, S.522; Starck 1992, S.3263; Schmidt 1980, S.79ff.; Stammler 1978, S.128; Stern/Bethge 1971, S.42 u. 45; Lieb 1974, S.220ff.; Herrmann 1975, S.224ff.; Klein 1978, S.70f. und Haensel 1969, S.246).

Hain vermutet wohl zu Recht, daß »diese These (von der besonderen Wirkungskraft des Rundfunks, d. Verf.) ein a priori rundfunkrechtlicher Diskussion« (Hain 1993, S.53) sei. Bleibt zu hoffen, daß neuere verfassungsrechtliche Überlegungen (vgl. Scholz 1995, S.353ff.) den Regelungsdrang aufzulösen vermögen. Scholz stellt dem derzeitigen Rundfunksystem, das er als »das eines regulierten und limitierten Angebots« (ebd., S.358) kennzeichnet, ein nachfrage- oder rezipientenorientiertes Rundfunksystem gegenüber. Und er fordert, daß sich im Zuge der Entwicklung des Rundfunks diese medien- oder angebotsorientierte Rundfunkfreiheit wandelt und sich »am nachfragenden Publikum oder Rezipienten und an seinen möglichst umfassenden freiheitlichen Kommunikationschancen orientiert« (ebd., S.359).

Literatur

Aktualisierung der ARD-Grundsätze gegen Verharmlosung und Verherrlichung von Gewalt im Fernsehen vom April 1993. Abgedruckt in: Media Perspektiven. Dokumentation I/93, S.1-3 (vgl. auch ARD-Jahrbuch 93. Hamburg 1993, S.373-375).

ALM-Jahrbuch der Landesmedienanstalten 1995/96. Privater Rundfunk in Deutschland. München 1996.

ARD-Jahrbuch. Hamburg 1990, 1991, 1993, 1994, 1995, 1996, 1997.

ARD-Richtlinien zur Sicherung des Jugendschutzes vom 22. Juni 1988 in der Fassung vom 22. März 1995. Abgedruckt in: ARD-Jahrbuch 95. Hamburg 1995, S.435-436.

ARD-Richtlinien für die Werbung, zur Durchführung der Trennung von Werbung und Programm und für Sponsoring in der Fassung vom 28. November 1994. Abgedruckt in: ARD-Jahrbuch 95. Hamburg 1995, S.432-435. Neugefaßt am 27. Juni 1995 (vgl. ARD-Jahrbuch 96. Hamburg 1996, S.405).

ARD-Staatsvertrag vom 31. August 1991. Abgedruckt in: Ring, Wolf-Dieter (Hrsg.): Medienrecht. Rundfunk, Neue Medien, Presse, Technische Grundlagen, Internationales Recht. Bundesrepublik Deutschland, Österreich, Schweiz. Text, Rechtsprechung, Kommentierung (Loseblattsammlung). München (Stand 1997), Teil C-IV 6.

Badura, Peter: Verfassungsrechtliche Bindungen der Rundfunkgesetzgeber. Frankfurt/M. 1980.

Bausch, Hans: Rundfunkpolitik nach 1945. Erster Teil (= Rundfunk in Deutschland Band 3). München 1980.

Bayerische Landeszentrale für politische Bildungsarbeit (Hrsg.): Verfassung des Freistaates Bayern. Grundgesetz für die Bundesrepublik Deutschland. Der Bayerische Landtag. Der Bayerische Senat. Überblick Europäische Union. München 1995.

Bayerische Landeszentrale für Neue Medien (Hrsg.): Private Rundfunkangebote in Bayern. Rechtsgrundlagen. Baden-Baden 1996.

Begründung zum Staatsvertrag über Mediendienste (Mediendienste-Staatsvertrag). Abgedruckt in: Media Perspektiven. Dokumentation I/1997, S. 26-37.

Begründung zum Dritten Staatsvertrag zur Änderung rundfunkrechtlicher Staatsverträge vom 26. August/11. September 1996 (Dritter Rundfunkänderungsstaatsvertrag). Abgedruckt in: Media Perspektiven. Dokumentation I/1996, S.38-76.

Begründung zum Staatsvertrag über den Rundfunk im vereinten Deutschland vom 31. August 1991. Abgedruckt in: Media Perspektiven. Dokumentation IIIb/1991, S.173-267.

Beschluß des Bundesverfassungsgerichts vom 24. März 1987 (»Baden-Württemberg-Beschluß«). Abgedruckt in: Media Perspektiven. Dokumentation III/1987, S.145-168 (= BVerfGE 74, 297).

Beschluß des Bundesverfassungsgerichts vom 6. Oktober 1992 (»Hessen3-Beschluß«). Abgedruckt in: Media Perspektiven. Dokumentation IV/1992, S.201-218 (= BVerfGE 87, 181).

Bethge, Hubert: Die Perspektiven des öffentlich-rechtlichen Rundfunks in der dualen Rundfunkordung. In: Zeitschrift für Urheber- und Medienrecht (ZUM) Sonderheft 1995, S.514-522.

ders.: Die verfassungsrechtliche Position des öffentlich-rechtlichen Rundfunks in der dualen Rundfunkordnung. Baden-Baden 1996.

Betz, Jürgen: Die EG-Fernsehrichtlinie - Ein Schritt zum Europäischen Fernsehen? In: Media Perspektiven 11/1989, S.677-688.

Böckenförde, Ernst-Wolfgang: Grundrechtstheorie und Grundrechtsinterpretation. In: Neue Juristische Wochenschrift (NJW) 35/1974, S.1529-1538.

ders.: Staat, Verfassung, Demokratie. Studie zur Verfassungstheorie und zum Verfassungsrecht. Frankfurt/M. 1992.

Bremisches Landesmediengesetz (Brem LRG) vom 1. Juli 1993. Abgedruckt in: Media Perspektiven. Dokumentation II/93, S.125-139.

Bullinger, Martin: Elektronische Medien als Marktplatz der Meinungen. In: Archiv des öffentlichen Rechts (AfP) 2/1983, S.161-215.

ders.: Freiheit von Presse, Rundfunk und Film. In: Isensee, Josef/Kirchhof, Paul (Hrsg.): Handbuch des Staatsrechts der Bundesrepublik Deutschland. Band VI: Freiheitsrechte. Heidelberg 1989, S.667-737.

ders.: Der Rundfunkbegriff in der Differenzierung kommunikativer Dienste. In: Archiv für Presserecht (AfP) 1/1996, S.1-8.

Deutscher Bundestag. 13. Wahlperiode: Entwurf eines Gesetzes über den deutschen Auslandsrundfunk. Drucksache 13/4708 vom 22. Mai 1996.

Dritter Staatsvertrag zur Änderung rundfunkrechtlicher Staatsverträge vom 26. August/11. September 1996 (Dritter Rundfunkänderungsstaatsvertrag). Abgedruckt in: Media Perspektiven. Dokumentation I/1996, S.1-37. ·

Eberle, Carl-Eugen: Rundfunkübertragung. Rechtsfragen der Nutzung terrestrischer Rundfunk-frequenzen. Berlin 1989.

Ehmke, Horst: Verfassungsrechtliche Fragen einer Reform des Pressewesens. In: Festschrift für Adolf Arndt zum 65. Geburtstag. Frankfurt/M. 1969, S.77-118.

Engel, Christoph: Rundfunk in Freiheit. In: Archiv für Presserecht (AfP) 3/1994, S.185-191.

ders.: Medienordnungsrecht. Baden-Baden 1996.

Engel-Flechsig, Stefan/Maennel, Frithjof A./Tettenborn, Alexander: Das neue Informations- und Kommunikationsdienste-Gesetz. In: Neue Juristische Wochenschrift (NJW) 45/1997, S.2981-2992.

Erster Staatsvertrag zur Änderung rundfunkrechtlicher Staatsverträge vom 2. Februar /1. März 1994 (Erster Rundfunkänderungsstaatsvertrag). Abgedruckt in: ARD-Jahrbuch 94. Hamburg 1994, S.381-383.

Faller, Hans Joachim: Die öffentliche Aufgabe von Presse und Rundfunk. In: Archiv für Presserecht (AfP) 4/1981, S.430-438.

Fiebig, Elke: Ansätze zu einem institutionellen Verständnis der

Pressefreiheit. In: Archiv für Presserecht (AfP) 2/1995, S.459-464.

Finanzordnung der gemeinnützigen Anstalt für öffentliches Recht »Zweites Deutsches Fernsehen« vom 17. September 1993. Abgedruckt in: Rechtsvorschriften für das ZDF. Mainz 1995, S.101-115.

Geis, Ivo: Die digitale Signatur. In: Neue Juristische Wochenschrift (NJW) 45/1997, S.3000-3004.

Gemeinsame Position der ARD-Intendanten und -Gremienvorsitzenden zur Darstellung von Gewalt in den Medien vom April 1993. Abgedruckt in: Media Perspektiven. Dokumentation I/1993, S.4 (vgl. auch ARD-Jahrbuch 93. Hamburg 1993, S.372-373).

Gemeinsame Richtlinien der Landesmedienanstalten für die Werbung, zur Durchführung der Trennung von Werbung und Programm und für das Sponsoring im Fernsehen (WerbeRiL. Fernsehen) vom 26. Januar 1993 in der Fassung vom 8. November 1994. Abgedruckt in: Bayerische Landeszentrale für Neue Medien (Hrsg.) Private Rundfunkangebote in Bayern. Rechtsgrundlagen. Baden-Baden 1996, Abschnitt 3.2.8.

Gemeinsame Richtlinien der Landesmedienanstalten für die Werbung zur Durchführung der Trennung von Werbung und Programm und für das Sponsoring im Hörfunk (WerbeRiL. Hörfunk) vom 26. Januar 1993 in der Fassung vom 8. November 1994. Abgedruckt in: Bayerische Landeszentrale für Neue Medien (Hrsg.): Private Rundfunkangebote in Bayern. Rechtsgrundlagen. Baden-Baden 1996, Abschnitt 3.2.9.

Gersdorf, Hubertus: Multi-Media. Der Rundfunkbegriff im Umbruch? Insbesondere zur verfassungsrechtlichen Einordnung der Zugriffs- und Abrufdienste. In: Archiv für Presserecht (AfP) 3/1995a, S.565-574.

ders.: Der verfassungsrechtliche Rundfunkbegriff im Lichte der Digitalisierung der Telekommunikation. Ein Rechtsgutachten im Auftrag der Hamburgischen Anstalt für neue Medien. Berlin 1995b

Geschäftsordnung des Fernsehrates der gemeinnützigen Anstalt des öffentlichen Rechts »Zweites Deutsches Fernsehen« in der Fassung vom 11. März 1994. Abgedruckt in: Rechtsvorschriften für das ZDF. Mainz 1995, S.87-97.

Geschäftsordnung des Verwaltungsrates des »Zweiten Deutschen Fernsehen« Gemeinnützige Anstalt des öffentlichen Rechts vom 4. März 1994. Abgedruckt in: Rechtsvorschriften für das ZDF. Mainz 1995. S.98-100.

Gesetz zur Regelung der Rahmenbedingungen für Informations- und Kommunikationsdienste (Informations- und Kommunikationsdienste-Gesetz-IuKDG) vom 22. Juli 1997. Abgedruckt in: Media Perspektiven. Dokumentation I/97, S.38-48.

Gesetz über die Einrichtung und die Aufgaben einer Anstalt des öffentlichen Rechts »Der Bayerische Rundfunk« (Bayerisches Rundfunkgesetz - BayRG) vom 10. Augsut 1948 in der Fassung vom 25. Februar 1994. Abgedruckt in: ARD-Jahrbuch 94, Hamburg 1994, S.410-417.

Gesetz über den Hessischen Rundfunk vom 2. Oktober 1948 in der Fassung vom 30. November 1993. Abgedruckt in: Ring, Wolf-Dieter (Hrsg.): Medienrecht. Rundfunk, Neue Medien, Presse, Technische Grundlagen, Internationales Recht. Bundesrepublik Deutschland, Österreich, Schweiz. Text, Rechtsprechung, Kommentierung (Loseblattsammlung). München (Stand: 1997), Teil C-IV 1.2.1.

Gesetz über den privaten Rundfunk in Hessen (Hessisches Privatrundfunkgesetz - HPRG) vom 25. Januar 1995 in der Fassung vom 5. März 1996. Abgedruckt in: Ring, Wolf-Dieter (Hrsg.): Medienrecht. Rundfunk, Neue Medien, Presse, Technische Grundlagen, Internationales Recht. Bundesrepublik Deutschland, Österreich, Schweiz. Text, Rechtsprechung, Kommentierung (Loseblattsammlung). München (Stand: 1997), Teil C-VI 6-1.

Gesetz über den Ostdeutschen Rundfunk Brandenburg (ORB-Gesetz) vom 6. November 1991 in der Fassung vom 30. Juni 1994. Abgedruckt in: Ring, Wolf-Dieter (Hrsg.): Medienrecht. Rundfunk, Neue Medien, Presse, Technische Grundlagen, Internationales Recht. Bundesrepublik Deutschland, Österreich, Schweiz. Text, Rechtsprechung, Kommentierung (Loseblattsammlung). München (Stand: 1997), Teil C-IV 1.12.

Gesetz über die Errichtung und die Aufgaben einer Anstalt des öffentlichen Rechts - Radio Bremen - (Radio-Bremen-Gesetz-RBG) vom 22. Juni 1993. Abgedruckt in: Media Perspektiven. Dokumentation II/1993, S.119-125.

Gesetz über die Rundfunkanstalt des Bundes »Deutsche Welle« (Deutsche-Welle-Gesetz-DWG) vom 9. Oktober 1997. Abgedruckt in: Media Perspektiven. Dokumentation I/1997, S.49-64.

Gesetz über die Errichtung einer Rundfunkanstalt »Sender Freies Berlin« i. d. F. d. Bek. vom 5.12. 1974. Abgedruckt in: Ring, Wolf-Dieter (Hrsg.): Medienrecht. Rundfunk, Neue Medien, Presse, Technische Grundlagen, Internationales Recht. Bundesrepublik Deutschland, Österreich, Schweiz. Text, Rechtsprechung, Kommentierung (Loseblattsammlung). München (Stand: 1997), Teil C-IV 1.6.1. Die Änderungen vom 19. Oktober 1995 sind abgedruckt in: ARD-Jahrbuch 96. Hamburg 1996, S.406-407.

Gesetz über den Westdeutschen Rundfunk Köln (WDR-Gesetz) vom 31. März 1993 in der Fassung vom 24. April 1995. Abgedruckt in: Media Perspektiven. Dokumentation II/1993, S.80-95. Die Änderungen hierzu vom 24. April 1995 sind abgedruckt in: ARD-Jahrbuch 95. Hamburg 1995, S.446-451.

Gesetz über die Entwicklung, Förderung und Veranstaltung privater Rundfunkangebote und anderer Mediendienste in Bayern (Bayerisches Mediengesetz - BayMG) vom 24. November 1992 Abgedruckt in: Bayerische Landeszentrale für Neue Medien: Private Rundfunkangebote in Bayern. Rechtsgrundlagen. Baden-Baden 1996, Abschnitt 3.7.2.

Gesetz über den privaten Rundfunk und neue Medien in Sachsen (Sächsisches Privatrundfunkgesetz - SächsPRG) vom 18. Januar 1996. Abgedruckt in: Ring, Wolf-Dieter (Hrsg.): Medienrecht. Rundfunk, Neue Medien, Presse, Technische Grundlagen, Internationales Recht. Bundesrepublik Deutschland, Österreich, Schweiz. Text, Rechtsprechung, Kommentierung (Loseblattsammlung). München (Stand: 1997) Teil C-VI 12.3.1.

Gesetz über den privaten Rundfunk in Sachsen-Anhalt vom 22. Mai 1991 in der Fassung vom 16. Januar 1997. Abgedruckt in: Ring, Wolf-Dieter (Hrsg.): Medienrecht. Rundfunk, Neue Medien, Presse, Technische Grundlagen, Internationales Recht. Bundesrepublik Deutschland, Österreich, Schweiz. Text, Rechtsprechung, Kommentierung (Loseblattsammlung). München (Stand: 1997), Teil C-VI 12.4.1. Zu den Änderungen in der Fassung vom 16. Januar 1997 vgl. ARD-Jahrbuch 97. Hamburg 1997, S.453.

Gesetz Nr. 1096 Rundfunkgesetz (für den Süddeutschen Rundfunk, d. Verf.) vom 21. November 1950 in der Fassung vom 15. Dezember 1992. Abgedruckt in: Ring, Wolf-Dieter (Hrsg.): Rundfunk, Neue Medien, Presse, Technische Grundlagen, Internationales Recht. Bundesrepublik Deutschland, Österreich, Schweiz. Text, Rechtsprechung, Kommentierung (Loseblattsammlung). München (Stand: 1997), Teil C-IV 1.7.1.

Gesellschaftsvertrag über die ARTE Deutschland TV GmbH vom 13. März 1991. Auszugweise abgedruckt in: ARD-Jahrbuch 91. Hamburg 1991, S.467-470.

Gounalakis, Georgios: Der Mediendienste-Staatsvertrag der Länder. In: Neue Juristische Wochenschrift (NJW) 45/1997, S.2993-3000.

Grimm, Dieter: Schutzrecht und Schutzpflicht. Zur Rundfunkrechtsprechung in Amerika und Deutschland. In: Gegenrede. Aufklärung - Kritik - Öffentlichkeit. Festschrift für Ernst Gottfried Mahrenholz. Baden-Baden 1994, S.529-539.

Grundregeln für die Zusammenarbeit im ZDF (Leitordnung) in

der Fassung vom 24. November 1988. Abgedruckt in: Rechtsvorschriften für das ZDF. Mainz 1995, S.139-144.

Grundsätze der Zusammenarbeit der Arbeitsgemeinschaft der Landesmedienanstalten in der Bundesrepublik Deutschland (ALM) vom 25. April 1995. Abgedruckt in: Bayerische Landeszentrale für Neue Medien (Hrsg.): Private Rundfunkangebote in Bayern. Rechtsgrundlagen. Baden-Baden 1996, Abschnitt 3.5.1.

Grundsätze der Zusammenarbeit der Arbeitsgemeinschaft der Landesmedienanstalten in der Bundesrepublik Deutschland (ALM) vom 22. April 1997. Anlage zum Beschluß Nr. 128/97 (GK) (unveröffentlichtes Manuskript).

Grundsätze für die Zusammenarbeit im ARD-Gemeinschaftsprogramm »Deutsches Fernsehen« vom 9. Juli 1971 in der Fassung vom 1. Dezember 1982. Abgedruckt in: ARD-Jahrbuch 83. Hamburg 1983, S.403-404.

Häberle, Peter: Die Wesensgehaltgarantie des Art. 19 Abs. 2 Grundgesetz. Heidelberg 1983.

Haensel, Carl: Rundfunkfreiheit und Fernsehmonopol. Düsseldorf 1969.

Hain, Karl-Eberhard: Rundfunkfreiheit und Rundfunkordnung. Studien und Materialien zur Verfassungsgerichtsbarkeit. Baden-Baden 1993.

Hamburgisches Mediengesetz (Hamb MedienG) in der Neufassung vom 20. April 1994. Zuletzt geändert am 22. April 1996 Abgedruckt in: Ring, Wolf-Dieter (Hrsg.): Medienrecht. Rundfunk, Neue Medien, Presse, Technische Grundlagen, Internationales Recht. Bundesrepublik Deutschland, Österreich, Schweiz. Text, Rechtsprechung, Kommentierung (Loseblattsammlung). München (Stand: 1997), Teil C-VI 5.1.1.

Hartstein, Reinhard/Ring, Wolf-Dieter/Kreile, Johannes/Dörr, Dieter/Stettner, Rupert: Rundfunkstaatsvertrag. Kommentar zum Staatsvertrag der Länder zur Neuordnung des Rundfunkwesens. München 1995.

Herrmann, Günter: Fernsehen und Hörfunk in der Verfassung der Bundesrepublik Deutschland. Zugleich ein Beitrag zu weiteren allgemeinen verfassungsrechtlichen und kommunikationsrechtlichen Fragen. Tübingen 1975.

ders.: Rundfunkrecht. Fernsehen und Hörfunk mit neuen Medien. München 1994.

Herzog, Roman: Kommentar zum Grundgesetz Art. 5 Abs. 1, 2. In: Maunz, Theodor/Düring, Günther u.a.: Grundgesetz. Kommentar. (Loseblattsammlung). München (Stand 1994).

Hesse, Konrad: Grundzüge des Verfassungsrechts der Bundesrepublik Deutschland. Heidelberg 1993.

Hochstein, Reiner: Teledienste, Mediendienste und Rundfunkbegriff – Anmerkungen zur praktischen Abgrenzung multimedialer Erscheinungsformen. In: Neue Juristische Wochenschrift (NJW) 45/1997, S.2977-2981.

Hoffmann-Riem, Wolfgang: Rundfunkfreiheit durch Rundfunkorganisation. Frankfurt/M. 1979.

ders.: Massenmedien. In: Benda/Mairhofer/Vogel (Hrsg.): Handbuch des Verfassungsrechts. Berlin/New York 1983, S.389-469.

ders.: Art. 5 Abs. 1 und 2 GG. In: Wassermann, Rudolf (Hrsg.): Kommentar zum Grundgesetz für die Bundesrepublik Deutschland. Reihe Alternativkommentare. Band 1. Darmstadt 1989, S.408-533.

Jarass, Hans D./Pieroth, Bodo: Grundgesetz für die Bundesrepublik Deutschland. Kommentar. München 1995.

Klein, Hans Hugo: Die Rundfunkfreiheit. München 1978.

Kresse, Herrmann/Heinz, Matthias: Rundfunk - Dynamit am Morgen des digitalen Zeitalters. Ein Beitrag zur funktionalen Entwicklung des Rundfunkbegriffs. In: Archiv für Presserecht (AfP) 3/1995, S.574-580.

Krüger, Herbert: Die öffentlichen Massenmedien als notwendige Ergänzung der privaten Massenmedien. Frankfurt/M. 1965.

Kübler, Friedrich: Medienverflechtung. Frankfurt/M. 1982.

Kull, Edgar: Rundfunk - Grundversorgung, Kontext, Begriff, Bedeutung. In: Archiv für Presserecht (AfP) 2/1987a, S.462-466.

ders.: Realitätsferne und dogmatische Inkonsequenz. In: Archiv für Presserecht (AfP) 2/1987b, S.568-573.

ders.: »Dienende Freiheit« - dienstbare Medien? In: Badura, Peter/Scholz, Rupert (Hrsg.): Wege und Verfahren des Verfassungslebens. Festschrift für Peter Lerche zum 65. Geburtstag. München 1993, S.663-673.

Landesmediengesetz Baden-Württemberg (L MedienG) in der Fassung vom 14. Februar 1995. Abgedruckt in: Ring, Wolf-Dieter (Hrsg.): Medienrecht. Rundfunk, Neue Medien, Presse, Technische Grundlagen, Internationales Recht. Bundesrepublik Deutschland, Österreich, Schweiz. Text, Rechtsprechung, Kommentierung (Loseblattsammlung). München (Stand: 1997), Teil C-VI 1.1.

Landesrundfunkgesetz - Rheinland-Pfalz - (LRG) vom 28. Juli 1992 in der Fassung vom 12. Oktober 1995. Abgedruckt in: Ring, Wolf-Dieter (Hrsg.): Medienrecht. Rundfunk, Neue Medien, Presse, Technische Grundlagen, Internationales Recht. Bundesrepublik Deutschland, Österreich, Schweiz. Text, Rechtsprechung, Kommentierung (Loseblattsammlung). München (Stand: 1997), Teil C-VI 9.1.1.

Lerche, Peter: Landesbericht Bundesrepublik Deutschland. In: Bullinger, Martin/Kübler, Friedrich (Hrsg.): Rundfunkorganisation und Kommunikationsfreiheit. Baden-Baden 1979, S.15-106.

ders.: Informationsfreiheit. In: Herzog/Kunst/Schlaich/Schneemelcher (Hrsg.): Evangelisches Staatslexikon. Stuttgart 1987, Sp.1314-1316.

ders.: Grundrechtsschranken. In: Isensee, Josef/Kirchhof, Paul (Hrsg.): Handbuch des Staatsrechts der Bundesrepublik Deutschland. Band V: Allgemeine Grundrechtslehren. Heidelberg 1992, S.775-804.

Libertus, Michael: Grundversorgung und Funktionsgarantie. München 1991.

ders.: Verfassungsrechtliche Aspekte einer Bestands- und Entwicklungsgarantie für den öffentlich-rechtlichen Rundfunk. In: Zeitschrift für Urheber- und Medienrecht (ZUM) 5/1992, S.224-229.

Lieb, Wolfgang: Kabelfernsehen und Rundfunkgesetze. Berlin 1974.

Löffler, Martin: Presserecht, Band I: Allgemeines Presserecht. München 1969.

ders.: Presserecht. Kommentar. Band I: Landespressegesetze. München 1983.

Mahrenholz, Ernst-Gottfried: Die gesellschaftliche Bedeutung des öffentlich-rechtlichen Rundfunks. In: Zeitschrift für Urheber- und Medienrecht (ZUM) Sonderheft 1995, S.508-513.

Mangoldt, Herrmann von/Klein, Friedrich/Starck, Christian: Das Bonner Grundgesetz. Band 1. München 1985, S.489-644.

Mestmäcker, Ernst-Joachim: Meinungsfreiheit und Medienwettbewerb. In: Zeitschrift für Urheber- und Medienrecht (ZUM) 2/1986, S.63- 68.

Niedersächsisches Landesrundfunkgesetz (LRG) vom 9. November 1993 in der Fassung vom 19. Dezember 1995. Abgedruckt in: Ring, Wolf-Dieter (Hrsg.): Medienrecht. Rundfunk, Neue Medien, Presse, Technische Grundlagen, Internationales Recht. Bundesrepublik Deutschland, Österreich, Schweiz. Text, Rechtsprechung, Kommentierung (Loseblattsammlung). München (Stand: 1997), Teil C-VI 7.1.1.

Ory, Stephan: Bestands- und Entwicklungsgarantie für den öffentlich-rechtlichen Rundfunk? In: Archiv für Presserecht (AfP) 2/1987, S.466-472.

Ossenbühl, Fritz: Rundfunk zwischen Staat und Gesellschaft. München 1975.

ders.: Rundfunk zwischen nationalem Verfassungsrecht und europäischem Gemeinschaftsrecht. Frankfurt/M. 1986.

Pestalozza, Christian von: Der Schutz vor der Rundfunkfreiheit in der Bundesrepublik Deutschland. In: Neue Juristische Wochenschrift (NJW) 40/1981, S.2158-2166.

Rechtsvorschriften für das ZDF. ZDF Schriftenreihe Heft 17.

Mainz 1995.

Richtlinien der Landesmedienanstalten zur Gewährleistung des Jugendschutzes (Jugendschutzrichtlinien) beschlossen von der Direktorenkonferenz der Landesmedienanstalten am 13. Dezember 1994. Abgedruckt in: Bayerische Landeszentrale für Neue Medien (Hrsg.): Private Rundfunkangebote. Rechtsgrundlagen. Baden-Baden 1996, Abschnitt 3.2.7.

Richtlinien für die Sendungen des »Zweiten Deutschen Fernsehens« vom 11. Juli 1963 in der Fassung vom 24. März 1995. Abgedruckt in: Rechtsvorschriften für das ZDF. Mainz 1995, S.77-81.

Ricker, Reinhart: Die Grundversorgung als Aufgabe des öffentlich-rechtlichen Rundfunks. In: Zeitschrift für Urheber- und Medienrecht (ZUM) 7/1989, S.331-337.

Ridder, Helmut: Meinungsfreiheit. In: Neumann, Franz L./Nipperdey, Hans Carl/Scheuner, Ulrich (Hrsg.): Die Grundrechte. Band 2. Berlin 1954, S.243-290.

Ring, Wolf-Dieter (Hrsg.): Medienrecht. Rundfunk, Neue Medien, Presse, Technische Grundlagen, Internationales Recht. Bundesrepublik Deutschland, Österreich, Schweiz. Text, Rechtsprechung, Kommentierung (Loseblattsammlung). München (Stand 1997).

Rossen, Helge: Freie Meinungsbildung durch den Rundfunk. Baden-Baden 1988.

Rudolf, Walter: Über die Zulässigkeit privaten Rundfunks. Frankfurt/M. 1971.

Rühl, Manfred: Ordnungspolitische Probleme eines künftigen Rundfunks in der Bundesrepublik Deutschland. In: Fleck, Florian H. (Hrsg.): Zukunftsaspekte des Rundfunks (= Beiträge zur Rundfunkökonomie). Stuttgart 1986, S.77-101.

Rundfunkgesetz für das Land Mecklenburg-Vorpommern (RGMV) vom 9. Juli 1991 in der Fassung vom 19. Juli 1994. Abgedruckt in: Ring, Wolf-Dieter (Hrsg.): Medienrecht. Rundfunk, Neue Medien, Presse, Technische Grundlagen, Internationales Recht. Bundesrepublik Deutschland, Österreich, Schweiz. Text, Rechtsprechung, Kommentierung (Loseblattsammlung). München (Stand: 1997), Teil C-VI 12.2.1.

Rundfunkgesetz für das Saarland (Landesrundfunkgesetz) vom 28. November 1984 in der Fassung vom 3. Juli 1996. Abgedruckt in: Ring, Wolf-Dieter (Hrsg.): Medienrecht. Rundfunk, Neue Medien, Presse, Technische Grundlagen, Internationales Recht. Bundesrepublik Deutschland, Österreich, Schweiz. Text, Rechtsprechung, Kommentierung (Loseblattsammlung). München (Stand: 1997), Teil C-VI 10.1.

Rundfunkgesetz für das Land Nordrhein-Westfalen (LRGNW) vom 31. März 1993. Abgedruckt in: Media Perspektiven. Dokumentation II/1993, S.95-117. Jetzt gültig in der Fassung vom 30. Januar 1996 (vgl. ARD-Jahrbuch 96. Hamburg 1996, S.409-410)

Rundfunkgesetz für das Land Schleswig-Holstein (Landesrundfunkgesetz - LRG) vom 7. Dezember 1995. Abgedruckt in: Ring, Wolf-Dieter (Hrsg.): Medienrecht. Rundfunk, Neue Medien, Presse, Technische Grundlagen, Internationales Recht. Bundesrepublik Deutschland, Österreich, Schweiz. Text, Rechtsprechung, Kommentierung (Loseblattsammlung). München (Stand: 1997), Teil C-VI 11.1.

Satzung der gemeinnützigen Anstalt des öffentlichen Rechts »Zweites Deutsches Fernsehen« vom 2. April 1962 in der Fassung des Änderungsbeschlusses des Fernsehrates vom 19. März 1993. Abgedruckt in: Rechtsvorschriften für das ZDF. Main 1995, S.69-76.

Satzung der Arbeitsgemeinschaft der öffentlich-rechtlichen Rundfunkanstalten der Bundesrepublik Deutschland (ARD) vom 9./10. Juni 1950 in der Fassung vom 31. Januar 1995. Abgedruckt in: ARD-Jahrbuch 95. Hamburg 1995, S.428-430.

Satzung über die Nutzung von Fernsehkanälen in Bayern nach

dem Bayerischen Mediengesetz (Fernsehsatzung-FSS) vom 25. Juni 1993. Abgedruckt in: Bayerische Landeszentrale für Neue Medien (Hrsg.): Private Rundfunkangebote in Bayern. Rechtsgrundlagen. Baden-Baden 1996, Abschnitt 3.2.1.

Satzung über die Nutzung von Hörfunkfrequenzen in Bayern nach dem Bayerischen Mediengesetz (Hörfunksatzung-HFS) vom 25. Juni 1993. Abgedruckt in: Bayerische Landeszentrale für Neue Medien (Hrsg.): Private Rundfunkangebote in Bayern. Rechtsgrundlagen. Baden-Baden 1996, Abschnitt 3.2.2.

Scheble, Roland: Perspektiven der Grundrechtsversorgung. Baden-Baden 1994.

Scheuner, Ulrich: Das Grundrecht der Rundfunkfreiheit. Berlin 1982.

Schmidt, Walter: Die Rundfunkgewährleistung. Frankfurt/M. 1980.

Schmidt-Jortzig, Ezard: Meinungs- und Informationsfreiheit. In: Isensee, Josef/Kirchhof, Paul (Hrsg.) Handbuch des Staatsrechts der Bundesrepublik Deutschland. Band VI: Freiheitsrechte. Heidelberg 1989, S.635-666.

Schmitt Glaeser, Walter: Kabelkommunikation und Verfassung. Das privatrechtliche Unternehmen im »Münchner Pilotprojekt«. Berlin 1979.

ders.: Bestands- und Entwicklungsgarantie für den öffentlich-rechtlichen Rundfunk. In: Bayerische Verwaltungsblätter. Zeitschrift für öffentliches Recht und öffentliche Verwaltung 4/1985, S.97-105.

ders.: Art. 5 Abs. 1 Satz 2 GG als »Ewigkeitsgarantie« des öffentlich-rechtlichen Rundfunks. In: Die öffentliche Verwaltung 19/1987, S.837-844.

Scholz, Rupert: Pressefreiheit und Arbeitsverfassung. Berlin 1978.

ders.: Medienfreiheit und Publikumsfreiheit. In: Presserecht und Pressefreiheit: Festschrift für Martin Löffler. München 1980, S.355-373.

ders.: Zukunft im Rundfunk und Fernsehen: Freiheit der Nachfrage oder reglementiertes Angebot? In: Archiv für Presserecht (AfP) 1/1995, S.357-362.

Schuler-Harms, Margarete: Rundfunkaufsicht im Bundesstaat. Die Arbeitsgemeinschaft der Landesmedienanstalten. Baden-Baden 1995.

Seelmann-Eggebert, Sebastian: Die Dogmatik der Rundfunkfreiheit gem. Art. 5 Abs. 1 Satz 2 GG aus der Sicht des Bundesverfassungsgerichts. In: Zeitschrift für Urheber- und Medienrecht (ZUM) 2/1992, S.79-87.

Sell, Friedrich-Wilhelm von: Zur Struktur des Rundfunks. In: ders. (Hrsg.) Rundfunkrecht und Rundfunkfreiheit. 1982.

Selmer, Peter: Bestands- und Entwicklungsgarantie für den öffentlich-rechtlichen Rundfunk in einer dualen Rundfunkordnung. Eine verfassungsrechtliche Untersuchung ihrer Zulässigkeit und Reichweite. Berlin 1988.

Staatsvertrag zwischen den Ländern Baden, Rheinland-Pfalz und Württemberg-Hohenzollern über den Südwestfunk vom 27. August 1951 zuletzt geändert durch Staatsvertrag zwischen den Ländern Baden-Württemberg und Rheinland-Pfalz vom 13./30. September 1995. Abgedruckt in: Ring, Wolf-Dieter (Hrsg.): Medienrecht. Rundfunk, Neue Medien, Presse, Technische Grundlagen, Internationales Recht. Bundesrepublik Deutschland, Österreich, Schweiz. Text, Rechtsprechung, Kommentierung (Loseblattsammlung). München (Stand: 1997), Teil C-IV 1.8.1.

Staatsvertrag über die Veranstaltung von Fernsehen über Rundfunksatellit vom 20. März 1986. Abgedruckt in: Media Perspektiven. Dokumentation I/1986, S.43-49.

Staatsvertrag zur Neuordnung des Rundfunkwesens vom 1./3. August 1987 (Rundfunkstaatsvertrag). Abgedruckt in: ARD-Jahrbuch 87. Hamburg 1987, S.403-409.

Staatsvertrag über die Veranstaltung von Fernsehen über Satellit (Satellitenfernseh-Staatsvertrag) vom 29. Juni/20. Juli 1989. Abgedruckt in: Media Perspektiven. Dokumentation II/1989, S.73-78.

Staatsvertrag über den Mitteldeutschen Rundfunk (MDR) vom 30. Mai 1991. Abgedruckt in: ARD-Jahrbuch 92. Hamburg 1992, S.417-426.

Staatsvertrag über den Rundfunk im vereinten Deutschland vom 31. August 1991. Abgedruckt in: Media Perspektiven. Dokumentation IIIa/1991, S.105-172.

Staatsvertrag über den Norddeutschen Rundfunk (NDR) vom 17./18. Dezember 1991. Abgedruckt in: ARD-Jahrbuch 92. Hamburg 1992, S.449-462.

Staatsvertrag über die Zusammenarbeit zwischen Berlin und Brandenburg im Bereich des Rundfunks vom 29. Februar 1992 (Auszug) Abgedruckt in: ARD-Jahrbuch 92. Hamburg 1992, S.442-449.

Staatsvertrag über die Körperschaft des öffentlichen Rechts »DeutschlandRadio« vom 17. Juni 1993 (DeutschlandRadio-Staatsvertrag-DLR-StV). Abgedruckt in: ARD-Jahrbuch 93. Hamburg 1993, S.354-363.

Staatsvertrag zwischen der Bundesrepublik Deutschland und den Ländern über die Überleitung von Rechten und Pflichten des Deutschlandfunks und des RIAS Berlin auf die Körperschaft des öffentlichen Rechts »DeutschlandRadio« – Hörfunk-Überleitungsvertrag – vom 17. Juni 1993. Abgedruckt in: ARD-Jahrbuch 93. Hamburg 1993, S.348-351.

Staatsvertrag über die gemeinsame Nutzung eines Fernsehe- und eines Hörfunkkanals auf Rundfunksatelliten vom 12. Mai 1996. Abgedruckt in: Media Perspektiven. Dokumentation I/1996, S.50-56.

Staatsvertrag über Mediendienste vom 20. Januar/12. Februar 1997 (Mediendienste-Staatsvertrag). Abgedruckt in: Media Perspektiven. Dokumentation I/1997, S.17-25.

Staatsvertrag über den Südwestrundfunk vom 31. Mai 1997. Abgedruckt in: Media Perspektiven. Dokumentation I/1997, S.1-16.

Stammler, Dieter: Die Presse als soziale und verfassungsrechtliche Institution. Berlin 1971.

ders.: Verfassungs- und organisationsrechtliche Probleme des Kabelrundfunks. Tübingen 1974.

ders.: Kabelkommunikation und Rundfunkorganisation. In: Archiv für Presserecht (AfP) 3/1978, S.123-131.

Starck, Christian: »Grundversorgung« und Rundfunkfreiheit. In: Neue Juristische Wochenschrift (NJW) 51/1992, S.3257-3263

Stern, Klaus/ Herbert Bethge: Öffentlichrechtlicher oder privatrechtlicher Rundfunk? Frankfurt/M. 1971.

Stock, Martin: Zur Theorie des Koordinationsrundfunks. Baden-Baden 1981.

ders.: Medienfreiheit als Funktionsgrundrecht. München 1985.

Tettinger, Peter J.: Aktuelle Fragen der Rundfunkordnung. In: Juristen Zeitung 17/ 1986, S.806-813.

Thüringer Rundfunkgesetz (TRG) vom 4. Dezember 1996. Abgedruckt in: Thüringer Landesmedienanstalt (TLM): Thüringer Rundfunkgesetz (TRG). Erfurt o. J.

Urteil des Bundesverfassungsgerichts vom 28. Februar 1961 (»Erstes Fernseh-Urteil«). Abgedruckt in: Ring, Wolf-Dieter (Hrsg.): Medienrecht. Rundfunk, Neue Medien, Presse, Technische Grundlagen, Internationales Recht. Bundesrepublik Deutschland, Österreich, Schweiz. Text, Rechtsprechung, Kommentierung (Loseblattsammlung). München (Stand: 1997), Teil A-III-1 (= BVerfGE, 12, 205).

Urteil des Bundesverfassungsgerichts vom 27. Juli 1971 (»Mehrwertsteuer-Urteil«). Abgedruckt in: Ring, Wolf-Dieter (Hrsg.): Medienrecht. Rundfunk, Neue Medien, Presse, Technische Grundlagen, Internationales Recht. Bundesrepublik Deutschland, Österreich, Schweiz. Text, Rechtsprechung, Kommentierung (Loseblattsammlung). München (Stand: 1997), Teil A-III-2 (= BVerfGE 31, 314).

Urteil des Bundesverfassungsgerichts vom 16. Juni 1981 (»FRAG-Urteil«). Abgedruckt in: Medi.a Perspektiven 6/1981, S.421-443 (= BVerfGE 57,295)

Urteil des Bundesverfassungsgerichts vom 4. November 1986 (»Niedersachsen-Urteil«). Abgedruckt in: Media Perspektiven. Dokumentation IV/1986, S.213-247 (= BVerfGE 73, 118).

Urteil des Bundesverfassungsgerichts vom 5. Februar 1991 (»NRW-Urteil«). Abgedruckt in: Media Perspektiven. Dokumentation I/1991, S.1-48 (= BVerfGE 83, 238).

Urteil des Verfassungsgerichtshofes des Freistaates Sachsen vom 10. Juli 1991. Abgedruckt in: Rundfunk und Kirche. Evangelicher Pressedienst (epd) 56/1997, S.21-39.

Urteil des Bundesverfassungsgerichts vom 22. Februar 1994 (»Rundfunkgebühren-Urteil«). Abgedruckt in: Media Perspektiven. Dokumentation I/1994, S.1-32 (= BVerfGE 90, 60).

Urteil des Bundesverfassungsgerichts vom 22. März 1995 (»EG-Fernsehrichtlinien-Urteil«). Abgedruckt in: Media Perspektiven. Dokumentation I/1995, S.1-29 (=BVerfGE 92, 203).

Verfassungen der deutschen Bundesländer. München 1995.

Vereinbarung zwischen den in der ARD zusammengeschlossenen Landesrundfunkanstalten und der Anstalt Zweites Deutsches Fernsehen vom 9./14 November 1989. (Koordinierungs-abkommen). Abgedruckt in: ARD-Jahrbuch 90. Hamburg 1990, S.4 (Programmschema: S.446f.).

Vereinbarung über die Veranstaltung eines ARD/ZDF-Kinderkanals vom 4. Dezember 1996. Abgedruckt in: ARD-Jahrbuch 97, Hamburg 1997, S.454-459.

Vereinbarung für den Ereignis- und Dokumentationskanal vom 4. Februar 1997. Abgedruckt in: ARD-Jahrbuch 97. Hamburg 1997, S.459-464.

Verwaltungsvereinbarung der Landesrundfunkanstalten über »Tagesschau« und »Tagesthemen« vom 4. November 1977. Abgedruckt in: ARD-Jahrbuch 79. Hamburg 1979, S.276-278 (Damit wurde die Vereinbarung der Landesrundfunkanstalten vom 6. Dezember 1956 über die Herstellung der Fernseh-Tagesschau aufgehoben).

Verwaltungsvereinbarung »ARD-Mittagsmagazin« vom 28. September/28. November 1989. Abgedruckt in: ARD-Jahrbuch 90. Hamburg 1990, S.444-445.

Verwaltungsvereinbarung für das Fernsehvormittagsprogramm vom 17. September 1991. Abgedruckt in: ARD-Jahrbuch 91. Hamburg 1991, S.475-476.

Verwaltungsvereinbarung »Punkt 5 - Länderreport« vom 17./19. September 1991. Abgedruckt in: ARD-Jahrbuch 91. Hamburg 1991, S.474-475.

Verwaltungsvereinbarung der Landesrundfunkanstalten über die Zusammenarbeit auf dem Gebiet des Fernsehens (»Fernsehvertrag«) vom 26./27. November 1991. Abgedruckt in: ARD-Jahrbuch 92. Hamburg 1992, S.467-469. (Zu den Änderungen in der Fassung vom 25. Juni 1996 vgl. ARD-Jahrbuch 96. Hamburg 1996, S.403).

Verwaltungsvereinbarung »ARD-Frühstücksfernsehen« vom 13. Juli 1992. Abgedruckt in: ARD-Jahrbuch 94. Hamburg 1994, S.437-438.

Verwaltungsvereinbarung über die Zusammenarbeit der Dritten Fernsehprogramme vom 15. März/16. Juli 1993. Abgedruckt in: ARD-Jahrbuch 93. Hamburg 1993, S.388-390.

Verwaltungsvereinbarung der ARD-Landesrundfunkanstalten über die Beteiligung am Satellitenprogramm 3sat vom 8. Februar 1994. Abgedruckt in: ARD-Jahrbuch 94. Hamburg 1994, S.435-436.

Verwaltungsvereinbarung »Brisant« (Boulevard Magazin) vom 8. Februar 1994. Abgedruckt in: ARD-Jahrbuch 94. Hamburg 1994, S.441-443.

Verwaltungsvereinbarung »ARD-Sonntagsmagazin« vom 10. Mai 1994. Abgedruckt in: ARD-Jahrbuch 94. Hamburg 1994, S.439-441.

Verwaltungsvereinbarung ARD-aktuell vom 9. Mai 1995. Abgedruckt in: ARD-Jahrbuch 95. Hamburg 1995, S.437-439.

Verwaltungsvereinbarung »Zentrale Fortbildung der Programm-Mitarbeiter (ZFP)«. Abgedruckt in: ARD-Jahrbuch 95. Hamburg 1995, S.440-442.

Verwaltungsvereinbarung über den Finanzausgleich zwischen den Landesrundfunkanstalten für die Jahre 1997 bis 2000. Vom 25. Juni 1996. Abgedruckt in: ARD-Jahrbuch 96. Hamburg 1996, S.402.

Wendt, Rudolf: Art. 5 GG. In: Münch, Ingo von/Kunig, Philipp (Hrsg.): Grundgesetz. Kommentar. München 1992.

ZDF-Richtlinien für Werbung und Sponsoring vom 19. März 1993 in der Fassung vom 3. Oktober 1994. Abgedruckt in: Rechtvorschriften für das ZDF. Mainz 1995, S.82-86.

ZDF- Staatsvertrag vom 31. August 1991. Abgedruckt in: Ring, Wolf-Dieter (Hrsg.): Medienrecht. Rundfunk, Neue Medien, Presse, Technische Grundlagen, Internationales Recht. Bundesrepublik Deutschland, Österreich, Schweiz. Text, Rechtsprechung, Kommentierung (Loseblattsammlung). München (Stand: 1997), Teil C-IV3.1.

Zweiter Staatsvertrag zur Änderung rundfunkrechtlicher Staatsverträge vom 22. Juni 1995 (Zweiter Rundfunkänderungsstaatsvertrag). Abgedruckt in: ARD-Jahrbuch 96. Hamburg 1996, S.401-402.

Medien in Deutschland

UVK
Medien

Heinz Pürer
Johannes Raabe

Medien in Deutschland
Band 1: Presse

2., überarbeitete Auflage 1996
576 Seiten, br.
zahlr. Tabellen und Abb.
ISBN 3-89669-000-0

Die Vereinigung der beiden deutschen Staaten bedeutete auch für das Pressewesen eine tiefgreifende Zäsur, deren Folgen die Wirklichkeit der deutschen Presse noch auf Jahre mitbestimmen werden.

In diesem Buch sind – unter Berücksichtigung der politischen und wirtschaftlichen Grundlagen – die Strukturen der Presse in Deutschand dargestellt. Dabei arbeiten die Autoren im ersten Teil des Bandes die Grundzüge des Zeitungs- und Zeitschriftenwesens von seinen Anfängen bis zur Gründung der Bundesrepublik heraus. Im mittleren Teil wird neben den ausführlich erörterten Strukturmerkmalen auch auf die unterschiedlichen politischen Funktionen und rechtlichen Grundlagen der Presse in der Bundesrepublik und der ehemaligen DDR eingegangen. Im letzten Teil schließlich sind jene Vorgänge im Pressewesen seit dem Ende der deutschen Teilung detailliert nachgezeichnet, die zur gegenwärtigen Struktur der Presse in Deutschland geführt haben.

»Die differenzierte Darstellung west- und ostdeutscher Pressestrukturen ist ein Muß für alle, die berufsbedingt mit Medien zu tun haben.«

Frankfurter Allgemeine Zeitung

»Bislang noch nirgends so stringent und materialreich sind die Phasen ›zwischen Wende und Wiedervereinigung‹ und ›nach der Wiedervereinigung‹ erarbeitet und präsentiert worden. Hier leistet das Buch Pionierarbeit und kann pressehistorisch Marksteine setzen.«

medienwissenschaft

Multimedia

UVK
Medien

René Pfammatter (Hg.)

Multi Media Mania
Reflexionen zu Aspekten Neuer Medien

1998, 350 Seiten, br.
ISBN 3-89669-224-0

Der Begriff »Multimedia« wird heute inflationär gebraucht. Er steht gleichermaßen für Phänomene des Internets, der Digitalisierung, Interaktivität, virtuellen Realität und der Medienkonvergenz. »Mania« steht für zwei Charakteristika dieser Entwicklung: Wahnsinn und Leidenschaft.

Dieses Buch versucht, die Diskussion über Neue Medien von der üblichen Technikfixierung zu lösen und auf einer kritisch-reflexiven Ebene zu führen. Dabei kommen u.a. die kulturellen, sozialen, politischen und rechtlichen Implikationen des Themas zur Sprache. Geistes- und Gesellschaftswissenschaftler aus den verschiedensten Disziplinen wie der Philosophie, Soziologie, Kommunikationswissenschaft, Psychologie, Pädagogik und Germanistik sowie Medienpraktiker ermöglichen die Reflexion des Themas in unterschiedlichen Zusammenhängen und unter verschiedenen Perspektiven.

kommunikation

Beiträge aus der Hochschule für Fernsehen und Film München

audiovisuell

Herausgegeben von
Karl Friedrich Reimers und Albert Scharf

UVK
Medien

*Bitte fordern Sie unser
Gesamtverzeichnis an!*

UVK Medien
Verlagsgesellschaft mbH
Schützenstr. 24
D-78462 Konstanz
Tel: (07531) 9053-0
Fax: (07531) 9053-98
http://www.uvk.de

Reihe Praktischer

Journalismus

Ressorts

Josef Hackforth
Christoph Fischer (Hg.)
ABC des Sportjournalismus
1994, 360 Seiten, br.
ISBN 3-89669-014-0

Karl Roithmeier
Der Polizeireporter
Ein Leitfaden für die
journalistische Berichterstattung
1994, 224 Seiten, br.
ISBN 3-89669-021-3

Gunter Reus
Ressort: Feuilleton
Kulturjournalismus
für Massenmedien
1995, 320 Seiten, br.
ISBN 3-89669-024-8

Gottfried Aigner
Ressort: Reise
Neue Verantwortung
im Reisejournalismus
1992, 272 Seiten, br.
ISBN 3-89669-019-1

Presse

Michael Haller
Die Reportage
Ein Handbuch für Journalisten
3., überarbeitete Auflage 1995
336 Seiten, br.
ISBN 3-89669-011-6

Werner Nowag
Edmund Schalkowski
Kommentar und Glosse
erscheint Sommer 1998
ca. 400 Seiten, br.
ISBN 3-89669-212-7

Peter Brielmaier
Eberhard Wolf
Zeitungs- und Zeitschriftenlayout
1997, 268 Seiten, br.
ISBN 3-89669-031-0

Reihe Praktischer

Journalismus

UVK
Medien

Fernsehen

Ruth Blaes
Gregor Alexander Heussen (Hg.)
ABC des Fernsehens
1997, 488 Seiten, br., 25 SW-Abb.
ISBN 3-89669-029-9

Robert Sturm
Jürgen Zirbik
Die Fernseh-Station
Ein Leitfaden für das Lokal- und
Regionalfernsehen
1998, 490 Seiten, br., 20 SW-Abb.
ISBN 3-89669-210-0

Michael Steinbrecher
Martin Weiske
Die Talkshow
20 Jahre zwischen Klatsch und News.
Tips und Hintergründe
1992, 256 Seiten, br.
ISBN 3-89669-020-5

Hans Dieter Erlinger u.a. (Hg.)
Handbuch des Kinderfernsehens
2., überarbeitete und erweiterte Auflage
1998, 680 Seiten, br., 35 SW-Abb.
ISBN 3-89669-246-1

Internet

Klaus Meier (Hg.)
Internet-Journalismus
Ein Leitfaden für ein neues Medium
1998, 344 Seiten, br.
ISBN 3-89669-233-X

Ralf Blittkowsky
Online-Recherche für Journalisten
inklusive Diskette mit 1400 Online-Adressen
1997, 336 Seiten, br.
ISBN 3-89669-209-7

UVK Medien
Verlagsgesellschaft mbH
Schützenstr. 24
D-78462 Konstanz
Tel: (07531) 9053-0
Fax: (07531) 9053-98

*Bitte fordern Sie unser
Gesamtverzeichnis an!*

UVK Medien im Internet: www.uvk.de